JOURNALISMUS · BAND 19 (neue Folge)

Schriftenreihe der Stiftervereinigung der Presse

JOURNALISMUS

Band 19
(neue Folge)

Herausgegeben

von Franz Ronneberger und Karl Bringmann

Begründet 1960
als Schriftenreihe des Deutschen Instituts für publizistische
Bildungsarbeit in Düsseldorf
von Emil Dovifat † und Karl Bringmann

Hermann Boventer

Ethik des Journalismus

Zur Philosophie der Medienkultur

Universitätsverlag Konstanz GmbH

ISBN 3 87940 248 5
© Universitätsverlag Konstanz GmbH, Konstanz 1984

Gesamtherstellung:
Universitäts-Druckerei Konstanz GmbH, Konstanz

Inhalt

Vorwort 11

Einleitung 13

Erster Teil
Wirklichkeit
Wahrheit und Journalismus 21

1. Im Sinnbezirk des Erkennens und Verstehens 23
   Das Wissen vom Wissen des Journalismus

2. Natur, Technisierung und Medienrealität 31
   Eine Wirklichkeit, die philosophiebedürftig ist

3. Das Staunen, der Zweifel, es gibt realiter eine Welt 39
   Fragen ist die Frömmigkeit des Denkens

4. Im Dienst der Curiositas 47
   Der neugierige Mensch und die Massenmedien

5. Die Aktualität im Strom der Ereignisse 55
   Journalistisches Zeitgefühl und Veränderwollen

6. Die Zeitungen sind Ideenträger 64
   Antworten, die in den Tatsachen stecken

7. Wir waren nicht Augenzeugen 73
   Die Zwischenwelt der Symbole und Stereotypen

8. Vor den Richterstuhl der Vernunft gebracht 77
   Der aufklärerische, kritische Journalismus

9. Das Wahre an der Realität 87
   Phänomenologie und journalistische Arbeit

10. Die Sprache, Medium aller Medien 96
    Keine Willkürlichkeit in den Worten

11. Die Redlichkeit der journalistischen Texte 101
    Verständlichkeit und Authentizität

12. Das Wort und die Sache 108
    Information, Kommunikation, Verstandenwerden

13. Hermeneutik des Verstehens 114
    Sprachspiele als Ausdruck der Lebensform

14. Wahres und nicht Falsches 120
    Muß der Journalist ein Philosoph sein?

15. Journalismus unter dem Wahrheitspostulat 129
    Eine »wahrheitsgetreue« Berichterstattung

16. Nachrichten können »wahr« sein 134
    Die Objektivität als Annäherungswert

17. Die Phantasie ist ursprünglich 140
    Medien zwischen Nachahmung und Erfindung

18. Kontingenzerfahrung, Sinnfrage und Journalismus 148
    Sehen, was wirklich ist und wie es wirkt

ZWEITER TEIL
MEDIUM UND BOTSCHAFT
FERNSEHEN 159

1. Elektronisches Netzwerk der Neuen Medien 161
Informationsfortschritt und Medienabhängigkeit

2. Kein Abschied vom Gutenberg-Zeitalter 167
Kommunikationsformen und Medienkomplementarität

3. Historie, interpretiert als Publizistik 173
Rhetorik, Buchdruck, die gute alte Zeitung

4. Reproduktion, Schriftlichkeit, Techno-Bilderwelt 180
Das Alphabet hat die Magie verdrängt

5. Das Metaphorische zwischen Kunst und Technik 187
Das Theater und die Ästhetik des Fernsehens

6. Über alles informiert zu sein 195
Verstandene und unverstandene Welt

7. Fernsehen, der harmlos getarnte Elefant 202
In der Orientierungsnot ein Trendverstärker

8. Der Fernsehzuschauer und seine Unterhaltung 209
Zeitvertreib, Lach-Geschichten und Talk-Shows

9. Profanes Medium, Elektronische Kirche 215
Die religiöse Botschaft auf dem Bildschirm

10. Fernsehen könnte anders sein 224
Geschichten erzählen, Fernsehwelt »lesbar« machen

Marshall McLuhan: Der elektronische Mensch 229
Exkurs

DRITTER TEIL
ETHIK
KOMMUNIKATION UND JOURNALISMUS 239

1. Das Moralische im Journalismus 241
   Die ethischen Normen einsichtig machen

2. Wissen um das rechte Handeln 249
   Die Klugheit, gut erwägen zu können

3. Maschinenwelt und Massenmedien 254
   »Ratio technica« und »Ratio ethica«

4. Ethik im Abseits der Kommunikationswissenschaft 259
   Ethische Vernunft im Journalismus vernachlässigt

5. Das System funktioniert nicht subjektlos 266
   Massenkommunikation und »Steuerungsbedarf«

6. Herrschaft des Empirismus 273
   Tatbestände der inneren Erfahrung

7. Wirkungsfrage und Wertfreiheit 279
   Das Seinsollen, Lehre von den Zwecken

8. Die Vielschichtigkeit des Gegenstands »Kommunikation« 288
   Mit dem Ziel der Verständigung

9. Sprache und Dialog als Träger des Sittlichen 297
   Bestände des Zwischenmenschlichen

10. Alle Existenz drängt zur Mitteilung 304
    Nur Nachrichten oder Die Welt im ganzen

11. Normen aus den Regeln der Argumentation begründen 313
    Kommunikatives Handeln und Massenmedien

12. Ein Wollen dessen, was wir sollen 322
    Moralität bei sich hervorbringen

13. Mensch und Vernunft sind fehlbar 329
Selbstverpflichtung und ethische Rationalität

14. Gut und Böse im Journalismus 337
Produzieren die Medien eine »Scherbenwelt«?

15. Werte und Grundwerte in der Massenkommunikation 346
Journalismus in der politischen Kultur

Journalistenmoral als »Media Ethics« 355
Exkurs

VIERTER TEIL
ÖFFENTLICHKEIT
FREIHEIT UND VERANTWORTUNG 379

1. Die Gründe meiner Meinungen 381
Freiheit, die ich meine

2. Publizität ist der mächtige Hebel 388
Starke und nachhaltige Medienwirkung

3. Identität und Kommunikation im Wechselverhältnis 395
Mit dem Zeitgeist leben

4. Das Publikum und seine Massenmedien 401
Der aktive Rezipient und der Nutzenansatz

5. Der Journalist in Selbstreflexion 410
Subjektivität und normative Berufsauffassung

6. Berichterstatter oder engagierter Journalist 418
Legitimation der publizistischen Einflußnahme

7. Publikumsbindung und Dienstleistung 422
Schwierigkeiten mit der Berufsethik

8. Freiheit als Kernbestand journalistischer Ethik   429
   Recht des freien Sagen-Dürfens

9. Verantwortung, Apriori der Freiheit   436
   Vermögen des Guten und Bösen

Anhang   445

Anmerkungen zur Einleitung   447

Anmerkungen zum Ersten Teil   447

Anmerkungen zum Zweiten Teil   464

Anmerkungen zum Dritten Teil   475

Anmerkungen zum Vierten Teil   493

Namen- und Sachregister   504

Vorwort

Eine Feuersbrunst zerstörte die Scheunen des Sir Thomas More. Er war gerade von einer Gesandtschaft in Cambrais zurückgekehrt und erstattete dem König Bericht, als ihn die Nachricht erreichte. Thomas More schrieb daraufhin in einem Brief an seine Frau Alice: »Wir wollen uns darüber nicht betrüben, sondern es gut aufnehmen.«

Solchem Rat des berühmten Engländers ist zu verdanken, daß ich dieses Buch schreiben konnte. Eine Feuersbrunst, die nicht im Jahre 1529, sondern 1980 wütete, ließ die Arbeit der Thomas-Morus-Akademie Bensberg, deren Direktor ich war, zum Erliegen kommen und hat mir die Zeit verschafft, meine journalistische Erfahrung mit der philosophischen Neigung zu verknüpfen, »es gut aufnehmen« zu können, wie Thomas More nach dem Scheunenbrand riet.

Dabei ist mir zugute gekommen, daß ich in meiner bisherigen Berufserfahrung immer zwei Welten angehört habe, einmal der schreibenden Zunft der Journalisten mit ihrem scharfen Auge für Zeit und Zeitung, zum anderen der pädagogisch-wissenschaftlichen mit ihrem Hang, sich in die Erscheinungen zu vertiefen und zwischen Theorie und Praxis zu vermitteln. Einen Journalismus wünsche ich mir, der sich ständig fragt, was er für die Menschen und ihre Freiheit bedeutet. Vom Leben des journalistischen Geistes handelt dieses Buch aus der Sicht einer Philosophie, die denkt, um zu leben. Der Journalismus soll eine wahre Welt hervorbringen.

Herrn Professor Eugen Biser habe ich herzlich zu danken, daß er mich zu dieser Arbeit ermutigt hat und daß sie in den Zusammenhang eines Lehrauftrags für philosophische Kommunikationstheorie am Institut für Philosophie der Universität München gebracht werden konnte. Ich danke auch der Anton-Betz-Stiftung der Rheinischen Post e.V., Düsseldorf, und der Stiftervereinigung der Presse e.V., Bonn/München, für die großzügige Unterstützung zur Drucklegung. Ebenso gilt mein Dank den Herausgebern der Schriftenreihe »Journalismus« und den Mitarbeitern des Universitätsverlages Konstanz.

Bensberg, Januar 1984   Hermann Boventer

Einleitung

Ethik des Journalismus: Das Thema bedarf keiner Rechtfertigung. Wohl aber bedarf die Methode, mit der das Thema angegangen wird, einer legitimierenden Auskunft. Zum Thema und zur Methode seien einige grundsätzliche und einleitende Bemerkungen vorangestellt.

Das Thema bedarf deshalb keiner Rechtfertigung, weil jedermann heute die weitreichende Bedeutung der Medien anerkennt. Deren Wirkungen als Massenmedien sind nicht neutral. Im Journalismus spiegelt sich die Zeit- und Weltsituation. Der Journalismus konstruiert seine eigene Wirklichkeit. Er stellt Öffentlichkeiten her, die unserer lebensweltlichen Erfahrung oft entgegengesetzt sind. Die Informationskultur überwölbt immer stärker das Leben des einzelnen. Medien sind die vermittelnden Agenten unserer Weltkenntnis. Medien sind »setter of norms«.[1] Sie prägen die politische Kultur. Die Massenkommunikation verwebt die Gesellschaft zu neuer Einheit.

Eine Erkenntnis des Ganzen ist erforderlich, wollen wir es mit seinen umfassenden Wirkungen verstehen und beurteilen. Eine Philosophie des Journalismus tut not, wir brauchen eine Theorie des Journalismus und der Massenkommunikation in ethischer Absicht. Fragen wir uns doch heute zum Beispiel, ob die Demokratie den Journalismus überleben kann. Kann die Demokratie insbesondere das Fernsehen und die neuen Medientechnologien »überleben«?[2] Im Bereich der Medien und der Massenkommunikation erscheinen die Dinge weniger dramatisch als in der Ökologie oder der Kernkrafttechnik. Das könnte täuschen; die Frage der Ethik im Medienbereich kann von ausschlaggebender Bedeutung sein, wenn wir das Wort ernstnehmen, daß die Demokratie sich durch die Medien und die Wahrnehmung ihrer Freiheiten erst konstituiert. Ob diese Freiheiten zum Guten oder zum Bösen ausschlagen, kann uns nicht gleichgültig sein. Darf der Journalismus, was er kann? Wer oder was hält den Journalismus davor zurück, daß er dem Menschen zum Unheil wird?

»Go, engine, go!« jubelten die beifallklatschenden Zuschauer der Raumfähre »Challenger« nach, als das Ungetüm inmitten einer riesigen Dampfwolke und auf einem blendenden Feuerstrahl in den Weltraum abhob. Die drei Hauptmotoren produzierten in diesem Augenblick mehr als 37 Millionen PS. Die Informationsleistung ist nicht weniger gigantisch. Der Nachrichtensatellit kann in jeder

Sekunde so viele Informationen weitergeben, wie in 140 dicken Lexikonbänden enthalten sind. Auf ihrem »Start in das Zeitalter der Information«[3] produzieren die Medien heute Information und Kommunikation in Hülle und Fülle.

Aber es gibt nicht nur die Lust, es gibt auch die Last der Information, und mit den neuen Medien und Kommunikationsweisen dürfte sie noch drückender werden. Die Überkapazitäten grenzen ans Sinnlose. Der Mensch kann mit dem Informationsfortschritt nicht Schritt halten, seine »Medienkompetenz« hinkt hinterher. Merkwürdigerweise hat der Kommunikationsüberfluß im Elektronischen die Kommunikationsnot im Nahbereich zur Folge. Die Drohungen der Anonymität werden größer und nicht geringer. Das Selbstverständliche, daß die Menschen miteinander sprechen und aufeinander hören, wird zum Problem. Die Apparaturen des »Kommunizierens« haben sich verselbständigt und wenden sich gegen den Menschen. Nicht grundlos ist die Kommunikation heute ein bevorzugter, fast schon ein Allerweltsbegriff geworden. Was man nicht hat oder sich wünscht, davon wird viel und gern gesprochen. Und 140 dicke Lexikonbände in der Sekunde: Wozu eigentlich? Woher erhalten Information und Massenkommunikation ihre Richtung und ihren Sinn?

Der Begriff des Journalismus steht hier für die Sache, die wir Massenkommunikation nennen, er steht für die Systeme und Medien, er steht für die Ideen und Werte, er steht für die Personen, die das Werk des Journalismus hervorbringen. Wenn wir sagen wollen, was »journalistisch« bedeutet, dann öffnen sich ein weites Feld und eine hochkomplexe Struktur, deren Technizität in Menschliches und Allzumenschliches verwoben ist. Und wofür steht der Begriff der Ethik?

Jeder Mensch hat Auffassungen über wichtige Angelegenheiten, die er gut und böse nennt. Es ist möglich, daß er seinen Bestand an Vorstellungen, was er Moral und moralisch nennt, mit anderen Worten versieht, aber es läuft immer darauf hinaus, daß der Mensch eigenes oder fremdes Verhalten an Werten und Wertvorstellungen mißt, die ihm wichtig vorkommen und als das »höchste Gut« erscheinen. Das Wort »Moral« kommt von »mores«. Die lateinische Ableitung läßt uns an Verhaltensregeln und Prinzipien des praktischen Handelns denken. Das Wort »Ethik« kommt vom griechischen »ethos«, womit wir eine Kultur im ganzen als Sitte und Gewohnheit bezeichnen. Ethos ist der gewohnte Ort, die Heimat, wo einer frei ist zu handeln, wie es die gute Sitte ist.

Der Journalismus steht unter einer ethischen Idee und ist ein Stück der politischen Kultur eines Landes. Sein Ethos ist die Kommunikation als ein Geschehen, das die Verständigung unter Menschen zum Ziel hat. Im Zwischen- und Mitmenschlichen liegt seine Heimat. Das Alpha und Omega des Journalismus ist das Verstehen und Verstandenwerden. Die Menschen sollen über das vermittelnde Geschäft und den vermittelnden Dienst des Journalismus zu Verstehenden gemacht werden.

Wie kann ein solches Untersuchungsprogramm in diesem Buch auf den Weg gebracht werden? Nach welchen Methoden wollen wir zu wissenschaftlichen Ergebnissen in der Grundlegung einer Ethik des Journalismus gelangen?

Das Thema wird auf seine philosophischen Grundlagen gestellt, und den Gegenständen des Journalismus wird mit den Methoden der Philosophie nachgegangen. Das heißt, die Erscheinungsformen des Journalismus sind zu bedenken und als geistige Tätigkeiten in einer Welt des Menschen und der von ihm konstruierten Maschinen zu bewerten. Die journalistischen Phänomene werden in den Sinnbezirk des Erkennens gestellt. Dabei soll die wirklichkeits- und wahrheitsaufschließende Kraft des Journalismus in unserer Gesellschaft sichtbar gemacht werden. Indem wir sehen, was ist und wie es wirkt, gewinnen wir eine Anschauung von dem umfassend Ganzen, das philosophiebedürftig ist. Etwas in die Vertrautheit holen, um es zu verstehen, das steckt im Wortsinn des griechischen »philein«, und »sophos« ist derjenige, der die Sache begriffen hat und deren Möglichkeiten kennt. So macht es die Philo-Sophie des Journalismus als erstes erforderlich, daß der Gegenstand in seinen vielfältigen Erscheinungsformen aufgespürt und in die Vertrautheit der Reflexion geholt wird.

In diesem prüfenden Ausfindigmachen des Gegenstandes und seiner besonderen Beschaffenheit werden wir auf die Publizistik- und Kommunikationswissenschaft verwiesen. Die alte Zeitungskunde und Zeitungswissenschaft erlebte in den zwanziger Jahren ihre erste Blütezeit. Mit ihrem Ethos war sie in der Pressefreiheit und der geisteswissenschaftlichen Methode verankert. Bei der modernen Kommunikationsforschung und -wissenschaft liegt der Fall etwas anders. Sie ist ein Kind der empirischen Sozialwissenschaften und entwickelte sich nach dem Zweiten Weltkrieg in starker Anlehnung an amerikanische Forschungsergebnisse und -methoden. Historische und geisteswissenschaftliche Komponenten fehlen im Wissenschaftsideal der empirischen Kommunikationswissenschaft weithin; dafür überwiegen die soziologischen und sozialpsychologischen. So betrachtet die Kommunikationswissenschaft heute alle mediengebundene Kommunikation als ihr Untersuchungsfeld und ist der sozialwissenschaftlichen Methode verpflichtet. Der publizistische Prozeß wird empirisch-analytisch untersucht. »Wer sagt was durch welches Medium zu wem mit welcher Wirkung?«[4] Das journalistische Handeln der Person, das Medium mit seinen Inhalten, Strukturen und technischen Ausformungen, das Publikum in der hergestellten Öffentlichkeit und schließlich die Wirkungen, die von solchen Prozessen ausgehen, alle diese Erscheinungen verstehen sich als Gegenstände der Sozialwissenschaften, nicht der Geisteswissenschaften. Die Trennung wird nicht immer streng eingehalten, aber die Schwerpunktsetzung ist eindeutig. Zu bedenken ist auch, daß die junge, erst auf wenige Forschungsjahrzehnte zurückblickende Kommunikationswissenschaft noch ganz am Anfang steht und in ihrem

Methodenbewußtsein wenig ausgebildet ist. Dennoch fehlt es ihr nicht an Datenmengen und empirisch-analytischem Material, wohl aber an Theorien, die jene zahlreich verstreuten Ergebnisse auf ein kohärentes Muster zu bringen vermögen.

Diese Situation machen wir zum methodischen Ausgangspunkt unserer Untersuchung. Die nicht-empirischen Voraussetzungen sind bei der kommunikationswissenschaftlichen Erforschung der journalistischen Phänomene bisher im Hintergrund geblieben, sofern sie überhaupt in den Blick genommen und reflektiert wurden. Das zeigt sich besonders auffallend bei der Zurückhaltung der Kommunikationswissenschaft gegenüber allen Wert- und Sinnfragen. Der Zustand ist unbefriedigend und wird heute von der Wissenschaft selbst angemahnt. Wir sehen zum Beispiel, wie sich das Thema der Kommunikation heute für den Journalismus und die ihn betreffenden Wissenschaftszweige als eine Öffnung nach allen Seiten hin darstellt. Insbesondere wird es zur Einlaßstelle für die humanen und ethischen Fragen. Wo es um das Verstehen von Texten oder Bildern geht, wird durch die Kommunikation eine Sinn-Welt vermittelt. Die Prozesse sind nicht neutral, sondern werthaft. Das kommunikative Handeln ist einer Ethik unterworfen. In solche Zusammenhänge leuchtet die Philosophie hinein, etwa wenn die moderne Sprachanalytik die Wahrheitswurzel des kommunikativen Ethos offenlegt oder wenn das Gesprächsmodell des Dialogischen als strukturelles Moment in die Massenpublizistik eingeführt wird.

Philosophie und Kommunikationswissenschaft haben einander viel zu sagen und zu geben. Wir nehmen, wo immer es möglich ist, empirische Befunde aus der Wissenschaft in die ethische Argumentation auf. So können die ethischen Postulate mit einem Wirklichkeitsfundament untermauert werden. Dieses Fundament können auch positivistische und systemtheoretische Ansätze liefern. Sie bedürfen allerdings einer hermeneutischen Perspektive, ohne daß damit ihr Nutzen für die Erkenntnisgewinnung bestritten sein soll. Jedenfalls stößt die Wissenschaft mit funktionalistischen, wertfreien und wahrheitsabstinenten Methoden schon sehr früh an Grenzen; das hoffen wir im Verlauf der Untersuchung noch im einzelnen belegen zu können.

Wir können das journalistische Handeln und auch die Apparate des technischen Zeitalters, die uns die Massenkommunikation heute ermöglichen, nicht aus der sie begründenden Vernünftigkeit entlassen. Die Richtigkeit der journalistischen Praxis legitimiert sich durch die Fragen nach ihrer Moralität, sonst fehlt dieser Praxis der verantwortliche Geltungsgrund.

Allerdings muß die Ethik heute begründbar sein, sie muß sich rational ausweisen können. Sie muß die Maximen, die geeignet scheinen, einen guten Journalismus hervorzubringen, einsichtig machen können. Eine solche Grundlegung für eine Ethik des Journalismus, die wir anstreben, liegt noch weithin als eine »terra incognita« vor dem forschenden Blick. Deshalb sind wir auch nicht in der Lage, in diesem Buch eine systematische und abgeschlossene Theorie des Journalismus vorlegen zu können. Das »Gute«, das wir zu begründen suchen, stellt seinerseits wieder mehr Fragen, als Antworten gegeben werden können. Unsere heutige Zeit steht jedem Versuch einer Ethik skeptisch gegenüber. Die Pluralismusforderung, an der wir festhalten, erschwert den Versuch zusätzlich.

Die Ethik ist ein Zweig der Philosophie; das darf nicht übersehen werden. Die Fragen nach dem Guten und Bösen sind philosophische Fragen, und also sind es die Fragen nach einem guten Journalismus auch. Wir fragen hier nach der ethischen Vernunft des Journalismus. Philosophie ist ein erklärendes, deutendes, bewertendes Verhalten der Vernunft gegenüber der Wirklichkeit eben dieses Journalismus und seiner Phänomene. Es ist schlechterdings nicht möglich, über einen guten Journalismus nachzudenken und nicht auf das Kriterium seiner Vernünftigkeit zu stoßen, real und dann philosophisch in der Anerkennung eines Unbedingten, das wir im ethischen Imperativ eines guten Journalismus erblicken.

Das Unbedingte liegt in den Wert- und Sinnfragen des Journalismus. Ohne solche Bezüge auf seine Warum-Fragen wird der Journalismus funktional, läuft er ins Leere. Die Wege, die der Journalismus einschlägt, sollen und dürfen keine zufälligen sein. Als Mittel sind sie einem Zweck zugeordnet, und so steht der Journalismus wie andere Lebensverhältnisse unter der Idee der Zweckmäßigkeit. Seinen Sinngrund gewinnt der Journalismus aus dem Suchen nach verläßlicher Information und Orientierung. Die Bürger sind in eine wirkliche Kommunikation über das gemeine Beste zu bringen. Diese Dienstleistung erbringt der Journalismus, und in dieser Eigenschaft ist er, wie wir sagten, ein Medium des Weltstoffs und der Weltveränderung von ganz bestimmender Moralität. Der Journalist ist der Hermeneut, der Weltstoff und Weltsituation in ihren Sinngehalten methodisch auslegt.

Die Medien bilden eine Kultur – und nicht selten eine Unkultur der Trivialität, Ausbeutung und Gleichgültigkeit. Eine Unterscheidung ist notwendig, und schon aus diesem Grunde kann das mangelnde Interesse für ethische Fragen im Journalismus, das weitverbreitet ist, nicht hingenommen werden. Bestärkt der Journalismus die ethische Vernunft? Oder vergrößert er die Ratlosigkeit unserer Zeit? Die Verfinsterungen der Vernunft, die unser Zeitalter mit Angst erfüllen, machen jederzeit einen Rückfall in die Barbarei und das totalitäre Denken möglich. Sie müssen ständig zu einem Thema journalistischer Selbstverpflichtung gemacht werden. Der Journalist ist nicht der Samariter oder gar der Arzt der Gesellschaft mit einem Hippokratischen Eid, aber er möchte doch auch nicht ihr einflußreichster Produzent von Gift- und Schadstoffen im Leben des Geistes und der politischen Kultur sein. Die Medien bilden eine geistige und moralische

Welt, und es sollte eine wahre Welt sein. Deshalb stellen wir die journalistischen Phänomene und Systeme in eine radikale Fraglichkeit und philosophieren in unseren grundlegenden Überlegungen aus der Erkenntnis und dem Gefühl eines journalistischen Tätigseins, das sich aus freien Stücken vor das Forum der Vernunft und der Rechtfertigung begibt.

Worin besteht also das methodische Proprium unserer Untersuchung? Es liegt, vordergründig gesehen, in dem Brückenschlag, der interdisziplinär zwischen der Philosophie insbesondere als einer hermeneutischen Wissenschaft, zwischen der Kommunikationswissenschaft in ihrer sozialempirischen Forschungstätigkeit und der Journalismuspraxis versucht wird. In diesem Dreiecksfeld der Beziehungen ist die Absicht angesiedelt, nach den Kriterien eines guten Journalismus und seiner ethischen Vernunft zu fragen. Um die Sache auszuloten, werden philosophische Sonden angelegt. Wenn wir im Bild des Echolots bleiben: Das Erstaunliche geschieht, daß die ausgesandten Impulse vom »Meeresboden« der Tatsachen, Sachverhalte und Prozesse reflektieren und eine Tiefenlotung ermöglichen. Die journalistischen Phänomene werden durchsichtiger, und ihre Geltungsgründe werden einsichtiger.

So provoziert die Hermeneutik der journalistischen Wirklichkeiten das Wissen vom Wissen des Journalismus als ein ethisches. Nicht ohne Neugier, um der Tiefenlotung ein anderes Bild zuzugesellen, steigen wir in das Bergwerk der Philosophie ein und brechen heraus, was an wertvollem Gestein in das Theoriegebäude des Journalismus paßt. Aristoteles mit seiner Ethik, die Kantische Philosophie, Nietzsche, Heidegger, Wittgenstein, Max Scheler und andere werden auswahlhaft auf die rationale Begründbarkeit einer Ethik befragt, die im kommunikativ-öffentlichen Handeln zum Tragen kommt. An dieses »Herausbrechen« ethischer Modelle aus Geschichte und Gegenwart der Philosophie lassen sich berechtigte Fragen stellen. So bekennen wir uns dazu, wenig systematisch und überhaupt nicht schulmäßig, sondern aus einer engagiert-journalistischen Perspektive heraus philosophiert zu haben. Eine Philosophie, die in sich kreist und aus sich selbst gespeist ist, ohne sich um das Verstandenwerden ihrer Botschaft zu mühen, verharrt in einsamer Größe, doch wäre sie für unsere Absicht untauglich. Der praktischen Philosophie geht es weniger darum, neue Denkwege in bisher unbetretenes Dickicht zu schlagen, sondern sie begnügt sich mit einem begrenzten und hermeneutischen Nach-Gehen.

Wir halten die philosophische und die jounalistische Mentalität nicht grundsätzlich für unüberbrückbar, und in einem guten Journalisten sollte immer etwas von einem Philosophen stecken, wie auch möglicherweise umgekehrt. So könnte vermieden werden, daß viele Journalisten schon bei der Erwähnung des Begriffs »Berufsethik« sich zurückziehen. Hier stimmt etwas nicht. Es muß sich ein Mißverständnis von Ethik eingeschlichen haben. Die journalistischen Maschinen, die funktionieren, bedürfen der Steuerung. Das »Go, engine, go!« könnte sonst verheerende Folgen haben. Dem eingangs erwähnten Bericht über den Start der Raumfähre »Challenger« folgte noch eine Meldung mit der Überschrift »Kontakt abgerissen«. Der Treibsatz habe wie geplant gezündet, aber dann meldete eine Radarstation, der Satellit »scheine vor sich hinzutaumeln«. Auf Orientierungswissen kann nicht verzichtet werden. Der Mensch ist eine »Orientierungswaise«.[5] Die Instrumente, die er betreibt, aber auch er selbst in seiner »informationellen Unzulänglichkeit«,[6] bedürfen der Lenkung, sonst taumeln Mensch und Apparat vor sich hin. Die Wegmarkierungen sind allerdings nicht einprogrammiert, sondern in die freie Wahl gestellt, wo die Verantwortung beginnt.

Erkennen, was ist, und wissen, warum es ist, vergrößert die Urteils- und Verfügungsfreiheit aller und eines jeden einzelnen in der Medienkultur. Wir nannten die Verständigung das Ziel aller menschlichen Kommunikation, und zwar in Wahrheit. Die Dinge müssen »stimmen«. Keine Kommunikation, nicht die Massenkommunikation und nicht der ganze Journalismus können sich an dem Wörtchen »wahr« vorbeidrücken. Das Ziel ist ein ethisches, dessen Moralität die Freiheit zur Voraussetzung hat, ohne die sittliches Handeln nicht möglich ist. »Geglückte« Kommunikation ist freie Kommunikation in Rede und Gegenrede. »Überleben« kann unsere Demokratie im Fernsehzeitalter nur, wenn sie als Gesprächskultur erhalten bleibt. Die neuen Technologien vergrößern die Chancen einer Dialogisierung der Massenkommunikation. Damit vergrößern sie die Freiheitschancen. Dieses Buch über den Journalismus bekennt sich zur Freiheitsidee, real, praktisch und philosophisch. Das ist sein »Vorurteil« und Standort. Das Ethos des Journalisten ist die praktische Freiheit. Der Journalismus braucht in der Demokratie eine praktische Freiheit.

Der erste Teil dieses Buches ist philosophisch. Wirklichkeit, Wahrheit und Journalismus werden zueinander in Beziehung gesetzt. Der zweite Teil ist vorwiegend kommunikationswissenschaftlich und geht auf die Strukturen von Medium und Botschaft ein. Der dritte Teil befragt die Kommunikationsphänomene auf ihre Ethik. Der vierte Teil hat die Öffentlichkeit zum Thema und belegt die Freiheit als Grundlegung einer journalistischen Moralität.

Erster Teil
Wirklichkeit
Wahrheit und Journalismus

Es gibt eine zarte Empirie, die sich mit dem Gegenstand innigst identisch macht und dadurch zur eigentlichen Theorie wird.

Goethe, Maximen und Reflexionen

1. Im Sinnbezirk des Erkennens und Verstehens

Das Wissen vom Wissen des Journalismus

Zu den Wirklichkeiten, mit denen wir leben, gehören die journalistischen Welten, die heute über die Massenmedien hervorgebracht werden. Der Anteil dessen, was unmittelbar vor Augen tritt und persönlich erfahren wird, ist gering. Von den politischen Ereignissen haben wir meistens keine anderen Zeugnisse als Berichte aus der Zeitung oder dem Rundfunk. Ist unser Bewußtsein ein zeitungshaftes? Sehen wir die Welt mit Fernsehaugen? Haben wir es mit »erfundener Wirklichkeit« zu tun, wie Paul Watzlawik behauptet, mit einer Wirklichkeit, die uns nach dem Wissen dessen fragen läßt, »was wir zu wissen glauben«?[1]

In John Lockes Erkenntnistheorie gibt es den berühmten Satz, nichts sei in der Seele, was nicht zuvor in den Sinnen gewesen ist. Wird uns die fortschreitende Ausbreitung der neuen Kommunikationstechnologien schon bald eine Zukunft bringen, in der John Lockes Satz dann lautet: Es ist nichts in der Seele, was nicht zuvor in den Medien gewesen ist? Karl Kraus hat diesen Sachverhalt zu einer Zeit, als es noch kein Fernsehen gab, auf die satirische Bemerkung gebracht: »Im Anfang war die Presse, und dann erschien die Welt.« Wie wirklich ist die Wirklichkeit des Journalismus? Die Fragestellung ist auch schon von den Karikaturisten aufgegriffen worden. Auf einer Zeichnung ist ein Vater mit seinem jungen Sprößling abgebildet. Er sitzt im Lehnstuhl und liest ein Buch. Etwas irritiert wendet er sich seinem neugierigen Sohn zu, der ihn mit der Frage unterbricht: »Daddy, wenn ein Baum im Wald umstürzt, aber die Medien sind nicht dabei, um darüber zu berichten, ist dann der Baum wirklich umgefallen?«[2]

Worüber die Medien nicht berichten, das existiert nicht. Nach Möglichkeit will man sogar noch vor den Ereignissen liegen.[3] Die Frage stellt sich, was überhaupt der »wahre« Charakter dieser Realität ist, ob wir es nicht stets mit einer Hypothese zu tun haben, die sich letzten Endes weder falsifizieren noch verifizieren läßt?[4] Wären dann Journalisten als Personen zu kennzeichnen, die hauptberuflich mit einer spezifischen Unterstellung von Realität handeln?

Journalismus als Wirklichkeitskonstruktion

Das Wissen von der journalistischen Wirklichkeitskonstruktion erfährt seit einigen Jahren eine erhöhte Aufmerksamkeit durch die Wissenschaft. Soweit diese Wissenschaft auf ihr empirisch-analytisches Instrumentarium zurückgreift, sind dem journalistischen Wirklichkeitsbegriff enge Grenzen gesetzt. Die Voraussetzung einer Medienrealität wird nicht zum »Problem«, sondern die Wirklichkeit erscheint als ein positivistisch und selbstverständlich Vorgegebenes. Sie ist das Material, gewissermaßen der Werkstoff des Journalismus, woraus er seine Produkte herstellt. Erst neuerdings sind Vorstellungen von der »Konstruktion einer gesellschaftlichen Wirklichkeit« und von einer durch die Medienrealität bedingten Sozialisation des »Wissens, welches das Verhalten in der Alltagswelt reguliert«,[5] in die kommunikationswissenschaftlichen Überlegungen eingebracht worden, und die komplexe Reziprozität, die im Wirklichkeits- und damit auch im Wirkungsbegriff des Journalismus enthalten ist, findet in erheblich stärkerem Maße eine Berücksichtigung.

Die Auffassung, wir hätten es bei der Berichterstattung der Massenmedien mit einer quasi naturwüchsig vorgegebenen Realität zu tun, ist bereits von Walter Lippmann in den frühen zwanziger Jahren mit seinem Hinweis auf die Zwischenwelt der Symbole und Stereotypen problematisiert worden. »Pictures in our heads« sind es, die sich hier in rationalistischer Selbsttäuschung als öffentliche Meinung zu objektivieren suchen, und Lippmann zeigt auch schon sehr eindrucksvoll die moralische Natur des Journalismus.[6] Lippmanns Fragestellung ist von der Kommunikationswissenschaft übernommen worden. Die Massenmedien, so geht die Auffassung heute, »konstituieren vielmehr selbst bis zu einem gewissen Grade die Realität, über die sie berichten«.[7] So werden Ereignisse zum Zweck der Berichterstattung überhaupt erst hervorgerufen. Oder das journalistische Handeln stimuliert, beschleunigt, dramatisiert ganz bestimmte Entwicklungen der Ereigniswirklichkeit, wobei sich die daraus hervorgehenden Folgeereignisse selbst noch einmal zum Gegenstand einer Berichterstattung potenzieren können. Medienrealität konstituiert sich in der Evokation individueller und sozialer Konstanten, wie Hans Mathias Kepplinger formuliert. Solche Konstanten erscheinen als quasi natürlich vorgegeben, weil sie über längere Zeit unverändert fortbestehen, beispielsweise wenn sie als Folgen der »agenda-setting function« anzusehen sind. Damit ist die Funktion der Massenmedien angesprochen, daß sie weitgehend darüber bestimmen können, was auf die »Tagesordnung« der öffentlichen Kommunikation gelangt und somit »wirklich« werden kann.[8] Journalismus, Wissenschaft und Wirklichkeitsverständnis gehen ein komplexes Bedingungsverhältnis ein. Wenn wir an die Möglichkeiten denken, die uns die neuen Technologien der Mikroelektronik und Computerisierung

»auf dem Weg in eine Kommunikationsgesellschaft«[9] an die Hand geben, dann aktualisiert und radikalisiert sich heute das Problem der Medienrealität über die wissenschaftliche Theorie bis in die Alltagswelt der Bürger hinein.

Welche Wirklichkeit ist es also, die der Journalismus über seine Apparate und Systeme hervorbringt? Läßt die journalistische »Verarbeitung« von Wirklichkeit auf ein relativ durchgängiges Konstruktionsprinzip für alle Wahrnehmungsvorgänge und sozialen Systeme in der Herstellung von Wirklichkeit schließen?

Im Fernsehen sieht Dieter Stolte die Wirklichkeit des Raumes auf zweifache Weise »vernichtet«. Einmal läßt man den Raum durch die Übertragungstechnik, die ihn überbrückt, »elektronisch verschwinden«. Sodann wird dasselbe nochmals durch den zweidimensionalen Bildschirm bewirkt, wenn das räumliche Sehen durch die vom Regisseur bestimmte Perspektive abgelöst und diese Perspektive dann vom Betrachter selbst nacherzeugt wird. »Der Zuschauer verharrt unbewegt vor fremdbewegten Bildern.« So wundert sich Stolte nicht darüber, »wenn sich im Hintereinanderkonsum eines Fernsehabends, einer Fernsehwoche Sein und Schein, Fiktives und Reales, Träume und Gegenstände bis zur Unkenntlichkeit miteinander vermischen und eine eigene, wenig differenzierte Wirkmächtigkeit im Bewußtsein der Zuschauer erlangen«. Es nützt auch wenig, daß die Programmgestalter ein Fernsehspiel als erfunden oder fiktiv ansagen. Das kümmert den größten Teil der Zuschauer nicht. Sie nehmen das Flachbild zum Nennwert, »die Welt frei Haus, tagtäglich, häufig live«. Demgegenüber preist Stolte den Autor glücklich, der das Wort »Roman« aufs Titelblatt schreiben und sicher sein kann, von seinen Lesern verstanden zu werden.[10]

Dieses Bekenntnis des Fernsehintendanten Stolte zur »Vernichtung« der Raum- und Wahrnehmungsrealitäten zugunsten fiktiver Strukturen könnte zu der bissigen Frage verleiten: Hätte dann aller Fernsehjournalismus in Wahrheit das Wort »Roman« auf dem Titelblatt verdient? Sicherlich nein; Stolte entzieht sich dem Dilemma auf philosophische Art, und tatsächlich kann die Antwort kaum anders ausfallen, denn sonst müßten die Fernsehredakteure ihren Anspruch, über Tatsachen informieren zu wollen, aufgeben; die Journalisten wären unter die »Dichter« einzureihen. Auf philosophische Art, das bedeutet für das Genre des Fernsehspiels »Wirklichkeit und zugleich Fiktion«, womit die zutreffende Lesart für unser Thema angeschlagen ist. Denn die Fiktion, die Phantasie, die Utopie sind auch als Wirklichkeit »im Kopfe« wirkmächtige reale Größen, und einmal gedacht, entstehen aus dieser Wirklichkeit wieder neue Fakten, die sich nicht allein der historischen, ökonomischen oder psychologischen Kausalität verdanken, sondern auch und vor allem gesetzter Finalität, nämlich dem menschlichen Willen. Stolte: »Die Frage ›Was ist der Mensch?‹ konkretisiert sich nicht zuletzt in der zukunftsgewandten Frage ›Was kann ich wollen?‹«[11]

Die Wirklichkeit (des Menschen) ebenso wie das Wollen (und Sollen des Menschen) treten hier als entscheidende Bedingungsfaktoren ins Bild journalistischer Realitätskonstruktion. Was kann ich wissen? Was soll ich tun? Die Fragen, die sich stellen, sind zuerst einmal Fragen der Erkenntnissituation und der Erkenntnistheorie.

Die erkenntnistheoretische Frage

Der Sinnbezirk des Erkennens ist einer der umfassendsten und durchdringt die journalistischen Phänomene in ganz besonderer Weise. Die Information, die Nachricht, der Kommentar, die Kritik, eigentlich alles, was Massenmedien an Inhalten transportieren, ist erkenntnisfundiert. Ein Blick auf das »Wortfeld« von Erkennen charakterisiert dieses menschliche Vermögen nach seiner Breite und Tiefe folgendermaßen: »Kennen (mit den etymologischen Zusammenhängen, die u. a. sogar in den Bereich des Geschlechtlichen hineinreichen – vgl. ›Baum der Erkenntnis‹) mit seinen Ableitungen und Zusammensetzungen wie Erkennen, Erkenntnis, Bekennen, Bekenntnis, Bekanntheit – einschließlich der Negationen –; weiterhin die Wortgruppe des Wissens, das sich von einer idg. Wurzel ›vid‹ = sehen (lat. videre, griech. Idea, skrt. Veden) ableitet, mit seinen Zusammensetzungen wie etwa Einsicht (lat. E-videnz); weiterhin Wortgruppen, die der Handwerkssphäre entwachsen, wie Erfassen, Be-greifen (vgl. lat. con-cipere) oder Verstehen (Ver-stand), Deuten usw. Sie bezeichnen Momente des Erkenntnisfeldes bzw. -phänomens, das in der Erkenntnistheorie philosophisch erforscht wird.«[12]

Aus der Etymologie und Begriffsbildung wird schon ersichtlich, daß unserer Frage nach der Wirklichkeit des Journalismus mit dem Wort- und Sinnbezirk des Erkennens ein umfassendes Programm vorgestellt wird. Es ist von philosophischer, nicht von empirisch-analytischer Art. Es ist kein wissenschaftliches Programm mit exakter Methodologie zur Objektivierung der journalistischen Wirklichkeitskonstruktion, sondern ein wertbesetztes, normatives und subjektives Programm des Erkennens und der Erkenntnistheorie. Wir bezeichnen den Journalismus als Teil unserer politischen Kultur, und in diesem Bezirk, wo das Ethos der Normen und Werte ausschlaggebend ist, wird das Erkennen im Sinne des Verstehens genommen. Die Erkenntnistheorie ist hier die Hermeneutik als eine Lehre solchen Verstehens.[13] Das macht den Journalismus zu einem hermeneutischen Problem.

Der Journalist als »Hermeneut«

Den Journalisten bewegt es tagtäglich, wie Wirkliches von Unwirklichem, Reales von Erfundenem, Wissen von Scheinwissen unterschieden werden kann. Er ist der »Hermeneut« unserer Massen- und Medienkultur. Er übersetzt fortwährend den »Text« unserer Wirklichkeit in die journalistische Sprache, um ihn für die vielen Leser, Hörer und Zuschauer aufzuschließen. Das Unverständliche soll der Journalist verständlich machen, der Information und Orientierung wegen, und wie der im kultischen Vollzug handelnde »Hermeneut« der griechischen Eleusis-Mysterien einstmals der versammelten Gemeinde die Zeichenhandlungen entschlüsselte, wird heute den Massenmedien die Kunst des Verstehens und des Verständlichmachens abverlangt. Die journalistische Kunstlehre wäre dann eine Lehre von der Wirklichkeit, wie sie zu erkennen und wie sie zu deuten ist. Ihr hätte sich eine Theorie des Verstehens zuzugesellen, damit die journalistische Praxis ihr Ziel erreicht und von den Folgen für die Gesellschaft – wir sprachen von politischer Kultur und bezeichnen damit ein normatives Wertgefüge – nicht absieht.

Kommunikation, Massen-Kommunikation ist ein Handeln mit dem Ziel der Verständigung. Dies ist kein wissenschaftliches, sondern ein ethisches und »politisches« Ziel, ein hohes Gut, das dem allgemeinen Besten dienen soll, und darin unterscheidet sich journalistisches Erkennen und Handeln grundsätzlich von wissenschaftlichem Erkennen und Handeln; letzteres reklamiert für sich ethische Indifferenz und keine engagierte »Wahrheit«. Die Idee der Wahrheit ist beherrschend im Journalismus. Wem wäre an einem »unwahren« Bericht gelegen? Was wirklich ist, das soll auch wahr sein und darüber soll der Journalist »wahrhaftig« unterrichten, wie es ihm in Statuten und allen möglichen Programmrichtlinien abverlangt wird.[14] Ein Handeln in der Berichterstattung nach der Maxime »Sei aufrichtig!«[15] setzt mit dem Wahrheits- und Wahrhaftigkeitspostulat kein wissenschaftliches, sondern ein ethisches und »politisches« Ziel.

Philosophie und Journalismus

Was ist solchen Hinweisen zu entnehmen? Wir suchen dem Wissen vom Wissen des Journalismus näherzutreten, wie es in die Wirklichkeit (des Menschen) hineinverwoben ist und zur Bedingung aller journalistischen Wirklichkeitskonstruktion wird. Bei Platon ist die Philosophie als »Wissen vom Wissen« gekennzeichnet. Sokrates übte sich in der Widerlegungskunst, seine Dialogpartner daraufhin zu prüfen, ob sie nur ein Scheinwissen wie die Sophisten verbreiten, oder ob sie ein fundiertes, in der Wahrheit des Wirklichen gegründetes Wissen vorweisen können. Müssen wir an die Massenmedien gewissermaßen die sokratische Wahrheitssonde anlegen, ob sie als unsere Gesprächspartner nur Scheinwissen und fragmentarische Wirklichkeit vermitteln anstelle eines »Wissens vom Wissen«? Der Journalismus ist keine Philosophie. Gleichwohl kann die sokratisch-philosophische »Ars interrogandi« für den Journalismus eine gewinnbringende Sache sein, sich des eigenen Wissens vom Wissen – wenigstens gelegentlich und paradigmatisch – zu vergewissern und sich in der »Widerlegungskunst« zu üben. Wir hätten das Modell eines Journalismus vor uns, der die Voraussetzungen der eigenen Wirklichkeitskonstruktion zu bedenken sucht.

Die Massenmedien haben strukturell und technologisch ganz neue Wege der Wirklichkeitserfassung mit sich gebracht, die der Menschheit bisher nicht zur Verfügung standen. Die entsprechenden Umbrüche im Erkennen und Bekennen dessen, was der einzelne, was wir alle als »Wirklichkeit« in unser Leben aufnehmen, lassen sich heute in den epochalen Auswirkungen noch nicht überblicken. Mit der Massenkommunikation sind Instrumente bereitgestellt worden, deren Wirkungen nicht neutral sind, und sie erreichen uns erst langsam in der vollen Breite ihrer Konsequenzen auch für die gesamte Gesellschaftsentwicklung.

Das Umfassende in der Frage nach der journalistischen Wirklichkeitskonstruktion wird ersichtlich. Der Soziologe Kurt Lüscher fordert »ein weites Verständnis von Medienwirkungen« unter dem »Einbezug des sozialen Kontextes«. Die Aufgaben und Leistungen der Massenmedien in der demokratischen Gesellschaft seien »prägnanter als bisher« herauszuarbeiten, und dies nicht zuletzt »aus dem Prestige und der Macht, die den elektronischen Massenmedien, ihrer Reichweite und ihrer Omnipotenz wegen zukommen«.[16] Wir blicken auf den einzelnen Menschen und die ganze Gesellschaft. Die Massenkommunikation gibt dem einzelnen ganz neue Fähigkeiten der Wirklichkeitsbewältigung an die Hand, die von einschneidender Bedeutung für die Denk- und Lebensweise sind und deren Folgen er zu tragen hat. Auf die Dauer werden kategoriale Bestimmungen wie »Sein«, »Bewußtsein«, »Wirklichkeit« oder »Wahrheit« über den Einfluß der Massenmedien und ihrer Methoden der Wirklichkeitserfassung auch qualitativen Veränderungen unterliegen. Das Phänomen Technik hat diese Prozesse in der Massenkommunikation ausgelöst und bewirkt eine fortschreitende Technisierung von kategorialen Bestimmungen, die für unsere Kultur von zentralem Wert sind. Der Zauber dieses Phänomen zeigt sich noch immer in den faszinierenden Wirkungen, die heute insbesondere von den elektronischen Medien für große Zuschauermassen ausgehen.

Der einzelne, wir alle, ob Kommunikatoren oder Rezipienten, haben die Folgen der journalistischen Wirklichkeitskonstruktion zu tragen und zu verantworten, und hier ist die Rede auf das journalistische Wollen und Sollen zu bringen. Der Journalismus verändert unsere Welt, er prägt die Anschauungen und das Denken, die Gefühle und die Werte. Bestärkt er die Vernunft in der Gesellschaft? Oder vergrößert er die Ratlosigkeit und die Orientierungslosigkeit? Vertieft er den Graben zwischen System und Freiheit? Oder ermutigt er das freiheitsfördernde Wissen vom Menschen und seiner Lebenswelt? »Verantworten heißt, für Wirkungen einstehen, die man verursacht.«[17] Die Fragen, die sich im Hinblick auf die Folgewirkungen stellen, nehmen einen freien Journalismus in einer freien Gesellschaft in die Selbstverpflichtung, der allerdings die vernünftige Begründung entzogen würde, wenn ihr nicht das Erkennen vorausgeht, nach dem Wirklichen als einem Wirkenden zu forschen, um es aufzuhellen, was es ist und was es für den Menschen bedeutet.

Die Theorie der Wirklichkeitserkenntnis und die Frage nach dem Wollen und Sollen des Menschen gehören zusammen. Die Ethik als eine Sollenslehre für den Menschen ist auf dem Fundament einer Seins- und Wirklichkeitslehre gegründet; sonst wäre sie auf Sand gebaut.

Angewandt auf das journalistische Untersuchungsfeld, fragt eine Philosophie als Erkenntnistheorie nach dem Wissen vom Wissen der in der öffentlichen Kommunikation hervorgebrachten Wirklichkeit mit den ihr zukommenden Bestimmungen. Wirkliches, sofern es Wahres ist, benennt eine dieser Bestimmungen, die den Journalismus, der unter dem Anspruch einer »wahrheitsgetreuen« Berichterstattung steht, rechenschaftspflichtig macht. Dieses Fragen kommt nicht aus dem Vermögen des Journalismus, sondern es bedarf der Reflexion und philosophischen Anschauung, den Journalismus im ganzen zu thematisieren und den Weg von der bloß richtigen Meinung zum Wissen vom Wissen des »wahren« Wirklichen zu gehen. Das Ziel ist, wenigstens in Ansätzen, eine Theorie des Journalismus, und die Methode unserer Untersuchung ist die Begründung der Moral durch Freiheit.

Die Philosophie ist nach Martin Heidegger »in ihrem innersten Grund radikalste, universalste und strengste begriffliche Erkenntnis«. Der Probierstein der philosophischen Wahrheit, heißt es weiter, »liegt einzig in der Treue des einzelnen Philosophierenden zu sich selbst«. Zwar müsse das Philosophieren immer durch ein strenges begriffliches Wissen hindurch und in dessen Medium bleiben, »aber dieses Wissen ist in seinem echten Gehalt nur dann begriffen, wenn in ihm zugleich die ganze Existenz in ihrer von der Philosophie gesuchten Wurzel ergriffen ist – in der Freiheit«.[18]

Erkenntnis und Freiheit gehen zusammen, und dies gilt ganz elementar auch für den Journalismus und seine Wirklichkeitskonstruktion. Von Ethik reden, das heißt, von Freiheit sprechen. Nur im freien Einverständnis, dies zu tun, jenes zu unterlassen, ist die journalistische Sittlichkeit zu begründen. Sonst hätten wir eine Sklavenmoral, bestenfalls eine reine Anpassungsmoral vor uns.

Der Journalismus, den wir vorfinden, ist mit der Wirklichkeit unserer realen Freiheit, die in der Demokratie als Meinungsäußerungsfreiheit nachweisbar ist, weitgehend identisch. Das ist ein empirischer Befund. Woran orientiert sich diese reale Freiheit im praktischen Handeln eines Journalisten? Der Wille des Menschen ist frei, unter mancherlei Bedingungen selbst die Ziele und Regeln für sein Handeln auszuwählen, Ordnungen in ihrer Vernünftigkeit zu begründen. Das rechte Handeln und das gute Leben – ein »geglückter« Journalismus ist hier gemeint – treffen sich in dieser handlungs-, regel- und ordnungsbegründenden Freiheit, die praktische Freiheit heißt.[19]

Das Ethos des Journalismus ist die praktische Freiheit. Die Moralität des Journalismus findet darin ihren Grund. Reale Freiheit, praktische Freiheit: diesen Freiheitsbegriffen wird ein dritter zugesellt, den die Philosophen transzendental nennen. Er ist Ausdruck eines Umfassenden, das die Lebenswelt des einzelnen umgreift, »Anerkennung von Freiheit durch Freiheit«.[20] Der Ursprung des Guten – eines guten Journalismus – liegt in dieser unbedingten Anerkennung als Bedingung der Möglichkeiten eines verantwortbaren Journalismus in unserer Gesellschaft.

2. Natur, Technisierung und Medienrealität

Eine Wirklichkeit, die philosophiebedürftig ist

Wir kehren zu der Frage zurück, welche Wirklichkeit der Journalismus hervorbringt. Dabei ist das Verhältnis von Natur und Technik zu bedenken. Strenggenommen müßten wir den Naturbegriff in Anführungszeichen setzen, weil sich Natur als das fraglos Vorhandene und Vertraute unserem Erkennen niemals darbietet, sondern der Weg dorthin zu einer ursprünglichen Weltstruktur immer schon verbaut ist.

Kultur ist bearbeitete Natur. Wissenschaft und Technik sind Bearbeitungsformen des Wirklichen. Hat es jemals eine technikfreie Gesellschaft gegeben? Ist die Wirklichkeit, solange es den Menschen als Kulturwesen gibt, nur über die Wirklichkeitskonstruktion vermittelt worden? Diese Fragen stellen sich im Hinblick auf die Instrumente der modernen Massenkommunikation, die Werkzeuge des »homo faber« sind. Können die Massenmedien nur die Brechungen der Wirklichkeit verfügbar machen, das Künstliche und journalistisch Hergestellte als ein der Natur Entgegengesetztes? Der Journalismus: Realität aus zweiter Hand?

Im Wort »Natur« ist das Entstehen und Hervorgehen enthalten, der Aufgang des einzelnen Seienden in seine Wirklichkeit, die Wirklichkeit als Wirklichwerden.[21] Natur ist das von sich her immer schon Anwesende und Vorhandene. Die alten Griechen hatten in den Anfängen ihrer Philosophie eine Gelassenheit des Beobachtens, die uns abhanden gekommen ist, aber auch sie geben zu erkennen, daß die Erfahrung der Wirklichkeit in ihrem Denken keine ungebrochene ist. Die Welt- und Erkenntnisstruktur der Griechen war durch die neuzeitlichen Erfindungen der Apparate und Maschinen noch nicht »verstellt«. Trotzdem ist die Rede davon, die Erfahrungswelt sei Täuschung und Schein, etwas, das der Mensch sich zurechtstellt als »Gemächte«. In diesem frühen Denken kann es also nicht die moderne Zwischenwelt der Technik sein, die zur Mediatisierung der Wirklichkeitserkenntnis führt, sondern ihr muß etwas vorausliegen, das die Brechungen bewirkt. Nach Heraklit ist das alles durchdringende göttliche Feuer die eigentliche Wirklichkeit. Das Wesentliche hat immer etwas im Gefolge, das nur so aussieht, als sei es die eigentliche Wirklichkeit, nämlich den Schein. Warum ist überhaupt Sein und nicht vielmehr nichts? Die Vorsokratiker entwickeln aus dem Widerspruchsprinzip, daß nichts zugleich sein und nicht sein kann, ihre Erfahrungs- und Erkenntniskritik, und Parmenides radikalisiert dann diese Frage nach der wahren Wirklichkeit und der Erscheinungswelt, wenn er darin, daß Sein ist und daß Nicht-Sein nicht ist, einen Weg der Überzeugung erblickt, welcher der Wahrheit folgt.

Der Mensch ist dadurch ausgezeichnet, daß diese Natur »von Freiheit ist«, wie Jörg Splett ausführt. »Das Wesen, die Wirklichkeit, zu dem der Mensch hervorgeht, ist kein im vornhinein bestimmtes und festliegendes, sondern in seinem Hervorgang bestimmt er selbst erst über die Wirklichkeit, zu der er wird.«[22] Man könnte es auch anders ausdrücken und formulieren, der Mensch sei das Wesen des distanzierenden Denkens und Erkennens, der das in der Natur zutage Getretene nicht unmittelbar, sondern im Gegen-Stand wahrnimmt. »Wirklich« ist für ihn, was er sich vergegenständlichen kann und somit dem erkennenden Zugriff unterbreitet wird. »Wirklich« ist, was er sich vorstellen kann. »Vorstellen bedeutet hier: das Vorhandene als ein Entgegenstehendes vor sich bringen, auf sich, den Vorstellenden zu, beziehen und in diesen Bezug zu sich als den maßgebenden Bereich zurückzwingen.«[23] Wenn wir die Natur eine primäre Welt nennen wollen, entfernt sich der Mensch dauernd von ihr in die sekundäre Welt seiner Kultur.

Seit es eine Menschheit gibt, hat der Mensch seine eigene Natur organisiert und ist die Wirklichkeit, die der Mensch erkennend wahrnimmt, kulturell geprägt. So wird das Vorhandene zum Vertrauten. Die Technik des Mediums tritt dazwischen. Die Botschaft fließt durch einen Kanal. Der Weltstoff wird gefiltert und zur »Information« verarbeitet. Mit der Neuzeit und ihren technischen Errungenschaften hat sich die Wirklichkeitsbearbeitung des »homo faber« potenziert. Die in seiner Vorstellung verfügbar gemachte Wirklichkeit kann er nun vollends in den Griff nehmen. Er beherrscht die Naturkräfte. Lewis Mumford betrachtet die moderne Technik nicht als völlig neues Phänomen, das seinen Ursprung in der sogenannten industriellen Revolution des achtzehnten Jahrhunderts hat, sondern er glaubt sie schon »ganz am Anfang in der Organisation einer archetypischen Maschine, die aus menschlichen Teilen bestand«, nachweisen zu können. Mumford bezeichnet den Körper des Menschen als Allzweckwerkzeug. Der Mensch sei nur mittels der Kultur imstande, seine eigene Natur ausschöpfen, kontrollieren und voll entwickeln zu können. Wir hätten heute genügend historische Perspektiven gewonnen, um erkennen zu können, daß dieser scheinbar vollautomatisierte Mechanismus unserer Maschinen »in seinem Getriebe einen Menschen versteckt hat; wir wissen, daß das System nicht direkt aus der Natur abgeleitet ist, wie wir sie auf der Erde oder im Himmel vorfinden, sondern Züge aufweist, die an jedem Punkt den Stempel des menschlichen Geistes tragen, teils rational, teils schwachsinnig, teils dämonisch«.[24]

Dieses Statement ist voll übertragbar auf die Maschinenwelt der Massenkommunikation; im Getriebe des journalistischen Systems hat sie »einen Menschen versteckt«, und über einen Mangel an »Schwachsinn« in den Massenmedien brauchen wir uns nicht zu beklagen. Die Angst unseres Zeitalters ist es gerade, der Mensch möchte zum Zauberlehrling werden, der am Ende die Formel vergißt und unter die Herrschaft der Apparate gerät, wenn die Technik aus dem Lebenswelthorizont isoliert wird und der »homo faber« zur Machtergreifung über den »homo sapiens« schreitet.

Kulturanthropologische Sicht

Der Mensch tritt mit seinen Bauplänen an die Wirklichkeit heran und schöpft aus ihr, die Welt zu vergegenständlichen und sie sich in dieser Objektivierung zu eigen zu machen. Aber der Mensch darf nicht vergessen, daß seine Freiheit an das Erkennen gebunden bleibt. Erich Rothacker, der vom Kulturbegriff her philosophiert, nennt das »Eindringen in die Struktur dieser einen Welt als wahrer Wirklichkeit« die dem Erkennen gestellte Aufgabe. Der Mensch erdeutet sich schöpferisch seine Welt. Dabei zeigt sich eine strenge Korrelation von Bauplan und erlebtem Wirklichkeitsinhalt. Gleichzeitig tritt dem menschlichen Erkennen eine dunkle, rätselhafte und vollkommen unausschöpfbare Wirklichkeit gegenüber. Rothacker fügt hinzu: »Denn jedes Stückchen dieser Wirklichkeit ist von unendlicher intensiver Mannigfaltigkeit. Es ist restlos *nie* ausschöpfbar. Nichts ist intensiv restlos ausschöpfbar für unsere Erkenntnis. Die Erkenntnis bleibt hier immer im Rückstand. Wir sind also zu einer Selektion gezwungen, und diese Auslese des Bedeutsamen ist zunächst einmal auf der Folie der unausschöpfbaren Wirklichkeit *ärmer*.«[25]

So ist das Erkennen (und sicherlich das journalistische Erkennen) ein begrenztes Stückwerk und die ihm zu Hilfe kommende Technik ein Flickwerk, weil die Wirklichkeit (die journalistische Ereigniswirklichkeit) zu komplex ist, vom menschlichen Bewußtsein in ihrer unbegrenzten Fülle aufgefaßt zu werden. Zwar kann der Mensch im Unterschied zum Tier die ganze Wirklichkeit auf die Idee bringen, auf die Idee der einen Welt, wie sie ihm erscheint, aber damit hat er noch nicht den Graben überbrückt, »die Idee eines Unterschiedes dieser einen Welt als eines Inbegriffs von Dingen an sich im Unterschied zu Erscheinungen, in denen sie sich ihm bietet, des einen Seins gegenüber der Mannigfaltigkeit des Seienden. Kurz: er ist von vornherein auf dem *Weg* zur Philosophie und zur Wissenschaft.«[26]

Rothacker hat das anthropologische Thema weit ausgezogen und sieht den Menschen mit dem Blick auf seine Erkenntnisbedingungen tatsächlich »der Idee des *Un*endlichen fähig«. Er sei für Unendliches geöffnet, er könne sich und die Erscheinungswelt überschreiten, transzendieren, und diese Einsicht verstärkt sich nochmals, »wenn wir in diese Idee des Unendlichen auch noch das Gesollte, den absoluten *Wert,* die Pflicht, das Heilige, die Wahrheit, das Gute, das Schöne, das Vollkommene und Lebensideale einbeziehen«.[27]

Wir sagten, jede Kultur sei bearbeitete Natur, jede Wirklichkeitserkenntnis des Menschen eine Konstruktion. »Bearbeitete Natur« ist der mit Korn bepflanzte Acker ebenso wie die Polis mit ihrem System von Sitten und Rechtsformen oder das moderne Massenkommunikationswesen mit seiner Informationstechnik. Der Mensch ist einerseits in die kulturelle Umwelt seiner spezifischen Wirklichkeitserfahrung eingebunden. Andererseits hat er Distanz zur Wirklichkeit und besitzt Weltoffenheit. Er kann seinen jeweiligen Horizont überschreiten, und der Mensch »philosophiert« unausgesprochenermaßen bereits, wenn er dies tut. Der Kulturanthropologe zeigt, wie diese Haltung zur Einbruchstelle für das Unbedingte wird. Für das menschliche Erkennen ist die Wirklichkeit unauslotbar.

Sekundäre Realität

Die Kommunikationswissenschaft nähert sich dem Problem, welche Wirklichkeit der Journalismus hervorbringt, anders als die Philosophie, aber auch sie gelangt zu dem Ergebnis einer »sekundären« Realität. So hat man die Medienrealität der Nachrichten untersucht, um herauszufinden, daß die von den Medien transportierte Realität mit der tatsächlichen Ereigniswirklichkeit nicht übereinstimmt. Dieser Falsifikationsansatz sollte zeigen, daß die Instrumente der sozialen Kommunikation aufgrund eigener Strukturen und Arbeitsgewohnheiten das wirkliche Geschehen nicht reproduzieren können. Ein solcher Forschungsansatz läuft letzten Endes immer auf den Vergleich hinaus, die von den Medien vermittelte Realität der »faktischen« Realität gegenüberzustellen und jene an dieser zu messen. Diesen Ansatz hat Winfried Schulz in seiner Analyse der aktuellen Berichterstattung mit Recht verworfen. Die Frage, ob das Bild, das die Medien von der Realität zeichnen, »richtig« ist, läßt sich nach der Auffassung dieses Medienforschers mit den Mitteln der Wissenschaft nicht beantworten. Was »wirklich« geschah, welches das »richtige« Bild von Realität ist, das sei eine letztlich metaphysische Frage. Niemand sei in der Lage, darüber eine intersubjektiv verbindliche Auskunft zu erteilen.[28]

Müssen wir also das Problem an den Philosophen weitergeben? Jeanne Hersch hat einmal bemerkt, der Philosoph befasse sich mit unlösbaren Problemen; sobald sich nämlich eine Lösungsmöglichkeit ergibt, würden sie zu wissenschaftlichen Problemen.[29] Der Philosoph weiß das »richtige« Bild von der Realität ebensowenig zu bestimmen wie der Kommunikationsforscher. Wohl aber kann er fragen: Wenn Nachrichten nicht »wahr« sind, was sind sie dann? Erfundene Nachrichten will doch niemand hören und sehen. Die Nachrichten werden von denen, die sie aufnehmen, als »wirklich« erfahren, und dies nicht deshalb, weil ihre »Richtigkeit« wissenschaftlich erhärtet werden kann, sondern weil im Journalismus das Aufrichtigkeits- und Wahrheitspostulat gilt – gelten soll. Nachrichten müssen »stimmen«. Nachrichten sind wahre Nachrichten; sonst sind sie Schein, Täuschung, Irrtum, Betrug, Dummheit. Auf den Annäherungswert, den wir journalistische Objektivität nennen, kommt es an.

Winfried Schulz sieht einen Ausweg darin, daß er die Abbildtheorie, derzufolge Nachrichten stets die Realität widerspiegeln, aufgibt, um »davon auszugehen, daß Nachrichten eine Interpretation unserer Umwelt sind, eine Sinngebung des beobachtbaren und vor allem auch des nichtbeobachtbaren Geschehens. Mann kann also sagen, daß Nachrichten ›Realität‹ eigentlich konstituieren. Denn die uns interessierenden Aspekte der Umwelt werden erst dadurch als ›Ereignis‹ existent, da sie als solche definiert werden und in unser Bewußtsein gelangen.«[30]

Wie sehen die Merkmale der medialen Realitätskonstruktion aus? Nach welchen Regeln wird die Wirklichkeit ausgewählt und interpretiert? Schulz stellt die Frage andersherum. Welche Nachrichtenfaktoren sind es, die als Bestimmungsmerkmale die Wirklichkeit definieren? In der Praxis gilt die Regel: »Je mehr eine Meldung dem entspricht, was Journalisten für wichtige und mithin berichtenswerte Eigenschaften der Realität halten, desto größer ist ihr Nachrichtenwert.«[31] Unter Journalisten gibt es einen weitgehenden Konsens darüber, nach welchen Nachrichtenfaktoren die Wirklichkeit zu »organisieren« ist, wenn sie als Ereigniswirklichkeit in die Berichterstattung eingehen soll. Die Nachrichtenfaktoren und Nachrichtenwerte sind es, die für die journalistische Hypothese von Realität in dieser besonderen Sparte den Ausschlag geben.

Die journalistische Wirklichkeitskonstruktion ist in der älteren Gatekeeper-Forschung[32] bereits an der Nachricht und dem Nachrichtenfluß nachgewiesen worden. Die Frage bleibt offen, ob die Nachrichten in dieser Hinsicht paradigmatisch für alle Medieninhalte und -formen stehen können oder ob nicht zum Beispiel im Unterhaltungsjournalismus die Wirklichkeitskonstruktion nach ganz anderen Gesetzen verläuft. Das Verdienst von Winfried Schulz ist es, daß er auf einsichtsvolle Weise die Grundmuster belegt, nach denen im Journalismus die Selektion, Interpretation und Sinngebung von Realität erfolgt und wie folglich die Massenmedien zu Instanzen der Bedeutungsvermittlung, des Weltbilds und Weltstoffs werden.

Wenn auch das Wissen darüber, daß die Medien ihre eigene Realität konstruieren, offenkundig ist, ändert es wenig daran, daß die Menschen im Regelfall die

Medienrealitäten als verbürgte Zeugnisse eines tatsächlichen Geschehens aufnehmen. Zwar sind die meisten Zeitgenossen nicht so unbedarft, daß sie die Zeitungs- oder Bildschirmrealität mit jenen Wirklichkeiten verwechseln, die sie tagtäglich im persönlichen Umgang mit ihresgleichen erleben. Dennoch verwischen sich die Unterschiede fortwährend.

Die Medienrealität als eine Wirklichkeit aus zweiter Hand und die Primärerfahrung werden nicht auseinandergehalten. Die Wirkungen scheinen auf die unterschiedlichen Erfahrungsquellen wenig Rücksicht zu nehmen. Für Kinder, aber auch für Erwachsene kann ein Fernsehprogramm in höchstem Maße das erlebte Leben bedeuten, mögen die Erfahrungen auch nur aus zweiter Hand stammen. Der Mensch macht sich ein Bild von vielen Dingen, die der unmittelbaren Sinneswahrnehmung nicht zugänglich sind.[33] Reisen durch das Land Utopia, Erträumtes, Phantastisches oder Realitäten, die wir teils vom Hörensagen, teils auch eigener Vorstellungskraft zu kennen glauben: Überall kommt es zu schöpferischen Konstruktionen, und andauernd scheint der Mensch auf der Suche nach Realität zu sein; er will sich in ihr wiedererkennen und überhaupt erkennen. Was er in Wahrheit hat, sind Erfahrungen und Geschichten, die das eigene Leben lesbar machen. Die Erfahrung »dichtet«, und mittels der Fiktion »erfahren« wir das Leben, fremdes und eigenes. Erzählen die Medien vielleicht überhaupt nur »Geschichten«? Wir wollen die Zweifel nicht zu weit treiben, aber die Doppelbödigkeit des journalistisch Authentischen sollte gegenwärtig sein. Wo endet die Primärerfahrung? Wo beginnt die Sekundärerfahrung? Die Unterscheidung ist recht künstlich und darum wenig hilfreich.

Wissen und Macht

Der Mensch kann sich heute im Naturzusammenhang kaum noch identifizieren. Die Natur haben wir zum »Material« gemacht. Die Menschenwelt hat alles nach ihrem, zu ihrem Maß gemacht, bis ihr am Ende nur noch das faßbar scheint, was wir selbst machen. Das Wissen und die Macht fallen in eins. So sagt der Vorsteher des Technokratischen Ordens in Francis Bacons »Novum Organon« über seine Utopie: »Der Zweck unserer Gründung ist es, die Ursachen und Bewegungen der verborgenen Kräfte in der Natur zu ergründen und die Grenzen der menschlichen Macht so weit wie möglich zu erweitern.«[34] Die Vollendung von Wissenschaft und Technik ist weit hinaus über das Maß dessen, was Francis Bacon am Eingang der Neuzeit erhofft und erträumt hat, eingetreten.

Bacons Gedanke war es, daß wir mit dieser Vollendung auch »die Reinigung und Entsündung des menschlichen Verstands werden vollbracht haben«, aber diese Hoffnung, sozusagen auf technologischem Schleichweg das verlorene

Paradies wiederherzustellen, hat vollends getrogen. Wenn die Natur das ist, was sich machen läßt, haben wir einen Gipfel der Naturkenntnis und unserer Macht erreicht, die aber zugleich unsere Ohnmacht geworden ist, »daß zum erstenmal im Lauf der Geschichte der Mensch auf dieser Erde nur noch sich selbst gegenübersteht«, wie Werner Heisenberg es ausgesprochen hat.[35] Erkennen und Wissen sind nicht mehr Spiegelungen eines Wirklichen, sondern dem Menschen stellt sich die Wirklichkeit so dar, als sähe er sich selbst wie in einem Spiegel als die große Maschine, die auf sich selbst programmiert ist. In dem »Ge-stell« der modernen Technik, womit Heidegger den »Schatten« beschreibt, »der um alle Dinge überall geworfen wird, wenn der Mensch zum Subjectum geworden ist und die Welt zum Bild«, drücken sich die Ferne und Entfremdung des Menschen aus, daß er nicht mehr »in der Nähe des Seins wohnt«.[36] Das Problem ist das Auseinanderdriften von Technik und Humanität.

Aber vor uns liegt nicht der Untergang, sondern die Aufgabe, daß wir die Herauslösung der Technik aus der Moral als eine Fehlform menschlichen Existierens und politischer Kultur erkennen.

Anstrengung des ethischen Denkens

Die Massenmedien in der modernen Welt sind ein Teil jener globalen »Stadt«, von der Hans Jonas spricht, der eine Ethik für die technologische Zivilisation entwirft.[37] Dieser Autor sieht die Stadt der Menschen als das totale Artefakt, als die Summe der zur Welt gewordenen Werke des Menschen, die auf ihn und durch ihn selbst wirken, über das Ganze der irdischen Natur ausgebreitet, deren Platz die Technologie usurpiert hat. Der Unterschied zwischen dem Künstlichen und dem Natürlichen sei verschwunden, das Natürliche sei von der Sphäre des Künstlichen verschlungen worden, und die menschliche Freiheit sehe sich vor eine neue Art von »Natur« gestellt.[38] Die Wirklichkeit, die der Journalismus in der globalen »Stadt« hervorbringt, ist eine moralische Wirklichkeit, die unter dem Postulat der Freiheit steht, unser Können im Horizont des Erkennens zu halten. Wir können die Technik des Menschen nicht aus der sie begründenden Vernünftigkeit entlassen, sondern müssen dafür Sorge tragen, daß alle Richtigkeit sich durch die Frage nach ihrer Moralität legitimiert.

Die journalistische Wirklichkeit, die von den Medien hervorgebracht wird, ist wie kaum eine andere heute philosophiebedürftig. »Journalismus muß in einer Demokratie eine praktische Philosophie haben.«[39] Der Journalismus darf sich nicht der Anstrengung des ethischen Denkens und der ethischen Vernunft entziehen. Die Technisierung unserer Lebenswelten, die heute – zum Ende des Gutenberg-Zeitalters? – die Menschen auch über die Massenmedien und die

Elektronik mit voller Wucht erreicht, ist ohne den Rückbezug auf das Wahre und Gute, wodurch eine bloß funktionierende Technik ins Unrecht gesetzt werden kann, auf dem Weg in eine selbstzerstörerische Barbarei.

Wie heute in der Massenkommunikation das Wirkliche als das Wirkende und Wirksame produziert wird und unser menschliches Bewußtsein von der Welt, in der wir leben, davon geprägt ist, das öffnet ein weites und interdisziplinäres Untersuchungsfeld, wo Alltagspraxis und Wissenschaft, Sinneswahrnehmung und Erkennen, Wirklichkeit und Wahrheitstheorie miteinander in Beziehung treten. Dieses Feld ist für den Journalismus noch kaum ausgemessen worden, obwohl sich die Kommunikationswissenschaft andauernd mit dem Wirklichen, das durch die Medien bereitgestellt wird, befassen muß.

Die Philosophie blickt seit ihren Anfängen auf die vorwissenschaftliche Erfahrung des In-der-Welt-Seins, daß der Mensch immer schon (die Wirklichkeit) erfahrend in der Welt ist und ihr doch nicht angehört wie das Tier, das ganz im Konkreten und Wirklichen lebt. Max Scheler zitiert Buddha mit einem Ausspruch – »herrlich sei es, jedes Ding zu schauen, furchtbar es zu sein« – und knüpft daran eine Definition des Menschen, der aller Wirklichkeit in ihrem Jetzt und Hier ein kräftiges »Nein« entgegenschleudert. Der Mensch wird als »Asket des Lebens« geschildert, der kraft seines Geistes diesen Akt der Entwirklichung vollzieht, der »ewige Protestant gegen alle bloße Wirklichkeit ... die Schranken seines Jetzt-Hier-Soseins zu durchbrechen, immer strebend, die Wirklichkeit, die ihn umgibt, zu transzendieren«.[40] Scheler fügt eine Bemerkung hinzu, die uns sofort an den Sensations- und Neuigkeitshunger der Massenmedien denken läßt, der etwas Unersättliches hat. Er nennt den Menschen im Verhältnis zum Tier, dessen Dasein »das verkörperte Philisterium« sei, den ewigen Faust, die »bestia cupidissima rerum novarum«.[41]

Letzten Endes wirft die journalistische Neugier den Menschen auf sich selbst zurück. Er sieht dauernd sein eigenes Bild. Novalis sagt zu dem Mann, der wagemutig den Schleier vom Antlitz der Göttin Isis wegzieht: »Und was sah er? Er sah, Wunder der Wunder, sich selbst!«

3. Das Staunen, der Zweifel, es gibt realiter eine Welt

Fragen ist die Frömmigkeit des Denkens

In einer von der Aufklärung bestimmten Welt kommt dem Wissen über die Welt eine große Bedeutung zu. Der Journalismus verbreitet dieses Wissen tagtäglich und legitimiert sich aus dieser Wissensverbreitung. Es soll gezeigt werden, wie die Welt wirklich ist und wie das Wissen zu einem praktischen gemacht werden kann.

Zu sagen, Journalismus sei Aufklärung, setzt einen hohen Erkenntnis- und Wissensanspruch voraus, dem wir auch in der Philosophie begegnen. In Verbindung mit dem hermeneutischen Verfahren geht es auch der Philosophie um »richtiges« Wissen über die Welt. Wir fragen an dieser Stelle unserer Überlegungen: Wozu überhaupt Philosophie? Wozu Philosophie im Hinblick auf den Journalismus und seine Phänomene?

Die Philosophie erschließt jenes Wissen von der Wirklichkeit, das wir als Bedingung der Möglichkeit von Wissenschaft überhaupt in allen theoretischen Orientierungen wie Beobachten, Experimentieren, Berechnen, Vergleichen, Unterscheiden und in jeder praktischen Grundorientierung, sei sie moralisch, technisch oder politisch, »immer schon mit-wissen«.[42] Das heißt, wir stehen alle immer mitten in einem Wissen drin. Wer philosophisch fragt und forscht, entdeckt kaum etwas Neues, wie möglicherweise ein Naturwissenschaftler. Der Philosophie geht es um Klärung des Mit-Wissens, und sie greift dazu weit zurück in die Geschichte. Das bei den alten Griechen oder in der Neuzeit Erdachte und Erkannte ist heute noch als »früh Gedachtes, früh Geschicktes gegenwärtig«.[43] Von ihren Anfängen an hat die Philosophie als die Theorie des Wirklichen die jeweiligen Probleme ihrer Zeit aufgegriffen und dabei doch immer schon in der Tradition eines Wissens gestanden, das ihrer Zeit vorausliegt. Klärung solchen Mit-Wissens ist auch der Versuch, etwas »anders« zu wissen als wir es zuvor gewußt haben, um es dann besser zu wissen. »Philosophieren ist Fragen nach dem Außer-ordentlichen.«[44]

Bedarf es solcher Herleitungen des Denkens, wenn wir das Wirklichkeitsverständnis des Journalismus erfragen wollen? Das Interpretieren und Auslegen von Ereigniswirklichkeiten ist das dauernde Geschäft des Journalismus. Den Wirklichkeiten soll ein Sinn, möglichst ein ganz »neuer« Sinn abgewonnen werden. Dabei ist immer schon der Wissensstand der jeweiligen Epoche und Kultur, ihrer

Sprach- und Denkwelt vorausgesetzt, um alte mit neuen Erkenntnissen, alte mit neuen Erfahrungen zu amalgamieren. Der Blick reicht weit zurück, wir stehen auf den Schultern der vielen Generationen vor uns, die Wirkliches interpretiert und ausgelegt haben. Damit beginnt auch alle Philosophie. Sie beginnt nach Aristoteles mit der Verwunderung darüber, daß irgendein Wirkliches überhaupt vorhanden ist und ins Leben gerufen wurde, wie der Grund und die Ursache solcher Wirklichkeit beschaffen sein muß, damit es möglich sei. Die »philosophia prima« fragt nach dem Was und Warum, dem Inhalt, Ziel und Sinn dessen, was da überhaupt erscheint. Was ist es? Was bedeutet es? Was verursacht es? Wie kann oder muß es ausgelegt werden?

Anfang des Philosophierens

Nehmen wir das Verwundern als den Anfang der Philosophie, so wird hier angenommen, daß es in unserer Welt offenbar etwas Fragloses geben muß, von dem alle Fragen auszugehen scheinen, unsere ursprüngliche Welt- und Wirklichkeitserfahrung. Wir sind in der Welt, erfahren sie als Welt, denken sie als Welt und könnten darin schon so etwas wie eine Letztbegründung menschlichen Erfahrens und Denkens erblicken.

Dieses Denken vom Ersten, von den Grundproblemen der Wirklichkeit in ihrer Ursprünglichkeit, des »Seienden als Seienden«, wie Heidegger es immer wieder nennt, ist nicht die Untersuchung eines ganz bestimmten Gegenstands oder Menschen, auch nicht aller materiellen Körper, Pflanzen, Tiere, Menschen, sondern erforscht werden soll »das Seiende, sofern es Seiendes ist, d. h. einzig im Hinblick auf das, was das Seiende zum Seienden, das es ist, macht: Das Sein«.[45] Aber es scheint in Dunkel gehüllt zu bleiben, was das besagt: »Sein«; wir können uns darunter nichts vorstellen, fügt Heidegger hinzu. Danach zu fragen, diese Frage in der rechten Weise zu stellen und aufzuklären, was zum Sein als solchem gehört, dies sei »das« Problem der Philosophie schlechthin.

Vor aller Theorie, die menschlichem Denken entspringt, ist die Welt gegeben. Sie ist eine vorgegebene Wirklichkeit, die alles Seiende, was von dieser Welt ist, umfaßt. Der Philosoph sucht sich aus diesem naiven Seins- und Weltglauben herauszunehmen. Edmund Husserl spricht vom »phänomenologischen Ich«, das sich als philosophisch reflektierendes Ich vom »naiv interessierten Ich« unterscheidet. Wenn wir reflektieren, können wir nicht beim naiven Weltglauben stehenbleiben. Husserl will zeigen, wie alle Philosophie der Lebenswelt »entspringt«, das naive Bewußtsein zugunsten des Primates der theoretischen Geistes aufzuheben. Er hat den Empiristen vorgehalten, sie nähmen die Erfahrung nicht ernst genug. Das Empirisch-Reale, das uns die Sinneswahrnehmung von den

Phänomenen vermittelt, sei nicht die einzige Schicht. Die Phänomene seien vielmehr so zu erkennen, daß ihre Wesenheiten und Wesenssachverhalte durch einen nicht-sinnlichen, geistigen Erkenntnisakt erfaßt werden können.[46]

Mit dieser phänomenologischen Reduktion hat Husserl den Anfang des Philosophierens zu erklären versucht. Er fällt mit der Geburt der Wirklichkeitserkenntnis zusammen, bei der äußere Dinge ebenso wie die innere geistig-seelische Erfahrung »phänomenal« gegeben sind. Die schlichte Erfahrung dessen, was Husserl die Lebenswelt als das Universum vorgegebener Selbstverständlichkeiten nennt, macht er zur letzten Grundlage aller objektiven Erkenntnis. Von den Sachen und Problemen unserer Lebenswelt müsse der Antrieb des Philosophierens ausgehen, hatte Husserl um die Jahrhundertwende verlangt: Zu den Sachen selbst! Analysieren, was sich zeigt, was einfachhin gegeben ist, was Phänomen ist, lautete die Forderung.[47] Die Lebenswelt ist nicht etwas, das als Ausdruck eines fraglos Vertrauten unberührt bleiben sollte, sondern es geht um die Auflösung der Selbstverständlichkeiten in ihre transzendentalen Fraglichkeiten, wie Husserl formuliert, ihre Kontingenz aufzudecken, Selbstverständlichkeit in die Verständlichkeit zu überführen. Das ist der »Sache« der Philosophie, dem Denken, aufgetragen.

Aristoteles, Heidegger, Husserl suchen je auf ihre Weise dem unreflektierten, naiven Leben gegenüberzutreten und die Auffassung zu widerlegen, als ob die Welt sich als die Welt unserer natürlichen Einstellung und Gewöhnung erschöpft. Insofern ist die Philosophie keine ursprüngliche und selbstverständliche Erscheinung der menschlichen Kultur, sondern »etwas Spätgeborenes und entspringt immer erst der Rückbesinnung und Reflexion, wozu es immer wieder des Anstoßes und Anlasses bedarf«.[48] Wir können die Phänomene des Lebens als das jeweilig Erfahrbare und Gegenständliche hinnehmen und es dabei belassen. Wir können sie aber auch »hinterfragen« und sie verstehen als »das In-Erscheinung-treten-Lassen des Logos, des Geistes und der Vernunft«.[49] Wir führen sie nach Umfang und Tiefe auf etwas Verborgenes zurück, das es zu »entbergen« gilt. So versteht sich die Philosophie als »die radikalste, freie Bemühung der Endlichkeit des Menschen«, als etwas, das immer erst errungen werden und dem eine Neigung, ein Wille vorausgehen muß, »die freiwillige Neigung zum ursprünglichen Verstehen«. Sich frei und vertrauend um eine Sache mühen, das steckt im griechischen »philein«, worauf wir schon einleitend hingewiesen haben, und dem »sophos« ist die Sache durchsichtig, er versteht etwas davon und hat den Überblick. Die »sophoi« sind keine altklugen Senatoren, sondern Männer, die nicht ihre eigenen Interessen und Vorteile wahrnehmen; sie haben den Blick für das Ungewöhnliche, das über den alltäglichen Gesichtskreis des gemeinen Verstandes hinausweist, für das Staunen, das Verwunderung erregt, ständig zu neuen Fragen drängt, auch für das Schwierige, das mit schnellfertigen Denkrezepten nicht zu meistern ist.[50] Heidegger gibt uns, anknüpfend an Aristoteles, diese schönen Sinnbeschreibungen des Philosophierens, was Erkennen selbst möglich macht, und mit provokatorischer Schärfe rennt er gegen bestimmte Denkgewöhnungen an, die uns die Radikalität des Fragens nach Sein und Sinn allzu leichtfertig »vergessen« lassen.

Skeptizismus und Fraglichkeit

An den Anfang des Philosophierens können wir statt der Verwunderung auch den Zweifel setzen und fragen, ob die Dinge so sind, wie sie sind. In beidem, in der staunenden Verwunderung wie im Suchen nach Gewißheit, das allem Zweifel zugrunde liegt, erweist sich unser alltägliches Wissen als Unwissenheit, als Wissen, nichts zu wissen.

Eine Grunderfahrung unseres Zeitalters ist die radikale Fraglichkeit aller Dinge. Der Skeptizismus war seit jeher ein tragendes Element des Philosophierens, aber das grundsätzliche Mißtrauen in die Fähigkeiten des menschlichen Erkennens, Wahrheit und Gewißheit zu erlangen, hat im modernen Denken weithin die alte Metaphysik abgelöst. Wilhelm Weischedel hat daraus die Konsequenz gezogen und eine »Skeptische Ethik« verfaßt. Weit über den engeren Bereich der Philosophie hinaus erscheint diesem Autor der vollendete Skeptizismus als Grundzug unserer Gegenwart. Deshalb folgert er, wenn es heute überhaupt noch Philosophie und philosophische Ethik geben solle, dann müsse sie dem Skeptizismus, der die Denkweise unserer Zeit bestimmt, Rechnung tragen und den Untergang jeglichen Denkens, das sich für gesichert hält, auf sich nehmen.[51]

Der europäische Nihilismus hat seinen langen Schatten geworfen und viele in ihrer Annahme bestärkt, hinter den Idealen der Menschen trete das Nichts hervor. Das neuzeitliche Unbehagen an der Technisierung aller Lebensbezüge nährt sich vom Zweifel als einer Grundströmung des modernen Denkens. Nach Auschwitz, nach Hiroshima geht man nicht mehr zur Tagesordnung über. »Wenn atomare Sprengköpfe lagern, kann man sich nicht damit aufhalten, die Nikomachische Ethik zu deuten.«[52] Der Schriftsteller und Moralphilosoph Günther Anders traut der Vorstellungskraft des Menschen nicht mehr genügend Phantasie zu, die überlebensgroßen Geräte, die er selbst herstellt, noch bändigen zu können. Er nennt jenes Mißverhältnis die »Antiquiertheit des Menschen«, womit er zu belegen sucht, daß nicht wir die Verfügenden sind, sondern über uns verfügt wird. Die Geräte sind die Begabten, der Mensch ist mit seinen eigenen Erzeugnissen nicht mehr synchronisiert, und inmitten einer Welt der Speicheraggregate und elektronischen Maschinen sind es heute vor allem die

Massenmedien, die sich verheerend auswirken und unsere »wirkliche Welt« schaffen. Ein tiefes Mißtrauen wird den journalistischen Phänomenen entgegengebracht, und zu allen Dingen empfiehlt sich in einer solchen Situation die skeptische Distanz. Verzweiflung und eine nihilistische Grundstimmung wollen sich ausbreiten; sie sind kein guter Boden für die Verwurzelung einer ethischen Kraft, die wir im Journalismus wecken wollen. »Im übrigen«, bemerkt Günther Anders, »kann ich mich nicht erinnern, jemals etwas gesagt zu haben, was nicht zum Verzweifeln gewesen wäre.«[53]

Die Gefahr, daß es zur bedrückenden Verfestigung der Verhältnisse kommt, ist immer besonders groß, wenn die Menschen es aufgegeben haben, sich ihrer Welt fragend zu nähern. Die sogenannten Tatsachen widersetzen sich gern der Frage, sinnhaft zu demonstrieren, warum überhaupt etwas so ist und nicht anders sein könnte. Man beläßt es dabei, die Funktionen und Abläufe zu beschreiben, weiter dringt das Denken nicht. Indem es das Fragen verlernt, hat es sich selbst entwaffnet. »Denn das Fragen ist die Frömmigkeit des Denkens.«[54] Es bleibt sich der Aporien bewußt und umkreist immer neu, was es zu denken und zu bedenken gibt. Dabei erweist sich jede Wirklichkeit als unausschöpfliche Fraglichkeit, ob vom Zweifel oder der Verwunderung getragen.

»Wir sehen kaum mehr die Wirklichkeit, fast nur noch Kulissen und Spiegelbilder.« Das schreibt Karl Steinbuch, der unser Denken durch die journalistische Überproduktion »enteignet« glaubt. Die Medien bewirkten für unser Denken eine große Wirklichkeitsferne.[55] Ähnlich beurteilt Ulrich Hommes die »Wirklichkeitsdefinition« der Massenmedien, die nicht nur bestimmen, wie wir überhaupt Wirklichkeit aufnehmen, sondern was als Wirklichkeit zu gelten hat und uns wahrhaft angeht.[56] Das hohe Vertrauen der Bürger in das Fernsehen und speziell die Fernsehnachrichten als Quelle glaubwürdiger Information beruht nicht zuletzt auf der Suggestion, »die Wirklichkeitstreue der sprachlich angebotenen Information werde durch Bilder und Filme bewiesen«.[57] Wir fragen uns, ob die Massenmedien der bedrückenden Verfestigung ihrer Verhältnisse erlegen sind. Oder ziehen sie einen Gewinn daraus, sich ihren Realitäten und Tatsachen fragend zu nähern?

Vielleicht sollten wir nicht von »den« Massenmedien sprechen. Der Journalismus ist eine reichlich zerklüftete Landschaft und läßt viele Erfahrungswelten von qualitativ unterschiedlicher »Wirklichkeitsdefinition« entstehen. Gegenüber allen Erscheinungsformen der journalistischen Wirklichkeitskonstruktion und -definition ist jedoch allgemein ein Skeptizismus als fragende Grundhaltung angebracht, ob die Dinge so sind, wie sie sind. In diese Fraglichkeit möchten wir alle journalistischen Phänomene gestellt sehen.

Descartes und die Neuzeit

Descartes hat als erster in der neuzeitlichen Philosophie die zweifelnd-fragende Methode zum Prinzip gemacht, um von dorther den Weg zum Unbezweifelbaren zu bahnen. Die Unzuverlässigkeit der Sinne, die sich verwischenden Unterschiede von Traum und Wachen, aber auch die Möglichkeit, der Mensch könne von seinem Ursprung her nicht auf die Wahrheit hin erschaffen, sondern absichtlich von Gott zum Irrtum eingerichtet worden sein, waren für Descartes wesentliche Zweifelsgründe. Aus der Selbstgewißheit seines berühmten »cogito ergo sum« – »Ich kann nicht denken, daß ich denke, ohne zu denken, daß ich bin«[58] – gewinnt Descartes die Seinsgewißheit zurück. Sie ist ihm die gewisseste Erkenntnis, die der Mensch haben kann. Denn es läßt sich schlechterdings nicht annehmen, daß wir, die wir all das denken, nicht sind. Das Wesen der Seele besteht im Denken, die Seele ist denkende Substanz.

Die Wende, ja die Revolution im Wirklichkeitsverständnis des Descartes liegt darin, daß nunmehr das Subjekt, der Mensch als das denkende Ding, zum eigentlich Wirklichen erklärt wird. Schelling hat Descartes nicht grundlos den Anfänger der neueren Philosophie genannt. Der Mensch ist es, der sich nun selbst die Gewißheit von einer Sache, von der Wirklichkeit und der Welt verschafft. Ihm, dem sub-jectum, kommt das Wirkliche entgegen und wird ihm gegenübergestellt, das damit zum ob-jectum wird in einer Philosophie der Subjektivität. Descartes läßt zwar das Dasein Gottes noch gelten, aber er spricht das Verbot aus, für die Erkenntnis der Natur irgendwelche Aussagen aus einem Zweck, den Gott oder die Natur sich mit der Schöpfung gesetzt haben könnten, abzuleiten. Der Mensch dürfe sich nicht anmaßen, Einblick in die Absichten mit der Welt zu besitzen.[59] So wird das wirkliche Sein zum Sein im Bewußtsein, die Wirklichkeit wird in die Subjektivität entlassen und löst sich in ihr auf. Die Welt wird zu meiner Welt, und gleichzeitig bin ich deren Grenze als das erkennende, die Wirklichkeit konstituierende Subjekt.

Der weltlich gewordene Mensch der Neuzeit und des Rationalismus verweigert sich dem Wissen aus dem Jenseits des Glaubens an die Schöpfungswirklichkeit. Als Vernunftwesen ist er nunmehr frei und allein auf sich gestellt. Die Frage lautet jetzt, wie der Mensch der Wirklichkeit gewiß werden kann, um seiner selbst gewiß zu sein. Diese Subjektivität macht den Menschen zur Bezugsmitte des Wirklichen im ganzen. Sein Bewußtsein ist jedoch mit den freigewordenen Erkenntniskräften nicht auf das Diesseits verwiesen worden, sondern die Säkularisierung hat ihn gleichsam aus der jenseitigen und diesseitigen Welt vertrieben und auf sich selbst zurückgeworfen. Demnach läßt sich die Weltlichkeit der Neuzeit nicht einfach als Rückgewinnung eines Wirklichkeitsbewußtseins beschreiben, das schon einmal vor dem Christentum im antiken Denken bestand.[60]

So war das Ende des rationalistischen, von Descartes begründeten Humanismus vorauszusehen. Der Erkenntnis fehlt das Ziel und die Antwort auf das »Warum«. Nietzsche zeigt uns, wie der Mensch zum Gefangenen, zur Beute seiner Subjektivität wird, aus der jeder von sich aus und für sich Welt und Wirklichkeit auslegt. Er hält es für sinnlos, überhaupt von einer Erkenntnis, die objektiv wahr ist, zu sprechen und beharrt darauf, unser Erkenntnisapparat sei nicht auf »Erkenntnis« eingerichtet. Nach Nietzsche können wir nur Interpretationen geben, und allein aus der Subjektivität und Wertschätzung des einzelnen fließen die Bedingungen dessen, was wir für Wirklichkeit halten. So tritt der »perspektivische Schein« an die Stelle der Erkenntnis objektiver Phänomene, und diese Perspektivenlehre gründet sich auf unseren Gefühlen, derzufolge »jedes Für-wahr-Halten notwendig falsch ist, weil es eine wahre Welt nicht gibt«.[61] Wirklichkeit wird zur Fiktion, zum Schein, zum Betrug. Die Erkenntniskritik mündet in den Nihilismus. Die Welt ist nichts als eine Perspektive, und es »hieße allerdings die Wahrheit auf den Kopf stellen und das Perspektivische, die Grundbedingung alles Lebens, selber verleugnen, so vom Geiste und vom Guten zu reden, wie Plato getan hat«.[62]

Nein, wir reden nicht mehr vom Guten wie die traditionelle Ethik, aber es hieße auch den Menschen verleugnen, ihm seinen Glauben an eine wahre Welt streitig machen zu wollen und »erfundene« Wirklichkeit nicht als seine menschliche Wirklichkeit gelten zu lassen. Die Welt, die der Mensch konstituiert, ist seine Welt. Er macht sie dazu in einem schöpferischen Akt der Interpretation, »perspektivisch« zwar, aber sie ist seine reale Lebenswelt und keine »Fälschung«. Im Nihilismus gibt es kein Verweilen. Nietzsche versteht ihn selbst als Durchgang zu neuen Werten, den »zu Ende gedachten« Nihilismus heimzuholen in eine neue Reflexion und Anerkennung.

Max Scheler: »Durst« nach Realität

In der tiefsten Skepsis kann es immer wieder zu einem Erstaunen darüber kommen, daß überhaupt etwas ist, und selbst dort, wo man das wissenschaftlich Sagbare streng gegen das Unaussprechliche abzugrenzen sucht, wie es Ludwig Wittgenstein in seinem »Tractatus logico-philosophicus« tut, wird das Denken gleichsam kontrapunktisch über die Grenzen des positiv und positivistisch Vorfindbaren hinausgetragen. Vom »Ausdruck des Wunderbaren« ist im Zusammenhang mit Sprache und Existenz die Rede, daß es »Unaussprechliches« gibt: »Dies *zeigt* sich. Es ist das Mystische.«[63] An anderer Stelle schreibt Wittgenstein: »Nicht *wie* die Welt ist, ist das Mystische, sondern *daß* sie ist.«[64] Wittgenstein findet nirgendwo ein Subjekt, das die Objekte erkennt, dadurch,

45

daß es sie erkennt. Offenbar gibt es in aller Wirklichkeitserkenntnis eine Erfahrung des Unbedingten. Er nennt es auch das Transzendentale, das als ein »Höheres« außerhalb der Welt liegen muß, wozu nach Wittgenstein das Ethische gehört. Aber: »*Das Rätsel* gibt es nicht.«[65] Ist also dauernd Vorgegebenes, Nicht-Empirisches bei aller Wirklichkeitserkenntnis mit im Spiel?

Max Scheler hat dem grundsätzlichen Mißtrauen, daß unser Erkennen nicht zur Gewißheit gelangt, sondern sich mit den Erscheinungen einer endlichen Welt begnügen muß und keine Wahrheit erkennt, den lapidaren Satz gegenübergestellt: »Es gibt realiter eine Welt.« Um dann fortzufahren: »Denkt euch Stück für Stück den ganzen Gehalt der natürlichen Weltanschauung abgebaut, lasset alle Farben verbleichen, alle Töne verhallen, Leibbewußtseinssphäre und ihren gesamten Inhalt verschwinden, Raum- und Zeitform und alle Seinsformen (Kategorien) der Dinge sich in ein unbestimmtes Sosein nivellieren – dann bleibt als das Nichtabbaubare ein einfacher, nicht weiter auflösbarer Eindruck der Realität überhaupt: der Eindruck eines gegen die spontane – sei es willkürliche, sei es unwillkürliche, sei es schon als Wollen oder nur als Triebimpuls charakterisierte – Tätigkeit, die unser Bewußthaben und -sein in dauerndem Vollzug unterhält, schlechthin ›Widerständigen‹.«[66]

Nach Max Scheler ist Realsein nicht Gegenstandsein, sondern Widerstandsein »gegen die urquellende Spontaneität, die in Wollen, Aufmerken jeder Art ein und dieselbe ist.« Vor allem Denken und Wahrnehmen sei dieses Realsein da; es sei allem, was wir unser intellektuelles, vorstellendes, denkendes Verhalten nennen, und allen seinen möglichen Inhalten und Gegebenheiten »so unerreichbar wie die Farbe dem Hören, die Zahl 3 dem Schmecken und Riechen«.[67]

Aber kann denn Unerreichbares von sich selber her noch wirksam sein und im strengen Sinn Wirklichkeit bedeuten? Für Scheler ist das Wahrnehmen und Erkennen von Wirklichkeit keine bloße Spiegelung außerhalb eines Subjekts befindlicher Dinge und Tatsachen, sondern ein Seinsverhältnis. Für ihn gibt es ohne eine Tendenz in dem Seienden, das »weiß«, aus sich hervor- und herauszugehen zur Teilhabe an einem anderen Seienden, überhaupt kein mögliches »Wissen«.

So ist unser Erkennen niemals nur pures Wissen, sondern es wird ständig von dem Bewußtsein begleitet, daß wir auch mehr wissen könnten, als wir wissen. Jeder Begriff, jede Theorie will fortentwickelt und weiter ausgeformt werden. Scheler spricht vom Drang und »Durst« nach Realität.[68] Die normierende Kraft der Wirklichkeit, der wir uns immer nur annähern, mit der wir jedoch nicht identisch werden können, übersteigt uns fortwährend. Als »Wirksamkeit von sich selber her«[69] nimmt die Wirklichkeit auf diese Weise an unserem Wahrnehmungs- und Erkenntnisprozeß teil, und dieser Wirksamkeit begegnen wir auch im Traum oder in unseren Phantasievorstellungen.

4. Im Dienst der Curiositas

Der neugierige Mensch und die Massenmedien

Der Mensch ist wirklichkeitshungrig. Der Mensch ist vor allem: neuigkeitshungrig, »rerum novarum cupidus«. Die letzten Nachrichten vom Tage erreichen ihn im Neuigkeitsgewand. Der Mensch läßt sich als ein von der Wissensbegierde und dem Neuigkeitshunger getriebenes Wesen kennzeichnen. Das Suchen und Forschen des neuzeitlichen Menschen, das die Wissenschaft hervorgebracht hat, wird von der Kraft der Neugierde angetrieben. Die tägliche Flut an Neuem und Neuestem, die der Journalismus in Bewegung setzt, hält auch ihn in Bewegung und erzeugt ihn fortwährend aufs neue.

Walter Benjamin: Die Welt ein Warenhaus

In seinem Wirklichkeits- und Neuigkeitshunger greift der Mensch nach Ersatzwelten. Bereitwillig übernimmt er die technologisch produzierten Realitäten, die nach dem Schema der Massenproduktion industrieller Güter erzeugt werden. Bei ihrer Repräsentation und ihrem Arrangement wird die Welt tendenziell im ganzen zum Warenhaus. Walter Benjamin liefert uns diese Deutung. Er glaubt Unbewußtes zu erkennen, magische und fetischistische Naturmächte, die am Werk sind, wenn Realität von Kollektiven produziert wird. Die Menschen sehen sich im Film und im Fernsehen in eigentümlicher Zerstreuung ihrer Massenform gegenüber. Sie sind der Magie der Wirklichkeit ausgesetzt, wenn die Kamera durch die Realität »flaniert«, wenn die Wirklichkeit sich zum Interieur der Massenseele verwandelt. Benjamin ist der Auffassung, daß sich der Materialismus angesichts der magisch-mythischen Kräfte, die sich den Anschein rationaler Warenproduktion geben, von einer theologischen Wirklichkeitserfahrung in den Dienst nehmen lassen muß, wenn ihm daran gelegen ist, daß menschlich geprägte Realität erkennbar bleiben soll.[70]

Neben der Wissenschaft ist es vor allem der moderne Journalismus, der sich der Kraft der Neugierde verdankt und oft mit dem »rerum novarum cupidus« seines Publikums identisch geworden ist. In einer der frühesten Zeitungen, der »Straßburger Relation« vom Jahre 1609, entschuldigt sich ihr Drucker und Herausgeber Johannes Carolus bei den Lesern für Fehler und Flüchtigkeit gleich bei der ersten Nummer. Das Blatt sei »eilends und bei Nacht gefertigt worden.[71] Heute im Zeitalter der elektronischen Transportwege wird das Neueste vom Neuen in Sekundenschnelle um den Erdball getragen, und gegenüber dem Fernsehen sind die Zeitungen längst zu »hinkenden Boten« geworden. Das Wissen darüber, was in der Welt an Neuestem passiert, wird immer rascher unter die Menschen gebracht. Sind die Neuigkeiten so kurzlebig? Oder sind die Menschen so ungeduldig? Es liegt etwas Unersättliches in der Neugierde.

Der Journalismus steht auf einzigartige Weise im Dienst der Neugier. Wer den Journalismus erklären will, der muß den Menschen und die Kraft seiner Neugierde in den Blick fassen. Glanz und Elend des modernen Journalismus sammeln sich in diesem Punkt, wo die Legitimität der Neugierde mit der Anthropologie der journalistischen Phänomene ein Bedingungsverhältnis eingeht und wo die menschliche Wißbegierde das moderne Informationszeitalter antreibt. Woher kommt diese Ungeduld, das Wissenswerte vom Tage in höchster Eile erfahren zu wollen?

Hans Blumenberg: Prozeß der theoretischen Neugierde

Bei den alten Griechen rechtfertigt sich das Wissenwollen nicht aus der Neugierde. Ein Wissen um des Neuen willen hatte in ihrem Denken keinen Platz, und für die »Curiositas« hatten sie nicht einmal einen Namen, sondern nur Umschreibungen. Allerdings hat schon Aristoteles die Auffassung, daß die Menschen aus ihrer Natur heraus nach Wissen streben, an den Anfang seiner Metaphysik gestellt. Wissens- und Wahrheitserwerb führen zur Weisheit, zum obersten Gut des Glücks. Die Natur ist wesentlich »aus sich selbst« wahr. Das Seiende strebt aus seiner Natur zum Erkanntwerden. Bei Aristoteles ist der Vorrang der zweckfreien und unabhängigen Erkenntnis eindeutig. Dies zeigt sich auch dann, wenn sich die Menschen der Philosophie zuwenden, um ihrer Unwissenheit zu entkommen, und »so erstrebten sie offenkundig das Wissen um des Wissens willen und nicht um der praktischen Brauchbarkeit willen«.[72] Sie erstrebten es nicht um der Neugierde willen. Das ist ein fundamentaler Unterschied zum neuzeitlichen Denken. Hans Blumenberg ist diesen Zusammenhängen in seinen Studien zur Legitimität der Neuzeit nachgegangen, wo er auch nach den Bedingungen der Legitimität der theoretischen Neugierde fragt und dazu eine Fülle an historischem Material ausbreitet, das für eine Erklärung des Bedingungsverhältnisses von Journalismus und Neugierde dienlich ist.

Das Mittelalter hat durch Augustin die intellektuelle Neugierde in den Lasterkatalog aufgenommen. Irenäus argumentierte für die Selbstbeschränkung der Neugierde aus dem Glauben heraus. Dem Kirchenvater erschien es besser, wenn einer gar nichts weiß und nicht eine einzige Ursache der erschaffenen Dinge kennt, aber im Glauben an Gott und in der Liebe verharrt, »als daß er durch eine derartige Wissenschaft aufgeschwollen von der Liebe abfällt«. Die Neuzeit unterscheidet sich radikal von der mittelalterlichen Curiositas-Deutung. Blumenberg spricht vom »Wirklichkeitsbegriff des offenen Kontextes«, den die kartesianische Zuwendung zur Subjektivität des Erkennens gebracht habe: »Dieser Wirklichkeitsbegriff, der die Qualität des Neuen, des überraschend-unvertrauten Elementes, sowohl als theoretische wie auch als ästhetische Qualität legitimiert, macht erst eigentlich den sprachlichen Vorzug der ›Neugierde‹ vor der ›Wißbegierde‹ verständlich.«[73]

Im Prozeß der theoretischen Neugierde entwickelt sich ein ganz anderes Verhältnis zum Wissen und zur Wirklichkeit. Die Qualität des Neuen wird ausschlaggebend, nicht mehr die Wahrheit der Natur und des Seins. In der Wissenschaft und im Fortschritt zeigt sich Wirklichkeit als ein stets unabgeschlossenes Ergebnis. So wird das Neue zum Prinzip Hoffnung, zum Besseren schlechthin, und das Neugierde-Motiv treibt die Menschheit voran.

Die Qualität des Neuen ist auch die journalistische Qualität schlechthin geworden und determiniert weitgehend die Aufmerksamkeitsregeln, nach denen der Journalist auswählt. Im Prozeß der theoretischen Neugierde nimmt der Journalismus eine herausragende Stellung ein. Das Sich-Einlassen der Medien auf das Wirklichkeitsgeschehen ist vom Curiositas-Motiv abhängig; von dorther bestimmt sich ein großer Teil des Kommunikationsrepertoires. Der »Wirklichkeitsbegriff des offenen Kontextes« verleiht den selektiven Eigenstrukturen der Medien das entscheidende Gewicht. Es geht nicht darum, die Dinge, die Sachen und die Ereignisse getreu nachzuzeichnen, »wie man ein Gesicht besser sehen lernt, wenn man es zeichnet«.[74] Nein, die Medien haben von sich aus das Sagen und Entscheiden, welcher Realität sie als »Medienrealität« den Vorzug geben, welche sie unbeachtet lassen. Die Neuheit hat den Vortritt, das Bedürfnis der menschlichen Neugierde wird befriedigt, und darin gelangt gleichzeitig eine neuzeitliche Welt- und Wirklichkeitserfahrung zum Ausdruck, nämlich das Selber-Machen des Menschen, der Künstliches schafft und Wirkliches für produzierbar hält, indem der moderne Mensch sich der theoretischen Voraussetzungen bemächtigt und sich die verborgenen Kräfte der Natur verfügbar macht, um sie auf eine neue, menschengeschaffene Weise wirkend und somit »wirklich« zu machen.

Jene Verdoppelung von Wirklichkeit, daß eine Ur-Beziehung zwischen dem Nachgezeichneten und dem, was nachgezeichnet wird, eintritt, ist für die Medienrealität nicht zutreffend. Wir fühlen uns von einer Landschaft »angesprochen«. Wir sagen von einer Blume, daß sie mir etwas »sagt«. Dieses Angesprochensein ist nicht wie ein Bild, das sich in meinem subjektiven Erleben abbildet wie auf dem Film einer Kamera, sondern es scheint von den Dingen auszugehen. »Es scheint, als ob die Farbe, die ich sehe, ihre eigene Beschreibung sei.« Für Wittgenstein drückt sich diese Kraft, die alles Wirkliche aktuell werden läßt, in der Sprache aus, die eine Verdoppelung der Dinge mit sich selbst bewirkt. »Ein Freund und ich sahen uns einmal Beete mit Stiefmütterchen an. Jedes Beet zeigte eine andere Art. Sie haben uns alle nacheinander beeindruckt. Als er über sie sprach, sagte mein Freund: ›Was für eine Vielfalt von Farbenmustern, und ein jedes sagt etwas.‹ Und das war es genau, was auch ich sagen wollte. Vergleiche eine solche Aussage mit dieser: ›Jeder dieser Männer sagt etwas.‹ – Wenn man gefragt hätte, was das Farbenmuster des Stiefmütterchens sagte, dann wäre die richtige Antwort, so schien es, gewesen, daß es sich selbst sagte.«[75]

Eine Wirklichkeit, die von sich selber her etwas »sagt«, kommt dem Geist unseres technischen Zeitalters fremdartig vor. Wirklichkeit ist das Material, das ge- und verbraucht wird. In den Massenmedien ist diese Wirklichkeit wie in der technologischen Ausbeutung der Naturkräfte dem Kalkül des Menschen, dem Subjektivismus des Journalisten, den Handlungszwängen des Systems unterworfen. Im Fernsehen, so könnte man überspitzt formulieren, ist es eigentlich die Kamera, die »spricht«, wenn sie mit verschiedenen Einstellungen und Perspektiven die Gegenstände »er-fährt« und dem Zuschauer die medienerzeugte Wirklichkeit ins Haus bringt.[76] Den aktualisierenden Akt der Wahrnehmung übernimmt sie für uns. Wir reproduzieren Reproduziertes und sind befriedigt, weil es uns »neu« erscheint und wir es auf unsere Weise »wirklich« machen können.

Die Neuheit, nicht die Wahrheit

Bei Max Scheler lag eine andere Wirklichkeitseinstellung vor, die das Realsein nicht als Gegenstandsein, in dem alles dem Menschen zur Welt wird, gedeutet hat, sondern als ein Seiendes, das »weiß« und als ein Wirkendes zum Menschen »spricht«. Damit wollte Scheler ein Wissen von der Wirklichkeit einsichtig machen, das dieses Wissen als die sich selbst und das eigene Sein transzendierende Teil-nahme von Wirklichkeit rehabilitiert. Im formalsten Sinne nannte er diese Teilhabe und Teil-nahme »Liebe«, die Tendenz der Hingebung an die Wirklichkeit zu kennzeichnen, als »Sprengung der Grenzen des eigenen Seins und Soseins durch Liebe«.[77] Bei Scheler kommt es zu einem Denken, das seinen Wirklichkeits- und Wahrheitsbegriff am Grenzwert der göttlichen Erkenntnis orientiert. Auf andere Weise hat Heidegger der Ontologie ihre »Seinsvergessenheit« vorgeworfen. Sie habe nur von der inhaltlichen Bestimmtheit des Seienden gehandelt, vom Was des Seins, aber nicht von jenem Sein, das Seiendes erst ermöglicht, gehe es doch darum, »an die Wahrheit des Seins selbst zu denken, statt nur das Seiende als Seiendes vorzustellen.«[78]

Im Journalismus ist es anscheinend umgekehrt, daß nämlich die Neuheit und nicht die Wahrheit den Vorzug erhält und wichtigstes Kriterium ist. Die Sache muß sich als neu ausweisen, soll sie eine Kommunikation wert sein; sonst sind die Zulassungsbedingungen nicht erfüllt. Neuheit läßt sich im Unterschied zur Wahrheit schnell und ohne jeden Prozeß der Abwägung oder Wertung erkennen. Darauf weist Niklas Luhmann hin, wie dieser Umstand den täglichen Bedürfnissen der Massenmedien entgegenkommt, »wobei natürlich eine Vielzahl von nur aufgemachten, nur überfrisierten Neuheiten mit durchrutscht«.[79] Wer sich einem Gegenstand ungeduldig zuwendet, um dann rasch – spätestens am nächsten Tag – wieder von ihm zu lassen und ihn in der Zerstreuung zu verlieren, um seinem Neuigkeitsbedürfnis zu genügen, zeigt doch eine erhebliche Geringschätzung für den Gegenstand. Die Vorläufigkeit und Flüchtigkeit, mit der die Gegenstände behandelt werden, macht nicht sie, sondern das Curiositas-Problem des Menschen zum Thema. »Neugierde«, lesen wir in Blumenbergs treffsicheren Kommentaren, »ist oberflächliches Verweilen am Gegenstand, am Prospekt der Phänomene, ein Zerfließen in die Breite der objektiven Beliebigkeiten, die Untertreibung des Erkenntnisanspruches, der sich mit Wahrheiten unter Verzicht auf *die* Wahrheit zufrieden gibt.«[80]

Belassen wir die Neugierde nicht doch besser im Lasterkatalog? Aber hätten wir damit nicht auch gleichzeitig über den Journalismus das Urteil gesprochen? Die Verfehlungen der Curiositas, ihre Leichtfertigkeit und Anmaßlichkeit, ihre Ausschweifung ins Unzulässige, ihr vorzeitiges Versagen und Resignieren gegenüber dem Anspruch einer Wirklichkeit, die sich nicht mehr in unmittelbarer Selbstgegebenheit zu erkennen gibt, sind als Urteile bereits in das scholastische Denken des Mittelalters eingegangen. Thomas rückt die Neugierde in die Nähe des Kardinallasters der »acedia«, die eine Form der Traurigkeit, der Trägheit und Mutlosigkeit ist. Indem sie sich der eigenen Schwere überläßt, verfehlt sie ihr Daseinsziel, wendet sie sich von jeder Zielstrebigkeit und Anstrengung überhaupt ab. Die Curiositas ist nur eine der Gestalten dieser in der »acedia« verkörperten Ziellosigkeit. Das religiöse Denken des Mittelalters konnte die Resignation des erkennenden Geistes gegenüber dem Gegenstand des Absoluten nicht billigen. »Neugierde wäre dann die Art von kompensatorischer Ausschweifung, die sich an den Rätseln und Geheimnissen der Welt Ersatz für das verschafft, was zu erreichen der Mensch resigniert hat.«[81]

Heidegger geht in »Sein und Zeit« fast noch schärfer mit der Neugier ins Gericht. Ihr sei nicht am Staunen und dem bewundernden Betrachten alles dessen, was ist, gelegen, sondern die Neugier »besorgt ein Wissen, aber lediglich um gewußt zu werden«. Die »Aufenthaltslosigkeit« zeigt sich Heidegger als Wesenscharakter des Phänomens. »Die Neugier ist überall und nirgends.« Die Zerstreuung in neue Möglichkeiten, denen sie sich jedoch in der »Unruhe und

Aufregung durch das immer Neue und den Wechsel des Begegnenden« nicht zuwendet, sind Formen der Tendenzen zum Nur-Vernehmen.[82] Heidegger verknüpft die Neugier allerdings positiv mit der Seinstendenz zum »Sehen«. Die reine Anschauung der Wahrheitserkenntnis, die ein Fundament abendländischer Philosophie ist, hat in dieser Grundverfassung zum »Sehen« ihren Wurzelgrund.

In unserer neuzeitlichen, weltlich gewordenen Welt ist die Neugierde immer Laster und Tugend zugleich. Im lateinischen Curiositas steckt das Wort »cura«, Sorge. Der neugierige Mensch sorgt sich, wie das Morgen ausfallen wird. Das Neue ängstigt ihn, aber zugleich zieht es ihn an. Die Unruhe des Wissenstriebes ist beim Menschen in seiner Natur verankert, und dies ist auch die Kraft, die den Journalismus »im Innersten zusammenhält«. Otto B. Roegele hat auf dem Hintergrund solcher Gedankengänge das Plus und Minus abgewogen, was die Neugier für den Journalismus bedeutet und bewirkt. Ohne die rastlose, täglich sich erneuernde Neugier des Fragens, über die aktuellen Ereignisse zu berichten, gäbe es den Journalismus nicht, meint Roegele in seinem Versuch einer kleinen Anthropologie der journalistischen Neugier.[83]

Lob der Neugierde

Der Versuch kann sich darauf berufen, daß ein Gegenstand wie die Neugier im abendländischen Denken einen festen Ort und eine jahrtausendealte Tradition hat. Von solchen Quellen des Wissens und der Erkenntnis sollte sich die Kommunikationswissenschaft nicht abschneiden. Im Phänomen der Neugier, das jedem Menschen vertraut ist, begreifen wir den Journalismus als weltgestaltende Kraft, die neuzeitlichem Denken entspringt. Eine neue Daseinsform hat sich entwickelt. Zuerst und vor allem hat sie ihren Ausdruck in der Wissenschaftsidee gefunden, »der sich die Unendlichkeit der Natur als das unausschöpfbare Feld theoretischer Zuwendung erschließt und zum Äquivalent der als Heilsidee ungewiß gewordenen transzendenten Unendlichkeit der Gottheit selbst steigert«.[84] Die Neugierde wird zur epochalen Anstrengung einer Wißbegierde, die sich nicht nur mit dem Wissen begnügt, sondern die Wirklichkeit in ihrer Gesamtheit verfügbar zu machen sucht. Was die Scholastik noch als Ziellosigkeit gerügt hat, geht in die Unruhe eines Erkenntniswillens über, der die Grenzen alles Wißbaren immer weiter hinausschiebt. Ähnlich beruht die Journalismusidee darauf, daß die Ausweitung der Welt- und Wissensgrenzen nachvollzogen wird. Ereignisse und Nachrichten werden aus aller Welt herbeigeschafft und transportieren das Neueste in die Alltagswirklichkeit.

Das journalistische Erkenntnisinteresse ist von ebenso großer Unruhe gekennzeichnet wie das wissenschaftliche und sucht eine Wirklichkeit verfügbar zu machen, die alle bisherigen Begrenzungen sprengt. Das Fremdartige, das auf die Menschen einströmt, beunruhigt sie, und die Fülle des Neuartigen überfordert die Menschen. In der flüchtigen Begegnung suchen sie das Andersartige wieder mit dem Bekannten zu versöhnen. Der neuzeitliche Wissens- und Wirklichkeitshunger stößt an seine Grenzen, und die journalistische Neugierde an die ihrigen, wozu das folgende Nietzsche-Zitat sich wie ein Kommentar liest: »Was versteht eigentlich das Volk unter Erkenntnis. Was will es, wenn es ›Erkenntnis‹ will? Nichts weiter als dies: etwas Fremdes soll auf etwas *Bekanntes* zurückgeführt werden. Und wir Philosophen – haben wir unter ›Erkenntnis‹ eigentlich *mehr* verstanden? Das Bekannte, das heißt: das, woran wir gewöhnt sind, so daß wir uns nicht mehr darüber wundern, unser Alltag, irgendeine Regel, in der wir stecken, alles und jedes, in dem wir uns zu Hause wissen – wie? Ist unser Bedürfnis nach Erkennen nicht eben dies Bedürfnis nach Bekanntem, der Wille, unter allem Fremden, Ungewöhnlichen, Fragwürdigen etwas aufzudecken, das uns nicht mehr beunruhigt? Sollte es nicht der *Instinkt der Furcht* sein, der uns erkennen heißt? Sollte das Frohlocken des Erkennenden nicht eben das Frohlocken des wiedererlangten Sicherheitsgefühls sein?«[85]

Fremdartiges und Neues machen unruhig, das ist den Menschen angeboren, und deshalb wollen sie es näher in Augenschein nehmen, um es dann wieder in die ihnen vertraute und gewohnte Welt einordnen zu können. Solchen Bedürfnissen kommen die modernen Massenmedien entgegen. Sie stacheln die Neugier an, um das Neueste am morgigen Tag schon wieder obsolet erscheinen zu lassen: die Welt, wie gehabt. Die Menschen wußten sich schon immer Neues mitzuteilen, und die Schnelligkeit, mit der ein Gerücht von Nachbar zu Nachbar weitergegeben wird, ist bekannt. Ebenso rasch wie es in Umlauf gekommen ist, wird es mit der nächsten Botschaft abgetan. Mit dem Einbruch der Technik in dieses Geschäft haben die Massenmedien für den Austausch der Gedanken in der Gesellschaft ihre zentrale Rolle gewonnen und besorgen sie das »Zeitgespräch der Gesellschaft«.

Unsere Neugier, unsere Wißbegierde haben wir an Journalisten »abgetreten«, so formuliert es Roegele. Der Journalist ist der Agent der Bürger in Sachen Neuigkeit und übernimmt ihre Neugier »in Auftragsverwaltung«.[86] Mit diesem Hinweis sucht Roegele nicht nur die Aufmerksamkeitsregeln zu kennzeichnen, nach denen Aktuelles und Neues zugelassen wird, sondern ihm geht es auch um eine geistige Indienstnahme der Massenmedien und ihrer »Macher«, der Journalisten. Information ist nicht einfach eine Ware auf dem Markt wie andere Kaufgüter. Das Wort Mitteilen beschreibt den Hergang, daß eine geistige Welt entsteht. Was der Nehmende bekommt, wird dem Gebenden nicht genommen. Auftragsverwaltung der geistigen und staatsbürgerlichen Neugier der Menschen und Bürger, das bedeutet auch, daß der Journalist stets sein Verhältnis zum

Publikum zu überdenken hat. Auf der Ebene der Vertragsbeziehungen zwischen ihm und seinen Partnern werden die Normen des kommunikativen Handelns für beide Seiten bindend. »Verläßlichkeit der Information«, meint Roegele, »ist nämlich auch gut für das Geschäft.«[87]

Die Welträtsel dürfen nicht ungelöst bleiben. Wer wollte dem Leser, Hörer, Zuschauer seine Neugier verübeln? Was er an Neuestem erfährt, das erzählt er gern seinem Nachbarn, und wer ein gutes Tageswissen vorweisen kann, ist ein angesehener Mann. Das Neueste vom Neuen zu wissen, mehrt die Autorität und macht gesprächig, den Wissensvorsprung weiterzugeben. Entdecker- und Abenteurerfreude eines Neugierigen sind groß. War es die Neugierde, die Kolumbus auf die Reise geschickt hat? Und wen, wenn nicht eine neugierige Menschheit, interessiert eigentlich die Rückseite des Monds, von den Astronauten fürs Fernsehen gefilmt? Gibt es etwas Neugierigeres als eine Kamera, die im Gesicht eines Menschen die geheimsten Falten und Regungen ausleuchtet? Es gibt viele Zeitungsleser und Fernsehzuschauer, die allein aus der Freude, anderen etwas vom Neuen mitteilen zu können, das Neueste studieren. Die Neugierde ist nicht nur Eitelkeit, Vorwitz oder Begehrlichkeit. Der neugierige Mensch ist mehr Mensch als andere Menschen, mit rechtem Maß betrachtet, und ihm gebührt nicht nur Laster, sondern auch Tugend und Lob der Neugierde.

5. Die Aktualität im Strom der Ereignisse

Journalistisches Zeitgefühl und Verändernwollen

Was ist aktuell? Diese Frage beherrscht den Journalismus in nahezu allen Sparten. Woran orientiert sich der Journalismus im Strom der Ereigniswirklichkeit? Die Dinge müssen »in actu« sein, in Bewegung. Es muß etwas passieren. Im Hier und Jetzt bündelt sich die Zeit, wird sie aktuell.

Die Journalisten haben ihren Aktualitätsbegriff, die Philosophen auch. Sie sprechen in der Seinslehre von Akt und Potenz. Alles Wirkliche hat diese beiden Momente, das Wirkliche als dasjenige, was es aktuell ist, das Wirkliche als die Möglichkeit, etwas anderes zu werden als das, was es ist. Wie können wir das Werden (auch der journalistischen Ereigniswirklichkeit) begreiflich machen, jenen Übergang, der in Hölderlins Reflexionen »Das Werden im Vergehen« angesprochen ist? Läßt sich in der ständigen Bewegung und Veränderung aller Dinge – das Alte lassen wir fallen, das Neue holen wir hervor – etwas Gleichbleibendes ausmachen, ein Substrat, das der Journalismus in seiner Wirklichkeitskonstruktion nicht übersehen darf? Welche Zeiterfahrung liegt dem journalistischen Aktualitätsbegriff zugrunde? Ist die bewegende und verändernde Kraft die journalistische schlechthin?

In den Massenmedien zählen wir zum Aktuellen, was einmalig, regelwidrig, außerordentlich ist und sich unter solchen Neuheitskriterien hier und jetzt unter den Menschen in der Nähe und Ferne abspielt. Das politisch Wichtige, das sich täglich neu manifestiert und uns zu Betroffenen macht, gehört dazu. »Aktualität ist verwandt mit Aktion, also Handlung: etwas, das getan wird, sich und anderes bewegt.« Bewegt werden sollte es aber nicht aus sich heraus, sondern von der Wirklichkeit solcher Ereignisse, »bei denen die Sache selbst über den Grad der Aktualität entscheidet«. Andererseits, so heißt es in der hier zitierten Definition des Aktualitätsbegriffs aus einem Medienlexikon,[88] spielen häufig Interessen mit, wenn etwas »aktualisiert«, also besonders in das Feld der Aufmerksamkeit gerückt wird, was jedoch auch umgekehrt gilt, wenn wirkliche Aktualität verschleiert oder durch Scheinaktualität (»Fürstenhochzeit«) verdeckt wird.

Der Aktualitätsbegriff hat in der Publizistik eine Schlüsselstellung, die er sich mit dem Öffentlichkeitsbegriff teilt. So wie nicht jede Art von Aussage, sondern nur die öffentliche im Journalismus zählt, bedarf es des Maßstabs der Aktualität, um überhaupt festmachen zu können, was Gegenstand publizistischer Aussage ist. Aktualität bestimmt sich aus dem Zeitgefühl der Menschen. Etwas, das überraschend eintritt und gegenwärtig ist, könnten wir als primäre Aktualität kennzeichnen. Vergangenes oder Zukünftiges läßt sich aber ebenso in die Gegenwart holen und aktualisieren; das wäre dann eine sekundäre Form. Der Appellcharakter ist wichtig; es wird um Aufmerksamkeit gebeten, etwas Neues ist geschehen, und die Welt möge sich danach richten. Das Tagesereignis ist vordringlich. Aktuell ist das Bedrängende als Gegenwart, der Akt selbst, der in der Bühnensprache »Aufzug eines Theaterstücks« bedeutet und Betroffenheit auslöst.

»Actualis« und »realis«, Akt und Potenz

Das Wort »aktuell« leitet sich vom spätlateinischen »actualis« ab. Wir übersetzen es mit »wirksam, wirklich, tatsächlich«. Diese Wurzel steckt im philosophischen Wirklichkeitsbegriff, der sich aber auch auf das lateinische »realis« bezieht, abgeleitet von res – Sache, und damit ist alles gemeint, was dem sinnlichen und geistigen Erkennen vorausliegt, was also unabhängig vom Denken und der Sinneswahrnehmung des Menschen ein Sein hat, wirklich ist. Mit »actualis«, abgeleitet von actus – Wirken, ist der Gegensatz zur bloßen Möglichkeit angesprochen, die selber gleichwohl »real« ist. Wirklichkeit in diesem Sinn ist dann: verwirklichtes Seinkönnen.[89] Diese Unterscheidung geht auf das aristotelisch-thomistische Denken zurück. Thomas übernimmt von Aristoteles die Auffassung, daß die Vollkommenheit jedes Seienden immer aus dem Akt stammt. Die Möglichkeit verweist stets auf diesen Akt. In der »Summa Theologica« des Thomas lesen wir: »Das Sein selbst ist das Vollkommenste von allen, denn es verhält sich zu allem als Akt. Nichts hat nämlich Aktualität, außer sofern es ist. Darum ist das Sein selbst die Aktualität aller Dinge...«[90]

Welches Sinnverständnis von Aktualität als Wirklichkeit liegt vor? Thomas nennt die »actualitas« der Form das Wirkliche, den tätigen Vollzug der Gestalt als dasjenige, was wir mit Dasein bezeichnen. Aktualität wird also nicht in dem ersten Wirklichkeitsbegriff gesucht, der auf das lateinische »realis« zurückgeht und der das gegenwärtige Seiende in seiner von uns unabhängigen Gegenwart bezeichnet, sondern Aktualität wird im Vollzug und Geschehen gefunden, im gegenwärtigen Wirken und Sichdurchsetzen. Wir haben einen dynamischen Wirklichkeitsbegriff vor uns.

Nach dem Thomismus kann nur ein solcher Vollzug beanspruchen, »Wirklichkeit« genannt zu werden, der die Wesensform, das Wesen (essentia) aktualisiert. Wesen, das ist hier die innere reale Grundmöglichkeit, die gestalthafte Möglichkeit, die jedes Seiende und jeden Vorgang sachhaltig bestimmt. Nicht wir, die Menschen, haben diese Grundbedeutung den Dingen als Modell und Entwurf mitgegeben. Anderseits, so interpretiert Max Müller den thomistischen Wesensbegriff, denken wir nicht einfach die Gedanken Gottes nach – Gott als Schöpfer aller Wirklichkeit – »wir entdecken vielmehr Möglichkeiten, die in der geschaffenen Welt liegen. Sie sind zugleich Möglichkeiten dessen, das uns begegnet, wie Möglichkeiten unserer Erkenntnis des Begegneten, und sie gehören als solche *beide* in die *eine* ›hiesige‹ Welt. Wir machen aus diesen Möglichkeiten durch Abstraktion nun Gedanken, Begriffe, Sätze; durch Konkretion der Tat aber Sachen und Sachverhalte... Und wir ergreifen dabei jeweils die vorliegende, uns fordernde und bemessende unbeliebige Möglichkeit, bewegen uns denkend wie handelnd immer schon in der Vorgegebenheit des Möglichkeitsspielraums dieser Welt.«[91]

Lassen sich Verbindungslinien zwischen thomistischen Kategorien und dem journalistischen Aktualitätsbegriff herstellen? Die Frage mag abwegig erscheinen. Das Abweichende und Regelwidrige, das der Journalismus im fließenden Strom der Ereignisse aktualisiert, hinterläßt eher den Eindruck einer zufälligen Vielfalt wechselnder Phänomene ohne inneren Zusammenhalt, geschweige daß die »innere reale Grundmöglichkeit« im aktualisierenden Vollzug zum Sprechen gebracht wird. Anderseits ergreift der Journalismus die Wirklichkeit, über die er berichtet, nicht willkürlich, und es wird nicht etwas ganz aus sich heraus in das Feld der aktuellen Aufmerksamkeit gerückt, sondern die Wirklichkeit als Ereigniswirklichkeit verweist auf ein verdecktes Substrat. Im aktuellen Hier und Jetzt bleibt die Wirklichkeit als »realitas« im Spiel. Der Bezugspunkt ist das menschliche Subjekt im Schnittpunkt von Zeit und Kommunikation. Der Aktualismus, der die Wirklichkeit als beliebig verfügbares »Material« betrachtet, enthält die Gefahr, daß der Mensch sich in ein Aktgefüge verflüchtigt und jedwedes »aktualisiert«, sei es vernünftig oder nicht.

Der Journalismus darf nicht aus den Augen verlieren, daß die Auswahl der einmaligen, wichtigen und überraschenden Vorfälle aus dem »Möglichkeitsspielraum der Welt« gleichsam stellvertretend »Ereignisse« für das Ganze des Weltgeschehens thematisiert und aktualisiert. Er macht sie zu Brennpunkten eines Betroffenseins, das dem Augenblick verhaftet bleibt. Nur ein Bruchstück der Zeit gelangt in der Zerstreuung der Welt zum Vorschein. Die Wirklichkeit trifft uns nie mit ihrer ganzen Wucht und Fülle; sie ist nie ganz »da« als Da-Sein, sondern indem das uns begegnende Seiende »uns als wirkliches Etwas betrifft, d. h. indem es in seinem Sein ›da‹ ist, entzieht es sich uns zugleich, ist es nicht ›da‹. Denn jedes Betroffenwerden von Wirklichkeit geschieht in Augenblicklichkeit, in einem momentanen Gelingen, das als solches schon und gerade die Zeichen des Vergehens in sich trägt«.[92]

Oswald Schwemmer knüpft mit dieser Beschreibung der aristotelisch-thomistischen Lehre von Akt und Potenz an unsere Wirklichkeitserfahrung an und errichtet damit (auch für Nichtspezialisten der Scholastik) eine Verständigungsbrücke. In jedem Akt wird eine gewisse Fülle und Vollkommenheit angedeutet, die mehr oder weniger verwirklicht sein kann, etwa im handwerklichen Können, aber nicht an ihr Ende zu gelangen scheint. Die unbegrenzte Verwirklichung wäre der »actus purus«, der reine Akt, der die ganze Fülle der Wirklichkeit als Möglichkeit ausschöpft und im scholastischen Denken mit Gott identifiziert wird. Jedes »Da«, das uns begegnet, verweist auf etwas, das es nicht ist, von dem es aber sein Sein hat. Das reine »Da«, das das Sein selbst ist, steht als »actus purus« dem »actus mixtus« gegenüber, dem mit Potenz vermischten Akt, der endlich ist. Das uns begegnende Seiende trifft uns, wie schon gesagt, nie in der reinen Fülle seines Seins; es ist nie ganz »da« in seiner Positivität. Schwemmer fährt fort: »Jede Positivität ist eine solche aber nur, weil sie teilhat an der unendlichen Fülle. Diese Teilhabe weist sich darin aus, daß in jedem positiven Gehalt ein schlechthin sich selbst Ausweisendes, absolut Gründendes anwest, das als solches nicht mehr auf meine endliche Subjektivität zurückgeführt werden kann, sondern positive Andersheit bedeutet... Da die Positivität des Aktes uns trifft, gewährt sich uns auch und vor allem die in ihm anwesende Fülle. Ein solches Sich-Gewähren ist in seiner Eigentlichkeit aber nur erfahrbar in der interpersonalen Begegnung. Wir können darum sagen, daß der Sinn des Aktes zuinnerst *Liebe* ist, die sich in der Offenbarkeit der *Wahrheit* gewährt – obwohl sie sich, absolut gesprochen –, gerade weil sie Liebe und als solche frei ist, auch hätte verweigern können.«[93]

Zeitung und Zeitlichkeit

Was ist mit diesen Überlegungen gewonnen? Liegen sie der journalistischen Fragestellung nicht sehr fern? Das Begriffspaar Akt und Potenz – das hier, eigentlich unzulässigerweise, herausgelöst wurde aus einem umfassenden Denkhorizont – benennt die Prinzipien, die Wirkliches ermöglichen und aufbauen. Die Bewegung im Sinne des Werdens, wie die reale Möglichkeit sich zum Akt verhält, soll erfaßt werden. Es liegt immer schon eine Spannung von »Da« und »Nicht-da« vor. Der Ansatz setzt die Erfahrung der inneren Gebrochenheit im »Da« des Seins voraus.[94] Alles Wirkliche resultiert daraus, daß es Einheit und Differenz an sich hat. Darin spiegelt sich die Grundfrage, die in der Philosophie immer wiederkehrt: Warum ist überhaupt Sein und nicht vielmehr Nichts?

Der Akt als die entfaltete Wirklichkeit (energeia) ist von der Potenz als einer realen, aber noch nicht entfalteten Möglichkeit (dynamis) zu unterscheiden. Alles Werden bedarf, um möglich zu sein, eines tragenden Seinsgrundes, der den

Übergang von einer Wirklichkeit zur anderen ermöglicht. Ein Mensch kann beispielsweise gehen, schlafen oder arbeiten. Diese Realmöglichkeit hat er jederzeit, auch wenn er tatsächlich nicht geht, schläft oder arbeitet. Das Vermittlungsgeschehen wird in der aufgewiesenen Seins- und Wirklichkeitsdynamik thematisiert. Realität tritt als »gebrochene« in unseren Gesichtskreis. Die Schärfe des Augenblicks bannt die Wirklichkeit in das »Da« des Betroffenseins. Die Flüchtigkeit des Augenblicks stellt diese Wirklichkeit zugleich immer schon in die Gefährdung ihres Nichtseins.

Die journalistische Aktualität entwickelt für die Schärfe des Augenblicks einen besonderen Blick. Die Zeit als Punkt in einer kontinuierlich zu denkenden Bewegungsreihe erhält ein ganz besonderes und charakteristisches Gewicht in der »Zeitung«. Was vor sich geht, was sich in der raumorientierten Reflexion auf die Zeit ereignet, bringt Nachricht von einer Begebenheit. Das tut die Zeitung. Das Wort ist abgeleitet von »Zeit« im Sinne von »Abgeteiltes, Abschnitt« und verweist auf die indogermanische Wurzel »teilen, zerschneiden, zerreißen«.[95] Was teilt, zerschneidet und zerreißt die Zeitung? Wirklichkeit, die auf Aktualität profiliert wird, muß in Szene gesetzt und nach bestimmten »Werten« dramatisiert werden, damit täglich der »Aufzug eines Theaterstücks« erfolgen kann. Alles, was davor gelegen hat, gilt als alt, und was nun kommt, als neu. Die Aktualität setzt einen Einschnitt im Fluß der Ereignisse, im Fluß der Zeit und hebt dieses heraus, jenes nicht. Die Zeiterfahrung, die vorliegt, ist nicht eine Erfahrung des Übergangs und der Kontinuität, wo Altes und Neues dialektisch vermittelt wird, sondern die Zeit wird gleichsam angehalten, damit sie täglich einen neuen Anfang hat.

Die journalistische Szene hat etwas außerordentlich Ephemeres. Im »Da« der täglichen Aktualität kann es schwerlich zu einem Sich-Gewähren der angebotenen und gezeigten Wirklichkeiten kommen. Ist die Identität des Bewegten noch erkennbar? Das »in actu«-Sein aller Dinge, daß alles fließt und nichts beharrt, hat die Vorsokratiker schon beunruhigt. Die Spannung zwischen Akt und Potenz erfährt im Journalismus auch dadurch eine Zuspitzung, daß die Apparate der Massenkommunikation ihren eigenen Raum- und Zeitstrukturen setzen. Sie ermöglichen es, das Nahe und Gegenwärtige ebenso zu aktualisieren wie das Ferne und Ungleichzeitige.

Über dem Bewußtseinsakt hat der Mensch es immer verstanden, das seinsmäßig Ferne in die Gegenwart der geistigen Anschauung zu holen. Dieses Fremde kann als ein Gleichzeitiges, Vergangenes oder Zukünftiges vergegenwärtigt werden. Die Massenmedien substituieren diesen menschlichen Bewußtseinsakt in seiner Intentionalität, ein Bewußtsein »von etwas« zu sein, in die Aufhebung der Zeitlichkeit hinein. Über die Zeitlichkeit gewinnt der Mensch Zugang zur Wirklichkeit. Er ist auf die Grunderfahrung von Raum und Zeit angewiesen. Über die Aktualität erlebter Einheit mit dem Gegenstand bildet sich sein Wirklichkeitssinn. Durch Ereignisse wird die Zeit meßbar. Was sich meinem Gedächtnis eingeprägt hat, dient mir zur Zeitmessung. Es müssen sich Vorgänge ereignen, die sich als Zeit- und Gegenwartsgeschehen einprägen. Erst im Wiederkennen zeigt sich die Identität der Dinge. Die Erinnerung, das Wiedererkennen, daß ich weiß, daß etwas dasselbe ist, ist Quelle meines Erkennens und Verstehens. Ähnliches zeigt sich auch in der Erwartung eines Künftigen oder im Wissen um Vergangenes, das in den Zusammenhang von Geschichte einfließt.

Das Problem der Zeit ist für den Journalismus noch kaum durchdacht worden. Die Zeitlichkeit ist ein konstituierendes Merkmal menschlicher Identität. In der Philosophie und Wirklichkeitserkenntnis stellt sich seit altersher die Frage, ob die Zeit überhaupt Realität hat und es eine Zeit gibt, die als menschliche Erfahrungsweise festzumachen ist. Dabei wird Augustin gern mit einem berühmten Satz zitiert, daß er ganz genau wisse, was Zeit sei, wenn er nicht darüber nachdenke, aber sobald er seine Aufmerksamkeit darauf richten und klar sagen solle, was Zeit wirklich sei, dann wisse er keine Antwort mehr.[96] Hans-Georg Gadamer erblickt in der Analyse des Zeitproblems den Prototyp aller echten philosophischen Verlegenheit. Jeder nimmt das Zeitphänomen für selbstverständlich und versteht darunter das Gegenwärtige, daß Zeit im Jetzt der Gegenwärtigkeit ihr einziges Sein zu haben scheint. In Wirklichkeit läßt die Zeitbewegung kein unbewegtes »Jetzt« zu. Was jetzt ist, gehört schon der Vergangenheit an, indem es ausgesprochen wird, und erst in der Selbstaufhebung der Gegenwart wird die Zeit »wirklich«.

Was bleibt, was sich verändert

Wir erwähnten bereits, daß generell nur solche Tatsachen und Dinge unter den journalistischen Aktualitätsbegriff fallen, die einen Neuheitscharakter haben. Sie müssen öffentlich, sie müssen weithin und vor allem »in actu« sein. Das Alltägliche und Selbstverständliche, das nur Private, der ganze Bestand an Wissen, Gewohnheiten, Lebensabläufen gerade nicht aktuell erscheinender Ereignisse entfällt. Was bedeutet das für das journalistische Zeitgefühl?

Das journalistische Wissen, das vermittelt wird, ist punktuell und auf die Jetzt-Attraktion begrenzt. Damit es Eingang in das Zeitbewußtsein findet, ist eine gewisse Schockwirkung erforderlich, ein »Zerschneiden« und »Zerreißen« von Wirklichkeit, um nochmals auf den etymologischen Ansatz zu verweisen. Schockwirkung zeigt sich in der Massenform einer Reklame, die sich in den Dienst der Ware und des Konsums stellt. Walter Benjamin stellt eine Verbindung her zwischen der Schockwirkung, die das Erlebnis substituieren soll, und den unübersehbar großen Wohnstädten, die sich die Bewohner durch kein »Erlebnis« mehr aneignen können. Selbst das Neue verliert in der Massenexistenz den Charakter der Sensation und des Besonderen. Erfahrung, Erlebnis und Gedächtnis verkümmern in der Stadt. Nur der Schock des Augenblicks leistet noch eine Vermittlung. »Unter den unzähligen Gebärden des Schaltens, Einwerfens, Abdrückens und so fort wurde das ›Knipsen‹ des Photographen besonders folgenreich. Ein Fingerdruck genügte, um ein Ereignis für eine unbegrenzte Zeit festzuhalten. Der Apparat erteilte dem Augenblick sozusagen einen posthumen Chok.«[97] Der Film entspricht nach Benjamin diesem neuen und dringlichen Reizbedürfnis. Im Film kommt »die chokförmige Wahrnehmung als formales Prinzip« zur Geltung.

Ein Fernsehfilm zeigt nicht nur sich bewegende Objekte, sondern auch die Kamera selbst ist in Bewegung, und jede Kameraeinstellung bringt wieder einen neuen Standort, den der Zuschauer miteinnehmen muß. Der Raum wird »zerhackt« und in einem Spielfilm wenigstens noch durch die Handlung zusammengehalten, während in einer Nachrichten- oder Magazinsendung Raumsprünge vollzogen werden, die, wie Christian Doelker diese Rezeptionssituation charakterisiert, nicht einmal mit dem Fliegenden Teppich des Märchens nachzuvollziehen sind.[98] Ähnlich wird auch die Zeit beim Medienkonsum nicht als Kontinuum erfahren, als ein Fortgang, der durch immer wiederkehrende Elemente strukturiert ist, sondern der Eindruck »zerhackter Zeit« drängt sich auf.

Das Raum-Zeit-Kontinuum läßt sich nicht folgenlos auf die Punktualität wechselnder Augenblicke und Vorfälle reduzieren. Die Spätantike hat in der Nachfolge der platonischen Philosophie über das Zeitproblem nachgedacht und mit Plotin zu zeigen versucht, daß sich in der Dimensionalität der Zeit eine Erfahrungsweise der menschlichen Seele spiegelt und daß alle Zeit in der »Seele« ihren wahren Ort hat.[99] Wenn die Zeitlichkeit nur durch Selbstüberschreitung real wird und damit die an die jeweilige Gegenwart gebundene Wirklichkeit aufhebt, dann ist zu fragen, wie diese Wirklichkeit beschaffen sein muß, wenn sie nur im Sich-Überschreiten »bei sich« sein kann? Ist dies nicht ein spezifisches Merkmal des Geistes? Welche Erfahrungsbedingungen sind es, die uns die Zeit als die leere Zeit, die wir ausfüllen, sichtbar werden läßt?

In seinem schönen Aufsatz über das Zeitproblem antwortet Gadamer mit der aristotelischen Formulierung, der Mensch sei das Lebewesen, das Sinn für Zeit hat. »Sinn für Zeit ist primär Sinn für Zukünftiges, Nicht-Gegenwärtiges, das in der Vornahme präsent wird, so daß sich, was gegenwärtig ist, auf dieses Nichtgegenwärtige hin bezieht. Sinn für Zeit meint zunächst, daß wir Wesen sind, welche sich Zwecke setzen können und deshalb Mittel zu suchen vermögen, welche zweckmäßig sind. Denn das setzt Abstand von dem augenblickhaft und gegenwärtig Einnehmenden voraus.«[100] Sinn für Zeit ist ebenso Sinn für Vergangenes, das hinter uns liegt und Abschiednehmen bedeutet. »Das ist kein Vergessen, sondern eher ein Erkennen«, fügt Gadamer hinzu und beschließt seinen Aufsatz mit dem Hölderlin-Wort: »Daß in der zögernden Weile einiges Haltbare sei.«[101]

Bewegung setzt einen Ruhepunkt voraus, einen tragenden Seinsgrund, damit in den fluktuierenden Momenten der Veränderung »einiges Haltbare« ist. In der Engführung auf die journalistische Aktualität kann es leicht zu einer Systemvorstellung von Wirklichkeit kommen, in der ein künstlich dynamisiertes Weltbild entsteht, weil das Neue und jeweils Veränderliche gegenüber dem Gleichbleibenden den Vorzug genießt. Der Neuigkeitsgehalt bestimmt den Nachrichtenwert. Sachverhalte, die sich nicht verändert haben, bleiben unbeachtet. Es entsteht »das Bild einer Welt, die sich, wie es scheint, rastlos verändert, in der es stets auf Veränderung ankommt«.[102] Nach Roegele ist dies der Preis, den die neuzeitliche Anerkennung der Neugier fordert, daß nämlich der gesamte, weit größere Teil der Wirklichkeit, in dem sich nichts Berichtenswertes verändert hat, von der journalistischen Umsetzung ausgeschlossen bleibt. Die Massenmedien seien daran zu erinnern, daß es mindestens ebenso zu ihren Funktionen gehört, ein annäherndes Bild der Gesamtwirklichkeit als »wohlproportioniertes Konzentrat von Wirklichkeitsausschnitten« anzubieten.[103]

Die Verläßlichkeit wird in einer rasch sich verändernden Welt ein knappes Gut. Damit ist die Möglichkeit und Fähigkeit angesprochen, sich im Vertrauten einer Wirklichkeit, die sich bewährt hat, bewegen zu können. Die Geltungsgründe dieser Wirklichkeit sind in ihrer Vernünftigkeit anerkannt und einlösbar.

Legitimationsverlust der Tradition

Dem Journalismus steckt es noch heute im Blut, daß er sich im 19. Jahrhundert gegen die herrschenden Traditionen seine Freiheit erkämpfen mußte. Was nach Herkommen und Überlieferung geboten ist, steht für ein gewisses Verständnis von Journalismus im Gegensatz zur Freiheit und zur Selbstbestimmung. Der journalistische Eros liegt im Veränderwollen. Das Neue soll zum Durchbruch gelangen, das Erstarrte aufgelockert, das Gehemmte freigesetzt werden. Derselbe Journalismus ist jedoch gegenüber seinen eigenen Strukturen und Wirkungsgesetzen sehr unkritisch, wenn er sich der Einsicht verschließt, daß die ihm zugesprochene Freiheit auch eine Neuorientierung im Wirklichkeitsverständnis und Wirklichkeitsverhältnis voraussetzt. Eine rastlos auf Bewegung, auf Veränderung und auf Aktualität eingeschworene Gesellschaft gleitet unweigerlich in den Irrationalismus und Aktualismus ab. Sie sucht sich aller vorgegebenen

Ordnungen zu entledigen und hält den grundsätzlichen Legitimationsverlust der Tradition für ein Fortschrittsgeschehen.

Inzwischen haben wir gelernt, in welchem Maße der Mensch in die Verläßlichkeitsstrukturen der übermittelten Werte und Traditionen eingebunden ist. Das Prinzip der Selbstverantwortung gebietet es heute, daß sich grundsätzlich jede Tradition auf ihre Zweckdienlichkeit und ihre Vernünftigkeit befragen lassen muß. Dies zugestanden, könnte jedoch ein leichtsinniger oder ideologischer Verzicht auf das vernünftig Bewährte in der Abkehr von Lebens- und Kulturmustern, die tragenden Charakter haben und das Zusammenleben erträglich machen, einem »Rückfall in die Barbarei« gleichkommen, um an dieser Stelle einen Gedankengang von Max Seckler aufzugreifen: »Tradition und Fortschritt stehen in einem Verhältnis der dialektischen Hermeneutik zueinander, das im Prozeß des Lebens und in der Verantwortung der Wahrheit ausgetragen sein will.«[104]

Die demokratische Kultur läßt an ihrer Zugehörigkeit zu einem überlieferten Wertefundus nicht rütteln. Auf die Verläßlichkeit ihrer bewährten Formen und Gehalte sind wir angewiesen, und zwar auf solche Weise, daß die Frage durchaus berechtigt scheint, ob angesichts eines vor allem durch die elektronischen Medien bewirkten Wertewandels die Demokratie das Fernsehen »überleben« kann.[105] Emile Durkheim hat den modernen Human- und Gesellschaftswissenschaften die Aufgabe zugeschrieben, sie hätten das Normale vom Pathologischen zu sondern. Diese Aufgabe erstreckt sich heute ebenso auf die Massenmedien. Im Strom der Ereigniswirklichkeit, unter dem Gebot der Aktualität und im geistigen Klima einer spezifisch journalistischen Zeiterfahrung dürfen die Medien sich den Blick für die Zusammenhänge, in die sie durch den Umgang mit der Wirklichkeit des Menschen und der politischen Kultur hineinverflochten sind, nicht um vordergründiger Effekte willen trüben lassen; sie tragen eine Verantwortung dem Prozeß des Lebens gegenüber.

Wir sind in diesem Kapitel vom Aktualitätsbegriff der Journalisten und der Philosophie ausgegangen und haben herausgefunden, daß selbst in der äußersten Flüchtigkeit der Aktualisierung journalistischer Stoffe ein verdecktes Substrat als »realitas« im Spiel ist. Mit der Akt-Potenz-Lehre und der daraus abgeleiteten Betrachtung zum Zeitgefühl von Augenblick und Dauer erhält das Wirklichkeitsganze, aus dem der Journalismus seine Teile herausbricht, eine Tiefendimension und Perspektivität, die das journalistische Wissen und Handeln bereichern kann. Ein Bewußtsein kann sich bilden, wie das Verläßliche und Vertraute als Grundlegung unseres Existierens in einer vernunftorientierten Medienkultur unentbehrlich ist und verantwortet sein will.

6. Die Zeitungen sind Ideenträger

Antworten, die in den Tatsachen stecken

»Facts are sacred«, Tatsachen sind heilig, lautet eine alte Handwerksregel der Journalisten. Über Tatsachen soll nach bestem Wissen und Gewissen berichtet werden. Der Presserechtler läßt keinen Zweifel aufkommen, daß bei der »Tatsachenwiedergabe« die Wahrhaftigkeit vorausgesetzt wird: »Was ich als Tatsache äußere, muß ich für eine Tatsache halten.«[106] Die Welt als Tatsache ist auch das Thema des frühen Wittgenstein, und manche Sätze in seinem »Tractatus« lesen sich, als wären sie in das Handbuch eines Reporters eingetragen, der sich, bitte, bei seiner Arbeit an die Tatsachen halten wolle: »Die Welt ist alles, was der Fall ist. Die Welt ist die Gesamtheit der Tatsachen... Die Welt ist durch die Tatsachen bestimmt... Die Welt zerfällt in Tatsachen.«[107] Was der Fall ist, das ist nach Wittgenstein die Tatsache. Die Welt ist eine Welt der Tatsächlichkeit. Ist Wittgenstein der Meinung, daß unsere Gedanken über die Welt der Tatsachen sich wie Fotografien ins wahrnehmende Bewußtsein einprägen und hier eine vollkommene Abbildtheorie vorliegt, an der es nichts zu deuten gibt? Facts are sacred?

Nein, so einfach macht es sich Wittgenstein nicht, sondern die Abbildung ist als Isomorphie zu verstehen, als die umkehrbar eindeutige Abbildung einer Struktur auf eine andere. Bild und Original treffen sich in der Struktur, was Wittgenstein durch einen Vergleich mit der Notenschrift erläutert: »Die Grammophonplatte, der musikalische Gedanke, die Schallwellen, stehen alle in jener abbildenden internen Beziehung zueinander, die zwischen Sprache und Welt besteht.«[108] Tatsachen sind auch identisch mit dem Bestehen von Sachverhalten, und während eine Tatsache etwas betrifft, das wirklich der Fall ist, stellt ein Sachverhalt bloß etwas dar, »das möglicherweise der Fall ist«. Das heißt, die Welt ist zwar die Gesamtheit der Tatsachen und »zerfällt« in ihrer atomaren Struktur in nichts als Tatsachen. Aber diese wirkliche Welt sieht sich plötzlich von einer möglichen Welt unterschieden. Sie muß, der Wittgenstein-Interpretation von Wolfgang Stegmüller folgend, »in eine Gesamtheit von möglichen Welten eingebettet gedacht werden«.[109]

Ganz unvermittelt bieten sich zwei Deutungen an. Einmal erscheint die Welt als Zusammenfassung der Tatsachen, und als solche wäre sie selbst eine Tatsache. Oder die Welt ist das Universum aller Möglichkeiten, woraus bestimmt wird, was der Fall ist und was alles nicht der Fall ist. Wittgenstein endet bekanntlich seinen »Tractatus« mit der resignierenden Feststellung, über die Philosophie als Lehre und Wissenschaft seien wir zum Schweigen verurteilt. »Worüber man nicht reden kann, darüber muß man schweigen.«[110] In Wirklichkeit ist Wittgenstein, wenn er die Möglichkeit der Welt vor ihrer Tatsächlichkeit bedenkt – »Der Gedanke enthält die Möglichkeit der Sachlage, die er denkt. Was denkbar ist, ist auch möglich«[111] – mitten in der Philosophie.

Die Welt als Tatsache: Warum gibt sie dennoch solche Rätsel auf? Legt die Philosophie nicht eine viel zu große Erschwernis in das Verstehen und Verständlichmachen der Wirklichkeit? Hält man sich nicht einfach doch besser an »die« Tatsachen?

Tatsachenbericht im Journalismus

Ein journalistischer Bericht über ein äußeres Ereignis, das mit eigenen Augen wahrgenommen wird und dessen Zusammenhänge offenliegen, kann noch auf hinreichendes Tatsachenmaterial zurückgreifen und in seiner Eindeutigkeit unumstritten sein. Schwieriger wird es schon bei inneren Ereignissen oder einer Mischung von beiden, wo es um Realitäten im Bewußtsein, im Denken und Fühlen der handelnden Personen geht, wo geistige Tatsachen zu erfassen sind.

Nehmen wir an, bei einer Demonstration kommt es zu Zusammenstößen mit der Polizei. Es gibt Verletzte und sogar Tote. Was haben Menschen, die zufällig am Tatort waren, wahrgenommen? Wie ist es zu den gewaltsamen Ausschreitungen gekommen? Wer war Angreifer, wer der Angegriffene? Ein ganzes Bündel von äußeren und inneren Tatsachen ist zu entwirren. Am Ende wird es nicht nur einen, sondern viele »Tatsachenberichte« geben, in denen sich Subjektives und Objektives mischt. Versionen von widersprüchlicher Art wird es geben. Tatsachen sind nicht gleich Tatsachen.

Deshalb können wir das Wort »Wirklichkeit« nicht einfach durch die Beschreibung von einer Reihe von Tatsachen ersetzen. Schwierigkeiten beginnen schon dort, wo Menschen im Alltag auf Tatsachen hinweisen oder aufmerksam gemacht werden, die sie selbst nicht unmittelbar erfahren haben oder nachprüfen können, ob sie der Wirklichkeit entsprechen. Noch können wir Tatsachen unvermittelt auf Sinnesdaten oder Sprachelemente zurückführen, weil auch sie schon in einem System miteinander verbundener Aussagen vorkommen und weil bereits der Akt, durch den jemand auf eine Tatsache hinweist, aus dem umfassenden Feld, in dem dieser Hinweis erfolgt, nicht ausgegrenzt werden kann. Die Tatsachen sind als solche nicht gegeben, sondern sie werden innerhalb eines bestimmten Absichtsrahmens »entdeckt«.

Überdies sprechen wir hier nicht vom einfachen Feststellen der Tatsachen und dem Systematisieren eines Tatsachenkatalogs, wie das in den exakten Wissenschaften geschieht. Der Journalismus hat es mit geistigen Tatsachen zu tun. Das bloße Feststellen von Tatsachen kann zwar ein hohes Maß an Sachgebundenheit aufweisen, aber es begrenzt sich auf meßbare Elemente des faktischen Soseins. Das genügt für die journalistische Tatsachenbeschreibung nicht. In sie muß auch die Frage aufgenommen werden, warum etwas sei, wie es sich im ganzen darstellt, woher es sich rechtfertigt, auf welche Zwecke es ausgerichtet ist. Solche Gesichtspunkte gehen in die journalistische Tatsachenbeschreibung ebenso ein wie die Feststellung, wer am Geschehen beteiligt war, wann und wo es sich ereignete, wie ein Handelnder argumentiert hat. In diesen Beschreibungen wird das »ist« von einem »soll« schwerlich zu trennen sein. Wenn wir von Tatsachen sprechen, sind die Wertungen schon mitgenannt. Die Tatsachen werden aus einer Wirklichkeit interpretiert, deren Dynamik unverkennbar ist. Die ganze Problematik fängt ja bereits beim Feststellen der Tatsachen an, wie wir gesehen haben, und geistige Tatsachen kommen nur in einem Geflecht von Beziehungen und Bewertungen vor, das viel enger geknüpft ist, als man zunächst denken sollte.[112]

Vorrang des Geistigen

Der Journalismus ist eine geistige Welt, eine Welt der Ideen und geistigen Akte. Was ist Geist, was verstehen wir unter dem Geistigen in der von Menschen für Menschen geschaffenen Welt des Journalismus?

Wir tun uns heute schwer mit dem Begriff des Geistes und wissen nichts Rechtes damit anzufangen. Nach Bruno Puntel gründet der Geistbegriff in der Urerfahrung des Menschen: »Geist nennt man das, was den Menschen inmitten aller anderen Seienden, und zwar in geschichtlich wachsender Vergegenwärtigung, auszeichnet«. Geist des Menschen ist, worin »seine ursprüngliche Freiheit gründet« und »in dem allererst der Sinn von Sein im konkret-vielfältigen ›Ist-Sagen‹ aufgeht«. Der so gedeutete Geist sei »größer« als der Mensch, gemäß dem Wort Pascals: L'homme passe infinement l'homme.[113] Der Mensch gehört dem Tierreich an, aber ihm sind auch Spuren des Göttlichen eingeprägt. Diesen dualistischen Ansatz, der das Geistige mit Hegel als »die höchste Definition des Absoluten« sieht, finden wir auch bei Max Scheler, der, wie wir alle, auf den Schultern aristotelischer Denktradition steht. Der Mensch ist »animal rationale«, er hat die Möglichkeiten der Seele, er hat auch die Möglichkeiten des vernünftigen Geistes. »Der Mensch ist ein so breites, buntes, mannigfaltiges Ding, daß die Definitionen alle ein wenig zu kurz geraten. Er hat zu viele Enden.«[114] Dieser frühen Äußerung Schelers, bei der er fast mit einem Seufzer von der Zuweisung des Geistwesens Mensch im ganzen der Welt Abschied zu nehmen scheint, folgt dann 1928 im Jahre seines Todes die entscheidende Schrift, derzufolge der Mensch »im Kosmos« eine Sonderstellung einnimmt und sich durch ein Prinzip auszeichnet, das außerhalb alles dessen liegt, was Leben heißt: Geist.[115]

Scheler gilt »als der eigentliche Inaugurator der modernen philosophischen Anthropologie.«[116] Nach dem Geist fragen, das heißt: die eigentümliche Zwischenstellung des Menschen, seine Verschränkungen in die Natur- und Geistsphäre bedenken. Anders als das Tier ist der Mensch als geistiges Wesen nicht trieb- und umweltgebunden, sondern weltoffen. Der Mensch ist existentiell entbunden vom Organischen. Geist ist das Entgegengesetzte, den ursprünglichen Triebwiderstand zu vergegenständlichen. Gegenstand-Sein ist »die formalste Kategorie der logischen Seite des Geistes«. Der Mensch allein vermag auch sich selbst zum Gegenstand der Erkenntnis zu machen. Der Geist hingegen ist das einzige Sein, das selbst gegenstandsunfähig ist, »es ist reine, pure Aktualität, hat sein Sein nur im freien Vollzug seiner Akte«. Der Mensch hat die Stufen des Lebens, vom Gefühlsdrang über den Instinkt und das Gedächtnis bis zur praktischen Intelligenz, mit dem Tier gemeinsam. Nur der Geist, der seine »Welt« ist und als »der bislang letzte Sublimierungsvorgang der Natur angesehen werden« kann, setzt ihn frei vom »Leben« und von allem, was zum Leben gehört. Der Geist schwächt ihn aber auch gleichzeitig im Verhältnis zu den Kräften der niedrigeren Seinsformen. »Das ursprünglich aller Macht, aller Wirksamkeit Bare ist gerade der Geist, je reiner er Geist ist.«[117] In der gegenseitigen Durchdringung des ursprünglich ohnmächtigen Geistes und des ursprünglich dämonischen, aller geistigen Ideen und Werten blinden Dranges, in »der Vergeistigung der Drangsale« und »Verlebendigung des Geistes« sieht Scheler das Ziel und Ende endlichen Seins und Geschehens.[118]

Ob der Philosophie nicht zuviel aufgebürdet wird, wenn sie die Einheit des Menschen wiederherstellen soll? Das kann sie nicht, und mit Recht sagt Walter Schulz, daß Schelers Lehre vom werdenden Gott ihren Ort in der Dimension des Heils- oder Erlösungswissens habe.[119] Dennoch hat Scheler uns wesentliche Erkenntnisse von der Wirklichkeit des Lebens hinterlassen, die auch dann gelten, wenn man diesem leidenschaftlichen Geist in die Apotheose der »Vergeistigung« nicht zu folgen vermag.

Die Bestimmung des Menschen ist eine geistige. Der Sinn des Lebens liegt in der Verwirklichung geistiger Werte. Der unbestreitbare Vorrang des Geistigen in der Lebenswelt des Menschen muß immer wieder einsichtsfähig gemacht werden. Es besteht ein Wesensunterschied zum natur- und tierhaften Dasein. Die Person ist das geistige Aktzentrum. Geist ist die Fähigkeit zur Distanz. »Geist ist daher Sachlichkeit, Bestimmbarkeit durch das Sosein von Sachen selbst.«[120] Der

Geist setzt die Ideen gewissermaßen vor das Leben, um sie mit Leben zu füllen. Geist und Leben sind aufeinander hingeordnet: Wer das Tiefste gedacht, liebt das Lebendigste.

Wer heute den Journalismus als »Geistesprodukt« deuten wollte, wirkte etwas altmodisch und unwissenschaftlich. Eine gewisse Ratlosigkeit hat sich in der Erfassung geistiger Sachverhalte ausgebreitet. Wir bedienen uns anderer Chiffren: Vernunft, Erfahrung, Seele, ja Kultur. »Zeit der Ideologien«[121] nennt Karl Bracher in einer Charakterisierung des politischen Denkens unser Jahrhundert. Den Ideologien ist Geistiges, sind die Ideen vorangegangen, bevor sie zu Täuschungen und Selbsttäuschungen wurden. Ein Jahrhundert des (ge- und enttäuschten) Geistes?

Presse als »Kulturmacht«

In dem großen Kompendium der Zeitungswissenschaft von Otto Groth aus den zwanziger Jahren wird der Begriff des Geistigen noch sehr unbeschwert gebraucht. Den Inhalt aller Periodika, so definiert Groth, bilden geistige Güter (Idealgüter), die durch Schrift, Bild oder Laut symbolisiert sind. Bei der Zeitung oder Zeitschrift geht es immer »um in Symbolen festgehaltenes Geistiges, um etwas, was im Geiste entsteht, aus dem Geiste kommt und sich an den Geist wendet. Was in das Periodikum eingehen will, muß Geistesprodukt sein und bleiben«.[122] Dem menschlichen Geist wird – mit Aristoteles und Thomas – die Fähigkeit zugeschrieben, Geistiges zu konsumieren, ohne jemals übersättigt zu werden. Geistige Güter sind auch unzerstörbar im Gebrauch. Jeder Tag, jeder Augenblick stellt den menschlichen Geist vor neue Aufgaben. Daraus leitet Groth seine These von der Unbegrenztheit der Zeitung und Zeitschrift ab, »das Periodikum als das hervorragende, ja als das gewaltigste und vielseitigste Instrument, dem Geist der Kulturmenschheit die Bewältigung der ununterbrochen an ihn herantretenden Aufgaben zu erleichtern, heute darf man sagen überhaupt möglich zu machen«. Groth nennt das Periodikum die glücklichste Erfindung des Geistes, dem Geist zu helfen, sich in seinen ständig wechselnden Gegenwelten zurechtzufinden und so des Lebens Herr zu werden. Die Fähigkeiten des Periodikums bestünden darin, unbegrenzt geistige, vornehmlich aktuelle, der augenblicklichen Situation angepaßte und der Tatsachenwelt entnommene und mit ihr eng verbundene Güter in gebrauchsbereitem Zustande aufzunehmen, ordnend zu vereinigen und sie materialisiert empfänglichen Geistern zu vermitteln. Das Periodikum »kann nicht nur aus dem Vollen, es kann aus dem Unerschöpflichen schöpfen, aus einem an Menge und Vielfalt der Inhalte und der Formen Unterschöpflichen.«[123]

Der großangelegte und oft ins Idealistische überzogene Versuch von Otto Groth hatte das Ziel, die Presse als eine Kulturmacht dazustellen. Als »ideelle Realität« sind die Medien in die Begrenztheit und Gebrochenheit alles Realen und Menschlichen eingebunden. Dafür hat sich unser Blick heute geschärft. Die Zeitungen, die Massenmedien bleiben dennoch Ideenträger. Die Zugehörigkeit solcher Instrumente der sozialen Kommunikation zum Bereich geistiger Tatsachen und Ideen unterstreichen zu wollen, das mag fast schon eine Trivialität sein. Aber das Problem, daß sich eine gewisse Verlegenheit einstellt, wenn Geist und Geistiges im Journalismus gefragt sind, läßt auf einen Mangel schließen, wird uns doch die Welt gerade durch die Massenmedien in der Ordnung der Ideen vor- und dargestellt. »Die Ideen sind in der Welt der Phänomene nicht gegeben«, schreibt Walter Benjamin. »Die Ideen verhalten sich zu den Dingen wie die Sternbilder zu den Sternen.« Sie seien weder deren Begriffe noch deren Gesetze. Sie dienten auch nicht der Erkenntnis der Phänomene, und in keiner Weise könnten sie Kriterien für den Bestand der Ideen sein.[124] Das Ideenreich, das Reich des Geistes hat seine eigenen Geltungsgründe und seine eigene Souveränität. Die Idee gehört einem grundsätzlich anderen Bereich an als das von ihr Erfaßte. Wir brauchen die Massenmedien nicht mit Otto Groth als »die glücklichste Erfindung des Geistes« zu preisen, aber daß der Journalismus und die journalistische Erkenntnis geistigen Akten entspringt, die ursprünglich und unableitbar sind, ist mit der Bezeichnung gemeint, wir hätten es mit geistigen Tatsachen zu tun, mit Akten, die vom Ganzen unserer triebmäßigen Bedürfnisse und unserer praktischen Verrichtungen prinzipiell unabhängig sind und eigenen Gesetzen folgen, mit geistigen Akten, die es ermöglichen, daß wir uns erkennend des Wesens der Dinge bemächtigen.

Hermeneutik der Tatsachen

Im Blick auf das Umfassende der Wirklichkeits- und Welterfahrung fragen wir nach den Bedingtheiten unseres Erkennens, ob hier nicht etwas ausgelassen ist, »welche Antworten auf welche Fragen eigentlich in den Tatsachen stecken«.[125] In die Tatsachenbeschreibungen des Journalismus geht ein Vorverständnis ein, und das ist überall dort der Fall, wo etwas Wirkliches, das inhaltlich als Tatsache gelten kann oder der Sache nach das Tatsächliche ist, dem Menschen auf ganz verschiedenen Ebenen begegnet.

Das Beispiel vom Tisch wird gern benutzt, um eine Tatsachenbeschreibung zu problematisieren. Mit dem Tisch, der in einem Raum steht, haben wir etwas unbestreitbar Wirkliches aus der alltäglichen Erfahrung vor uns. Mit der Beschreibung ist es aber schon nicht mehr so einfach, sollten wir den Tisch etwa einem Marsbewohner erklären wollen, der noch nie einen Tisch gesehen hat und seine Zwecke nicht kennt – wiedererkennt. Ihm könnte der Tisch nicht als »Tisch« erscheinen, sondern er nimmt ihn als sinnlose Ansammlung von Holzstücken wahr. Ein Kernphysiker kann den Tisch wieder ganz anders betrachten, wenn er nicht gerade sein Mittagessen von ihm verzehrt, sondern ihn in sein physikalisches Weltbild einordnet. Er analysiert Atomkerne und noch winzigere Elektronen als gebündelte Energie. Diese Wirklichkeit, die auch unbestreitbar ist und außerdem noch in mathematischen Formeln ausgedrückt werden kann, ist nicht mehr das Ergebnis sinnlicher Wahrnehmung, aber dennoch wahr und wirklich.

Die zwei Wirklichkeitsebenen, die hier vorliegen, schließen einander nicht aus. Die eine beruht auf interpretierten Sinnesdaten, die andere auf Experiment und daraus gewonnener Erfahrung. Die jeweilige Betrachtungsweise macht den Unterschied von Wirklichkeit und Wirklichkeit aus. Wie sieht ein Positivist den Tisch? Er führt die Erkenntnis auf sinnliche Empfindungen zurück. Der Tisch ist nichts unmittelbar Vorgefundenes, sondern löst Empfindungskomplexe aus, die uns von der Wirklichkeit eines Tisches als einer positiven Tatsache sprechen lassen. An sich kommt dem Tisch keine gegenständliche Wirklichkeit zu, sondern das menschliche Erkenntnisvermögen entwirft ein Bild von ihm. Andere Philosophen gehen noch weiter und behaupten, das einzig Wirkliche sei das Ich (Fichte) oder die Idee (Platon), und das erscheinende Wirkliche sei nur ein abgeleitetes Wirkliches. Wenn wir von der Ebene des Erkennens zur Ebene des Glaubens fortschreiten, dann ist das wahre Wirklichsein des Menschen sein Geschaffensein, die wahre Wirklichkeit die Schöpfungswirklichkeit.

Eine derart zerklüftete Wirklichkeitslandschaft, wie Wilhelm Weischedel sie beschreibt,[126] wirft die Frage nach der Einheitlichkeit der Wirklichkeitsaspekte auf. Müssen wir uns damit begnügen, daß je nach der subjektiven Einstellung sich dann auch die Wirklichkeit bestimmt, die der Erkennende als die für ihn wahre Wirklichkeit auffaßt? Oder gibt es tatsächlich ein »Ding an sich«, das wir jedoch nicht erkennen können, solange wir nichts anderes kennen als unsere Art, die Dinge wahrzunehmen? Mit dieser Art, nicht mit der Erkenntniskraft anderer Wesen, womöglich von Göttern, haben wir es zu tun. Existiert also die ganze Wirklichkeit nur im Subjekt?

Die Vernünftigkeit der Welterfahrung scheint uns durch diese Vorstellung, daß die ganze Welt, wie sie uns begegnet, nur uns allein gegeben sein soll, und daß wir dasjenige, was die Gegenstände an sich selbst sein mögen, niemals herausfinden werden, erheblich gestört. Man blickt wie in einen gähnenden Abgrund, in eine Leere, wo »alles subjektiv« ist und dann das Subjekt »nichts Gegebenes, sondern etwas Hinzu-Erdichtetes, Dahinter-Gestecktes« ist. Nietzsches Perspektivenlehre haben wir bereits früher angeführt. Seine Kritik ist radikal: »Gegen den Positivismus, welcher bei den Phänomenen stehen bleibt ›es gibt nur Tatsachen‹, würde ich sagen: nein, gerade Tatsachen gibt es nicht, nur *Interpretationen*. Wir können kein Faktum ›an sich‹ feststellen: vielleicht ist es ein Unsinn, so etwas zu wollen.«[127] Leben wir in einer Welt ohne Fakten? Ist die Realität ein Chaos, von uns schematisiert, geordnet und ausgelegt nach Horizontbildung und Perspektive? Nietzsche: »Wer legt aus? – Unsere Affekte.«[128] Erkenntnis ist »die größte Fabelei«.[129] Sie ist Wille zur Macht: »In Wahrheit ist Interpretation ein Mittel selbst, um Herr über etwas zu werden.«[130] Am Ende ist Erkenntnis eine selbstbefriedigende Eitelkeit des Menschen: »Alle Gesetzmäßigkeit, die uns im Sternenlauf und im chemischen Prozeß so imponiert, fällt im Grunde mit jenen Eigenschaften zusammen, die wir selbst an die Dinge heranbringen, so daß wir damit uns selbst imponieren.«[131]

Nietzsche ist insofern beizupflichten, als alle unsere Erkenntnismöglichkeiten vorgängig geprägt sind. Die Hermeneutik erinnert uns mit ihrer Philosophie daran, daß die Sprache, die Geschichtlichkeit, das Mit-Sein und In-der-Welt-Sein als Existenzialien zu begreifen sind; das heißt, sie sind fundamentale Gegebenheiten unseres Daseins schlechthin. Der Interpretationscharakter unseres Lebens ist unleugbar. Aber ebenso unauflöslich ist der Zusammenhang unseres Verstehens, Erkennens und Erfahrens mit der Befindlichkeit dessen, was menschliches Dasein – unser Existieren hier und jetzt – an Wirklichkeit vorweist. Dadurch, daß der Mensch seine Voraussetzungen in die Interpretation einbringt, ist die Faktizität seines Daseins in der Welt nicht aufgehoben. Die Andersartigkeit der Sache gegenüber dem methodischen Zugriff des Erkennens bleibt in ihrem Objektivitätsanspruch erhalten. Verstehen, das folgert Gottfried Boehm im Blick auf Nietzsches und Heideggers paradigmatische Beiträge zur Hermeneutik, ist als Inbegriff aller Modi des Erkennens und Erfahrens »nichts anderes als die ursprüngliche Vollzugsform des menschlichen Lebens selbst, nicht nur eine bloß methodische Operation an gegebenen Zusammenhängen«.[132] Die Phänomene selbst sind die Theorie, und die Wirklichkeit hat Entwurfscharakter. In der hermeneutischen Phänomenologie sieht Boehm die Frage nach dem erkennenden Leben (dem Seinssinn des Daseins) gleich ursprünglich mit derjenigen nach dem Sinn des Erkannten (dem Sinn von Sein). In der Sinnfrage wird der Mensch mit der »Unhinterfragbarkeit« seines eigenen Daseins konfrontiert, »in der ihm – was er auch immer theoretisierend erklären und verstehen kann – eine unüberwindliche Grenze gesetzt ist«.[133]

»Die Welt ist alles, was der Fall ist.« Wittgensteins berühmter Eröffnungssatz sollte uns helfen, die Fraglichkeit jeder »Tatsachenberichterstattung« zu erkennen. Das Problem bricht sich, wie wir sehen, an der »Unhinterfragbarkeit« einer Grenze. Dasselbe Schicksal widerfährt dem teleologischen Geistbegriff Max Schelers. Das Ergebnis: Die Faktizität der Welt, in der wir leben und Journalismus treiben, ist unbestreitbar und in keine nihilistische Perspektive auflösbar. Das Geistige ist die Sachlichkeit, Faktentreue, Offenheit für das Wirkliche und Vertraute. Dafür verbürgt sich die hermeneutische Theorie. Eine Hermeneutik des Journalismus findet hier Bausteine für eine Ethik der Medien und des journalistischen Verstehens.

Sprache der Tatsachen soll etwas sein, das nur so aussieht, aber in Wahrheit einer ganz bestimmten Weltinterpretation entstammt. In diesem Problem zeigt sich nach Gadamer das hermeneutische Urphänomen und die Universalität der hermeneutischen Methode, auf welche Fragen diese Tatsachen eine Antwort geben und welche Tatsachen zu reden begönnen, wenn andere Fragen gestellt würden. Gadamer hierzu: »Es ist stets eine sich schon auslegende, schon in ihren Bezügen zusammengeordnete Welt, in die Erfahrung eintritt als etwas Neues, das umstößt, was unsere Erwartungen geleitet hatte, und das sich im Umstoßen selber neu einordnet. Nicht das Mißverständnis und nicht die Fremdheit ist das Erste, so daß die Vermeidung des Mißverstandes die eindeutige Aufgabe (der Hermeneutik) wäre, sondern umgekehrt ermöglicht erst das Getragensein durch das Vertraute und das Einverständnis das Hinausgehen in das Fremde, das Aufnehmen aus dem Fremden und damit die Erweiterung und Bereicherung unserer eigenen Welterfahrung.«[134]

7. Wir waren nicht Augenzeugen

Die Zwischenwelt der Symbole und Stereotypen

Im Jahre 1922 erschien Walter Lippmanns Buch »Public Opinion«. Das Werk übte großen Einfluß auf das kommunikationswissenschaftliche Studium aus und gilt bis heute als Klassiker. Lippmanns erkenntnistheoretische Grundannahme ist es, daß dasjenige, was wir Wirklichkeit nennen, im Journalismus nicht einfach eine Gegebenheit ist, die sich objektiv abbildet, sondern als »pictures in our heads« erscheint.[135]

Lippmann knüpft an die Tatsache an, daß das meiste Wissen, das wir von der uns umgebenden Wirklichkeit besitzen, auf indirektem Wege zu uns kommt. Wir waren nicht Augenzeugen. Dennoch sind wir geneigt, die Bilder von der Wirklichkeit für bare Münze zu nehmen, also für die wirkliche Welt, die uns umgibt, die aber tatsächlich der Einbildungskraft entstammt. Propaganda ist nach Lippmann nichts anderes als der Versuch, die vorhandenen Bilder in unserem Kopf durch andere zu ersetzen, um damit unser Verhalten entsprechend zu beeinflussen.

Lippmann wurde 1889 geboren und arbeitete selbst als Journalist und langjähriger Leitartikler der »New York Herald Tribune«. Er stand Präsident Wilson nahe und nahm an der Versailler Friedenskonferenz teil. 1958 erhielt er den Pulitzer-Preis, der zu den höchsten Auszeichnungen in Amerika gehört und jährlich an eine Persönlichkeit aus Publizistik oder Literatur vergeben wird. Der Autor unterbreitet mit seinem Werk keine empirisch-analytischen Forschungsergebnisse aus der Wissenschaft. Dazu fehlte damals auch noch weithin das Instrumentarium. Lippmann brachte in erster Linie seine scharfe Beobachtungsgabe ein, und vor allem hatte er eine umfangreiche Kenntnis des praktischen Journalismus vorzuweisen. Um so erstaunlicher ist es, daß sich in Lippmanns Werk zahlreiche Behauptungen finden, die in den nachfolgenden Jahren durch die Kommunikationswissenschaft empirisch erhärtet werden konnten. Damit hat Lippmann gewissermaßen einer ganzen Generation von Kommunikationswissenschaftlern die Frageansätze geliefert, wie Elisabeth Noelle-Neumann anerkennend bemerkt: »Ich habe nicht eine Idee über das Funktionieren von Kommunikation in Lippmanns Buch gefunden, die sich später nicht bei der minizuösen Arbeit in Laboratorien und in der Feldforschung bestätigte und immer weiter bestätigt.«[136] Lippmanns großes Verdienst habe darin bestanden, die rationalistische Selbsttäuschung zu entlarven, daß Menschen sich in der modernen Welt informieren und Urteile bilden und danach handeln würden, als ob sie dies mündig, tolerant und beobachtend leisteten wie Wissenschaftler »in unablässigem Streben, die Wirklichkeit objektiv zu erfassen, dabei unterstützt von den Massenmedien«.[137] Nein, so ist es keinesfalls nach Walter Lippmann. Denn was der Mensch über die Massenmedien erfährt, ist immer nur ein winziger Ausschnitt von Realität und dazu noch ein vermittelter, der nicht seiner Originalwahrnehmung entstammt und der sich mit den eigenen Erfahrungen, Stereotypen und Vorstellungen vermengt.

Lippmann hat einen Blick für menschliche Realität und macht sich ein Bild vom Menschen. Der Mensch, schreibt er, ist kein aristotelischer Gott, der alles, was existiert, mit einem Blick erfassen kann. Er ist ein Geschöpf mit einer Entwicklung, das gerade eine Portion Wirklichkeit erfassen kann, die ausreicht, um sein Leben zu sichern und die wenigen Augenblicke der Erkenntnis und des Glücks, die ihm das Schicksal gönnt, ergreifen zu können. »Doch dasselbe Geschöpf hat Methoden erfunden, um zu sehen, was kein bloßes Auge sehen konnte, um zu hören, was kein bloßes Ohr hören konnte ... Der Mensch lernt es, mit seinem Geist riesige Teile der Welt zu sehen, die er nie zuvor sehen, berühren, riechen, hören oder im Gedächtnis behalten konnte. So schafft er sich stückweise für seine eigenen Bedürfnisse in seinem Kopf ein vertrautes Bild von der Welt außerhalb seiner Reichweite.«[138]

Aber »sieht« der Mensch tatsächlich diese Welt »außer Sicht, außerhalb unseres Geistes«? Er tut es, meint Lippmann. Seine Fiktionen sind alles andere als Lügen. Unter gewissen Bedingungen reagieren die Menschen auf Fiktionen ebenso stark wie auf Realitäten, und in vielen Fällen tragen sie noch dazu bei, die Fiktionen, worauf sie reagieren, selbst herzustellen. Zwischen dem Menschen und der wirklichen Welt entsteht eine Pseudo-Welt, eine Zwischenwelt, die Lippmann in den gefühlsbeladenen Stereotypen und Symbolen, in den Images und geläufigen Denkschematas unserer Einbildungs- und Vorstellungskraft repräsentiert findet. Denn die wirkliche Welt ist für den Menschen viel zu groß, zu komplex und verwirrend, als daß er sie direkt erfassen und erkennen könnte. Er ist einfach nicht so ausgerüstet, es mit so viel Subtilität, mit so großer Vielfalt, mit so vielen Verwandlungen und Kombinationen aufnehmen zu können. Und obwohl er tagtäglich in dieser komplexen Welt handeln muß, rekonstruiert er seine Welt zu einem einfacheren Modell, womit er umgehen kann.[139]

Walter Lippmann: Moralische Natur des Journalismus

Lippmann stand noch ganz unter dem Einfluß des Ersten Weltkriegs und seiner Propagandawirkungen auf Freund und Feind. In den gefühlsbetonten Stereotypen der menschlichen Vorstellungskraft und Sprache sieht er das stärkste Vehikel der öffentlichen Meinung. Die Stereotypen liefern uns ein mehr oder weniger geordnetes Bild von der Wirklichkeit. Unsere Gewohnheiten, unser Geschmack, unsere Erwartungen haben sich daran angepaßt. Kein Wunder, daß jeder Angriff auf dieses System die ganze Welt aus den Angeln zu heben droht. Positive und negative Stereotypen liegen dicht beieinander: »Neben der Heldenverehrung gibt es die Austreibung der Teufel. Derselbe Mechanismus, der Helden hervorbringt, schafft auch Teufel. Wenn alles Gute (in und nach dem Ersten Weltkrieg) von Joffre, Foch, Wilson oder Roosevelt kam, so hatte alles Übel seinen Ursprung in Kaiser Wilhelm, Lenin oder Trotzki.«[140] Es kommt darauf an, sich der Symbole zu bemächtigen, die für den Augenblick das öffentliche Gefühl beherrschen und das öffentliche Meinungsklima prägen; wer darin erfolgreich ist, beherrscht auch in starkem Maße den Weg zur Politik. Die Zeit- und Aufmerksamkeitsspanne, die dem einzelnen zur Verfügung steht, ist ohnedies gering und zwingt stets zur rigorosen Auswahl. Die Journalisten als »Gatekeeper« stehen am Schleusentor der öffentlichen Meinung. Sie lassen diese Nachricht passieren, jene nicht. Ebenso ist jede Zeitung, die den Leser erreicht, das Ergebnis einer ganzen Serie von Selektionen, gestützt auf ein System von Stereotypen, das uns dieses sehen, das andere übersehen läßt. Nach Lippmann sind die Stereotypen »loaded with preference«, sind sie wert- und gefühlsbeladen in ihrer Moralität, »verwickelt in Zuneigung oder Abneigung, verbunden mit Furcht, Lust, starken Wünschen, Stolz, Hoffnung.«[141]

Lippmann erkennt die moralische Natur des Journalismus und der öffentlichen Meinung. Tatsachen sind wichtig, aber sie sind nicht alles. Die Bilder, die wir uns von ihnen machen, die Wertschätzungen und Ideen, die vorausgehen, die Gefühle, die wir haben, sind ebenso wichtig. Welche Tatsachen wir wahrnehmen, das unterliegt schon zahlreichen Auswahlmechanismen; wie wir Tatsachen wahrnehmen und bewerten, das unterliegt als Billigung und Mißbilligung in noch viel stärkerem Maße unseren moralischen »Codes« und »Canons«.[142] Lippmann ist nüchtern genug, die Vorstellung zurückzuweisen, der stereotype und alle Realität filternde Blick des Menschen könnte eines Tages einer umfassenderen Wirklichkeitserkenntnis weichen. Meinung, erklärt er, ist eine moralisierte und kodifizierte Version der Tatsachen.[143]

Das technische Zeitalter hat für die Produktion von »pictures in our heads« neue Errungenschaften gebracht. Während des Ersten Weltkriegs und in den Jahren danach experimentierten vor allem die totalitären Regimes mit der

75

Propagandatechnik und der Hervorbringung politischer Mythen. Ernst Cassirer spricht von einer planmäßigen Erzeugung des Mythus und trifft sich mit der Deutung von Walter Lippmann. Die neuen Propagandageschichten und Mythen sind, wie Cassirer sie beschreibt, »keine wilden Früchte einer üppigen Einbildungskraft. Sie sind künstliche Dinge, von sehr geschickten und schlauen Handwerkern erzeugt. Es blieb dem zwanzigsten Jahrhundert, unserem eigenen großen technischen Zeitalter, vorbehalten, eine neue Technik des Mythus zu entwickeln. Künftig können Mythen im selben Sinne und nach denselben Methoden erzeugt werden, wie jede andere moderne Waffe – wie Maschinengewehre oder Aeroplane.«[144]

8. Vor den Richterstuhl der Vernunft gebracht

Der aufklärerische, kritische Journalismus

Die »questio facti« ist für Nietzsche unsinnig, wie wir gesehen haben. Es läßt sich kein Faktum »an sich« feststellen. Natürlich leugnet Nietzsche nicht die vielen Tatsachen des Alltags, aber es gibt nichts »hinter« den Fakten, keine Wirklichkeit und Wahrheit, von denen eine normierende Kraft ausgehen, wonach man sich richten könnte. Dahinter ist nichts, Nihilismus, es ist nichts mit dem Sein des Seienden, wonach die abendländische Philosophie seit über zweitausend Jahren fragt, es ist nichts mit den Wahrheiten, sie sind »Illusionen, von denen man vergessen hat, daß sie welche sind«. Seinen ganzen Spott ergießt er über sie: »Ein bewegliches Heer von Metaphern, Metonymien, Anthropomorphismen, kurz eine Summe von menschlichen Relationen, die, poetisch und rhetorisch gesteigert, übertragen, geschmückt wurden und die nach langem Gebrauch einem Volke fest, kanonisch und verbindlich dünken: die Wahrheiten . . .«[145]

Nietzsche: Die Aporien der Vernunftherrschaft

Hat sich die Aufklärung selbst liquidiert? Verfängt sie sich in den Widersprüchen ihrer eigenen Dialektik? Alles Erkennen sinkt ins Bodenlose, und der Weg, auf dem der Mensch aus dem Dunkel der Unwissenheit ans Licht der Einsicht geführt werden sollte, endet scheinbar im Nichts. Die Verfinsterungen der Vernunft sind das Thema unseres Jahrhunderts, und jetzt, da es sich dem Ende zuneigt und der Mensch zum ersten Mal in der Geschichte die Fähigkeit gewonnen hat, sich und sein ganzes Universum in den Strudel der Selbstzerstörung zu reißen, erfährt die Kantische Frage »Was ist Aufklärung?« noch einmal eine ungeheure Verschärfung. Nietzsche ist den Weg der Radikalisierung des aufklärerischen Geistes wie kein anderer vorangegangen. Alle Philosophie, Moral und Vernunft erzeugen nur den Schein eines Beständigen und Haltbaren. In Wahrheit enthüllt sich in ihnen die tiefe Auswegslosigkeit. Es gibt kein Ziel, es fehlt die Antwort auf das Warum. Und doch: Die Aporien kreisen um den Menschen und schreien förmlich nach Sinn vor dem unerbittlichen »Schatten«, der Zarathustra verfolgt: »Mit dir zerbrach ich, was je mein Herz verehrte, alle

Grenzsteine und Bilder warf ich um . . . Mit dir verlernte ich den Glauben an Worte und Werte und große Namen. Wenn der Teufel sich häutet, fällt da nicht auch sein Name ab? ›Nichts ist wahr, alles ist erlaubt‹: so sprach ich mir zu . . . Zu viel klärte sich mir auf: nun geht es mich nichts mehr an. Nichts lebt mehr, das ich liebe . . . O ewiges Überall, o ewiges Nirgendwo, o ewiges – Umsonst!«[146]

Die orientierungslos gewordene Vernunft, die ins Gegenteil einer vernunftlos gewordenen Rationalität umschlägt, wird aller Maskeraden entblößt. Wir lesen die Zarathustra-Worte mit neuer Sensibilität. Die Aporien unserer Gegenwart bringen Nietzsche in eine neue »Narrenrolle«. Eugen Biser nennt ihn »Hofnarr des Christentums« und würdigt seine Provokationen als hilfreiche Anfragen an unsere Zeit. Wirkungsgeschichtlich sei der »Fall« Nietzsche alles andere als abgeschlossen, eher das Gegenteil: »Der kaum beachtete Außenseiter von gestern ist heute im selben Maß, wie das Unbehagen an der Gesellschaft, wie die Einsicht in ihre Aporien und die Angst vor ihren Ängsten wachsen, zum Paradigma, für viele sogar zum Lebensprogramm geworden.«[147] Jenes atmosphärische Etwas, das wir Zeitgeist nennen, wird vom Journalismus heute in exemplarischer Weise »internalisiert«. Der Grund, daß wir in unseren Reflexionen über das Verhältnis von Ethik und Journalismus Nietzsche häufig zu Wort kommen lassen, liegt im Paradigmatischen seiner geistigen Herausforderungen an den Zeitgeist, der heute in starkem Maße journalistisch verfaßt ist. Die Indifferenz, die Dummheit, die Mutlosigkeit im Angesicht der Unvernunft, die uns bedroht, das ist unsere Situation heute. Nietzsche zeigt uns die Grenzen. Er ist ein Denker von unerbittlicher Strenge und Rücksichtslosigkeit gegenüber sich, gegenüber allen und allem.

Robert Spaemann fragt: »Ist Aufklärung eine kurze Periode der Menschheitsgeschichte und ihre Ablösung durch Irrationalismus, Tabuisierungen, legitimationsunbedürftige Autoritäten, Fanatismen unvermeidlich?«[148] Die Selbstliquidation der Vernunft wird uns tagtäglich von den Medien vorgeführt. Die Welt ist aus den Fugen geraten, Panoptikum und Hölle zugleich. Um so mehr gilt es, die aufklärerische und kritische Kraft im Journalismus zu ermutigen und zu stärken, und wenn wir im folgenden den Journalismus an der Kantischen Aufklärungsphilosophie messen wollen, tun wir es gleichzeitig im Wissen um die Dialektik der Vernunft und mit der Überzeugung, daß »nichtrationale Voraussetzungen des Vernunftgebrauchs« zu respektieren sind.

Kant: Der Natur das Gesetz vorschreiben

Kant bezeichnet sein eigenes Zeitalter als Aufklärungszeitalter. In seiner Philosophie gelangt der ungeheure Umbruch des Denkens, der sich im 18. Jahrhundert in Europa ereignet, zur höchsten und klassischen Bewußtheit. Welches Denken liegt der Aufklärungsphilosophie zugrunde? Wie versteht Kant selbst den Prozeß, der die Menschen aus dem Zustand »immerwährender Unmündigkeit« in das Helle des Bewußtseins und der Vernünftigkeit treten läßt?

Wir stellen diese Fragen in doppelter Absicht. Einmal gilt es, das »Aufklärerische« im Journalismus zu verstehen. Aufklärung ist der »Beruf« des Menschen, sagt Kant, und der Journalismus hat sich dieses Wort in seinem Aufgaben- und Selbstverständnis zu eigen gemacht.[149] Das Ziel ist die Stärkung der öffentlichen Urteilskraft, die Mündigkeit der Bürger im »Licht« vernünftiger und eifersüchtig zu hütender Freiheiten, die Beförderung der Humanität. Zum anderen gilt es, den kritischen Journalismus zu befragen. Er praktiziert seine eigene »Kritik der Vernunft« und hat sich die Philosophie der Kritik zu eigen gemacht. Die Welt, wie sie ist, steht im Widerspruch zu der Welt, wie sie sein soll. In öffentlichem Auftrag wird dem Journalismus jene Eigenschaft zugesprochen, die für einen Richter, griechisch »Krites«, erforderlich ist, nämlich die Fähigkeit, die vorhandenen Verhältnisse auf Normen zu beziehen und sie daran zu messen.[150] »Was ist denn Kritik?« fragt Thomas Mann in den »Betrachtungen eines Unpolitischen«. Seine Antwort lautet: »Nichts anderes als Moral.«[151] Es wird zu zeigen sein, wie sich das Aufklärerische mit dem Kritischen verbindet, wie die Sache der Aufklärung als eine journalistische mit Losungsworten wie Kritik, Veränderung und Erneuerung zum Programm geworden ist. Es wird aber auch mit Theodor W. Adorno zu bedenken sein, daß die Aufklärung in dem umfassendsten Sinn fortschreitenden Denkens seit je das Ziel verfolgt, »von den Menschen die Furcht zu nehmen und sie als Herren einzusetzen. Aber die vollends aufgeklärte Erde strahlt im Zeichen triumphalen Unheils«.[152] Der aufgeklärte, aufklärerische Journalismus sollte nicht nur ein Interesse daran haben, Aufklärung über sich selbst zu gewinnen und zu betreiben, sondern ihm gilt ebenso auch die Frage Kants, »einen Gerichtshof einzusetzen«, vor dem sich die journalistische Vernunft zu verantworten hat.

Das Kantische Denken hat eine Welt aus den Angeln gehoben. Die Idee ist, daß die Macht des Denkens nunmehr alles Wirkliche beherrscht. Nicht mehr die Natur, sondern die Vernunft ist die höchste Idee. Die Welt wird entzaubert, die Grundbegriffe der alten Seinslehre werden für immer entwertet. Der radikale Einschnitt wird dadurch vorgenommen, daß Kant den endlosen Streitigkeiten über die Bedingungen der menschlichen Seinserkenntnis, deren Kampfplatz »Metaphysik« heißt, durch eine Kritik »des Vernunftvermögens überhaupt, in

Ansehung aller Erkenntnisse, zu denen sie, unabhängig von aller Erfahrung, streben mag«, ein Ende bereitet. Der Königsberger Philosoph hat selbst seine Deutung von der Realität als »kopernikanische Wende« gekennzeichnet und erblickt darin das Resultat »der gereiften Urteilskraft des Zeitalters, welches sich nicht länger durch Scheinwissen hinhalten läßt, und eine Aufforderung an die Vernunft, das beschwerlichste aller ihrer Geschäfte, nämlich das der Selbsterkenntnis aufs neue zu übernehmen und einen Gerichtshof einzusetzen, der sie bei ihren gerechten Ansprüchen sichere, dagegen aber alle grundlosen Anmaßungen, nicht durch Machtsprüche, sondern nach ihren ewigen und unwandelbaren Gesetzen, abfertigen könne, und dieser ist kein anderer als die Kritik der reinen Vernunft selbst«.[153]

Für das Kantische Philosophieren lautet der Ausgangspunkt: Erfahrung. Realität läßt sich für das Denken nur durch Erfahrung vermitteln und kann niemals aus dem Denken allein stammen. »Wenn aber gleich alle unsere Erkenntnis *mit* der Erfahrung anhebt, so entspringt sie darum doch nicht eben alle *aus* der Erfahrung.«[154] Es könnte doch sein, so beginnt Kant seine klassische Unterscheidung der reinen und em irischen Erkenntnis, daß selbst unsere Erfahrungserkenntnis ein Zusammengesetztes aus dem sei, was wir durch Eindrücke empfangen, und dem, was unser eigenes Erkenntnisvermögen, durch sinnliche Eindrücke bloß veranlaßt, aus sich selbst hergibt, apriorisch. Das Ergebnis: wir sind im Besitz gewisser Erkenntnisse nicht-empirischer Herkunft. Empirisches läßt sich offenkundig nicht durch anderes, ebenfalls erfahrbares Empirisches erklären, sondern wir müssen nach den Bedingungen empirischer Gegenstände überhaupt in unserer Erkenntnisart fragen. Das sind nach Kant apriorische Erkenntnisse, die nicht aus der Erfahrung stammen, sondern ihr als Bedingung vorausgehen.

Kant will das Erkenntnisvermögen vor aller Metyphysik prüfen. Er orientiert seinen Erkenntnisbegriff an der Mathematik und der Physik Newtons. Hier begegnet er einer erfahrungstranszendenten Erkenntnis. Jene Art von Erfahrungsurteilen, die vorgängig – a priori – zur Erfahrung gemacht werden, sind die synthetischen Urteile a priori, wodurch die Erkenntnisse in den Naturwissenschaften gesichert werden. Kant geht also von der Tatsache dieser Wissenschaften als einer beispielhaften Erkenntniswirklichkeit aus, die es allgemein zu rekonstruieren gilt.

Breitet der Sinnesapparat nicht dauernd ein »Chaos« von Daten wechselnder Sinnesempfindungen vor uns aus? Der Mensch ist diesen fortgesetzten Berührungen unentwegt ausgesetzt. Er wird von ihnen auf solche Weise »affiziert«, daß jede übergreifende Erkenntnis im Zufälligen und Einzelnen steckenbleibt. Das Gemeinsame des Apriorischen wird verfehlt, wenn die Erkenntnis als Sinnesmaterial nur Subjektives, Relatives, Chaotisches hervorbringt. Müssen wir uns also damit abfinden, daß alle Erkenntnis subjektiv, relativ, rezeptiv und hinnehmend ist, daß sie sich faktisch auf die Einzelwahrnehmung beschränkt? Oder können wir, wie in den mathematischen Wissenschaften, an der Möglichkeit und Wirklichkeit apriorischer Notwendigkeit festhalten?

Im Grunde stellt sich damit die alte Frage nach dem Sein »hinter« dem Seienden, die Frage der Ontologie schlechthin, und wenngleich Kant keine neue Seinslehre stiften wollte und die »kopernikanische Tat« gerade darin erblickte, den alten Seinsbegriff des Aristoteles oder der Scholastik aus dem Philosophieren auszumerzen, konstituiert er in seiner Erkenntniskritik dennoch ein »Sein«. Aber die Realität der Dinge muß nun zuerst einmal bewiesen werden. Die Gewißheit kommt nicht aus den Dingen, sondern sie stammt aus dem Erkennen als dem schöpferischen Weg, auf dem sich die Wirklichkeit als Wirklichkeit beweist. Mit dieser Prämisse erfolgt der Durchbruch zum neuzeitlichen Denken. Vielmehr: er vollendet sich, und die dem Subjekt immanent vorgegebenen Erkenntnis- und Bewußtseinsstrukturen treten ganz in den Vordergrund des Interesses.

Wir sehen, wie Kant jetzt vom Menschen und seinem Erkenntnisvermögen her die Seinsdeutung in unerhörter Schärfe zum Problem macht, wobei es gleichgültig ist, ob das Neue nur »Kritik« oder Ontologie« sein soll.[155] Kant führt uns zu einer Interpretation der Erkenntnis und des erkennenden Subjekts, die sich radikal abhebt von aller Empirie oder gar einem Sensualismus, der nur als real gelten läßt, was über die Sinne empfangen wird. Hier, im Sensualismus, wurde der Erkenntnis »zuwenig« zugetraut, während die dogmatische Metaphysik, von der Kant sich ebenfalls verabschieden wollte, der Vernunft »zuviel« zugemutet hatte. Ideen wie Gott oder Unsterblichkeit oder das Weltganze kann die Vernunft nach Kant nur »denken«, nicht jedoch »erkennen«. Die Schranken in der Erfahrung kann und darf die Vernunft nicht durchbrechen. Wir selbst sind es, die in alle Erscheinungen, die wir Natur nennen, die Ordnung und die Regelmäßigkeit hineintragen, »um der Natur gleichsam das Gesetz vorzuschreiben und sie so gar möglich zu machen«.[156]

Das Subjekt schreibt der Natur durch seinen Verstand die Gesetze vor. Das ist es, was bereits die Zeitgenossen Kants gegen seine Philosophie so aufgebracht hat, jene ungeheuerliche Radikalität, daß die Vernunft, indem sie nach den Bedingungen der Möglichkeit der Erfahrung überhaupt fragt, auf sich selbst zurückgeworfen wird und daß sie es ist, welche die Objektivität der Dinge ihrer Form nach erst aufbringt. Darin liegt die völlige Umkehrung der traditionellen Begrifflichkeit, daß bei Kant die Wirklichkeit nur Wirklichkeit »für« ein Subjekt ist.

Wird also die Realität der Außenwelt geleugnet, wie es ein absoluter Idealismus tut? Das ist nicht der Fall, obwohl Kant eine Philosophie der Subjektivität begründet und es die Vernunftbedingungen sind, aus denen heraus eine beständige und notwendige Seinsordnung »entworfen« wird. »So beherrscht also das Subjekt als Übergeordnetes das Sein, das – als Idee und Kategorie – für es ist und für es seine Affektionen zur Einheit seiner Gegenstände (Phänomene als Anblicke) und seiner Welt (als Totalität aller möglichen Anblicke und Ansichten) zusammenschließt«. Die Philosophie wird zum »Hineinstieg ins Subjekt«, wie Max Müller treffend kommentiert.[157] Das Subjekt, nicht mehr das Sein ist das Größte, Weiteste und Grundlegendste.

Eine Wahrheit, die aus den Dingen zum Menschen »spricht«, gibt es bei Kant nicht mehr. Allerdings hat er die Anthropologie scharf von der Moralphilosophie, auf die wir später eingehen werden, abgetrennt und ihr einen minderen Rang gegenüber der Frage, was eigentlich Handeln aus praktischer Vernunft bedeutet, eingeräumt. Kant hält auch an einer unüberschreitbaren Grenze unserer Erfahrung fest. Sie manifestiert sich in der durchgängigen Bestimmung eines transzendentalen Ideals, »eines Dinges an sich selbst«. Dieses Ideal ist ihr, der Vernunft, das »Urbild aller Dinge«. Den Stoff zu ihrer Möglichkeit nehmen die Dinge von diesem Ideal, die »dennoch jederzeit unendlich weit daran fehlen, es zu erreichen«.[158] Wie dieses Urwesen als »das höchste Wesen« und »Wesen aller Wesen« mit der Transzendentalität des Subjekts zusammengeht, bleibt offen. Kant meint selbst einschränkend, dies alles lasse uns wegen der Existenz eines Wesens von so ausnehmendem Vorzuge »in völliger Unwissenheit«.[159]

Die Skepsis gegenüber der alten Metaphysik ist groß. Dennoch scheint Kant sich nicht ganz von dem überlieferten Substanz- und Wesensbegriff in der Ontologie trennen zu wollen, ist doch »wirklich in allen Menschen, so bald Vernunft sich in ihnen bis zur Spekulation erweitert, irgend eine Metaphysik zu aller Zeit gewesen, und wird auch immer darin bleiben«.[160] Die Wende zum Subjekt als Wende zu einer auf sich gestellten Vernunft des neuzeitlichen Idealismus ist jedoch durch das »Ding an sich« nicht aufgehalten. Das Subjekt, das aller Rätselhaftigkeit enthoben ist, ermächtigt sich selbst, die Welt seinen Ansprüchen zu unterwerfen und nicht mehr das Erkennen des Menschen, sondern die Wirklichkeit alles Existierenden für rechtfertigungsbedürftig zu halten.

Zeitalter der Kritik

Nun hätten wir aber nur den halben Kant gelesen, wenn die Selbstermächtigung der Vernunft das letzte Wort bliebe und wir die Ethik der »Aufklärung« außer acht ließen. Das »Idealistische«, das darin bestehen könnte, die Prinzipien der theoretischen Vernunft der »questio facti« voranzustellen und aus der Autonomie der Vernunft ein unanfechtbares Aufklärungspostulat abzuleiten, kann sich nicht auf Kant berufen und hätte seine tiefsitzende Skepsis hinter sich gelassen, »daß Aufklärung zwar in Thesi leicht, in Hypothesi aber eine schwere und langsam auszuführende Sache sei«,[161] wegen der Passivität der Vernunft, weil der Mensch aus krummem Holz geschnitzt ist, wegen kurzfristiger Befriedigung von Wißbegierde und Neugier. Aufklärung ist gerade das Gegenteil von Triebhaftigkeit, Bedürfnisbefriedigung, Geltungssucht, Machtstreben, Ideologie. Was ist die Sache der Aufklärung?

»Aufklärung«, beantwortet Kant selbst die Frage in der berühmten Definition, »ist der Ausgang des Menschen aus seiner selbstverschuldeten Unmündigkeit. Unmündigkeit ist das Unvermögen, sich seines Verstandes ohne Leitung eines anderen zu bedienen. Selbstverschuldet ist diese Unmündigkeit, wenn die Ursache derselben nicht am Mangel des Verstandes, sondern der Entschließung und des Mutes liegt, sich seiner ohne Leitung eines anderen zu bedienen. Sapere aude! Habe Mut, dich deines eigenen Verstandes zu bedienen! ist also der Wahlspruch der Aufklärung.«[162] Aufklärung ist ein Prozeß der Freiwerdung und Befreiung durch die Reform der Denkungsart, durch öffentlichen und freien Gebrauch der Vernunft »in allen Stücken«, wie Kant in seiner Abhandlung vom Jahre 1786 »Was heißt: Sich im Denken orientieren?« weiter ausführt. Selbstdenken, das heißt, »den obersten Probierstein der Wahrheit in sich selbst suchen«, nämlich in der eigenen Vernunft. Diese Maxime »ist die Aufklärung ... Sich seiner eigenen Vernunft bedienen, will nichts weiter sagen, als bei allem dem, was man annehmen soll, sich selbst fragen, ob man es wohl tunlich finde, den Grund, warum man annimmt, oder auch die Regel, die aus dem, was man annimmt, folgt, zum allgemeinen Grundsatze seines Vernunftgebrauchs zu machen.«[163]

Welcher Weg führt zur Aufklärung? Die »Kritik« ist es, die der Aufklärung zu einem Wissen über sich selbst und ihrer eigenen Grenzen verhilft, sie ist die Methode, und in seinen drei berühmten Kritiken hat Kant ihr Ausdruck verliehen und begründet, warum er das »Zeitalter der Aufklärung« das »Zeitalter der Kritik« nennt: »Unser Zeitalter ist das eigentliche Zeitalter der Kritik, der sich alles unterwerfen muß. Religion, durch ihre Heiligkeit, und Gesetzgebung, durch ihre Majestät, wollen sich gemeiniglich derselben entziehen. Aber alsdann erregen sie gerechten Verdacht wider sich und können auf unverstellte Achtung nicht Anspruch machen, die die Vernunft nur demjenigen bewilligt, was ihr freie und öffentliche Prüfung hat aushalten können.«[164]

Die Freiheit, von seiner Vernunft in allen Stücken öffentlichen Gebrauch zu machen, ist ein tragendes Fundament für das öffentlich-kommunikative Handeln im Journalismus. Der Anspruch ist ein kritischer, einer besseren Welt den Weg zu bereiten und die Urteilsfähigkeit derer aufzudecken, die als die Mächtigen gelten. Das verschafft dem Begriff »Kritik« ein Pathos, aus dem ersichtlich wird, »daß in diesem Begriff nicht nur der forensische, sondern auch der religiöse Ursprung bis heute nachwirkt«. Richard Schaeffler erinnert an 1 Kor. 2,15: Er beurteilt alles, wird aber selbst von niemandem beurteilt. Der »Geistbegabte« bewährt sich als souverän, »unabhängig von der Welt in seiner Urteilsfähigkeit, zugleich maßgeblich für sie in seiner Urteilsbefugnis«.[165] Es gilt den Nachweis zu führen, daß die Herrschenden und Mächtigen nur solange die Zustimmung haben, wie die »selbstverschuldete Unmündigkeit« perpetuiert werden kann und die Menschen vor der eigenen Freiheit fliehen. Das Befreiend-Emanzipatorische solcher Kritik ist seit jeher ideologieanfällig gewesen.

Publizistik als Aufklärung

Historisch war die Aufklärung »selber Publizistik sui generis«, wie Wilmont Haacke nachweist, und sie hat geholfen, daß die Zeitungen aus ihren kümmerlichen Anfängen als unbedeutende und skandalumwitterte Nachrichtenblätter überhaupt herausfanden. In ihrer schäbigen Rolle waren die Zeitungen darauf beschränkt, »Nachrichten zu sammeln, zu bündeln und sie zwar so rasch wie möglich, jedoch stets nur mit behördlicher Genehmigung und unter polizeilicher Aufsicht zu verkaufen. Daher resultiert ihr marktschreierisches Wesen. Verlegenheit gegenüber allen Seiten hat sie von Kind an gezwungen, zu laut zu werden«.[166]

Den grundlegenden Wandel brachte die aufklärerische Forderung nach größerer Meinungsfreiheit im 18. Jahrhundert. In den Befreiungskriegen hatten die politische Presse und die deutschen Fürsten dann in Napoleon den gemeinsamen Gegner und in der Befreiung »Teutschlands« das gemeinsame Ziel, doch hat die Pressefreiheit als politisches Freiheitsrecht sich vor 1848 nirgendwo dauerhaft behaupten können. Die Idee war viel früher geboren, eine Idee der Aufklärung, und im Todesjahr Friedrichs II. von Preußen, im Jahr 1786 notierte der Publizist und spätere Freund Goethes, Karl Philipp Moritz, als er in der »Haude- und Spenerschen Zeitung« das Feuilleton übernahm, das »Ideal einer vollkommenen Zeitung« folgendermaßen: »Sie ist der Mund, wodurch zu dem Volke gepredigt, und die Stimme der Wahrheit, sowohl in die Palläste der Großen, als in die Hütten der Niedrigen dringen kann. Sie könnte das unbestechliche Tribunal seyn, wo Tugend und Laster unpartheisch geprüft, edle Handlungen der Mäßigkeit, Gerechtigkeit und Uneigennützigkeit gepriesen, und Unterdrückung, Bosheit, Ungerechtigkeit, Weichlichkeit und Üppigkeit mit Verachtung und Schande gebrandmarkt würden.«[167]

Der Journalismus verdankt sich dem aufklärerischen Denken, und dies nicht nur historisch. Er verdankt sich dem Freiheitspathos und der Freiheitsmoral.

Journalisten wollen etwas entdecken, erforschen und aufklären. Sie verstehen sich als eine Art von öffentlichem »Gewissen«, als die Vierte und eigentlich kritische Gewalt im Staate. Aus der journalistischen Berufsforschung wissen wir, wie hoch der Anteil derjenigen ist, die in der öffentlichen und sozialen Kritikfunktion den obersten Wert des Journalismus erblicken und an erster Stelle »Mißstände aufdecken« wollen.[168] Lessing spricht mit Vorzug von »Erleuchtung« und »erleuchteter Zeit«, und seit etwa 1720 ist »aufklären«, um die Mitte des 18. Jahrhunderts das Wort »Aufklärung« gebräuchlich geworden, »éclairer« auf französisch, »to enlighten« auf englisch, und das »erleuchten« dürfte mit dem lateinischen »clarus« zusammenhängen.[169] Eine klare und kritische Erkenntnis wird im journalistischen Pflichtenkatalog hoch eingeschätzt. »Woran liegt es, daß wir noch immer Barbaren sind?« fragt Schiller in seiner Aufklärungsschrift. Der Grund liegt in den »Gemütern der Menschen«, welche die Wahrheit nicht zur »Kraft« werden lassen.[170] Die Wahrheit muß von der Vernunft aufgenommen und ins Welthafte gelangen. Die Welt ist für den Journalisten die Welt des Subjekts, »Zeitalter des Menschen«; so versteht sich das Wort »Welt«, das auf das althochdeutsche »wëralt« zurückgeht.

Im Rollenverständnis des Journalisten geht es bis zum heutigen Tage um die richtige Beantwortung der Kantischen Frage »Was ist Aufklärung?«. Einen neuen, einen anderen Journalismus, der sich »anwaltschaftlich« versteht, haben die sechziger Jahre in Amerika hervorgebracht. Die Watergate-Krise brachte ihm die weltweit anerkannte Bewährungsprobe, eine Art von Duell zwischem dem Präsidenten des mächtigsten Landes der Erde und den Medien, die den Sieg davontrugen. Der aufklärerische Journalismus hat sich in der Bundesrepublik Deutschland seit den frühen siebziger Jahren eine »lokale Alternativpresse« geschaffen und ein die Millionengrenze überschreitendes Leserpublikum erobert. Die »Gegenöffentlichkeit« der Studentenbewegung ist in die Jahre gekommen. Etwa 30 »Stadtmagazine« gibt es heute, und an »Stadt-«, »Stattblättern«, »Volksblättern« und anderen »Alternativzeitungen« gibt es etwa 170. In den politischen Zeitschriften führt die Gegenpresse solche Titel wie »Fizz«, »Agit 883«, »Ca ira«, »Radikalinsky«, »Song«, »Linkeck«, und viele davon sind wie Streusand, bald vom Winde verweht.[171] Was bleibt, ist das Konzept und der Typus eines Gegenmodells, das deutlich aufklärerische Züge trägt.

»Journalismus & Journalismus« lautet ein Buchtitel, den Wolfgang Langenbucher herausgegeben hat.[172] Das journalistische Berufsverständnis ist zweigeteilt und läßt sich idealtypisch mit dem professionellen Anspruch von »Information als Beruf« und »Kritik als Beruf« abdecken. Helmut Schelsky hat vor einigen Jahren in seinem Buch »Die Arbeit tun die anderen« den Typus des Journalisten, der für Informationen sorgt, von einem anderen Typus unterschieden, der sich als Meinungs- und Willensführer versteht. Der vermittelnde Dienst eines um Objektivität bemühten Journalismus tritt zurück. Schelsky rügt die Vermengung beider Funktionen, denen er zwar nicht die Legitimation abspricht, wohl aber das Recht, das Ethos der Sachlichkeit mit der »Herrschaft der Publizisten« zu verwechseln. Das sei »Betrug am Leser«.[173] Horkheimer und Adorno sprechen ebenfalls vom »totalen Betrug der Massen« und meinen eine Aufklärung, die zur Herrschaft von Menschen über Menschen umgeschlagen ist, heute, da Bacons Utopie einer Versöhnung von Vernunft und Natur gescheitert sei und »in tellurischem Maßstab« das Wesen des aufklärerischen Zwanges offenbar geworden sei.[174]

Das Dilemma liegt in der Unvernunft einer Vernunft, die sich als Sachwalterin der Freiheit zum Vormund des Menschen aufwirft, statt ihn zu »befreien«. Damit ist die Idee der Vernunft verraten. Ist Kant, sind die aufklärerischen Ideale mißverstanden worden?

Die Idee der sich rein aus sich selbst ermächtigenden Vernunft ist nicht die Idee der Aufklärung im Kantischen Sinne. Noch kann die Idee einer Kritik, die ihre eigenen Bedingungen dadurch aufhebt, daß sie »die Maßgeblichkeit eines Maßstabes« verwirft, sich auf die »Kritik der Vernunft« berufen. Diese Kritik kann nur dann ihren Auftrag erfüllen, wenn »sie an ihre Freiheit erinnert wird. Und dazu gehört es, jene verborgenen Motive freizulegen, die die menschliche Vernunft dahin gebracht haben, diese ihre Freiheit theoretisch zu verleugnen und praktisch zu verraten«. Kritik und Anerkennung gehören nach Richard Schaefflers Auslegung der Kantischen Aufklärungsphilosophie zusammen, »die Anerkennung eines der Vernunft übergeordneten Urteilsmaßstabes«, sonst werde das Wechselspiel zwischen Dogmatismus und Skeptizismus kein Ende nehmen.[175] Das Ausmessen der Grenzen des Erkennens und der Grenzen der Vernunft mit der Bestimmung der Grenzen der »Kritik« identifiziert auch Georg Picht mit der Quintessenz Kantischer Vernunftphilosophie, »das Abstecken des Horizontes, innerhalb dessen uns das Seiende in seinem Sein, die Gegenstände in ihrer Gegenständlichkeit erscheinen können ... Das Kriterium der Vernunft ist also nicht die Rationalität, die auch dem Wahnsinn dienen kann, sondern die in der Freiheit stets enthaltene Verantwortung für die Erhaltung der Freiheit.«[176]

Was ist damit für den Journalismus gesagt? Die Vernunft erweist sich im Gebrauch der Freiheit, Freiheit auch in Zukunft zu ermöglichen. Nur in der Verantwortung gelangt das aufklärerische Denken an sein Ziel. Der »Gerichtshof«, den Kant fordert, ist nicht zuerst und vor allem als Prozeß der Vernunft gegen andere – die Tradition, die »Mißstände«, die »Herrschenden« – zu verstehen, sonders als »Prozeß der Vernunft gegen sich selbst«.[177] Führt der Journalismus diesen Prozeß der unablässig sich selbst prüfenden und ihrer eigenen Grenzen bewußten Vernunft immer von neuem, bevor er zum »Richter« über andere wird?

9. Das Wahre an der Realität

Phänomenologie und journalistische Arbeit

Über den Journalismus philosophieren, das heißt, über die Alltäglichkeit und über die im natürlichen Lebens- und Weltbewußtsein gelegenen Wahrheiten nachdenken und sie ihrer Selbstverständlichkeit entkleiden. »Seht des Kaisers neue Kleider!« Nur einer, der als unbedarft, viel zu jung und noch nicht »gebildet« galt, hatte den Mut, die Wahrheit zu sagen. Er war kein Philosoph, sondern ein beherzter Junge in Andersens Märchen von des Kaisers neuen Kleidern. Er war auch kein Journalist, der in seiner Betriebsamkeit eine Sensation daraus gemacht hätte, wie sich das Volk verdummen und manipulieren läßt. Wie werde ich ein ehrlicher Philosoph? Wie werde ich ein ehrlicher Journalist?

Kierkegaard hat sarkastisch gegen Hegel vorgebracht, ein absoluter Professor habe das Existieren vergessen. Die phänomenologische Bewegung, die in den Jahren vor dem Ersten Weltkrieg von Husserl ausgegangen ist, vertiefte sich mit bohrender Beharrlichkeit in die Frage nach der »Ehrlichkeit« des Philosophierens und insbesondere des Erkennens der Wirklichkeit. Die Phänomene, die Sachen selbst sollten zum Sprechen gebracht werden. Die tatsächliche Lebenswelt durfte bei den Denkschritten der Erkenntnis nicht übersprungen werden. Kleinarbeit im geduldigen und disziplinierten Beobachten der Dinge war gefragt, um den Konstruktionen zu entgehen, den Wirklichkeitskonstruktionen. Hatte sich der »Bildungsidealismus« im Labyrinth der Subjektivität verstiegen und vernachlässigte er die vorwissenschaftliche Welt der Tatsachen und Dinge?

Edmund Husserl: Ehrlichkeit im Beobachten

Ein Schüler Husserls soll ein ganzes Semester nichts anderes behandelt haben als die Frage, was ein Briefkasten ist.[178] Den Anfängern in der Philosophie pflegte Husserl zu sagen: »Nicht immer die großen Scheine, meine Herren, Kleingeld, Kleingeld!« Theorien und Konstruktionen waren gewissermaßen weit über Kurs gehandelt worden. Mehr Ehrlichkeit im Umgang mit den Phänomenen war erforderlich.

So wuchs in der Husserlschen Denkschule eine neue Wirklichkeits- und Gegenstandsnähe, die sich zuerst einmal der Realität der Außenwelt zu versichern suchte und gegen die anmaßenden Theorien des Selbstbewußtseins Stellung bezog. Dorther rührte auch das Interesse für die vorwissenschaftliche Lebenswelt. Die Erfahrungen des wirklichen Lebens sollten nicht ausgeklammert und in der Exklusivität des idealistischen Philosophierens zu Schattengestalten werden. Die phänomenologische Arbeit sollte in ihrer Strenge und Wesenserkenntnis die Moral der Philosophie erneuern und erkennen, »die Tatsächlichkeit des Tatsächlichen, die Faktizität, die Existenz ist nicht nur ein Letztes, Spätestes, Kontingentes, das von der Wesenseinsicht inhaltlich bestimmt und seiner ganzen Bestimmtheit nach von ihm umgriffen ist, es ist auch ein Erstes, Zugrundeliegendes, Nicht-weg-zu-Denkendes, das alle Wesenseinsicht seinerseits trägt«.[179]

Was ist das Wahre an der Realität der Außen- und Lebenswelt? Ehrlichkeit im Beobachten und Recherchieren der Tatsachen und Gegebenheiten ist ein bestimmendes Merkmal der journalistischen Berichterstattung. Die phänomenologische und die journalistische Arbeit weisen Berührungspunkte auf. Erkenntnis ist Anschauung. Der Alltag der Medien in der Bundesrepublik hat keinen Mangel an Journalisten, die lieber gleich ihre Meinung sagen, anstatt zu recherchieren, an Kommentatoren, die über die Köpfe des Publikums und ihrer Lebenswelt hinweg argumentieren.[180] Die Anschauung wird nicht geübt. Die Konstruktionen, die parat liegen, werden den Meinungen und Schlagwörtern unterlegt.

Die Arbeit, die vor der Niederschrift liegt, ist die entscheidende. Die Authentizität einer Nachricht beginnt mit der Quellenkritik, der phänomenologischen Kritik. Sie ist, sie sollte das erste sein, aber die Not des Journalisten ist es auch, fast immer schon auf die Mitteilungen anderer angewiesen zu sein, woher das Material zugetragen wird. Es sind die Schatten der Wirklichkeit, die sie aufzubereiten haben. Dennoch kann der Journalist seinen Bericht nicht »aufs Geratewohl oder nach Gutdünken« abfassen. Thukydides, Historiker und Kriegsberichterstatter, spricht diese Mahnung so aus: »Die Begebenheiten des [peloponnesischen] Krieges habe ich nicht aufs Geratewohl oder nach Gutdünken aufgezeichnet. Ich habe nur Dinge aufgenommen, die mir entweder aus eigener Anschauung bekannt waren oder über die ich bei anderen die sorgfältigsten Erkundigungen eingezogen habe. Es war mir nicht immer leicht, den Sachen auf den Grund zu kommen, weil die Berichte der Augenzeugen verschieden lauteten, je nachdem ihr Parteistandpunkt dabei mitsprach oder auch ihr Gedächtnis sie im Stich ließ.«[181]

Kleist: Statt der Augen grüne Gläser

Was ist das Wahre an der Realität? Wir kehren noch einmal zur Kantischen Erkenntniskritik zurück und zitieren Heinrich von Kleist. Er bringt in einem Brief an seine Verlobte eine Art von Verzweiflung darüber zum Ausdruck, wie ihn die Kantische Erkenntniskritik betroffen und verwirrt gemacht hat, läßt sie doch immer nur Ansichten zu Gesicht kommen, nur Erscheinendes, das zwar eine Wirklichkeit »für uns« konstituiert, aber nicht mehr die erkennende Vernunft, das Phänomen und das Subjekt umschließt. »Vor kurzem ward ich mit der neueren sogenannten kantischen Philosophie bekannt – und Dir muß ich jetzt daraus einen Gedanken mitteilen, indem ich nicht fürchten darf, daß es Dich so tief, so schmerzhaft erschüttern wird als mich. Wenn alle Menschen statt der Augen grüne Gläser hätten, so würden sie urteilen müssen, die Gegenstände, welche sie dadurch erblicken, sind grün – und nie würden sie entscheiden können, ob ihr Auge ihnen die Dinge zeigt, wie sie sind, oder ob es nicht etwas zu ihnen hinzutut, was nicht ihnen, sondern dem Auge gehört. So ist es mit dem Verstande. Wir können nicht entscheiden, ob das, was wir Wahrheit nennen, wahrhaft Wahrheit ist oder ob es uns nur so scheint. Ist das letzte, so ist die Wahrheit, die wir hier sammeln, nach dem Tode nichts mehr – und alles Bestreben, ein Eigentum sich zu erwerben, das uns auch in das Grab folgt, ist vergeblich.«[182]

Kleist will eine Schein-Wirklichkeit nicht als Wahrheit gelten lassen. Ihm kommt es wie ein Alptraum vor, daß die Lebenswelt von lauter Schein-Realitäten besetzt ist und wir möglicherweise niemals herausfinden werden, wie es sich wirklich verhält. Ist alles, was wir sehen und erfahren, eine Fiktion? Dann bleibt die Wahrheit für immer unauffindbar, und was der menschliche Geist ersinnt, wäre auch unentscheidbar und undurchschaubar.

Warum rebelliert der Mensch in seiner Alltagserfahrung dagegen, daß die Welt eine Konstruktion sein soll? Warum hält er – »objektivistisch« und »naiv realistisch« – an der Auffassung fest, daß die Dinge ihr Sein und ihren Sinn in sich selber tragen, anstatt daß wir ihre Gegenständlichkeit aus der Analyse des Selbstbewußtseins ableiten? Der Mensch will sich von der Wirklichkeit in Pflicht nehmen lassen. Er will es nicht hinnehmen, daß die Wirklichkeit durch das Subjekt bedingt ist und sich im Erkenntnisprozeß konstituiert. Er sucht den Ursprungsort der Wirklichkeit vor dem einzelnen Seienden in der Weite eines Seinsbegriffs, in dem sich etwas »Größeres« als die eigene Sinneswahrnehmung zeigt. Eine erkenntnisunabhängige Wirklichkeit und Wahrheit wird vorausgesetzt. Das schmerzliche Befremden, das Heinrich von Kleist in seinem Brief ausdrückt, ist von dem leisen Protest begleitet, warum das natürliche Verlangen nach Klarheit in der Begegnung mit einer erfahrbaren Welt durch eine Philosophie, welche die Dinge auf den Kopf zu stellen scheint, düpiert werden muß. Ist der Mensch möglicherweise ein theoretisches Wesen, das nicht vom Brot der Praxis, sondern von seinen Konstruktionen lebt? Erzeugt der Mensch den Menschen? Im neuzeitlichen Denken und in den aufklärerischen Wissenschaften spannt der Verstand sein konstruktives Netzwerk der formelhaften Erfassung und Beherrschung über alle Erscheinungen, ohne auf deren letzten Grund zu stoßen. Wirklichkeitskonstruktion und Rationalität werden zu ihrer gegenseitigen Bedingung. Der Verzicht auf die Wahrheitsfrage und die Unentschiedenheit gegenüber dem »Ding an sich« führen mit Notwendigkeit zu einer instrumentellen Verfügung über die gesamte Natur, den Menschen eingeschlossen. Der alte Begriff der Vernunft ist von einem instrumentellen Vernunftbegriff abgelöst worden. Die Tendenzen der »Verdinglichung«[183] lassen die Natur und den Menschen in die bloße Objektivität des Verfügbarmachens übergehen. Der Verzicht auf die Wahrheitsfrage bleibt nicht folgenlos.

Die Grundstruktur einer mathematischen Erfassung der Wirklichkeit beschreibt Carl Friedrich von Weizsäcker: »Mathematische Sätze handeln vom Eidos, von der Idee; sie beziehen sich auf das Urbild, dessen unzureichende Abbilder die Sinnendinge sind. Sie handeln nicht von diesem oder jenem Ding, das wir einen Kreis nennen, sondern vom Kreis selbst.«[184] Ist es also die Mathematik, die uns das Wahre an der Realität übermittelt? Sind es die exakten Wissenschaften, die uns an die Hand nehmen und aus der Höhle unseres Schein-Wissens, wo wir nur Schatten und Abbilder wahrnehmen, ins Licht der Urbilder führen? Die mathematischen Sätze liefern zwar »vollkommene« Definitionen, aber diese Sätze sind jeweils nur mathematisch richtig. In der Natur kommen sie nicht vor, sie sind konstruiert. Der Lehrsatz des Pythagoras ist konstruiert, er gilt für das »ideale« Dreieck, aber für kein tatsächliches Dreieck in der gesamten Welt. Dieser Lehrsatz ist nicht wahr, sondern richtig. Die Menschen halten heute die wissenschaftlichsten Aussagen für die wahrsten, »weil sie das Wahre mit dem Exakten verwechseln«.[185]

Höhlengleichnis

In Platons klassischem Höhlengleichnis wird zwischen der Welt der Ideen und der Welt der Erscheinungen eine Unterscheidung getroffen. Die Gegenstände, die wir wahrnehmen und für wirklich halten, sind nur Schatten und Schein. Solange wir unkritisch in dieser Schein-Welt verharren, wissen wir nichts vom eigentlich Wirklichen der Ideen. Platon will mit seinem Gleichnis den Bildungsgang der Philosophen veranschaulichen: »Sieh nämlich Menschen wie in einer unterirdischen, höhlenartigen Wohnung, die einen gegen das Licht geöffneten

Zugang längs der ganzen Höhle hat. In dieser seien sie von Kindheit an gefesselt an Hals und Schenkeln, so daß sie auf demselben Fleck bleiben und auch nur nach vornhin sehen, den Kopf aber herumzudrehen der Fesseln wegen nicht vermögend sind. Licht aber haben sie von einem Feuer, welches von oben und von ferne her hinter ihnen brennt. Zwischen dem Feuer und den Gefangenen geht obenher ein Weg, längs diesem sieh eine Mauer aufgeführt, wie die Schranken, welche die Gaukler vor den Zuschauern sich erbauten, über welche herüber sie ihre Kunststücke zeigen.«[186]

Das Zufällige und Wechselhafte der Erscheinungen zeigt sich vor der Frage nach wahrer Erkenntnis als trügerische Meinung, als Schatten ihrer Eigentlichkeit, als Schein – griechisch »doxa«. Die Empiriker mögen in der Höhle verweilen und die Schatten »für das Wahre halten«.[187] Sie werden sich aus der Umklammerung des Schein-Wissens nicht befreien können. Ihre wahre und wirkliche Welt ist die Schattenwelt. Erst wenn sie von ihren Fesseln »und ihrem Unverstande«[188] befreit und gezwungen werden, aus der Höhle ans Licht des Tages heraufzusteigen und am Ende »auch die Sonne selbst, nicht Bilder von ihr im Wasser oder anderwärts, sondern sie selbst an ihrer eigenen Stelle anzusehen«,[189] erst dann wird ihnen der Aufstieg zur wahren Erkenntnis gelungen sein. So dürfen die Menschen nach Platon nicht bei den vielen Einzeldingen stehen bleiben, wo man dieses oder jenes meint, sondern sie müssen vielmehr weitergehen und finden erst dann Erfüllung, »wenn sie die Natur selbst eines jeden, was ist, aufgefaßt haben mit der Kraft der Seele, die solches zu fassen vermag. So nähern sie sich dem wahren Sein und vermischen sich mit ihm und erzeugen so Vernunft und Wahrheit.«[190]

Hätten die Fernsehzuschauer, die vor dem Bildschirm eine Ereigniswirklichkeit aufnehmen, nur »Schatten« wahrgenommen? Bleibt der Zeitungsleser, der die rasch wechselnden Abbilder des Neuesten vom Neuen aufnimmt, in der Höhle seiner Alltäglichkeit gefesselt? Ist journalistisches Wissen nur Schein-Wissen? Wie kann der gemeine Menschenverstand überhaupt zur wahren Welt der Ideen gelangen?

Die Differenz zwischen Sein und Schein ist mit Platon weit aufgerissen. Wir wollen das Höhlengleichnis nicht überdehnen und können uns hier auch nicht mit der Ideenlehre Platons befassen, die wahre Erkenntnis damit begründet, daß die in einem vorweltlichen Leben geschauten Ideen zur Wiedererinnerung gelangen. Damit hat Platon dem Idealismus das Vorbild der Trennung der Ideen (des Seins) von den Dingen (des Seienden) geliefert. Im Platonismus versteht sich diese Trennung weitgehend vom Göttlichen her. Die Ideen erklären sich als Erzeugnisse des Gottesgeistes selbst, der durch sein Denken alles schafft. Logos, Wirklichkeit und Wahrheit fallen ineins. Das Christentum hat den platonischen Idealismus mit seiner Zwei-Welten-Vorstellung und der Unsterblichkeitslehre der Seele aufgegriffen. Die ewigen Ideen wurden zu den urbildlichen Gedanken des Schöpfers umgeformt, aber damit konnte die Spannung, die dadurch gesetzt worden war, daß unser Wissen von den Erscheinungen gegenüber dem Wissen vom wahren Sein abgewertet wurde, nicht aufgehoben werden. Die Wahrheit entrückt ins Allgemeine, sie wird überirdisch, und die Faktizität des Wirklichen wird zum Scheinproblem. Gegenüber dem Wirklichen, das uns (in der Höhle der Lebenswelt) umgibt, verzichtet der platonische Idealismus auf die Wahrheitsfrage, wie Kant es auch getan hat.

Martin Heidegger: Sein und Schein

Was ergibt sich daraus für unsere Frage nach dem Wahren an der Realität, an dem vorfindbar Wirklichen unserer Welt? Heideggers bohrendes Fragen nach der Wahrheit, die jede Wahrheit überhaupt auszeichnet, greift auf das Denken der frühen Griechen zurück, von dem das Platonische in seinen Augen »ein Abfall« ist. Heideggers Denken kreist mit wahrer Versessenheit um die Seins- und Wahrheitsfragen. Es nimmt seinen Ausgangspunkt von den phänomenologischen Programmen und den Analysen der Alltäglichkeit. Heidegger will die Verfallenheit des modernen Menschen an das »Man«, die »Neugier« und das »Gerede« nicht hinnehmen.[191] Er begnügt sich auch nicht mit der landläufigen Unterscheidung von Sein und Schein, sondern glaubt in der Seinslehre der frühen Griechen das Umfassende von Sein und Schein nachweisen zu können. Das Erscheinen gehört zum Sein. Mit dem griechischen »doxa« wird nicht nur Eingebildetes oder Subjektives bezeichnet, sondern: »Wie das Erscheinen zum Seienden selbst gehört, so zu ihm auch der Schein. Denken wir an die Sonne. Sie geht uns täglich auf und unter. Nur die wenigsten Astronomen, Physiker, Philosophen – und auch diese nur auf Grund einer besonderen, mehr oder minder geläufigen Einstellung – erfahren diesen Sachverhalt unmittelbar anders, nämlich als Bewegung der Erde um die Sonne. Der Schein jedoch, in dem Sonne und Erde stehen, z. B. die Morgenfrühe der Landschaft, das Meer am Abend, die Nacht, ist ein Erscheinen. Dieser Schein ist nicht nichts. Er ist auch nicht unwahr. Er ist auch keine bloße Erscheinung eigentlich anders gearteter Verhältnisse in der Natur. Dieser Schein ist geschichtlich und Geschichte, entdeckt und gegründet in der Dichtung und Sage und so ein wesentlicher Bereich unserer Welt.«[192]

Der entscheidende Schritt, der den inneren Zusammenhang von Sein und Schein nachweist, liegt für Heidegger im griechischen Namen für Wahrheit – »aletheia«. Das heißt Unverborgenheit. Indem das Seiende als ein solches »ist«, stellt es sich in die und steht es in der Unverborgenheit. Die Wahrheit ist die

Entbergung des Seienden, sie ist nicht etwa Merkmal des richtigen Satzes, der durch ein menschliches »Subjekt« von einem »Objekt« ausgesagt wird und dann irgendwo »gilt«, wie Heidegger abschätzig bemerkt, sondern »Wahrheit bedeutet lichtendes Bergen als Grundzug des Seyns . . . Der Name dieser Lichtung ist ›aletheia‹«.[193]

In Heideggers Sprache liegt oft etwas Manieristisches. Ausdrücke aus dem Sprachschatz seiner alemannischen Heimat werden aufgenommen, und zwischen manchem, das befremdet, werden wir immer wieder auf überraschende Sprachentdeckungen geführt. »Lichtung des Seins« nennt er, was im »Da« des Daseins geschieht, was in der Faktizität der eigenen Endlichkeit seiner selbst im »Da-Sein« gewiß wird. Heidegger glaubt, daß vor allem die Griechen in der gewachsenen Weisheit ihrer Sprache wesentliche Züge des Seins im Wort bewahrt haben, und so läßt er sie sagen: »Das Seiende ist als Seiendes wahr. Das Wahre ist als solches seiend. Das will sagen: Das waltend sich Zeigende steht im Unverborgenen. Das Unverborgene kommt im Sich-zeigen zum Stehen. Die Wahrheit ist als Un-verborgenheit nicht eine Zugabe zum Sein. Die Wahrheit gehört zum Wesen des Seins. Seiendes sein – darin liegt: zum Vorschein kommen, erscheinend-auftreten, sich hin-stellen, etwas her-stellen. Nichtsein besagt dagegen: aus der Erscheinung, aus der Anwesenheit abtreten.«[194]

Das Wörtchen »ist«

Heidegger rehabilitiert den übergreifenden Seinsbegriff. Er holt ihn aus der Innerlichkeit, wo die kritische Philosophie rein subjektiv geworden war, in die Gegenständlichkeit der Dinge und Sachen. Wirklichkeit und Wahrheit werden, philosophisch gesprochen, wieder zugänglich gemacht für den erkennenden Verstand und vom platonischen Himmel wo das Prädikat »ist« letztlich nur der urbildlichen Idee zukommt, auf die Erde herabgeholt. Heidegger ist den verschiedenen Interpretationen des »ist«, das man Kopula nennt, nachgegangen und kommt auf eine Mehrdeutigkeit des Phänomens. Das Sein kann Was-sein besagen, »esse essentiae«, etwa wenn in dem Satz »Der Himmel ist blau« die beiden Worte »Himmel« und »blau« auf ein und dieselbe »res« bezogen sind. Das Sein der Kopula kann auch soviel wie Existieren im Sinne des Vorhandenseins, »esse existentiae«, besagen und Wie-sein bedeuten. »Der Himmer *ist* blau.« Das vorhandene Ding, das sich Himmel nennt, ist so und so vorhanden. Oder in der Kopula kann auch ein Wahr-sein beschlossen liegen, worin das Wahrsein eines Urteils fixiert wird.[195] Heidegger sieht die unterschiedlichen Kopula-Interpretationen nicht als Mangel, sondern als Ausdruck der in sich vielfältigen Struktur vom Sein eines Seienden.

Das Kopula-Problem, das so unscheinbar anmutet, spiegelt die Grundeinstellung des Menschen, wie er sich zu allem, was wirklich und wahr ist, verhält. Das »ist«, das wir in jedem Satz als unentbehrliches und selbstverständliches Wörtchen gebrauchen, befindet über das Sein und somit über die geistige Einstellung des Menschen. Es entscheidet, wie Max Müller hervorhebt, über die Seinslehre und Seinsdeutung nicht nur ihrer Weite, sondern auch ihrer Würde nach als das Erste, was Philosophie zu leisten hat.[196] Jedem nachdenkenden Menschen ist schon einmal der Gedanke widerfahren, daß die Welt, die unseren Sinnen erscheint, möglicherweise überhaupt nicht das ist, was wir mit dem einfachen Wörtchen »ist« als Verbindung zwischen Subjekt und Prädikat in einem Satz aussagen. Könnte die ganze Welt nicht auch eine Selbsttäuschung sein, die sich in Schein oder pures Nichts auflöst? Indem wir »ist« als »ist wirklich« und »ist wahr« sagen, nehmen wir eine Seinsbehauptung und Seinsaussage in unsere Rede auf. Sie will sich als wahre Rede ausweisen und eine reale Wirklichkeit implizieren. Mit dem Wörtchen »ist« sagen wir nachdrücklich, es sei wahrhaft und in Wirklichkeit so und nicht anders.[197] Die Dinge, die Welt, die Wirklichkeit werden bejaht und angenommen. Sie werden in sich selber für gut und wahr befunden.

Aber treiben wir mit dem Wörtchen »ist« nicht ontologische Spielereien, die sich das Gleichgültigste vornehmen? Gleich-gültig wäre alles, wenn es nichts Erkennbares mehr gibt, das der Menschenverstand noch in ein Erkanntes verwandeln könnte. Das wäre ein endgültiges und perfektes Wissen, wie es den Göttern vorbehalten ist. Das wäre zugleich das Ende allen Philosophierens und Fragens, mit dem der Philosophierende es zu tun hat. In Platons »Symposion« wird Diotima das Wort in den Mund gelegt: »Keiner von den Göttern philosophiert.«[198] Mit anderen Worten: Die Philosophie hat es mit der »Unerkennbarkeit« der Gegenstände zu tun. Dabei ist allerdings zu unterscheiden, ob hiermit etwas über die Möglichkeit und Bedingung des subjektiven Erkennens oder über die Beschaffenheit der Dinge selbst ausgesagt wird.[199] Josef Pieper trifft diese Unterscheidung. Er holt den Satz von der »Wahrheit« aller Dinge – »omne ens est verum« – aus der Verschollenheit hervor, wie er sagt, daß nämlich alles, was Sein besitzt, auf Grund seines Wirklichseins zugleich auch erkennbar sei.[200] Das Wahre ist das Wirkliche.

Hier wird für das philosophische Wirklichkeitsverständnis eine geschaffene Ordnung vorausgesetzt. Die Welt ist aus dem schöpferischen Denken Gottes hervorgegangen und besitzt dadurch »Wort-Charakter«. Das heißt, sie teilt sich mit als prinzipiell verstehbar und erkennbar. Mit Recht sagt Pieper, daß der Wegfall des Schöpfungsgedankens für das Wirklichkeitsverständnis von einschneidender Konsequenz ist. Nicht nur das christliche, sondern auch das griechische Denken hält die Dinge bis ins Letzte für erkennbar, weil sie aus der

»unendlichen Helligkeit des göttlichen Logos« hervorgegangen sind.[201] Allerdings markiert diese Unendlichkeit zugleich die Grenze des menschlichen Erkennens, das niemals ans Ende gelangt und daher mit der »Unerkennbarkeit« der Gegenstände leben muß: Grund seiner Philosophie.

Grund auch dafür, mit den Schatten (im Höhlengleichnis) und den Konstruktionen (unserer Theorien) leben zu müssen. Das beantwortet unsere Frage nach dem Wahren an der Realität, wo phänomenologische und journalistische Arbeit sich berühren. Im Umgang mit der Wirklichkeit weist die »Ehrlichkeit« sich darin aus, daß auf die Wahrheitsfrage nicht verzichtet werden kann. »Der Kaiser hat ja keine Kleider an!« Der Wahrheitswille zeigt sich im Weltverhältnis, in der Zuwendung zur Wirklichkeit, sie möge zum »Sprechen« gelangen und sich zeigen, wie es »ist«.

Der Mensch ist offenbar ein theoretisches, theoriebedürftiges Wesen. »Theoria« meint im ursprünglichen Wortsinn des griechischen Denkens das Beobachten, wie man etwa einen nächtlichen Sternenhimmel betrachtet. Das Zuschauen bei einem Schauspiel ist gemeint, Erkenntnis als Anschauung, aber auch die Teilnahme an einer Festgesandtschaft. Es ist nicht ein bloßes »Sehen« angesprochen, das etwas Vorhandenes feststellt oder Informationen aufnimmt, auch nicht die Augenblicklichkeit von etwas, das aktuell ist, sondern eine Grundhaltung, worin man sich hält, ein volles »Dabei-Sein« in dem Doppelsinn, der nicht nur Anwesenheit meint, sondern auch, daß der Anwesende »ganz dabei« ist. Sehen und Erkennen dessen, was ist, »statt dessen, wovon man wünschte, daß es sei«, damit sprechen wir nach Gadamers Darlegungen das »Lob der Theorie«.[202] Mit anderen Worten, die Annäherung an die Wahrheit ist möglich, wenn uns sicheres Wissen auch versagt ist. Der »ehrliche« Umgang mit den Phänomenen macht diese Voraussetzung nötig. Hingegen wenn überall nur Oberfläche ist, wenn die Menschen letztlich – bei zügigem Erkenntnisfortschritt – alles ausmessen und beherrschen können, dann ist die Frage nach dem Wahren an der Realität unsinnig und die Offenheit für alles, was ist, unnütz. Die Rede, daß etwas »ist«, wäre keine redliche Rede, und die Welt, in der wir existieren, keine wahre Welt.

10. Die Sprache, Medium aller Medien

Keine Willkürlichkeit in den Worten

Kann uns die Sprache helfen, über die wahre Rede zur wahren Welt zu gelangen? Der journalistische Umgang mit der Wirklichkeit ist auf das Medium der Sprache angewiesen. Das philosophische Denken der letzten Jahrzehnte hat sich ganz besonders mit dem Sprachphänomen befaßt und sucht die Wirklichkeit in ihrer scheinbar unbegrenzten Fülle und Mächtigkeit über die Sprache zu begreifen. Der Umgang mit der Wirklichkeit ist immer ein sprachlich verfaßter Umgang. Wenn die Sinne uns kein direktes Bild von der Welt vermitteln, sondern nur das Material bereitstellen und die Welt immer schon eine vielfach interpretierte ist, dann kommt der Sprache eine Schlüsselfunktion zu. In aller Schärfe und auf ganz neue Art stellt sich die Wirklichkeits- und Wahrheitsfrage für den auf das Wort gegründeten Journalismus.

Die Sprache ist das bildende Organ unserer Auffassung von der Welt. In einer jeden Sprache liegt unvertauschbar »eine eigenthümliche Weltansicht« beschlossen, wie Humboldt uns gelehrt hat.[203] Die Menschen leben mit den Dingen der Welt in eben der Weise, wie sie ihnen von der Sprache zugeführt wird. Das heißt, die Welterfahrungen, die der Journalismus vermittelt, werden nicht vorher gemacht, um dann nachträglich von der Sprache abgebildet oder mitgeteilt zu werden, sondern es gibt die Erfahrungen erst aufgrund der Sprache. Die wirklichkeits- und weltgestaltende Kraft, die dem Sprachphänomen heute zuerkannt wird, macht die Sprache im Journalismus zum Medium aller Medien.

»Wer Sprache meint, muß vom Menschen reden; er ist die Bedingung, unter der Sprachliches allein verläßlich erkannt werden kann.«[204] Bei Heidegger ist der Mensch bis in sein Innerstes hinein ein Wesen der Sprache, und alles Nachdenken über sie führt uns »nur dorthin, wo wir schon sind«. Der Weg läßt uns in das gelangen, »was uns belangt, in dessen Bereich wir uns schon aufhalten«.[205] Nicht nur anthropologisch, sondern auch im Hinblick auf das Seins- und Wirklichkeitsverhältnis des Menschen ist das Sprachphänomen ein einzigartiger Schlüssel, sich über sich selbst und die Stellung in der Welt klarzuwerden. Sie ist das einzige Medium, in dem wir die Wirklichkeit zu fassen vermögen und wovon wir gleichzeitig selber ein Stück sind. Sie ist die »Gebärmutter« unserer Vernunft und damit auch die »Gebärmutter« aller unserer (journalistisch verfaßten) Weltansichten. Dieses Verstricktsein des Menschen in

Sprache hat Humboldt in dem Satz ausgedrückt: »Durch denselben Act, vermöge welches der Mensch die Sprache aus sich herausspinnt, spinnt er sich in dieselbe ein . . .«[206]

Das Thema der Sprache begleitet dauernd die Kommunikationsforschung. Im Bereich der Produktion und Rezeption von Nachrichten haben sich die Sprachwissenschaften engagiert. Das Nachdenken über die Sprache in den Massenmedien ist auch von einzelnen Journalisten, die in den Nachrichtensparten tätig sind, zum Thema gemacht worden. Als Mittel der Überredung und Überzeugung wird die Sprache reflektiert, seit es menschliche Kulturen und Gemeinschaften gibt. In der modernen Massen- und Konsumgesellschaft sind es die Techniken der Propaganda, Manipulation und Werbung, mit denen sich Publizistikwissenschaftler und Soziologen befassen.[207] Die Linguistik äußert sich zur sprachlichen Seite.

Dennoch überrascht die Sorglosigkeit, mit der zum Beispiel im Fernsehen mit der Sprache umgegangen wird. »Dieses Deutsch des deutschen Fernsehens«, meint Rudolf Walter Leonhardt, »ist sicher nicht unzulänglicher als das des Rundfunks und das vieler Zeitungen. Vor allem illustrierte Zeitschriften wären vergleichbar. Auch dort herrscht ja in manchen Redaktionen die Auffassung noch immer vor, allein auf die Bilder komme es an und die Worte hätten nur die Funktion, zu verhindern, daß ein Bild direkt an das andere stößt, sie lieferten ›Grauwerte‹. Beim Fernsehen lieferten sie dann also gewissermaßen eine Tonkulisse.«[208] Der ZDF-Fernsehjournalist Ingo Hermann bekennt sich zu einer Mitverantwortung des Mediums für die öffentliche Sprache in unserem Land – »fernab von buchhalterischer Sprachpflege, ferner noch von Sprachregelung oder Sprachlenkung«. Unsere »verhunzte Sprache« werde sich erst ändern, wenn wir uns selbst ändern, meint dieser Redakteur und stellt ein berühmtes Konfuzius-Zitat voran: »Wenn die Sprache nicht stimmt, dann ist das, was gesagt wird, nicht das, was gemeint ist. Ist das, was gesagt wird, nicht das, was gemeint ist, so kommen keine guten Werke zustande. Kommen keine guten Werke zustande, so gedeihen Kunst und Moral nicht . . . Also dulde man keine Willkürlichkeit in den Worten.«[209]

Sprache und Journalismus sind vor allem mit dem Blick auf ihre gesellschaftlichen Manipulationstechniken in den letzten Jahren häufiger thematisiert worden. »Politik wird immer mehr zum Handeln mit sprachlichen Mitteln.«[210] Dies läßt sich ebenso vom Journalismus sagen und von seinem »Wort zwischen Kommunikation und Manipulation«.[211] Mit diesen allgemeinen Feststellungen hat es aber auch häufig sein Bewenden. Eine spezifisch journalistische Sprachkritik müßte das Umfassende der Sprache, das mit dem Erkennen der Wirklichkeit verbunden ist und den journalistischen Weltbezug herstellt, in ihre Reflexion und Theorie aufnehmen, und hieran mangelt es noch weithin. Sprachverhalten und Weltverständnis stehen in einem Bedingungsverhältnis zueinander. Das journalistische Wort hat realitätsstiftende und realitätsverändernde Kraft. Die wahre Rede will eine wahre Welt »bewirken«. Hier wird die Sprache zum Träger von Sittlichkeit und zeichnen sich weitreichende Konsequenzen für das öffentlich-kommunikative Handeln im Journalismus ab, die es geboten erscheinen lassen, die sprachphilosophischen Theorien und Materialien, die heute fast schon eine kleine Bibliothek füllen, in verstärktem Maße an die journalistische Praxis heranzuführen.

Im Alterswerk von Humboldt kehrt der Grundgedanke wieder, daß die Sprache eine wahre Welt sei, daß sich das richtige Sprachverständnis erst in dem Augenblick ergibt, »wenn in der Seele wahrhaft das Gefühl erwacht, daß die Sprache nicht bloß ein Austauschungsmittel zu gegenseitigem Verständnis, sondern eine wahre Welt ist, welche der Geist zwischen sich und die Gegenstände durch die innere Arbeit seiner Kraft setzen muß«.[212] Die Seinsfrage steht in unaufhebbarem Zusammenhang mit dem Sprachphänomen. Die Sprache wird als das Umgreifende des Seins gekennzeichnet. Eugen Biser sieht alles menschliche Sprechen von einem Grundton der Zustimmung zur Welt getragen, von dem in der Sprache bekundeten Willen, »daß *überhaupt Welt*« sei, die Welt jetzt »verstanden als der Inbegriff des gegenständlich Gegebenen, sphärisch Umgebenden und schicksalhaft Betreffenden ... *Wer spricht, will Welt*, so wie umgekehrt die vom Menschen wahrgenommene, erkundete und eroberte Welt im Maß ihrer Aneignung ›zur Sprache gebracht‹ werden will«.[213]

Journalistische Welterfahrung und Sprache

Der Journalismus ist in seiner geistigen Gestalt an das Grundverhältnis des Menschen zur Sprache gebunden, wenn er einen Lebensraum geistig verfügbar macht und Erfahrungen in menschliches Bewußtsein überführt. Der Journalismus stiftet im sprachlichen Zugriff eine geistige Welt, die für die Begegnung des Menschen mit der Wirklichkeit in der modernen Gesellschaft repräsentativ ist. In der sprachlichen Weltgestaltung zeigt die Massenkommunikation ihre wirklichkeits- und wahrheitsaufschließende Kraft.

Herders Forderung an Kant war es bereits, daß der Kritik der Vernunft eine Kritik der Sprache vorangestellt werden muß. Die Sprachforschung unseres Jahrhunderts hat sich diese Mahnung zu Herzen genommen und bewirkt, daß die für das neuzeitliche Denken charakteristische Beschäftigung mit dem eigenen Bewußtsein weithin in eine Beschäftigung mit der sprachlichen Selbst- und Welterfahrung übergegangen ist. Die Bedingungen der Möglichkeit der Erkenntnis werden in sprachlicher Hinsicht erforscht. Das kartesianische Cogito hat den zentralen Platz geräumt, den es in der Philosophiegeschichte einmal eingenommen hat, und an seine Stelle ist die Besinnung auf die sprachliche Verbundenheit des (idealistischen) Individuums mit dem Seienden getreten. Das Ich erfährt sich wieder stärker in seinem Angewiesensein auf den Anderen und damit als dialogfähige, dialogbedürftige Person.[214] Auf dem Hintergrund dieser Wende im neuzeitlichen Philosophieren kann Biser die Situation einer ins »Wortlose« geratenen Theologie beschreiben und die religiöse Sprache auf den Prüfstand ihrer sprach- und kommunikationstheoretischen Authentizität bringen. Die Sprache bringt es an den Tag, wie es heute um den Menschen steht, der unter den Informationslawinen zu ersticken droht und für den der Verzweiflungsruf, den Arnold Schönberg in seiner Oper »Moses und Aron« dem zu Boden stürzenden Propheten in den Mund legt, exemplarisch zu sein scheint: »O Wort, du Wort, das mir fehlt.«[215]

Die Lage eines ins »Wortlose« geratenen Journalismus hat Heidegger mit der Alltäglichkeit des »Geredes« berührt. Er betont, daß er diesen Ausdruck nicht in einer herabziehenden Bedeutung gebraucht, sondern als eine Verstehensart des alltäglichen Daseins, wo sich in dem öffentlichen Nach- und Weiterreden das Gerede konstituiert. Im Geschriebenen breitet es sich als das »Geschreibe« aus. Selten wird man in solchem Weitergesagtwerden und Weitergeschriebenwerden entscheiden können, was ursprünglich »geschöpft und errungen«, was nur nachgeredet und nachgeschrieben ist. »Die Bodenlosigkeit des Geredes versperrt ihm nicht den Eingang in die Öffentlichkeit, sondern begünstigt ihn. Das Gerede ist die Möglichkeit, alles zu verstehen ohne vorgängige Zueignung der Sache. Das Gerede behütet schon vor der Gefahr, bei einer solchen Zueignung zu scheitern. Das Gerede, das jeder aufraffen kann, entbindet nicht nur von der Aufgabe echten Verstehens, sondern bildet eine indifferente Verständlichkeit aus, der nichts mehr verschlossen ist.«[216] Gerede gibt es bei Philosophen und Journalisten; letztere müssen tagtäglich produzieren und entkommen der Heideggerschen »Seinsart des entwurzelten Daseinsverständnisses« um so schwerer. Sprache kann trennen statt verbinden, Sprache kann verschließen statt öffnen, sie kann die Kommunikation durch das boden- und hemmungslose »Gesagtsein und Weitergesagtwerden« unterbinden statt sie zu fördern. Es gibt eine inflationär gewordene Rede und eine wortreiche »Sprachlosigkeit«. Im Lärm leerer Worte entsprechen die Wirklichkeiten nicht mehr. Die Rede geht ins Bodenlose.

Der Journalismus gründet sich auf das Wort, wie es die Theologie auf ihre Weise tut. In diesem umfassenden Sinn fehlt heute eine Diagnose und Therapie der auch im Journalismus herrschenden Sprachnot. Auf diesem Hintergrund ist auch für die Publizistik- und Kommunikationswissenschaft der Vorwurf einer merkwürdigen »Sprachvergessenheit« zutreffend.[217] Die Massenmedien entnehmen nicht nur ihre Gegenstände dem sie begründenden Wort von der

Wirklichkeit, sondern sie können nur über das Wort das ihnen Zugesprochene vergegenwärtigen und in aktuellen Umlauf bringen. Über das Wort und die Sprache wirken sie in die Öffentlichkeit hinein, und am Verhältnis zur Sprache entscheidet sich das Schicksal des Journalismus immerfort aufs neue. An dieser Stelle können wir nur stichwortartig einige Hinweise bringen, wo Journalismus und Sprachphilosophie sich berühren und es zu Fragestellungen kommt, in denen sich die Sprache als Thema und Medium der journalistischen Wirklichkeitskonstruktion ausweist.

11. Die Redlichkeit der journalistischen Texte

Verständlichkeit und Authentizität

Zu den frühesten Forderungen der Sprachkritik an den Journalismus gehören praktische Regeln und Empfehlungen, die davon ausgehen, daß die Verständlichkeit das oberste Gebot sein soll. Dieser Hinweis bedarf kaum einer Begründung, weil jeder, der informieren möchte, die Sprache so handhaben muß, daß möglichst viele ihn verstehen.

Die amerikanische Kommunikationswissenschaft hat in den dreißiger und vierziger Jahren damit begonnen, die Regeln der Kodierung für die journalistische Praxis zu erkunden. Der Wissenschaftszweig der Semantik und die Forschungen des nach Amerika ausgewanderten Polen Alfred Korzybski bildeten den Ansatzpunkt für ein solches Nachdenken über die Sprache und ihre Deutung als kommunizierbares Zeichensystem. Wer einem anderen etwas mitteilen will, muß seine als Bewußtseinsinhalt bestehenden Gedanken in ein System von Sprachlauten, Buchstaben oder Zahlen umwandeln. Der Empfänger solcher Information muß die empfangenen Zeichen deuten können. Die Vorgänge der Kodierung und Dekodierung schaffen einen Zugang zum Verhältnis von Sprache und Wirklichkeit, aber auch zum Problem journalistischer Objektivität und zum Mißbrauch der Sprache in den Medien.[218] Die Entschlüsselung eines bestimmten Sprachkodes ist auch immer eine Sache seiner Verständlichkeit. Die Messung und publizistische Wertung solcher Verständlichkeit hat ebenfalls zuerst die amerikanische Kommunikationswissenschaft unter dem Stichwort »Readability Measurement« ausgebildet. Rudolf Flesch empfiehlt in seiner »Reading Ease formula« dem Nachrichtenredakteur, keine Sätze zu formulieren, die im Durchschnitt mehr als 19 Worte haben.[219]

Aus Rezeptionsanalysen der Kommunikationsforschung wissen wir, daß der Behaltensquotient der Nachrichtentexte bei durchschnittlichen Hörern und Zuschauern erschreckend niedrig ist. Sie sind unfähig, vorgegebene Meldungen auch nur bruchstückhaft wiederzugeben, ihre Inhalte zu interpretieren oder in größere Zusammenhänge einzuordnen, obwohl sie subjektiv häufig der Meinung sind, das Gehörte verstanden zu haben. Erich Straßner, der mit umfangreichen Untersuchungen zur Struktur von Rundfunknachrichten hervorgetreten ist, sieht für die elektronischen Medien eine Konsequenz darin, »daß man, wenn der Verzicht auf die Information dieser breiten Schichten unseres Volkes nicht von vornherein einkalkuliert ist, eine Änderung im Rezipientenverhalten nur dann erwarten kann, wenn die sprachliche Angleichung an deren Erwartungshorizont zugleich auch ihren sozialen mit einbezieht, wenn die Nachrichteninhalte mehr ausgerichtet werden auf die Prädispositionen dieser breiten Hörer- und Sehergruppen, auf Dinge, die sie persönlich betreffen, die direkt in ihr Leben eingreifen.«[220] Das Aktualitätsverständnis müßte einen anderen Zuschnitt erhalten und die Auswahl anders gewichtet werden. Die Texte zeigen für Straßner viel zu komplexe Sprachstrukturen, enthalten zu viele Fach- und Fremdwörter. Sie werden in einem zu hohen Sprachtempo verlesen und erweisen sich als Produkte zum Selbstlesen, nicht zum Verlesen. Einen Text verstehen bedeutet nicht, die präsentierten Inhalte oder Werte zu speichern, sondern das Berichtete muß mit dem eigenen Vorwissen verbunden und in einen Sinnhorizont eingebracht werden. Deshalb gelangt Straßner zu dem Ergebnis, die im Fernsehen verwendete Sprache müsse einfache, nicht primitive Sprache sein. »Sie muß alle oder viele Elemente des Spontanen enthalten, dem Zuhörer das Erlebnis des Verfertigens der Gedanken beim Sprechen gewähren.«[221]

Verfertigung der Gedanken beim Reden

Die Bezugnahme auf Kleists Aufsatz »Über die allmähliche Verfertigung der Gedanken beim Reden«[222] wirft für das Medium Fernsehen viele Fragen auf. Die Sprachverfremdung über den Apparat, die für die Hörer den Eindruck hinterläßt, daß nicht ein Mensch zu ihnen redet, sondern eine Sprechmaschine, ist teilweise auch auf einen übertriebenen Perfektionismus zurückzuführen. Alles, was einen Sprecher »menschlich« erscheinen lassen könnte, daß er längere Pausen macht, daß er sich räuspert oder einmal mitten im Redefluß stockt, um ein passendes Wort zu suchen, fällt den professionellen Regeln zum Opfer. So erhält die Sprache im Fernsehen leicht den Charakter einer Fertigware, die es rasch und möglichst effizient unter die Leute zu bringen gilt. In kurzer Zeit soll möglichst viel »verkauft« werden, und die einzelnen Beiträge drängen sich. In diesem Milieu ist die Spontaneität der Sprache zur Seltenheit geworden. Allein mit einem Plädoyer für einfache, klare und verständliche Sätze in Fernsehnachrichten sind die Probleme nicht gelöst.

In dem erwähnten Aufsatz rät Kleist einem Freund, der etwas wissen will und es durch Meditation nicht finden kann, doch mit dem nächsten Bekannten darüber zu sprechen: »Vielleicht sollst du es ihm selber allererst erzählen.« Wie der Appetit beim Essen, so kommt die Idee beim Sprechen. »Oft sitze ich an meinem Geschäftstisch über den Akten«, bekennt Kleist in seinem Brief. »Und siehe da, wenn ich mit meiner Schwester davon rede, welche hinter mir sitzt und arbeitet, so erfahre ich, was ich durch ein vielleicht stundenlanges Brüten nicht herausgebracht haben würde.«[223]

Läßt sich das Narrative, Dialogische und ganz Persönliche solcher Spracherfahrung über einen Apparat vermitteln? Können wir überhaupt über ein Medium jenen von Kleist genannten Eindruck hervorrufen, »daß uns die Sprache mit Leichtigkeit zur Hand sei«? Oder ist ein leibhaftiges Gegenüber im Wechselspiel von Rede und Gegenrede unersetzlich, wenn es zu einer Spracherfahrung kommen soll, die im Kleistschen Sinne zugleich eine Wahrheitserfahrung ist? Ist der Kairos solcher Sprachgunst an einen bestimmten Ort, eine bestimmte Zeit, an bestimmte Wahrnehmungs- und Erfahrungsstrukturen gebunden? Kleist schreibt: »Denn nicht wir wissen, es ist allererst ein gewisser Zustand unsrer, welcher weiß.«[224] Das persönliche Gespräch erscheint als der vorzüglichste Ort eines Sprachvollzugs, um diesen »Zustand unsrer« herbeizuführen, aus dem heraus »wie ein überspringender Feuerfunke plötzlich in die Seele Licht«[225] fällt, aber es muß darum nicht die einzige Kommunikationsform sein, die einen solchen Sprachvollzug ermöglicht.

Fernsehnachrichten und ihre Sprache

Wir stehen generell dem Sprachphänomen in der Massenkommunikation noch ziemlich ratlos gegenüber. Die Hinweise auf die Sprache im Fernsehen sind ein Beispiel dafür. Neben der Nachrichtensprache im Fernsehen müßten andere Sprachformen untersucht werden, etwa das gesprochene Wort im Dialog filmischer Spielhandlungen, in Dokumentar- und Magazinsendungen, in Interviews oder religiösen Programmen wie »Das Wort zum Sonntag«.[226] In der Nachrichtenpraxis des Fernsehens beginnen die Schwierigkeiten bereits damit, daß mit den beiden Zeichensystemen von Wort und Bild eine Doppel-Kodierung vorliegt. Was sagbar ist, wird im Fernsehen dadurch begrenzt, daß es zur Bildaussage in Konkurrenz tritt. Der Zuhörer hat die Mitteilung auf doppelte Weise zu entschlüsseln. Der größere Aufwand in der Fernsehtechnologie gilt dem Bild. Das Wort übernimmt allzu häufig die Rolle des Lückenbüßers im Wort-Bild-Teppich der Fernsehaussage. Die Sprache wird degradiert. Die wortsprachliche Kodierung wird häufig erst nachträglich aufgesetzt. Dieses Nachhinken macht das Wort zur Begleiterscheinung des Bildes, zur Nebensache. Das Wort, das dem Fernsehzuschauer mit dem Bild gewissermaßen »davonläuft«, verliert seine Authentizität. Es läßt den Rezipienten unberührt, es kommt nicht zu einer personalen Vergegenwärtigung der Aussage, das gesprochene Wort büßt seine empirievermittelnde Funktion ein. Worte und Bilder rollen als flüchtige Folgen ab, und diese Flüchtigkeit läßt die Zeitung gegenüber dem Fernsehen im Vorteil erscheinen. In der Zeitung kann man das Wort nachlesen und wieder aufblättern. Mit dem geschriebenen Wort in den Massenmedien, meint Hertha Sturm, verbindet sich beides: optisches Zeichen, das sich zurückverwandeln läßt in Bilder, und geronnene Sprache.[227] Die Zeitung gewährt der Sprache in ihrem Strukturganzen größere Freiheit.

Der hohe Informations- und Behaltensverlust, der in Straßners Untersuchungen bei durchschnittlichen Zuschauern festgestellt wird, orientiert sich am Maßstab der Rationalität und des kognitiven Aufbereitens einer Meldung. Aber in den Fernsehnachrichten sucht und erhält der Zuschauer nicht »nur« Information. Die hohen Einschaltquoten für Nachrichtensendungen im Fernsehen könnten den Eindruck erwecken, große Teile der Bevölkerung suchten eine strenge Information als rationalen Diskurs und im Sinne eines argumentativen Wissenserwerbs. Für viele sind die festen Zeiten eher ein Ritual, den Tagesrhythmus aufzugliedern oder einen Kontakt mit der Außenwelt herzustellen, während sie dem Inhalt der Nachrichten relativ gleichgültig gegenüberstehen.[228] Fernsehnachrichten haben einen hohen Unterhaltungswert. Sie fallen in das Spiel mit den sozialen Rollen und Identifikationen, sie bringen unterhalb der Ebene einer kognitiven Informationsvermittlung Ängste und Hoffnungen zum Ausdruck, sie wecken das Bedürfnis nach Drama und Identität, sie sind Zeitvertreib, Arznei gegen Langeweile, Neugier vor allem, um zu erfahren, ob wieder mal etwas »passiert« ist.

Die informationsvermittelnde Funktion der Sprache in den Massenmedien ist nur ein Aspekt und zudem ein vordergründiger. Wie halten wir das Umfassende im Weltbezug der Sprache beispielsweise in Fernsehnachrichten lebendig? Sollten wir in der sprachlichen Angleichung an breite Hörer- und Sehergruppen so weit gehen, daß die hochsprachlichen Normen, die den sozialen Sprachkode der Mittel- und Oberschicht bilden, auf die sprachlich bedingten Benachteiligungen und Sperren der Angehörigen unterer sozialer Gruppierungen mehr Rücksicht nehmen oder ihnen womöglich geopfert werden?

Laxheit gegenüber den grammatischen Normen in der Sprache löst nicht das Problem eines negativen Informationseffekts für große Hörer- und Zuschauergruppen. Grammatik und Verständlichkeit gehen als gute Verbündete in der Sprachpflege zusammen. »Die Verständlichkeit muß klare Priorität haben«, schreibt der Nachrichtenredakteur Josef Ohler und nennt als Stilgrundsätze unter journalistischen Gesichtspunkten die Merkmale der Verständlichkeit, Lebendigkeit, Knappheit, Genauigkeit, Schlichtheit – keine Phrasen, Euphemismen, Modewörter eines Medien-Jargons – und ein begrenztes Fremdwörterverbot. Die Sprachkritik am Journalismus wird auch den Aspekt der Parteilichkeit einbeziehen müssen. Sie zeigt sich in der Propaganda, in dem Versuch der Politiker, Wörter in ihrem Sinne zu prägen, die eigene Politik durch gewählte

Begriffe unanfechtbar zu machen, Wertbegriffe des Gegners herabzusetzen, die eigenen hochzuloben, schlimme Dinge euphemistisch zu verbrämen, kurzum: die Sprache zu manipulieren und damit auch die Menschen. Als letzten Punkt nennt Ohler die »journalistische Redlichkeit in der Sprache«.[229]

Neben dem sprachlichen Können und dem besonderen Gespür für die journalistische Formulierung ist der letzte Punkt der entscheidende – Redlichkeit in der Sprache, Redlichkeit vor der Sprache, vor ihrer Würde und Sittlichkeit. Ein Subjekt in freier Selbstbestimmung ist der Mensch nur in der Sprache, durch die Sprache. Er erwirbt sie in gegenseitiger Kommunikation mit anderen. So ist das Sprachvermögen ein Grund zur Freiheit und der Horizont der Sittlichkeit auf eine Kommunikationsgemeinschaft hin, die nur gelingen kann, wenn die Sprache als Medium der geistigen Existenz geachtet ist und das Wort seine Dignität behält.

Handeln nach der Maxime »Sei verständlich!«

Im Sprachvollzug der Medien wird Welt gestiftet. Daran ist festzuhalten; die reduktiven Mechanismen des Apparats verringern zwar die Sprachwirkungen, heben sie aber nicht auf. Wie in den Gesprächen unter Menschen, die jeden Tag geführt werden, steht auch der medienvermittelte Verstehensprozeß im Horizont der Verständigung. Kommunikation, auch Massen-Kommunikation ist jenes Beziehungsgeschehen, dessen Ziel die Verständigung ist.[230] Sprache ist schlechthin das Medium der Verständigung, und alle Rede dient diesem Ziel, »verständlich« zu sein, damit Verständigung bewirkt wird. So können wir journalistisches Berichten als ein Handeln nach der Maxime »Sei verständlich!« betrachten.[231] Auf die Verständlichkeit eines Textes zu achten ist unerläßliches und oberstes Gebot.

Bei der Frage, wie wir den medienspezifischen Sprachbarrieren vor allem im Fernsehen begegnen können, gibt es keine Patentrezepte. Das sekundäre Gepräge des vermittelten Worts, das der Apparat mit seinen Eigenstrukturen vermittelt, ist unaufhebbar. Ob das Wort allerdings dadurch, daß es der Notwendigkeit der Reproduktionsfähigkeit unterworfen wird, zwangsläufig auch zum Klischee seiner selbst deformiert werden muß, ist eine ungeklärte Frage, die weiterer Untersuchung bedarf. Eugen Biser ist beizupflichten, daß sich die mangelnde Sensibilität für die apparative Verfremdung der Sprache in den Massenmedien verhängnisvoll auswirkt. Er spricht von der pathologischen Deformation, welche die Sprache durch die Medien erleidet und die an deren Grundgefüge rührt. Wesentliche Sprachfunktionen, insbesondere die appellativen und kommunitiven, gingen zurück. »Was das Medium vermittelt, ist dem äußeren Anschein zum Trotz ein Sprach-Torso, eine skelettierte, auf die Eindimensionalität des Bezeichnens niedergeschlagene Sprache. Darin besteht der pathologische Zustand, in dem die sprachliche Aussage durch die reduktiven Mechanismen der Medien gerät.«[232]

Andererseits ist gerade das Fernsehen noch ein sehr junges Medium. Gegenüber der Sprache muß es experimentierfreudiger werden und größere Anstrengungen unternehmen, den medienspezifischen Möglichkeiten der sprachlichen Vermittlung nachzugehen. Es beharrt zu sehr auf der routinemäßigen Verwendung des Worts. Man geht weithin noch von einer affirmativ-unreflektierten Gleichsetzung von Wort und Schrift aus. Das Charisma der lebendigen Stimme weicht einer bloßen »Informationsübermittlung«, die keine Antwort wünscht – und seitens der Hörer und Zuschauer kein Echo findet, wie das Rezeptionsverhalten bei Nachrichtensendungen gezeigt hat. Wünscht das Fernsehen überhaupt »Antwort«? Oder soll nur Vorfabriziertes unters Volk gebracht werden? Die Frage der Einbeziehung des Rezipienten in den Mitteilungsakt[233] ist eine Zukunftsfrage an die elektronischen Medien, die wesentliche Anstöße dadurch erhalten kann, daß sie den Rückwirkungen des negativen Sprachbefunds in stärkerem Maße Rechnung trägt. Ein regionalisiertes und individualisiertes Fernsehangebot, das durch die neuen Kommunikationstechnologien ermöglicht wird, könnte neue Wege einschlagen, wie aufgrund der Erschließung sprachlicher Defekte der Wirkungsverlust, den das Sprachganze in der Medienvermittlung erleidet, herabgesetzt werden kann.

Das Therapiemodell eines authentischen Redens, mit dem Biser theologisch den Anschluß an die Verkündigungssprache Jesu zu gewinnen sucht, könnte auch den Medienaussagen zugute kommen und eine Art »Durchlässigkeit« für die Menschlichkeit der Sprache bewirken, einen Gewinn an Authentizität, damit der kommunikative Wille des Redenden stärker mitschwingt. »Authentisch muß um der Sprache selbst willen gesprochen werden. So ergibt es sich aus dem Verhältnis der Konsubstantialität, das zwischen ihr und dem Menschsein waltet.«[234]

Authentizität kommt der Sprache aus ihrem Wirklichkeits- und Wahrheitswillen zu. Daß im Wort etwas Wirkliches kenntlich gemacht und bezeichnet werden soll, daß im Wort darüber hinaus diese Realität für einen anderen – meinen Nächsten, das Publikum – wirklich und wirksam gemacht werden soll, ist der personalen und medialen Kommunikation zu eigen. Der Grundbezug zwischen unseren unmittelbaren Wirklichkeitserfahrungen und den wissenschaftlich oder medial vermittelten Informations- und Sachverhaltsaussagen gelangt in der ethischen Qualität dieser Rede zum Ausdruck.[235] Die authentische Rede ist die »redliche« Rede. Die Authentizität des Journalismus ist daran zu messen, wie stark und sensibel er in der »allmählichen Verfertigung der

Gedanken beim Reden« ist. Gewinn an journalistischer Authentizität kommt aus der »Durchlässigkeit« der Rede für die Menschlichkeit und aus der Entschiedenheit des Kommunikationswillens. Auf die Frage nach einer eigenen Nachrichtensprache gibt der Redakteur Ohler zur Antwort: »Nachrichtensprache ja, wenn damit eine Sprache gemeint ist, die das Verstehen leicht macht. Nachrichtensprache nein, wenn es sich um Jargon handelt, der uns vom eigenen Publikum trennt.«[236]

12. Das Wort und die Sache

Information, Kommunikation, Verstandenwerden

In dem Roman »Der Verlust« schildert Siegfried Lenz die Reaktionen des Patienten Uli, der aufgrund einer Aphasie einen Sprachausfall erlitten hat. Der Arzt Dr. Nicolai macht Nora mit den Folgen bekannt. Die Erkrankung werde vor allem als seelische Katastrophe empfunden. Sprachverlust, das sei nicht weniger als Weltverlust. Erst »wenn er die Wörter besitzt, wird er auch die Dinge besitzen, die Erlebnisse, das übermächtige Außen, solange er ihnen nicht beikommen kann mit dem Wort, werden sie vor ihm fliehen, ihm nicht gehören«. Später fügt der Arzt noch hinzu: »Das Verstehen und das Verstandenwerden, ja, Sie haben recht: nichts wünschen wir sehnsüchtiger, als richtig verstanden zu werden, das ist ja die Voraussetzung für alles, richtig verstanden zu werden . . .«[237]

Sprachverlust ist Weltverlust: Können wir uns den Journalismus ohne Sprache vorstellen? Natürlich nicht, und jeder weiß es, daß »Information« und »Kommunikation« in den Massenmedien auf das Verständigungsmittel der Sprache angewiesen sind. Merkwürdigerweise fehlt es aber in der Kommunikationswissenschaft und in der journalistischen Praxis an der nötigen Aufmerksamkeit für das Sprachphänomen. Die Sprache ist kein Geschehen, das sich dauernd vergegenständlicht. Die Sprache entzieht sich unserem Zugriff und ist immer schon wieder in die Selbstverständlichkeit zurückgenommen, wenn das Bezeichnen in der Rede geschieht. »Die Sprache ist Sprache dann, wenn sie reiner actus exercitus ist, d. h. wenn sie im Sichtbarmachen des Gesagten aufgeht und selber gleichsam verschwunden ist.«[238] Erst im Verlust, im Sprachverlust werden wir gewahr, wie vollständig der Umgang mit der Wirklichkeit in den Umgang mit der Sprache hineinverwoben ist. Ebenso erkennt der Journalismus erst im Sprachversagen und in seiner Sprachnot sein Verstricktsein in Sprache und Wort.

Wir könnten die Daseinsweise der Sprache geradezu »Wirklichkeit« nennen, so sehr ist sie mit der Wirklichkeitswurzel verwachsen. Als das spezifische Eigentum des menschlichen Geistes kommt ihrer Realität gewiß keine geringere Bedeutung zu als der Realität von Dingen und Sachverhalten. Das Wirkliche trägt eine innere Sprachkraft in sich und geht daraus hervor. In Stefan Georges berühmtem Vers aus seinem Gedicht »Das Wort« ist diese Erkenntnis belegt: »So lernt ich traurig den verzicht: Kein ding sei, wo das wort gebricht.« Wir können uns die Welt erst aufgrund des Sprachvermögens denkerisch aneignen und nur so Anschauungen von ihr gewinnen, Erfahrungen haben, Wirkliches als Wirkliches erkennen und benennen. Bei Humboldt heißt es: »Alles gegenständliche Haben von Wirklichkeit bildet sich erst innerhalb der Sprache heraus«, und demzufolge ist die Sprache selbst kein Werk (ergon), »sondern eine Tätigkeit« (energeia).[239]

Das Ins-Werk-Setzen der Wirklichkeit über die Sprache hat das Verstehen und Verstandenwerden zum Ziel. Es läuft nicht ins Leere, es steht nicht für sich, sondern das Wort bringt mich auf eine Sache, die ich nicht »haben« kann, sondern weitergeben will und auf etwas hin gesprochen habe. Das Wort verstehen, das heißt, ein anderer muß es aufnehmen und den ins Wort gefaßten Gedanken annehmen. Rede und Gegenrede machen die Antwort aus. Verstehen und Verstandenwerden haben eine dialogische Struktur. In dieser Eigengesetzlichkeit der menschlichen Rede zeigt sich die Sprache als vermittelndes Beziehungsgeschehen immer schon kommunikativ.

Wer also redet, will etwas weitergeben. Einem anderen soll etwas mitgeteilt werden. Das Wort ist sowohl Sach-Zeichen wie auch Zeichen für jemanden, für den eine Realität zur Sprache gebracht werden soll. Die Sprache ist nicht nur eine Symbolübertragung von Objekten und Sachverhalten, sondern führt aus der wortlosen Einsamkeit in die Menschlichkeit des Miteinander-Redens. Aus diesem Impuls der »Information« geht das Gemeinsame hervor, die »Kommunikation«, um zu zeigen, wie es sich tatsächlich mit den Dingen verhält, damit der andere sieht, wie sie wirklich sind.

Wahrheitswurzel der Sprache

Wie weiß ich, daß mein Gedanke wahr ist? Ich weiß es, wenn er wenigstens der Möglichkeit nach der Gedanke eines anderen ist, der ihn »verstehen« kann. Nur durch den anderen werden wir uns der Wahrheit unserer eigenen Sache bewußt und gewiß, »es handelt sich um etwas«, wie Hans Lipps formuliert. »Sofern es nämlich zur Sprache gebracht wird, und sofern es dabei als von verschiedenen Seiten beredet sich herausstellt und zeigt in seiner Bedeutsamkeit. Man teilt sich einander mit in seiner Sicht der Dinge. Nur im Durchsprechen, wobei der eine den andern richtigstellt, kann sich das Maßgebliche einer Ansicht herausstellen.«[240] In der Rede wird ein freies Verhältnis der einen zur anderen Existenz aufgenommen. Nichts anderes enthält die antike Definition des Menschen als »zoon logon echon«, nämlich »daß der Mensch – gerade z. B. auch in der Sicht der Dinge – verantwortlich zu sich steht«.[241] Der ethische Impuls deckt die Wahrheitswurzel der Sprache auf. Das Ziel, von der Sprache gestiftet, ist ein möglichst unverkürztes Zu-Wort-Kommen von Realität. Mit den Worten von Josef Pieper: »Der natürliche Ort der Wahrheit ist das Miteinander-Reden der Menschen; Wahrheit ereignet sich im Dialog, in der Diskussion, im Gespräch, in der Sprache also jedenfalls und im Wort. Und so gründet die Ordnung des Daseins, auch des gesellschaftlichen Daseins, wesentlich darin, daß die Sprache in Ordnung ist.«[242]

Äußerlich haben wir es bei der Sprache mit einem System von Zeichen zu tun, dessen sich die Menschen zur Mitteilung bedienen. Die Gebärden- oder Körpersprache wird als non-verbale Kommunikation bezeichnet, aber hier bleibt auch das Wort, ob gesprochen oder gedacht, die Grundlage der Kommunikation. Ich kann die Sprache »von außen« als etwas Lautlich-Sinnliches betrachten, aber indem ich es tue, bewege ich mich schon in diesem Medium; Sinnliches und Geistiges gehen eine unlösbare Verbindung ein. Nicht nur zur Welt und zu anderen, sondern auch zu sich selbst bringt sich der Mensch über die Sprache in ein Verhältnis der Selbstfindung und Selbsterkenntnis. Der Mensch spricht ja die Sprache, sein Dasein erschließt sich durch das Sagen und Sprechen in der Zueignung durch Verstandenes. Menschen und Mitmenschen sind wir durch gemeinsame Sprache und Kommunikation.

In dem erwähnten Roman von Siegfried Lenz wird Nora mit der Geschichte von dem alten Kaiser angeführt, »wie hieß er nur? – auf dessen Befehl Neugeborene in einen Turm gebracht wurden, in ein warmes Verlies, wo es ihnen an nichts fehlte, an Nahrung nicht und nicht an Spielzeug, wo aber, ebenfalls auf Befehl des Kaisers, nicht ein einziges Wort an sie gerichtet werden durfte, da er auf solche Art herausfinden wollte, wieviel die Wörter für das Leben bedeuten, ob es sich überhaupt leben ließe ohne einen hineingesenkten, geduldig gehobenen Wortschatz: war es nicht ein Friedrich, dessen Experiment in der Erkenntnis aufging, daß die Kinder am Schweigen starben?«[243]

Wenn das Phänomen der Mitteilung auf solche Weise das Leben begründet, daß die Sprache sagt, was wirklich ist, und daß alles, was wirklich ist, durch dieses Medium und in ihm wirklich ist, dann müssen wir fragen: Worin findet die Sprache ihr Maß? Die Wirklichkeit kann nicht ihr Parameter sein. Leo Weisgerber folgert: »So stehen die Erkenntnisbemühungen des einzelnen vor so vielen sprachlichen Vorgegebenheiten, daß diese für ihn kaum überwindbar sind und mindestens für ihn persönlich den Charakter eines a priori annehmen können.«[244] Die Sprache hat eine Bedeutungstiefe, die aller Einzelerkenntnis vorausgeht und sie transzendiert. So kommt es zu der Forderung, heute die Sprache zum vorrangigen Thema und Medium der transzendentalen Reflexion zu machen und sie in die Funktion der Transzendentalphilosophie im Sinne Kants einzusetzen.[245]

Johann Georg Hamann hielt den Ursprung der menschlichen Sprache für göttlich. 1766 veröffentlichte Johann Peter Süßmilch in Berlin seinen »Beweis, daß der Ursprung der Menschlichen Sprache Göttlich sey«. Platon hat in seinem Dialog »Kratylos« bereits die Frage aufgeworfen, ob die Worte den Dingen durch die Übereinkunft der Menschen zugesprochen werden oder ob sie ihnen von Natur aus zu eigen seien. Für Platon und das antike Denken schlechthin hatten die Gedanken und Begriffe den Vorrang vor der Sprache. Im Griechischen gibt es kein Wort für Sprache, sondern sie wird als »Logos« in der menschlichen Rede, im sinnvollen Wort aufgehoben. Darin bündeln sich viele und umfassende Wortbedeutungen: logisches Urteil, logischer Begriff, Vernunft, Sinn, göttliche Vernunft als Schöpfungskraft und Weltvernunft, schließlich dann im Christentum Offenbarung, Wille Gottes, menschgewordenes Gotteswort in der Person Jesu.

Der Heideggersche »Weg zur Sprache« verwertet das griechische Erbe und knüpft gleichzeitig an die geistige Sprachbesinnung Humboldts an. »Das Dasein hat Sprache.«[246] Zwischen dem Sein und der Sprache wird eine Zusammengehörigkeit hergestellt, die in dem Satz gipfelt: »Darum ist die Sprache zumal das Haus des Seins und die Behausung des Menschenwesens.«[247] Die Sprache soll als Sprache zur Sprache gebracht werden. Diese Frage liegt für Heidegger noch der anderen voraus, wenn er mit Humboldt den Menschen als Sprachgeschöpf zu ergründen sucht. Befindlichkeit und Verstehen bezeichnet er als die fundamentalen Existenzialien, die Dasein und In-der-Welt-Sein – »die das Sein des Da, die Erschlossenheit des In-der-Welt-Seins«[248] – konstituieren.

So kann Heidegger die Rede – »das existenzial-ontologische Fundament der Sprache ist die Rede«[249] – als mit Befindlichkeit und Verstehen existenzial gleichursprünglich bezeichnen. »Rede ist die Artikulation der Verständlichkeit ... Das Bedeutungsganze der Verständlichkeit kommt zu Wort. Den Bedeutungen wachsen Worte zu. Nicht aber werden Wörterdinge mit Bedeutungen versehen.«[250] Der Mensch zeigt sich für Heidegger als Seiendes, »das redet«. Zum redenden Sprechen gehören als Möglichkeiten allerdings auch das Hören und Schweigen. Verstehen können wir nur, wenn wir zu hören vermögen, und nicht umsonst sagen wir, wenn wir nicht recht gehört haben, wir hätten nicht »verstanden«, was gesagt wurde. »Das Hören ist für das Reden konstitutiv.«[251] Das Schweigen ist es auch. Wer im Miteinanderreden schweigt, kann etwas zu verstehen geben. »Um schweigen zu können, muß das Dasein etwas zu sagen haben, das heißt über eine eigentliche und reiche Erschlossenheit seiner selbst verfügen. Dann macht Verschwiegenheit offenbar und schlägt das ›Gerede‹ nieder. Verschwiegenheit artikuliert als Modus des Redens die Verständlichkeit des Daseins so ursprünglich, daß ihr das echte Hörenkönnen und durchsichtige Miteinandersein entstammt.«[252] Wer schweigt, ist also nicht stumm.

Transzendentalität und Kommunikationswissenschaft

Die Sprache übersteigt, wie wir gesehen haben, alle Gegenstandsbereiche, und in dem Lob des Schweigens, das Heidegger auf meisterhafte Art mit dem Lob des Sprechens und Hörens verknüpft, kommt das Umfassende der sprachphilosophischen Ansätze zum Vorschein. Die Philosophen sprechen von der Transzendentalität des Sprachphänomens. Die Journalisten stoßen auf vergleichbare Schwierigkeiten, wenn sie ihre Schlüsselbegriffe »Information« und »Kommunikation« ins Spiel bringen. Diese Begriffe sind auf ihre Weise in die Transzendentalität des Sprachphänomens »verstrickt«. Das zeigt sich an der Not, wenn die Kommunikationswissenschaft versucht, Definitionen zu geben, was unter Information und Kommunikation zu verstehen ist. Diese Begriffe haben eine Tendenz, die gelieferten Bezeichnungen und Begrenzungen zu sprengen und sie immer wieder in eine Offenheit hineinzustellen, die wir als die Daseinsform »Sprache« charakterisiert haben.

Franz Ronneberger gesteht die Schwierigkeiten ein. Zunächst, so schreibt er, sei Information »für den allumfassenden Tatbestand des Übergebens und Übernehmens, des Sendens und Empfangens, kurz der Übertragung und Übermittlung von Signalen gebraucht, während Kommunikation den Nachdruck auf Verständigung der Beteiligten beim Informationsgeschehen legt«.[253] Nun ist das Verstandenwerden für die Informationen nicht weniger wichtig und beginnt schon mit dem einfachsten Signalaustausch. Ronneberger gelangt zu dem Schluß, daß eine verbindliche und wissenschaftliche Definition für diese beiden Begriffe nicht existiert; Information und Kommunikation werden alternativ gebraucht, und nur im jeweiligen Bezugsfeld sei die wissenschaftliche Unterscheidung sinnvoll. Ronneberger bezeichnet Information und Kommunikation als »Schlüsselbegriffe des gegenwärtigen Zeitalters« und »konstituierende Größen der wissenschaftlich-technischen Zivilisation«.[254] Das ist umfassend genug und benennt gleichzeitig das begriffliche Dilemma, das die Kommunikationswissenschaft mit ihren ausfernden Gegenständen hat.

Manfred Rühl, ebenfalls Kommunikationswissenschaftler, berührt die wissenschafts- und sprachphilosophische Problemlage im Hinblick auf die eigene Wissenschaft nur kurz und meint, diese Denkansätze spielten »zumindest im Zusammenhang mit der Journalismusforschung noch keine besondere Rolle«.[255] Angesichts der herrschenden »Begriffsverwirrung« sucht Rühl die beiden Begriffe von Information und Kommunikation »prinzipiell systemorientiert zu begreifen«. Die »Personalsysteme Ego und Alter« werden eingeführt. Rühl ist auch bereit, den »Sonderstatus von Sprache« bei der »Stiftung und Interpretation von Sinn und Bedeutung« anzuerkennen, aber gleichzeitig sucht er den Kommunikationsbegriff von seiner »theologisch-philosophischen Vergangenheit« zu befreien. »Information wird stets hergestellt . . . Auf jeden Fall ist Information nicht dinghaft, sondern funktional zu denken . . . Journalismus wird erst unter einer System/Umwelt-Rationalität in sinn- und bedeutungsbezogenen Kommunikationen identifizierbar.«[256]

Glaubt Rühl mit diesen Definitionsversuchen eine begriffliche Klärung herbeiführen zu können? Die Fragen, auf die es ankommt, bleiben unberührt. Aus welchem Stoff wird Information »hergestellt«? Woher gelangt Rationalität in den Kommunikationsbegriff? Was läßt sich über Ursprung, Qualität und Wirkung von Information und Kommunikation aussagen? Welche Maßstäbe sollen für das journalistische Verstehen und Verstandenwerden gelten?

Es gibt zutreffende und irreführende, wahre und falsche Informationen. Ihre Werthaftigkeit stellt das journalistische Handeln immer aufs neue vor die Entscheidung. Die Fragen, auf die es ankommt, »sind an einem Punkt der historischen Entwicklung angelangt, an dem die Informationsproduktion nicht mehr bessere Informiertheit bewirkt, sondern häufig mehr Verwirrung«. Deshalb benötigen wir nach Auffassung von Karl Steinbuch eine radikale Kritik, »vor allem an der Verflüssigung der Begriffe, der psychosozialen Vergiftung, dem semantischen Betrug, der Verbreitung von Informationen minimalen Wertes durch maximale Energien und die Ablösung der Informationsproduktion von der Verantwortung für ihre Folgen«.[257]

13. Hermeneutik des Verstehens

Sprachspiele als Ausdruck der Lebensform

Worte haben etwas mit dem Journalismus zu tun. Deshalb reflektieren wir hier über das Verhältnis von Sprachphilosophie und journalistischer Alltags- und Sprachwelt. Das Denken soll sich an der ursprünglichen Wirklichkeit orientieren, und sie ist, wie uns die Philosophie lehrt, mit der Sprache in ihrer Alltäglichkeit amalgamiert. Jede Auseinandersetzung mit dem Journalismus und mit den Strukturen seines Denkens, Verstehens und Meinens bleibt dem Geist der Sprache, der in einer gegebenen Situation herrscht, verhaftet und verbunden.

Worte müssen »stimmen« und »richtig sein«. Worte informieren »richtig«, wenn sie etwas zeigen als das, was es auch von sich aus ist. Das Wort bringt uns auf die Sache, wie wir festgestellt haben. Von den Dingen und den Sachverhalten her, von allem, was der Fall ist, können wir Maßstäbe für die Fragen, auf die es ankommt, zu gewinnen suchen. Im Wort, in der Rede und Sprache liegen Bedingungen für das Verstandenwerden der Informationen im Kommunikationsgeschehen.

Ludwig Wittgenstein: Grenzen meiner Sprache

Könnte das Herausfinden solcher Bedingungen nicht sogar die Philosophie überflüssig machen und zu einer »allumfassenden, weltbespiegelnden Logik«[258] verhelfen? Das war Ludwig Wittgensteins Frage im Tractatus von 1921. Der späte Wittgenstein dämpft diese Hoffnungen und vollzieht erst jetzt in vollem Maße die Wende zur Sprache, die vor allem in den Philosophischen Untersuchungen aus den Jahren 1945 bis 1949 ihren Niederschlag gefunden hat. Zwar erscheint ihm auch dort noch die Philosophie als »Kampf gegen die Verhexung unseres Verstandes durch die Mittel unserer Sprache«[259] und die Sprachkritik als ihr diesbezüglicher Helfershelfer, aber das Wesen der Sprache liegt nicht mehr allein in der Logik des Satzes. Wittgenstein entwickelt den Begriff des Sprachspiels. Ursprünglich hat Wittgenstein eine positivistische Sprachanalytik betrieben. Die »Sprachlehre« des späten Wittgenstein trifft sich mit dem hermeneutischen Philosophieren vom Verstehen und Verstandenwerden. Die Sprachwelten werden anerkannt, und in der Sprache liegt etwas Umgreifendes, das unser Denken und Handeln im Grunde bestimmt. So wollen wir uns erneut Wittgenstein zuwenden und dann abschließend der Hermeneutik des (journalistischen) Verstehens.

Die Welt mit ihrem logischen Gerüst liegt im Blickfeld des frühen Wittgenstein, wenn er schreibt: »*Die Grenzen meiner Sprache* bedeuten die Grenzen meiner Welt. Die Logik erfüllt die Welt; die Grenzen der Welt sind auch ihre Grenzen.«[260] Das Subjekt – in der beschreibbaren Welt – »gibt es nicht«. Die Welt fällt mit der Grenze des in den (positiv-empirischen) Naturwissenschaften Denkbaren zusammen. Wenn aber das Subjekt (infolge behavioristischer Reduktion) nicht zur Welt gehört, woher soll dann das Ich, das redet, seine Identität nehmen? Und wie kann Wittgenstein im Tractatus fortwährend über etwas reden, worüber man eigentlich nicht reden kann, über die Sprache und über die – von ihr zu beschreibende – Welt?

In scheinbarem Widerspruch zu allem steht der folgende Satz: »Es gibt also wirklich einen Sinn, in welchem in der Philosophie nicht-psychologisch vom Ich die Rede sein kann. Das Ich tritt in die Philosophie dadurch ein, daß die ›Welt meine Welt‹ ist.«[261] Mit diesem Rekurs auf ein transzendentales Ich, das nicht zur Welt »gehört«, sondern »eine Grenze der Welt« darstellt, gibt Wittgenstein zu erkennen, daß nicht alles in der Sprache der Wissenschaft beschrieben werden kann. Die Werthaftigkeit, die Sinnfrage, das Freiheitsproblem liegen »außerhalb«; diese Probleme zeigen sich, sind aber »unsagbar« in den Augen Wittgensteins.[262]

Mit der Sprachspieltheorie schärft Wittgenstein unseren Blick dafür, daß die Sprache der Ausdruck einer originären Lebensform ist und daß Worte erst im Gebrauch sinnhaft sind. Sprache entsteht nicht durch Namengebung, sondern sie ist Teil einer Tätigkeit und Lebenspraxis in der Alltäglichkeit des Sprechens, die Wittgenstein thematisiert. »Und eine Sprache vorstellen heißt, sich eine Lebensform vorstellen.«[263] Was sind denn Sprachspiele? »Die Grammatik beschreibt den Gebrauch der Wörter in der Sprache. Sie verhält sich also zur Sprache ähnlich wie die Beschreibung eines Spiels, wie die Spielregeln, zum Spiel.«[264] Im Gebrauch der Worte, im Umgang mit Sätzen, in allen Sprechakten zeigen sich beherrschende Regeln als Spielregeln des Sprachgeschehens. Wenn wir einen Bericht geben, Märchen erzählen, eine Landschaft beschreiben, dann haben wir eine Folge von sprachlichen Äußerungen vor uns, die in sprachliche und außersprachliche Handlungszusammenhänge eingebettet ist. Sprache und Handeln stehen für Wittgenstein in engem Zusammenhang. Er will, was die Sprache betrifft, zu einem Verhältnis der Unmittelbarkeit vorstoßen. Er nimmt die Vorgänge, die wir »Spiel« nennen – »Brettspiele, Kartenspiele, Ballspiel, Kampfspiele« – in die Beobachtung auf. Er erblickt in ihnen ein kompliziertes Netz von Ähnlichkeiten, die einander übergreifen und kreuzen. Der ganze

Vorgang des Gebrauchs der Worte, wie Kinder ihre Muttersprache lernen, ist für ihn ein ursprüngliches Sprachspiel. Dabei haben wir es mit einer Vielfalt von Sprachwelten zu tun, die »Familienähnlichkeiten« untereinander aufweisen.

Wir erkennen die Wirklichkeit, wenn wir sie gebrauchen lernen, im Spielen des Spiels, und in die Mannigfaltigkeit der Sprachwelten und -spiele fallen auch die journalistischen Tätigkeiten. Das Sprechen der Sprache als Teil einer Tätigkeit oder Lebensform führt Wittgenstein mit Sprachspielen wie den folgenden vor Augen: »Befehlen und nach Befehlen handeln – Beschreiben eines Gegenstands nach dem Ansehen, oder nach Messungen – Herstellen eines Gegenstands nach einer Beschreibung (Zeichnung) – Berichten eines Hergangs – Über den Hergang Vermutungen anstellen.«[265] Journalistische Sprachspiele unterliegen den Gebräuchen, die sich in dieser Sprachwelt eingebürgert haben und mit dem Sprachgebrauch die Lebensformen prägen. Wer sich auf die Spielregeln nicht einläßt, dem bleibt der Sinn verschlossen. In der Erkenntnis von »Sachen«, die durch die »Tat« des Sprechens zu Tat-Sachen werden, ist Mitspielen die Voraussetzung.

Journalistische »Sprachspiele«

Die Meldung, der Korrespondentenbericht, der Kommentar, die Glosse, das Interview, das Feuilleton, der Wirtschaftsteil oder Reisebericht lassen es in ihren Texten zu einer Häufung von Merkmalen kommen, die sich als Wittgensteinsche »Sprachspiele« vorstellen. Satzdimensionalität, Satzlänge, Nominalstruktur, Substantive, Tempusverteilung und Genera verbi, Verb-Adjektiv-Quotient treten als textinterne Differenzierungen hinzu.[266] Journalistendeutsch in manipulativer Absicht ist anhand der Boulevardpresse analysiert worden. »Er stand hinter der Tür und würgte mich. Das Opfer dann auch noch vergewaltigt . . .«[267] Dem Leser wird's ganz einfach gesagt. Die Zusammenhänge werden von jedem sprachlichen Kompliziertheitsgrad freigehalten. Die Sprache atomisiert, intimisiert und personalisiert die Vorgänge. Die vielen Übernahmen aus dem alltagssprachlichen Bereich, nicht nur lexikalisch, sondern auch syntaktisch, überwiegen und simulieren »Familiarität mit der Zeitung«.[268]

Eine Sprachgemeinde von weitreichender Wirkung kultiviert das Nachrichtenmagazin »Spiegel«. Hier ist die Verflechtung von Textgestalten und dem erwünschten Informations- und Unterhaltungskonsum besonders augenscheinlich. Die »Story« ist das grundlegende Gestaltungsprinzip für das Sprachmaterial, das in raffinierter Weise mit Elementen des Tatsächlichen aufbereitet wird und eine mittlere Funktionselite in der Bundesrepublik jede Woche aufs neue mit einer »völlig von ›gebildeten‹ Gefühlen beherrschten Metaphorik« versorgt. Aus der syntaktischen Inversion, aus pointierenden Zitaten und Metaphern, Rhythmik und Alliterationen kommt die atmosphärische Wirkung, »sie bezieht sich weder auf Informationen über Fakten noch auf Urteile, sondern auf ein Drittes: die Sprechhaltung, die sprachliche Geste, in der Bericht und Kommentar zugleich eintauchen.«[269] Die Leserbriefe des Nachrichtenmagazins bestätigen das Ritual des Story-Sprachspiels und simulieren fast lückenlos die journalistische Erzählkunst des Magazins. Schreiber und Leser bestätigen sich in der »Attitüde des besseren Bewußtseins«. Sie wiederholen zwangsläufig die innere Struktur des Mediums »Story« auf Kosten der Wirklichkeit. »Die in der Ironie suggerierte Distanz zum Objekt, zur beschriebenen Wirklichkeit« wird emotional nachvollzogen, und »anschaulich verwandelt sich das abgebildete Konkrete in die Negation eines Werts«.[270] Die Sprache dieser Massenkommunikation hat sich völlig unter das Diktat von Ware und Konsum begeben.

Die Erkenntnis eines Notstandes, daß der Mensch sich vermöge der Sprache nicht mehr zu erkennen geben, also sich nicht wahrhaft mitteilen kann und »der Sklave der Worte« wird, ist von Nietzsche ausgesprochen worden: »Überall ist hier die Sprache erkrankt, und auf der ganzen menschlichen Entwicklung lastet der Druck dieser ungeheuren Krankheit.« Die Sprache ist überall eine Gewalt für sich geworden, und sobald die Menschen »miteinander sich zu verständigen und zu einem Werk zu vereinigen suchen, erfaßt sie der Wahnsinn der allgemeinen Begriffe, ja der reinen Wortklänge, und infolge dieser Unfähigkeit sich mitzuteilen tragen dann wieder die Schöpfungen ihres Gemeinsinns das Zeichen des Sich-nicht-Verstehens«.[271]

Diese »Unzeitgemäßen Betrachtungen« Nietzsches haben eine bedrängende Realität, die sich heute in der Sprachkrise und Sprachnot großer Teile der Massenkommunikation zeigt. Die Defekte liegen im Wechselverhältnis von Verstehen und Verstandenwerden. Das therapeutische Interesse konzentriert sich auf eine verstärkte und vertiefte journalistische Sprachkritik als journalistische Selbstkritik, die »im Wort die Sache, in der Sache den Sinn und im Sinn die tätige Aneignung erstrebt«.[272] Bei diesem Desiderat geht es um eine neue Sensibilität für alles, was das Wort und die Sprache im Journalismus betrifft, und es bleibt uns nichts Klügeres als der bessere Gebrauch, durch ihn hindurch das Erkennen in den umfassenden Sprachspielen des Journalismus zu reflektieren, ein Spiel mit Worten, in dem wir nicht nur die Spielenden sind, sondern es ist das dauernde Spiel der Sprache, das spielt.

Unsere Sprache ist eine Sprache des Gesprächs im Vollzug der Verständigung. Die Massenform dieses Gesprächs nennen wir Massenkommunikation, ein »Zeitgespräch« unter vielen, die sich nicht persönlich kennen.

In der Massenkommunikation wie im persönlichen Gespräch geht es um ein Sprachgeschehen, um die Übersetzung von einer Sprache (des Journalisten) in die andere (des Lesers, Hörers und Zuschauers). Verstehen kann nur derjenige, der den Sinn des Gesagten, Geschriebenen und Gezeigten zu entschlüsseln vermag. Die Massenkommunikation setzt wie das Gespräch dieses Verstehen heraus. Die Frage nach der Sprache im Journalismus ist deshalb eine hermeneutische. Das geistige Moment, die Bedeutung, der Sinn müssen erschlossen werden. Die Massenmedien sind Träger geistiger Sinnmomente, »und die Hermeneutik hat es nun in erster Linie mit den Verfahren der Gewinnung von Sinngehalten aus Artefaktdokumenten und mit dem Verhältnis beider Seiten zu tun«.[273]

Hans-Georg Gadamer: Vollzugsform des Gesprächs

Die Hermeneutik hat die Grundverfassung des Spiels an der Vollzugsform des Gesprächs nachzuweisen gesucht. Die im Spiel hervortretenden Momente der Leichtigkeit, des Glücks, des Gelingens sind strukturverwandt mit der Verfassung des Gesprächs. Das hat Hans-Georg Gadamer ausgeführt. Wie man miteinander ins Gespräch kommt und nun von dem Gespräch gleichsam weitergetragen wird, darin ist nicht mehr der sich zurückbehaltende oder sich öffnende Wille des einzelnen bestimmend, sondern das Gesetz der Sache, um die es im Gespräch geht, das Spiel von Rede und Gegenrede.[274]

Das Verstehen, das Übersetzen und Interpretieren sind im hermeneutischen Verständnis sprachbedingte, auf die Totalität einer »Weltansicht« bezogene Vorgänge, die in der geschichtlichen Lebens- und Kulturpraxis wurzeln. Der Verstehende bringt unabdingbar seine eigenen Voraussetzungen ins Spiel, ins Sprachspiel ein. Aber gleichzeitig ist die Sprache »immer schon über uns hinweg«. Sie stellt uns in Zusammenhänge hinein, die nicht die unsrigen sind, sie legt uns ein Vorverständnis auf, das von der Sache nicht ablösbar ist.

Die Sprache ist kein Werkzeug oder Instrument. Der Mensch ruft niemals in einem gleichsam sprachlosen Zustand nach dem Werkzeug der Verständigung. Vielmehr seien wir, so sucht Gadamer in seiner Hermeneutik das Umfassende der Sprache zu verdeutlichen, in allem Wissen von uns selbst und in allem Wissen von der Welt wie von einer ursprünglichen Vertrautheit umschlossen: die Sprache, die unsere eigene ist. Gadamer spricht von einem rätselhaften, tief verhüllten Vorgang. Alles Sprechen habe eine wesenhafte Selbstvergessenheit. Ein weiterer Grundzug der Sprache ist ihre Ichlosigkeit. Sprechen heißt immer, zu jemanden sprechen. Der Wir-Bezug ist grundlegend, und nur dadurch »gibt es überhaupt unter den Menschen ein Meinen des Gemeinsamen«.[275]

»Unsere Sprache kann man ansehen als eine alte Stadt«, schreibt Wittgenstein, »ein Gewinkel von Gäßchen und Plätzen, alten und neuen Häusern, und Häusern mit Zubauten aus verschiedenen Zeiten; und dies umgeben von einer

Menge neuer Vororte mit geraden und regelmäßigen Straßen und mit einförmigen Häusern.«[276] Für den ganzen Stoff der geistigen Überlieferung, der sich angesammelt hat, ist die Sprache der Träger und das universelle Kommunikationsmedium, und sie ist es auch für das Wissen und Noch-nicht-Wissen vom Neuen des Fortschritts und der Veränderung.

Im Medium der Sprache erfährt sich die Menschheit als Subjekt des Traditions- und Fortschrittsgeschehens. Die Sprache ist Weltgestaltung, sie will das Handeln und die Tat, sie bringt über das deutende Verstehen »die kreative Macht des Wortes«[277] zum Zug. Das Wort wird im Verstehen wirksam. Heinrich Heine spricht von dieser Macht des Wortes. Im dritten Buch seines Essays »Zur Geschichte der Religion und Philosophie in Deutschland« heißt es: »Der Gedanke will Tat, das Wort will Fleisch werden. Und wunderbar: Der Mensch, wie der Gott der Bibel, braucht nur seinen Gedanken auszusprechen, und es gestaltet sich die Welt, es wird Licht und es wird Finsternis, die Wasser sondern sich vom Festland, oder gar wilde Bestien kommen zum Vorschein. Die Welt ist die Signatur des Wortes.«[278]

Der Journalismus kann, wie die Sprache, zur Wirklichkeit ein enges und hermeneutisches Verhältnis haben. Wer versteht, gewinnt Freiheit in der Erkenntnis über sich selbst und die anderen. Ein verstehender Journalismus ist ein freier und menschlicher Journalismus. Der Gesprächscharakter bleibt erhalten. Die Sprache tritt als Sinnvollzug, als eine Tätigkeit der Verständigung und des Verstehens ins journalistische und öffentliche Bewußtsein. Sagen, was man meint, sich verständigen, das hält nach Gadamers Auffassung »das Gesagte mit einer Unendlichkeit des Ungesagten in der Einheit eines Sinnes zusammen und läßt es so verstanden werden«.[279] Alle journalistischen Tätigkeitsbereiche sind auf das sinnstiftende Verstehen angewiesen, daß man sich etwas sagen läßt von dem, was wir als Wirkliches erkennen. »Denn alles, was menschlich ist, sollen wir uns gesagt sein lassen.«[280]

14. Wahres und nicht Falsches

Muß der Journalist ein Philosoph sein?

Königin Sophie Charlotte von Preußen, die zu Leibniz in einem engen geistigen Verhältnis stand, starb 1705 mit den Worten: »Beklagen Sie mich nicht, denn ich gehe jetzt meine Neugier befriedigen über Dinge, die mir Leibniz nie hat erklären können, über den Raum, das Unendliche, das Sein und das Nichts....«[281]

Es liegt etwas Rührendes und zugleich Bestürzendes darin, wie diese vornehme Dame mit dem Durchschreiten der Todesgrenze das mit der Neuzeit anhebende Zeitalter der Wissenschaft in Erfüllung gehen sieht und sie ihre Wißbegierde im Himmel aufgehoben glaubt. Der Mensch wird in der Ewigkeit zum Allwissenden. Rechtfertigung erlangt er dadurch, daß er der Natur unermüdlich nachforscht und ihr die letzten Geheimnisse entreißt.

Zugleich tritt der Doktor Faustus auf den Plan, dem der unauslöschliche Durst nach Wissen zum Dämon wird und von dessen Seele die Teufel Besitz ergreifen zu können glauben, weil die Leidenschaft des Faustischen diesen Mann in den Abgrund zieht: Wissen ist Macht. Aber in der Erfüllung der neuzeitlichen Wissenssehnsucht ist gleichzeitig schon ihr Umschlag in die Verantwortungslosigkeit von Orwells »Großem Bruder« angelegt, der die Wissensherrschaft zur Seelenherrschaft macht.

Wahrheitstheorien

Wahrheit als Wahrheit ist dem neuzeitlichen Menschen fragwürdig geworden. Es gibt Sätze zur Wahrheitsfrage, die jahrtausendelang allgemeine Geltung beanspruchen konnten. Dazu zählen: Der Mensch besitzt die Kraft, mit seiner Erkenntnis zur Wahrheit zu gelangen. Oder: Das Wahre ist der Seele angeboren. Oder: Wahrheit ist etwas Objektives, das vom einzelnen und der Zeit unabhängig ist.

Alle diese Sätze sind dem nagenden Zweifel ausgesetzt worden und können heute unter dem prüfenden Blick der Wissenschaft keine allgemeine Geltung beanspruchen. Die Situation hat etwas Widersprüchliches, weil der moderne Mensch zur Wahrheit ein gebrochenes Verhältnis hat. Im Alltag und im Sprachgebrauch verzichtet er nicht auf »wahr« und »Wahrheiten«. Jeden Tag wird Wahrheit gefordert und vorausgesetzt, in der Politik, in der wahrheitsgemäßen Berichterstattung der Massenmedien, bei Zeugenaussagen im Gerichtsprozeß. Dennoch wird Wahrheit als Wahrheit immer fragwürdiger. »Was ist Wahrheit?« Im Prozeß Jesu ging es, wie bei jedem Prozeß, um die Wahrheit, eine bestimmte Wahrheit. Die skeptische Frage des Pilatus ist die Frage unserer Zeit. Die wissenschaftlich-technische Zivilisation mit ihrer säkularisierten Wissenschaftsidee hat sich von der Wahrheitsfrage abgekoppelt. So kommt es zu jener merkwürdigen Ambivalenz in der Einstellung des heutigen Menschen zur Wahrheit, am »Wahren« festhalten zu wollen, aber die Pilatusfrage unbeantwortet zu lassen.

Widersprüchliches liegt auch darin, daß in der neueren Philosophie die Wahrheitstheorien keinesfalls ausgeklammert sind. Bruno Puntel hat sie zu fünf Gruppen zusammengefaßt: Korrespondenztheorie der Wahrheit, Tarskis semantische Wahrheitstheorie, Sprachanalytische Theorien der Wahrheit, Intersubjektivitätstheorien der Wahrheit und Kohärenztheorie der Wahrheit.[282] Wenn man den Begriff der Wahrheit als das Explikandum einer Wahrheitstheorie ansetzt, dann lassen sich nach Puntel vier Frageweisen unterscheiden. Erstens: Was ist Wahrheit? Zweitens: Was versteht man unter »Wahrheit« (»wahr«)? Drittens: Welches ist der Sinn (bzw. die Bedeutung) von »wahres Urteil«, »wahrer Satz«, »wahre Aussage«, »wahre Behauptung« u. ä.? Viertens: Welches ist der Sinn (bzw. die Bedeutung) von »y ist wahr«?[283] Einen besonderen Rang unter den Wahrheitstheorien der Gegenwart nehmen die sprachanalytischen Versuche ein. Sie kommen von angelsächsischer Seite, aber sie werden auch von Denkern wie Habermas, Karl-Otto Apel oder Tugendhat aufgegriffen. Die Wahrheitskonzeptionen aus der klassisch-pragmatischen, existentiell-ethischen, phänomenologisch-hermeneutischen und systemtheoretischen Richtung sind unter den von Bruno Puntel angeführten »Wahrheitstheorien« nicht aufgenommen worden. Heideggers wiederkehrende Auseinandersetzungen mit dem Wesen der Wahrheit, das umfassende Werk von Karl Jaspers über die Wahrheit oder Gadamers Hermeneutik in »Wahrheit und Methode« fallen darunter. Als geschlossene »Theorien« lassen sie sich kaum zur Darstellung bringen, wie Puntel den Ausfall begündend erklärt, und erfordern sie die Interpretation des jeweiligen Gesamtwerks.[284] Die substantivischen und ontologischen Wahrheitsbegriffe sind es nun wiederum, die das Philosophieren seit über zweitausend Jahren umtreiben, nicht die theoretischen oder formalen Wahrheitsbegriffe, wo die Aussagen, die Sätze, die syntaktischen Elemente auf ihre Übereinstimmung geprüft werden.

Wo etwas Inneres und Geistiges, wo eine Substanz, eine Vernunftwahrheit oder existentielle Wahrheitserkenntnis angesprochen ist, da sieht sich die Wahrheit heute als wissenschaftsfähige Materie grundsätzlich in Frage gestellt. Der methodische Geist der Wissenschaft hat sich durchgesetzt. Er bestimmt auch weithin die journalistische Begriffsbildung und legt die Erkenntnisziele in der Kommunikationswissenschaft fest. Wahrheit im Journalismus? Das Wort des Orest aus Goethes Iphigenie »Zwischen uns/Sei Wahrheit!« ist im Journalismus kein geläufiges Wort. Eher könnte es lauten: Zwischen uns sei Aktualität, das Wichtigste vom Tage, die Aufmerksamkeit der Öffentlichkeit! Die Nachrichten müssen »stimmen«, sagen die erfahrenen Redakteure. Damit sprechen sie keinesfalls nur etwas Geringfügiges aus, wenn verlangt wird, daß sauber recherchiert, umfassend und sachlich berichtet wird und nichts ausgelassen werden darf, auch wenn es den eigenen Interessen und Lieblingsideen zuwiderläuft. Aber Wahrheit im Journalismus?

Pilatusfrage im Journalismus

Der weitverbreiteten Wahrheitsskepsis zum Trotz hat Rudolf Walter Leonhardt, stellvertretender Chefredakteur des Wochenblatts »Die Zeit«, vor einigen Jahren ein Buch mit dem fast schon bekenntnishaften Titel »Journalismus und Wahrheit« geschrieben.[285] Im Gegensatz zur allgemeinen Auffassung meint Leonhardt, der Journalist könne die Frage »Was ist Wahrheit?« nicht nach der Art des Pilatus offenlassen und sich die Hände in Unschuld waschen. »Er steht alltäglich unter dem Zwang, eine Antwort zu finden.« Beschreibungen von Sachverhalten, die das Urteil »Das ist wahr« zulassen, nimmt jeder von uns tagtäglich vor. Zwar ließen sich alle diese kleinen Wahrheiten nicht herleiten aus einer großen, alles umfassenden Wahrheit, meint Leonhardt einschränkend, und man könne sie auch nicht schlicht zusammenzählen, damit die Summe dann »die Wahrheit« wäre, sondern eher hätten wir es mit einer Fülle von möglichen Wahrheiten, Halbwahrheiten, Unwahrheiten zu tun. Es bleibe die Gewißheit, daß es am Ende – immer wieder – Wahrheit gibt. »Vielleicht wird das eine bescheidene, manchem allzu bescheidene Wahrheit sein. Sie ist das Gegenteil von Täuschung, Irrtum und Lüge, auch, journalistisch gesehen, von Ignoranz, Fehlinformation und bloßer Behauptung. Mit ihr läßt sich arbeiten. Mehr: mit ihr läßt sich leben.«[286]

Leonhardt ist im Unterschied zu einer großen Zahl seiner Berufskollegen nicht davon abzubringen, daß der Journalist, früher oder später, bei der alten Pilatusfrage nach der Wahrheit landet. Der römische Prokurator wollte damals diesem Mann aus Nazareth sagen, was er dort als Wahrheit behauptet habe, gehe die staatlichen Behörden nichts an. Die Staatsgewalt zeigte sich tolerant und liberal. In der damaligen Zeit ist das ein außergewöhnlicher Fall. Die neuzeitliche

Toleranzidee wird vorweggenommen, und sie ist als weltanschauliche Neutralität in das moderne Verfassungsdenken der pluralistischen Demokratie eingegangen.

Pluralismus im modernen Staat bedeutet, daß sich viele Kräfte sehr unterschiedlicher Geistesrichtung entfalten können, daß solche Vielfalt anerkannt und gutgeheißen wird, solange sie die Grundklammer der verfassungsmäßigen Ordnung nicht sprengt. Der Staat ist für diese Freiheit verantwortlich, daß allen Gerechtigkeit widerfährt. Die Wahrheitsfrage stellt sich nicht mehr wie in geschlossenen Gesellschaften, die eine umfassende und einheitliche Norminstanz anerkannten. Andererseits ist die Wahrheitsfrage nicht ganz vom Tisch, wenn der so verstandene Pluralismus an einem Grundkonsens der Werte festhält und nicht in die Beliebigkeit einmünden will. Die Demokratie braucht ein gemeinsames Ethos, einen Minimalbestand an Menschenrechten und Wertauffassungen von der Würde, Freiheit und Gerechtigkeit des Menschen, sonst werden die auseinanderstrebenden Kräfte nicht unter dem gemeinsamen Dach verbleiben. Werte gründen in Wahrheitsauffassungen; aus ihnen gewinnen sie Verständlichkeit, Geltung und orientierende Kraft. So hat uns der weltanschauliche Pluralismus, der sich in der offenen Gesellschaft auch vor allem in den Massenmedien spiegelt, nicht vollends aus der Wahrheitsfrage entlassen.

Nietzsche hat als »Vorausdenker« unserer wissenschaftlich-technischen Welt eine nachhaltige Destruktion des Wahrheitsbegriffs eingeleitet. Die Radikalität seiner Angriffe hat sich nicht durchgehalten. Die tiefsitzende Skepsis gegenüber Wahrheitsbehauptungen ist jedoch geblieben, und ihr hat Nietzsche den Weg geebnet. »Nein, dieser schlechte Geschmack, dieser Wille zur Wahrheit, zur ›Wahrheit um jeden Preis‹, dieser Jünglings-Wahnsinn in der Liebe zur Wahrheit – ist uns verleidet: dazu sind wir zu erfahren, zu ernst, zu lustig, zu gebrannt, zu tief... Wir glauben nicht mehr daran, daß Wahrheit noch Wahrheit bleibt, wenn man ihr den Schleier abzieht.«[287] Nietzsche hielt die Wahrheitsfrage grundsätzlich für »widersinnig«. Sein Ziel war die Entthronung des idealistischen Wahrheitsverständnisses, das er von Platon ableitete und fälschlicherweise mit dem Gott Abrahams und der Christen gleichsetzte. So wollte er der Befreiung des Menschen dienen.

Es ist aufschlußreich, wie Nietzsche zuerst den Wahrheits- vom Wirklichkeitsbegriff abzukoppeln sucht. Wahrheit ist das Unvermögen, das Leben als ein Unmittelbar-Gegebenes anzuerkennen. Wahrheit ist Seinsfremdheit. Die auf die alten Denker zurückgehende Erkenntnislehre, die das Wahre, Gute und Schöne nach der Transzendentalienlehre im Sein verankert und hieraus die Einheit aller ableitet, bezeichnet Nietzsche als die »größte aller Schwindeleien und Selbstverlogenheiten«. Er hält den ganzen Wahrheitsdogmatismus für ein Fiktions-Gebäude, das in sich zusammenbricht, sobald auch nur ein Zipfel von Wirklichkeit und tatsächlichem Leben damit in Berührung kommt.[288] In der »Fröhlichen Wissenschaft« tritt Nietzsche dem Glauben entgegen, daß Wahrheit wichtiger sei als irgendein anderes Ding, auch als jede andere Überzeugung. Der Wille zur Wahrheit wird als eine Don-Quixoterie, als lebensfeindliches und zerstörerisches Prinzip hingestellt, dem der »Wahrhaftige« als einem metaphysischen Glauben noch immer anhängt. Diesem Wahrheitsglauben sucht Nietzsche die Maske vom Gesicht zu reißen, doch gleichzeitig muß er eingestehen, »daß auch wir Erkennenden von heute, wir Gottlosen und Antimetaphysiker, auch *unser* Feuer noch von dem Brande nehmen, den ein jahrtausendealter Glaube entzündet hat, jener Christen-Glaube, der auch der Glaube Platos war, daß Gott die Wahrheit ist, daß die Wahrheit göttlich ist... Aber wie, wenn dies gerade immer mehr unglaubwürdig wird, wenn nichts sich mehr als göttlich erweist, es sei denn der Irrtum, die Blindheit, die Lüge – wenn Gott selbst sich als längste Lüge erweist?«[289]

In Nietzsches Denken löst sich der Wahrheitsbegriff, den er in seiner herkömmlichen Deutung als Unsinn, ja Irrtum und Verblendung bezeichnet, in eine Vielzahl beziehungsloser Perspektiven auf. Diese relativistische Aufsplitterung kommt einer Aufhebung des Wahrheitsbegriffs gleich, und in der vom Willen zur Macht entworfenen Optik – sie trat an die Stelle der Logik, die eine allgemeinverbindliche Gesamtschau des Seienden begründet hatte – verlieren die Begriffe »wahr« und »unwahr« ihren Sinn, wie Nietzsche selbst bemerkt.[290]

Wahrheit und Kommunikation

Wir wenden uns zunächst noch einmal den Überlegungen des Journalisten Leonhardt zu, bevor wir uns im nächsten Kapitel der Frage stellen, wie sich die Publizistik- und Kommunikationswissenschaft zum Wahrheitsproblem verhält.

Leonhardt verknüpft den Kommunikationsbegriff mit dem Wahrheitsbegriff und berührt damit auch die Kernfrage unserer Überlegungen, welcher Begriff von »Wahrheit« der Kommunikation dient, wie also Wahrheit beschaffen sein muß, wenn Kommunikation möglich sein soll. »Schon von Berufs wegen glaube ich, als Journalist, an den hohen Wert der Kommunikation und jener Wahrheiten, ohne die Kommunikation nicht möglich ist.«[291] Leonhardt sieht das pragmatisch, und ihm geht es um die »Operationalisierbarkeit« des Wahrheitsbegriffs im Journalismus, wobei es freilich eine eigene »journalistische Wahrheit« ebensowenig geben könne wie eine eigene »wissenschaftliche Wahrheit«. Lediglich die Methoden der Wahrheitsfindung seien vergleichbar. Leonhardt kennzeichnet sie als eine intellektuelle Bewegung in vier Schritten: Geduldiges Sammeln von Fakten; Ordnen der Fakten zu einem Bild, einer Geschichte, einer

These, einem zusammenhängenden Ganzen; Überprüfen des Ganzen; schließlich die Bereitschaft, eine liebgewordene Theorie, auch einen schönen Artikel zu korrigieren. Das Sammeln der Fakten, meint Leonhardt, sei Handwerk. Dazu gehöre vor allem Fleiß und Gewissenhaftigkeit. Das Komponieren der Fakten zu einem Ganzen verlange Einbildungskraft, Vorstellungsvermögen, Phantasie. Es sei der Kunst verwandt. Aber erst durch das kritische Überprüfen werde Journalismus zum guten Journalismus.

Hier zeigt sich Wahrhaftigkeit als Treue zur Sache, daß das Erkannte auch möglichst unverfälscht zur Reproduktion gelangt. Die größten Feinde der Wahrheit sind nicht Lüge, Täuschung oder Irrtum. Feind der Wahrheit ist vielmehr »das Trübe«, wie Goethe es gern nannte. Die Journalisten, meint Leonhardt, werden nicht anders als Ärzte und Beichtväter sich immer wieder einmal fragen müssen, welchem Zweck denn mit der Veröffentlichung einer Wahrheit gedient wird. »Barmherzigkeit und Liebe haben Vorrang. Auch Freundschaft und Diskretion, sogar Höflichkeit und Takt sind zuweilen ausreichende Gründe, Wahrheiten zu verschweigen.« Im übrigen seien in einem Land, wo jeder auf eigenes Risiko schreiben und verbreiten darf, was er für richtig hält, die Schwierigkeiten des Journalismus mit der Wahrheit keine anderen als die jedes Menschen: »Die freilich sind immer noch groß genug.«[292]

Den Wahrheiten des Gefühls, »persönlich, intensiv, ungenau«, schreibt Leonhardt die größte Kraft zu. Es geht um Ich-Erlebnisse, die Subjektivität, um die Spannung von Gefühls- und Vernunftwahrheiten, um Glauben und »Ethik«. Was ist gut? Was ist böse? Was ist fair? Was ist gerecht? Der Baum des Wissens sei nicht der Baum des Lebens, meint Leonhardt mit dem Dichter Byron. Ihm, dem Journalisten, zeige sich die Wahrheit in sieben Gesichtern: Die Wahrheit der Sprache, die Wahrheit der Dinge, die Wahrheit der Zahlen, die Wahrheiten der Vernunft, die Wahrheiten des Gefühls, die Wahrheiten des Geschmacks, die Wahrheit der Zeugen.

Worauf beruht es denn, daß über mathematische oder naturwissenschaftliche Wahrheiten noch leicht eine Verständigung zu erzielen ist, nicht jedoch über Wahrheiten, die unseren Lebensalltag bestimmen, über Liebe und Haß, Treue und Glauben? Leonhardt antwortet so: »Wer als Journalist Tag für Tag Wahrheiten sucht, nämlich: Sachverhalte wahrheitsgemäß zu beschreiben sucht, das ist sein Geschäft, der findet sich auf einmal, wenn er über sein eigenes Tun nachdenkt, inmitten einer altehrwürdigen Tradition menschlichen Geistes: der Philosophie. Muß der Journalist also ein Philosoph sein? Ich glaube: ja. So lange wenigstens, wie wir nicht hoffen können, daß die Philosophen Journalisten werden.«[293]

Philosophen-Könige – jetzt die Philosophen-Journalisten? Die Oberflächlichkeit, geboren aus den rasch wechselnden Themen des Redaktionsalltags, ist wahrscheinlich die größte Versuchung des Journalisten, und sie paart sich dann leicht mit der Arroganz, über alles reden zu können und Bescheid zu wissen. Die Erwägungen von Leonhardt sind deshalb so beherzigenswert, weil sie das Wissen vom Nichtwissen wachhalten, dem auch die Dialektik des Sokrates gegolten hat als einer Hebammenkunst des Wortes, um die Wahrheit dessen, wovon die Rede ist, ans helle Licht des erkennenden Bewußtseins zu bringen. Dieses Wissen erlangt man nicht ohne das Fragen. Mit dem Hinweis, der Journalist müsse etwas vom Philosophen in sich haben, ist eine fragende Publizistik gemeint. Das heißt, in aller journalistischen Erfahrung ist die Struktur der Frage vorausgesetzt.

Eine fragende Publizistik

Die Philosophie ist seit ihren Anfängen von Fragen umgetrieben: Was ist wirklich? Was ist so untrüglich wirklich, daß es als wahr gelten kann? Nietzsche hat den Wahrheitsbegriff von der Grundverfassung des Seins abgetrennt und ihn damit aus der Verankerung mit dem Ganzen einer Weltansicht herausgenommen. Nietzsche und die Neuzeit, müßten wir sagen, denn er radikalisiert und vollstreckt sie. Die Wahrheit wird ein freischwebender Begriff, der in den Aporien des Perspektivismus verstrickt ist und seine Zugehörigkeit zum Ganzen verloren hat. Die Wahrheit wird zu einer sinn- und zwecklosen Angelegenheit.

Die alte Philosophie hat mit dem Begriff der Zugehörigkeit die transzendente Bezogenheit des Wahren auf das Sein gemeint: ens et verum convertuntur. Was »ist«, das ist seinem Wesen nach wahr, und so wird die Erkenntnis ein Moment des Seins selber, ein Wegzeichen auf dem Weg zur Wahrheit. Der aristotelische Gedanke, daß die Seele in gewissem Sinne alles Seiende ist, geht mit dem Gedanken von der Wahrheit der Dinge eine Verbindung ein: adaequatio intellectus et rei. Diese klassische Wahrheits- und Seinslehre läßt sich nicht einfachhin erneuern und in die Gegenwart holen, aber wir stehen ihr auch nicht mehr nur in positivistischer Abwehr gegenüber. Die sprachanalytische Philosophie unserer Gegenwart ist der Versuch, den Begriff der Zugehörigkeit zu überdenken. Die Sprache, an der das Hören teilhat, zeigt sich in der hermeneutischen Erfahrung in ihrem Welt- und Wahrheitsbezug. Wir lernen, daß Wahrheitserschließung immer dialogisch geschieht. Wir lassen auch nicht unbeachtet, daß der Mensch im Sprechen wohl das Ganze, um das es geht, meinen kann, aber er kann dieses Umfassende nie vollständig zur Sprache bringen.

Die Grundproblematik von Sein und Sprache läßt auch die Wahrheitsfrage wieder auf die Tagesordnung gelangen. Jetzt kann es nicht mehr nur um die »Richtigkeit« gehen. Die Richtigkeit eines Prozesses und die Wahrheit eines

Gesagten sind zweierlei. Und jetzt ist die Wahrheitsfrage nicht nur eine Frage des Blickpunkts und der Sehschärfe. Nietzsche hat nicht nur die wahre Welt, er hat auch die scheinbare Welt abgeschafft und damit gewissermaßen alle Stellen leergefegt, wo wir jetzt der Wahrheit neue Namen geben können.

Mit der »Richtigkeit« kann sich der Journalismus nicht begnügen. Die Wahrheitsfrage ist in der pluralistischen Demokratie nicht vom Tisch, sagten wir, und unser Angewiesensein auf ein gemeinsames Ethos in der Demokratie ist das Angewiesensein auf das Wahrheitsethos im Journalismus.

Die Struktur der Frage, so sagten wir auch, ist eine Voraussetzung der journalistischen Erfahrung. Gadamer hat die besondere Vollzugsweise des hermeneutischen Fragens im Sinn, wenn er schreibt: »Man macht keine Erfahrungen ohne die Aktivität des Fragens. Die Erkenntnis, daß die Sache anders ist und nicht so, wie man zuerst glaubte, setzt offenbar den Durchgang durch die Frage voraus, ob es so oder so ist.«[294] Wissen kann nur haben, wer Fragen hat. Wissen heißt immer, auf das Entgegengesetzte zugleich gehen: »Darin besteht seine Überlegenheit gegenüber der Eingenommenheit durch die Meinung, daß es Möglichkeiten als Möglichkeiten zu denken versteht.«[295] Platon, so führt Gadamer weiter aus, habe uns in seinen unvergeßlichen Darstellungen gezeigt, worin die Schwierigkeit besteht zu wissen, was man nicht weiß: »Es ist die Macht der Meinung, gegen die das Eingeständnis des Nichtwissens so schwer erreichbar ist. Meinung ist das, was das Fragen niederhält. Ihr wohnt eine eigentümliche Tendenz zur Verbreitung ein... Die Kunst des Fragens ist nicht die Kunst, sich des Zwangs der Meinungen zu erwehren – sie setzt diese Freiheit schon voraus.«[296]

Der Zwang der herrschenden Meinungen lastet schwer auf der journalistischen Tätigkeit. Öffentliche und veröffentlichte Meinung, so heißt es, klafften häufig weit auseinander. Welche Sache ist es denn, worin der Journalist sich offen mitteilt, wie er etwas sieht und es selbst wahr-nimmt? Ist es die eigene Sache oder die, welche ihm zu guten Händen anvertraut worden ist, damit er über sie berichtet? Wie in einem Gespräch, so wollen Journalisten und Bürger nicht aneinander vorbeireden; das ist das Nächstliegende und zugleich Entscheidende. Fragen heißt, etwas ins Offene stellen: in die Öffentlichkeit. »Das macht den Sinn des Fragens aus, das Gefragte so in seiner Fraglichkeit offenzulegen.«[297] Das Verstehen der Fraglichkeit ist ein philosophisches Verstehen. Der Journalist braucht eine Art von philosophischer Sensibilität für das »Material«, mit dem er umgeht.

Gadamers schöne Ausführungen zum hermeneutischen Vorrang der Frage und zum sokratischen Wissen vom Nichtwissen, die wir zitierten, wollen für den Umgang mit der Wirklichkeit der Dinge aufschließen. Wer denken will, muß sich fragen, »so daß die Wahrheitsmöglichkeit in der Schwebe bleibt«.[298]

Nichts anderes ist mit dem journalistischen Wahrheitsethos gemeint. Den Aporien des Subjektivismus und Egoismus, in denen wir verstrickt sind, wird die Kunst des Fragens und die Kunst des Hörens gegenübergestellt.

»Wahres« und nicht »Falsches« verlangen die Bürger, wenn sie an den öffentlichen Dingen teilhaben. Das setzt eine sach- und wirklichkeitsgerechte Unterrichtung durch die Massenmedien voraus, und daraus leitet sich die Demokratie ab. Mit einem Niedriger-Hängen des Wahrheitsanspruchs im Journalismus ist keinem gedient.

15. Journalismus unter dem Wahrheitspostulat

Eine »wahrheitsgetreue« Berichterstattung

In den zwanziger Jahren unseres Jahrhunderts formulierte Casper S. Yost, der damals Präsident der amerikanischen Vereinigung der Zeitungsjournalisten war, mit lapidarer Selbstverständlichkeit: »Das wesentliche Element aller Nachrichten ist die Wahrheit.« Yost erklärte, die Nachrichten verdienten nicht ihren Namen, wenn sie in der Substanz nicht wahre Nachrichten seien. Nachrichten berichteten über Ereignisse. Wenn aber diese Ereignisse nicht stattgefunden hätten, sei der Bericht unwahr – »and being untrue is not news«. Yost machte die Wahrheit zum Prüfstein des Wirklichkeitsgehalts aller Nachrichten: »And the measure of truth within the news is the test of its quality.« Im weiteren Verlauf des Kapitels, das der Verfasser mit »Truth in the News« überschrieben hat, werden die Schwierigkeiten bei der Nachrichtenschöpfung und -übermittlung durchaus realistisch dem strengen Wahrheitsgebot gegenübergestellt, aber das Gebot selbst wird nicht problematisiert. Der Journalist, so betont Yost, darf niemals das Streben nach Wahrheit aufgeben. Er werde sich nur dann dem Ideal der Wahrheit annähern können, wenn über allem die Genauigkeit und Wahrheitstreue beachtet seien, wenn beim Finden und Formulieren der Nachrichten zwischen Wahrheit und dem Anschein von Wahrheit unterschieden werde.[299]

Yost stand damals mit seinem Wahrheitspostulat im Journalismus nicht allein. Die Wertgrundlagen, worauf sich die Argumente stützten, waren noch ziemlich ungebrochen. Den kritischen Stimmen, die sich nach dem Ersten Weltkrieg zu Mißständen im amerikanischen Pressewesen äußerten, suchte man mit einer Wahrheits- und Objektivitätsethik zu begegnen. Nelson A. Crawford gründete seine Ethik für den journalistischen Berufsstand auf das Objektivitätsprinzip.[300] Leon N. Flint machte den Gewissensbegriff zum zentralen Thema.[301] Die Berufsverbände im amerikanischen Journalismus brachten in den zwanziger Jahren ihre journalistischen Wertetafeln und »Codes« für das berufsethische Verhalten heraus.

Ein halbes Jahrhundert später ist auch Amerika, das einmal »God's great nation« war, von der Wahrheitsskepsis eingeholt worden. In einer Veröffentlichung vom Jahre 1975 mit dem Titel »Between Fact and Fiction – The Problem of Journalism« stellt Edward Jay Epstein den Journalismus und die Wahrheit als zwei unvereinbare Größen gegenüber.[302] Epstein ist bereits in den sechziger

Jahren als scharfer Medienkritiker hervorgetreten und hat in seinem Buch »News from Nowhere: Television and the News« den fiktiven Charakter der Fernsehnachrichten gerügt.[303] Epstein untersucht die Berichterstattung über die Watergate-Affäre, die Schwarzen Panther, die Pentagon-Papiere, den Vietnamkrieg. Er unterstreicht, daß die beteiligten Journalisten sich so gut wie niemals in der Lage zeigten, Wahrheit und Richtigkeit der Ereignisse selbst nachzuprüfen. Sie seien fast ausnahmslos von »Quellen« abhängig gewesen, die ein Interesse daran zeigten, ihre Version vom Wirklichkeitsgeschehen verbreitet zu sehen. Mehr als nur eine »verstümmelte Version von Wirklichkeit« brächten Reporter und Nachrichtenredakteure nicht hervor. Die Umstände des Nachrichtengeschäfts seien nun einmal so. Die Journalisten stünden vor einem Dilemma, und es könnte dadurch gelöst werden, »daß sie es aufgeben, Wahrheit herstellen zu wollen und sich eher als Agenten für andere betrachten, um Informationen weiterzuverbreiten, an deren Veröffentlichung diesen anderen gelegen ist, und dabei sollten die Journalisten dann offenlegen, welche Umstände und Interessen im Hintergrund solcher Nachrichten hervortreten, damit diese in die Bewertung einbezogen werden können.«[304]

In den Augen Epsteins verwischt der neue Journalismus, der sich »anwaltschaftlich« versteht, die Grenzen noch stärker, wenn die Nachrichtenleute sich jetzt nicht mehr nur als Reporter betrachten, welche die Bruchstücke der Information zusammentragen, sondern als »aktive Wahrheitssucher«.[305] Sollte Walter Lippmanns Empfehlung an die Öffentlichkeit die richtige gewesen sein, sie habe sich anderer Institutionen als der Presse zu bedienen, wenn sie sich ein wahres Bild vom Zustand der Welt verschaffen will? Lippmann hat bereits in den zwanziger Jahren eine strenge Trennung von »News« und »Truth« vorgenommen: »Die Funktion der Nachrichten ist es, ein Ereignis zu signalisieren. Die Funktion der Wahrheit ist es, die verborgenen Tatsachen ans Licht zu bringen, sie miteinander in Beziehung zu setzen und ein Bild von der Wirklichkeit hervorzubringen, wonach die Menschen sich richten können.«[306]

Deutscher Presserat: Achtung vor der Wahrheit

Der kontinentaleuropäische Journalismus hat sich mit dem Objektivitätsideal, das dem pragmatisch-angelsächsischen Denken entstammt, niemals richtig befreunden können. In Amerika waren die Auswüchse einer Sensationspresse, die rücksichtslos ihren Profitinteressen nachging, früher sichtbar geworden, und sie riefen eine weitverbreitete Pressekritik hervor, die für Journalisten und Verleger zur Herausforderung und zum Anlaß für eine berufsethische Besinnung wurde. In der Bundesrepublik erfolgte der Wiederaufbau der deutschen Presseunternehmen nach dem Zweiten Weltkrieg im Zeichen der neuerworbenen Freiheit und einer verstärkten Selbstverpflichtung dem Wahrheitspostulat gegenüber. Die Erfahrungen mit der Lügenpropaganda des Dritten Reiches bildeten dafür die Kulisse. 1956 wurde der Deutsche Presserat gegründet. Im Zeichen der Selbstverwaltung und Selbstkontrolle formulierte er seine Publizistischen Grundsätze und stellte die Wahrheitsforderung voran. »Achtung vor der Wahrheit und wahrhaftige Unterrichtung der Öffentlichkeit« werden im Pressekodex zur »Wahrung der Berufsethik« als oberstes Gebot der Presse genannt.[307] In den Richtlinien für die redaktionelle Arbeit nach den Empfehlungen des Presserats heißt es zur journalistischen Sorgfaltspflicht, für jeden Journalisten müsse es vornehmste Pflicht sein, »von ihm zur Veröffentlichung bestimmte Nachrichten mit jeder nur möglichen Sorgfalt auf ihren Wahrheitsgehalt zu prüfen.«[308] Die persönliche Selbstverpflichtung wird mit der Wahrheit als dem obersten Richtwert gekennzeichnet. Die »Press Codes« anderer Länder und internationaler Institutionen verfahren genauso.[309] In Redaktionsstatuten von Zeitungen und Zeitschriften,[310] in Programmgrundsätzen der Rundfunkanstalten ist das Wahrheitsethos immer wieder angeführt. So wird der Norddeutsche Rundfunk gemäß Paragraph 7 des NDR-Staatsvertrags von 1980 »in seinen Sendungen zur Wahrheit verpflichtet«.[311] Die entsprechende Bestimmung im ZDF-Staatsvertrag lautet im Paragraphen 3: »Die Berichterstattung soll umfassend, wahrheitsgetreu und sachlich sein.«[312]

Wissenschaft und die »Illusion« der Wahrheitsethik

Die Deklamationen, den Journalismus unter das Wahrheitspostulat zu stellen, sind vernehmlich genug. Es grenzt fast schon an eine Entdeckung, wie häufig und mit welchem Nachdruck der Wahrheitswert herangezogen wird. In auffallendem Kontrast dazu steht die Abstinenz der einschlägigen Wissenschaft, solche Versuche einer berufsethischen Selbstregelungspraxis aufzugreifen und sie wissenschaftlich einzuholen. Die Wahrheitsfrage wird im positivistischen Denken als vorwissenschaftlich diskreditiert und ausgeklammert. Die innere Beziehung von Wahrheit und Wissenschaft wird im herrschenden Verständnis nicht problematisiert. Die Frage bleibt schlechterdings draußen.

Manfred Rühl geht in seinem Werk »Journalismus und Gesellschaft« mehr am Rande auf berufsethische Ansprüche ein. Die konventionellen Kodizes und publizistischen Grundsatzerklärungen beurteilt er skeptisch und sieht keine Möglichkeit, wie solche Wahrheitsforderungen einer intersubjektiven und empirischen Konfrontation standhalten. Rühl kennzeichnet die Forderungen nach einer wahrheitsgetreuen Berichterstattung als »wirkungsschwache Leerformeln«

und »institutionalisierte Mythen« des Journalismus. Sie seien aus dem Zustand bloßer Verbalisierung herauszuheben, um sie in konkrete Kommunikationspolitik, das heißt in operationalisierbare Entscheidungsstandards umzurüsten, so daß sie im journalistischen Arbeitsalltag anwendbar würden. Rühl sieht keine Chance, daß ein neuzeitlicher Journalismus durch prinzipienethisch gelenkte Selbstdarstellungen einzelner zu strukturieren ist: »Einzelne wären hoffnungslos überfrachtet, würde man von ihnen tatsächlich erwarten, daß sie für die journalistische Informationssicherung Sorge tragen. In differenzierten Gesellschaftsordnungen kann journalistische Verantwortung nicht mehr auf Qualitäten von Individuen reduziert werden, Appelle an Gewissen und Lauterkeit, an die Achtung vor und an das Streben nach Wahrheit genügen nicht mehr, um journalistische Wahrhaftigkeit zu gewährleisten.«[313]

Unter solchen Denkvoraussetzungen kann sich kein Wahrheitsethos entfalten. Der Systemtheoretiker Rühl macht »den« Journalismus als System zum Verantwortungsträger. Damit »entlastet« er den einzelnen Journalisten, der zwar »für sein organisatorisch betriebenes Rollenhandeln Verantwortung übernehmen muß, aber nicht als Person«. Die Absage an die Individualethik ist radikal. Ebenso wird die »Illusion« verabschiedet, als ob der einzelne Journalist durch eine Wahrheitsethik einen »guten« Journalismus verwirklichen könnte.[314]

Der Kahlschlag, mit dem Rühl nur noch »organisatorisch betriebenes Rollenhandeln« in die Verantwortung aufnimmt, gibt der Selbstverpflichtung kaum noch eine Chance. Es ist richtig, daß der Journalismus ein hochkomplexes System darstellt, dessen Strukturen und Funktionen erklärt werden müssen, nicht zuletzt in der Absicht, die Ergebnisse zu verbessern, wo es erforderlich ist. Die Systemtheorie hat uns den Blick geöffnet und geschärft für die Einheiten, die am sozialen Prozeß, den wir Journalismus nennen, beteiligt sind. Sie können nicht mehr nur in der Bezogenheit auf die handelnde Person erklärt werden, sondern sind auch als soziale Interaktionsmuster, als Ensembles gesellschaftlicher Erwartungshaltungen, als journalistisches Rollenhandeln interpretierbar. Die Sicht wird jedoch verkürzt, wenn die Systemtheorie den handelnden Menschen darin aufgehen läßt, daß er »funktioniert«. So gerät die Humanität mit ihren Sinn- und Wahrheitsansprüchen ins irrelevante Abseits, und wir haben es mit einem Journalismus zu tun, der die Subjektivität nur noch als Nebensache gelten läßt. Im System ist alles schon »vorgedacht« wie in einem kybernetischen Regelkreis, aber daß alles auch ganz anders sein könnte, besser oder auch schlechter, und daß im Journalismus das Empirische auf vielfältige Weise durch Nicht-Empirisches bedingt ist, durch Menschliches und Allzumenschliches, durch kleine und große Wahrheiten – die Systemrationalität berührt es nicht.

»Wir fühlen, daß selbst, wenn alle möglichen wissenschaftlichen Fragen beantwortet sind, unsere Lebensprobleme noch gar nicht berührt sind.«[315]

Diesen Satz schreibt Wittgenstein in der Abgrenzung der Erkenntnisse der eigenen positivistischen Wissenschaft. Der Satz könnte ebensogut zur systemtheoretischen Journalismusforschung hin gesprochen sein, wie Manfred Rühl sie versteht. Als Kommunikationswissenschaftler verwirft er das »naive Realismusbedürfnis des Alltagsverstandes, das immer wieder den Wunsch nach Anschaulichkeit und direkten Einsichten weckt« und stellt dieser Unwissenschaftlichkeit einen Journalismus »als ein evolutionär heranreifendes Sozialsystem mit gesellschaftsweiten Problemen« gegenüber: »Mit anderen Worten: Journalismus ist durch die Wissenschaft zeitlich und räumlich mittels Begriffen, Theorien, Methoden und Techniken immer wieder neu ›herauszustellen‹.«[316]

Im Gegensatz zu dieser wissenschaftlichen Ansicht können und wollen wir uns dem Wunsch nach Anschaulichkeit und direkten Einsichten, der an den Journalismus herangetragen wird, keineswegs verschließen. Journalismus, »hergestellt« von der Wissenschaft, ergibt ein reizvolles Modell. Aber der Journalismus ist nicht für die Wissenschaft da, und die Fragen, auf die es ankommt und worauf die Bürger eine Antwort wünschen, kommen aus der Alltagserfahrung mit dem Journalismus und den Lebensproblemen der Journalisten und des Publikums. In diesem »realen« Journalismus wollen wir uns selber wiedererkennen können. Der Journalismus ist oder er ist nicht Menschenwerk. Die Sache selbst erweist sich, indem sie sich ausdrückt und darstellt, als Spiegelung, was an ihr ist und was sie von uns fordert. Die Sprache, die wir gebrauchen, die Zeit, in der wir stehen, die Erkenntnisse, über die wir verfügen, werden zu einem Moment der Wahrheit selbst und dies nicht als Beeinträchtigung wissenschaftlicher Objektivität und Rationalität, sondern als deren Ermöglichung und Bedingung.

Hier stehen sich, was unsere Frage nach Wahrheit und Wahrhaftigkeit im Journalismus betrifft, zwei Welten gegenüber: Einerseits der Journalismus des Deutschen Presserats und der Programmrichtlinien mit seiner Forderung nach wahrheitsgetreuer und objektiver Berichterstattung; andererseits eine wissenschaftliche Methode, der »alltagssprachliche Begriffe« wie Wahrheit und Wahrhaftigkeit nur noch tauglich erscheinen »für romantizistische Journalistenbildnisse.«[317]

16. Nachrichten können »wahr« sein

Die Objektivität als Annäherungswert

Die meisten Nachrichten sind »falsch«, behauptet der Kommunikationswissenschaftler Harry Pross. Der Journalist Michael Abend provoziert »mit einem halben Moses«, wie er selbstkarikierend ausführt, nämlich mit fünf Journalistengeboten und drei Tugenden. Und eine dritte Position, die wir nun zu Wort kommen lassen wollen, fordert den »Wahrheitsdienst des Journalismus«. Diese Forderung ist das Kernstück der päpstlichen Verlautbarung »Communio et Progressio« über die sozialen Kommunikationsmittel. Der Kommunikationswissenschaftler, der Journalist, die Pastoralinstruktion des Vatikans belegen drei unterschiedliche Positionen, und doch ist ihnen gemeinsam, daß sie von »Wahrheit« handeln, sei es auch nur im Negativum des ersten Journalistengebots: Du sollst nicht lügen. Oder im Negativum »falscher« Nachrichten. Beginnen wir mit der letztgenannten Position.

»Communio et Progressio«

Unter Beteiligung aus 28 Ländern veröffentlichte die Päpstliche Kommission für die Instrumente der sozialen Kommunikation mit Datum vom 23. Mai 1971 ihre Pastoralinstruktion »Communio et Progressio«. Sieben Jahre nach dem Konzilsdekret »Inter Mirifica«, mit dem die Arbeit der Kommission begann, sollte hier eine Konzils- und Seelsorgskonzeption in die Praxis umgesetzt werden.

Die Pastoralinstruktion nennt »Wahrheit« als oberstes Ziel, woran sich die Verwendung der Instrumente der sozialen Kommunikation auszurichten hat; sie werden »in den Dienst der Wahrheit«[318] gestellt. Die begriffliche Differenzierung übernimmt eine von Paul VI. getroffene Unterscheidung zwischen »photographischer« Wahrheit der objektiven Tatsachenwiedergabe und einer »ideellen« Wahrheit, die für den Rezipienten die Zusammenhänge herstellen soll. »Jede Kommunikation muß unter dem obersten Gesetz der Aufrichtigkeit, Zuverlässigkeit und Wahrheit stehen. Reine Absicht und guter Wille allein genügen nicht, um eine Kommunikation schon als positiv zu bewerten. Sie muß darüber hinaus die Dinge sachlich richtig darstellen, d. h. ein zutreffendes Bild des Zusammenhangs vermitteln und in sich glaubwürdig sein. Nicht allein das Thema oder die vertretene Meinung bestimmen den sittlichen Wert einer Kommunikation, sondern auch der Geist, aus dem heraus sie geschieht.«[319] Es wird ausdrücklich mehr verlangt als nur eine kommentierende Meinung, nämlich die »Wahrheit der Ideen«, und wie ein so Verstandenes dargeboten werden soll, darauf machen Formulierungen wie »sichtbar machen« und »beleuchten« aufmerksam. Das sind Begriffe, die einer traditionellen Wahrheitsauffassung und Ontologie entsprechen.

Das Wahrheitsverständnis von »Communio et Progressio« aktualisiert sich als Wahrhaftigkeit im zwischenmenschlichen Umgang, »wenn jeder seine Rechte und besonders seine Pflichten gegenüber dem anderen anerkennt« und »wenn man einander als Mensch achtet und sich stets der Wahrheit verpflichtet weiß«.[320] Journalistische Wahrhaftigkeit begründet sich aus dem Humanismus der Menschenwürde und mitmenschlichen Achtung. Die Argumentation ist nicht idealistisch, sondern anthropologisch und ethisch. Die Eigengesetzlichkeiten des journalistischen Handelns werden anerkannt, wie Verpflichtung zur Schnelligkeit, aktuelles Interesse an Neuigkeit, Ausschnitthaftigkeit der Nachrichten. Der Vollzug von Wahrheit in der öffentlichen Meinung wird problematisiert »Wie kann... in der sogenannten pluralistischen Gesellschaft das Wahre vom Falschen, das Gute vom Bösen sicher unterschieden werden?«[321] Dieser »gewiß nicht leichten Situation« setzt die Pastoralinstruktion ihre wiederholte Forderung gegenüber, »die Wahrheit unverkürzt zu sehen und darzustellen«.[322]

Die Naturrechtsethik prägt den in »Communio et Progressio« benutzten Wahrheitsbegriff in erheblichem Maße. Erkenntnistheoretisch gilt die Wahrheit als Wesenseigenschaft alles Seienden in der Schöpfungswirklichkeit. Paul VI., von dem mit Recht gesagt wird, seine Verbundenheit mit der Presse und dem Journalistenberuf sei eine sehr persönliche gewesen – bei seinem UNO-Besuch erklärte er: »Sie sollten es wissen, daß wir ein Freund der Presse sind«[323] – war der Auffassung, die Überzeugungskraft einer jeglichen Information kann »nur anhand des inneren Charismas der Wahrheit gemessen werden«.[324] An anderer Stelle nennt er eine objektive Wiedergabe und ein unbeirrbares Interesse an der Wahrheit die »Ehre« des Journalistenberufs.[325] Die Zeitung sieht er als Spiegel, und sie »muß ein weiter und getreuer Spiegel sein«.[326] Es zeigt sich, wie die Wahrheitsbegriffe der Erkenntnistheorie und der Ethik zusammenlaufen.[327] Journalismus erscheint als das »Wahrheitsmedium« schlechthin, und der Entstehungsgrund solcher Sittlichkeit ist ein christlicher Humanismus.

Die moderne Welt spricht von Freiheit. Nur zögernd spricht sie von Wahrheit. Die Kirche ist nicht grundlos dem Vorwurf ausgesetzt worden, in der neuzeitlichen Dialektik von Freiheit und Wahrheit oft sehr einseitige Positionen bezogen zu haben. »Dieser gesunde Gebrauch der Freiheit – Sie wissen es – ruft nach Erläuterung.«[328] Der Papst erinnert an das Grundverhältnis des Menschen zur Wirklichkeit und zum Seinsgrund der Wahrheit, worin auch die Freiheit begrenzt ist. Der Geist der Moderne widerspricht solchen Bindungen. Für einen aufklärerischen Geist wie Lessing lag die Wahrheit, »die frei macht«, nicht im Wahrheitsbesitz, sondern in der Wahrheitssuche. Der Erkenntnisfortschritt gilt als noch nicht abgeschlossen, und die Wissenschaft steht vor ihrer unvollendeten Zukunft.[329] Der moderne Wissenschaftsgeist findet seine Befriedigung im Prozeß des Suchens, nicht in Wahrheitserkenntnis. Der Wahrheitserwerb tritt vor der Bewegung des wissenschaftlichen Forschens zurück. Deshalb ist das immer wache Mißtrauen, daß »dem menschlichen Geist Entscheidendes von unserer Welt und ihren Realitätsbeständen vorenthalten«[330] werden könnte, an der Wahrheit des Vorgefundenen und Vorgegebenen letztlich uninteressiert. Ein forschender und progressiver Journalismus trifft sich mit diesem Geist der Moderne und ist voll in die neuzeitlichen Denkbewegungen integriert. Das macht sein Verhältnis zur Wahrheit so problematisch.

Fünf Gebote für eine journalistische Ethik

Der Rundfunkredakteur Michael Abend meint von den Satzungen und Staatsverträgen, die dauernd das journalistische Wahrheitspostulat im Mund führen: »Sie strotzen von ethischen Imperativen.«[331] So reserviert sich dieser Praktiker zeigt, riskiert er dennoch »einige tastende Schritte« in die Richtung von fünf Geboten für eine journalistische Ethik, die er als »dünnes Seil über dem Abgrund von Banalität und Peinlichkeit« gespannt sieht. Die Selbstdistanzierung von allem, was eigene (nicht fremde) Ethik und Moral betrifft, ist eine typische Journalistenhaltung. Die fünf Gebote sind Negativa, wie der Redakteur selbst hervorhebt, und lauten: 1. Du sollst nicht lügen. 2. Du sollst nichts verschweigen und nichts aufbauschen. 3. Du sollst nicht langweilen. 4. Du sollst nicht liebedienern und nicht kuschen. 5. Du sollst Dir's nicht bequem machen. Diesen fünf Geboten hat er eine »Dreifaltigkeit von Tugenden« zugeordnet, welche lautet: a) Treue zur Sache, b) Treue zum Auftraggeber, c) Treue zum Empfänger, der noch zu oft das Opferlamm ist.[332]

Das ist keine schlechte Journalistenethik, und wenn man die kommentierenden Bemerkungen ihres Autors hinzufügt, sogar eine sehr brauchbare und zutreffende. Treue zur Sache, das ist im Ergebnis »Wirklichkeitstreue. Und beides zusammen ist für mich die einzig mögliche Be- oder Umschreibung von Objektivität. Beides beinhaltet auch die Grenzen der Objektivität. Ich kann nur der Wirklichkeit treu sein, die mir zugänglich ist – und nur so wahrhaftig, wie Wahrheit mir erkennbar ist.«[333] Die Treue zum Empfänger hält der Redakteur für seine wichtigste Tugend und bringt sie in Zusammenhang mit seinem dritten Gebot: Du sollst nicht langweilen, »nämlich nicht am Zuschauer vorbei senden... Aber ich verstehe unter diesem Gebot auch die Verpflichtung, sich um größtmögliche Verständlichkeit zu bemühen... Du sollst nicht langweilen – das ist das, was andere Sorgfalt nennen. Sorgfalt in der Auswahl, Sorgfalt in der Recherche, Sorgfalt in der Präsentation.« Sein viertes Gebot kommentiert er positiv so: »Du sollst wachsam sein und Rückgrat haben, nicht dem eigenen Vorteil zuliebe oder aus Bequemlichkeit Eingriffe in die journalistische Unabhängigkeit dulden.« Und zahllos seien die Gefahren, gegen das fünfte Gebot zu sündigen: Formalismus, Automatismus – mit dem man bestimmte Themen in die Sendung nimmt, andere in den Papierkorb wirft –, Überdruß, Unwissenheit, Abneigung – gegen Personen, Richtungen, Probleme –, Abstumpfung – weil soviel auf einen herabprasselt –, Gleichgültigkeit – weil ja die Kasse ohnehin stimmt.[334]

Michael Abend zeigt sehr einleuchtend, wie begrenzt und bedingt das journalistische Handeln ist. Die Methode, die das Tun der Sache selbst ist, kommt der Anstrengung des Begriffs zu Hilfe und ist die beste Lehrmeisterin der journalistischen Ethik. In den Sachen liegt eine Folgerichtigkeit, die zur Geltung gelangt, wenn das Denken die Oberhand gewinnt. »Du sollst Dir's nicht bequem machen«, das ist für den Praktiker der Aufruf, »nicht bloß Handwerker zu sein, sondern mit Verantwortung zu tragen«.[335] Wahrhaftigkeit in den zwischenmenschlichen Beziehungen, wie »Communio et Progressio« sie fordert, findet ihre Entsprechung im verpflichtenden Umgang mit den Sachen und der Wirklichkeit. Im wohlverstandenen Sinne könnte man sagen, daß journalistisches Geschehen »nicht unser Tun an der Sache, sondern das Tun der Sache selbst ist«.[336] Die praktische Philosophie des Rundfunkredakteurs und die päpstliche Kommunikations- und Wahrheitsethik liegen so weit auch nicht auseinander.

Über Nachrichten und deren Falschheit

Eine Bedingung des journalistischen Handelns und Geschehens, aus der Praxis hergeleitet, ist es auch, daß Welt und Wirklichkeit für uns nur handhabbar sind als begrenzte Größen in der Widersprüchlichkeit fragmentarischer Erscheinungen. Wir stoßen überall an das Problem der Grenze. Die Grenzen einer in Nachrichten- oder Reportageform übermittelten Ereigniswirklichkeit geben uns zu erkennen, wie jede Wirklichkeitserfahrung ein Mehr- und Vielfaches meint. Die Schnittpunkte scheinen im Unendlichen zu liegen. Wie gesagt, die einfache Wirklichkeitslehre des praktischen Tuns ist es, die Grenzen und Bedingungen dessen zeigt, was Objektivität und Wahrheit im Journalismus bedeuten. So verstanden ist die Ethik eine Lehre von den Begrenzungen und Bedingungen des menschlichen Handelns.

Der Kommunikationswissenschaftler Harry Pross hat ein Bändchen mit dem provozierenden Titel »Die meisten Nachrichten sind falsch« veröffentlicht. Dieser Titel geht auf den 1831 verstorbenen preußischen General und Militärschriftsteller Carl von Clausewitz zurück, der in seinem Werk »Vom Kriege« über Nachrichten und deren Falschheit reflektiert. »Die meisten Nachrichten sind falsch«, heißt es dort. Ein großer Teil der Nachrichten, die man im Kriege bekommt, sei widersprechend, ein noch größerer Teil falsch und bei weitem der größte einer ziemlichen Unsicherheit unterworfen. »Ein Glück noch«, so fährt Clausewitz fort, »wenn sie [die Nachrichten], einander widersprechend, ein gewisses Gleichgewicht erzeugen und die Kritik selbst herausfordern... Mit kurzen Worten, die meisten Nachrichten sind falsch, und die Furchtsamkeit der Menschen wird zur neuen Kraft der Lüge und Unwahrheit.«[337]

Pross hat das Mißtrauen des preußischen Generals übernommen. Seine Veröffentlichung, die schon über ein Jahrzehnt zurückliegt, blendet sich in die spätkapitalistische Medienkritik ein. Die publizistischen Mittel erscheinen in erster Linie als Herrschaftsmittel. Der Journalismus wird als subtile, höchst raffinierte Art von Gewaltanwendung beschrieben, dessen »primäre Falschheiten« zu überwinden sind. Pross kommt es in seiner geistreichen Untersuchung darauf an, die »Selbstbestimmung in der Kommunikation« zu fördern, damit sie der Fremdbestimmung überlegen ist. Die Bedeutung des Satzes von der »Falschheit« der Nachrichten sieht er für die Publizistik in dem Maße wachsen, in dem verfeinerte Herrschaftstechniken die rohe Gewalt verdrängen. Die Bedingungen – vorwiegend sieht er politökonomische – unter denen Kommunikation stattfindet, seien zu verändern, für »den Kampf ums Glück des freien Sagens, des Sagenkönnens, nicht des Sagensollens oder gar des Sagenmüssens«.[338]

In der Provokation von der grundsätzlichen »Falschheit« der Nachrichten zeigt sich Utopisches. Das ganz Wahre, das unbedingt Richtige kann aus Nachrichten nicht gewonnen werden – und das nicht nur der »Herrschaftsverhältnisse« wegen, sondern weil jede Ereigniswirklichkeit immer nur ausschnitthaft, als »Stückwerk« und einer strengen Auswahl unterliegend vermittelt wird. Aus der unübersehbaren Fülle der Möglichkeiten bringen wir die Wirklichkeit auf das Maß des für uns Erklär- und Verstehbaren, womit wir wieder beim Problem der Grenze angelangt sind.

In der Un-Bedingtheit kann es weder »falsche« noch »wahre« Nachrichten geben. Erst durch den Wirklichkeits- und Wahrheitswillen eines begrenzten Subjekts werden sie zu solchen, entstehen Objektivität, Vertrauen oder Wahrhaftigkeit – in Freiheit und aus einer sich verantwortenden Freiheit, die auch ihrerseits »begrenzt« ist. Nachrichten, die ein Ereignis »vollständig« wiedergeben, kann es deshalb nicht geben, weil es immer (subjektiv) verantwortete Nachrichten sind. Hier kommt es, wie »Communio et Progressio« zum Wert einer Kommunikation bemerkt, auf den Geist an, aus dem heraus das journalistische Handeln geschieht.

Ein Ereignis läßt sich in den wichtigsten Grundzügen wiedergeben, unter Verzicht auf Weglassungen und Verfälschungen, aus dem Willen heraus, möglichst »wahrheitsgetreu« zu berichten, ohne daß damit der Anspruch erhoben wird, die Nachrichten könnten in zeitloser Gültigkeit die Totalität des Ereignisses umfassen.[339] Das handwerkliche Können und der entschiedene Wille, die Objektivität als Annäherungswert nicht aus den Augen zu verlieren, gehen ein Bedingungsverhältnis ein.[340] Nachrichten können durchaus »wahre« Nachrichten sein.

17. Die Phantasie ist ursprünglich

Medien zwischen Nachahmung und Erfindung

Überdies, was ist das menschliche Leben überhaupt anders als eine Komödie oder ein Schauspiel, wo einer in dieser, der andere in einer anderen Larve auftritt... Erasmus von Rotterdam gründet sein »Lob der Narrheit« auf solche Prämissen. Eine »Weltbühne« ist auch der Journalismus, und Ilja Ehrenburg hat auf Hollywood den Begriff der »Traumfabrik« gemünzt. Sollen wir Dichter, Schauspieler und Journalisten in einem Atemzug nennen? Kann auch der Journalismus eine Flucht in die Traumwelt der Illusionen und Vorspiegelungen bedeuten? Die Grenzen zwischen Nachahmung und Erfindung sind nicht nur in der Kunst, sondern auch im Journalismus fließend, den wir im folgenden auf das Verhältnis von Wirklichkeit und Fiktion, Nachahmung und Erfindung befragen wollen.

Das Spiel und der Erkenntnissinn von Mimesis

Das Spiel, das die Sprache (mit uns) spielt, ist schon ein Grundwiderspruch gegen den Satz von der puren Faktizität der Welt, wenn die Sprache zwischen dem Wirklichkeitsgeschehen und der subjektiven Ansicht vermittelt. Der ursprüngliche Sinn des Spielens liegt in seinem Charakter als Medium zwischen Nachahmung und Erfindung. Der Erkenntnissinn, der in der Nachahmung liegt, bestimmt sich nach Gadamer durch das mimische Urverhältnis. Etwas Dargestelltes ist da: »Wer etwas nachahmt, läßt das da sein, was er kennt und wie er es kennt.«[341] Am Spiel und an der Verkleidungsfreude von Kindern kann man ablesen, wie das Kind auf keinen Preis hinter seiner Verkleidung erraten werden will. Was es darstellt, soll sein; es soll wiedererkannt werden, was das ›ist‹. Deshalb hält Gadamer an der Überzeugung fest, daß der Erkenntnissinn von Mimesis die Wiedererkennung ist. Das Bekannte wird aber nicht nur in einer abbildenden Wiederholung wiedererkannt, sondern gelangt dadurch erst in sein wahres Sein. Platons Lehre von der Anamnesis ist wiederzuerkennen. Gadamer: »Wer nachmacht, muß weglassen und hervorheben. Weil er zeigt, muß er, ob er will oder nicht, übertreiben. Insofern besteht ein unaufhebbarer Seinsabstand zwischen dem Seienden, das ›so ist wie‹, und demjenigen, dem es gleichen will.«[342]

Die antiken Philosophen hatten von den Dichtern keine hohe Meinung. Das künstlerische Abbild – als eine Nachahmung der Nachahmung – konnte das (platonische) Urbild niemals erreichen. Den Begriff der schöpferischen Einbildungskraft kannten die antiken Denker nicht. »Was die Dichter vorbrachten, war erlogen.«[343] Der Realist Fontane hat sich über seine Kritiker geärgert, wenn sie seinen »Realismus« an der photographischen und historischen Treue seiner Darstellungen messen wollten. In Wahrheit sei doch alles bis auf den letzten Strohhalm von ihm erfunden, schrieb er einem von ihnen.

Die Zuschauer eines Fernseh-Krimis rufen entrüstet bei der Redaktion an, wenn einer der Kommissare von vorgeschriebenen Verhaltensnormen abweicht und sich als »unrealistisch« ertappen läßt. Die Statistiker fahnden nach dem sozialen Umfeld von Fernsehmördern, als seien sie leibhaftige Verbrecher, und eine überproportionale Rekrutierung solcher Mörder aus dem Unternehmermilieu kann politische Folgen haben. Sucht man solche Vorwürfe oder Einwände mit dem Hinweis auf den Märchencharakter eines Fernsehkrimis, also auf dessen Wirklichkeitsferne zu entkräften, hilft das auch nicht viel – zu sehr hat »sich das Fernsehen in seinen eigenen Illusionierungstricks verfangen«, schreibt der Fernsehredakteur Günter Rohrbach.[344] Das Fernsehen vermag die Unterschiede zwischen Fiktion und Wirklichkeit besonders wirkungsvoll zu verwischen und Authentizität vorzuspiegeln. »Nirgendwo sonst wird dem Adressaten der Botschaft vergleichbar intensiv suggeriert, dies sei die Wirklichkeit.«[345]

Die Kunsttheorie und ihre Wirklichkeitslehre kennt das unerschöpfliche Thema, ob der Künstler mit der Natur wetteifern soll in einer möglichst modellgetreuen Nachahmung des Wirklichen oder ob das Schöpferische den Primat einnehmen soll. Goethe notiert unter dem 22. September 1786 im Tagebuch seiner Italienischen Reise: Die von dem Präsidenten für die heutige Sitzung aufgegebene Frage lautete, ob Erfindung oder Nachahmung den schönen Künsten mehr Vorteil gebracht habe. »Der Einfall war glücklich genug; denn wenn man die in der Frage liegende Alternative trennt, so läßt sich hundert Jahre hinüber und herüber sprechen.« Als Goethe sich im Juli 1775 in Straßburg aufhielt, richtete er ein »Gebet« ans Straßburger Münster: »Du bist eins und lebendig, gezeugt und entfaltet, nicht zusammengetragen und geflickt. Vor dir, wie vor dem schaumstürmenden Sturze des gewaltigen Rheins, wie vor der glänzenden Krone der ewigen Schneegebirge, wie vor dem Anblick des heiter ausgebreiteten Sees und deiner Wolkenfelsen und wüster Täler, grauer Gotthard! wie vor jedem großen Gedanken der Schöpfung, wird in der Seele reg, was auch Schöpfungskraft in ihr ist.«

In der Nachahmung und in der schöpferischen, von der Phantasie beflügelten Gestaltung zeigt sich die Verbundenheit alles Wirklichen untereinander und gleichzeitig die Mehrdimensionalität der Wirklichkeit. Diese Verbundenheit schafft überhaupt erst die Voraussetzung dafür, daß es so etwas wie Erkenntnis gibt, in der sich unser Vernunft- und Denkvermögen als sinnstiftende Kraft erweist und aus dem Chaos der Sinneseindrücke eine Ordnung bildet. Die Erfahrungen greifen ineinander, die Phantasie- und Einbildungskräfte beteiligen sich, und wie wir gesehen haben, ist in der Sprachform auch immer schon ein Wirklichkeitsverständnis zum Begriff erhoben, das vorgängig ist.

Vorgefundene und erfundene Wirklichkeit im Journalismus

Die Mehrdimensionalität unserer Wirklichkeitserfahrungen begegnet uns in der alltäglichen Verwendung durch die Massenmedien. Räumlich, zeitlich, zwischenmenschlich füllen sie die Spielräume des Wirklichen aus. Das Nahe und Vertraute stellen sie in unseren begrenzten Erfahrungen dem Fernen und Unergründlichen gegenüber. Die Massenmedien bilden Wirklichkeit ab, sie konstruieren, reflektieren, dokumentieren – und erfinden sie. Berichte über Teufelswerke und Himmelserscheinungen waren schon den »Newen« Zeitungen des 16. Jahrhunderts zu entnehmen. Manfred Rühl bemerkt mit Recht, »daß die Bandbreite zwischen journalistischer Wirklichkeit und journalistischer Fiktion mehr geahnt denn gewußt wird.«[346] Große Teile unserer Medienlandschaft sind einer Märchenlandschaft vergleichbar. Die geschönten, fiktiven Scheinwelten geben der Phantasie ihre Nahrung für Ersatzlösungen und Ersatzhelden. »Die Geschichten haben zwar Partikel, in denen sie Realität sichtbar machen, dann aber vor allem deftige Beimengungen von Comics, Märchen, Zwangsdramaturgie.«[347] Die Kasperles im Krimi-Theater des Fernsehens können in Wahrheit nicht beschädigt werden: Mit Schirm, Charme, Melone kehren sie unversehrt ins nächste Programm zurück.

Der journalistische Bereich, in dem Phantasie und Fiktion ihre Geltung haben, ist insbesondere durch das Fernsehmedium stark ausgeweitet worden. Das Fernsehspiel bedient sich ästhetischer Mittel, die es geboten erscheinen lassen, den Abstand zwischen Fiktion und Wirklichkeit zu vergrößern, »wenn mehr und Genaueres über Wirklichkeit erfahren werden soll«.[348] Fernsehjournalisten sehen die Fiktion als eine eigene, spezifische Möglichkeit des Begreifens von Realität. Peter Märthesheimer nimmt die Zuschauer vor der pessimistischen Kulturkritik in Schutz, die dem Fernsehen vorwirft, seine Zuschauer realitätsflüchtig zu machen. Dem Zuschauer eines Films ist es weniger wichtig, die Wirklichkeit so dargestellt zu sehen, wie sie ist – »die kennt er ja schon«. Der Zuschauer will nicht die schiere Reproduktion. Vielmehr wollen die Menschen nur dann ein Bild ihrer eigenen Wirklichkeit ansehen, wenn diese »halbwegs als ihre wiedererkennbar ist und ihnen dieses Wirklichkeitsbild etwas Neues insofern zeigt, als sie sich als veränderbare darstellt, als die Zuschauer an der Entwicklung eines Menschen teilnehmen« und diese Wirklichkeit auf ihr eigenes Leben beziehen können. »Die Wirklichkeit ist nicht nur das, was ist, sondern auch das, was sein könnte.«[349] Die Fiktion, meint Märthesheimer, vermag die Wirklichkeit spielerisch zu transzendieren, und wenn die Wirklichkeitsfabriken je anders werden sollen als sie sind, dann müßten die Menschen erst einmal damit anfangen, sich ihre Traumfabriken zu entwerfen.

Ist das fiktive Fernsehen ein journalistisches Medium? Befaßt sich ein Journalist mit Erfundenem? Strenggenommen gehören die fiktive Fernsehrealität und ihre Ästhetik nicht mehr ins journalistische Genre. Der Journalismus ist auf Wirklichkeitstreue bedacht, nicht auf Dramaturgie. Aber in der Fiktion des Fernsehens fließen Phantasiewelt und Realwelt zusammen. Fernsehnachrichten und Fernsehspiele sollten wir allerdings voneinander unterscheiden. Unterliegen beide dennoch ähnlichen Gesetzen in der Dramaturgie und strukturbedingten Darstellungsweise? Vorgefundene und erfundene Wirklichkeit gehen zusammen. An Bildhaftigkeit wird ebenso wie an Erfahrungen angeknüpft, und die journalistische Erzählkunst sorgt für die Lesbarkeit. Nicht nur dort, wo die elektronischen Unterhaltungsmedien einen Stoff »spielen«, sind die Grenzen zwischen Wirklichkeit und Fiktion fließend, sondern generell ist auf der strukturellen Ebene des Apparats und der Massenmedien die Differenz zwischen Symbol und Wirklichkeit kaum zu präzisieren.

Die journalistische Phantasie verdient dementsprechend größere Aufmerksamkeit. Ist der Widerspruch zwischen Phantasie und Wirklichkeit nur ein scheinbarer? Der frühere ARD-Programmdirektor Hans Abich meint dazu, das wirkliche Thema heißt nicht Phantasie oder Realität, »sondern Verantwortung der Fernsehspielmacher für die Bilder der Welt und des Menschen, die die Zuschauer in ihren Köpfen herumtragen«.[350] Abich sieht die Realität im Fernsehmedium überbewertet und zugleich vielfach verfehlt. Er meint, daß mehr Programme der Phantasie, Programme mit Phantasie gebraucht würden. Denn: »Phantasie macht Wirklichkeit erfahrbar, erträglich, produktiv.«[351]

Max Scheler: Phantasietätigkeit und Realitätslehre

Max Scheler hat im Zusammenhang mit seiner Realitätslehre über die Phantasie nachgedacht, und wir wollen seiner Darstellung einigen Raum gewähren. Welcher Rückbezug auf Wirkliches zeigt sich im fiktiven Material? Ist die aus der Phantasie konstruierte Realwelt ursprünglich? Oder ist sie abgeleitet, »zusammengetragen und geflickt« aus Stücken früherer Wahrnehmungen?

Scheler spricht sich dagegen aus, daß die menschlichen Phantasiegebilde aus

Wahrnehmungsinhalten zusammengesetzt seien und nur eine reproduktive Kraft besäßen. Die Phantasietätigkeit kann »die ihnen gemäßen Vorstellungsbilder selbst ursprünglich hervorbringen«.[352] Scheler verweist auf die Gesamtheit der Tatsachen, die wir aus dem kindlichen Seelenleben kennen, aus dem Seelenleben der Primitiven und der ältesten Menschheit überhaupt, ferner aus dem Abbau der höheren seelischen Funktionen bei geistiger Erkrankung, insbesondere der Schizophrenie. Dies alles stünde einer empiristisch-sensualistischen Phantasielehre »so entgegengesetzt wie nur möglich«. Denn die reizproportionale Empfindung und Wahrnehmung sei ein sehr spätes Produkt der Entwicklung. Alle psychologische und historische Entwicklung des Menschen stellten sich als ungeheurer Ernüchterungsprozeß dar, in dem die Enttäuschung über primär als realbezogen gesetzte Phantasiebilder und eine steigende resignative Zurückstellung ursprünglicher Willensprojekte in die bloße Wunschsphäre sich verbinden.

Nach Scheler zeigt sich bei allen Arten von Lebewesen ein eingeborenes System von je antagonistischen Trieben und Instinkten, die nach Richtungen auf bestimmte Wertsphären und Gefühlsabläufe geordnet sind.[353] Scheler sieht die Phantasie als eine Tätigkeit der Vitalseele, »die je noch nicht den nützlichen oder den auf sonstige Aufgaben des bewußten Lebens aller Arten gehenden Arbeitsleistungen an der wirklichen Welt eingegliedert und dazu spezifiziert ist. Sie ist der stete Überschuß des perzipierenden, in Erinnerung und Wahrnehmung noch undifferenzierten Lebens über seine bisherige Verwendung zu Aufgaben an der Wirklichkeit. Sie ist die Urform des perzipierenden Lebens selbst – nicht also eine späte Neubildung –: der noch je unspezifizierte, plastische, unverbrauchte Teil der vitalseelischen Energie, der ›Drangphantasie‹ selbst.«[354]

Aus diesen Schelerschen Überlegungen folgt, daß es keine reine Reproduktion gibt. Jede Vorstellung ist ein neues Gebilde, und das trifft auch für die deutlichste, klarste und objektiv treueste Erinnerungsleistung zu. Entwicklung und Erfahrung nehmen eine Richtung, derzufolge die produktiven Phantasiebestandteile der Erinnerungsbilder erst allmählich abnehmen. Entsprechend ist in der Menschheitsentwicklung die historische kritische Wissenschaft an die Stelle des Mythos, der Sage und der phantasieschweren Tradition getreten. Erst damit haben sich Wirkliches und Unwirkliches geschieden. Das gibt Scheler zu bedenken. Doch woher stammt die Ähnlichkeit der Phantasiegebilde aller Art mit dem Wirklichkeitsmilieu? Wo liegen die genauen Grenzen der Produktionskraft des lebendigen und spontanen Subjekts?

In seiner Realitätslehre wendet sich Scheler gegen das kausalmechanische Denken des Sensualismus mit seinem flachen Wirklichkeitsbegriff, der jeder Tiefenperspektive entbehrt und die Natur zum beherrschbaren »Material« macht. Der Seinsmächtigkeit der Natur wird nicht Rechnung getragen. Die Werte werden subjektiviert und auf die Menschen relativiert. Die Werte werden so subjektiv wie die Sinnesqualitäten. Sie sind gleichsam nur die Schatten, die unser Begehren und Verabscheuen, unsere Lust- und Unlustgefühle auf die Dinge werfen.[355] Für Scheler ist der Gedanke einer objektiven Teleologie des Weltenbaus gegenwärtig geblieben. Das Wertsein ist aus dem Sein selbst herzuleiten. Maßgeblich ist, was Scheler das »Gotthafte« nennt, die »Realität eines Absolut-Realen« und schlechthin »Übermächtigen«. Daraus bestimmt sich eine Gesetzmäßigkeit, die den Sphären des Seins gegenüber, die allem, was in ihnen auftritt, »vorgegeben« ist.

Scheler unterscheidet im Verhältnis zu unserem Realitätserlebnis vier Seinssphären. Die Realität eines Absolut-Realen nannten wir schon. Die Realität der Gemeinschaft wird als »Dusphäre und Wirsphäre« der gesamten Natur an zweiter Stelle aufgeführt: sie ist dem Realsein des »Ich« vorgegeben. Drittens erscheint das Realsein von etwas in der Sphäre »Außenwelt« dem Realsein von etwas in der Sphäre »Innenwelt« ohne Zweifel so vorgegeben, daß erst Widerstand, Hemmung, Leiden den Blick des Menschen auf die Innenwelt zurückwerfen. Schließlich wird das Realsein in der Sphäre »Leibsein« und in der Struktur des Urphänomens »Lebendigsein« dem Realsein in der Sphäre »Totsein« als so vorgegeben genannt, »daß primär und ceteris paribus alles in der Sphäre ›Außenwelt‹ überhaupt Gegebene als leibhaftig und lebendig gegeben ist«.[356]

Eine bestimmte Interessenrichtung und Werthaltung mit ihren Vorzugsregeln geht überhaupt aller möglichen Wahrnehmung und Weltanschauung voraus. So sieht Scheler den sogenannten »Mechanismus« als das antizipatorische Schema, in das die neuzeitliche bürgerliche Gesellschaft das mögliche Bild der Dinge auffängt. Gegen dieses »Programm einer allseitigen mechanischen Natur- und Seelenerklärung« richten sich Schelers Einwände.[357] Was das Herrschaftsmoment betrifft, folgert er aus seiner Realitätslehre, daß jede mögliche Herrschaft über die Dinge und ihre Bestimmbarkeit und Begreiflichkeit durch »Verstand« zwecks dieser Herrschaft in den vier Sphären unterschiedlich groß sei. Die kleinste ist sie gegenüber dem absoluten Sein; am größten ist sie da, soweit und insofern die Welt einem idealen Mechanismus streng berechenbarer Bewegungen ähnlich ist. Kant, so sagt Scheler, habe einer rein formal-mechanistisch gedachten Erscheinungswelt mittels des transzendentalen Verstands die Gesetze »vorschreiben« wollen. Der Welt, sofern sie Organisches real enthält, vermöge jedoch der Verstand sicher nichts vorzuschreiben: »Er muß warten, was geschieht.« Ein strenger Determinismus dem Wirklichen gegenüber sei daher nur möglich unter der Als-ob-Voraussetzung, daß es im Realen weder echt Vitales noch echt personhaft Geistiges gibt. »Das aber ist die Voraussetzung, die alle formal-mechanische Weltansicht tatsächlich, aber selten bewußt ihrer nur praktischen Motive, macht: ihres selbst ganz irrationalen Axioms, die Welt ›müsse‹ restlos lenkbar sein.«[358]

Nein, die Welt ist für Scheler nicht »restlos« lenkbar. Die gewaltigen Denkgebäude, die dieser leidenschaftliche Geist errichtet, dienen alle dem Versuch, vom Menschen aus zum Absoluten zu gelangen. Scheler läßt uns an einer Phantasie- und Realitätserfahrung teilnehmen, die etwas schlechthin »Übermächtiges« zeigen soll. Er glaubt die Welt von einer schöpferischen Kraft durchwaltet. Wirklichkeit erkennen, das heißt dann, das Realsein des Menschen in das Denken der Realität eines Absolut-Realen aufnehmen, mit allen Brechungen der Endlichkeit. Scheler charakterisiert die philosophisch-erkennende Geisteshaltung »als liebesbestimmter Aktus der Teilnahme des Kernes einer endlichen Menschenperson am Wesenhaften aller möglichen Dinge«.[359] Liebe ist für Scheler das Phänomen, das sehend macht, das die Gegenstände eröffnet und die Werte sichtbar macht, eine Bewegung zu etwas Größerem hin, die an kein Ende kommt. Dabei erscheint ihm solche Kraft »nicht bloß eine Tätigkeit des erkennenden Subjekts, das in den fertigen Gegenstand eindringt, sondern gleichzeitig eine Antwortsreaktion des Gegenstandes selbst: ein ›Sich-geben‹, ein ›Sich-erschließen‹ und ›Aufschließen‹ des Gegenstandes, d. h. ein wahrhaftiges Sichoffenbaren des Gegenstandes«.[360] Es ist merkwürdig, wie wenig uns in der philosophischen Betrachtung das Grundphänomen der Werterfahrung, das Scheler in der Liebesanalyse zeigt, gegenwärtig ist. Die Verlebendigung solchen Geistes ist allein dem Menschen anvertraut. Dieser »Durst«, dieser »Drang zum Geist«, dieses dauernde »Hinaus« des Lebens über sich selbst, erfindungsreich und schöpferisch, durchzieht alle Realität, insbesondere die menschliche.

Fiktion als Verstehen

Etwas davon sehen wir in der Phantasietätigkeit aufgehen, wie der Mensch in Bildern die Ferne zu überbrücken sucht. Infolge unserer Bedürftigkeit strecken wir die Hand nach einem Ziel aus, die Wirklichkeit in die Vertrautheit zu holen, Unbekanntes mit Bekanntem zu verknüpfen, um es zu kennen, indem wir es »wiedererkennen«. Die Phantasie und die Fiktion sind Weisen des Verstehens, sind Antworten auf die Warum-Frage des Menschen im Prozeß der Weltaneignung. Die Warum-Frage entsteht, wenn Fremdes eintritt, wenn ein normaler Ablauf unterbrochen, wenn der Zustand der Vertrautheit gestört ist. Die Psychologen sehen im »Urvertrauen« des Kindes die Vorbedingung für ein intaktes Weltverhältnis. Auf dem Hintergrund solcher Beobachtungen spricht Robert Spaemann von der »Wiederherstellung des Vertrautseins durch den Nachvollzug einer intentionalen Struktur: Verstehen«[361] und erblickt darin einen Antworttypus auf die Warum-Frage des Menschen.

Die Höhlenzeichnungen, die uns die Kunstgeschichte vorstellt, werden als

Versuche der Weltbewältigung im Abbild und durch die Phantasie gedeutet. Die Tierdarstellungen der eiszeitlichen Felsmalerei hat man als Jagdzauber interpretiert. Das abgebildete Tier übernimmt die Rolle eines »Doppels«, und was ihm zustößt, das geschieht analog auch dem realen Tier. Die Nachbildung ist nicht nur bloße Wiedergabe, sonder Unbezähmbares soll bezähmt, Unbewältigtes bewältigt werden.

Die massenmedialen Darstellungen haben in dieser Hinsicht keine prinzipiell neuen Funktionen, sondern setzen fort, was früher mit anderen Mitteln versucht wurde. Christian Doelker interpretiert deren Leistungen auf solchem Hintergrund als »Strategien der Wirklichkeitsbewältigung«. Das Abbilden deutet er als eine »Be-welt-igungs«-Strategie. Die Wirklichkeit soll auf diese Weise eingefangen und domestiziert werden, um sie durch möglichst getreue Abbildung in Besitz nehmen zu können. Die in der Antike und später dann in der Renaissance entwickelte Kunstauffassung von der Mimesis nahm ihren Ursprung aus dem kultischen Tanz, der in Wort, Musik und Bewegung eine Geschichte erzählt und sie gleichzeitig spielt. Das Chaos als das »Ungebärdige« vor aller Wirklichkeitsbewältigung wird in ritualisierter Gebärde eingeholt.[362] Doelker sieht auch in einem Nachdenken über die Wirklichkeit – und nicht nur in deren Abbilden – eine Strategie der »Be-welt-igung«. Durch Abbilden und durch Kommentieren kann Wirklichkeit reflektiert werden. Wo ein Kommentar die journalistischen Tatsachen und Meinungen erläutert, auslegt und deutet, da sucht er nach ordnenden Strukturen in dem Geschehen.[363]

18. Kontingenzerfahrung, Sinnfrage und Journalismus

Sehen, was wirklich ist und wie es wirkt

Das Unbedingte hat bei den Philosophen viele Namen: das Eine, reiner Akt, Gott, wie er in sich ruht, Substanz, archetypischer Intellekt, Vernunft, und stets sind die Philosophen, so spricht Eric Weil für sie, »zu dem gelangt, was nicht ist, weil dieses unbeschreibliche Super-Sein, dieses Unsagbare« für sie alles Beschreiben, alles Denken und alles Seiende zu begründen scheint.[364] Von dieser Realität, die über allem liegt, was real ist, von dieser Idee des Unbedingten glaubt sich keiner unter den großen Philosophen dispensieren zu können.

Theorie: Anschauung des Ganzen

Im ersten Teil unseres Fragens nach dem Verhältnis von Philosophie und Journalismus richteten wir die Aufmerksamkeit auf das in der Wirklichkeit »Wirkende«, das etwas bewirken, das wirk-sam sein und Wirkung erzeugen will. Sprachgeschichtlich ist »wirken« die Wortwurzel für Wirklichkeit und verweist es auf Sichauswirken, Verwirklichen, Erwirken, Werk. Der Begriff ist universaler als das englische »realize« oder das französische »réaliser«. Die Klammer für die Gegenstände und das sie erkennende Subjekt ist stärker. Die vom lateinischen »res« abgeleiteten Begriffsbildungen zeigen auf das Zwischenfeld, das sich zur Sache, zur Realität hin erstreckt.[365] Wir gebrauchen Realität und Wirklichkeit oft gleichbedeutend. Realität ist das kühlere, zum »Objekt« hinblickende Wort. Das Umfassende, bedingt und unbedingt, ist besser im Wirklichkeitsbegriff aufgehoben, der auch Tätigsein und Werk einbezieht.

Eine Kommunikation, die nicht wirkt und wirksam ist, bricht in sich zusammen. Sie wird nutzlos, und die Botschaft geht ins Leere. Ein Journalist, der schreibt, jemand, der mich anredet, will etwas bewirken. Die Dinge, die wir benutzen, sind für uns wirklich. Das Gegenwärtigwerden der Dinge erkennen und erfahren wir in der Gegenständlichkeit der vorgefundenen und wirkenden Dinge, der Personen, Worte, Gefühle, Stimmungen, Entscheidungen. Zur Unmittelbarkeit der Erfahrung tritt die Erinnerung, durch Nacherzählung und Interpretation das Vergangene als immer noch und immer wieder Wirkliches einzuholen. Vorstellungskraft und Phantasie treten hinzu. Sie können das zukünftig Wirkliche als ein schon real Vorhandenes und Wirksames hinstellen. In immer weitere Räume trägt uns die Reflexion über die Wirklichkeit. Sie zeigt sich als eine Verklammerung für uns unüberschaubarer Zusammenhänge von Wirkgefügen. Erst in dem, was wir Theorie nennen, gelangen die erkennenden Anstrengungen an einen gewissen Ruhepunkt, die Wirklichkeit als das Vorhandene in der Anschauung ihres Sinns gelten zu lassen.[366] Wir wollen sehen, was ist. Wir wollen es als etwas Festgestelltes nicht nur vor uns aufreihen, Teil um Teil, wir wollen es nicht nur zum Gebrauch herrichten, um darüber zu verfügen, sondern »Theorie« meint die sinngerichtete Anschauung des Ganzen: Erkenntnis, Vernunft, Verstehen der Dinge und Menschen, das Gute wählen und das Wahre wissen zu können.

Unsere bisherigen Überlegungen kreisen um eine Theorie, um die Anschauung von den Zusammenhängen, in die Journalismus und Massenkommunikation in ihrem Umgang mit der Wirklichkeit hineingenommen sind. Der Journalismus will das »Gute« wie menschliches Leben überhaupt. Was wäre sonst der Sinn? Er will ein Journalismus »für uns« sein. Was die Griechen »theoria« nannten und in deren dauerhafter Gegenwart für sie das Göttliche bestand, wie Gadamer es auslegt, ist die Einheit von Theorie und Praxis, »die jedermanns Möglichkeit und Aufgabe ist: Absehen von sich, Hinsehen auf das, was ist«.[367]

Ludwig Wittgenstein: Erfahrbares und Unerfahrbares

Sehen, was wirklich ist und wie es wirkt, hat von Anfang an auch die Blickrichtung in der Kommunikations- und Journalismusforschung bestimmt. Die Amerikaner gingen voran in der Medienwirkungsforschung. Auf die Wirkungen – »the effects of mass communication«[368] – richtete sich das Forschungsinteresse, und Wirkungen hatten als wichtigsten Maßstab die Änderung oder Stabilisierung bestehender Einstellungen und Verhaltensweisen. Die deutschsprachige Kommunikationswissenschaft übernahm das Fragen und Forschen nach den Medienwirkungen. Dieser Schwerpunkt ist bis heute »zentral für alle an der Medienkommunikation Interessierten« geblieben, wie ein Medienlexikon formuliert. »Fast alle rechtlichen, sozialen, pädagogischen und moralischen Gesichtspunkte, die man im Zusammenhang mit der Massenkommunikation erörtert, beziehen sich zugleich auf den Wirkungsaspekt.«[369]

Das Fragen und Forschen nach den Medienwirkungen, das die Wissenschaft angetrieben hat, konnte jedoch bisher die Defizite in der Selbstreflexion nicht einholen, und das erstreckt sich insbesondere auf den in der Wirkungsforschung verwandten Wirklichkeitsbegriff. Vielfach wird er auf die Grenzen des behavioristischen, sozial- und verhaltenspsychologischen Empirismus zurückgenommen. Wirklichkeit und Wirkung werden auf Faktizität reduziert, als hätten wir es mit einer Sache zu tun, die fix und fertig zum Gebrauch abgestellt ist. Unsere Überlegungen gelten der theoretischen Schwäche einer solchen Wirkungsanalyse der Massenmedien. Ein Trugschluß liegt darin, wenn wir das Problem, wie das Wirkliche erkannt und in unser Leben aufgenommen wird, mit dem Hinweis auf empirische Tatsachen hinlänglich beantwortet glauben.

Im Mühlengleichnis von Leibniz ist dieser Trugschluß, daß eine Perzeption und das, was von ihr abhängt, aus mechanischen Gründen und empirischen Wirkungszusammenhängen nicht erklärbar ist, zur Anschauung gebracht worden: »Denkt man sich etwa eine Maschine, die so beschaffen wäre, daß sie denken, empfinden und perzipieren könnte, so kann man sie sich proportional derart vergrößert denken, daß man in sie wie in eine Mühle eintreten könnte. Dies vorausgesetzt, wird man bei der Besichtigung des Inneren nichts weiter als einzelne Teile finden, die einander stoßen, niemals aber etwas, woraus eine Perzeption erklärbar wäre.«[370]

Die Frage, was innerhalb und außerhalb der empirischen Welt liegt, ist auch Wittgensteins Frage im »Tractatus logico-philosophicus«. Ähnlich wie im Mühlengleichnis ist die innere Struktur der Wirklichkeit das Problem, jene Realität, die nach Wittgenstein sich nicht mehr »zeigt«, sondern im klassischen Philosophieverständnis als Apriori gekennzeichnet wird. Die Zeichen-Tatsachen der Sprache können diese Realität nicht mehr abbilden. Sind Sätze über sie sinnlos? Gibt es eine Wirklichkeit außerhalb der durch die Sprache in ihrer empirisch-logischen Form abgebildeten oder projizierten Welttatsachen und Sachverhalte?

Wittgenstein war ausgezogen, den Sinnlosigkeitsverdacht gegenüber allen metaphysischen Sätzen zu erhärten. Die Welt sollte auf logisch strukturierte »Sachverhalte« reduziert werden. Aber das ontologische Fundament seines Tractatus wird schon dadurch erschüttert, daß Wittgenstein sich außerstande sieht, in seiner Weltabbildungstheorie die »logische Form« abzubilden, die für Welt und Sprache gemeinsam ist. Denn dazu müßte die sprachliche Darstellung einen Standpunkt außerhalb ihrer Form der Darstellung einnehmen können. Ein sprachlicher Satz ist kein »Ding«, das in eine Tatsache der naturwissenschaftlichen Weltbeschreibung eingehen kann. So bleibt bei Wittgenstein, wie Karl-Otto Apel ausführt, die apriorische Form der Welt jeder Weltdarstellung als Bedingung ihrer Möglichkeit vorweg. Was der logische Positivismus zu verwerfen sucht, nämlich die Anmaßung, es gäbe ein transzendentales Seins- und Wirklichkeitsverständnis – Wittgensteins berühmter Satz: »Wovon man nicht sprechen kann, darüber muß man schweigen«[371] – ist doch offenbar unausrottbar und »zeigt« sich Wittgenstein andauernd in sinnvoller Rede als Bedingung der Möglichkeit dieser Rede und Weltbeschreibung.[372] Wittgenstein entweicht ins Offene, Nicht-Empirische, wenn er das Subjekthafte, Ichhafte und Bewußte als »eine Grenze der Welt« markiert. Beweist er aber nicht eben dadurch, daß wir durchaus in der Lage sind, unser Verhältnis von Sprache und Wirklichkeit im ganzen zur Sprache zu bringen?

Es sind die Grenzmarkierungen, die Wittgensteins Sätze und Anfragen an die Empirie für das Wirklichkeitsverständnis so aufschlußreich machen. Er radikalisiert die transzendentale Differenz, der sich auch der Journalismus in seinem Wirklichkeitsverhalten nicht entziehen kann. Mit dem »Subjekt« verhält es sich nach Wittgenstein ganz wie mit Auge und Gesichtsfeld. Wir sehen das Auge wirklich nicht. Und am Gesichtsfeld läßt nichts darauf schließen, daß es von einem Auge gesehen wird. Nein, wir »sehen« das Auge tatsächlich nicht, können wir Wittgenstein zugestehen, aber ist dadurch die in jeder Sprache angelegte Selbstreflexivität des Subjekts unwirklich? Sind unsere Sinnkonstitutionen und Geltungsreflexionen keine »Tat-Sachen«? Wittgenstein radikalisiert die Sinnproblematik ganz ähnlich: »Der Sinn der Welt muß außerhalb ihrer liegen. In der Welt ist alles wie es ist und geschieht alles wie es geschieht; es gibt *in* ihr keinen Wert – und wenn es ihn gäbe, so hätte er keinen Wert. Wenn es einen Wert gibt, der Wert hat, so muß er außerhalb alles Geschehens und So-Seins liegen. Denn alles Geschehen und So-Sein ist zufällig. Was es nicht-zufällig macht, kann nicht *in* der Welt liegen, denn sonst wäre dies wieder zufällig. Es muß außerhalb der Welt liegen.«[373]

Ist dasjenige, was (für Wittgenstein) unsagbar ist, darum das Unwirkliche? Ist dasjenige, was auch anders möglich wäre und sich anders zeigt, das Sinnlose? Wittgenstein kommt in seinen Tagebüchern zu der Erkenntnis, »daß es mit den Tatsachen der Welt auch nicht abgetan ist«. Er spricht vom »Bewußtsein der Einzigkeit meines Lebens« und daß »Gott ist, wie sich alles verhält«.[374] Er sagt auch in seinem Tractatus, das Mystische sei nicht, *wie* die Welt ist, sondern *daß* sie ist.[375]

Indem er die Grenzen sinnvollen Theoretisierens zeigen will, stößt Wittgenstein auf die transzendentale Differenz, daß die Wirklichkeit nicht restlos aus logisch-positivistischen Wirkungszusammenhängen erklärbar ist, und dies läßt sich am Ausdruck »zeigen« nachweisen, den Wittgenstein in dreifacher Bedeutung verwendet, worauf Wolfgang Stegmüller[376] hinweist. Einmal ist das »äußere Zeigen« in der Abbildtheorie gemeint. Der Satz »zeigt« seinen Sinn – deskriptiv. Sodann ist ein »inneres Zeigen« zu unterscheiden, und zwar in dem, was noch »gezeigt«, aber nicht mehr »gesagt« werden kann. Es geht um ein Zeigen der inneren Struktur der Wirklichkeit entsprechend der inneren Struktur der Sprache. Wittgenstein hat, so meint Stegmüller, Kants transzendentalen Idealismus »von der Ebene der Vernunft auf die Ebene der Sprache« transformiert.[377] Das Zeigen in der dritten Bedeutung verwendet Wittgenstein für »Unaussprechliches« und »Mystisches«. Durch die Sprache kann es nicht mehr vollzogen werden. Es »zeigt« sich als »Unerfahrbares«.[378] Der Widerspruch, wie die Grenze zwischen Erfahrbarem und Unerfahrbarem bei Wittgenstein mit der Grenze zwischen Sinn und Unsinn zusammenfällt, aber wie dann trotzdem der Sinn der Welt »außerhalb der Welt liegt«[379] und trotzdem jenseits der Grenzen einer sinnvollen Theorie »das Mystische«[380] sich zeigen kann – als Unsinn? – bleibt unaufgelöst.

Sinnentzug durch Massenmedien

Die Massenmedien führen uns heute eine Explosion der Möglichkeiten vor Augen. Die Grenzen zwischen Sinn und Unsinn des Dargebotenen sind oft fließend. Das Kontingente, das Zufällige im philosophischen Begriffssinn, wird journalistisch hergestellt. Der »homo contingens« sieht sich täglich in dasjenige hineingestellt, was weder notwendig noch unmöglich ist, was vielmehr zufällig, was auch anders möglich ist und worüber sich nichts Zwingendes aussagen läßt. Der Zufälligkeit und Veränderlichkeit, die uns so erscheint, können wir keinen Sinn abgewinnen.

Dabei haben sich die Distanzen von Möglichkeit und Wirklichkeit so verkürzt, daß die heutige Menschheit nach der Deutung von Sigmund Freud ein eigenartiges »Erwachen« erlebt, indem sie uralte Märchenträume und utopische Zukunftsvisionen verwirklicht sieht. Der wissenschaftlich-technische Fortschritt verleiht dem Menschen ein Gottes-Attribut nach dem andern. Freud sieht den Menschen zur Kolossalfigur eines »Prothesengottes« emporstilisiert, aber gleichzeitig kommt das ganze Elend des menschlichen Versagens ans Licht, der Mensch erfährt sich auf radikale Weise als endlich und veränderlich. Den restriktiven Aspekt des Begrenzenden erfährt er nicht weniger einschneidend als den Aspekt erstrebenswerter, neuer und befreiender Möglichkeiten.[381] Ohne Anderswerden kommt es nicht zu einer Veränderung, aber es gibt auch keine Veränderung ohne Bleibendes. Mit den Prozessen der Modernisierung nehmen die Wechselfälle des Lebens zu, die uns in ihrer »Zufälligkeit« die Sinnerfahrung streitig machen. Gleichzeitig erfahren wir eine Komplexitätssteigerung aller Lebensbezüge. Das ganze Leben will sich nicht mehr in einen übergreifenden Zusammenhang einfügen lassen. An der Kontingenzerfahrung ist die Angewiesenheit des Menschen auf Sinn ablesbar.

Die Tatsache, daß die Massenmedien ein fast unbegrenztes Kaleidoskop an Lebensmöglichkeiten ausbreiten, schafft andererseits ganz neue und sinnstiftende Chancen einer Wirklichkeitswahrnehmung, woraus Gegenkräfte zum Sinnentzug entstehen können. Massenmedien können die Wirklichkeitsvorstellungen einsichtig und plausibel machen, sie können eigenes und fremdes Dasein begründen, Vertrautheit wiederherstellen, wo Entfremdung sich ausgebreitet hat – und tun dies alles tagtäglich.

Der Faktor »Vertrauen« ist entscheidend als innere – und öffentliche – Möglichkeitsbedingung für ein sinnvolles Bürgerdasein. Die Vorgabe an Sinn- und Bedeutungsmustern ist in einer Kultur nicht unerschöpflich. Daß Sinn herrscht, ist eben nicht selbstverständlich, und »gesellschaftlich gesehen ist Nomos ein den ungeheuren Weiten der Sinnlosigkeit abgerungener Bezirk der Sinnhaftigkeit, die kleine Lichtung im finsteren, unheilschwangeren Dschungel«.[382] Sinn konstituiert sich gerade in der Kommunikation mit anderen über anderes, woran uns heute die Massenmedien in hervorragendem Sinne teilnehmen lassen. Der Journalismus ist vom Sinnpostulat und von seiner spezifischen Sinnverantwortung in einer kontingenten Welt nicht abzulösen.

Ist »Sinn« am Ende nur das, was der Mensch in die Wirklichkeit hineingesteckt hat? »Wahrlich, schwer zu beweisen ist alles Sein und schwer zum Reden zu bringen«, klagt der Zarathustra Nietzsches, »und der Bauch des Menschen redet gar nicht zum Menschen, es sei denn als Mensch.«[383] Es gibt gar keine geistigen Ursachen, sagt Nietzsche. Die ganze angebliche Erfahrung dafür sieht er zum Teufel gehen. Was Wunder, daß der Mensch »in den Dingen immer nur wiederfand, *was er in sie gesteckt hatte* ... Der Irrtum von Geist als Ursache mit der Realität verwechselt! Und zum Maß der Realität gemacht! Und *Gott* genannt!«[384]

Komplexität und »verschwiegene Metaphysik«

Kontingenzerfahrung, Sinnfrage und Journalismus ergeben ein Bezugssystem, das auf Philosophie nicht verzichten kann. Lege ich die Philosophie Nietzsches zugrunde, ist alles, was wirklich ist, eine Aporie, und die »wahre Welt« ein Ammenmärchen. Die Negationen einer Vernünftigkeit der uns umgebenden Welt und Wirklichkeit können auch weniger radikal als bei Nietzsche ausfallen, aber entscheidend ist, was Gadamer mit seinem Ausdruck »verschwiegene Metaphysik«[385] belegt. Eine ganz bestimmte Philosophie liegt aller durch die Wissenschaften erarbeiteten Erfahrung und Erforschung von Wirklichkeit nicht als etwas Nachträgliches, sondern als etwas Vorgängiges voraus. Wenn es zum Beispiel keine »natürliche« oder »vernünftige« Ordnung des Seienden gibt, dann wird sie auch keinen Eingang in meine Erkenntnisbestände finden. Oder wenn zum Beispiel der Journalismus »restlos« aus empirisch-analytischen Wirkungszusammenhängen erklärt werden soll, dann kann es nicht zur Sinn- und Wahrheitsfrage für den Journalismus kommen, sondern die Phänomene werden in einer ganz bestimmten Weise gedacht und auf einen Befund dessen, was Empirie aufschließen kann und soll, festgelegt.

In der Formel von der reduzierten Ereigniskomplexität, die aus den Sozialwissenschaften in die Journalismusforschung hereingetragen wird, steckt eine »verschwiegene Metaphysik«. Das Systemganze ist das Gehäuse einer Wirklichkeit, die mit dem systemtheoretischen Lieblingsbegriff der »Komplexität« abgedeckt wird. Dieser Begriff hat den Charakter einer Chiffre – und Lösungsformel? – für alles Wirkliche angenommen. Der Soziologe Niklas Luhmann definiert Komplexität als »die Gesamtheit der möglichen Ereignisse«.[386] Sein Denken, das häufig auf die philosophische Tradition zurückgreift, ist von maßgeblichem Einfluß in der Kommunikationswissenschaft. Die Phänomene werden auf eine abstrakte Formel gebracht, für den Journalismus oder beispielsweise auch für das allgemeine Problem der politischen Demokratie, »daß Komplexität im politischen System disponibel und das heißt vor allem: durch Strukturveränderung entscheidbar bleiben muß«.[387] Lassen wir Luhmann mit einem längeren Zitat zu Wort kommen:

»Je mehr verschiedenartige Möglichkeiten des Erlebens und Handelns die Welt bzw. ein System-in-der-Welt bietet – und so definieren wir Komplexität –, um so problematischer wird der Zugang zu diesen Möglichkeiten. Das aktuelle Erlebnispotential des einzelnen ist begrenzt, nur wenige Möglichkeiten des Erlebens und Handelns können in einer Situation unmittelbar griffbereit naheliegen. Alles übrige liegt mehrere, viele, oft unabsehbar viele Schritte entfernt und verblaßt schließlich in seiner Möglichkeit selbst. Es ist möglich, Kartelle zu verbieten, ein Wochenendhaus im Naturschutzgebiet zu genehmigen, die Todesstrafe wieder einzuführen, die Verwaltung zu vereinfachen, Mietbeihilfen zu erhöhen usw., aber was kann ich tun, um solche Entscheidungen herbeizuführen? Mir wird zugemutet, die soziale und weithin sogar die dingliche Umwelt als kontingent zu begreifen. Alles könnte anders sein – und fast nichts kann ich ändern.«[388]

Die Ohnmachts- und Sinnlosigkeitsgefühle, die der Bürger auch gegenüber den massenmedialen Angeboten empfindet, sind zutreffend geschildert. Woher soll eine Lösung kommen? »Es hilft nicht weiter, den eigenen Bandwurm der Reflexion zu nähren«, meint Luhmann, sondern es fehlt an Regeln, »die zum Beispiel ein Umdenken der simultanen Komplexität des Vorhandenen in eine Ordnung der Abfolge verschiedenartiger Selektionsschritte anleiten können«. Er verlangt eine funktionale Theorie des politischen Systems, »das Problem der Demokratie mit den organisationstheoretischen Konzepten der Systemkomplexität zu verbinden«. Die klassisch-demokratische Norm, so meint Luhmann, könne diese Neuformulierung nicht leisten.[389]

Mit anderen Worten: Die Wissenschaft soll das Kontingenzproblem lösen. In der systemtheoretischen Journalismusforschung sind die Ergebnisse von entsprechender Art. Die Realität, mit der Journalismus umgeht, soll wissenschaftlich zugänglich gemacht werden, und folglich kann auch nur das, was wissenschaftsfähig ist, in den Theorieentwurf eingehen. »Daher verlangt eine kommunikationstheoretische Konzeption und ein journalismuspraktischer Umgang mit der komplexen Ereignishaftigkeit der Welt in erster Linie nach Reduktionsverfahren, um die Weltereignisse zu ordnen, um sie für menschlich-intellektuelle Kapazitäten erlebbar und erfahrbar zu machen.«[390] Für Manfred Rühl, der die Zusammenhänge zwischen »Journalismus und Gesellschaft« in einem umfassenden Sinn theoretisiert, ist jedwelche Wirklichkeit reduktionistisch zu begreifen, sonst sei zu befürchten, daß Realität wissenschaftlich unzugänglich und insofern gegen den wissenschaftlichen Zugriff immunisiert wird. Voraussetzung ist die Bildung von Systemen, und »erfahrbar wird die Welt für den Journalismus allein unter dem Gesichtspunkt der Komplexität möglicher Ereignisse und ihrer Kontingenz«.[391] An anderer Stelle bemerkt Rühl, die Wirklichkeit sei »für den Journalismus nichts Urtümliches... Eine beliebige, völlig offene Idee von Ereignishaftigkeit bleibt pure Metaphysik, da sie jeden empirischen Test verwehrt«.[392] Ereignisse befinden sich in ständigem Wandel, sie sind »nicht natürlich geordnet«, sagt Rühl. Eine absolute oder kosmische Ordnung lehnt er ausdrücklich ab. Die Ereigniswirklichkeit ist sozialwissenschaftlich zu fassen. Deshalb kann sie nicht, so wird betont, als die unendliche Mannigfaltigkeit schlechthin verstanden werden.

Das empirisch Nicht-Feststellbare zeigt sich nicht mehr. Es ist irrelevant für den systemtheoretischen Positivismus. Was vorgefunden wird, ist »chaotic complexity«, ist »Weltkomplexität« bar jeder sinnvollen Ordnung oder Struktur. Wissenschaftliche Reduktionsverfahren haben sie »zu ordnen« und das Chaos zu lichten. So wird Welt, so wird die Ereignishaftigkeit der Welt für den Journalismus überhaupt nur zugänglich. Woraus legitimiert sich diese Systemrationalität? Haben wir es bei Reduktion und Selektion mit Prozessen zu tun, die von selber ablaufen? Wie »zufällig« muß dann jede Praxis ausfallen, wenn der Journalismus seine Kriterien nicht offenlegt, nach denen er aus dem »Meer« der unübersehbaren Komplexität einen »Horizont« bestimmbarer Komplexität ausgrenzt? Was geschieht mit den »vernichteten« Möglichkeiten und nichtselegierten Ereignissen, die unberücksichtigt bleiben? Warum bleiben sie unveröffentlicht? Wer trägt die Folgen?

Eine Journalismustheorie, die Nicht-Empirisches unberücksichtigt läßt, gibt uns Steine statt Brot. Das Kontingenzproblem im Journalismus ist nicht nur ein Regelungsproblem für Prozeßabläufe und Reduktionsverfahren. Bei dieser »verschwiegenen Metaphysik« bleiben die entscheidenden Fragen offen. Wir finden, wie in dem Mühlengleichnis von Leibniz, »nichts weiter als einzelne Teile«.

Teleologisches Denken

Eine Theorie des Journalismus ist sinngerichtet. Deshalb kann sie auf eine Anschauung des Ganzen, das Empirisches und Nicht-Empirisches umfaßt, nicht verzichten. Sie steht in der Widersprüchlichkeit einer unübersehbaren Fülle fragmentarischer Erscheinungen. Sinn und Sinnwidriges laufen zusammen. Der Mensch »verwirklicht« sich in gebrochenen Ansätzen, und das gilt ebenso für einen von Menschen hergestellten Journalismus, dessen Wirklichkeitserfahrungen »sich entweder in Richtung auf das einend Heilsstiftende oder auf das unheilvoll Auflösende und Zerstörerische« bewegen.[393] Beides haben die Urheber zu verantworten. Sie sind auf ihre Vernunft, auf ihre Erfahrungen und Einsichten angewiesen, die Gegenwart des Ganzen, das uns nur in jeweils gebrochenen Erscheinungen gegenübertritt, für den Journalismus zu bedenken und aus solchem Denken zu rechtfertigen.

»Eine Welt der reinen Faktizität kennt kein Sollen.« Das ist Robert Spaemanns These in seinem Plädoyer für eine Wiedergewinnung des teleologischen Denkens. Teleologie sieht er als den Weg, wie wir aus der Kausalbetrachtung der Wirklichkeit zurückgeleitet werden zur Anschauung des Konkreten. Teleologie setzt Kausalität voraus und macht die Bedingung zum Mittel. »Zweck aber ist das Ganze, das die Mittel selbst umgreift und integriert. Es ist den Mitteln nicht äußerlich. Dieses Ganze in seinem Selbstsein aber transzendiert das Mittel-Zweck-Verhältnis. Es ist Unmittelbares, das man überhaupt nicht erklären und in gewissem Sinn auch nicht verstehen oder eben nur so verstehen kann, daß es den Horizont seines möglichen Verstandenwerdens selbst erst in seinem Sich-Zeigen eröffnet.«[394]

Unter Sinn verstehen wir, was das Wirkliche in sich selbst verstehbar und erstrebenswert macht. Dadurch wird die Wirklichkeit dem Menschen zugänglich gemacht. Der Journalismus kann aus dem Menschen kein Objekt machen, wie es die Naturwissenschaften mit ihrer kausalmechanischen Erklärungsweise tun. Die Bedeutsamkeit des Menschen vermögen sie in diesem Mittel-Zweck-Verhältnis nicht zu begründen. Der Mensch ist sich selbst Zweck in seinem Fragen nach dem Unbedingten. Der Mensch ragt in eine andere, höhere Ordnung hinein, worin die Welt »selbst erst zu ihrem vollen Dasein und Wert kommt«.[395]

Der Mensch ist Mit-Schöpfer an der Wirklichkeit aus der besonderen Kraft seines Geistes. Er schafft die Wirklichkeiten des Journalismus zusammen mit anderen Menschen als Teil einer geistigen und politischen Kultur. Diese Welt der Massenmedien ist in einer ganz bestimmten Weise gedacht und auf ganz bestimmte Ziele hingeordnet, die einem Wollen und Sollen aus dem Befund dessen, was die soziale Kommunikation erbringt, entstammen.

Sophokles gibt auf die Frage, wer der Mensch sei, im Chorlied der »Antigone« die Antwort: »Vielfältig das Unheimliche, nichts doch über den Menschen hinaus Unheimlicheres ragend sich regt.« Aus diesen beiden Versen entwickelt Heidegger seine Anschauung, der Mensch sei »das Umheimlichste«, weil er aus seinen zunächst und zumeist gewohnten, heimischen Grenzen heraustritt, ausrückt, weil er sich überall Bahn verschafft, »in alle Bereiche des Seienden wagt er sich vor und wird gerade hierbei aus aller Bahn geschleudert«.[396] Die Unverborgenheit, Aletheia, in der das (uns betreffende) Wirkliche sich als Wahres zeigt, wird nur dann zugänglich und erfahrbar, wenn sie erwirkt wird durch ein Werk, wie das Werk der Polis, das Werk der Dichtung, das Werk der Baukunst – oder das Werk des Journalismus.

Mit einem solchen Wirkungs- und Wirklichkeitsverständnis, in dem das Unverfügbare sich als ausgelegte Unverborgenheit zeigt, die das ganze Wirkliche, das der Mensch jeweils nur stückhaft und anteilhaft realisiert, zu umfassen sucht, scheint mir auch das Werk des Journalismus hinreichend getroffen und betroffen zu sein.

Zweiter Teil
Medium und Botschaft
Fernsehen

Zu den unheimlichsten Phänomenen menschlicher Geistesgeschichte gehört das Ausweichen vor dem Konkreten. Es besteht eine auffallende Tendenz, erst auf das Fernste loszugehen und alles zu übersehen, woran man sich in nächster Nähe unaufhörlich stößt. Der Schwung der ausfahrenden Gesten, das Abenteuerlich-Kühne der Expeditionen ins Ferne täuscht über die Motive zu ihnen hinweg. Nicht selten handelt es sich einfach darum, das Nächste zu vermeiden, weil wir ihm nicht gewachsen sind. Wir spüren seine Gefährlichkeit und ziehen andere Gefahren unbekannter Konsistenz vor. Selbst wenn diese gefunden sind, und sie finden sich immer, haben sie dann erst noch den Glanz des Plötzlichen und Einmaligen für sich. Es würde viel Beschränktheit dazu gehören, diese Abenteuerlichkeit des Geistes zu verdammen, obwohl sie zuweilen offenkundiger Schwäche entspringt. Sie hat zu einer Erweiterung unseres Horizonts geführt, auf die wir stolz sind. Aber die Situation der Menschheit heute, wie wir alle wissen, ist so ernst, daß wir uns dem Allernächsten und Konkretesten zuwenden müssen.

Elias Canetti

1. Elektronisches Netzwerk der Neuen Medien

Informationsfortschritt und Medienabhängigkeit

»Kommunikation«, meint Niklas Luhmann, »verwebt die Gesellschaft zur Einheit.«[1] Kommunikation ist der Kitt, »der die Gesellschaft zusammenhält«.[2] Zu welcher Einheit »verwebt« die Kommunikation der elektronischen Massenmedien unsere Gesellschaft? Der Amerikaner Michael Novak hat die tiefgreifenden Auswirkungen des Fernsehens vor einigen Jahren auf die Formel gebracht: »Television shapes the soul.«[3] Das ist keine wissenschaftliche Aussage, aber darum braucht sie nicht falsch zu sein. Der »homo communicator« wird durch die elektronische Massenkommunikation in das Umfeld einer Medienkultur gestellt, die ein umfassendes Ethos ausformt, und diesem Journalismus zwischen Medium und Botschaft wollen wir uns jetzt zuwenden.

Als dem preußischen Innenminister und langjährigen SPD-Reichstagsabgeordneten Karl Severing zum ersten Mal ein Radioempfänger vorgeführt wurde, erklärte er ganz erschrocken über die Möglichkeiten, die sich da zeigen: »Wenn jeder einen derartigen Apparat im Hause hat, dann ist es eine Kleinigkeit, die Monarchie auszurufen!«[4] Das war im Jahre 1923, dem »Geburtsjahr« des Rundfunks in der Weimarer Republik. Der damalige Staatssekretär Hans Bredow, der als »Vater« des Rundfunks gilt, mußte der Reichswehr versichern, daß alle Rundfunksender in der Hand der Reichspost und somit des Staates bleiben würden.

Das Fernsehen ist ein noch viel mächtigeres Instrument als das alte Radio. Heute hat fast jeder »einen derartigen Apparat im Hause«. Dem Fernsehen als dem gegenwärtig beherrschenden und wohl auch einflußreichsten Medium schlagen ganz ähnliche Befürchtungen entgegen wie dem damals »neuen« Radio-Medium in den Anfangsjahren der Weimarer Republik. Zwar hat das Fernsehen die Faszination des Neuen in unserem Land rasch eingebüßt. Am 4. Februar 1955 wurde nach etwas über zwei Jahren seit der Einführung des Fernsehens im Nachkriegsdeutschland der 100 000. Fernsehteilnehmer registriert, drei Jahre später war die erste Teilnehmermillion überschritten, und bis Mitte 1968 war die Teilnehmerzahl auf 14,5 Millionen angestiegen. Nach der Statistik 1982 sind 21,8 Millionen Fernsehempfangsgeräte angemeldet.[5] Aber mit den sogenannten Neuen Medien, deren Einführung seit den siebziger Jahren eine breite Diskussion ausgelöst hat, ist das Fernsehen in den Mittelpunkt der Auseinandersetzung um die zukünftige Medienentwicklung getreten, obwohl es als Medium eigentlich nicht mehr »neu« war. Das Jahr 1984 markiert in der Rundfunkentwicklung der Bundesrepublik einen neuen Abschnitt, es sind privatwirtschaftliche und freie Anbieter neben dem öffentlich-rechtlichen Rundfunk traditioneller Art hinzugetreten. Die Möglichkeiten des Fernsehens vervielfältigen sich, es wird mehr Programme geben.

Eine Situation der knappen Fernsehkanäle gibt es nicht mehr. Die technische Entwicklung hat bisher unbekannte »Verkehrswege« im Bereich der Telekommunikation und Informatik geschaffen. Sie werden in den nächsten Jahren zu einem umfassenden Netzwerk der Verbindungen für viele Formen der Individual- und Massenkommunikation zusammenwachsen. Diese Möglichkeiten verdanken wir der Mikroelektronik, der optischen Übertragungs- und Satellitentechnik. Das begriffliche Kunstwort »Telematik« ist für die neuen Technologien geprägt worden. Die Franzosen haben den Begriff eingeführt, er ist aus »Telecommunication« und »Informatique« zusammengesetzt; die gegenseitige Durchdringung und Verschmelzung der beiden Bereiche kommt darin zum Ausdruck.

Auf diesen Wendepunkt, auf das »Zeitalter der Telematik«,[6] verweist die Entwicklung der Neuen Medien, die teilweise aus einer verengten Sicht heraus diskutiert worden sind, als ob es sich nur um den Transport einer vermehrten Anzahl von Fernsehprogrammen gehandelt hätte. Das Fernsehgerät wird zum Kommunikationszentrum und Universalmedium, zu Hause als Heimcomputer, in der Bürokommunikation, in computergestützten Produktionsanlagen der Fabriken. Das Fernsehgerät wird auch weiterhin seine informierenden und unterhaltenden Programme in die Wohnstube tragen, aber gleichzeitig erweitert sich der Bildschirm zum »Multifunktionsterminal«[7] und verändern sich die informationellen Verhältnisse in Richtung auf eine elektronische und integrierte Vernetzung sehr vielfältiger Kommunikations- und Gesellschaftsbezüge hin.[8] Die volkswirtschaftlichen Konsequenzen sind weitreichend, die Veränderungen in sozialpsychologischer und politischer Hinsicht werden es auch sein.

Der »elektronische Mensch« ist von dem kanadischen Medienphilosophen Marshall McLuhan bereits vor zwanzig Jahren projiziert worden, und die Welt des totalen Fernsehens wurde von ihm zum »globalen Dorf« erklärt.[9] 1962 erschien sein Buch »The Gutenberg Galaxy: The Making of Typographic Man«, das ihn auf einen Schlag zu weltweiter Berühmtheit gelangen ließ. McLuhan gab sich als umstrittener Prophet »in der Erforschung jener Veränderungen, die sowohl in unserer individuellen Sinneswelt als auch in den weltweiten Gesellschaftsstrukturen durch die wachsende Beschleunigung und durch das ständige Trommelfeuer des multimedialen Informationsflusses ebenso hervorgerufen werden wie durch den damit verbundenen Zusammenprall alter und neuer, durch neue Technologien geschaffener Milieus.«[10] Die Entwicklungen im Technologischen sind in Amerika rascher vorangekommen, man ist unbeschwerter auf die Neuen Medien zugegangen, die als »The New Television«[11] charakterisiert werden. Abkürzend ist von »Television I« und »Television II« die Rede. Das Fernsehzeitalter tritt mit den Neuen Medien in seine zweite und jetzt ausschlaggebende Runde ein; der Blick richtet sich auf die von McLuhan angesprochenen Veränderungen in der individuellen Wahrnehmungswelt und den Gesellschaftsstrukturen. Mit seinen Einflüssen und Wirkungen scheint das Fernsehen erst jetzt voll durchzuschlagen, während sich gleichzeitig auch die Befürchtungen vor den Gefahren einer wachsenden Medienabhängigkeit des Menschen vor allem in der Bundesrepublik laut artikuliert haben.

Eine »Vernetzung« des Menschen?

Bei der großen Zahl der Bevölkerung erfreut sich das Fernsehen nach wie vor einer ungebrochenen Beliebtheit. Die Rede vom »Glotzkasten«, an den die Menschen angeblich so gefesselt sind, ist vor allem eine Intellektuellenrede und nicht immer ganz frei von bildungsbürgerlicher Arroganz. Die Wissenden ziehen zwischen sich und den anderen einen Trennstrich, der Fernsehalltag ist nicht der ihrige, und die Porträts der Fernsehzuschauer sind nicht sehr liebevoll und kaum Selbstporträts: »Hier hat man sie also, zu Hause im Sessel, vielleicht schon halb schlafend, vielleicht auch schon etwas ramponiert vom üblichen Fernsehsuff...« Die Fernsehzuschauer werden zu Opfern eines kulturellen Niedergangs erklärt. Orwells Vision vom Großen Bruder, der über den Fernsehschirm allgegenwärtig ist, sieht man kalendergerecht mit der Heraufkunft der Neuen Medien inszeniert: »Verkabelt und verkauft.«[12]

Das Fernsehen ist unter allen Freizeitbeschäftigungen die populärste. Erwachsene beschäftigen sich im Durchschnitt über sechs Stunden pro Tag mit den Medien. Dabei entfallen drei Viertel dieses Zeitbudgets auf die elektronischen Medien wie Fernsehen, Hörfunk, Kassetten, Schallplatten. Mit durchschnittlich zwei Stunden besetzt das Fernsehen einen Löwenanteil der täglichen Freizeit. Das restliche Viertel im Zeitbudget entfällt auf die gedruckten Medien wie Zeitungen, Zeitschriften, Bücher.[13] Bei diesen Messungen zeigt sich das schichtenspezifische Muster, daß es vor allem die unteren Gruppen in der Sozial- und Bildungspyramide sind, die als Vielseher und Nur-Fernseher hervortreten; der Zerstreuungs- und Unterhaltungscharakter des Fernsehens wirkt sich hier besonders stark aus.

Auf dem Hintergrund solcher Zahlen sind in den Diskussionen um die Erprobung und Einführung neuer Medientechniken »die schwerwiegenden Konsequenzen für Struktur und Lebensweise der Gesellschaft im ganzen«

formuliert worden. Die neuen Kommunikationssysteme, so wurde im Zusammenhang mit einer EKD-Synode gefordert, müßten rückgekoppelt werden mit der Auskunft über ihre Wirkungen »auf Anonymisierung und soziale Isolation, auf Abbau von Kreativität und Spontaneität, auf das Verhältnis von Arbeit und Freizeit, auf die Präsenz neuer Technologien in allen Lebensbereichen und damit auf deren Vernetzung, die letztlich eine Vernetzung des Menschen schlechthin ist«.[14] Noch mehr Fernsehprogramme nach gleicher Machart – »more of the same« – dürften nur negative Folgen haben. Das liberale Marktprinzip hält man für ungeeignet, die Medienentwicklung zu steuern, und auf das häufig vorgebrachte Gegenargument, man solle den Bürger doch selbst entscheiden lassen, welche Programme er einschaltet und welche nicht, erfolgt die Antwort: »Auch das Schutzbedürfnis des Menschen vor der schrankenlosen Ausweitung des Fernsehens gehört zur Achtung vor der Mündigkeit des Bürgers.«[15]

Von einer schrankenlosen Ausweitung des Fernsehprogramms kann nicht gesprochen werden; das dritte und letzte Fernsehurteil des Bundesverfassungsgerichts aus dem Jahre 1981 hat deutlich gemacht, daß die Verwirklichung des Individualrechts im Rahmen eines gesetzlichen Ordnungsmodells vorgenommen werden muß. Die Grundsätze der Rundfunkfreiheit behalten ihre Geltung, und auch im privaten Bereich müssen alle maßgeblichen Meinungen zu Wort kommen. Die Betonung des Urteils liegt jedoch auf der prinzipiellen Bejahung eines Individualrechts.[16] Einer streng reglementierenden Kommunikationspolitik gebührt nicht der Vortritt vor dem Individualrecht der verfassungsmäßig garantierten Meinungsäußerungs- und Medienfreiheit, sonst werden die Medien in ihrer Entwicklung der Politik zu- und untergeordnet. Die Politik hat sich der Medien in einer Weise bemächtigt, die nicht ohne Widerspruch bleiben kann, wenn die Freiheit der Medien ihre konstituierende und produktive Kraft für die demokratische Lebensweise behalten soll, und so scheint es am Ende nicht mehr das Medium zu sein, das vor Eingriffen zu schützen ist, sondern der Bürger ist vor dem Medium zu schützen. Die berechtigte Sorge um den Menschen in seiner zunehmenden Medienabhängigkeit läßt die medienpolitischen Erwägungen »mehr und mehr in die schwierigen Konstellationen der Sozialpolitik«[17] geraten. Das »social engineering« tritt an die Stelle der Bürgerfreiheiten, deren Unterwerfung unter die politischen Zwecksetzungen fragwürdig ist.

Die durch die Elektronisierung herbeigeführten Veränderungen sind unter dem Aspekt ihrer »Menschendienlichkeit« zu sehen. Sie muß der Maßstab der Weiterentwicklung auf dem Gebiet der elektronischen Medien sein, damit die »sittliche Vertretbarkeit« der »technischen Machbarkeit« vorangestellt wird: »Dazu ist es jedoch notwendig, die Organisation von Kommunikation den individuellen und sozialen Bedürfnissen und Notwendigkeiten der Menschen entsprechend zu ordnen.«[18] Das Organisieren und Reglementieren von öffentlicher Kommunikation muß sich auf Rahmenordnungen begrenzen, sonst geraten die Freiheitsrechte der Person in die Engführung; am Ende sind es auch wieder Personen und einzelne Gruppen, die in organisierten und geordneten Kommunikationssystemen das Sagen haben. Deshalb wird man möglichst viele Schleusen öffnen, damit sich immer aufs neue eine Vielfalt bilden kann. Der Wettstreit im Mit- und Gegeneinander der unterschiedlichen Meinungen und Auffassungen ist unentbehrlich. Die politische Kultur der Demokratie hat ihre Wurzelgründe nicht im Organisatorischen, sondern im Ethischen und Anthropologischen der Freiheitsrechte der Person; sie sind dem Individuum und seiner Mündigkeit unveräußerlich zugesprochen. Wenn nunmehr die Kommunikationsverhältnisse im elektronischen Bereich durch die Technik quantitativ und qualitativ verändert werden, sollte nicht weniger, sondern mehr Freiheit und Vielfalt die Richtschnur des Handelns sein. Die entscheidende Frage lautet: Wie läßt sich Freiheit herstellen und verantworten? Daran entscheidet sich dann auch das Problem, ob wir (im elektronischen Technologie- und Medienbereich) dürfen, was wir können.

An dieser Stelle wird ersichtlich, daß die Warum-Fragen nach dem Sinn und Zweck der technologisch-journalistischen Entwicklungen nicht unbeantwortet bleiben können. Wozu die Neuen Medien? Warum noch mehr Informationsfortschritt? Das wissenschaftliche und technische Selbstbewußtsein unserer Gegenwart ist brüchiger geworden, und in diese Unsicherheit und Aporetik werden auch die Prospekte der Medienentwicklung hineingezogen. Spätestens seit dem »ökologischen Schock«, der sich in den ersten Veröffentlichungen des »Club of Rome« zu Anfang der siebziger Jahre niedergeschlagen hat, konnte sich allgemein die Ansicht ausbreiten, daß die prinzipiell unbegrenzte Expansion der naturbeherrschenden Wissenschaften die Lebenswelten beschneidet und möglicherweise den Selbstmord der Menschheit einleitet. Der Fortschritt der technischen Mittel scheint von einem Prozeß der Entmenschlichung begleitet, und die Idee des Menschen ist mit dem Fortschrittsdenken in Widerstreit geraten. Wir sind uns nicht mehr so ganz sicher, ob Hegels Ansicht, die Geschichte sei eine Geschichte der fortschreitenden Freiheit, nicht möglicherweise ins Gegenteil umschlägt.

Gerade im elektronischen Journalismus mit seinen weit- und tiefreichenden Wirkungen zeigen sich schon länger die Grenzen des Zulässigen und Vernünftigen mit einer gewissen Dramatik, und die Neuen Medien haben diese Situation erheblich zugespitzt. Die geistigen und ethischen Steuerungskräfte, die den Entwicklungen von innen heraus ein Maß und eine Grenze setzen, müssen nachwachsen. Insbesondere mit der Telekommunikation ist etwas in unser Zeitalter eingetreten, das wir noch nicht richtig verarbeitet haben. Es fehlt an einer Zusammenschau der Phänomene, die uns mit den vom Fernsehen ausgehenden Massenwirkungen vor Augen treten, und so kommt es zu irrationalen Befürchtungen. Die philosophische Verarbeitung des Journalismus und der aus ihm hervorgehenden Medienkultur wird immer dringlicher. Wir haben erst begonnen, mit dem Medium Fernsehen zu leben und uns seinen Verheißungen und Drohungen als Herausforderungen zu stellen.

Vielleicht kann die Furcht des Menschen, daß ihm das menschenwürdige Leben in einer totalen Informationsgesellschaft verwehrt ist, zur Tugend werden und den Fortschritt in der reinen Moralität, den Kant als die Berufung und Aufgabe des Menschen gekennzeichnet hat, in Erinnerung rufen. »Heuristik der Furcht« nennt Hans Jonas die erste Pflicht, die uns heute in einer Situation der Bedrohung des Menschenbildes abverlangt wird, eine »Tatsachenwissenschaft von den Fernwirkungen technischer Aktion« anzustreben und die neuen Technologien und Medien mit dem »Prinzip Verantwortung« zu konfrontieren.[19]

2. Kein Abschied vom Gutenberg-Zeitalter

Kommunikationsformen und Medienkomplementarität

Nach einem Aphorismus von Georg Christoph Lichtenberg hat das Blei aus den Setzkästen die Welt mehr verändert als das Blei aus den Flintenkugeln. Mit Gutenbergs Erfindung ist ein tiefer Einschnitt in der Kommunikationsgeschichte der Menschheit erfolgt. Die Alphabetisierung und Bildung der großen Bevölkerungsmassen in den nachfolgenden Jahrhunderten war die Folge, und schrittweise bildeten sich die Instrumente der Massenkommunikation heraus. Werden die neuen Informations- und Kommunikationstechnologien einen ebenso tiefen Einschnitt wie Gutenbergs Erfindung bringen? Ist die Rede von der »Elektronischen Revolution« zutreffend? Werden die Fernsehgewohnheiten die literarische Buch- und Lesekultur verdrängen und eines Tages weitgehend ersetzen?

Die Informationsströme, deren explosionsartiges Anwachsen ohne die Computertechnik nicht mehr zu meistern wäre, durchziehen heute die Alltagswelt wie ein künstliches Nervensystem. Das Fernsehen mit der Erweiterung seiner Programme über Kabel ist nur ein Ausschnitt aus der breiten Palette neuer Kommunikationsformen. Videotext, Bildschirmtext, die Satellitenverteiltechniken, die Speichermöglichkeiten und netzunabhängigen Abrufsysteme über Videorecorder oder Bildplatten treten hinzu. Auf einer einzigen Glasfaser, die als Lichtleiter benutzt wird, können gleichzeitig 32000 Telefongespräche oder 60 Fernsehprogramme übertragen werden; die Bandbreite ist nahezu unbegrenzt, und ein integriertes Glasfasernetz wird flächendeckend in den nächsten Jahren entstehen. »Kommunikation ist das Nervensystem jeder Gesellschaft.«[20]

McLuhan ist den neurologischen Implikationen der verschiedenen Kommunikationsformen nachgegangen und hat behauptet, der wahre »Inhalt« eines jeden Mediums sei derjenige, der es nutzt. Das Medium berührt uns in den Tiefenschichten nicht dadurch, daß es gewisse Daten vermittelt, sondern prozessual nimmt es uns in eine kollektive Metamorphose hinein. Die Denkkategorien des phonetischen Alphabets treten zugunsten neuer Denk- und Kommunikationsformen zurück, die als »magnetized mentality«[21] des »Neuronic Man«[22] gekennzeichnet worden sind. Solche Auslegungen erscheinen als Behauptungen unbewiesen, aber tatsächlich streifen die Entwicklungen ans Phantastische, und für die möglichen Veränderungen fehlen uns die Maßstäbe und Begriffe.

Die Kommunikationsformen ändern sich auch nicht abrupt, sondern die

Übergänge sind fließend. Die Metapher vom elektronischen Nervensystem könnte dazu verleiten, ein radikales Auseinanderlaufen von »Print Culture and Video Culture«[23] anzunehmen. Totalisierende Tendenzen lassen sich jedoch in der Entwicklung der Kommunikationsformen nicht ausmachen. Für den »Tod« des Liebesbriefs und den Niedergang der Briefkultur hat man schon das Telefon zum Schuldigen erklärt. Strenggenommen hat die Erfindung des Telefons vor über hundert Jahren den Auftakt für die Entwicklung zur Telekommunikation gegeben, als Alexander Graham Bell im Jahre 1876 seinen Patentantrag stellte. Damals meinte die zuständige Kommision, was denn wohl ein Bürger in Boston mit einem Bürger in New York Sinnvolles über ein Telefon besprechen wollte. Heute sind eine halbe Milliarde Menschen auf der Erde über das Telefon bereits »verkabelt«. Es zeigt sich, daß mit dem Zusammenprall einer älteren mit einer neuen Kommunikationsform der Wettbewerb zwar verschärft wird, aber er läuft nicht auf die vollständige Verdrängung hinaus, in der ältere Kommunikationsformen wie die Schrift-, Lese- und Buchkultur von neuen Medien geschluckt und vollständig ersetzt werden. Das bisher auf dem Funkwege gesendete Fernsehen, das eine Reihe von Entwicklungsjahrzehnten hinter sich hat, erreicht uns nunmehr über die spektakulären Möglichkeiten der neuen Verteilnetze, doch ältere Kommunikationsformen wie das Telefon werden dadurch nicht überflüssig gemacht.

Die Menschen leben »multimedial«

Die elektronischen Medien setzen keinen epochalen Einschnitt, sondern er ist mit Gutenberg erfolgt und fällt mit dem Anbruch des neuzeitlichen Denkens zusammen. In dieser geistigen Kontinuität stehen wir heute noch mit unseren Kommunikationsformen. Daß für das Gutenberg-Zeitalter als Zeitalter der Lese- und Schriftkultur das Ende gekommen sei, ist im Zusammenhang mit der Erörterung über die Neuen Medien häufig angeführt worden. Das Fernsehen wird bezichtigt, den Spracherwerb zu verhindern und einen neuen Analphabetismus hervorzubringen. Der Schriftsteller Friedrich Christian Delius meint, die Fachzeitschriften würden zuerst sterben, dann die wissenschaftlichen Bücher, dann die Zeitungen. Diese Entwicklungen führten geradewegs in ein neues Mittelalter, als es das Privileg einer Elite war, Bücher zu besitzen und sie lesen zu können. Bildung und Information werden nach der Meinung dieses Beobachters für die Bevölkerungsmehrheit vom Bildschirm flimmern.[24]

Diese Behauptungen entsprechen nicht den Messungen und Beobachtungen. Das gedruckte Wort »stirbt« keineswegs. Die Druckmedien scheinen zwar mit Beginn der achtziger Jahre ihre Wachstumsgrenze erreicht zu haben, aber im

Gegensatz zu den USA, wo sich seit 1973 die Gesamtauflage der Tageszeitungen rückläufig entwickelt hat, werden im Durchschnitt nicht weniger Zeitungen und Zeitschriften gelesen als bisher. Zwar hat die Ausbreitung des Fernsehens zu Strukturveränderungen bei den Printmedien geführt, etwa dergestalt, daß eine rückläufige Entwicklung der Massenpublikumszeitschriften und dafür ein Vordringen von Spezial- und Zielgruppenzeitschriften erkennbar ist. Oder daß die subjektiven Bindungen gegenüber dem Fernsehen sich als weit intensiver erweisen als diejenigen gegenüber der Zeitung, die in der Konkurrenz mit dem Fernsehen einen Image-Einbruch erleidet. Aber der Selbstwert der einzelnen Medien hat heute generell einen Bedeutungsverlust erlitten. Die Menschen leben »multimedial«. Vor allem bei Kindern und Jugendlichen ist zu beobachten, wie selbstverständlich die Medien gewechselt werden.[25]

Die ZDF-Medienforschung kommentiert einen schon länger beobachtbaren Trend: »Die Sehbereitschaft in den Hauptabendstunden hat den Scheitelpunkt überschritten.« Weiter heißt es: »Die Zahl der Familien, die zumindest tageweise Fernsehverzicht leisten, nimmt zu.«[26] Das Fernsehen hat seinen Sättigungsgrad offenbar erreicht. Zwischen 1973 und 1977 ist die durchschnittliche Fernsehzeit pro Bundesbürger und Woche von 12 Stunden 22 Minuten auf 11 Stunden 31 Minuten zurückgegangen.[27] Die Einschaltquoten stagnieren seither mit leicht rückläufiger Tendenz. Das Fernsehen wird mit der Vermehrung der Programme ebenso einen Image-Einbruch hinnehmen müssen. Die Authentizität dieses Bild-Mediums gegenüber Hörfunk und Tageszeitung wird bei der großen Zahl der Bevölkerung noch immer viel zu hoch eingeschätzt.[28]

Im Medien- und Leseverhalten der jüngeren Altersgruppen zeichnen sich überraschende Veränderungen ab. Bei den jungen Leuten bis 30 Jahren haben die Medien seit 1974 fast gleichmäßig an Reichweite verloren, und zwar das Fernsehen bei den politisch stark Interessierten und formal besser Gebildeten, der Hörfunk bei den politisch weniger Interessierten, während die Tageszeitung ganz allgemein bei den unter 30jährigen erhebliche Einbußen hinnehmen mußte. Bei den Jugendlichen unter 20 Jahren ist die Lesezeit für die Tageszeitung zwischen 1974 und 1980 von 27 Minuten auf 17 Minuten pro Tag zurückgegangen. Das nachlassende Interesse am Fernsehen verringert sich überproportional bei den 18- bis 23jährigen; sie schauen auch im Durchschnitt nur 66 Minuten fern pro Tag, also fast halb so wenig wie der Bevölkerungsdurchschnitt.[29] Ob die Trends auf eine allgemeine Massenmedien-Müdigkeit hinweisen, wird sich noch zeigen müssen. Die Freizeitphilosophie der jungen Leute verändert sich, sie pflegen Kontakte mit gegenseitigen Besuchen, sind sportbegeisterter als die Durchschnittsbürger, stärker in Vereinen tätig, hören überdurchschnittlich stark Musik, während die ältere Generation eher als »Fernsehgeneration« anzusehen ist und jetzt eine Multi-Medien-Generation heranzuwachsen scheint, die ein kompetenteres und distanzierteres Verhältnis gerade auch zum Fernsehen erkennen läßt.

Fernsehen und Buchkultur

Die Annahme, das Fernsehen sei der »Freßfeind des Lesens«, wird in der hier zitierten Langzeitstudie ebenfalls zurückgewiesen.[30] Ob und inwiefern das Fernsehen eine Gefahr für die Lese- und Buchkultur darstellt, ist in einer ganzen Reihe von Untersuchungen mit keineswegs deckungsgleichen Ergebnissen angesprochen worden. Das Bücherlesen als Freizeitbeschäftigung ist jedenfalls nicht ernsthaft gefährdet, wenngleich allgemein das Fernsehen die Zeit, die früher für das Buchlesen aufgebracht wurde, reduziert hat.[31] Die wechselseitige Vorweisungs- und Ergänzungsfunktion der verschiedenen Medien und Kommunikationsformen, die wir als Medienkomplementarität bezeichnen, hat sich in zunehmendem Maße durchgesetzt. Es deutet nichts darauf hin, daß die Neuen Medien das alte Rieplsche Gesetz widerlegen könnten, demzufolge die jeweils neuen Kommunikationsformen die vormals bewährten nicht völlig verdrängen, sondern sie zu einem Funktionswandel innerhalb des neuen Gesamtmediensystems nötigen. Das Buch lebt weiter, der oft totgesagte Kinofilm ebenfalls. »Es wird also dauernd mehr Wahlmöglichkeiten unter den Kommunikationskanälen dank der Neuen Medien geben, die Funktionsaufteilung unter den Medien sich weiterhin akzentuieren«, schreibt der Zürcher Kommunikationswissenschaftler Ulrich Saxer. »Dies macht es auch unwahrscheinlich, daß mit den Neuen Medien lange Zeit ›more of the same‹ angeboten wird, z. B. mehr oder minder identische Fernsehunterhaltung, da dies dem Prinzip der sich restabilisierenden Funktionskomplementarität im Mediensystem mit der vollzogenen Etablierung neuer Medien widerspräche.«[32]

Die angeführten Daten zur Mediennutzung vor allem auch der jüngeren Altersgruppen mit ihren trend- und stilbildenden Merkmalen unterstreichen die These, daß die Kommunikationsgeschichte eine Geschichte der Medienkomplementarität ist. Die Daten geben noch etwas anderes zu erkennen. Die utopische Welt eines geschlossenen Informationssystems, worin die Gesellschaft vollständig integriert ist und eine »gewaltlose Lenkung«[33] über die journalistischen Manipulationstechniken erfolgt, wird nicht eintreten. Solche Utopien sind in den letzten Jahren oft genug beschrieben worden, meistens als totalitäre Strukturgebilde, aber gelegentlich auch unter dem Aspekt einer perfektionierten Demokratie mit durchaus gutgemeinten Absichten, die Gesellschaft über die Massenmedien zu »demokratisieren«. Demnach sollen die Massenmedien alle Informationsvorsprünge und -privilegien abbauen, damit jeder zur rechten Zeit weiß, was er wissen muß und kann und soll. Die Informationsströme fließen schön demokratisch von unten nach oben. Sie sind die meinungs- und entscheidungsbildenden Energieträger der vollendeten Demokratie in der annähernden Identität von Beherrschten und Beherrschenden.[34] Das ist Hermann Lübbes Zeichnung von der Utopie einer Informationslandschaft, die er als Gegenbild entwirft. Ob die Lenkung von totalitärem oder demokratischem Zuschnitt ist, das bleibt sich im Effekt gleich. Es entstehen informationsmäßig voll integrierte Gesellschaften, wohlgemerkt: auf dem ideologisch-utopischen Reißbrett. Sie sind in hohem Maße pädagogisiert, und die Informationen haben einen überwiegend affirmativen Charakter. Das Entscheidende fehlt: Die Freiheit von Rede und Gegenrede. Der Möglichkeit nach sind es heute vor allem die elektronischen Medien, die sich hervorragend eignen würden, als Instrumente des geistigen Terrors eingesetzt zu werden.

Medienentwicklung und Freiheitsgedanke

Es gibt das berühmte Beispiel von der Wirkung einer Rundfunksendung, die zahlreiche Menschen in Aufruhr und Panik versetzte. Am 30. Oktober 1937 hatte Orson Welles über einen New Yorker Rundfunksender die Szenen aus dem utopischen Roman von H. G. Wells »La Guerre des Mondes« gesendet, daß Marsmenschen auf der Erde gelandet wären, um sie zu zerstören und ihre Bewohner auszurotten. Die Übertragung war so realistisch und glaubhaft, daß die Sendung in und um New York eine Panik hervorrief. Polizei, Krankenhäuser und Redaktionen wurden von einer Flut von Anrufen erreicht, wie man dem sicheren Tod entgehen könnte. Die Menschen liefen in die Kirchen und beteten, verabschiedeten sich von ihren Freunden und Bekannten übers Telefon. Nach späteren Recherchen waren es 70 Prozent aller Zuhörer, die durch die Sendung über die Invasion der Marsbewohner mehr oder minder stark beunruhigt waren.[35]

Ob die Hörspiel-Erfahrung vom Jahre 1937 unter heutigen Kommunikationsverhältnissen wiederholbar wäre, ist zweifelhaft. Die meisten Menschen zeigen sich einem überzogenen Informationsoptimismus nicht mehr gewogen. Die Wirkungen sind eher von schleichender Art und haben vor allem beim Medium des Fernsehens den Charakter einer Berieselung angenommen. Der Amerikaner Arthur Asa Berger sieht das Fernsehen »als Instrument des Terrors« nicht nur in der aktiven, Furcht und Schrecken erregenden Rolle kollektiver Einwirkung. Die Dialektik des Terrors lasse das Individuum in seiner Eigentätigkeit und seinem Freiheitsstreben erlahmen. Die gewaltsame Einwirkung und die besänftigende Lähmung liefen zusammen; die letztgenannte Wirkung nimmt vor allem von der Trivialität der Programme ihren Ausgang.[36] Triviale Programme sind phantasielos; ihre geschönten Schein-Welten führen ins Einerlei der Langeweile, sie schwächen den freiheitlichen Selbstbehauptungswillen.

»Aber, Céleste, man muß lesen!« Marcel Prousts Aufforderung diente der Demoskopie dazu, auf den Zusammenhang von Lesen und Glück hinzuweisen. Der Nachweis sei erbracht, daß die Buchleser im Durchschnitt fröhlichere und gelöstere Menschen sind.[37] Nun macht auch das Fernsehen vielen Menschen Spaß. Sein besonderer Reiz liegt darin, daß es Leben, Lebendigkeit und Anschaulichkeit verspricht. Es kommt auf den Nutzen an, der vom Fernsehen gemacht wird, und die Elektronik muß wohl erst einmal in die Jahre kommen, bevor sie es mit dem Buch und der Buchkultur aufnehmen kann. Das Buch bildet jedenfalls in der Ergänzung mit den anderen Medien auf dem »Kommunikations-Markt« nach wie vor eine beachtliche Dominante.[38] Vom Ende des Gutenberg-Zeitalters kann keine Rede sein. Neben dem Buch sind auch Zeitungen, Zeitschriften und Hörfunk weithin auf ihren angestammten Plätzen als Informationsquellen und Unterhaltungsmedien geblieben. Experimentierfreude und »Mut zu neuen Kommunikationsmodellen«[39] sind erforderlich, damit die neuen Technologien sich zu »Technologies of Freedom« entwickeln. Der amerikanische Kommunikationswissenschafter Ithiel de Sola Pool hat diesen programmatischen Buchtitel formuliert. Seine Sorge ist, daß die Technik das Handeln determiniert, »Electronics takes Command«, und daß durch die technologische Konvergenz von Printmedien und Elektronik ein Überschwappen der regulatorischen Tendenzen auf den gesamten Medienbereich zu befürchten ist, wenn der Freiheitsgedanke nicht vorangestellt wird.[40]

Das ethische Denken ist in unserer Gesellschaft ein auf Vernünftigkeit und Verantwortlichkeit gegründetes Freiheitsdenken. Vom Standpunkt der Moralität ist es, auf dem wir den Begriff der Freiheit entdecken. Dementsprechend verlangen die neuen Freiheiten, die durch neue Technologien entstehen, eine ethische Antwort. Die Ambivalenz des Verhältnisses von »Technology and Civility«[41] kann technokratisch nicht aufgehoben werden; sie bleibt als geistige und moralische Herausforderung bestehen. Deshalb ist die Ohnmacht der Vernunft, die auch hinsichtlich der neuen Medientechnologien beklagt wird, keine Zwangsläufigkeit. Der Imperialismus der instrumentellen Vernunft ist zu bekämpfen, nicht die Vernunft an sich.[42] Die Provokationen des Vernunft- und Freiheitsdenkens richten sich an die moralische Adresse der Massenkommunikation und des elektronischen Journalismus. Im Zusammenhang mit der Medienentwicklung ist mit Recht von einem »neuen großen Abenteuer moderner Freiheit«[43] gesprochen worden.

3. Historie, interpretiert als Publizistik

Rhetorik, Buchdruck, die gute alte Zeitung

1445 hat Gutenberg in Mainz zum ersten Mal mit beweglichen Lettern gedruckt. An den wichtigsten Handelsplätzen entstehen Druckereibetriebe. Bis zum Jahr 1500 sollen ungefähr 35 000 Titel in einer Gesamtauflage von zehn Millionen hergestellt worden sein. Nur Gutenbergs Erfindung konnte den Briefen der Humanisten, den Kampfschriften und Volkspredigten Luthers oder der politischen Publizistik eines Erasmus von Rotterdam in seinem »Lob der Narrheit« jene Verbreitung sichern, die allmählich ihre öffentliche Wirkung auf immer breitere Schichten ausdehnte. Thomas Morus reflektiert in seiner »Utopia« vom Jahre 1516 über die Erfindung der Buchdruckerkunst. Seine Utopier verstehen sich darauf, technische Erfindungen zu machen, die ihnen das Leben erleichtern: »Zwei Erfindungen jedoch verdanken sie uns: den Buchdruck und die Papiermacherei, aber freilich nicht nur uns, sondern zum guten Teil sich selber. Denn als wir ihnen die auf Papier gedruckten aldinischen Typen zeigten und über die Papierherstellung und das Druckverfahren etwas erzählten, da stürzten sie sich sofort mit großem Scharfsinn darauf und versuchten, während sie bisher nur auf Häute, Rinde und Bast schrieben, nun auf der Stelle Papier zu machen und Buchstaben darauf zu drucken... Was sie an Texten besitzen, das haben sie bereits in vielen tausend Drucken verbreitet.«[44]

Aristoteles: Ratsrede, Gerichtsrede, Festrede

Eine offene Frage ist es, ob wir erst dann von Publizistik sprechen können, wenn sie mit der technischen Vervielfältigung der Aussage gekoppelt ist. Walter Hagemann möchte Schrift und Druck als sekundäre, indirekte Mittel der publizistischen Aussage verstanden wissen. »Am Anfang war das Wort – auch in der Publizistik.« Während langer Zeiträume habe die schriftliche Verbreitung keine oder nur eine untergeordnete Rolle bei der öffentlichen Aussage gespielt. Bis zum heutigen Tage seien Rede und Gespräch die unmittelbarsten Formen der Aussage geblieben.[45] In dieser historischen Herleitung nimmt die Publizistik ihren Anfang mit dem öffentlich gesprochenen Wort und ist ihr klassischer Ursprungsort die antike Rhetorik. Dieser Auffassung schließt sich auch Harry

Pross an. Er bezeichnet die aristotelische Rhetorik als »das erste auf Massenwirkung zielende Medium«.[46] Das Abendland verdankt dem in der griechischen Polis lebenden Hellenentum das erste Modell der Publizistik.

Die Griechen waren in ihrem Lebensgefühl dem Diesseits zugewandt. Im Hier und Jetzt war das Miteinander-Sprechen der natürliche Ort der Begegnung und des rednerischen Charismas. Was alle betraf und an Neuigkeiten interessierte, das konnte auf der Agora zur Sprache gebracht werden und lag im gemeinsamen Interesse der Polis. Die Kunstfertigkeit der gezielten Einwirkung auf das Bewußtsein der Zeitgenossen war den Rhetorikern geläufig, und sie versorgten das Zeitgespräch dieser Gesellschaft mit dem nötigen Stoff. Darin zeigen die Griechen ihr publizistisches Talent. Walter Hagemann beschreibt es zutreffend: »Nicht eine dumpfe, gestaltlose Masse wird von einem Despoten oder von einer Führerkaste regiert, sondern scharf profilierte Einzel- und Gruppenpersönlichkeiten tragen und formen den Staatswillen, kämpfen um die politische Macht, schaffen soziale, geistige und wirtschaftliche Gebilde. Dieser Kampf um Macht und Einfluß wird nicht mit Gift und Dolch, sondern mit Wort und Schrift im öffentlichen Meinungsstreit geführt.«[47]

Aristoteles unterscheidet die öffentliche Rede nach den drei Gattungen der Ratsrede, Gerichtsrede und Festrede. Er lehrt, daß man für die Rede einen Redner, einen Gegenstand und eine Zuhörerschaft braucht, und dieses letzte, der Zuhörer, ist richtunggebend für die Wirkung und die Sache der Rhetorik, deren Kunstformen auf mannigfache Weise in der modernen Massenpublizistik wiederzuerkennen sind. Publizistik und Polis gehen in der antiken Rhetorik eine untrennbare Verbindung ein. Als Lehre von den Überzeugungsmitteln weist die Rhetorik des Aristoteles eine besondere Nähe zur Ethik und Dialektik auf. Beim Redner werden die Einsicht als Sachkenntnis, die Tugend als Charakterfestigkeit und das Wohlwollen gegenüber der Hörerschaft vorausgesetzt. Die Wahrhaftigkeit ist die eigentliche Grundtugend des Redners. Hierin spiegelt sich auch die Auseinandersetzung mit der Sophistik. Sokrates hat ihr die Korrumpierung des Worts vorgeworfen, weil die Sophistik eine Rede um der Rede willen ist, die sich von der Norm der Sache emanzipiert.

Bis in die einzelnen Techniken hinein hat Aristoteles die publizistischen Maßstäbe entwickelt, die sich durch die Jahrhunderte erhalten haben und stilprägend wurden, sei es die Kunst der Steigerung, der Beispielsetzung, des Vorbildes. Cicero führt später über hundert solcher Redefiguren auf, deren logische und psychologische Angriffspunkte bis zum heutigen Tag die Strategien der politischen Rede und Publizistik bestimmen. So nennt man »Metonymie« die Umbenennung, etwa wenn »Befehlshörigkeit« anstelle von Gehorsam tritt. Die Redefigur des Wortmißbrauchs, der »Abusio«, heftet gewissen Ausdrücken ein Minusvorzeichen an. Der »Euphemismus« als beschönigende Redeweise ist jedermann vertraut. »Oxymoron« heißt die Methode, kontradiktorische Worte zu bilden wie »Haßliebe«, und »Synekdoche«, das Mitverstehen, verbindet Begriffe mit Assoziationen, die aber nicht ausformuliert werden. Daß die Redner sich einer volkstümlichen Redeweise bedienen müssen und die Gebildeten oft zu abstrakt sprechen, war der antiken Rhetorik wohlvertraut. Dem Redner wird eine großflächige Manier wie die Freskenmaler empfohlen – und heute üben sich die Plakatwerbung oder die Balkenüberschriften der Sensationspresse in derselben Manier. Den Ungebildeten, die sich an das Naheliegende halten, schenkt das Volk mehr Vertrauen. Augustinus spricht in seiner Homiletik dieselbe Mahnung an die christlichen Prediger aus: »Nicht wie die Gelehrten reden: eher wie die Ungelehrten.«[48]

Bis ins späte Mittelalter wurden die antiken Schriften der Philosophen oder der Bibelliteratur »rhetorisiert«, indem man sie laut vorgelesen hat. Dadurch läßt sich die Öffentlichkeit in einem begrenzten Kreis genauso wirksam herstellen wie über das geschriebene und gedruckte Wort. Der Buchdruck, dessen »Erfindung« den Chinesen längst vertraut war, breitet sich in Europa an der Schwelle zur Neuzeit in einem Moment aus, als es einer raschen Methode der Vervielfältigung von Schriften und Büchern bedurfte. Die Zeitung folgt erst später, sie entsteht ebenfalls aus zeitlich und örtlich auftretenden Bedürfnissen und nicht am Beginn oder im Mittelpunkt der mit Gutenberg einsetzenden Medienentwicklung. Die periodische Presse weist mit den deutschen Wochenblättern »Aviso« und »Relation« aus dem Jahre 1609 die ältesten uns bekannten Zeitungstitel auf. Die Zeitung gelangt dann erst im Industriezeitalter der modernen Massengesellschaft zu ihrer eigentlichen Rolle und Bedeutung.[49]

Die massenhafte Vervielfältigung durch eine Maschine, die das persönliche Abschreiben überflüssig werden läßt, ist die einschneidendste Zäsur in der Medienentwicklung, die zeitlich mit Gutenbergs Druckerpresse zusammenfällt. Der Apparat ist es, der die Ära Gutenberg vom Mittelalter und der antiken Rhetorik trennt und ein ganz neues System der Arbeits- und Produktionsgänge herausbildet. Die primären Medien der Rede und des Schreibens beruhten auf der Leistung einzelner. Nunmehr werden mehrere bis viele Personen in denselben Arbeitsgang eingebunden und vom publizistischen Apparat beansprucht. Die Anpassung an die technischen Rahmenbedingungen leitet gleichzeitig einen Selektionsprozeß des »Druckreifen« ein, und das Medium selbst mit seiner Apparatur wird ein beherrschender Faktor im Kommunikationsgeschehen.

Das Medium als Medium beansprucht Rechte und Anerkennung. Gleichzeitig wird es durch die gesetzlichen Vorschriften zur Regulierung des Druckens und der Veröffentlichung in der freien Entfaltung eingeschränkt. John Milton appelliert im Jahre 1644 in seiner »Areopagitica« in leidenschaftlicher Form an das englische Parlament, Francis Bacons Buch über den Idealstaat »Neu-Atlantis«

freizugeben. Milton vergleicht das Buch mit einer vernünftigen Kreatur. Wer ein Buch zerstört, der vernichtet nicht nur etwas Lebendiges wie ein Totschläger, sondern die Vernunft selbst als Gottes Ebenbild. Das Buch als solches, als Medium und Instrument der Vernunft, hat ein Anrecht darauf, auf den Marktplatz der Ideen zu gelangen. Ob sein Inhalt gut oder verwerflich ist, darf nicht über seine Freigabe entscheiden. Am Ende wird sich die Wahrheit durchsetzen. Das Buch wird als Medium in den Rang einer Institution erhoben, und Miltons Aufruf gegen die obrigkeitlichen Einschränkungen, der zunächst erfolglos war, hat dann eine Entwicklung begünstigt, die England von 1709 an zu einem Land des freien Buchwesens mit einem Copyright-Gesetz zum Schutz der Verleger und Autoren gemacht hat.

Der kommunikationsbezogene Gesellschaftsbegriff

Unter dem Einfluß der Kommunikationsverhältnisse verändern sich die gesellschaftlichen Strukturen. Die Botschaft erreicht den Rezipienten in dem Gewand und mit den Inhalten, die sich jeweils als die spezifischen Leistungen medialer Techniken herausstellen. Das Buch läßt eine Buchgesellschaft entstehen. Wird das Fernsehen eine Fernsehgesellschaft entstehen lassen? Marshall McLuhans Medienphilosophie hat einen kommunikationsbezogenen Gesellschaftsbegriff zum Ausgangspunkt ihrer großflächigen Deutungen und Spekulationen gemacht. Niklas Luhmann verwendet ebenfalls einen Gesellschaftsbegriff, der Veränderungen in den Kommunikationsweisen mit der gesellschaftlichen Evolution in Beziehung setzt.[50]

Jedesmal wird das Bild einer Kommunikations- und Medienkultur entworfen, das von den jeweiligen Kommunikationsweisen abhängt. So wird die Gesamtheit der füreinander zugänglichen, kommunikativ erreichbaren Erlebnisse und Handlungen mit dem Phänomen Kommunikation gleichgesetzt. Das heißt, auch das Geistige und Kulturelle, das einer Epoche gemäß ist und historisches Profil verleiht, wird von den Kommunikationsverhältnissen geprägt und läßt uns von einer »medialen Gesellschaft« sprechen. »Die kommunizierenden Kräfte, deren Resultat der Mensch ist«, begründen anthropologisch diesen Gesellschaftsbegriff, wie ihn auch Harry Pross gefaßt hat: »Der Mensch entsteht durch Kommunikation. Er ist das Resultat kommunizierender Kräfte. Verbindung, Vermittlung, Verständigung, Verkehr machen das individuelle Leben möglich. Das Ende der Kommunikation heißt Tod. Manche Völker setzen Sterbende aus. Andere glauben an eine Rückkehr der Gestorbenen zur unmittelbaren Kommunikation mit der Natur, mit der Erde. So sehr beherrscht das Prinzip der Kommunikation das Menschenleben, daß es zur Verbindung mit dem Unfaßbaren drängt: Religion vermittelt Gott.«[51] Wie Hagemann erinnert auch Pross in seiner Publizistiklehre daran, daß die christliche Religion (1 Joh. 1,1) »das Wort«, die Kommunikation, zum Anfang der Schöpfung überhaupt macht.

Ein so weitgefaßter Kommunikationsbegriff läuft Gefahr, alle menschliche Historie als Publizistik zu interpretieren und sie zu einer globalen Geschichte auszuweiten, die mit ihrem Kommunikationswesen identisch ist. Dieses Einzelne und Endliche, das uns die neuesten Nachrichten täglich ins Haus tragen, wie kann es das Universale einer Geschichte darstellen? Harry Pross setzt sich mit dieser Frage auseinander und bemerkt mit skeptischem Unterton: Was wissen wir denn, wenn wir in der Zeitung lesen, daß eine Sonde in die Atmosphäre der »Venus« eingetaucht ist? Was wissen wir, wenn in den Fernsehnachrichten ein Diplomat aus dem Flugzeug steigt und zu wichtigen Staatsgeschäften eilt? Wir wissen so gut wie nichts. Das Besondere zufälliger Einzelheiten wird im weltweiten Transport der Medien als das Allgemeine ausgegeben. Die Publizistik ist in der Gefahr, die Globalgeschichte ersetzen zu wollen. Benedetto Croces Kritik der klassischen Universalgeschichte endet in dem Verzicht auf sie; man kann sie nie besitzen. Nur das Bestimmte, das Konkrete, nur dieses »arme Endliche« sei dem Menschen von Nutzen, ist Croces Folgerung: »Deshalb bliebe uns, auch wenn unserem Wissensdurst alle Einzelheiten der unendlichen Geschichte gegeben würden, nichts anderes übrig als unseren Geist von ihnen zu befreien, sie zu vergessen und uns nur auf jenes Besondere einzulassen, das auf ein Problem antwortet und die lebendige und fähige Geschichte ausmacht, die ›Geschichte der Gegenwart‹.«[52] Eine globale Geschichte, die dem globalen Kommunikationswesen entspräche, müßte, mit Croce zu sprechen, »ins Irrenhaus« führen.

Im Anspruch der modernen Massenkommunikation liegt etwas Globales, das sich jedoch empirisch und begrifflich nicht vergegenständlichen läßt. Andererseits kann eine Gesellschaftsauffassung, die den Kommunikationsbegriff zum Angelpunkt macht, die Wirkungsgeschichte der Medien verdeutlichen helfen. Niklas Luhmann bringt in soziologischer Definition eine Phasenfolge von drei Gesellschaftstypen, die den jeweiligen Kommunikationsmodus spiegeln: die archaischen Gesellschaftssysteme, die mit der Stadtbildung entstehenden Hochkulturen und, drittens, das moderne System der technisch-industriellen Zivilisation, das uns den Schritt zur Weltgesellschaft vollziehen läßt.

Die Evolution der Sprache steht an der Wiege der Menschheitsentwicklung. Der Übergang zur Hochkultur wird durch die Entwicklung zur schriftlichen Kommunikation möglich. Die Schrift befreit den Kommunikationsprozeß von der Notwendigkeit der Anwesenheit, überbrückt räumliche und zeitliche Distanzen, und im Unterschied zur persönlichen Rede entzieht sich die Schrift dem dichten Netz der interaktionellen Gegenseitigkeiten und Kontrollen. Die

Sprechsituation wird bereits in erheblichem Maße anonymisiert. Die Verbreitungsmethoden der neuzeitlichen Druck- und Funktechnik machen dann erst den Schritt zur Massen- und Weltgesellschaft möglich. Dabei hat die Reproduktionstechnik der Massenmedien bei der am spätesten entwickelten Kommunikationsweise, der Schrift, angesetzt, um dann aber gleichsam die Kette der Evolution zurückzulaufen und mit Hilfe des Funks auch das gesprochene Wort, dann sogar die sprachlose Kommunikation, das volle Bild, einzubeziehen. Luhmann will diese Phasenfolgen der Gesellschaftstypen und der Kommunikationsweisen nicht als Prozeß der Verdrängung und der Substitution des einen durch das andere verstanden wissen: »Eher handelt es sich um einen Prozeß des Hinzufügens von voraussetzungsvolleren Formationen, die dann die Bedingungen des Möglichen neu definieren und von daher umfunktionieren, was an älterem Strukturgut schon vorhanden ist.«[53]

Diese Neudefinition von Kommunikationsweisen erfolgt nicht spannungslos. Luhmann veranschaulicht die Dialektik an der Beziehung zwischen Sprache und Schrift. Er nennt das Mißtrauen des Sokrates oder Platon gegen die doch schon unentbehrliche, irreversibel eingeführte Schrift: »Welche Leichtfertigkeit wurde jetzt möglich, wenn man sich nicht mehr durch Partner des mündlichen Dialogs kontrollieren ließ? Zumindest mußte also die Form des Dialogs in der schriftlichen Kommunikation bewahrt werden! Und was sollte aus der einstmals so gefeierten himmlischen Tugend der Erinnerung werden – mnemosyne, memoria – wenn alles Wichtige in Archiven gespeichert und getrost vergessen werden konnte?«[54]

Heute stellen wir fest, wie die Elektronik auch zu einem Teil der Druckindustrie geworden ist. Die Tele- und Druckkommunikation sind in technischer Hinsicht nicht mehr scharf zu trennen. Das zeigt sich bei der nachrichtentechnischen Übermittlung von Texten, beim Videotext oder Bildschirmtextverfahren. Die Telekommunikation wird immer dann eingesetzt, wenn eine Information nicht in Form von Papier, sondern als elektrisches Signal weitergegeben oder elektronisch gespeichert wird.

Das Vordringen der elektronischen Medien läßt uns allerdings auch die Vorzüge der guten, alten Zeitung wiederentdecken, deren Bedeutung als Informationsträger in der öffentlichen Aufmerksamkeit zwar zurückgetreten, aber durch die Entwicklungen in ganz neuer Weise bestätigt worden ist. Wolfgang Langenbucher erhebt die berechtigte Forderung nach einem »Printkommunikationsbericht« und spielt damit auf den Telekommunikationsbericht der Bundesregierung an. Die Zukunft unserer Kommunikationsverhältnisse wird zu einseitig gewichtet, wenn sich alles Interesse auf die Telekommunikation verlagert.[55] Der Leser kann gegenüber der Zeitung, der Zeitschrift oder dem Buch ein viel souveräneres Rezeptionsverhalten einnehmen als gegenüber den elektronischen

Medien. Die Zeitung kann man umblättern, beliebige Teile davon überschlagen und wieder dorthin zurückkehren. Der Leser ist nicht auf einen Zeitablauf festgelegt wie beim Hörfunk oder Fernsehen. Dieser Nachteil der elektronischen Medien wird allerdings mit der Verbreitung neuer Telekommunikationstechniken abnehmen, weil sie einen individuellen Abruf, eine zeitunabhängige Speicherung und Hinwendung zum eigenen Programmbedarf ähnlich wie die Druckmedien ermöglichen. Dennoch, das Merkmal der Disponibilität eines Mediums wird die Zeitung auch weiterhin begünstigen, und das ist ein Merkmal persönlicher Gebrauchsfreiheit. Dem Fernsehen ist man »ausgesetzt«. Demnach wäre die wichtigste Taste die Aus-Taste.

4. Reproduktion, Schriftlichkeit, Techno-Bilderwelt

Das Alphabet hat die Magie verdrängt

Der Betrachter eines Kunstwerks erfährt vor dem Original in einem Museum die Einzigartigkeit einer Skulptur oder eines Gemäldes. Eine Reproduktion vermag die Originalwirkung in der Unmittelbarkeit der künstlerischen Aussage niemals einzuholen. Rilke hat einem Archaischen Torso Apollos ein Gedicht gewidmet, das die ausstrahlende Kraft dieses Kunstwerks nachempfindet: »...denn da ist keine Stelle, die dich nicht sieht. Du mußt dein Leben ändern.«[56]

Walter Benjamin spricht von einem »Zeitalter der technischen Reproduzierbarkeit«. Mit dem Blick auf die Massenmedien sucht er am Beispiel des Kunstwerks zu zeigen, wie das Werk mit einer Reproduktion in massenhafter Vervielfältigung den Charakter ursprünglicher Einzigartigkeit und die Kraft künstlerischer Aussage verliert. Was verkümmert, »das ist seine Aura«, meint Benjamin. »Der Vorgang ist symptomatisch; seine Bedeutung weist über den Bereich der Kunst hinaus. Die Reproduktionstechnik, so ließe sich allgemein formulieren, löst das Reproduzierte aus dem Bereich der Tradition ab. Indem sie die Reproduktion vervielfältigt, setzt sie an die Stelle seines einmaligen Vorkommens sein massenweises.«[57] Benjamins Rede vom Verfall der »Aura« sucht den Bedeutungs- und Wirkungsverlust zu belegen, der den Abstand zwischen Original und Kopie markiert. Der Einbuße an Authentizität und Originalität steht jedoch ein Gewinn an Publizität gegenüber. Die Technik erlaubt es der Reproduktion, dem Aufnehmenden in seiner jeweiligen Situation entgegenzukommen, und damit »aktualisiert sie das Reproduzierte« nach Benjamins Deutung. Das heißt, ein technisches Medium hat dem reproduzierten Werk seine Eigenstrukturen in der Wirkungsweise auferlegt und kehrt sie hervor. Daraus entsteht etwas Neues, das anders wirkt und als eine andere Wirklichkeit konstruiert ist.

Verändern sich durch das massenhafte Reproduzieren auch die Inhalte der Botschaft? Das Original-Authentische des Werks verflacht in seiner Aussagekraft, aber es erfährt in der Transformation durch das Medium auch gleichzeitig eine Neuinterpretation, die ihm durch die Eigenstruktur des Mediums auferlegt wird. Keine substantielle Interpretation läßt den Gegenstand unverändert. Das gibt uns der sprachliche Verstehensprozeß zu bedenken. »Denn Interpretation ist ausgearbeitetes, methodisch elaboriertes Verstehen. Grundsätzlich beginnt der Verstehensprozeß stets mit einem Akt reproduzierter Artikulation, so wie umgekehrt das substantiell gesprochene Wort stets von einem Akt antizipierter Rezeption begleitet ist... Denn das, was wir verstehen, ist weder der phonetische Wortlaut noch das arbiträre Schriftzeichen, das ihn im Fall der schriftlichen Vermittlung wiedergibt, sondern nur der darin mitgeteilte ›Sinn‹, und auch er nur, sofern sich in ihm eine menschliche Struktur – eine Struktur des in uns selbst verwirklichten Menschseins – darstellt.«[58]

So können wir, wenn wir den Blick auf eine publizistische Aussage richten, die sich eines technischen Mediums bedient, von einer durch Interpretation und Reproduktion bewirkten Veränderung der Botschaft ausgehen. Der von Benjamin bezeichnete Modellfall des Kunstwerks und seiner massenhaften Vervielfältigung läßt uns den Abstand erkennen, der beispielsweise zwischen einem persönlichen Gespräch und einer von den Massenmedien reproduzierten Botschaft besteht.

Die Schriftkultur führt uns noch deutlicher vor Augen, was sich bereits im sprachlichen Verstehensprozeß gezeigt hat. Die Modalität, in der wir Botschaften kommunizieren, wird als Zeichen klassifiziert. Diese Zeichen stehen für etwas, das sie be-zeichnen und be-deuten. Solche Zeichnung, solche Deutung von Wirklichkeit wird durch ein System von Symbolen, durch einen Kode vermittelt. Jede Kommunikation benötigt einen Kode, und so wird erst überhaupt Kommunikation zwischen Menschen ermöglicht. Die Symbole sind Zeichen und Sinnbilder, Ersatz für Phänomene, die sie »bedeuten«, und sie lassen somit alle Kommunikation als einen Ersatz erscheinen. Ersetzt wird das Erlebnis des von ihnen »Gemeinten«. Den unmittelbaren Kontakt mit der Bedeutung der Symbole haben die Menschen verloren. Diesen Abgrund zwischen sich und der »Welt« gilt es zu überbrücken. Der Mensch muß unter Zuhilfenahme von Symbolen, deren Regeln in Kodes geordnet sind, zu »vermitteln« suchen.[59] Mit anderen Worten, jede Wirklichkeit, die uns die Medien vermitteln, ist eine »kodifizierte Welt«, eine durch Bedeutungsvermittlung zustande gekommene Welt.

Das Schriftmedium, Gewinn und Verzicht

Die Herausbildung der Schriftlichkeit in der Menschheitsgeschichte gehört wohl zu den markantesten Evolutionspunkten in der Medienentwicklung. Das Sprachliche wird über die vergängliche Bestimmung hinausgehoben und durch die Schrift auch zeitlich verfügbar gemacht. Der Wille zur Dauer hat sich ein Medium geschaffen, das wir Literatur und schriftliche Überlieferung nennen. Das Gesprochene, das in der Rede die Erfahrung weitergibt und das Gelernte vermittelt, wird niedergeschrieben und kann tradiert werden. Es kann jederzeit wieder unmittelbar zur Sprache gebracht werden und gibt unserem Gedächtnis die geschichtliche, über die Generationen hinausgreifende Kontinuität, die grundlegend ist für jede kulturelle Höherentwicklung. In dem Maße, wie die alten unhandlichen Trägermaterialien für die Schrift – Stein, Holz, Ton – durch leichtere Materialien wie Papyrus, Pergament und Papier abgelöst wurden, ist die Schrift dann auch räumlich verfügbar geworden.[60] In der Schriftlichkeit gewinnt die Sprache ihre wahre Geistigkeit, meint Gadamer, »denn der schriftlichen Überlieferung gegenüber ist das verstehende Bewußtsein in seine volle Souveränität gelangt«. Nicht umsonst sei der Begriff der Philologie, der Liebe zu den Reden mit dem Aufkommen literarischer Kultur ganz auf die alles umfassende Kunst des Lesens übergegangen und habe seinen ursprünglichen Bezug auf die Pflege des Redens und Argumentierens verloren. »Lesendes Bewußtsein ist notwendig geschichtliches und mit der geschichtlichen Überlieferung in Freiheit kommunizierendes Bewußtsein.«[61]

Die Erkenntnisbedingungen des Menschen werden fortan vom Schriftmedium maßgeblich bestimmt. Texte verstehen, das heißt nicht primär, daß etwas Vergangenes in die Sprache zurückverwandelt wird, sondern bedeutet »gegenwärtige Teilhabe an Gesagtem«. Dabei tritt nicht eigentlich ein Verhältnis zwischen Personen hervor, etwa zwischem dem Leser und dem Autor, sondern es geht um »Teilhabe an der Mitteilung, die der Text uns macht«. Gerade weil aber ein schriftlicher Text den Aussagesinn von dem Aussagenden ganz ablöst, läßt er in dem verstehenden Leser den Anwalt seines Wahrheitsanspruches erstehen. Es habe also seinen tieferen hermeneutischen Grund, folgert Gadamer hieraus, »wenn leseungeübten Menschen der Verdacht, daß Geschriebenes falsch sein könnte, gar nicht recht in den Sinn kommt, da ihnen alles Schriftliche wie ein Dokument ist, das sich selbst beglaubigt«.[62]

Daß etwas, was man »schwarz auf weiß« getrost nach Hause tragen kann, nicht wahr sein soll, ist dem Zeitungsleser bis heute nicht aus dem Sinn gekommen. Er sieht in allem, was geschrieben und gedruckt ist, ein Beweisstück von besonderer Autorität und weniger die subjektive Meinung des Verfassers, von der er zugunsten der möglichen Wahrheit abstrahiert. Er hat sich dieses »Vorurteil« durch alle enttäuschenden Erfahrungen hindurch erhalten, daß schriftlich Fixiertes, worin eine Sache zur Sprache und Verständigung gebracht werden soll, seine eigene Würde besitzt.

Die Mehrung der Kommunikation, die das Schriftmedium ermöglicht, hat aber auch einen Verzicht zur Folge. Eine schriftlich übermittelte Botschaft erspart ihrem Träger die Gedächtnisleistung. Die gesprochene Rede läßt der Phantasie und Spontaneität freien Lauf. Die Schriftkultur schwächt solche Aktivitäten des Menschen bis ins Extrem des modernen Computer-Zeitalters, wo solche Talente vollständig verkümmern, weil sie der Übung und Einübung –

etwa das fast ganz abgeschaffte Auswendiglernen von Gedichten in der Schule – entbehren.

Eugen Biser sieht mit der Erfindung und Einführung der Schrift einen entscheidenden Schritt zur Domestizierung des Menschen getan. Für den Verzicht, den der Mensch im Rahmen der Schriftkultur leistet, »ganz das zu sein, was er sein kann, erlangt er die Sicherheit, die ihm nur ein dauerhaftes Sozialsystem geben kann.«[63] So habe die Völkerkunde nachgewiesen, daß in primitiven Gesellschaften grammatikalische Regeln den Heiratsregeln entsprechen. Der Theologe Biser erinnert daran, daß Luther bereits den Verlust der ursprünglichen Wortkultur für die Verkündigung anmerkte: »Daß man ... hat müssen Bücher schreiben, ist schon ein großer Abbruch und ein Gebrechen des Geistes, daß es die Not erzwungen hat und nicht die Art ist des Neuen Testaments.«[64] Ähnlich habe auch Paulus die Restriktionen empfunden, die ihm durch die Schriftlichkeit seiner Botschaften an die Gemeinden in Ephesus oder Korinth auferlegt wurden, daß das Evangelium eigentlich mündliches Wort sein sollte. Lessing hat an den Erben Luthers schon kritisiert, daß sie die Freiheit des Wortes erneut unter das Joch des Buchstabens gebeugt hätten. Luther ist der »große Wiederentdecker des Wortes« im dauernden Spannungsfeld zwischen Geist und Buchstabe. Das Evangelium sollte eigentlich nicht Schrift, sondern mündliches Wort sein, und so könnte man die Frage der Aktualisierung der christlichen Botschaft in einem umfassenden Akt der »Rückübersetzung« sehen, »die schriftlichen Zeugnisse wieder so zum Reden zu bringen, daß in ihnen die unverwechselbare Stimme Jesu hörbar würde.«[65] Biser erinnert an die Tatsache, daß aus der »Not« der Schriftlichkeit nicht nur die »Tugend« der Vergegenwärtigung des lebendigen Wortes, sondern auch die Hölle der totalen Medienwelt und eines radikal »mediatisierten« Menschen entstehen kann.

Jedes Medium setzt Grenzen und fordert einen gewissen Verzicht auf Leistungen anderer Medien- und Zeichensysteme. Gleichzeitig bringt es neue Möglichkeiten. Die Verschriftung des Evangeliums hat erst seine weltweite, von Raum und Zeit abgelöste Reproduktion ermöglicht. Was als gesprochenes Wort dem Hörer »ins Ohr geflüstert wurde«, das sah sich mit Hilfe seiner Verschriftung »auf den Dächern« einer im Prinzip grenzenlosen Öffentlichkeit ausgerufen.[66]

Das Entfremdungsmoment in der Schriftlichkeit wird auch von Gadamer hervorgehoben. Durch eine Rückverwandlung in Sprache wird dieses Moment nicht ganz eliminiert werden können. Alle Zeichensysteme weisen begrenzte Kodierungsmöglichkeiten auf, die sprachlichen wie die schriftlichen, und es kennzeichnet das »Mängelwesen« Mensch als das »entfremdete Tier«, daß ihm nur über die Gebrochenheit von Medien und Techniken die Idealität des Sinns zugänglich wird. So gelangt die Anthropologie zur Deutung solcher Techniken als »Organersatz« und »Organverstärkung« des Menschen.[67] So gelangt auch

McLuhan zu der phantastischen Auffassung, die Medien seien technologische »Extensions of Man« und simulierten das zentrale Nervensystem des Menschen. Niklas Luhmann spricht vom sozialen System der Weltgesellschaft, das »für seine kommunikative Integration Massenmedien voraussetzt«.[68]

Die Schwäche alles Schriftlichen wird mit Platons Hinweis belegt, der schriftlichen Rede vermöge niemand zu Hilfe zu kommen, wenn sie dem gewollten oder dem unfreiwilligen Mißverstehen anheimfällt. Gadamer gibt auf diesen platonischen Hinweis zu bedenken, mit dem Schreiben sei es tatsächlich wie mit dem Reden; wie dort eine Kunst des Scheinens und des wahren Denkens einander entsprächen, so gebe es offenbar auch eine »entsprechend gedoppelte Kunst des Schreibens«. Allerdings mache die gesteigerte Hilfsbedürftigkeit der Schrift sie in bevorzugter Weise zum Gegenstand der Hermeneutik: »Weil es auf die Mitteilung des wahren Sinnes eines Textes ankommt, ist seine Auslegung bereits unter eine sachliche Norm gestellt... Was im Text gesagt ist, muß von aller Kontingenz, die ihm anhaftet, abgelöst und in seiner vollen Idealität erfaßt werden, in der es allein Geltung hat.«[69]

Der Buchdruck steigerte vor allem die raum-zeitliche Verfügbarkeit einer Botschaft. Jetzt konnte an vielen Orten bei einer großen Zahl von Personen und gleichzeitig infolge ihrer massenhaften Herstellung eine verschriftete Botschaft in bisher unbekanntem Ausmaß ihre Präsenz erlangen. Dieser Prozeß erfuhr nochmals eine enorme Steigerung, als die Funk- und die daraus hervorgegangene Fernsehtechnik aufkamen und es mittels neuer Zeichen- und Kodierungssysteme möglich wurde, nunmehr auch das bewegte und farbige Bild auf die Reise um den Erdball und bis in den Weltraum hinein zu senden.

Bild, Spiegelbild und Fernsehbild

Das bisher jüngste Glied in der Kette medialer Techniken ist die elektronische Übertragung des Bildes. Die Bilder waren einmal das einzige Medium, ein vergängliches Wort in seiner Anschauung gegenwärtig zu halten, bevor es zur Entwicklung der Schriftkultur gekommen ist und die Bilder in die Begrifflichkeit und Abstraktion übergegangen sind. Die Bilder waren magische Kommunikationsmittel und bildeten nicht nur ab, sondern beschworen die Wirklichkeit.

In einem Bericht aus Afrika erzählt Leo Frobenius, wie ein Buschmann, der eine Gazelle schießen wollte, vor Sonnenaufgang ein Bild des Tieres in den Sand zeichnete, dann mit dem Pfeil auf dieses Bild schoß und dabei zauberische Worte murmelte. Am Abend des gleichen Tages brachte der Mann eine Gazelle ins Lager. Sie war an genau derselben Stelle getroffen worden, die der Pfeil am Morgen bezeichnet hatte.[70] Das Alphabet und nicht das Bild hat die Magie verdrängt. C. G. Jungs Ansicht, daß die Archetypen als Urbilder in einem kollektiven Unbewußten wurzeln, das von weither kommt und in dem sich die Erfahrungen der Menschheit verdichten, zeigt die Bilder nicht als Begriffe, sondern als Mächte, die uns Gehorsam abverlangen. Wir stehen in ihrem »Bann«.

Ludwig Klages, der das Wirken des Seelischen im »Bild« dem »logozentrischen Irrweg« der Geistes- und Verstandestätigkeit gegenüberstellt, erwähnt den dürstenden Hirsch, der nach Wasser sucht und demgegenüber der dürstende Mensch die Fähigkeit hat, »vom Wasser und vom Trinken wachend zu träumen, das Wasser wie das Trinken sich auszumalen... Es erwacht und wird offenbar die Welt als das, was sie ist: eine Wirklichkeit selber der Bilder, im Verhältnis zu der alle Lebensvorgänge jetzt als Mittel und Wege zur Wirklichkeitsschauung erscheinen. Hier liegt die unterste Wurzel von Mythos, Symbol und Kunst, hier auch die unterste Wurzel aller Magie.«[71] Das magische Denken ist uns abhanden gekommen, und mit der Lehre von der Wirklichkeit der Bilder wird der Mensch trotz allem seinen Durst nicht löschen können. Das neuzeitliche Denken mit seiner ausgeprägten Rationalität und naturbeherrschenden Tendenz hat vollends das geschriebene Wort über das Bildmedium gestellt. Der Geist wurde – in der Überzeichnung von Ludwig Klages – zum »Widersacher der Seele«. Die Ambivalenz des Bildes bleibt jedoch unaufhebbar. Im audiovisuellen, im optischen Zeitalter leben wir mit Bildern. Die Augenlust paart sich mit der gaffenden Neugier. Wir drohen unter der Flut von unablässig reproduzierten Bildern zu ersticken. Zum Sehen geboren? Zum Schauen bestellt? Das Fernsehen hat eine maßgebliche Zäsur gebracht, und ob Ludwig Klages heute noch schreiben könnte, das »eigentlich« Wirkliche seien die Seelen der Bilder, ist fraglich.

Im Mittelalter waren Fresken und gotische Kirchenfenster, Schaubuden und Prozessionssymbole die bildhaften Kommunikationsmittel für die des Lesens und Schreibens unkundigen Volksschichten. Greifen wir im Fernsehzeitalter auf mittelalterliche und archaische Bilderwelten zurück? Ja und nein; die Technik tritt beim modernen Fernsehbild dazwischen und fabriziert eine künstliche Bilderwelt, eine Techno-Bilderwelt. Das ist nicht dasselbe wie jene Bilder, die Produkte des Handwerks und vielfach Kunstwerke waren, worauf Vilém Flusser hinweist: »Der vormoderne Mensch lebte in einer Bilderwelt, welche die ›Welt‹ bedeutete. Wir leben in einer Bilderwelt, welche Theorien bezüglich der ›Welt‹ zu bedeuten versucht. Das ist eine revolutionäre neue Lage.«[72]

Andererseits ist die Seinsmächtigkeit des Bildes auch im technisch erzeugten Fernsehbild noch gegenwärtig und wird aus dem Abgebildeten etwas hervorgeholt, das mehr ist als reine Spiegelung. Im Spiegelbild sehe ich mich selbst nur solange, wie in den Spiegel geblickt wird; über das reine Erscheinen hinaus ist es ein Nichts. Hingegen hebt das Bild sich als Abbild nicht selbst auf, sondern es hat in seiner Mittelstellung »zwischen dem Zeichen und dem Symbol«[73] eigene Seinsmächtigkeit, das weder ein reines Verweisen noch ein reines und symbolisches Vertreten ist. Wir geben hier Gadamers Gedanken wieder, der mit seiner Hermeneutik des Bildes allerdings nicht die Fernseh-Bilder ansprechen wollte, aber Bilder sind es auch hier. Das Bild ist kein Zeichen, meint Gadamer. Das Bild »erfüllt seine Verweisung allein durch seinen eigenen Gehalt. Indem man sich in es vertieft, ist man zugleich bei dem Dargestellten. Das Bild ist verweisend, indem es verweilen läßt.«[74] Das Dargestellte erfährt einen Seinszuwachs. Wir denken an ein Kunstwerk. Können wir, zum Beispiel, auch an die Illustrierten mit den Bildern schöner, niemals alternder und »ewig« attraktiver Frauen denken? Erscheint auch hier etwas als gegenwärtig, was immer gegenwärtig sein soll, worin die Zeiterfahrung aufhört, was der Irreversibilität des Lebensdramas enthoben ist?

Bei allen Abstrichen, die wir infolge der Fernseh-Reproduktionstechnik machen, ist die Augenscheinlichkeit des Bildes beim Fern-Sehen die stärkste Anziehungskraft geblieben. Es werden noch immer Erwartungsschichten berührt, die auf einem mythischen oder magischen Hintergrund die Urbilder dessen, was abgebildet ist, nicht »vergessen« haben. Der bewegliche Film mit seiner Bildrepräsentation trifft noch einen anderen Grundzug menschlichen Erwartens, nämlich nichts von dem, was wirklich ist und sich doch dauernd verändert, versäumen zu müssen. Man will dabei gewesen sein. Man will »im Bilde« sein, man läßt sich »ins Bild setzen« und glaubt solchermaßen die drückende Enge des eigenen Blickwinkels überwinden zu können. »Film und Fernsehen wollen Nähe vermitteln. Nähe jener Wirklichkeiten, die sie vorstellen.«[75] Aber letzten Endes sind es wieder »nur« Bilder, nicht die Wirklichkeit. Die Bilder sind nicht einmal ein verkleinertes Abbild davon, sondern eine Übersetzung, eine Interpretation von fernsehgemäßer Welt, die uns sehen läßt, was wir sehen sollen, programmiert auf einen Kode, dessen Chiffrierung wir selber sind.

Die Verheißung, die im Bild-Sehen liegt, kann durch das Fernseh-Gerät im allgemeinen nicht eingelöst werden. Die Bilder enttäuschen. Das Gerät hat etwas von einem Spiegel, der das Bild dessen, der hineinschaut, auf raffinierte Weise zurückgibt. Das Entscheidende gibt der Zu-Schauer und Zu-Hörer selbst hinzu.

5. Das Metaphorische zwischen Kunst und Technik

Das Theater und die Ästhetik des Fernsehens

»Am farbigen Abglanz haben wir das Leben.« Was abgebildet wird, dient als Gleichnis. Das Goethewort nennt das Metaphorische als die bildliche Übertragung eines konkreten Begriffs auf einen abstrakten. Die deutsche Sprache besitzt für das sprachliche Bild kein eigenes Wort. Bild ist etwas Optisches, dem Augensinn Entsprechendes, während das griechische Wort »Metapher« mit der Übertragung des Begrifflichen ins Bildliche diese Eingrenzung nicht vornimmt, sondern das Bild vom Sprachlichen, vom Wortsinn durchfluten läßt. In der Sprache sind schon alle Bilder enthalten, das Geistige drängt zum Bildhaften, zum sprachlichen Bild und Gleichnis. Das Bild als ein Vorgezeigtes ist etwas, woran man das andere erkennt, aber indem es zum Begriff hin strebt, will es auch schon wieder in die Anschauung des Bildhaften zurückgeholt werden. Die Metapher ist nach griechisch-aristotelischer Deutung auf ein Bildhaft-Machen des Unbewußten der Seele gerichtet. Die Übertragung ist möglich, weil es Ähnlichkeiten zwischen dem »farbigen Abglanz« und dem »Leben« gibt, zwischen dem Vergleichenden und dem Verglichenen.

Das Fernsehen, eine Metapher der Wirklichkeit? Hat die Technik die Kunst in ihrer metaphorischen Kraft eingeholt? Das Fernsehmedium erhebt nicht den Anspruch, mit der Kunst zu wetteifern; Publizistik und Kunst sind zweierlei. Wir haben es beim Fernsehen mit einem jungen Medium zu tun, dessen Möglichkeiten der künstlerischen Wirkung bisher kaum zur Geltung gelangt sind. Zunächst bleibt das Medium in die Hektik des jeweils Neuen und Aktuellen eingespannt, wo die Reize sich ständig ablösen und wir einer Folge rasch wechselnder Abbildungen ausgesetzt sind. Eine gültige Theorie des Fernsehens liegt nicht einmal in den ersten Ansätzen vor. Die Malerei mit ihren frühesten Dokumenten blickt auf 50 000 Jahre zurück, das Theater ist weit über 2000 Jahre alt, die Fotografie, der Film zählen nicht einmal 100 Jahre, Hörfunk und Fernsehen sind die jüngsten Medien, und gerade machen wir die allerersten Erfahrungen damit, wer die Leute sind, die das Programm machen, was die Botschaften bringen, die uns die Elektronik vermittelt, wie die Menschen, die vor dem Bildschirm sitzen, sie aufnehmen.

Die Fernsehbilder rücken uns plötzlich in die Nachbarschaft aller möglichen Dinge auf diesem Planeten. Die Grenzen von Raum und Zeit dehnen sich aus.

Auf einem technisch komplizierten »Schirm« präsentiert sich ein globales Schau- und Hörspiel. Der Apparat, den man ein- und abschaltet, reflektiert das Bild, den Schall und den Schein auf unsere Sinnesempfindungen. Wir sind dabei und doch nicht dabei. Das Theaterstück, dem wir persönlich beiwohnen, ist auch eine Art von Spiegelung und Wirklichkeit »nur« im Spiel. Das eingeschaltete Fernsehgerät potenziert Spiegelung und Illusion nochmals in die technische Dimension, Spiegelung einer Spiegelung.

Jede Kunst ist Schein und Illusion. Ist die Illusion der Fernsehkunst nur eine rein technische Illusion? Überwiegen die technischen Mittel in solchem Maße, daß die künstlerischen davon erdrückt werden? Fernsehen, das »ist der dritte Ort, der indirekte Ort der Begegnung zwischen dem Schau- und dem Hör-Spieler und dem Zu-Schauer und -Hörer. Ein vollkommen imaginärer Ort, nur eine Fläche, eine Art Hohlspiegel, der Schirm und die Membrane... Greifen unsere Kinder danach, so stoßen sie in den Schirm, in das tote Gerät. Rufen sie den Schattengestalten etwas zu, so hören sie es nicht. Da ist nur das Gerät in Betrieb. Und dieses Gerät ist das moderne ›Brett‹, das die Welt bedeutet.«[76] Aber so tritt kein Schauspieler auf die Bühne. Was unterscheidet Fernsehen und Theater?

Die Empfangssituation ist beim Fernsehen radikal monologisch, einseitig und alltäglich. Im Kinofilm ist sie es auch, und die Filmgeschichte hat schon viele der Fragen aufgeworfen, die auch das Fernsehen betreffen. Die Kinoveranstaltung wird allerdings im Unterschied zur Fernsehsituation noch häufig als ein Ereignis gegen die Alltagswelt inszeniert und empfunden. Immerhin muß man sich zum Akt des Ins-Kino-Gehens entschließen und das Haus verlassen. Die frühen Kinobauten waren palastartige Architekturen wie die Theaterbauten. Beim Theater ist die Distanzierung vom Alltagsleben noch stärker. Das Theater hat den Rang eines kulturellen Ereignisses und ist in ein Ritual eingebettet, das eine gewisse Festlichkeit dokumentieren soll.

Hingegen ist das Fernsehen vollständig in die Alltäglichkeit aufgegangen. Das Gerät steht als Möbelstück im Zimmer. Es gilt als der »Kasten«, der funktioniert und unterhält. Nur vier Prozent der erwachsenen Bevölkerung haben kein Fernsehgerät, 27 Prozent jedoch zwei, und sechs Prozent können sogar auf drei und mehr Fernsehgeräte im Haushalt verweisen. Fernsehen nimmt über 40 Prozent der werktags zu Hause verbrachten Freizeit in Anspruch.[77] Während die Theater- und Kinounterhaltungsprogramme noch reale Distanzen zum Alltagsleben hin aufrichten, unterteilt das Fernsehen diesen Alltag selber in den Arbeits- und den Fernsehalltag. Es ist fast keinerlei Aufwand notwendig, den abendlichen Fernsehkonsum einzuleiten; entsprechend verliert der Mechanismus der Wiederholung an kultureller und gesellschaftlicher Bedeutung. Dem extrem reduzierten Handlungsaufwand entspricht »eine extrem entspezifizierte, abstrakte Entschädigungserwartung«, wie Karl Müller-Sachse in einer Untersuchung über die unterschiedlichen Vergesellschaftungsstufen der Theater-, Kino- und Fernsehunterhaltung feststellt. Die für die älteren Unterhaltungsmedien bedeutsamen Distanzen zwischen der Alltagssinnlichkeit und den sinnlichen Qualitäten des Unterhaltungsmaterials sind in der »Apparatsinnlichkeit des Fernsehens« weitgehend nivelliert. »Daher liegt auch das Faszinativ-Sensationelle des Fernsehens nicht mehr in einer potentiell universellen sinnlichen Vorzeigbarkeit – die im Film immer noch als illusionäre Quasi-Wirklichkeit relativiert bleibt –, sondern im Schein einer Unmittelbarkeit, in der tendenziell ›die ganze Welt‹ zum Gegenstand symbolischer Präsentation geworden ist.«[78]

Diesen Schein einer Unmittelbarkeit hat die Theateraufführung nicht. Schauspieler und Publikum verbindet das Bewußtsein des Schau-Spiels. Das Spiel ist zu Ende, wenn sie das Theater verlassen. Der Kinofilm rückt schon näher ans Illusionäre heran und bewirkt jene Grenzverwischungen, die das Spiel mit dem Leben vermengen. Das Publikum im Kinosaal registriert jedoch deutlich mit dem Verlassen der Veranstaltung, daß die Vorführung zu Ende ist und daß für die Spielhandlung, mit der es sich möglicherweise identifiziert hat, der Vorhang gefallen ist.

In der Fernsehempfangssituation werden die Welten nicht so deutlich unterschieden. Das liegt auch daran, daß in stofflich-thematischer Hinsicht die Programme mit journalistischem Wirklichkeitsbezug unmittelbar neben Unterhaltungssendungen und Fernsehspielhandlungen zu finden sind. Der strukturelle Faktor des Mediums überwiegt in der Empfangssituation und bringt eine Situation hervor, »die eine extreme Konzentration mit einer extremen Beiläufigkeit in das gleiche Wahrnehmungskontinuum zwingt«.[79] So kommt es, daß vielfach realitätsorientierte Nachrichtensendungen nach dem gleichen Rezeptionsmuster wie abendfüllende Unterhaltungssendungen aufgenommen werden und die rezeptive Dominanz des strukturellen Medienfaktors über der Intentionalität einzelner Sendungsgattungen steht.

Wort-Bild-Geschehen im Fernsehen

Wie keine andere Kunstgattung lebt das Theater vom Wort und der Wortmächtigkeit. Darin ist es elementar dialogisch und läßt im Wort eine Wirklichkeit durchscheinen, die der Kommunikation als Brücke dient. Das künstlerische Problem entscheidet sich immer auch am Wirklichkeitsverhältnis. Wort und Sprache sind im Theater ein Durchlaß zur Wirklichkeit und ihrer Wahrheit. Sie sind ein Verweis über alles Abbilden und Nachbilden hinaus auf eine geistige Wirklichkeit, »die Bilder tieferer Welten zu entwerfen«, die den Dichter ausrufen läßt: »Worte – Worte – Substantive! Sie brauchen nur die Schwingen zu öffnen und Jahrtausende entfallen ihrem Flug.«[80] Das Dithyrambische einer solchen Suche nach den Bildern tieferer Welten ist dem profanen Fernsehmilieu nicht gemäß. Die Worte sind auch im Fernsehen anwesend. Das Hören ist durch das Sehen nicht aufgehoben worden, sondern es geht – wie im Film überhaupt – neue und ungewohnte Verbindungen mit dem Bild ein, die noch ziemlich unerforscht sind. Der um einige Jahrzehnte ältere Film hat uns erkennen lassen, wie das Bild durch das Wort nicht so viel gewinnen, wie das Wort durch das Hinzufügen des Bildes verlieren kann. Die Funktion, die das Wort in einem Fernsehprogramm hat, könnte durchaus die gleiche sein wie die des Wortes im Theater. »Es kann das scheinbar alltäglichste Wort sein, das dadurch, daß es in einer ganz bestimmten Situation gesprochen wird, das einzig mögliche Wort ist.«[81]

In den fünfziger Jahren, als das Hamburger Fernsehen erst wenige Jahre »jung« war, redigierte der Rundfunkredakteur Heinz Schwitzke die »Familie Schönermann«. Das Programm sollte kein Fernsehspiel sein, sondern als Familiensendung mit den Mitteln des Fernsehspiels die »Wirklichkeit« zur Sprache bringen. Die Aufgabe war eine doppelte, nämlich den zuschauenden Familien einen Spiegel vorzuhalten – und ihnen dadurch zu gefallen. Lag darin nicht eine hoffnungslose Illusion? Wie konnte etwas, das gefällt, sich an eine wahrheitsgetreue Schilderung der Verhältnisse halten? Schwitzke war anderer Auffassung und setzte sich gegen einen Wirklichkeitsbegriff zur Wehr, der im künstlerischen Bereich den Anspruch erhebt, eine Art Synonym für Publikumserfolg zu sein, während er in Wahrheit ein Synonym für hoffnungslose, unfruchtbare Mittelmäßigkeit ist. »Künstlerische Gestaltung mit Hilfe des bewegten Lichtbildes – das gilt für Film und Fernsehen in gleicher Weise – ist nur dann möglich, wenn es gelingt, die triviale Photographierwirklichkeit zu zerbrechen, zu durchstoßen oder zu verfremden mit der Kraft und dem Willen, eben dadurch Wirklichkeiten schöpferischer Art in Erscheinung treten zu lassen.«[82]

Das fotografierte Bild hat in seinem Urkundencharakter eine merkwürdige Oberflächlichkeit. Die Aufnahme steht außerhalb der Zone der Empfindlichkeit, hat Ernst Jünger einmal bemerkt. Er spricht vom »teleskopischen Charakter« der Aufnahme und daß ihr deutlich anzumerken sei, daß der Vorgang von einem unempfindlichen und unverletzlichen Auge gesehen ist. Die Lichtschrift hat etwas Exaktes und Triviales zugleich. Die künstlerische Aufgabe besteht in ihrer Verfremdung, die Oberfläche aufzureißen und eine andere, tiefere Wirklichkeit als die fotografierte durchzulassen. Mit Recht meint Schwitzke bei dieser journalistischen Anstrengung den Anteil des Wortes an der Bildwirkung in Film oder Fernsehen nicht hoch genug einschätzen zu sollen. Die »Phantasie wird durch das Wort entweder direkt zu deutender Betätigung gedrängt, oder aber sie wird durch das Nebeneinander von Wort und Bild angereizt, Beziehungen zu suchen und schöpferisch zu werden.«[83]

Es ist aufschlußreich, wie in den ersten, noch stark vom Experiment bestimmten Einführungsjahren des deutschen Fernsehens das Bild-Wort-Geschehen auf dem Bildschirm als eine wirklichkeitsschaffende Kraft bedacht worden ist. Hier haben wir vom guten, künstlerisch anspruchsvollen Kinofilm schon einiges gelernt. Beim Fernsehen machen wir uns zu wenig klar, wie sehr der Zuschauer – um es einmal paradox auszudrücken – mit den Ohren sieht, und begännen wir zu verstehen, welche bedeutenden eigenen Möglichkeiten das Fernsehen gerade vom Ton her entfalten kann, dann würde man die Notwendigkeit tonlicher Entwicklung gewiß erheblich höher einschätzen. Luther hat diese Paradoxie schon ausgedrückt, wenn er der Bibel gegenüber empfiehlt: Stecke die Augen in die Ohren. Denn das Wort Gottes will gehört, das Bibelwort als Wortbild und Bildwort rezipiert werden. Der Rundfunkredakteur Schwitzke, der auch mit dem Hörspiel seine journalistischen Erfahrungen gemacht hat, überträgt diese Erkenntnisse auf das Fernsehmedium. Er sieht Wort und Bild nicht als einander ausschließendes Gegensatzpaar. Beide seien in der gleichen Gefahr, in die Abstraktion abzugleiten und jene Mittlerstellung einzubüßen, die zugleich Bild und Begriff, zugleich Ding und Bedeutung meint. Die Großaufnahme des Gesichts, meint dieser Redakteur, könnte die natürliche Grundeinstellung des Fernsehens sein. Das menschliche Gesicht mit seiner starken Aussagekraft habe, wie jedes gelungene Kunstwerk, »Wortcharakter«.[84]

Das Metaphorische im Spannungsfeld von Technik und Kunst und die symbolische Arbeitsweise des Fernsehens stellen uns vor einen Problemhorizont, der für das Verstehen des Mediums und seiner Wirkungsweisen noch kaum ausgemessen ist. Der Wirklichkeits- und Wahrheitsbegriff, der sich im scholastischen Gedanken der »analogia entis« ausdrückt, findet an diesem Punkt eine Einlaßstelle. Ebenso läßt sich von einer Ästhetik des Fernsehens her das Verhältnis des Schönen zum Sittlich-Guten in diesem journalistischen Wirkungsbereich überdenken, das Kant in seiner Kritik der Urteilskraft anspricht: »Der Geschmack macht gleichsam den Übergang vom Sinnenreiz zum habituellen moralischen Interesse ohne einen zu gewaltsamen Sprung möglich.«[85] Wenn wir der weitverbreiteten Unfähigkeit begegnen wollen, daß die Menschen mit der artifiziellen Fernsehwelt nicht fertig werden und keinen rechten Gebrauch davon zu machen wissen, wird sich eine Änderung nur dadurch anbahnen, daß wir die humane Bedeutung des Mediums besser erkennen und öffentlich herausstellen, wozu das Medium selbst viel beitragen muß. Das große Vertrauen des Menschen in das Bild ist wegen der mythenbildenden Kraft des Mediums leicht dem Mißbrauch ausgesetzt. Es liegt an den Menschen, welche die Kamera bedienen oder mit ihren Ideen und Kenntnissen das Programm journalistisch hervorbringen, ob wir

Bilder haben, die unsere Wirklichkeit aufspüren oder ob man unter Millionen Menschen, wie es Ivan Illich einmal ausgedrückt hat, in ein und demselben Augenblick das bunte Bild eines Hanswurst auf einer kleinen Mattscheibe verbreitet.

Sehen des Fern-Sehens

Das Fernsehen kann nicht aus seiner humanen Disziplin entlassen werden und sich damit begnügen, die Oberflächenkodes erfindungsreich zu vermehren. Das Bild kann erzählen und es kann denken, es kann darstellen und etwas aussagen. Das Fernsehbild wirft die Frage nach dem Sehen des Sehens auf, es verlangt »eine neue Methode des Sehens als Einübung des Sehens im Denken, den intellektuellen Prozeß im zugleich schöpferisch-visuellen«, wie Richard Wisser ausführt.[86] Zweifellos geht das Problem des Fernsehens nicht in seiner Technik auf, sondern es steckt im Problem des Sehens, in der Seh-Erfahrung, die sich im »blinden Fleck« des Fernsehens zeigt: »Alles sehen, hören, sagen. Alles spiegeln, alles abbilden, alles wiedergeben. Es ist, als ob das Fernsehen durch die bekannten drei Affen personifiziert wird, die nun allerdings keine Scheuklappen, Ohrenschützer und Maulkörbe mehr tragen.«[87] Über dem vielen Fern-Sehen kann dem Auge das Sehen vergehen, der Bildschirm vernagelt den Blick, wenn der Mensch das »Gesehe« des Fernsehens – dem »Gerede« des Worts entsprechend – nicht überschreitet.

Das Fernsehen hat seine ästhetischen Formen noch nicht gefunden. Seine Unentbehrlichkeit als gegebenes Medium ist erst noch zu beweisen. In den frühen Jahren des amerikanischen Fernsehens war auf der Reklame, die zum Kauf eines Fernsehgeräts aufforderte, häufig eine Ballerina auf dem Bildschirm zu sehen. Später, als das Farbfernsehen aufkam, war es ein buntgekleideter Zirkusclown, der nach der werblichen Aussage seinen Auftritt ins Fernseh-Wohnzimmer verlegte. Die Tänzerin repräsentierte Kultur und bewegten Tanz, der Clown die atmosphärische Farbigkeit einer Zirkusveranstaltung. Nun ist aber gerade das Ballett eine Kunstform, die für ihre angemessene Rezeption auf die räumliche Mehrdimensionalität einer Theaterbühne angewiesen ist. Die Musik, die Körperbewegungen, die Beleuchtungseffekte und das Publikum selbst in seiner Präsenz und Rezeptivität sind Elemente in der Wirkungskomposition, die einer elektronischen Übertragung große Hindernisse in den Weg legen. Die Zirkusatmosphäre ist schon eher übertragbar, aber nur in den Grenzen der Kameraführung, und das Ensemble der vielfältigen Sinneseindrücke – das Stampfen der Tiere, ein spezifischer Geruch, das »Knistern« im Anblick eines gewagten Dressur- oder Trapezaktes – kann das Fernsehen nicht vermitteln. Die beiden Beispiele aus der Reklame versprechen etwas, das sie nicht halten können und verweisen unfreiwillig auf die ästhetischen Grenzen des Mediums.[88]

Daß wir dem Fernsehen überhaupt eine ästhetisch-künstlerische Aussage in medienspezifischer Form zutrauen, wäre vielleicht ein erster Schritt, es für seine Ästhetik zu sensibilisieren. Auf dem Weg zu einer »Television Aesthetic« sind uns die Amerikaner, die eine etwas längere und auch dichtere Fernseherfahrung vorweisen können, vorangegangen. Das US-Fernsehen wird häufig in Bausch und Bogen als »kommerziell« verurteilt und so dargestellt, als sei die Landschaft – durch den Reklamezwang – nur grau in grau zu sehen. Das Einpendeln auf den niedrigsten und gemeinsamen Nenner des Massengeschmacks wird für die einzige Devise gehalten. Aber das gilt nicht für das gesamte Programmangebot mit seinen zahlreichen regionalen und lokalen Initiativen. Universitäten und Colleges unterhalten häufig eigene Fernsehstudios. Es gibt Freiräume des Experimentierens und Improvisierens; manchmal fragt man sich, ob mit der Perfektion des organisatorischen Aufwands nicht gleichzeitig die Dominanz des Technischen zunimmt und sich das Fernsehen noch mehr vom »Leben« entfernt.

Horace Newcomb, ein langjähriger Beobachter der amerikanischen Fernsehszene, zählt das Attribut der »Intimität« des Fernsehens zu den ästhetischen Strukturen, die mehr Beachtung verdienen. Nicht grundlos ist die Familie ein wichtiges Symbol des Fernsehzeitalters und der häufigste Adressat seiner Botschaften. Newcomb glaubt, daß das Fernsehen sein Bestes gibt, wenn es Gesichter bringt, »die Gefühle der Menschen auszukundschaften« und wenn es sein Schwergewicht nicht auf die Aktion legt, sondern auf menschliche Antwort und Reaktion. Die »Ikonographie der Innenräume« muß dem Fernsehen wichtiger sein als das Draußen einer Landschaft. Das Medium kann die geheimsten Falten ausleuchten, aber nicht die Weiten und das Ausgedehnte. Newcomb wirft dem Fernsehen mangelndes Empfinden für Kontinuität vor. Die Ereignisse werden mit Vorliebe auf eine dramatische Episode zugespitzt, und dann läßt man sie abrupt enden, bricht sie ab. Kontinuität ist eine medienspezifische Struktur, die das Fernsehen ausbilden sollte. Den »mythischen Qualitäten« des Mediums muß stärker Rechnung getragen werden, auch seinen »literarischen«, die das Fernsehen mit seiner Unterhaltung in die Nähe des Romans rücken. In der »Dichte« der Wirkung ist es dem Roman noch überlegen. Das Mythische und das Historische sieht Newcomb als medienspezifische Attribute, aus denen die Wertauffassungen einer gesamten Kultur hervorgehen. Deshalb sei es unverzichtbar, die durch das Fernsehen transportierten Werte, Urteile und Ideen, die das Kulturgebäude tragen, ständig im Auge zu behalten, sie neu zu beschreiben und neu für das Medium Fernsehen zu definieren.[89]

Heidegger stellt sich in seinen »Holzwegen« – auf Wegen, die »meist verwachsen jäh im Unbegangenen aufhören« – die Frage, wie der Mensch im neuzeitlichen Denken von der antiken und mittelalterlichen Weise des Sehens abgekommen ist. Das aristotelische Sehen war, so Heidegger, die Unverborgenheit des von sich her zum Erscheinen kommenden Anwesenden. Mittelalterliches Sehen bedeutete, die vom göttlichen Schöpfungswillen eingestiftete Ordnung aller wirklichen Dinge einzusehen. Im neuzeitlichen Sehen ist das Subjekt die Bezugsmitte und beginnt der Mensch das ihm Entgegenstehende, das »Gegenständliche«, in die Welt einzubilden. So kommt es zur Kennzeichnung der Neuzeit als einer »Zeit des Weltbildes«.[90] Die ganze Welt wird als Bild begriffen, worauf der Mensch sich einrichtet, worüber er sich – nicht zuletzt mittels des Fernsehens – »ins Bild« setzt.

6. Über alles informiert zu sein

Verstandene und unverstandene Welt

Die Associated Press brachte vor einiger Zeit eine Meldung über Versuche im Münchener Tierpark Hellabrunn, die gezeigt hätten, daß Gorillas und Schimpansen nur ihresgleichen auf dem Fernsehschirm sehen wollen. Wenn menschliche Lebewesen auf dem Fernsehschirm erscheinen, drehen sie sich gelangweilt um und ziehen es vor, zu spielen oder zu turnen.

Wollen (und können) wir uns immer nur selbst auf dem Bildschirm sehen? Die Idee, möglichst über alles informiert sein zu müssen, ist exklusiv dem Menschen vorbehalten. Diesem Grundtrieb hat der neuzeitliche Mensch noch die Technik zugesellt, mit deren Mitteln er die menschliche Wahrnehmungsfähigkeit und Wirksamkeit potenziert. Die Affen finden die Menschen auf dem Bildschirm »einfach zum Fortlaufen«. Der Bildschirm im Tierpark läßt diese Lebewesen nur an ihresgleichen interessiert sein, und zwischen der Notwendigkeit ihres Informationsbedürfnisses und dem Überschuß des Informationsanspruchs klafft kein Graben – wie beim Informationsverhalten des Menschen.

Die Ersatzorgane, deren wir uns in Form der Massenmedien zur Befriedigung der überschüssigen Ansprüche bedienen, sind jedoch auch nicht imstande, den Informationshunger zu stillen. Ist die »informationelle Unzulänglichkeit« des Menschen ein anthropologisches Merkmal dieser Spezies? Wenn wir das Fernsehen und den Computer zum Maß des Menschen machen wollen, könnte man die Frage bejahen, wie Karl Steinbuch es tut. Unter informationstheoretischen Prämissen stellt es sich durchaus so dar, daß wir der Komplexität dieser Welt bewußtseinsmäßig nicht gewachsen sind und daß die Werkstatt unseres Denkens zu klein geraten ist, um die Menge des Wissens, die wir Menschen von dieser Welt haben, auch nur einigermaßen verarbeiten zu können.[91] Da ist der Mensch wirklich ein Computer mit zu geringer Reichweite und Kapazität.

Wie gut, wie schlecht das Fernsehen informiert

Doch wozu sollen am Ende die riesigen Daten- und Informationsmengen dem Menschen dienlich sein? Sind sie nicht wie ein wucherndes Krebsgeschwür, das sich selbst verzehrt? Auf einfache Fragen verweigert der Computer die einfachsten Antworten. In der erdrückenden Überfülle gerät die Sache aus den Augen. Ansichten, denen jede reale Grundlage abgeht, treten nach vorn, und eine Nähe der Kenntnis wird vorgetäuscht, wo das Fern- und Entferntsein unüberwindbar sind. »Es gibt, auch wenn es nichts mehr zu sagen gibt, immer noch etwas zu sagen«, beschreibt Richard Wisser den Ausverkauf dieser Seh-Kultur und möchte damit den Grundcharakter des Fernsehens selbst anschaulich machen, »den Schatten, den diese Art des Sehens wirft.«[92] Diesem Schatten ist auch Bernhard Wember in einer ZDF-Untersuchung nachgegangen, mit der festgestellt werden sollte, wie gut oder wie schlecht das Fernsehen informiert. Er fragt: »Was wäre, wenn in den Informationssendungen des Fernsehens Schadstoffe enthalten wären, die auf Dauer unsere Sehgewohnheiten ruinierten?«[93]

Aus dem irischen Bürgerkrieg werden einige Informationsstreifen gezeigt. Die Reaktionen des Publikums werden analysiert. Wie transportiert das Medium die Information? Was ist beim Zuschauer von der Botschaft haftengeblieben? Sind es Erkenntnisse über die Zusammenhänge? Oder wird nur eine Pseudo-Information erzeugt? Wembers Indizienbeweis zur »Verseuchung der Denkwelt« fällt vernichtend aus. Gleiche oder ähnliche Bilder werden so zerschnitzelt, daß der Zuschauer zwar zunächst den flüchtigen Eindruck gewinnt, er bekäme immer etwas Neues zu sehen. Doch wenn er genauer hinschaut, ist es oft genau dasselbe oder zumindest etwas sehr Ähnliches, das ihm bildlich mit dem Anschein des immer Neuen angeboten wird. Die filmischen Methoden sind nicht zuerst an sachgerechter Abbildung von Gegenständen interessiert, sondern vor allem am Augenkitzel. Wember bemerkt etwas spöttisch: »Und dabei ist der abgebildete Inhalt nicht so wichtig. Hauptsache, es bewegt sich was.« Trotzdem hat der Zuschauer einen durchaus positiven Informations-Eindruck. In der begleitenden Studie ist nachgewiesen, daß von 850 getesteten Zuschauern 80 Prozent die gezeigten Irlandfilme als »informativ« und »verständlich« bezeichneten, daß aber nur 20 Prozent den mitgeteilten Informationsinhalt »behalten« und wirklich »verstanden« hatten. Es zeigt sich das paradoxe Ergebnis, daß die Zuschauer durch die optische Überforderung ihren Informationsbedarf weithin gedeckt glauben, der jedoch tatsächlich größtenteils an der Sache vorbei »befriedigt« wird. Wo liegen denn überhaupt die Möglichkeiten und die Grenzen filmischer Berichterstattung im Fernsehen? Ist das Auseinanderklaffen der Text-Bild-Schere strukturell nicht zu überwinden? Die Zuschauer honorieren das bewußte Zurückdrehen der filmischen Rasanz nicht und drehen aus Langeweile ab, wenn der erklärende Text nach vorn tritt und die Bildstimulation in der Reiz- und Augenkitzelwirkung ihrer Ansicht nach zu schwach ausfällt. Die Wember-Studie zeigt, daß der fernsehgerechten Information sehr enge Grenzen gezogen sind.[94]

Karl Steinbuch nennt das Fernsehen eine »Simplifikationsmaschine«. Das sei aus seiner informationstheoretischen Gesetzlichkeit zu begründen, ständig die Illusion einer umfassenden Darstellung erzeugen zu müssen, während tatsächlich nur die ungewöhnlichen Ereignisse transportiert werden können; die gewöhnlichen haben nur geringen Informationswert.[95] Das ist freilich, wie bekannt ist, eine allgemeine Erscheinung des Journalismus und keine fernsehspezifische. Die Fernsehmacher können auch darauf verweisen, daß die zeitgenössische Literatur sich nicht gerade durch ein Übermaß an lebensbejahendem Optimismus auszeichnet. So sind die »Buddenbrocks« zum Beispiel keine konstruktive Normalfamilie, sondern dekadent und böse.[96] Die Fernsehfamilien aus solchen Serien wie »Dallas« oder »Denver-Clan« können sich durchaus damit messen. Mit dem Unterschied allerdings, daß Thomas Mann seine Stoffe künstlerisch-literarisch verarbeitet hat. Damit wäre erneut die Frage nach der fernsehspezifischen Ästhetik und Ethik aufgeworfen, die dringend ist. »Informierte Welt – bessere Welt?«[97] Die zeitgenössische Literatur erhebt keinen Informationsanspruch wie ein publizistisches Medium, und wo dieses sich etwa in Fernsehspielen an literarischen Kategorien orientiert, sind die Breitenwirkungen dennoch nicht von derselben Art. So scheint mir der Hinweis auf die zeitgenössische Literatur mit ihrem »Negativismus« nicht übertragbar. Die Fernsehempfangssituation unterscheidet sich in vielen Punkten grundsätzlich von der literarischen Rezeption und der eines Kunstwerks, ja selbst literarischer Machwerke.

Wird die geistige Kosten-Nutzen-Rechnung dauernd eine negative sein, wenn wir den Informationsfortschritt bedenken und die elektronischen Möglichkeiten perfektionieren? Gut informiert zu sein gehört zur modernen Ausstattung, aber viele haben noch nicht das rechte Maß gefunden. Wer bereits einen hohen Standard in Informationswissen besitzt und die Medien komplementär zu nutzen versteht, braucht die Informationslawine nicht zu fürchten. Neuerdings ist man der Theorie nachgegangen, daß zwischen den gut Informierten und der großen Schicht jener, die ziemlich oberflächlich unterrichtet sind und die Medien überhaupt nur im unterhaltenden Sinne nutzen, eine Wissenskluft entsteht, die vor allem durch das Fernsehen vergrößert wird.[98] Mit Sicherheit führt das wachsende Informationsangebot der Medien nicht quasi automatisch zu einem umfassenderen Wissen und einem höheren Grad der allgemeinen und politischen Informiertheit des Bürgers. »Politische Desinformiertheit etwa läßt sich also offenbar nicht einfach durch ein Mehr an Information auflösen.« Dabei erweisen die Untersuchungen zur Wissenskluft-Hypothese, daß das Anwachsen des Nachrichtenflusses über ein Thema zu stärkerer Wissensvermehrung in erster Linie die gebildeteren Schichten begünstigt.[99] Diese Erscheinung kennen wir auch aus dem Bereich der Erwachsenenbildung, wo ein vermehrtes Angebot, mag es auch noch so »flächendeckend« und leicht zugänglich sein, nicht vor allem von den bildungsungewohnten Bevölkerungsgruppen genutzt wird, denen man »Chancengleichheit« verschaffen wollte, sondern in erster Linie von den bürgerlichen Publikumskreisen. Es ist zu vermuten, daß die Zusammenhänge zwischen Bildung, Buch und Kultur sehr eng sind. Ein kontinuierliches Lesen der Druckmedien aktiviert die Selektions- und Interpretationsleistungen gegenüber dem elektronischen Angebot und kommt somit der allgemeinen Medienkompetenz zugute.

Journalismus und Orientierungsverlust

Das Fernsehen hat nachweislich das politische Interesse gefördert. Diese positive Trendbewegung wird von Gerhard Schmidtchen kritisch beleuchtet. Die kognitiven Strukturen und das Denkrepertoire, den politischen Nachrichtenstrom sortieren und verstehen zu können, sind nicht im gleichen Ausmaß gewachsen wie die Verbreitungskapazität der Medien. Die Abnehmer sind gleichsam zurückgeblieben, und aus spezifischem Nachrichtenmaterial entstehen tendenziell diffuse Erlebnisse und eine wachsende Bereitschaft, »sich durch politische Nachrichten erregen zu lassen«. Diese Erregbarkeit kann nicht durch die Medien selbst abgebaut werden, sondern fordert einen Ausbau andersartiger Möglichkeiten politischer Teilnahme, um das Repertoire der politischen Sensibilisierung nachwachsen zu lassen. Schmidtchen fügt ein weiteres Untersuchungsergebnis hinzu. Mit der Herrschaft des Bildes und der Fernsehdramaturgie in der politischen Massenkommunikation habe sich auch die Vorstellung, was Politik ist und wer Politiker sind, merklich verschoben. Das politische Geschehen wird ausschnitthaft mit einem Dramatisierungseffekt gebracht. Wer diese Bildkürzel nicht durch synthetische Leistungen zu einem realistischen Bild zusammenfügen kann, erfährt Politik als Zusammenhanglosigkeit, und für ihn sind »die Vorgänge auf dem Bildschirm von der Ästhetik des Kasperletheaters nicht sehr weit entfernt«. Auch dort geht es lebendig und unterhaltsam zu, die Leute dreschen aufeinander ein, was den Eindruck des Mutes begünstigt, aber das Verständnis des Sinnzusammenhangs nicht fördert. »Irrational durch Information« ist nach Schmidtchen eine Konsequenz solcher Aggregatwirkungen der Medien.[100] Daran schließt sich Hermann Lübbes Empfehlung eines Meinungsmoratoriums an. Er sieht die entstabilisierenden Wirkungen der Medien darin, daß die Grenzen zwischen verstandener und unverstandener Welt, zwischen benötigter und mobilisierbarer Theorie, zwischen praktischen Notwendigkeiten und vorhandenen Handlungspotentialen verwischt werden. Über alles sollen wir Bescheid wissen, und das Ausmaß dessen, wissen zu können, was wir wissen möchten, ist beispiellos in der Menschheitsentwicklung. So stellt Lübbe der

Wahrscheinlichkeit, daß Nachrichten einen betreffen und Reaktionen der Hilflosigkeit und Ohnmacht auslösen, jenes Moratorium »durch Ausbildung einer Kultur des Eingeständnisses bestehender Urteilsunfähigkeit« gegenüber.[101]

Die Verweigerung liegt nahe. Doch wird die »Wissenskluft« kaum dadurch geringer, daß wir uns auf das fragende Nichtwissen aus der Sokratesdarstellung zurückziehen. Wenn daraus ein sittliches Wissen entsteht und die moralischen Wissenschaften sich stärker mit den journalistischen Kunstfertigkeiten verbinden, sind die beobachteten Ohnmachtserfahrungen auch überwindbar. Was der »große moralische Zweck« aller Erkenntnis ist und wie man den Menschen zwischen der Notwendigkeit seiner Bedürfnisse und dem Überschuß seiner Ansprüche die Oberfläche der Erde verändern sieht, hat G. C. Lichtenberg in einem schönen Bild zusammengefaßt: »Vulkane können wir nicht anlegen; es fehlt uns die Macht dazu, und hätten wir die Macht, so würde uns doch die Einsicht fehlen, sie gehörig anzubringen. (Oh fehlte doch immer die Macht, wo die Einsicht fehlt.) Hätten wir endlich Macht und Einsicht zugleich, so wären wir die Menschen nicht mehr, von denen jetzt nur allein die Rede ist und von denen man leider weiß, daß Verrichtungen, worin ihre Macht mit ihrer Einsicht zu gleichen Schritten geht, eben nicht immer ihre Lieblingsbeschäftigungen sind.«[102]

George Gerbner von der Annenberg School of Communication in Pennsylvania hat uns in seinen wiederkehrenden Untersuchungsserien über die Wirkung von Gewaltdarstellungen auf dem Bildschirm mit der angsterregenden Welt der Vielseher bekannt gemacht.[103] »Die verängstigende Wirkung des Mediums scheint gesichert zu sein«, bestätigt Otto B. Roegele.[104] Die Vielseher insbesondere im Kindesalter können es sich erwiesenermaßen kaum noch vorstellen, daß ein Mensch nicht durch Mord, Totschlag oder Unfall ums Leben kommt, sondern eines natürlichen Todes stirbt; im Fernsehen stirbt man nicht zu Hause im Bett. So kommt »kein stimmiges Bild der Gesamtwirklichkeit, sondern eine Auswahl von Veränderungsfällen« auf den Bildschirm mit ihren importierten Problemen, die Angst und Ratlosigkeit hinterlassen, weil eine unverstandene Welt zurückbleibt und die Zusammenhänge nicht erkenntlich sind. Die Reaktion des Empfängers »auf so viele, so unübersichtliche, so unlösbar erscheinende, so unaufhaltsam näherrückende Probleme kann nur wachsende Irritation sein, die zu einem Gefühl der Ohnmacht und schließlich zu Abstumpfung und Apathie führt.«[105] Die Informationsfragmente ergeben zusammen keine Weltkenntnis; die orientierenden Daten und Rahmenordnungen fehlen. Die Zeit filtert die Eindrücke und Emotionen auch viel zuwenig; die Geschehnisse laufen in der Hektik in- und durcheinander. »Journalismus und Orientierungsverlust« sind fast schon ein Bedingungsverhältnis eingegangen, und Maximilian Gottschlich fügt mit Recht hinzu, der Verweis auf die fürsorgliche Einrichtung der Natur menschlicher Wahrnehmungsfähigkeit, bei Überbelastung »abzuschalten«, hilft da nicht weiter.[106]

Die Gefühle bleiben haften

Die »Macht« des Mediums scheint auch deshalb mit unserer Einsicht nicht zu gleichen Schritten zu gehen, weil es beim Fernsehen vor allem die entstehenden Gefühlsbindungen und nicht die Inhalte sind, die haftenbleiben. Wissensinhalte werden zwar vermittelt, so hat Hertha Sturm in ihren Forschungen zu den Sozialisationswirkungen des Fernsehens auf Kinder und Jugendliche nachgewiesen, aber man »vergißt« das Gesehene auch ebenso rasch wie die Wissensinhalte aus anderen Quellen. Das eigentlich Medienspezifische ist in der Nachhaltigkeit der gefühlsmäßigen Bindungen zu suchen. Was bleibt, das sind die emotionalen Sicherheiten und Werthaftigkeiten im Zuschauer. Was darüber hinaus bleibt und zudem weltweit sehr ähnlich ist, »das sind die formalen Angebotsweisen des Fernsehens, seine Kurzfristigkeiten, seine Szenenwechsel, seine Schnitte, seine Zooms, auch seine ständig themenwechselnde Magazinform. Und darüber müssen wir uns ja klar sein: Sozialisation geschieht immer langfristig, geschieht durch Wiederholung, durch immer wiederkehrende Erfahrungen. Durch die weitgehend gleichbleibenden formalen Angebotsweisen des Fernsehens kann so durchaus die Hinführung zu einer kurzfristigen Weltsicht geschehen.«[107]

Der amerikanische Psychologe Bruno Bettelheim hat bereits vor mehr als zwei Jahrzehnten gefragt, ob die Schädlichkeitsfolgen und -nebenfolgen des Fernsehkonsums derart überwiegen könnten, daß die heranwachsenden Menschen lebensuntüchtig werden. »Kinder, die man gelehrt hat oder die konditioniert wurden, den größten Teil des Tages passiv dem verbalen Kommunikationsstrom zu lauschen, der vom Bildschirm ausgeht, und sich der starken emotionalen Wirkungen der sogenannten Fernsehpersönlichkeiten zu überlassen, sind oft unfähig, auf wirkliche Personen zu reagieren, weil diese weit weniger Gefühle freisetzen als ein guter Schauspieler. Was noch schlimmer ist, sie verlieren die Fähigkeit, von der Realität zu lernen, denn die eigenen Lebenserfahrungen sind viel komplizierter als die Ereignisse, die sie auf dem Bildschirm sehen.«[108]

Nun würde man Ursache und Folgen verwechseln, wenn »dem« Fernsehen pauschal angelastet wird, daß es die Menschen in die soziale Vereinsamung treibt. Die menschliche Regressionstendenz spitzt sich auf das Phänomen des »escapism« zu. Diese Realitäts- und Verantwortungsscheu hat die Menschen schon immer in eine Welt des Scheins, des Kindseins oder der Traumwelt flüchten lassen. Was Paul F. Lazarsfeld die »narkotisierende Dysfunktion der Massenmedien«[109] genannt hat, kann bei einem dispersen Massen- und Fernsehpublikum auch therapeutische Funktion haben. Alexander Mitscherlich erklärt das starke Bedürfnis nach Ablenkung folgendermaßen: »Die Widerspruchslosigkeit, mit der man sich abends befluten läßt, hängt mit den Anforderungen zusammen, denen man tagsüber ausgesetzt war. Die aufreibende, aber spurlose, oft monotone Arbeit hinterläßt keine Probleme, die es weiter zu bedenken lohnte, wohl aber eine Irritation, die ein Verlangen nach Kontrasterfahrungen weckt, nach einer neuen Reizung, mit der die vorherige entspannt wird.«[110] In den Familien, wo sich niemand mehr etwas zu sagen hat, wird die innere Leere und Einsamkeit des Menschen auch häufig vom Fernsehkonsum nur überdeckt, aber nicht erzeugt. Die Entwurzelung des Menschen hat längst vor dem Fernsehzeitalter eingesetzt. Das Auseinanderfallen der Lebenskreise, das Anwachsen des Anonymitäts- und Kollektivdrucks, der Verlust geistiger und sittlicher Orientierungswerte kennzeichnen ganz allgemein die modernen Industriegesellschaften; da ist das Fernsehen nur Symptom, nicht Ursache. David Riesman hat bereits in den fünfziger Jahren den »außengeleiteten« Menschentyp in unserer Gesellschaft damit verknüpft, daß immer weniger Menschen über ein festgegründetes Wertkonzept verfügen. Sie sind einem ständigen Anpassungsdruck ausgesetzt. Was die anderen sagen und wie die Zeitgenossen denken und handeln, das steht im Zentrum ihrer Empfangs- und Folgebereitschaft. Die »Innenlenkung« durch Gewissenskräfte und normative Muster ist als Steuerungsquelle des Verhaltens ausgefallen.[111]

7. Fernsehen, der harmlos getarnte Elefant

In der Orientierungsnot ein Trendverstärker

Die Verstärkerthese in der Wirkungsforschung gilt heute nur in einem sehr eingeschränkten Sinn, und vor allem ist es das Fernsehmedium, das neue Frageansätze gebracht hat. Die Auffassung, daß Medien die Einstellungen nicht verändern, sondern sie in einer Art von Wahlverwandtschaft zwischen dem Gesendeten und Empfangenen verstärken, hat in der Wirkungsforschung der Vereinigten Staaten von Amerika eine große Rolle gespielt, bevor das Fernsehen eingeführt wurde. Auch ohne empirische Belege war rasch einzusehen, daß die Zuschauer mit dem neuen Medium des Fernsehens in eine ganz andersartige Empfangssituation hineingenommen werden. Wie kein anderes Medium überspringt das Fernsehen die Schwellen der distanzierenden Einschätzung und rückt es sich selbst ins Zentrum. Für viele Zuschauer ist das Gezeigte schon allein dadurch bedeutsam, daß es im Fernsehen vorkommt. Das Massenmedium Fernsehen entwickelt seine spezifische »Aura«. Auf apparativem Wege wird das traditionelle Verhältnis von Wirklichkeit und Wirklichkeitsdarstellung dadurch umgekehrt, daß die mediale Präsentation zum Spektakel wird, nicht das geschilderte Ereignis, über das berichtet werden soll.

Wirkungszusammenhänge beim Fernsehen

Als General MacArthur im Jahre 1951 nach Amerika zurückkehrte, gewannen die Fernsehzuschauer von diesem Ereignis einen ganz anderen Eindruck als diejenigen, die den General tatsächlich gesehen hatten und zu seinem »Homecoming« die Straßen säumten. In Chicago war der Auflauf gering. Man nahm es hin wie andere Ereignisse. Ganz anders der Eindruck, den die Fernsehkameras vermittelten. Sie dramatisierten die Begrüßungsszenen und zeigten den General immer wieder in Nahaufnahmen. Die Zuschauer hatten das Gefühl, zu MacArthur in einer ganz persönlichen Beziehung zu stehen. »Wir hätten zu Hause bleiben und uns MacArthurs Rückkehr auf dem Fernsehbildschirm anschauen sollen«, sagten die anderen, die tatsächlich zur Begrüßung in die Stadt gegangen waren und die Schilderungen der Daheimgebliebenen hörten. Das Triumphalistische des Einzugs hatten sie nicht wahrgenommen. Das hatte das Fernsehen »produziert«.[112]

Die meisten Fernsehzuschauer wissen heute solche Fernseherfahrungen anzuführen, aber etwas anderes ist es, ob sich das Distanzierungsvermögen im Realitätsempfinden der Zuschauer durchhält. Die vielen Untersuchungen der letzten Jahrzehnte haben widersprüchliche Ergebnisse hervorgebracht, aber einig sind sie sich darin, daß dieses Medium nachhaltig auf die emotionalen Tiefenschichten der Person einwirkt und die selektiven Schutzbarrieren auf der Zuschauerseite durchbricht. Die Rede von den »magischen Kanälen«, den »geheimen Verführern« oder von der »Telekratie« ist eine Anzeige dafür, wie schillernd die Wirkungen eingeschätzt werden und daß wir mit einem Medium hantieren, dessen Wirkungsfolgen und -nebenfolgen nicht exakt bestimmt werden können.

Als Harold Lasswell 1927 seine Dissertation »Propaganda Technique in the World War« veröffentlichte, nannte ein Rezensent diese Studie ein machiavellistisches Textbuch, das man besser einstampfen sollte.[113] Das Buch schildert die Techniken der propagandistischen Meinungsbeeinflussung, wie »Haß« gegen den Feind durch Berichte, Gerüchte, durch Bilder und andere Formen der sozialen Kommunikation geschürt wird. Die Wirkungsforschung erhielt ihre frühen und maßgeblichen Anstöße von der Propagandaforschung, unter deren Einfluß die alte Machthypothese, daß die Einwirkung der Medien direkt und groß sei, aufrechterhalten wurde. Durch eine amerikanische Forschergruppe um Paul Lazarsfeld kam es dann zu einer Korrektur der Macht- und Propagandathese, die von der Verstärkerthese in der Wirkungsforschung abgelöst wurde. Das selektive Verhalten des Publikums trat in den Vordergrund des Forschungsinteresses.

Die Wahrnehmungspsychologie lehrt, daß menschliche Sinnesorgane wie Auge und Ohr nicht einfach wie eine Kamera oder ein Tonbandgerät funktionieren, die aufnehmen, was gesehen oder gehört wird. Die Entsprechung zwischen der äußeren Wirklichkeit, die rezipiert wird, und dem aufnehmenden Bewußtsein, das die wahrgenommenen Inhalte filtert, ist ungleich komplexer und verdeutlicht die aktive Mitwirkung des Subjekts. Der Empfänger ist nicht passiv in der Aufnahme der einzelnen Signale und Zeichen, sondern er läßt sie durch seine Partizipation erst »wirklich« werden. So liegt der Gedanke nahe, daß der Empfänger vorwiegend solche Mitteilungen und Meinungen aufnimmt, die auf eine schon vorhandene Disposition treffen. Jeder liest erfahrungsgemäß »seine« Zeitung und nicht wahllos heute dieses Blatt, morgen ein ganz anderes. Jeder weiß auch von sich, daß er gegenüber Argumenten, die von seiner Meinung abweichen, doch eine gewisse Resistenz zeigt, und daraus hat man den Kernsatz abgeleitet: Die Wirkung der Massenkommunikation liegt weithin im Verstärken vorhandener Einstellungen.

In den letzten Jahren hat die alte Machthypothese in der Erforschung der

Wirkungszusammenhänge wieder einen gewissen Auftrieb erhalten, wenngleich die Verstärkerthese damit nicht aufgehoben ist. Die Selektionsvorgänge beim Publikum sind in ihren verschiedenen Phasen untersucht worden, als »selective exposure«, daß nämlich der Zuschauer sich der Botschaft überhaupt aussetzt und öffnet; sodann als »selective perception«, daß er vorwiegend die seinem Meinungssystem nicht widersprechenden Äußerungen wahrnimmt, schließlich als »selective retention«, was der Zuschauer nämlich von den Beeinflussungsversuchen behält und dauerhaft übernimmt.[114] Das Selektionsverhalten mit seiner immunisierenden Wirkung und den Sperrmechanismen, die uns die Pschychologie als Theorien der kognitiven Konsistenz angeboten hat, wird damit als Erklärungsmuster für ein fernsehspezifisches Kommunikationsverhalten bestätigt. Noelle-Neumann gehört zu den Forschern, die seit längerem darauf hinarbeiten, die fälschlich angenommene Ohnmacht der Medien zu differenzieren und insbesondere die langfristig zu erwartenden Einflüsse durch das Fernsehen nicht zu unterschätzen: »Das Fernsehen, das sich bescheiden attestiert: wir können Meinungen kaum verändern, nur bestehende Einstellungen verstärken, erscheint mir wie ein getarnter Elefant.«[115] Wer das Medium kennt und mit ihm arbeitet, meint Noelle-Neumann, sei sich bewußt, auf wieviel an Differenzierung, Begründung und Facettierung er verzichten muß, wie stark und wie dicht hintereinander gesetzt die Reize sind, wie wenig das Medium dafür geeignet ist, eine Kette von Argumenten zu entwickeln.

Zur Dickhäutigkeit und Penetranz des Mediums gesellt sich andererseits eine hohe Sensibilität für das Psychologische, dem es nachspürt und das es ausleuchtet. Michael Novak nennt das Fernsehen »a moulder of the soul's geography«, und sein Aufsatz mit dem Titel »Television shapes the soul«, den wir bereits zitierten, überläßt es der empirischen Forschung, seine Thesen als »a humanist's analysis« zu verifizieren. Die Prägekraft des Fernsehens sei mit einem Schulprogramm vergleichbar, das über viele Lebensjahre seine Wirkung entfaltet und beizubringen sucht, wie man zu denken habe.[116] Daniel Lerner, ein anderer amerikanischer Autor, belegt die vom Fernsehen ausgehenden Bewußtseinsveränderungen mit dem Ausdruck der »empathy«, worunter er die Fähigkeit versteht, daß die Menschen sich heute mehr als in früheren Epochen in die Situation von fremden Personen und in die Erfordernisse fremdartiger Lebens- und Denkverhältnisse hineinversetzen können. Er sieht die geographische Mobilität durch eine »Expansion psychischer Mobilität« ersetzt. Sie könne den sozialen Wandel ungleich schneller vorantreiben und multipliziere ihn durch die Ausbreitung von vermittelter Erfahrung durch die Massenkommunikation. Die elektronischen Medien bildeten den Höhepunkt einer Entwicklung, die von Gutenberg in Gang gesetzt worden sei: »Die Massenmedien eröffnen den großen Massen der Menschheit das unendliche Ersatz-Universum.«[117] Harry Pross stellt die Frage, ob wir vor einer Wiederkehr des Symbolismus stehen und mit unseren Produkten einer fortgeschrittenen Industriegesellschaft in einen symbolischen Lenkungszustand der Gesellschaft zurückkehren, wie Johan Huizinga ihn als Spezifikum des Mittelalters charakterisiert hat.[118]

Insbesondere die amerikanische Literatur hat im Gefolge von Marshall McLuhan und auch stärker im Rückgriff auf empirische Forschungsergebnisse eine große Zahl von Deutungsversuchen der aus dem Fernsehen entstandenen Medienkultur hervorgebracht.[119] »Nach mehr als dreißig Jahren«, schreibt Les Brown, »haben wir als amerikanische Gesellschaft mit dem Medium des Fernsehens noch immer nicht Frieden geschlossen, ob seine Bilanz positiv oder negativ ist.« Mit den Neuen Medien und seinen reichen Möglichkeiten, die aus der Verbindung des Kabels mit Computern und Satelliten hervorgehen, lasse sich das Fernsehen nicht mehr länger als »the idiot's box« diskreditieren, sondern werde es auch denen wieder gehören können, die Bücher lesen und es einer intelligenten Diskussion aussetzen. »Das Fernsehen war niemals so sehr unser Fenster zur Welt als es ein Spiegelbild unserer selbst darstellt.«[120]

Selten hat ein Artefakt die menschliche Phantasie so beflügelt wie das Fernsehgerät in der Wohnstube. Die Fernseherfahrung trägt immer sehr stark persönliche Züge und ist mit ihren Wirkungen in die Persönlichkeitsstrukturen verflochten. Das macht es schwierig, die Wirkungen zu ermitteln. Wahrheiten des Gefühls läßt sich niemand gern ausreden, sie sind von höchster Dichte, aber zugleich von geringer Exaktheit. Die Menschen lassen vieles in ihrem Leben als Traum, Täuschung oder Einbildung gelten, aber was sie aus der Kraft des eigenen Sehens und Hörens zu schöpfen glauben, zählen sie nicht gern dazu. Das Fernsehen gedeiht vor allem auf dem Boden der Gefühlswahrheiten.

Die Menschen lernen vom Fernsehen

Zu den bevorzugten Themen in der Medienwirkungsforschung gehören heute die Sozialisationswirkungen des Fernsehens auf Kinder und Jugendliche. Weiterhin werden die Einflüsse auf die Familie und auf ältere Menschen untersucht. Sodann bilden die Fernsehnachrichten einen Forschungsschwerpunkt. Aus dieser Aufzählung wird ersichtlich, daß man den Fernsehwirkungen ganz allgemein in den sozialen Verflechtungen nachgeht; sie werden als Bestandteil der Alltagsumwelt und -kommunikation gesehen, und ebenso werden sie im Hinblick auf die politische Sozialisation und politische Kultur untersucht.[121] Elisabeth Noelle-Neumann hat bereits 1970 in der Einleitung zu ihrem Fischer-Lexikon Publizistik die »Unheimlichkeit« des durch die Öffentlichkeit bewirkten Kommunikationsprozesses hervorgehoben. Die Wirkungen kreuzten sich, überlagerten einander und seien oft schleichend.[122] Das Fernsehen hat diese Sichtweise bestätigt. Von Noelle-Neumann stammt auch die Beobachtung, die sie ebenfalls 1970 machte, daß die über Medieneinwirkung herbeigeführte Beeinflußbarkeit überproportional zunimmt, wenn die soziale Integration des Individuums gestört ist und das Band gemeinsamer Überzeugungen sich lockert, so daß es sich nicht mehr lohnt, sie – über selektive Verhaltensweisen – hartnäckig zu verteidigen.[123] Bestimmte Umstände wie das weitverbreitete Gefühl einer allgemeinen Orientierungsnot in der Bevölkerung erhöhten den Einfluß der Massenmedien. Man ist bereit, neue Argumente aufzunehmen und von den traditionellen abzurücken. Viele Menschen empfinden heute die durch den Pluralismus hervorgerufene Vielfalt der Lebensmuster als eine Belastung. Die Ideen und Moralvorstellungen überkreuzen sich. Die herkömmlichen Wertvorstellungen und Traditionsmuster gelten nicht mehr. Die damit verbundene Freiheitsgewähr hat die allgemeine Orientierungskrise eher noch vergrößert. Der Fundamentalbestand an einheitlichem Ethos, der für ein Gemeinwesen unverzichtbar ist, gerät in den Sog auseinanderstrebender Kräfte. Die Menschen erleben solche Einbrüche an tragender Orientierung und Tradition als persönliche Sinn- und Wertkrise.

Die Massenmedien liefern prinzipiell keine Gegensteuerung; sie fühlen sich dazu in einer freiheitlich-pluralistischen Gesellschaft weder ermächtigt noch verpflichtet, sondern wirken als Trendverstärker in dem Gemischtwarenangebot geistiger Werte und persönlicher Lebensmuster. Die Komplexität der Probleme ist zu groß, daß sie sich fernsehgerecht zubereiten lassen, von Ausnahmen abgesehen, und der Vorwurf, die Massenmedien betrieben »Reduktionspublizistik«,[124] verkennt die Tatsache, daß eine Fernsehprogramm für ein Millionenpublikum keine Kollegstunde ist. Je weniger das Fernsehen sein Publikum differenziert, um so mehr müssen die Zuschauer das Programm ohne Rückfragen verstehen können, sollen sie nicht »abschalten«. Das Amüsement darf auch nicht fehlen. Sachverhalte und schwierige Themen müssen, wenn sie »ankommen« wollen, personalisiert werden. Das ist alte und keinesfalls schlechte Handwerksregel, die jedoch noch einmal den Möglichkeiten der Darbietung enge Grenzen zieht und dem Attraktiven vor dem Sachlichen den Vorzug gibt. Unter solchen Voraussetzungen können Orientierungskrise und Fernsehangebot zu unfreiwilligen Bündnispartnern werden. Das Problem liegt schon im Vielerlei der oft unverbundenen und einander widersprechenden Angebote und Thematisierungen. Es liegt in der normierenden – und öfter noch in einer die Normzwänge aufhebenden und »befreienden« – Faktizität des Dargebotenen und Gezeigten.

Es bedürfte schon einer dickeren als einer Elefantenhaut, einen zehn oder zwanzig Jahre währenden Fernsehkonsum vorbeiziehen zu lassen und gemäß der Verstärkerthese nichts aufzunehmen, was den eigenen Meinungsbestand gefährdet. Die »Cultural Norms Theory« sucht in der Fernsehforschung den langfristigen Wirkungen und Veränderungen auf die Spur zu kommen, soweit sie sich prägend auf das Normverhalten der Bevölkerung erstrecken.[125] Die Menschen lernen vom Fernsehen ein wertorientiertes Verhalten. In einem Forschungsbericht, der 1982 in Washington herausgebracht wurde und auf 2500 Neuveröffentlichungen aus dem Bereich der Fernsehwirkungsforschung während der letzten zehn Jahre zurückgreift, wird das Fernsehen als Lernquelle und Lehrmeister für die sozialen und moralischen Orientierungsmuster der Bevölkerung gekennzeichnet. »Die Botschaft ist klar«, heißt es in diesem unter dem Titel »Television and Behavior« erschienenen Bericht, »die Menschen lernen vom Fernsehen, und was sie lernen, hängt davon ab, was sie an beobachtbarem Verhalten zu sehen bekommen.«[126] Die vielen Einwände, die hier anzubringen sind, haben ihre Berechtigung, aber man sollte das Ergebnis dieses umfangreichen Forschungsberichts nicht in seiner einfachen Klarheit zu verwischen suchen. Das Fernsehen ist ein Lehrmeister der Werte und des Bürgerverhaltens in einer Gesellschaft.

Fernsehserien wie »Dallas« sind unter ihrem wertevermittelnden Aspekt zu betrachten. Seit 1946 hat es im amerikanischen Fernsehen 218 Programme gegeben, die als Familien-Serien herauskamen. »Dallas« zählt dazu und übertrifft in der gekonnten Machart die meisten von ihnen, und das erstreckt sich vor allem auf den unterschwelligen Transport von Einstellungen und Werthaltungen. Es sind die langfristigen, durch andauernde Wiederholung erhärteten Fernsehwirkungen, die heute auch in der empirischen Forschung als tiefreichend, anhaltend und normativ nachgewiesen sind. Lebensmuster werden über ein »Dallas«-Programm weltweit exportiert und gelernt. Wirklich positive Beziehungen unter den Menschen sind in dieser Fernsehserie die Ausnahme. Das ist ein Zerrbild Amerikas und der westlichen Welt.

Im Bereich politischen Normverhaltens und der Wahlbeeinflussung durch das Fernsehen hat Noelle-Neumann, sekundiert von demoskopischen Untersuchungsergebnissen ihres Allensbacher Instituts, nach dem Bundestagswahlkampf von 1976 nachzuweisen gesucht, daß politische Wahlen nicht gegen das Fernsehen, häufiger mit dem Fernsehen gewonnen oder verloren werden und daß in der prekären Situation, die in den Wochen vor einer Bundestagswahl für Millionen unentschiedener Wähler entsteht, das Fernsehen ein höchst wirkungsvoller Wahl- und Argumentationshelfer ist.[127] Die Rundfunkanstalten haben diesen Vorwurf, das Fernsehen habe durch Einflußnahme auf das Meinungsklima den Ausgang der Bundestagswahl 1976 zugunsten der SPD/FDP-Koalition beeinflußt, als unhaltbar bezeichnet und dies auch für die Bundestagswahlen 1980 anhand eines Untersuchungsprojekts »Fernsehen und Alltag« zu belegen gesucht.[128]

Die Mächtigkeit der Einflußnahme liegt im Unterschwelligen und Atmosphärischen, wo Gefühlseinstellungen in den Wert-Dimensionen »negativ – positiv« haftenbleiben. Am Ende weiß man stets, wer die böse Fee und wer die gute Prinzessin ist, mögen die Trendanalysen auch noch sehr im Dunkeln tappen und kontrovers ausfallen. Rationale Argumentation und erklärte Parteipräferenz sind nur eine Seite der Medaille. Die Wahlentscheidungen der Bürger haben aber mindestens ebenso gewichtige Ursachen im Schwerefeld der Sympathie, der Zu- und Abneigung im Zusammenhang von Tradition und Gewohnheit. Wir tragen, was die Rationalität betrifft, dünne Kleider.

8. Der Fernsehzuschauer und seine Unterhaltung

Zeitvertreib, Lach-Geschichten und Talk-Shows

In einer international vergleichenden Studie bewegt sich die Nachfrage- und Nutzungsstruktur von drei Wochen Fernsehen um folgende Zahlen: Unterhaltung um 70 Prozent, Informationen um 22 Prozent, Kultur und Bildung um fünf Prozent. Acht Länder sind zum Vergleich herangezogen worden, deren Fernsehen teils öffentlich-rechtlich, teils privatwirtschaftlich-kommerziell oder ganz staatsgebunden organisiert ist. Überraschend ist, daß trotz dieser Unterschiede die Nutzungswerte dicht beieinander liegen, als gäbe es eine fixe Nachfrage-Struktur. Die unterhaltenden Sendungen stehen in der Rangfolge der Bevorzugung durch das Publikum eindeutig an der Spitze. Überall werde die Unterhaltung »überkonsumiert« und »unterangeboten«, heißt es in der Studie.[129]

Information, Unterhaltung und Bildung sind die durchgehenden Funktionen aller öffentlich-rechtlichen Programmdarbietungen. Eine säuberliche Trennung ist nicht möglich, die Übergänge sind fließend mit der Akzentuierung auf dem Unterhaltungswert des Fernsehens. Dieter Stolte beschreibt den ZDF-Programmauftrag in unterhaltender Hinsicht: »Anregend unterhalten heißt, nicht nur einen ablenkenden Zeitvertreib bieten, sondern Freude, Kurzweil, Interesse, Mitgehen und Mitgefühl ermöglichen, kurz: nicht zur Passivität, sondern zur Aktivität, zum Miterleben anreizen, den Zuschauer nicht außer sich bringen, sondern ihn seine eigene Bewegung spüren lassen.«[130] Die bildende Komponente in diesem Unterhaltungskonzept ist unverkennbar. Einen Unterhaltungswert können auch informierende Sendungen haben. Sinne, Gefühl und Gemüt werden ebenso angesprochen wie Verstand und Intellekt. Dabei kommt dem Fernsehen in seiner Unterhaltungsfunktion der hohe Glaubwürdigkeitswert zugute, den die Trenduntersuchungen trotz des zunehmenden Gewöhnungseffekts als ziemlich konstant ausweisen, wie bereits erwähnt.[131] Wovon man sich gern unterhalten und zerstreuen läßt, das hat eigentlich wenig mit dem Nimbus des Authentischen zu tun, den man beispielsweise einer journalistischen Nachrichtenquelle zubilligt. Die Beiläufigkeit eines vorwiegend unterhaltsamen Fernsehens gilt anscheinend für die große Zahl der Bevölkerung nicht; die Frage ist, ob ein Medium dadurch, daß es vorwiegend unterhaltenden Charakter hat, als Kultur- und Bildungsfaktor von beiläufigem Wert ist. Dies wäre die spezifische Sicht eines »Bildungsbürgerpublikums«, das nicht die große Zahl der

Fernsehzuschauer ausmacht. Die starke Intensität von unterhaltungsorientierten Fernsehwirkungen läßt sich schon daran ablesen, daß der Unterhaltungswert des Fernsehens sich ohne weiteres mit dem hohen Glaubwürdigkeitswert dieses Mediums in der breiten Publikumseinschätzung verbindet.

In Amerika, wo die Bevölkerung schon einige Jahre länger mit der Fernsehkultur lebt, steht der unterhaltende Zerstreuungscharakter des Mediums im Vordergrund, der Gewöhnungseffekt ist weiter fortgeschritten und die Beiläufigkeit des Fernsehens ausgeprägter. Die national verbreiteten Programme der drei großen Networks CBS, NBC und ABC bestehen zu einem großen Teil aus Situationskomödien, Kinderprogrammen, Hausfrauen-Vormittagssendungen, Talk-Shows, Kriminal- und Abenteuerserien. Das System der großen und wirtschaftlich orientierten Konzerne im Kommunikationsbereich hat eine bedrückende Gleichartigkeit des unterhaltenden Programmangebots herausgebildet und zu einer starken Unzufriedenheit des Publikums geführt.[132] Im Bereich des Kabelfernsehens haben sich alternative Systeme mit regionalen, kulturellen und religiösen Sonderinteressen entwickelt, die zwar teilweise auch von der werbetreibenden Wirtschaft abhängig sind, aber die Eintönigkeit des Angebots auflockern und aus der größeren Nähe zu ihrem Publikum Gewinn ziehen. In den Vereinigten Staaten gibt es rund 24,6 Millionen Kabelfernsehteilnehmer mit 4700 Kabelsystemen, auf jedes System entfallen also rein rechnerisch 5200 Teilnehmer (1982). Die 25 großen Kabelnetzsysteme versorgen durchschnittlich jeweils 95 000 Haushalte.[133]

Wie jemand beim Betreten eines Raums den Lichtschalter betätigt, so wird vielfach in amerikanischen Haushalten der Fernsehapparat eingeschaltet, und nicht selten läuft er rund um die Uhr. Das amerikanische Fernsehen zeigt starke Abnutzungseffekte; die Aura des Offiziösen und Halbamtlichen, die viele Menschen in der Bundesrepublik mit der Organisationsform des öffentlich-rechtlichen Rundfunks verbinden, ist dem amerikanischen Fernsehen fremd. Abnutzung und Gewöhnung können sich als heilsame Distanzierung auswirken, sie können aber auch die Süchtigkeit verfestigen. Beides läßt sich in den USA nachweisen, und die Entwicklungen in der Bundesrepublik nehmen mit der Pluralisierung und größeren Marktorientierung der Programme eine ähnliche Richtung. Der Unterhaltungscharakter wird noch mehr hervortreten; er ist dem Medium auf den Leib geschrieben.

Tony Schwartz vergleicht das Fernsehen mit einer kollektiven Stimmgabel, die den Zuschauer in Schwingung versetzt. Die hergestellte Flut von Wahrnehmungen sei so groß, daß der Mensch zwischen Signal und Symbol kaum noch unterscheidet. Wie die Glocke, die Pavlovs berühmte Hunde in Bewegung setzt, funktioniert auch das Fernsehen weithin als Signal und nicht als Transportmittel von Bedeutungen. Schwartz sieht das Fernsehen als Erzeuger eines Feedback, das er »Resonanzprinzip in der Kommunikation« nennt. Das Fernsehen programmiert uns gewissermaßen wie ein Computer, der die Sinneserfahrungen nicht symbolisch transformiert, sondern in derselben Weise kodiert und behält, wie sie empfangen werden. Wenn das richtige Signal ertönt, kommt es zur gewünschten Wirkung. Schwartz wirft den amerikanischen Fernsehgesellschaften eine heuchlerische Argumentation vor, wenn sie behaupten, sie würden ihrem Publikum nur anbieten, was es zu sehen wünscht. In Wirklichkeit sei das Fernsehen der stärkste Sozialisationsagent, den man sich denken kann. Das Fernsehen mobilisiert die Menschen psychisch, nach dem zu fragen, wonach sie fragen sollen.[134]

Müßte dann aber ein Fernsehen, das in verstärktem Maße Kultur- und Bildungsprogramme sendet, nicht auch die entsprechenden Nachfragestrukturen beeinflussen können? In welchem Ausmaß vermag das Fernsehen geistige Bedürfnisse zu mobilisieren und der Sozialisationsagent der politischen Kultur zu sein? In Amerika hat ein Autor namens Jerry Mander für die vollständige Abschaffung des Mediums plädiert. Er hält die Maschine für »gemeingefährlich«. Im Fernsehen sieht er eine »Unity Machine«, die das Wissen »enteignet« und die Erfahrung »kolonialisiert«. Die sozialen und psychologischen Auswirkungen seien in jeder Hinsicht verheerend.[135] Dieses Plädoyer für die Beseitigung des Mediums ist weder realistisch noch sehr aussichtsreich, und in einer freiheitlich verfaßten Gesellschaftsordnung muß es auf prinzipiellen Widerstand stoßen. Die Fernsehfeindlichkeit ist nicht weniger schädlich als die Fernsehabhängigkeit. Alle Anstrengungen sind vielmehr darauf zu richten, dieses Instrument der sozialen Kommunikation in seinen besten Möglichkeiten einzusetzen, die keineswegs ausgeschöpft sind; dies gilt besonders für den unterhaltenden Bereich.

Fernsehen als »Popular Culture«

Im Umfeld des Fernsehens entstehen neue Kulturformen, die wir nur langsam wahrzunehmen beginnen. Sie gelten in Amerika als »Popular Culture«. Das Konzept hebt sich deutlich von der Intellektuellenkultur mit ihrer ästhetischen Ausschließlichkeit ab. Dem »elite artist« steht ein »popular artist« gegenüber, der mit seinem Publikum nicht über die bildenden Künste oder Feuilletons kommuniziert, sondern die »Kunstform« der Massenmedien wählt. Die Kultur wird als ein Massenprodukt anerkannt. Für den Geschmack und die Ansprüche wird nach dem »largest common denominator« gefragt. Das heißt, ein Programm bewegt sich auf der Mittellinie eines gemeinsamen Massengeschmacks, ohne das Publikum »zu beleidigen«.[136] Das Fernsehen gilt in diesem Kontext einer »Popular Culture« als prinzipiell unterhaltungsorientiertes Massenmedium.

In Deutschland wird das Fernsehen in erster Linie mit der Informationspublizistik assoziiert. Die Unterhaltung kommt zwar auch zu ihrem Recht, aber ihr »Image« ist gegenüber dem Informationsangebot geringer und auch nicht mit dem Bildungsanspruch des Fernsehens zu messen. Dem Unterhaltungszweig im Journalismus fällt es schwer, sich vom Ruch des Minderwertigen und Platten freizumachen. Die Befangenheit der leichten Muse gegenüber ist groß. Unterhaltung gilt als etwas Negatives, das man zwar duldet, aber es ist nicht das »Eigentliche«. Ein Fernsehredakteur setzt die spitze Bemerkung hinzu, die Unterhaltung sei wie alles, was im Duden mit »Unter« beginnt – Unterdrückung, Untermensch, Unterhose – mit einem negativen Etikett versehen, von dem man nicht loskommt. In Wirklichkeit sei die Unterhaltung ein Grundbedürfnis des Menschen, das nach seinem Recht verlangt: »Der Spieltrieb etwa, der so nachhaltig den Menschen und seine Entwicklung bestimmt, die Neugier auf den anderen Menschen, die Befriedigung der Sinne, der Kitzel des Intellekts, die Freiräume für Träume, die Lust, die das Lachen und manchmal auch das Weinen bereiten, das alles gehört doch unter das Rubrum Unterhaltung und kann doch aber nur wirklich funktionieren, wenn stets neue überraschende Impulse Anlaß geben... Ich träume von einer Fernsehunterhaltung, deren Selbstverständnis es ist, auch und gerade in unserer aufklärerischen Zeit den Menschen auf die menschlichste Weise zu begegnen.«[137]

Es gehört zum guten Ton einer bestimmten Medienkritik, die Unterhaltung zu verdächtigen und sie als »kulturelle Praxisform der bürgerlichen Gesellschaft« zu denunzieren. Der Unterhaltungscharakter gilt als »syndromatisch« und wird als »Haupttendenz der Gesamtheit mediatisierter gesellschaftlicher Kommunikation« in die anti-aufklärerische Tradition eingereiht.[138] Enzensberger wird mit seiner Behauptung zitiert, daß die »elektronischen Medien der ›Bewußtseinsindustrie‹ ihre Unwiderstehlichkeit nicht irgendeinem abgefeimten Trick, sondern der elementaren Kraft tiefer gesellschaftlicher Bedürfnisse verdanken.«[139] Diese Bedürfnisse will man nicht anerkennen, es sind die »falschen« Bedürfnisse, und mittels ihrer Ausbeutung werde im Prozeß der massenmedialen Unterhaltung eine falsche (bürgerliche) Wirklichkeitsauffassung aufoktroyiert: »Wirklichkeit in einem unmittelbar apparativen Sinn, nämlich als Gebrauch einer ›Maschine‹, die ›Unterhaltung‹ präsentiert. Mit ihr unterhält man sich freilich nicht, sondern wird unterhalten.«[140]

Was soll denn Unterhaltung im Fernsehen sein? Der medienkritische Zorn »auf die böse Liebe des Volkes zu dem, was man ihm antut«, wie Adorno formuliert hat,[141] konzentriert sich scharfsinnig auf die Entfremdungserscheinungen und beklagt den »Sucht-Charakter« des Mediums, aber zum Genre der

Fernsehunterhaltung fehlt jede konstruktive Aussage. Solche Kritik führt nicht viel weiter als Jerry Manders Vorschlag, den »Kasten« überhaupt abzuschaffen. Das Experiment eines vierwöchigen »Fernsehentzugs« für einige bundesdeutsche Familien aus dem Arbeiterstand, das 1976 in Berlin veranstaltet wurde, erbrachte exakt das Ergebnis jener »Süchtigkeit«, wonach man geforscht hatte. Frau Schneider, eine 25jährige Hausfrau mit Hauptschulabschluß, sagte schon vor dem Test: »Ich weiß wirklich nicht, was ich anfangen sollte ohne Fernseher.« Nach dem Entzugs-Experiment meinte eine andere Ehefrau zu ihrem Mann: »Der Apparat ist wieder in der Stube, die Schlagersängerin Dorthe singt ›Einmal da kommen wir wieder, und singen die Lieder von Sonne und Wein‹. Da hat sie ein schönes Lied wieder. Jetzt haben die Abende wieder einen Sinn. Man hat doch erst gemerkt, wie das Ding weg war, daß man sich doch furchtbar viel damit beschäftigt, wa? Ist was Schönes.« Frau Schneider fügte hinzu: »Ich glaube, man ist so ein Mensch, wenn man am Fernseher gewöhnt ist, daß man den Fernseher braucht, ja...«[142] Mit einer Mischung aus Unverständnis und Arroganz wird dann solchen Zuschauergruppen eine »Unterhaltung« verschrieben, die »alternative Bedürfnisstrukturen« entstehen läßt, sprich: durch und durch politisch ist.[143] »Nachlernen ist erforderlich – ein erster Schritt zu einer bewußt werdenden Gesellschaft.«[144] Gemeint ist eine »emanzipatorische Kulturproduktion«; mit Unterhaltung im landläufigen Sinn hätte das nichts mehr gemein. Eine Fernsehwelt, die sich dem starken Bedürfnis des Menschen nach Ablenkung verschließt und die Bildungsprogramme »verordnet«, müßte sich Orwellschen Verhältnissen annähern.

Ein Teil der Zuschauer wird durch das Fernsehen den Anschluß an die Außenwelt suchen (»reality-seeking«), während ein anderer Teil den Anforderungen, denen man tagsüber ausgesetzt war, vor dem abendlichen Fernsehprogramm zu entfliehen sucht (»phantasy-seeking«). Gerhard Maletzke bemerkt dazu: »Menschen, die im realen Leben stark frustriert sind, finden in den Aussagen der Massenkommunikation einen leicht zugänglichen und bequemen Weg, sich den Belastungen und Schwierigkeiten der Realität zu entziehen und in eine unverbindliche, zu nichts verpflichtende Welt der vorproduzierten Tagträume zu fliehen.«[145] Allerdings lassen sich solche Fluchttendenzen nicht ohne weiteres durch eine Kausalbeziehung mit dem Medium aufrechnen.

Oft wird auch übersehen, daß eine unterhaltende Quiz-Sendung, eine Show oder Fernsehserie ihre Wirkung in der Intimität des Wohnzimmers entfaltet. Dort sucht der Zuschauer keine spektakulären Erlebnisse und Ereignisse. Das regelmäßig Wiederkehrende ist gefragt, dessen Reizung sich in den vertrauten Tagesablauf einfügt. Das Fernsehen ist der Dauergast im Wohnzimmer, es gehört fast wie ein Untermieter zur Familie. »Es ist jene mit zunehmender Gewöhnung kaum noch wahrnehmbare Gleichzeitigkeit und Gleichwertigkeit von Natur und Artefakt, die das besondere Vermögen des Fernsehens ausmacht.«[146] Deshalb findet das Medium auch in der Serie seinen angemessenen Ausdruck. Das Prinzip ist die Dauer, das wiederkehrend Vertraute. Die »Tonight-Show« des Johnny Carson der amerikanischen NBC-Fernsehgesellschaft ist mehr als fünftausendmal über den Bildschirm gelaufen.

Das Fernsehen ist der Tourismusaspekt der Welt. Im Grunde genommen sei der Fernsehzuschauer immer der universale Tourist, hat Martin Walser einmal gesagt.[147] Wer wollte dem Touristen seine Reisen in die ferne Welt, dem Fernsehzuschauer seine Träume und Zerstreuungen streitig machen? Die Fernsehwelt ritualisiert den Alltag. In einer glaubens- und feierlosen Zeit werden die freizeitfüllenden Programme zu ritualisierten Angeboten. Fernsehen ist aus einer Theorie des Alltags zu erklären.[148] Die fiktive Welt der Fernsehunterhaltung zeigt als das überragende »Idealgut« die Liebe. An zweiter Stelle folgt das Verlangen nach Erfolg, Ruhm, Ansehen und sozialem Aufstieg. Die elektronischen Unterhaltungsprodukte entsprechen den geheimen Sehnsüchten der Menschen.[149] Solche Prädispositionen können als Quelle der stets wiederkehrenden Traum-, Mythen-, Märchen- und Unterhaltungsinhalte bezeichnet werden. Es geht nicht um ein Abbilden der Realitäten, sondern im Phantastischen, Erträumten oder Grotesken wird eine andere Wirklichkeit gesucht. Volksmärchen und Unterhaltung treten als funktionale Äquivalente auf, Märchen und Medienunterhaltung berühren sich in mannigfacher Form. »Unterhaltung ist in diesem Sinne Beschäftigung des menschlichen Geistes und der Psyche mit sich selber... Fernseh-Unterhaltung ist weniger ideale Realität als reale Idealität.«[150] Die Geltung des Mythischen erhält sich trotz aller Aufgeklärtheit und findet im elektronischen Unterhaltungsbereich neue Ausdrucksfelder. Die Bereitschaft der Menschen, das Mythische und Ritualisierte fraglos anzunehmen, ist groß.[151]

Die Unterhaltung, das Spiel überhaupt, die gutgemachte Show, der filmische Zeitvertreib, Talk-Shows, Komödien und Lach-Geschichten sind ein medienspezifisches Genre des Fernsehens, das noch weiterer Entdeckung harrt. In der Allzuständigkeit einer »Informationsmaschine« nimmt das Fernsehen nur den geringeren Teil seiner Chancen wahr. Das Fernsehen, das »spielt« und mit seinem Programm die Menschen vergnügt, sei es zum Lachen oder zum Weinen, zeigt sich von seiner stärksten Seite.

9. Profanes Medium, Elektronische Kirche

Die religiöse Botschaft auf dem Bildschirm

An jedem Sonntagmorgen sitzen 130 Millionen Amerikaner vor ihrem Radio oder Bildschirm. Nach Ben Armstrong, dem Direktor des Verbands der National Religious Broadcasters, versammeln sie sich dort zur größten Gemeinde des Landes, für die sich seit Mitte der siebziger Jahre die Bezeichnung »Electronic Church« eingebürgert hat. Diese Radio- und Fernsehkirche behauptet von sich, in Amerika würden heute mehr Menschen über die Sendungen der »Electronic Church« erreicht als von allen Kirchen zusammengenommen. Ben Armstrong nennt das Fernsehen ein Geschenk Gottes. Wir näherten uns auf ganz neue Weise einer Frage, die so alt sei wie die Bibel, »wie wir nämlich den suchenden, verlorenen Menschen unserer Tage in die Nähe Gottes führen, wo seine Liebe mächtig ist und er jedem einzelnen von uns persönlich begegnen will, damit er wiedergeboren wird«.[152]

Das sind hohe Erwartungen, die an die Fernsehverkündigung geknüpft werden und von den protestantischen Großkirchen und den Katholiken Amerikas nicht geteilt werden. Sie stehen dieser Form des religiösen Fernsehens mit großer Zurückhaltung gegenüber, wenngleich sich neuerdings eine Wende abzeichnet. Über die exakten Zuschauerzahlen, die Ben Armstrong und andere behaupten, gibt es schon seit längerem einen Streit.[153] Eher dürfte wohl zutreffend sein, daß die Einschaltquoten der Elektronischen Kirche nach zuverlässigen Quellen (Arbitron und Nielsen) bei wöchentlich rund 20 Millionen liegen, soweit sie das Fernsehen betreffen. Die Quoten für die religiösen Radioprogramme liegen höher.[154] Pat Robertsons »The 700 Club«, nur ein Programm neben anderen, wird heute über Satellit immerhin in 2750 Kabelprogramme mit 9,3 Millionen Abonnenten eingespeist.[155] Sicher ist, daß die Elektronische Kirche in den USA ihre Anhänger nach vielen Millionen zählen kann. Evangelikale und fundamentalistische Gruppen haben in den letzten Jahren eine Vielzahl von Programmträgern organisiert. Sie haben sich zu eigenen Medienkonzernen zusammengeschlossen und strahlen auch während der Woche rund um die Uhr ihre religiösen Programme aus, die häufig im Gewand einer unterhaltenden Show-Sendung angeboten werden.

Nahezu alle Sendeformen des weltlichen Fernsehens sind für religiöse Zwecke übernommen worden, Talk-Shows ebenso wie Quiz- und Spielprogramme,

Soap-Operas als ausgesprochene Familienprogramme auch für nichtreligiöses Publikum, christliche Gospel- und Beatmusik, Predigt und Missionierungsgottesdienste mit Handauflegen und Wunderheilungen, religiöse Kartoons, Puppenspiele oder christliche Versionen von »Captain Kangeroo« für die Kinder, nicht zuletzt auch Nachrichtensendungen und seriöse Panel-Programme zu Kontroversfragen. In Chicago, zum Beispiel, läuft eine Show namens »Bible Baffle«, eine Art Hindernisrennen um das richtige Bibelzitat mit aufregenden Preisen in Form religiöser Literatur oder einem kostenfreien Wochenende »at religiously oriented spas«, an Erholungszentren mit religiöser Ausrichtung.[156] Der Phantasie sind keine Grenzen gesetzt. Die TV-Evangelisten meistern ihr Fernsehhandwerk ganz ausgezeichnet. »Christ must be represented in a firstclass manner«, so formuliert es Mike Nason, der Produzent von Robert Schullers »Hour of Power«.[157] Die Studios von Pat Robertson in seinem Christian Broadcast Network (CBN) mit 700 Angestellten in Virginia zählen zu den modernsten im Land. »Televangelism« wird von den »Prime Time Preachers« mit höchster technischer Perfektion betrieben. Eine eigene CBN-Universität lehrt nicht nur Theologie, sondern ebenso Kommunikationstheorie und Fernsehjournalismus. Dasselbe gilt für Jerry Falwells »Liberty Baptist College«. Oral Roberts gründete in Tulsa, Oklahoma, eine Universität für 5000 Studenten mit hervorragenden medizinischen Einrichtungen und teilweise kostenloser Behandlung für Bedürftige. Die Star-Evangelisten sind Unternehmertypen; sie haben kleine und große Fernseh-Imperien regelrecht aus dem Boden gestampft.[158]

An Erfolgsgeschichten mit typisch amerikanischer Einfärbung fehlt es nicht. Wenn es heißt, daß die Organisation von Oral Roberts jährlich bis zu sechs Millionen Briefe empfängt, 100 000 Briefe an einem Tag nach einer gelungenen Sendung sind keine Ausnahme, dann wird ersichtlich, wie der Computer mit der Datenverarbeitung – alle Briefe werden »persönlich« beantwortet – und die Religion im Fernsehgewand eine Ehe eingegangen sind. Ohne die Mikroelektronik mit ihren para-personalen Kommunikationsformen und der Massenhaftigkeit eines Feedback gäbe es die Elektronische Kirche nicht. Die Neuen Medien haben hier längst Gestalt angenommen. Tony Schwartz, ein amerikanischer Werbefachmann und Spezialist für die Fernsehkommunikation in Wahlkampagnen, nennt das Fernsehen »The Second God«.[159] Diesen Gott, diesen Götzen haben wir selbst geschaffen, aber in dem, was Schwartz »mastery of the second god« nennt, sind wir noch nicht weit gekommen. Die Experimentierfelder der TV-Evangelisten verdienen schon aus diesem Grunde aufmerksame Beobachtung und Analyse.

Aus dem Stadium einer bizarren Rand- und Modeerscheinung sind die Sendeformen und Programme der Elektronischen Kirche heraus. »Televangelism« ist auch für große Teile der amerikanischen Öffentlichkeit noch ein isoliertes und umstrittenes Phänomen. Aber mit Jerry Falwells »Moral Majority« und ihrem Votum für Reagan bei den Präsidentschaftswahlen sind die konservativ-religiösen Fernsehprogramme auch in die politische Arena eingetreten. Mehr als 300 Radiostationen bringen »full time« ausschließlich religiöse Stoffe, und dasselbe gilt für 36 Fernsehstationen.[160] Bei allen Einwänden, daß hier einige geschäftstüchtige Prediger aus der Religion ein billiges Show-Business machten, darf nicht die Tatsache übersehen werden, daß ein großes und konstantes Publikum in dieser Hinsicht ganz anders reagiert und denkt. Die Zuschauermassen werden nicht nur erfolgreich und attraktiv »unterhalten«, sondern sind auch bereit, die kostspieligen Fernsehunternehmen der Elektronischen Kirche mit Millionen von kleinen und großen Spenden zu finanzieren. Sie können nicht alle das Opfer einer »Verführung« geworden sein, und selbst wenn wir die charakteristisch amerikanische Szenerie, deren Formen nicht ohne weiteres übertragbar sind, in die Bewertung einbeziehen, dann scheint hier sozialpsychologisch und religiös in einer säkularisierten Gesellschaft ein Nerv getroffen zu sein. Spezifische Massenbedürfnisse werden offengelegt und wichtige Fragen an die Nutzung des Massenmediums Fernsehen und die fernsehgerechte Darbietung solcher Stoffe wie »Religion« gestellt.

Mit der religiösen Botschaft und der Materie der Verkündigung sind sensible Gegenstände bezeichnet. Wenn es richtig wäre, daß die Abnutzungseffekte, die von der Technologie des Fernsehens ausgehen, einen solchen Stoff in vergröbernde und simplifizierende Strukturen zwingen, dann könnte das für die Glaubwürdigkeit der Botschaft verheerende Folgen haben. Das Problem des Fernsehens zwischen Medium und Botschaft werden wir für die Elektronische Kirche auch nicht damit beantworten können, das Erfolgsrezept sei einfach »Evangelism as Entertainment«,[161] also hier sollten mit ein paar Reklametricks von der Coca-Cola-Werbung die noch nicht Geretteten ins himmlische Jerusalem geholt werden, indem sie sich mit oberflächlicher Unterhaltung füttern und auf den religiösen »Trip« mitnehmen lassen. »Ich bin mir ganz sicher, daß der am Massenbedürfnis und Markt orientierte Glaube die Botschaft Jesu trivialisiert, ja sogar Opium für das Volk ist«, meint einer der Kritiker, der jedoch hinzufügt, daß das Elitekonzept die Frage unbeantwortet läßt, wie und auf welchem Niveau die Telekommunikation mit den religiösen Gefühlen sehr unterschiedlicher Bevölkerungskreise umgehen soll.[162] Sollten Religion und Fernsehen sich einander ausschließen?

Harvey Cox: Mythenbildende Kraft des Fernsehens

Das Fernsehen ist ein profanes Medium von ausgeprägter Weltlichkeit. Alles, was der Mensch erfährt und schafft, die Zivilisation, das Kulturelle und das Politische, die Natur und die Seele, das wird dem Medium in einem globalen und sehr diesseitigen Sinn zur »Welt«. Das Medium Fernsehen zeigt die Oberflächen der Dinge, und allem Anschein nach ist dieses Medium unserer transzendenzvergessenen Gegenwart auf eine besondere Weise erlegen, indem es sich in forscher Weise aller Hintergründigkeiten entledigt und zeigt, was da ist. Fernsehen scheint ein flaches, kein doppelbödiges Medium zu sein, aus der Rationalität geboren und für sie wie geschaffen.

Diese Auslegung beruht auf einem vordergründigen Eindruck und ist, wie bereits angedeutet, in dieser Form kaum haltbar. Das Fernsehen trägt nur oberflächlich die Signatur der Neuzeit, die Signatur einer dienstbaren und in ihrer Zweckleistung klar strukturierten Maschine. Einmal in Gang gesetzt, zeigt das Medium allein schon durch den spezifischen Charakter seiner aufs Visuelle und Bildhafte angewiesenen Botschaft eine mythenbildende Kraft, die uns weiter von der Wirklichkeit dieser Erde entfernen kann als irgendeine Jenseitshoffnung dies vor dem Zeitalter der Säkularisierung vermocht hat. Wir knüpfen an Gedankengänge des amerikanischen Theologen Harvey Cox an und lassen ihn zur Verhältnisbestimmung von Religion und Fernsehen ausführlicher zu Wort kommen. Cox ist vom Mythos und der Metapher der Technologie angezogen und erblickt in den Massenmedien eine moderne Form der Verführung des Geistes: »Kreuze die mythische Macht des Technologischen mit der kulturellen Vorrangstellung des Visuellen, und der Nachkömmling ist eine elektronische Ikone. Das, glaube ich, ist der Grund, warum wir eine neue Theologie der Kultur brauchen.«[163]

Religion ist nicht etwas Ausgespartes und säuberlich Getrenntes, sondern bezeichnet die in einer Kultur eingeschmolzenen Sinngebungen und Wertmuster. Etymologisch ist die Religion dasjenige, was die Dinge »zusammenbindet«, dem Leben einen Zusammenhang gibt und einen Vorrat an Sinnmustern. Die Ereignisse werden zu einer Einheit zusammengeführt. In dieser Sicht interpretiert Cox die »Signalgebilde« der Massenmedien als verkappte Form einer Religion. Fernsehshows und Zeitschriftenwerbung sind übersät mit Mythen und den Images von Helden. Was sich als Unterhaltung und Bildung ausgibt, kann auch die Seelen mit hohlen Halbgöttern, Konsumenten-Allheilmitteln und vorgetäuschten Visionen verdummen und so die Entscheidungen beeinflussen, den Verstand informieren und für das Verhalten beispielgebend wirken. Macht das unsere Medienkultur »religiös«? Cox meint ja. Die große Anziehungskraft der Massenmedien sei anders kaum zu erklären.[164]

Der an das Bild gefesselte Fernsehzuschauer unserer Gegenwart wird von den Intellektuellen gern als »vorgutenbergisch« typisiert und ins Mittelalter plaziert, wo die des Lesens unkundigen Menschen eine nicht-literarische Verkündigung durch Bilderbibeln, Altartafeln und andere Symbole erhielten. Der Protestantismus weist theologiegeschichtlich eine besondere Nähe zum Gutenberg-Zeitalter auf, wenngleich Luther selbst auch den an den Buchstaben geketteten Geist des Evangeliums von der Erblast des starren Predigt- und Traditionsdienstes zu befreien suchte, um das Christentum zu lehren, wie es Christus selbst lehren würde. Das im Buch festgeschriebene Wort bedarf der mündlich interpretierenden und authentischen Rede. Das Medium wird mit der Botschaft nahezu identisch, als auch die Botschaft ein Wort ist. Jesus Christus als das Evangelium und zugleich als der Evangelist, das ist gut biblisch.[165] Nicht grundlos ist es im Reformationszeitalter zum »Bildersturm« gekommen.

Die Ikone, das verehrte Bild, ist gewissermaßen über das Massenmedium Fernsehen in unsere Zeit zurückgekehrt. Die Vorherrschaft des Sichtbaren gegenüber dem Verbalen wird in der elektronischen Kultur hervorgekehrt. Sie macht das Symbol zum zentralen Element und stellt neue Fragen an die christliche Verkündigung, ob etwa ihre medialen Bindungen an historische Formen im Zeitalter der elektronischen Medien ergänzungsbedürftig sind und ob nicht überhaupt mit größerer Entschiedenheit das Bildhafte in der Verkündigungsbotschaft nach vorn gerückt werden muß. Jörg Zink begegnet solchen Fragen mit Skepsis und bezweifelt, ob das Medium Fernsehen die Gewähr bietet, daß die Botschaft unverändert herüberkommt und somit, publizistisch gesprochen, nicht unglaubwürdig wird. Die Verlockung des Mediums, ein Bild zu zeigen, das als solches nicht von geistlicher Relevanz ist, sei groß. Jörg Zink empfiehlt den Kirchen die Askese im Fernsehen, das heißt, »Verzicht auf alle medialen Mittel, mit denen Reichtum dargestellt werden soll. Verzicht auf alle Mittel der Repräsentation, der filmischen Aufblähung, der filmischen Fälschung von tatsächlich geringen Dingen, Verzicht auf Fassaden optischer oder akustischer Art. Verzicht auf dröhnendes Bekennen.«[166]

Wird die Selbstliquidation des Mediums verlangt? Der Verzicht auf alle farbige und reizvolle Oberfläche bedeutet den Verzicht auf das Fernsehmedium. Dröhnendes Bekennen ist stets abträglich in jeder Form. Die römische Liturgie hingegen mit dem Reichtum ihrer Zeichen, Symbole und Gebärden ist ein einziges Schauspiel, und als solches ist sie sehr telegen. Warum soll sich die religiöse Verkündigung einer strengen Arkandisziplin unterziehen? Die Evangelikalen der Elektronischen Kirche gehen mit ihrem »Televangelismus« möglicherweise ins Gegenteil. Ihre Provokation gilt einem etablierten Protestantismus der bürgerlichen Mittelklasse mit seiner literarischen Bibelkultur und der Theologie des individualistischen Auserwähltseins.[167] Jedenfalls wird dem Volk im Fernsehen »aufs Maul geschaut«, das Interesse richtet sich auf eine vagabundierende, häufig nicht kirchengebundene Religiösität in den modernen Industriegesellschaften, und Amerika scheint hier mit den Entwicklungen einer Renaissance des religiösen Gefühls und Bedürfnisses vorauszugehen.

Das religiöse Interesse der Durchschnittsamerikaner ist in den letzten Jahren auffallend gewachsen.[168] In diese Entwicklungen blendet sich das Fernsehen ein und »demokratisiert« es die Religion.[169] Dogmatische und präzise Formeln, wie der Katechismus sie vermittelt hat, vermag das Fernsehen nicht zu übertragen. Kompliziertes Material kann das Fernsehen nicht transportieren. Die Theologie wird auf Volksniveau herabgedrückt. Wie hat Jesus selbst gelehrt? In Bildern und Parabeln hat er gesprochen. Die Erzählkunst ist das biblische Medium. Was Gott über sich selbst offenbart und über das Alte und Neue Testament überliefert wird, gelangt in Geschichten an unser Ohr. Lauter Bildergeschichten einer überhaupt nicht »kritischen« Theologie und Religion sind es, erhärtet durch persönliches Zeugnis und persönliche Erfahrung, die von den TV-Evangelisten über das angeblich säkuläre Medium transportiert werden. Während die Inhalte zurücktreten, magnetisiert und moduliert das Medium die Zuschauer auf eine religiöse Stimmung hin, deren Pseudo-Charakter von den Intellektuellen angemahnt wird, aber das nimmt dem Apparat nicht seine Attraktivität für die Masse der Zuschauer.

Dem Fernsehen wird von Gregor T. Goethals eine »sakramentale« Symbolhaftigkeit zugeschrieben. Zwischen Ikone, Ikonoklasmus, Ritual und Sakrament werden in seiner Untersuchung kulturanthropologische und historische Verbindungslinien gezogen. Die protestantisch-puritanischen Gründungsväter Amerikas verwarfen das Visuelle als gotteslästerlich und verdrängten das religiöse Ritual und die Ikone. Familie, Natur, Kunst oder Technologie verlagerten sich vollends in die Weltlichkeit. Der Mensch als »sakramentales Geschöpf« wurde auf die Abstraktion des geschriebenen oder gesprochenen Wortes verwiesen. Im Gegenzug und sozusagen durch die Hintertür befriedigt die säkulare Kultur jetzt die »sakramentalen« Bedürfnisse, indem sich die Massen um den »Video Altar« versammeln. »Säkulare Kultur ist populär nicht aus dem Grund, weil sie säkular, sondern weil sie sakramental ist.«[170] Goethals referiert hier nichts anderes als die Erkenntnis, daß alle Kultur eine religiös-sakramentale Wurzel hat und auch die Medienkultur daran partizipiert.

»Martin Luther in a Television Age« ist ein Aufsatz überschrieben, den Thomas H. Clancy in der Zeitschrift »America« veröffentlicht hat. Hier wird darüber spekuliert, wie Luther sich im elektronischen Zeitalter verhalten hätte und warum die TV-Evangelisten so populär sind. Vulgarität und Personenkult hätte man dem Reformator vorgeworfen, wenn er, was mit Gewißheit anzunehmen wäre, sich der neuen Medien bedient hätte, um das religiöse Wissen und

Gefühl zu verbreiten.[171] Eine buch- und schriftorientierte Kirche mit bürokratischen Strukturen, die das Professionelle dem Charismatischen, die Rationalität der einfachen Gläubigkeit vorzieht, wird sich schwertun mit der Tatsache, daß annähernd 20 Prozent der amerikanischen Bevölkerung im literarischen Sinn als Analphabeten gelten müssen. Fernsehen, das im Religiösen ein heiteres, kein Büßer- und Asketengewand trägt und spielerische Elemente einbringt, könnte etwas von der Freude in die Religion zurückholen, die beispielsweise dem mittelalterlichen Christentum nicht fremd gewesen ist.

TV-Evangelisten und Säkularismus

Bei den telegenen Schauveranstaltungen der Fernsehpastoren gibt es immer viel zu sehen und zu bestaunen. In Kalifornien predigt Robert Schuller, der auf dem Parkplatz eines Drive-in-Kinos die ersten Gottesdienste veranstaltete, in seiner prächtigen Kristall-Kathedrale, die er mit Spendengeldern errichtet und mit allen elektronischen Raffinessen ausgestattet hat. Die graue Schultheologie geht über die Köpfe und Herzen der Menschen hinweg, sie gilt den TV-Predigern nichts, sie verstehen sich als Schauspieler Gottes, und daß bei den Programmen aus voller Kehle gesungen und für Auge und Ohr etwas geboten wird, dafür sorgen die Experten und Psychologen der Fernsehkirche. »I can so reach the stars«, ruft Schuller der versammelten Gemeinde in dem riesigen Glas-Dom zu, der eine Spannweite von 120 Meter hat und dessen Architektur aus Stahlträgern und 10 611 Glasteilen besteht. Die »Hour of Power« ist seit 1970 im nationalen Fernsehprogramm und wird heute von 149 Stationen übernommen. »Alles« tun zu können aus der »Kraft« des Evangeliums und Selbstvertrauens, das ist die alte Do-it-Yourself-Theologie. »I can do all things through Jesus Christ who strengthens me.« Robert Schuller packt das Evangelium beim Wort. In seinem Dienstzimmer über dem Schreibtisch hängen die Porträts von Bischof Fulton J. Sheen und Norman Vincent Peale. Sheen war der erste und lange Zeit einzige Prediger-Star, der sich des Radios und zuletzt auch des Fernsehens bediente, aber noch keine Schauveranstaltungen kannte, sondern allein mit dem Wort arbeitete. Peale vereinigte Religion und Psychologie in seiner Theologie, die als »power of positive thinking« unverkennbar amerikanische Züge trägt.

Schuller lehnt es ab, sein Fernsehprogramm als »Kirche« zu bezeichnen. Die Angst der etablierten Kirchen, ihre Mitglieder möchten abwandern und ihre Spendengelder der TV-Evangelisierung zuwenden, ist nicht ganz unbegründet. Diese Art unsichtbarer Religion, so resümiert der protestantische Kirchenhistoriker Martin E. Marty von der University of Chicago, rivalisiert in höchst gefährlicher Weise mit der kirchlich gebundenen Religion.[172] Die Großkirchen haben ihr Beiseitestehen inzwischen aufgegeben, sie investieren in eigenen Fernsehunternehmen und stehen der elektronischen Evangelisierung nicht mehr nur negativ gegenüber.[173] Liefert die Elektronische Kirche eine gute Evangelisierung? Trennt sie die Menschen tatsächlich vom Gemeindeleben am Ort? Unterwirft sich diese Fernsehkirche den Strukturen des kommerziellen Rundfunks mehr oder weniger bedingungslos? Sind die Werte der Elektronischen Kirche nicht letzten Endes die Werte jenes Säkularismus, den sie nur dem Anschein nach verurteilt, um ihn dann nachzuvollziehen und zu materialisieren?[174]

Die Kritiker sehen mit Argwohn, wie nahtlos sich die evangelikale Botschaft in die elektronische Medienkultur einblendet. Ein religiöses Wohlbefinden wird erzeugt, das die Predigt der Umkehr auszuschließen scheint. Bleibt die Kreuzesbotschaft vor dem Erfolgsdenken und dem religiösen Selbstbezug auf der Strecke? Erliegen die elektronischen Starprediger der Versuchung einer bequemen, marktgerechten Auswahl ihrer Thesen und Themen? Das Medium Fernsehen hat seine Grenzen, es hat molochartige Strukturen, in die man nicht alles hineinfüttern kann. Die Elektronische Kirche wird immer eine Ersatz-Kirche bleiben. Es fehlt auch nicht an Scharlatanen. Dennoch verdient die überraschend große Produktion religiöser Unterhaltungs- und Informationsprogramme über das Medium Fernsehen unsere Aufmerksamkeit, und eine pauschale Verurteilung ist nicht gerechtfertigt. Die Zuschauer, die von sich behaupten, daß sie geistigen und religiösen Gewinn aus den Programmen ziehen, kann man nicht mit einer Handbewegung abtun. Das Zuschauerverhalten müßte näherhin analysiert werden. Religion als »Stoff« einer Massenkultur und über ein Massenmedium vermittelt, das stellt uns vor neue Fragen. Forschung und Wissenschaft haben den Phänomenen des religiösen Fernsehens bisher kaum Beachtung geschenkt. Über das Stadium journalistischer und mehr zufälliger Beobachtungen und Interpretationen sind wir nicht hinausgekommen. »Televangelism« ist auch im Kontext einer gesellschaftlichen Entwicklung zu sehen, die durch das bereits erwähnte Wiedererstarken des religiösen Sentiments gekennzeichnet ist und merkwürdigerweise in Amerika in den elektronischen Medien gewisse Kristallisationspunkte gefunden zu haben scheint.

»Auch in der Religion können die Medien zur Botschaft werden.« Harvey Cox folgert diese Tatsache aus der sich gegenwärtig ereignenden Kulturrevolution eines Übergangs von den Schrift- zu den Bildmedien. So trügen der Film, das Fernsehen und andere neue Medien eine enorme Verheißung in sich, seien sie doch prinzipiell universaler, egalitärer und zugänglicher als vorhergegangene Formen der Kommunikation. Das Egalitäre der Massenkommunikation ist es vor allem, das den Mediengegnern und intellektuellen Verteidigern der »Hochkultur« ins Auge sticht, doch letzten Endes gilt ihre Ablehnung jeder Form von

»Popular Culture«.[175] Für die vielen Millionen Zuschauer sind nicht Sophokles oder Shakespeare die Symbolträger für Lebenserfolg und Glücklichsein, sondern sie entnehmen ihre Normen und Helden den Comics, den Schlagertexten, den Kleidermoden, den schreienden Reklamesprüchen auf allen Oberflächen, dem Kaleidoskop bunter Fernsehsendungen, den Mickey-Mouse- und Westernfilmen. Die Medienkultur, das ist die »Popular Culture« der großen Mehrheit einfacher Leute, die in den Analysen der Theologen, Therapeuten und Medienkritiker lediglich als statistische Größe erscheinen.

Was das Medium Fernsehen kann, was es nicht kann, stellt die Elektronische Kirche in eindringlicher Form vor Augen. Offenbar stößt dieses religiöse Angebot auf eine Erwartungshaltung, die von den lebensweltlichen Milieus in der modernen Massengesellschaft ausgeht. Nähe, personale Kommunikation und religiöse Geborgenheit kann das Medium allenfalls simulieren. Doch in der Simulation steckt die ganze Kraft der Fiktion und Phantasie. Was die Massenmedien für gut und wahr ausgeben, was sie für wirklich und wichtig halten, was nicht, das macht ihre »Religion« aus, die sie verbreiten. Religion steht hier für die Sakralität im Profanen, für »Video Myth« und gegen den säkularen Ikonoklasmus, für das praktische Konglomerat von Wertvorstellungen und Sinnmustern, woran sich die Lebensvernunft des einzelnen hält.

Die Penetranz der Massenmedien ist heute gegenüber den traditionellen Wertevermittlern und Sozialisationsagenten allgegenwärtig und zugleich alltäglich, und wo nur wenige von einem Buch erreicht werden können, sind es Millionen vor den Fernsehgeräten. Dort vermengt sich das Profane mit dem Kulturellen, das Geistige mit dem Sittlichen und »Religiösen« wie in allen anderen Lebensbereichen. Die Botschaften mögen noch so weltlich sein, so lassen sie sich doch für die Wert- und Lebensfragen jederzeit durchscheinend machen, daß etwas eingeht in den Menschen, an dem sie nicht achtlos vorbeigehen. Dieses ganz andere, nennen wir es das Transzendente, Religiöse oder Mystisch-Mythische, wird in der Massenkommunikation immer schon »mitgeliefert«. Religion, wo sie ins Leben hineingenommen wird, ist kein Ghetto; sie lehrt uns, die Dinge so zu sehen, daß sie symbolhaft werden, etwas gegenwärtig sein zu lassen, das nicht anwesend ist – und dies tut und kann gerade das Medium Fernsehen auf ganz spezifische Weise. Über die Tauglichkeit des Exempels, das die Elektronische Kirche Nordamerikas vorweist, kann man unterschiedlicher Meinung sein. Jedenfalls ist die Verhältnisbestimmung von Fernsehen und Religion nicht mehr dieselbe; sie muß neu durchdacht und praktiziert werden.

10. Fernsehen könnte anders sein

Geschichten erzählen, Fernsehwelt »lesbar« machen

Was kann das Medium Fernsehen? Was das Medium könnte, aber nicht tut, ist die eigentlich humane Frage im Zwischenfeld von Technologie und Botschaft. Da ist die Bilanz vorläufig noch betrüblich und fällt nicht nur auf die beteiligten Personen zurück, auf Journalisten oder auf das System, das nun mal so funktioniert wie es funktioniert, auch nicht nur auf die Gesellschaft, die an allem schuld ist und das Publikum stellt – das doch die Massenkommunikation hat, die es verdient? Was sind die Alternativen, die Alternativ-Fernsehprogramme und Alternativ-Sendeformen, die Alternativ-Medien und -Botschaften? Niemand weiß das genau, aber vorstellen könnte sich schon fast jeder, wie die innere und äußere Wirklichkeit der Massenmedien aussehen und beschaffen sein müßte, wo zwischen »Ist« und »Soll« der Graben nicht so weit klaffen darf. Der Zorn über publizistische Mißstände hat sich in den letzten Jahren vor allem »dem« Fernsehen gegenüber entladen; es ist »unter Anklage«[176] genommen worden. In den fünfziger und sechziger Jahren waren es »die« Illustrierten und Boulevardblätter, denen – allerdings mit Recht – die Kritik galt, daß sie eine Trivialisierung der menschlichen Probleme beförderten, das Leben verflachten und es in die graue Sinnlosigkeit entlassen würden, wo jeder mit sich allein ist und Kommunikation zur Anti-Kommunikation wird.

Narratives Fernsehen

Harvey Cox sieht die Humanisierung der Medienwelt darin, daß wieder Geschichten erzählt werden, vom Leben aus der Nähe ein Zeugnis gegeben wird, meine eigene Geschichte, die deine, die unsrige. Unsere Gesellschaft sei kopflastig geworden mit Signalen und Systemen, und keine menschliche Regung scheint mehr sicher zu sein vor dem alles zerstörenden Angriff der Programmierung. Geschichte, Witze, Sagen, Märchen, erfundene und wahre Geschichten, die wir den Kindern in die Ohren flüstern, die wir singen, in Briefen und Tagebüchern schreiben, die wir an den Plätzen, in den Freundschaften austauschen, solche Geschichten dürften wir uns von den Signalen nicht ruinieren lassen. Signale ermöglichen die Gesellschaften großen Maßstabs und komplexer

Art, sie sind knapp, übermitteln eine unmißverständliche Botschaft und stellen eine unverzichtbare Kommunikationsform in der modernen Welt dar. Mit den Geschichten sind jene Formen menschlicher Gesellung gemeint, wo Gefühle, Werte und Erfahrung ein verpflichtendes Ganzes bilden, sie sind weitschweifig, sagen uns oft mehr über den Erzähler als über das Geschehen, sind persönlich und kommen aus der Nähe. Die geschichtenerzählende Rolle der Religion sieht Cox heute in einer zerstörenden und entwurzelnden Form in den Massenmedien wiederkehren, deren Einweg-Kommunikation vom Sender zum Empfänger die Menschen isoliert und ihnen das Lebenswichtigste nimmt, was sie brauchen, den Dialog, die Gemeinschaft in Kommunikation mit anderen. So vertiefen sie seine Ohnmacht, statt sie aufzuheben. Cox kommt nun alles darauf an, die Einweg-Mediensysteme zu dialogisieren »mit einer Vision dessen, was zur menschlichen Kommunikation alles gehört«.[177]

Das Fernsehen als Geschichtenerzähler ist auch eine Vorstellung des ZDF-Intendanten Dieter Stolte. So kommt das Medium dem Publikum ein Stück entgegen, es verringert die Distanz, »es reagiert lediglich auf die seit Kindertagen in uns lebendige Sehnsucht, daß uns einer eine Geschichte erzählt«. Über das Geschichtenerzählen werden Zusammenhänge, Sinn-Zusammenhänge hergestellt. Das hat mit Geduld und Zeithaben zu tun. »Informationen«, meinte Stolte, »sagen etwas über die Welt aus, Geschichten strukturieren sie.«[178] Er hält das Spiel für »das Ehrlichste« im Fernsehen, weil es sich nicht anmaßt, die Grundgesetze des Fernsehens zu überwinden, daß es nämlich nicht meine Augen sind, die etwas sehen, sondern immer schon eine interpretierte Wirklichkeit ist, die ins Wohnzimmer gelangt. Was das Medium vorzeigt, wird im Spiel und der Spielhandlung nicht für bare Münze, für Realität genommen.

Mit dem Stichwort »Narrativität« ist das Zeugnishafte der persönlichen Empirie gemeint, eine Sprache der Massenkommunikation, die immer wieder versucht, die Systemzwänge abzuschütteln, und wir haben darüber in früheren Kapiteln schon einige Überlegungen angestellt. Wenn man den Theologen Cox hört oder sogar einen Programmverantwortlichen des Fernsehens, dann dürfte der Weg zu einem »narrativen« Fernsehen nicht weit sein. Der Wunsch, daß das Fernsehen immer wieder eine »Metapher für das Ganze der Erfahrbarkeit«[179] ist, steht unter dem Ansporn einer kulturellen Idee. Wie die Bucherfahrung der Menschen seit Jahrhunderten zur Idee einer Welterfahrung geworden ist, so bedürfen wir einer kulturellen Idee des Fernsehens: Fernsehwirklichkeit als hermeneutisches Problem. Der kanadische Kommunikationswissenschaftler McLuhan hat sich auf diesen Weg gemacht und ist im Labyrinth vieler Einzelheiten steckengeblieben; die Intention gilt damit nicht als erledigt, und deshalb fügen wir unseren Überlegungen einen Exkurs über seine Medienphilosophie bei.

Das Fernsehen als Geschichtenerzähler ist kein Stichwort, aus dem Apparat eine Märchentante zu machen. Das »Narrative« steht als Paradigma für die Dialog-Situation des Verstehens. Das Verstehen wird als ein »Vordringen in Möglichkeiten«[180] gesehen, als Freiheit im Umgang mit dem »Text« des Fernsehens, und daran mangelt es noch erheblich. Die Fernsehwelt mit ihrer eigenartigen Metaphorik muß »lesbar« gemacht werden, so wie wir aus einem Buch herauszuholen verstehen, was ihm an Sinn, Phantasie und Lebenserfahrung eingestiftet worden ist. Fernsehen und Buch sind zweierlei, das Geschriebene hat andere und ältere Strukturen und schiebt sich auf andere Weise an die Stelle der Wirklichkeit, aber die Menschenfreundlichkeit, die das Buch hat und die in seiner Erzählfreude liegt, könnte dem Fernsehmedium zugute kommen.

Feedback und dialogisches Fernsehen

Konkret zeigen die Neuen Medien mit ihren Technologien einen Ausweg aus der Sackgasse der Massenkommunikation, die zur Anti-Kommunikation wird. Strenggenommen ist die gegenwärtige Massenkommunikation ein begrifflicher Euphemismus, weil eine wirkliche »Kommunikation« meistens ausbleibt. Zutreffender müßten wir von Masseninformation sprechen, die linear vom Sender zum Empfänger verläuft. Die Feedback-Chancen fehlen weithin, und wo sie nicht institutionalisiert sind, können sie auch nicht wahrgenommen werden. Das Bundesverfassungsgerichtsurteil von 1962 stellte das öffentlich-rechtliche Rundfunkwesen von vornherein unter eine aussichtslose Prämisse, als der Wettbewerb durch die Ausgewogenheitsforderung substituiert wurde. Die Ausgewogenheit setzt eine Ethik voraus, die ihre Träger überfordert, und das hat fast immer deren Korruption zur Folge. Damit ist nicht gesagt, daß Rundfunkjournalisten »korrupt« werden müßten, aber sie sind überfordert, wenn sie ein Programm produzieren sollen, dem ein realistisches Feedback fehlt und das für ein Publikum produziert wird, das in den meisten Fällen die große Unbekannte ist. Die Gremienkontrolle im öffentlich-rechtlichen Rundfunksystem hat das Marktprinzip auch nicht ersetzen können. Es tritt hinzu, daß ein Journalist, der sein Temperament und sein öffentliches Engagement bei der Garderobe lassen soll und gewissermaßen zu einem öffentlich-rechtlichen Informationsbeamten abgestempelt wird, überhaupt kein Journalist oder nur ein frustrierter Journalist sein kann. Das Treuhänderprinzip ist unpassend für ein realistisches Selbstverständnis des Journalistenberufs.

Ein breites und vielfältiges Spektrum der Kommunikationsformen wird über die Neuen Medien mit der Heraufkunft der »Telematik« möglich und führt zu Übergangs- und Verschmelzungsformen einer Kommunikationskultur, die wir skizziert haben. Die Sackgasse der Massenkommunikation endet nicht mehr beim Empfänger, dem letzten und schwächsten Glied in der Kette. Die Kabeltechnik gewährt eine Vielzahl von Feedback-Chancen und einen sehr spezialisierten »Verteiler« von Informationen. Die Nahraumkommunikation der Medien wird entsprechend zunehmen. Das hat einen Rückgang der Programme mit hohen Einschaltquoten zur Folge. Die Wirkungen werden entdramatisiert und durch erhöhte Ansprache von vielerlei Zielgruppen individualisiert. Der einzelne Bürger kann sich mit seinen Naherfahrungen stärker einbezogen fühlen, er kann mitberaten, selbst neue Kommunikation einleiten. Die einzelnen haben auch in kleinen Gruppen einen Anspruch auf Kommunikation, wo nachbarschafts- oder gesinnungsbezogene Aspekte ausschlaggebend sind. Je näher wir die Massenkommunikation an diejenigen heranbringen, die sich bisher als »Rezipienten« eingestuft sahen, desto aussichtsreicher ist die Ent-massung der Prozesse und Beziehungen.

Im lateinischen »communicare« steckt diese Dialogisierung, wenn der Wortsinn dort festgehalten wird in den Bedeutungen von mitteilen, teilnehmen lassen, Anteil nehmen, auch: sich beraten und besprechen, auch: einen Brief- und Gedankenwechsel führen. Ebenso läßt sich das lateinische »informare« auf seine humanen Wurzeln zurückführen und bedeutet formen, gestalten, bilden, unterrichten, darstellen, durchaus auch mit der Möglichkeit spezifischer Kunstformen, die dem Fernsehen noch weithin abgehen. So ermöglichen die Chancen des Dialogischen, die kommunikationstechnologisch heute realisierbar sind, einen Zuwachs von Nähe, an Perspektivität und Vielfalt, an Frage und Antwort, an Privatem und Öffentlichem. Ob etwa das Fernsehen bessere Programme bringt, ausgewogener oder nicht, »live« oder aus der Konserve, perfekt oder improvisiert, ist nicht der wichtigste Punkt, solange nicht eine bessere Reziprozität zwischen Empfänger und Sender hergestellt wird und der Apparat nur eingeschaltet bleibt. Sonst bleibt die Signalwelt unverbesserlich anti-kommunikativ.

Wann und wo immer uns die Technik heute die Möglichkeiten an die Hand gibt, in der Massenkommunikation dem ursprünglichen Gesprächsmodell wieder ein Stück näherzukommen, da dürfte es keine andere Entscheidung geben als diejenige zugunsten der Nutzung solcher Techniken. Die Freiheitsrechte haben Priorität. Das Gesprächsmodell ist grundlegend und für den demokratischen Prozeß maßgebend. Mit Recht vermerkt Heinrich Oberreuter, wie die publizistische Macht mit der Konzentration des publizistischen Angebots und seiner Träger steigt. »Je zentralisierter und monopolähnlicher ein Medium organisiert ist, um so stärker wird es auch als Autorität perzipiert. Es gewinnt quasi offiziösen Charakter.«[181] Die neuen Techniken pluralisieren das Angebot durch vermehrten Wettbewerb, und dadurch relativieren sie gleichzeitig die Wirkungen eines Mediums.

Vernunft und Moralität sind die Grundpfeiler, auf denen das zerbrechliche Haus der Demokratie gegründet ist. Eine anti-kommunikative Kultur wäre keine politische Kultur, und dieser Gefahr, daß die Massenmedien sich zur Gegenmacht entwickeln und eine Gegenwirklichkeit konstruieren, sind wir dauernd und insbesondere beim Fernsehen ausgesetzt. Geistiges und Politisches fließen im Begriff der politischen Kultur zusammen und verbinden sich als legitimierende und integrierende Kräfte für das Ganze, das für unsere Lebenswelt und das Alltagsethos der tragende Grund ist. Die Anerkennung der Moralität dieser politischen Kultur, die wir in der spezifischen Ausprägung der gegenwärtigen und zukünftigen Fernseh- und Medienkultur reflektiert haben, ist durch nichts aufzuheben oder zu ersetzen. Im »communicare« des Gesprächsmodells konkretisiert sich die Moralität der menschlichen Person gegenüber. In der letzten Instanz ist diese Moralität nicht begründbar, ganz zu schweigen davon, daß Moralität sich wissenschaftlich untermauern ließe. Wir sind also dauernd gezwungen, Fragen zu stellen, die strenggenommen unbeantwortbar sind, wenn wissenschaftliche Kriterien angewendet werden, und die wir trotzdem nicht loswerden können. Leszek Kolakowski bemerkt dazu: »Wie sich das Wirkliche von dem Unwirklichen und das Gute vom Bösen unterscheiden läßt, ob wir eine zweckmäßige Ordnung hinter dem Weltchaos erahnen dürfen, wo unsere Zivilisation steht und wohin sie geht – um solchen Fragen die Stirn zu bieten, gibt es freilich keine rational zuverlässige Methode, aber einfach davonzulaufen, ist auch unmöglich.«[182] Den Fragen der elektronischen Massenkommunikation die Stirn zu bieten, ist ein dringliches Gebot der Entwicklungen, und loswerden können wir diese Fragen bestimmt nicht, sondern sie sind unserer Einsicht, unserem Können und der Freiheit überantwortet.

Die Verhältnisse, in die sich der Mensch mit seinen Apparaturen gebracht hat, sind ja nicht zwangsläufig. Fernsehen könnte auch ganz anders sein. Als der die Welt in Freiheit gestaltende Mensch geht die Sinnfrage auf ihn selbst zurück. Er selbst ist der Bezugspunkt aller Wirklichkeit, und die Medien, die er sich schafft, sind seine Medien. Der Wille zum Sinn liegt in den Deutungsmustern der Kultur. Zum Dialog, zur bejahenden und liebenden Annahme des Lebens im anderen gibt es keine Alternativen; sonst verflüchtigt sich aller Sinn. Auch mit dem Blick auf ein so mächtiges Instrument wie die elektronischen Medien muß die Sinnfrage jedesmal neu »geortet« werden und müssen wir den Wirkungen entgegentreten, die dem Menschen zum Schaden sind. Die Einweg-Kommunikation durch Dekret, Kommando oder Bekanntmachung, schreibt Harvey Cox, werde von der Bibel nicht als der Stil von Propheten, sondern von Tyrannen und Unterdrückern betrachtet.[183]

Marshall McLuhan: Der elektronische Mensch

Exkurs

Wenn von einem Wissenschaftler unserer Zeit gesagt werden kann, er sei mit einer einzigen Formel weltberühmt geworden, dann gilt das von dem kanadischen Professor Marshall McLuhan und dessen Motto: Das Medium ist die Botschaft. Es gibt noch ein paar andere prägnante Formulierungen von ihm, etwa seine hartnäckige Behauptung, die elektronische Revolution mache aus unserer Welt ein »Dorf«, aber keine fand eine solche Verbreitung wie die Gleichung von Medium und Botschaft.

Für sich genommen wäre es schon eine Untersuchung wert, die Gründe zu erforschen, die den Formeln McLuhans eine weltweite Verbreitung gesichert haben. Welches Erwartungspotential war geweckt worden? Warum ging die Öffentlichkeit überhaupt auf die Erklärungsmuster eines Kommunikationswissenschaftlers ein?

Zehn Jahre lang, zwischen 1962 und 1972, erreichte McLuhan mit seinen Ideen und seinem Auftreten eine bis dahin in seinem Wissenschaftszweig unbekannte Popularität. Von einigen zum Propheten des elektronischen Zeitalters gemacht, von anderen als Scharlatan verdächtigt, dessen Thesen nicht nur widersprüchlich, sondern marktschreierisch seien, lag die Einmaligkeit seines Erfolgs wohl in der Radikalität des Versuchs, die Welt der Massenmedien in einer großen Zusammenschau zu humanisieren und hieraus Folgerungen für eine universelle Medienkultur abzuleiten, wie der Mensch sich ihren Herausforderungen zu stellen hat.

Der Versuch, um es vorwegzunehmen, ist nicht geglückt. Um Marshall McLuhans Botschaft ist es still geworden. »Messianismus und Wissenschaft« vermengten sich in unzulässiger Weise, rezensierte Ulrich Saxer bereits 1968, als der McLuhan-Kult seinem Höhepunkt zustrebte und »der gedankliche und kommunikative Gestus seines immer entschlossener zur universellen Gesamtschau sich ausweitenden Werkes« erst in Umrissen erkennbar geworden war. »Soll Massenkommunikation der Menschheit wirklich zum Heile gereichen, wird sie wohl kaum McLuhans Botschaft erhören dürfen«, so endete Saxer damals seine überaus skeptische Würdigung.[184] Sieben Jahre später beschloß Heinz Buddemeier einen Aufsatz über die Medienphilosophie McLuhans mit dem Hinweis, die Beschäftigung mit McLuhan habe deutlich gemacht, daß seine

Gefolgschaft nicht zerstreut werden könne, indem man die in den Theorien steckenden Denkfehler aufdeckt. »McLuhan und Leute wie er erfüllen eine Funktion und wer dagegen etwas tun will, darf nicht dabei stehenbleiben, Fehler aufzudecken; er muß zugleich Antworten anbieten auf jene Fragen, um deren Beantwortung willen McLuhan Gehör findet.«[185]

McLuhan ist am 31. Dezember 1980 in Toronto gestorben. Rückblickend läßt sich feststellen, daß seine Publizität nicht gehalten hat, was sie einmal zu versprechen schien, daß aber vor allem sein Werk keine soliden Fundamente gelegt hat, auf denen sich weiterbauen läßt. Dennoch, der Versuch einer medienphilosophischen Gesamtschau, die sich nicht von vornherein ins Abseits zur empirischen Kommunikationswissenschaft stellt, sondern deren Erkenntnisse aufzugreifen sucht, bleibt auch heute aktuell. Auf diesem Horizont des Bemühens um einen interdisziplinären Brückenschlag scheint mir die Rezeption von McLuhan und seiner Interpretation der Medienkultur trotz aller Extravaganz nicht ans Ende gelangt zu sein. Mit spöttischem Unterton gedenkt Winfried B. Lerg des gerade verstorbenen McLuhan. »Seine Thesen sind allenfalls zu fühlen, aber nicht zu erkennen«, meint der Empiriker nicht ohne Grund.[186] War es das, was McLuhans Fragestellungen so populär gemacht hat? Der Alltag der Massenmedien im Leben der Menschen hat oft so viel mehr mit praktischen Gefühlen als mit theoretischer Erkenntnis zu tun; das wäre immerhin zu bedenken. Was sich der Wissenschaft als »die Erkenntniswirklichkeit« anbietet, hat McLuhan oft mit verächtlicher Geste beiseite geschoben, den Menschen andere Wirklichkeiten vorzuweisen, die sie im persönlichen Sinne »angehen«. Ebenfalls in einem Nachruf schreibt Otto B. Roegele, daß sich inzwischen ein gewisser Wechsel der Szene in der Einschätzung von McLuhans populärer Wissenschaft von den »magischen Kanälen« vollzogen habe. Der Lärm um ihn sei verstummt, aber die Wissenschaft habe einige Beobachtungen gemacht, die McLuhans Deutungen und Voraussagen bestätigten: »Je allgemeiner die Verbreitung des Fernsehens in der Welt wird, um so deutlicher läßt sich auch erkennen, daß es die Welt nicht unerheblich verändert.«[187]

1943 in Cambridge über Thomas Nashe promoviert

Wer war Marshall McLuhan? 1911 im westlichen Kanada geboren, studierte er Ingenieurwissenschaft und dann Literatur, zuerst in Manitoba, dann im englichen Cambridge in den späten dreißiger Jahren, wo er mit Werken von K. G. Chesterton Bekanntschaft machte und zum Katholizismus konvertierte. Vor allem James Joyce hatte es ihm angetan. Über den Symbolismus kam er auf die stilistischen Parodien eines Thomas Nashe, der als Autor im elizabethanischen

Zeitalter »einen großen Appetit für Worte und ihre wortspielerischen Möglichkeiten« zeigte und die Fähigkeit besaßt, sie »auf treffsichere Arabesken zu komprimieren«. Mit dieser Kennzeichnung von Thomas Nashe, über den McLuhan 1943 in Cambridge promovierte, hat er seine eigene Vorliebe für eine gewisse Doppelbödigkeit der Worte und der Sprache getroffen.[188] Er kehrte nach Amerika zurück, lehrte an der Jesuiten-Universität von St. Louis und seit 1946 als Literaturwissenschaftler an der Universität von Toronto in einem von ihm geleiteten »Center for Culture and Technology«, das sich der Medienforschung zuwandte. Fachwissenschaftlich blieb er ein Outsider, ja für manche ein »enfant terrible«. Persönlich gab er ungern Auskünfte über seine Person und wissenschaftliche Entwicklung. In Toronto lebte er als Vater von sechs Kindern in einem bescheidenen Haus.

Neben Hunderten von Zeitschriftenartikeln sind es vor allem vier Buchveröffentlichungen, die seinen Ruhm begründeten. Zuerst wenig beachtet, veröffentlichte er im Jahre 1951 »The Mechanical Bride: Folklore of Industrial Man«. Er analysiert Reklametexte aus den Massenmedien. Er zieht literarische, anthropologische und sozialpsychologische Erkenntnisse heran, die Ausbeutung der menschlichen Wunsch- und Traumregungen für kommerzielle Zwecke offenzulegen und eine Art »Psychoanalyse« der industriellen Massenkultur zu entwickeln. McLuhan beläßt es aber nicht bei den zerstörerischen Wirkungen der herabwürdigenden Inhalte, sondern identifiziert gewisse Formelemente und Strukturen in diesen Medien, die mit der avantgardistischen Literatur und Kunst korrespondieren und dem Menschen neue Entwicklungen verheißen. Die Trennung von Inhalt (content, message) und Form (medium) charakterisiert fortan das Vorgehen McLuhans, wobei ihm die formalen Aspekte vorrangig erscheinen und sie sich schließlich in dem berühmten Satz »The medium is the message« verdichten.

Eine Summe der McLuhanschen Ideen zu geben ist schwierig und fast unmöglich, weil der Autor oft anti-logisch vorgeht, sich begrifflich im Kreis bewegt und wie ein Künstler nicht darum kümmert, ob seine Hypothesen auch wissenschaftlich haltbar seien. Die Kommunikationswissenschaftler, äußerte er sich herablassend, hätten sich hauptsächlich mit Problemen der Kodierung von Informationseinheiten, mit dem Entwurf von Signalsystemen und anderem, was bereits bekannt sei, befaßt. Ihm komme es auf die einzigartigen Erfahrungen der Menschen an, wie man die Massengesellschaft mittels der Medien an ihren Erkenntnissen und Entdeckungen teilhaben läßt, »indem wir allgemein übliche Worte und Metaphern etwa so wie Humoristen und Künstler mit bewußter Übertreibung als ›Sonden‹ benützen, um neuartige Situationen zu erkunden, um zu beobachten, was dann geschieht, und nach Umkehrvorgängen Ausschau halten.«[189] So baut er aus »Tatsachen« ein Mosaik der Beweisführung und trägt sie zur Erforschung bisher unbekannter Auswirkungen der Massenmedien aus möglichst vielen Disziplinen zusammen – eine Methode, die irritiert und berechtigte Zweifel offenläßt.

1962 bringt McLuhan sein zweites Buch »The Gutenberg Galaxy: The Making of Typographic Man« heraus, wohl sein bestes und am meisten kohärentes Werk, das ihn auf einen Schlag berühmt machte. Zwei Jahre später, 1964, folgt »Understanding Media: The Extensions of Man«. Das Buch findet reißenden Absatz, sieht sich der Leser doch in einer welterklärenden Futurologie gespiegelt und glaubt Antworten auf rätselhafte Fragen in einer zunehmend medienabhängig gewordenen Gesellschaft zu erhalten. McLuhans vierte Buchveröffentlichung »The Medium is the Massage: An Inventory of Effects« vom Jahre 1967 verdeutlicht, illustriert und popularisiert noch einmal seine Grundpositionen, hier doppeldeutig – seine Bücher entbehren nicht gelegentlicher Karikatur und des Witzes – eingeleitet mit dem Wortspiel von »message« und »massage«.

Sinneswelt und Kommunikationsmedien

Wie lassen sich nun diese Grundpositionen mit dem formelhaften Leitmotiv »The medium is the message« in Kurzform darstellen? Wir wählen drei Schwerpunkte aus, einmal das über die Sinne vermittelte Erfahrungsvermögen des Menschen, wie McLuhan es zu den Medien in Beziehung setzt; sodann die Evolution der Medien und Kommunikationsformen bis ins elektronische Zeitalter hinein; schließlich besondere Probleme der Kommunikation mit Menschen mittels Medien im Spannungsgefüge von Inhalt und Medium.

Nach McLuhans Auffassung hat jede Kultur eine sensorische Neigung oder Präferenz aufzuweisen, die ihr verborgenes Milieu oder Umfeld (environment) ausmacht. McLuhan spricht von der allumfassenden »Grundlage«, die durch solche Präferenzen konstituiert wird und die jeweilige »Gestalt« des Menschen bestimmt. Die kulturanthropologische Sicht wird bei McLuhan durch wahrnehmungspsychologische Erkenntnisse ergänzt, die besagen, daß in jedem Akt eigener Bewußtheit und Erfahrung die verschiedenen Wahrnehmungsstränge unserer Sinnesorgane – Auge, Ohr, Tastsinn, Geschmack, Geruch – zusammenfließen, und zwar simultan. Wie läßt sich die sensorische Erfahrung vermitteln? Das Phänomen der Kommunikation ist für McLuhan in seinem Denken stets das zentrale Problem. Dabei kommt ihm die Anthropologie zu Hilfe, die etwa bei primitiven Völkern den Einfluß wechselnder gesellschaftlicher Gepflogenheiten und Kulturformen – »stumme Sprache« – auf die bewußten und unbewußten Formen der zwischenmenschlichen Kommunikation zurückführt. McLuhan fragt nach den »starken Auswirkungen der Kommunikationsmedien selbst im

Sinne einer Beeinflussung der Sinneswelt – der Kommunikationspräferenzen – sowohl der Individuen als auch der Gesellschaften.«[190]

Hier ist zu erläutern, was McLuhan unter »Extensions of Man« versteht. Er hält sämtliche Kommunikationsmedien – Sprache, Schrift, Druck, Telegraf, Telefon, Fernsehen etc. – für technische Erweiterungen eines oder mehrerer Sinne oder Fähigkeiten des Menschen. Die Steinaxt ersetzt die Hand, die Maschine eine Vielzahl körperlicher Verrichtungen; das Radio »erweitert« Stimme und Ohr. Im elektronischen Zeitalter ist es dem Menschen sogar gelungen, technologisch über die neuen Medien sein zentrales Nervensystem zu objektivieren mittels eines Informations- und Kommunikationsmilieus, das weltumspannend ist und »die technologische Simulation des Bewußtseins«[191] hervorbringt. Hier wird der Autor von seinen eigenen Hypothesen davongetragen, indem er, wozu er sich selbst bekennt, wie die Künstler oder Erfinder sein Suchen mit den tatsächlichen oder erwünschten Wirkungen beginnt.[192] Andererseits ist es nicht nur Utopia, daß die Kybernetik und die Neurophysiologie voneinander profitieren und sich in manchen Erkenntnissen stützen.

Bevor wir zu der Frage zurückkehren, wie durch die Neuordnung der Muster der Sinneskorrelationen, der Sinnesreaktionen und der sensorischen Tendenzen über ein neues Medium unser psychisches und gesellschaftliches Leben gestaltet wird, ist ein Verweis auf die historischen Entwicklungsstufen, die der Mensch bis zum elektronischen Zeitalter durchlaufen hat, fällig. McLuhan setzt eine präliterarische Ära der Menschheitsentwicklung voraus, in welcher der Mensch, wenn er überleben wollte, ein ausgewogenes Ensemble seines Sensoriums zur Geltung bringen mußte. Der Mensch erscheint im »Urzustand« unverdorben von zivilisatorischer Deformation. Nicht ohne Grund ist McLuhan eine Vorliebe für das Archaische und Primitive vorgeworfen worden. So wird auch sein Hinweis eingestuft, die Elektronik mache die ganze Zivilisation wieder zu einem »Dorf«, allerdings jetzt von globalen Ausmaßen, doch angelehnt an das Modell primitiver Stammeskulturen – »tribal culture in a global village« – aus eben jener ersten Entwicklungsstufe der Menschheit, in der sich alle Sinneskräfte noch ungebrochen entfalten konnten.

Der »Sündenfall« fällt mit dem Eintritt des Menschen in eine Ära der symbolischen Kommunikation zusammen, von den ersten Höhlenzeichnungen bis zur Erfindung des Alphabets. Das Auditive, das in den Stammeskulturen der präliterarischen Epoche sehr stark ausgeprägt war, wird zugunsten der visuellen Orientierung zurückgedrängt. Die phonetische Schrift, aber vor allem das Druckmedium – als erstes und »klassisches« Massenmedium – übertragen die auditiven Ausdrucksformen in visuelle. Das Alphabet und Gutenberg haben es möglich gemacht, daß der Mensch jetzt an kommunikativen Akten partizipiert, ohne auf die Gegenwart anderer Menschen angewiesen zu sein. Die Kultur individualisiert und privatisiert sich zu einem linear-eindimensionalen Bewußtsein – analytisch, aufsplitternd, spezialisierend, zentralistisch.

So kommt es zur Schaffung des »Typographischen Menschen« in der »Gutenberg Galaxis« und zu den Voraussetzungen des Maschinenzeitalters. Kommunikation nimmt einen massenhaften Charakter an, Buchstaben und »Bücherweisheit« usurpieren den Modus der Wirklichkeitserfassung und was an Gefühlen vermittelt wird. Erst die neuen elektronischen Medien bringen es nach McLuhan an den Tag, welches Ausmaß die Vorherrschaft des Intellekts angenommen hat. Sie setzen der Beziehungslosigkeit ein völlig neues Milieu der allseitigen, erdumspannenden Kommunikation entgegen, hatte doch das Schriftmonopol der Gutenberg-Ära als eine Form des Abstrahierens und der Übersetzung der vielen beim Sprechen mitwirkenden Sinne in einen einzigen Kommunikationsmodus eine »Verarmung« menschlicher Sinnes- und Erkenntniskräfte bewirkt, die nunmehr durch den »elektromagnetischen Raum« in der menschheitsumfassenden »Stammeskultur« des auditiven Zeitalters wieder aufgehoben wird.

In der Tat hat uns die Technik so phantastische, ans Traumhafte grenzende Möglichkeiten allseitiger Kommunikation gebracht, daß es denjenigen, der sie extrapoliert, schon davontragen kann. Sicherlich läßt sich die Wirklichkeit aber kaum in das Prokrustes-Bett einer Gutenberg-Ära, was ihr angeblich vorausgeht oder was auf sie folgt, pressen. Die Monokausalität solcher Erklärungsmuster ist irreführend. Dennoch überrascht bei McLuhan immer wieder, wie er im Detail – weniger im ganzen, wo man ihm überhaupt nicht folgen kann – unser Denken mit dem Blick auf die Kulturentwicklung des Menschen und die unterschiedlichen Kommunikationsformen zu schärfen versteht. Das kann hier nur angedeutet werden und wird auch ersichtlich, wenn wir uns jetzt der Dreiecksbeziehung von Empfänger, Medium und Botschaft nach McLuhan zuwenden.

Mensch, Medium und Botschaft

McLuhan schreibt: »Der Empfänger partizipiert vielmehr aktiv an der Schaffung seiner Botschaft aus allen Komponenten, die in seine sensorische Welt eindringen, als daß er sich bloß passiv an das angleicht, was der Sender beabsichtigte.«[193] Die eigentliche Botschaft besteht also in ihrem Gesamteffekt auf den menschlichen Empfänger. McLuhans Satz »The medium is the message« ist somit nicht jenes mechanistische Modell, als das es häufig mißverstanden wird. Noch wird hier die Kommunikation als geradliniger Prozeß geschildert. Vielmehr erweist sie sich abhängig von den sensorischen Korrelationen und den subjektiven Neigungen der Menschen in ihrer gesellschaftlichen Beschaffenheit. Daß die Rezipienten ihrerseits einen aktiven Part spielen und die Medien unterschiedlich »genutzt« werden, wissen wir inzwischen aus der Wirkungsforschung, von der McLuhan sich in diesem Punkt bestätigt fühlen kann.

Welche Sinnesreize die einzelnen Medien liefern und welche sensorischen Präferenzen sie stimulieren, das hat McLuhan in seiner Klassifizierung von »heißen« und »kalten« Medien festgehalten. Heiße Medien wie Druck, Schrift, Film liefern spezifische Sinnesreize mit großer Trennschärfe. Sie induzieren automatisch Synästhesie (Umwandlung gegebener Sinnesreize in unterschiedliche Sinnesreaktionen, z. B. Tonempfindung bei hellem Licht) und lassen daher der Vorstellungskraft des Menschen nur wenig Spielraum. Sie wirken »zersplitternd und ausschließend«, was – und hier kommt wieder ein weiter Sprung – zu geringem persönlichen Engagement führt, zur Distanzierung. Kalte Medien wie Telefon, Schwarzweiß- und Farbfernsehen liefern spezifische Sinnesreize mit geringer Trennschärfe und induzieren Sinnesreaktionen, die ergänzen, was der Eingabe mangelt. Daher erfordern kalte Medien Vorstellungskraft und bieten ihr viel Spielraum. Sie wirken »integrierend und einschließend«, was zu einem starken persönlichen Engagement führt, zur Partizipation.[194]

Diese Einteilung hat Verwirrung gestiftet. McLuhan ist selbst darauf eingegangen, wie nah »hot« and »cool« – er gebraucht meistens diese Vokabel anstelle von »cold« – beieinanderliegen. Er wählt den Slang-Ausdruck »cool« für eine Qualität, die den einzelnen stark involviert und in seiner Tiefenstruktur berührt. Eine Photographie, so sagt er, liefert im Regelfall visuell viele Daten und bedarf kaum noch der Ergänzung durch das Auge. Andererseits ist ein Kartoon, der nur umrißhafte und noch auszufüllende Informationen liefert, wie eine Aufforderung an die Sinne, das Ideogramm, Symbol, die »Gestalt« erst herzustellen. Ähnlich beurteilt McLuhan das Fernsehen. Die das Mosaikbild auf dem Fernsehschirm bildenden Lichtpunkte werden vom Auge des Publikums gewissermaßen abgetastet und vom Bewußtsein zu Informationen strukturiert. Beim Fernsehen sei der Zuschauer eigentlich der Bildschirm. Er werde unablässig mit Lichtimpulsen bombardiert, wovon er sich sein »Bild« macht. Er müsse sich stärker mit allen Sinnen »engagieren« und sei in der Tiefendimension berührt. McLuhan geht es nicht primär um Klassifizierungen, sondern um das Erkennen struktureller Formen und Wirkungen, deren Dynamik er auf das Verhältnis von Mensch, Medium und Botschaft projiziert.[195]

In einem Interview sagte McLuhan, im elektronischen Zeitalter gingen wir auf eine Welt neuer Denk- und Rationalitätsmuster zu. Der Mensch sei nicht nur dann vernünftig, wenn er in Kategorien der aristotelischen Ja/Nein-Logik und der distanzierten Objektivität denkt.[196] Für ihn hat der »Kanal« des Ohrs eine erheblich größere Tiefenwirkung auf die menschliche Person als die durch das Auge eintretenden Wahrnehmungen. Das strenge Regiment der gedruckten Texte habe das visuelle Sensorium überdiszipliniert und dem Gutenberg-Menschen die Maschinenordnung der Technologie mit ihren Zeittafeln, Gewichten und Maßen aufgezwungen. Mit den elektronischen Medien sei nunmehr die Kultur des auditiven »Kanals« wieder stärker zum Zuge gekommen.

Voreingenommenheit für das Auditive

Mit seiner Aufmerksamkeit für das Sprachphänomen und den Sinnesreiz des Hörens fühlt sich McLuhan in der Welt der Musiker, Dichter, Maler und Linguisten zu Hause, wo es keine linearen Perspektiven, kein »innen« und »außen« gibt – etwa im Dadaismus, Symbolismus, Kubismus – sondern zwischen der sichtbaren und unsichtbaren Welt Brücken entstehen. So bezeichnet er den Dichter als »Pontifex«, und die größte, dem Menschen bekannte Brücke sei Sprechen und Sprache. Mit einem schönen Zitat von T. S. Eliot, den er neben Joyce immer wieder heranzieht, belegt er das Auditive: »Was ich als ›auditive Imagination‹ bezeichne, ist das Gefühl für Silbe und Rhythmus, das tief unter die bewußten Schichten des Denkens und Fühlens dringt und jedes Wort belebt: es ist ein Einsinken in das Primitive und Vergessene, eine Rückkehr zum Ursprung und ein Mitbringen von dort, eine Suche nach dem Anfang und dem Ende. Gewiß, es wirkt durch Bedeutung bzw. nicht ohne Bedeutungen im üblichen Sinn, und verschmilzt das Alte und Ausgelöschte, und das Platte, das Gegenwärtige, das Neue und Überraschende, die älteste und die zivilisierteste Mentalität.«[197]

McLuhan ist von der »wunderbaren Welt der Worte« angezogen. Was er die auditive Präferenz nennt, ist seine Voreingenommenheit für das Medium der Sprache. McLuhan betont häufig die kulturanthropologische Erkenntnis, daß jede Kultur die »Wirklichkeit« auf ihre Weise aufnimmt und dabei aus der Gesamtheit sensorischer Erfahrungen immer nur einzelne Ausschnitte zur Geltung bringt. Die Wahrnehmungsmuster der Eskimos für das Phänomen »Schnee« sind so differenziert, daß sie zwischen vierzig und fünfzig verschiedene Worte für diese Wirklichkeit vorweisen.

McLuhans Präferenz für eine Kultur des Auditiven gegenüber einer Kultur des Visuellen läßt viele Fragen offen. Daß das Ohr dem Auge an sensorischem Reichtum überlegen sei, ist schwer beweisbar. Ebenso offen sind Annahmen über das Leseverhalten und inwiefern die phonetische Schrift überhaupt als »visuelles Medium« klassifizierbar erscheint. Die Kräfte im Menschen, die ein sensorisches Übergewicht nach dieser oder jener Seite bewirken, sind außerordentlich komplex. Ohne Zweifel haben die jeweiligen Medien mit ihren spezifischen Kommunikationsformen einen bestimmenden Einfluß auf das Kommunikationsverhalten. Aber reicht das zur Herausarbeitung einer epistemologischen Theorie gegenüber den Medien? Über die langfristigen Auswirkungen des Fernsehens auf Bewußtsein und Sensorium des Menschen wissen wir wenig. Daß McLuhan die Aufmerksamkeit darauf lenkt, macht seine Arbeit schon einer Prüfung wert, selbst wenn unsere Fragen auch bereits bei den Prämissen beginnen. McLuhan meint, der Mensch des Westens und der elektronischen Revolution erfahre täglich vor dem Bildschirm durch »die massiven Ausweitungen des zentralen Nervensystems« mittels der elektronischen Kommunikationsmittel eine synästhetisierende Kraft. Ihn fasziniert die elektrische, weltumspannende Simultaneität »im Zeitalter eines alles durchdringenden Bewußtseins«, und er sieht die Visionen eines Yeats, Blake oder D. H. Lawrence in Erfüllung gehen. »Es scheint, daß der elektronische Mensch zum Guten oder Schlechten daran geht, die Einheitlichkeit und Integrität des globalen Milieus wiederum als sein natürliches und unabdingbares Erbe zu beanspruchen.«[198]

Konsequenz des elektronischen Zeitalters

Zusammenfassend bleibt festzuhalten, daß viele der Thesen McLuhans unhaltbar sind, soweit er sie nicht schon selbst als phantastische Gedankenspielerei deklariert hat. Unhaltbar ist die von ihm entwickelte Wahrnehmungspsychologie, nach der jedes Medium eine Ausweitung eines unserer Sinne darstellen soll und die Organismus-Analogien absolut gesetzt werden. Unhaltbar ist auch eine so verrückte Idee, daß über das Fernsehmedium unser Zentralnervensystem selbst erweitert wird und daß damit die Welt sich zu einem einzigen Bewußtseinsraum verdichtet, in dem es nunmehr möglich sein soll, daß dieses Medium seiner Struktur nach die Menschen zu Verantwortung, Teilnahme und sozialer Friedfertigkeit anspornt. Schön wär's. Fragwürdig ist schließlich der geschichtsphilosophische Ansatz von McLuhan, demzufolge der Kulturwandel schlechthin mit dem kommunikativen Wandel identifiziert werden kann.[199]

Positiv ist, daß McLuhan sein Publikum angesichts der »organisierten Skepsis« einer Wissenschaft, der es ohnehin nur auf die Falsifikation irriger Hypothesen anzukommen scheint,[200] auf eine interdisziplinäre Entdeckungsfahrt nimmt und auf Zusammenhänge verweist, die oft abwegig, aber manchmal auch zutreffend sind. Eine Theorie, die das Ganze unserer Kommunikationsverhältnisse kausal zu erklären imstande wäre, wird es wohl niemals geben – wohl auch niemals geben dürfen, hätte sie doch damit der Wissenschaft ein Machtinstrument an die Hand gegeben, das sie wohl kaum verantworten könnte. Diesen Traum träumte McLuhan vergebens. Eine Theorie jedoch, die sich nicht nur auf das Prinzip der Meßbarkeit beschränkt und deren Interesse nicht nur ein funktionalistisches oder technologisches ist, wird sich gegenüber »Wahrheiten«

des Menschen die Offenheit zu erhalten suchen und sie nicht draußen vor der Tür lassen.

Es ist nicht erstaunlich, daß dieser kanadische Katholik aus einem baptistischen Elternhaus sich von einem Theologen wie Teilhard de Chardin besonders angezogen fühlte. Teilhard läßt die divergierenden Tendenzen der Evolution in der »Noosphäre« eines kosmischen Weltbewußtseins aufgehen.[201] McLuhan erblickt seinerseits in der elektronischen Kommunikation eine Hoffnung, daß der Mensch von der Tyrannei der Maschine freikommt und er die Zweckrationalität nicht für die einzige Erkenntnisweise hält. Er übersieht dabei, daß das Fernsehen auch eine »Maschine« ist. Aber McLuhan ist dem weitverbreiteten Kulturpessimismus nicht erlegen. In seiner Einschätzung fördert das Zusammenspiel und Aufeinanderprallen von Wahrnehmungsformen im Medium Fernsehen neue Arten des Dialogs und des Bewußtseins: »Der Fernsehteilnehmer ist der Inhalt des Fernsehens. Der Mensch selbst ist der Inhalt und die Botschaft der Medien, die Ausweitungen seiner selbst darstellen. Vor allem aber muß der elektronische Mensch die Wirkungen der von ihm selbst geschaffenen Welt erkennen.«[202]

In einem Interview ist McLuhan gefragt worden, was ihn ursprünglich dazu gebracht habe, sich mit Medien zu befassen und nach den Wirkungen der Medien auf unsere Kultur zu fragen. Er antwortete, für ihn hätten die verschiedenen Möglichkeiten, wie menschliche Erfahrung in unserer eigenen oder in fremden Kulturen zustande kommt, eine gewisse Rolle gespielt, aber seine literarische Arbeit sei der stärkste Beweggrund gewesen. Er fände die Medienanalyse auch deshalb so aufregend, weil die Wirkungen sich auf so viele Menschen erstreckten und es die Konsequenz des elektronischen Zeitalters sei, daß alle mit allen verbunden würden. »Hier hat vielleicht auch mein religiöser Glaube eine Rolle gespielt«, fügte McLuhan hinzu.[203]

Dritter Teil
Ethik
Kommunikation und Journalismus

Je tiefer wir eindringen in das,
was wahrhaft ist,
desto sicherer wissen wir auch,
was zu tun ist.

Max Horkheimer

1. Das Moralische im Journalismus

Die ethischen Normen einsichtig machen

Immer, wenn die Menschen etwas ins Werk setzen wollen, müssen sie davon einen Entwurf haben. Sie wählen zwischen verschiedenen Möglichkeiten, führen bestimmte Handlungen aus, während sie andere unterlassen. Sie treffen Entscheidungen, übernehmen Gewohnheiten, während sie andere verwerfen. Im Horizont dessen, was sein soll und was nicht sein soll, unterlegen sie dem Ganzen einen Sinn, ob sie nun darüber philosophieren oder nicht, und diese Sinngebung enthält immer auch schon eine ethische Option, die dem freien Wollen und Planen entspringt, etwas so zu tun und nicht anders.

Die Alltagspraxis des Journalismus ist von zahlreichen Handlungsmustern durchsetzt, von geschriebenen und ungeschriebenen Geboten und Verboten, von bewährten Handwerksregeln, Schreibsitten, Umgangsformen. Dieses tut man, jenes nicht. Darüber wird der Journalist in den seltensten Fällen reflektieren. Die anerkannten Regeln des Verhaltens sind ihm als gelebte Moral, wie man treffend sagt, in Fleisch und Blut übergegangen. Es handelt sich um eine Moral, die nicht von der Einsicht in ihre Gründe und Zwecke begleitet ist. Diese Handlungswirklichkeit legitimiert sich dadurch, daß sie sich bewährt hat. Sie ist aber zugleich auch immer Handlungsentwurf für ein Zukünftiges, das noch zu leisten ist und wie es sein soll.

Demnach haben wir es beim Journalismus mit einer Wirklichkeit zu tun, die normativ geprägt ist und sich wie alle sozialen Strukturen als ein Gefüge von Wertungen darstellt. Auf vielfältige Weise sind ihm Zwecke und Zielsetzungen vorgegeben, wodurch das menschliche Verhalten in einer ganz bestimmten Weise reguliert wird. Die Moralität tritt uns hier zunächst in den Maximen des praktischen Handelns entgegen. Sie beruht auf einem gruppenmäßigen Überzeugtsein von der Praktikabilität gewisser Gestaltungsregeln im Journalismus. Jeder Volontär, der in eine gefügte und erfahrene Redaktionsgemeinschaft eintritt, wird mit erheblicher Mißbilligung rechnen müssen, wenn er von solchen Regeln abweicht. Eine Nachricht, die der Journalist ins Blatt setzt, muß nicht nur die richtige Länge haben, lesbar, interessant und dazu fristgerecht abgeliefert sein, sondern: »Sie muß stimmen.« So gehen die handwerklichen Zwänge wie ganz selbstverständlich zusammen mit einem Empfinden dafür, »was man macht und was man nicht macht«.[1] In vielen Redaktionen, wo ein Kollege es an der gebotenen Sorgfaltspflicht fehlen läßt, wird sich spontan ein Konsens herstellen lassen, was an einer solchen Verhaltensweise falsch sei.

Im Redaktionsbetrieb hält man nicht viel von Theorien oder Wertetafeln, die als journalistische Ethik angetragen werden, sondern beruft sich für die Qualität des Produkts lieber auf die unmittelbare Erfahrung. Das Tunliche, »was sich gehört«, wird ins Handwerkliche und praktische Wissen verlegt. Kein Journalist will eine schlechte Zeitung oder eine schlechte Fernsehsendung machen. Er hat seine Vorstellung davon, was ein guter und wünschbarer Journalismus ist, und selbst derjenige, der auf dem Markt der Regenbogen- oder unqualifizierten Illustriertenpresse weitgehende Zugeständnisse macht, ist sich seiner Lage bewußt und kennt das Betrübliche des Massenkonsums, den er anreizen hilft.

Versteht sich das Moralische im Journalismus von selbst? Hätten also diejenigen, die eine Ethik des Journalismus fordern, nichts anderes zu tun als die in der journalistischen Alltagspraxis eingebürgerten und eingelebten Sollensvorstellungen des Handelns zu klären? Legitimiert sich der Journalismus aus dem Zusammenhang einer Lebenswelt? Ist die hier gebotene Sittlichkeit nichts anderes als ein den journalistischen Sitten gemäßes Handeln, woraus sich die Redlichkeit und Qualität der journalistischen Kultur ergibt?

Auf Anhieb möchte man diese Frage bejahen. Es entstünden Richtlinien aus der Praxis für die Praxis, deren eigentlicher Geltungsgrund die Normativität des Faktischen wäre. Als Kernstück einer solchen Ethik stellten sich die bewährten Sitten (mores) und erprobten Handlungsmuster (patterns) dar, und im Ergebnis hätten wir es mit einer strengen Anpassungsmoral zu tun, die auf einem hohen Grad geschichtlicher und kultureller Überlieferung beruht und deren Kontinuität gewährleistet. Die Vernünftigkeit der tradierten Wertmaßstäbe brauchte nicht jedesmal neu erhärtet zu werden; sie würde grundsätzlich vorausgesetzt sein. Wir hätten es mit einer Ethik der »Traditionslenkung« gegenüber einer Ethik der »Innenlenkung« zu tun, wenn wir an die Begriffe des amerikanischen Soziologen David Riesman aus den sechziger Jahren anknüpfen.[2] Oder wir könnten uns auf die Unterscheidung von Residuen und Derivationen berufen, die von dem italienischen Nationalökonomen und Soziologen Vilfredo Pareto vorgenommen wurde. Er führte das gesellschaftliche Handeln des Menschen auf ein gewisses Beharrungsvermögen der gesellschaftlichen Strukturen zurück und verstand unter Residuen nichtlogische Handlungsregeln, während die Derivationen eine nachträgliche theoretische Begründung solcher Maximen zu liefern suchten.[3] Die Residuen sind das Material der gesamten Kulturgeschichte. Es sind die festen, nur allmählich sich verändernden Elemente des menschlichen Handelns. Pareto nennt den Menschen »ein logisches Tier«. In Wahrheit verschleiert der Mensch die wirklichen Ursachen seines Handelns und seiner Instinkte. Die Derivationen sind Scheinbegründungen, sie geben dem Handeln eine Umhüllung, überziehen es mit einer »logischen Firnis«, und deshalb halten Derivationen einer wissenschaftlichen Nachprüfung nicht stand. Ethik wird zur Ideologie.

Nietzsche: Entlarvung der moralischen Vorurteile

Hier zeigt sich bereits, wie die Rechtfertigung einer tradierten, gelebten Moral auf Schwierigkeiten stößt und verdächtigt wird. Nicht nur Pareto, sondern vor allem auch Nietzsche hat im 19. Jahrhundert die Geschichte der moralischen Gefühle auf eine Kritik der Entlarvung zugespitzt. Die bürgerlich-christliche Moral als die herrschende Moral sieht sich auf ihre Widersprüche und kompromittierenden Gründe verwiesen und ihrer Vernünftigkeit beraubt. Mit der Nachträglichkeit einer rechtfertigenden Selbstbegründung glaubt Nietzsche – und Freud folgt ihm darin – die traditionelle Moral disqualifiziert: »Moralische Gefühle und moralische Begriffe. Ersichtlich werden moralische Gefühle so übertragen, daß die Kinder bei den Erwachsenen starke Neigungen und Abneigungen gegen bestimmte Handlungen wahrnehmen und daß sie als geborene Affen diese Neigungen und Abneigungen nachmachen; im späteren Leben, wo sie sich voll von diesen angelernten und wohlgeübten Affekten befinden, halten sie ein nachträgliches Warum, eine Art Begründung, daß jene Neigungen und Abneigungen berechtigt sind, für eine Sache des Anstandes.«[4]

Das 19. Jahrhundert nimmt hier insofern ein altes Thema auf, als schon die Sophisten im alten Griechenland das Geschäft der Entlarvung betrieben haben und den verborgenen Zweck einer Moral aufzudecken suchten, der als kompromittierender Grund mit jener Moral im Widerspruch steht. Es galt, die Unmittelbarkeit der geltenden Normen aufzustöbern und zu zeigen, daß Moral zur bloßen Routine erstarrt war und somit eine Verfallsform darstellte, die sich längst von ihrer immanenten Vernünftigkeit entfernt hatte. Ein kompromittierender Grund wäre zum Beispiel: Neid der Götter, Egoismus der Mächtigen, Ressentiment der Schwachen.[5] Nietzsches Entdeckung vom nachträglichen Warum der Moralbegründung findet sich in seinem Buch »Morgenröte: Gedanken über die moralischen Vorurteile«. In der Vorrede, die er im Herbst des Jahres 1886 verfaßt hat, nennt er sich selbst »einen Bohrenden, Grabenden, Untergrabenden«, dem es darauf ankommt, »unser Vertrauen zur Moral zu untergraben«. Bisher sei am schlechtesten über Gut und Böse nachgedacht worden. »Es war dies immer eine zu gefährliche Sache. Das Gewissen, der gute Ruf, die Hölle, unter Umständen selbst die Polizei erlaubten und erlauben keine Unbefangenheit; in Gegenwart der Moral *soll* eben, wie angesichts jeder Autorität, nicht gedacht, noch weniger geredet werden: hier wird – *gehorcht!*«[6] Die

Moral hat sich nach Nietzsche als die größte Meisterin der Verführung erwiesen. »Die Menschheit wird am besten *genasführt* mit der Moral!«[7] Seinen beißenden Spott gießt er über »alle diese Moralen« aus, »kleine und große Klugheiten und Künsteleien, behaftet mit dem Winkelgeruch alter Hausmittel und Altweiber-Weisheit; allesamt in der Form barock und unvernünftig«. Das ist ihm alles, intellektuell gemessen, wenig wert und noch lange nicht »Wissenschaft«, geschweige denn »Weisheit«, sondern, »nochmals gesagt und dreimal gesagt, Klugheit, Klugheit, Klugheit, gemischt mit Dummheit, Dummheit, Dummheit«.[8]

Die Leidenschaftlichkeit, mit der Nietzsche die herrschende Moral zu kompromittieren suchte, hinterließ ihre Spuren in der Geistesgeschichte und hat es uns als seinen Nachfahren unmöglich gemacht, eine Sittlichkeit zu postulieren, die ihre Normen nicht dauernd einer kritischen Überprüfung unterzieht, inwieweit sie logisch und funktional begründbar sind. So kann das Moralische im Journalismus heute auf die rationalen Begründungszusammenhänge nicht verzichten. Die journalistische Sittlichkeit versteht sich keineswegs »von selbst« als die gelebte, eingebürgerte Alltagsmoral, und das journalistische Handeln legitimiert sich ebensowenig aus einer Praxis, die der ethischen Theorie entbehrt und sich zu ihrer Rechtfertigung auf Residuen in ihrer – scheinbar – ungebrochenen Selbstverständlichkeit beruft. »Daß Moral predigen ebenso leicht als Moral begründen schwer ist«,[9] begleitet heute als dauernde Warnung einen jeden Versuch, sich dem Phänomen des Moralischen im Journalismus zu nähern und nach einer Grundlegung seiner Ethik zu fragen.

Zwei Grundbegriffe der journalistischen Moral

Wir können die unreflektierte Sittlichkeit der journalistischen Lebens- und Berufspraxis als den einen Grundbegriff der Moral, die reflektierende und nach der Vernünftigkeit ihrer Geltungsgründe fragende Moral als den anderen Grundbegriff bezeichnen. Die vorphilosophische Ehtik, wie Robert Spaemann sie nennt und womit er ein tragendes Grundmotiv aller Moralphilosophie kennzeichnet, besteht aus einer Anzahl von Tabus, deren jedes für sich absolute Geltung beansprucht. Wo diese nichtlogischen Handlungsschemata die gelebte Wirklichkeit nicht mehr fassen, wo die Praxis gleichgültig wird gegen die traditionellen Normen und sie leerlaufen, zu »Leerformeln« erstarren, da stellt sich das Bedürfnis nach einer Begründung ein.[10] Da kommt es auch für den Lebensbereich des Journalismus entscheidend auf die Frage an: Wie lassen sich seine ethischen Normen begründen? Wie können wir eine journalistische Moral einsichtig machen und sie von ihrem Grund, von ihren Zwecken und Zielen her rechtfertigen? Das Ordnungsgefüge einer traditionellen Moral im Journalismus beruht heute schon deshalb auf illusionären Voraussetzungen, weil es sich unter den Lebensverhältnissen einer offenen und pluralistischen Gesellschaft nicht durchsetzen läßt. Als geschlossenes und einheitliches Gefüge existiert eine solche gelebte Moral im Journalismus auch überhaupt nicht (mehr) – wobei offenbleibt, ob es sie früher in einer relativen Einheitlichkeit gegeben hat, als sich das journalistische Ethos noch in der »Zeitung« und aufgrund der »Pressefreiheit« manifestierte; dazu bedarf es historischer Untersuchungen.

Andererseits wäre es falsch, eine Besinnung auf das ethische Problem im Journalismus heute nicht so weit zu fassen, daß beide Grundbegriffe der Moral darin ihren Platz einnehmen und auch die in der Praxis geübten »mores« in die ethische Reflexion über die journalistischen Gegenstände einfließen können. Das Erstrebenswerte, das Wünschbare und das Nützliche im Journalismus, das sich im alltäglichen Handeln realisiert, ermöglicht in seiner ethischen Struktur überhaupt erst den Journalismus, sofern wir ihn als ein sinnvolles Ganzes bejahen, das sich nicht fortwährend gegen seine eigenen natürlichen und geschichtlichen Voraussetzungen kehrt, sondern an der Erhaltung der Bedingungen eines guten Journalismus arbeitet. Um diese Erhaltungsbedingungen einer bewährten Praxis geht es, wie gesagt, im Journalismus wie in anderen Lebenswelten tagtäglich, und ihr liegt die Unmittelbarkeit einer Wertschätzung voraus, die nicht durch Vernunftgründe vermittelt ist, sondern durch Ethos, nämlich Gewöhnung, Sitte, eingeübte Praxis und Erfahrung. Das griechische Worte »ethos« bezeichnet einen Weideplatz, wo ein Lebewesen seine Nahrung holt und es befriedigt verweilt, wo es seinen ständigen Aufenthaltsbereich vorfindet. Es bezeichnet den Sitz einer Völkerschaft, den gewohnten Standort, den der Mensch auch gegenüber sich selbst einnimmt und worin er sich eingewöhnt hat, wie er sich gewöhnlich zur Welt und zu sich selbst verhält. In dieses Ethos wächst der Mensch nicht von Natur hinein, sondern es ist ein gegründeter und gewachsener Ort des Wohnens, des Brauchs und der Sitte, wo der Mensch Fuß gefaßt hat.

Die Frage ist, wie sich dieses Ethos zu den Vernunft- und Geltungsgründen verhält, die als ein Wissen im Logos das Handeln des Menschen erst zu einem wahrhaft menschlichen machen. Diese Geltungsgründe müssen in einem umfassenden Sinn vorgebracht werden und ihren Ausgangspunkt von der Freiheit des Menschen zur Wahl zwischen verschiedenen Möglichkeiten nehmen, sonst kann von einem menschlichen Handeln als einem sittlichen keine Rede sein. Die Sittlichkeit gründet sich auf den jeweiligen Entwurf der Lebensgestaltung im Kontext der geschichtlichen und kulturellen Erhaltungsbedingungen und unter den Voraussetzungen eines guten Menschseins überhaupt. Diese anthropologischen und gesellschaftlichen Konstanten bilden das theoretische Grundgerüst für ein Ordnungsgefüge, das als ein moralisches dauernd mit der Praxis zu konfrontieren ist und nicht einfachhin aus ihr abgeleitet werden kann. So kommen die Geltungsgründe nicht umhin, sich als vernünftige vor dem Logos auszuweisen und in der journalistischen Alltagspraxis eine weithin unreflektierte Moral zu problematisieren und bewußt zu machen. Wir kommen auf dieses Kernstück unserer ethischen Überlegungen noch zurück.

Das Prinzip des Handelns, das aus der Unmittelbarkeit der akzeptierten und gelebten Wertvorstellungen im Journalismus hervorgeht, können wir auch das Prinzip der Ehre – hier der journalistischen Berufsehre – nennen.[11] Das Moralische des Wahrheitspostulats, das dem journalistischen Pflichtenkatalog regelmäßig als oberster Zweck vorangestellt wird, hat die Ethik der Unmittelbarkeit zur Voraussetzung. Es geht um ein ehrenhaftes Handeln aus der Selbstverständlichkeit des journalistischen Pflicht- und Berufsgefühls. Die Kataloge und Wertetafeln stellen eine Rationalisierung des moralischen Gefühls im Journalismus dar, und gerade hier setzen die Schwierigkeiten ein und zeigt sich eine kaum aufhebbare Spannung zwischen Ehre und Rationalität. Dem Begriff der »Berufsehre« können die meisten Journalisten heute kaum etwas abgewinnen. Entsprechend groß ist die Zurückhaltung, das Moralische im Journalismus in der berufskulturellen Verfaßtheit überhaupt anzunehmen und es nicht von vornherein unter den Ideologieverdacht zu stellen. Der tätige Journalist spürt heute sehr deutlich den Wegfall redaktioneller Selbstverständlichkeiten und die daraus erfolgte Unsicherheit in der praktischen Vernunft. Erklärt sich daraus jene merkwürdige Sprödigkeit bei vielen Journalisten, die eigene Moral zu reflektieren? Einem »gestandenen« Nachrichtenredakteur kommt das Wort Berufsethik so schwer von den Lippen, daß er es in der Überschrift lieber schon gleich in Anführung setzt, wie der Redakteur Michael Abend bekennt: »Und um gleich jeder Schwärmerei entgegenzutreten, waren wir uns einig, es müsse um praxisbezogene Berufsethik gehen. Im Disput über Worte und Bilder, Ideologie und Wirkung, Technik und Organisation – Probleme, die uns täglich auf den Nägeln brennen – schien die Reflexion über sittliche Werte und Forderungen – also das, was wir hier Berufsethik nennen – nicht so recht Platz zu finden.«[12]

Warum-Fragen an die Adresse des Journalismus

In einer Zeitsituation, in der die überkommenen Lebensweisen und Institutionen generell ihre selbstverständliche Geltung verlieren und es keine Berufungsinstanzen gibt, auf deren Autorität wir uns in der pluralistischen Gesellschaft zurückziehen können, ist das Fragen und Suchen nach allgemeinen Aussagen zur Ethik des journalistischen Handelns schwierig geworden. Der einzelne Journalist hat keine eindeutigen Antworten mehr, was denn in seinem Fall jeweils das gute und gerechte Handeln sei. Die Unsicherheit verbindet sich mit dem Ohnmachtsgefühl, in dem großen System, in das er eingespannt ist, ohnedies nichts ausrichten zu können. In der Ökologie und den Fortschrittsentwicklungen der modernen Technologien erkennen wir zunehmend, wie die Ethikfrage zur Überlebensfrage werden könnte. Im Journalismus, so glaubt mancher, liegen die Dinge weniger dramatisch. Doch werden wir in einer demokratischen Lebensform kaum ohne einen freien und guten Journalismus auskommen können; er ist konstitutiv für sie. Die ethischen Fragen stellen sich nicht nur im individuellen Alltag derer, die den Journalismus machen oder rezipieren, sondern ebenso aus der Perspektive der gesellschaftlichen Vernunft, was der Journalismus eigentlich im ganzen bewirken soll, für wen hier gearbeitet wird und inwieweit die Leistungen unserer massenmedialen Kultur dem guten Zweck genügen, für den sie sich erklären.

Hier versteht sich das Moralische noch viel weniger »von selbst« als in den berufsethischen Überlegungen und den Bereichen des Redaktionsalltags, und unsere ganze Zivilisation sieht sich heute in einer bisher nie dagewesenen Form vor das Gebot der gesellschaftlichen Vernunft gestellt. Die Massenmedien sind Teil unserer politischen Kultur. Sie sind der Art wie der Größenordnung nach neuartig und allem Bisherigen unähnlich, und deshalb stehen wir, was ihre ethische Theorie und die Philosophie ihrer Praxis betrifft, noch ganz am Anfang, wo sich keine überlieferte Ethik mit ihren Normen von Gut und Böse ohne weiteres übertragen läßt. Was der Mensch heute journalistisch ins Werk setzen kann und was er dann, im unwiderstehlichen Fortschritt seines Könnens, weiterhin zu tun gezwungen wird, scheint das Maß aller bisherigen Verantwortung zu sprengen. Deshalb gewinnt auch die Technologie der Massenkommunikation eine ethische Relevanz.

Hans Wördemann beschreibt sehr einleuchtend die Infragestellung der journalistischen Handlungsnormen. Wördemann wünscht sich einen »selbstkritischen Bildschirm«. In seinem Plädoyer führt er aus, wie der Fernsehredakteur sich heute »umstellt fühlt« – umstellt von dem Auswahlproblem, das immer mehr zum Existenzproblem des Mediums wird, ob Fernsehen sich überhaupt noch »journalistisch« nennen kann, umstellt von dem Gefühl der Zuschauer, das gebotene Programm sei in großen Teilen beliebig, austauschbar, damit entbehrlich, weil es auf ihn, den unbekannten Zuschauer, zu wenig Rücksicht nimmt, umstellt von dem neuen »Terminal« am Tisch, der die weggeräumte Schreibmaschine ersetzt: »Auf ihm erscheint, durch Knopfdruck abgerufen, die grünflimmernde Information aus dem Zentralcomputer der Nachrichtenagenturen. Das gehe schneller, sagen die Fachtechniker, und steigere die Informationsdichte pro Zeiteinheit. Richtig! – Warum soll es eigentlich schneller gehen?«[13]

Die Warum-Fragen sind es, die heute vor der Praxis des Journalismus wie vor seiner Theorie nicht haltmachen. Die Prinzipien des journalistischen Handelns selbst stehen in Frage, und es sind nicht nur die eingeübten Selbstverständlichkeiten des praktischen Wissens, die als tragendes Ethos im Sinne guter und bewährter »Gewöhnung« entfallen. Die Gefahr ist, daß die Legitimität des journalistischen Handelns selbst hinfällig wird und der Journalismus in seiner Vernünftigkeit umstritten ist.

Das Allgemeine, das der Journalismus vermittelt, findet in der konkreten Betroffenheit und Nutzung des einzelnen Menschen seinen Niederschlag. Gleichzeitig ist es von öffentlicher Art und Moralität. In diesem doppelten Sinn ist das journalistische Handeln stets ein folgenreiches und in höchstem Maße zu verantwortendes Handeln, das sich auf die Untrüglichkeit eines Bewußtseins gründet, richtig wählen und unterscheiden zu können.

So fragen wir nach den Bedingtheiten der journalistischen Praxis im Horizont der gesellschaftlichen Vernunft und persönlichen Verantwortung unter der Voraussetzung, daß das Moralische im Journalismus den rationalen Grund der Verpflichtung ins Auge fassen muß, sonst kann sich das Sollen nicht legitimieren. Es muß, psychologisch und subjektiv, den Willen bewegen, so und nicht anders zu handeln, um den Sinnansprüchen der menschlichen Praxis zu genügen. Die Sinnfrage ist unumgänglich und entscheidend. Der vornehmste Ort der Sinnfrage in der Philosophie ist die Ethik. Die Warum-Fragen des Journalismus sind in seiner Ethik aufgehoben.

Mit einer Ethik des Journalismus betreten wir schwankenden Boden, und es ist nur ein schwacher Trost, daß heute, wie der Theologe Karl Rahner es ausgedrückt hat, der Bereich des durch allgemeine Normen allein nicht eindeutig Bestimmbaren in der Gesellschaft, in der Politik, im kulturellen Leben, in der individuellen Lebensgestaltung generell größer geworden ist.[14] Ratlosigkeit ist die Folge, wenn wir nach der Verfassung eines guten Journalismus fragen. Wir fühlen uns von den uns bekannten allgemeinen Normen im Stich gelassen, selbst wenn wir auch die Nützlichkeit und Verpflichtung solcher Normen anerkennen und zu respektieren suchen.

Im Zusammenhang mit unseren Überlegungen zum Wahrheitspostulat im Journalismus berührten wir bereits die Schwierigkeiten der journalistischen Selbstverpflichtung in einer Zeit, die auf die Frage »Was ist Wahrheit?« keine verbindliche Antwort gibt – und geben kann. Woraus ist denn überhaupt ein guter Journalismus abzuleiten, wenn die Aporien des Sollens und Wollens alle Antworten streitig zu machen suchen? An welchen Maßstäben mißt sich ein »geglückter« Journalismus gegenüber einem mißratenen und gescheiterten Journalismus?

2. Wissen um das rechte Handeln

Die Klugheit, gut erwägen zu können

Vor mehr als 2300 Jahren hat Aristoteles in seiner Ethik das Wissen um das rechte Handeln dargelegt. Der nüchterne Realismus, der sich in den ethischen Anschauungen zeigt, hat dem aristotelischen Denken seine Anziehungskraft bis heute erhalten. Diese Ethik fängt nicht mit Hypothesen oder theoretischen Urteilen an, sondern hat neben den theoretischen vor allem praktische Vorbedingungen. Weil Aristoteles das Wirkliche und Tatsächliche erfaßt und auf dem Boden der Erfahrung steht, ist seine Verhaltens- und Entscheidungslehre für eine Betrachtung der Phänomene der sozialen Kommunikation auch heute unter völlig anderen Lebensverhältnissen von höchstem Gewinn.

Aristoteles: Ethik als praktische Philosophie

Die Ethik als Wissenschaft erfährt seit einigen Jahren unter dem Stichwort der Rehabilitation der praktischen Philosophie wieder größere Aufmerksamkeit. Dieses neuerwachte Interesse für die normativ-kritische Kompetenz der Philosophie als einer Philosophie der Praxis entzündet sich offenkundig an dem Dilemma unseres gegenwärtigen Denkens, daß wir zwischen der Theorie der empirischen Wissenschaften und der Praxis eines guten Lebens nicht mehr zu vermitteln wissen. Praxis und Theorie stehen unverbunden nebeneinander, wobei diese der philosophischen Ethik den Wissenschaftscharakter streitig zu machen und sie damit vollends ins Abseits zu drängen sucht.

Theorie und Praxis, was heißt das bei Aristoteles? Und lassen sich daraus Einsichten gewinnen für das ethische Problem im Journalismus? Doch vorher fragen wir noch, was für den aristotelischen Begriff der Ethik grundlegend ist, soweit unsere Überlegungen daraus einen Gewinn ziehen können.

Aristoteles verwirft die Ideenlehre Platons. Er polemisiert gegen seine Theorie des Guten und sagt, sie sei leer. Die Philosophie, mit der Aristoteles es zu tun haben will, darf keine rein theoretische Angelegenheit sein. Wir philosophieren nicht deshalb, um die Inhalte der Tugend zu studieren, »sondern um gute Menschen zu werden«.[15] Sonst wäre alles Philosophieren ja nutzlos. Daher richtet Aristoteles sein Augenmerk auf das Gebiet des Handelns, und hier gibt es keine feststehenden Rezepte, wie denn nun die rechte Wahl zu treffen ist und wie der Mensch in der Entscheidung – »Prohairesis« in der Nikomachischen Ethik – sich ein Gut aus den vielen Gütern vornimmt, dieses bejaht und jenes verwirft. »Der Handelnde ist im Gegenteil jeweils auf sich selbst gestellt und muß sich nach den Erfordernissen des Augenblicks richten, man denke nur an die Kunst des Arztes und des Steuermanns.«[16] Das Handeln muß situations- und seinsgerecht sein, es muß ein abwägendes und auf die Bedingtheiten ausgerichtetes Handeln sein.

Einem Arzt hilft kein Wissen vom Leberleiden im allgemeinen, sondern er muß in der besonderen Krankengeschichte seines besonderen Patienten das Leiden diagnostizieren können. Sein Auge ist durch Erfahrung geschärft, der er sein Wissen entnimmt. Im Umgang mit den konkreten Dingen der Lebenswirklichkeit hat er sich die Kenntnisse angeeignet, und die Klugheit, die sich in der richtigen Erwägung zeigt, gründet sich zwar auch auf die theoretischen Allgemeinheiten der Wissenschaft, aber sie taugt wenig, wenn sie nicht durch die geistige Fähigkeit des Unterscheidungsvermögens und des Verstehens zum Konkreten und Besonderen gelangt. Diese Klugheit – »Phronesis« in der Nikomachischen Ethik – als die erfahrungsgesättigte Fähigkeit, gut erwägen zu können, läßt uns die aristotelische Ethik als eine Klugheitsethik charakterisieren, die sich auf das Erwägen versteht und sich auf die Dinge »einläßt«. Die Ethik kann nicht unbeteiligt getrieben werden. Man muß sich selbst, die eigene Erfahrung und Existenz, immer schon einbezogen haben und von der Frage nach der Richtigkeit umgetrieben sein. Sonst wird man der Wirklichkeit nur Rezepte überstülpen. Das Wissen auf Abstand ist für das Ethische kein gutes Klima. Die »Richtigkeit« liegt in uns selbst. Helligkeit und Schärfe des ethischen Urteils kommen aus dem Leben und der Wirklichkeit.

Die Fragwürdigkeit einer Gesetzesethik liegt auf der Hand, und mit ihr wäre dem Journalismus am allerwenigsten gedient. Theoretischer Erkenntnisfortschritt ist eine Sache; eine ganz andere ist die »gemeine sittliche Vernunfterkenntnis«, die Kant in dem Pflichtbewußtsein derer zu erkennen glaubt, die aus geradem Sinn und einfachem Herzen das Richtige vom Unrichtigen zu unterscheiden wissen. Eigentlich brauchen wir uns das nicht von den Philosophen sagen zu lassen, daß in jedem Menschen ein Impuls zum Guten steckt, »ein gewisser irrationaler Impuls«, wie Aristoteles ihn nennt: »Es ist von Natur in der Seele eine besondere Anlage, mit der wir uns ohne rationale Steuerung dahin bewegen, wo für uns die Möglichkeit eines guten Zustandes liegt. Und wenn jemand den mit dieser Anlage Ausgestatteten fragen wollte: ›Warum gefällt es dir, so zu handeln‹, so sagt er: ›Ich weiß es nicht. Es gefällt mir eben.‹«[17]

Nun ist es keineswegs so, daß Aristoteles sich mit einer Ethik der Unmittelbarkeit begnügen möchte, die aus den Gewohnheiten, Sitten und Gebräuchen ihre »Ratio« gewinnt. Im Miteinander der Menschen ist diese gelebte Moral von unersetzlichem Wert, und deshalb ist für Aristoteles die Ethik auch immer ein Teil der »Politik« und von kommunikativer Struktur; das richtige Leben im ganzen ist das Leben in der »Polis«. Wir kommen auf diesen grundlegenden Gedanken noch im Zusammenhang mit der Erörterung des Kommunikationsbegriffs zurück.

Das Ziel des Lebens ist folglich das Ausgerichtetsein auf das Gute als der Grundform menschlicher Tätigkeit überhaupt. Auf etwas hin ein Bestreben zeigen, das heißt, etwas als ein Gutes wollen. So legt Aristoteles allem Tätigsein eine Bejahung zugrunde, durch die der Mensch sich selbst, seine eigene Wirklichkeit, annimmt und mitbejaht. »Das Sein gilt allen als ein wählens- und liebenswertes Gut.«[18] In dieser umfassenden Seinsbejahung tritt die »Prohairesis« ins Bild, jenes Wählen des Menschen, dem das Sein immer schon vorausgeht und deren Sinn im »Treffen von Wahrheit« besteht, in dem inneren Ja und Nein zum Sein, das sich zur Handlung veräußert und sie in Bewegung setzt, »nicht wie der Stoß die Kugel, sondern wie der Entwurf des Baumeisters das Bauen«. In diesem Entwurf liegt aber zugleich auch schon die Bestimmung des Endes, die Prohairesis an ein gegebenes »Telos« festzumachen als ein zu verwirklichendes Gutes, suchend und erwägend die Wahl zu treffen und damit die Handlung hervorzubringen. »Prohairesis«, so interpretiert Helmut Kuhn sie aus der Nikomachischen Ethik, »ist Triebkraft der Seele, in Erwägung gebracht hinsichtlich des von uns Abhängenden.« Dabei habe die Wahl einen zwiefachen Ursprung, nämlich aus dem Trieb und aus dem Begriff des Um-willen, »aus dem Dunkel des Nichtvernünftigen, das aber der Vernunft zu folgen vermag, und aus dem Licht der Vernunft, die das an sich Unvernünftige leitet«. So werde der wahre Begriff – »Logos« – mit dem richtigen Streben vereint und in dieser Einigkeit die »echte Wahl« verwirklicht, die »praktische Wahrheit« getroffen.[19]

Philosophieren, »damit wir gut werden«

Was ergibt sich daraus an grundlegender Einsicht in die Ethik? Der Mensch ist ein Wesen, das Vernunft und Sprache hat, aristotelisch: Logos hat. Damit ist die Fähigkeit angesprochen, das Wirkliche erkennen zu können als das, was es tatsächlich ist. Die besondere Leistung des Logos liegt »im adäquaten Zur-Erscheinung-Bringen des Seienden und seiner Gründe«. So belegt Otfried Höffe jenes Ins-Werk-Setzen der Wahrheit, das Aristoteles mit fünf Grundformen kennzeichnet, durch welche die Seele, bejahend oder verneinend, die Erkenntnis des Richtigen vollzieht. Jene fünf Haltungen und Kompetenzen, durch die der Logos seine Aufgabe in sehr unterschiedlicher Weise löst, sind Kunst, Wissenschaft, Klugheit – die »Phronesis« als sittliche Einsicht – Weisheit und Geist. Die Bestimmung des Menschen ist es also, gegenüber der Welt und den Prinzipien des Seins und des Wissens als der unveränderlichen Struktur des Kosmos wie auch gegenüber allem, was im Bereich des Sittlichen und Politischen liegt und ein Anderssein zuläßt, »eine Beziehung einzugehen, der es um Wahrheit und ihre Begründung geht. Der Mensch ist das zur Wahrheit und Einsicht fähige Wesen.«[20] Die Leistung des Logos liegt im »Entbergen«, damit das Seiende mit seinen Gründen zur Erscheinung gebracht wird und somit die Wahrheit – »Aletheia« als Unverborgenheit – ins Werk gesetzt wird. Im Dienst der Frage, was das gute Leben sei, wird die Ethik zur anthropologischen Grundbestimmung. Das heißt, das Gute und das Sein gehen in der Lebensgestaltung, aus der die Philosophie als eine praktische lebt, als zusammengehörig hervor. Vom Guten hängt das Sein alles Seienden ab, formuliert die klassische Metaphysik, und mit der Frage nach dem Sein verbindet sich die Frage nach dem Sinn von Sein. Ethik und Ontologie gehören zusammen; eine Ethik ohne den Rückbezug auf die Seinsverbundenheit des Menschen geht ins Leere.

Sinn von Ethik, das bedeutet nach Aristoteles, »damit wir gut werden«. Auf das geglückte und rechte Leben-Können kommt es an, und wie es angestrebt, erreicht und erhalten werden kann, macht die Nikomachische Ethik zum Thema. Gleich zu Anfang dieses Hauptwerkes des Aristoteles wird die »Prohairesis« zusammen mit der Praxis genannt; damit sind die Begriffe des Wählens und Handelns jedoch nicht austauschbar geworden. Das Handeln, das die Wahl in Bewegung setzt und wozu ein »Entwurf« geliefert wird, muß ein freies und »wissentliches« sein. Sonst ist ein Verantwortlichmachen nicht möglich. Das Handeln zeigt Aristoteles in einer Vielzahl menschlicher Verrichtungen als ein zielgerichtetes, das stets daran zu messen ist, worum es in diesem Geflecht der Praxis überhaupt geht, daß es nämlich eine Praxis für ein geglücktes Menschsein ist. Dabei ist der Mensch selbst bei allem mit am Werk, er hat gewissermaßen auch das eigene Werk zu vollbringen, nämlich sich selbst; dies ist aristotelisch: Praxis. Sie »entbirgt« die praktische Wahrheit, die von den Werken und vom Leben her entschieden wird.

Die »Theoria« hingegen ist die Entbergungsform für das Seiende im ganzen. Sie ist als theoretische und philosophische Besinnung auf das Wesen des Seienden und das an ihm Beständige ausgerichtet. In ihrer höchsten Tugendausprägung ist sie das Geistige, »ein Leben im Geistigen«, denn »was dem einzelnen wesenseigen ist, das stellt für den einzelnen von Natur das Höchste und das Lustvollste dar. Für den Menschen ist dies also das Leben des Geistes, nachdem dieser vor allem das wahre Selbst des Menschen darstellt, und dieses Leben ist denn also auch das glücklichste.«[21] Im Leben des Menschen ist das Geistige der theoretischen Wahrheit nicht vom Sittlichen der praktischen Wahrheit isolierbar. Alexander Schwan schreibt: »Die menschliche ›theoria‹ bedarf der ergänzenden Leistung der ›praxis‹; umgekehrt bedarf aber auch die ›praxis‹ einer vorausgehenden Sicht der ›theoria‹, um bei allen ihren Verrichtungen das im Blick zu behalten, worauf es eigentlich für den Menschen ankommt und worauf auch sie und ihre Ordnungsleistung hingeordnet sind und hingeordnet werden müssen.«[22]

3. Maschinenwelt und Massenmedien

»Ratio technica« und »Ratio ethica«

Zu welchen Einsichten verhilft uns Aristoteles, wenn wir seine Ethik bedenken und das Interesse sich auf das ethische Problem im heutigen Journalismus richtet? Das wissenschaftliche Argumentieren bei Aristoteles ist auf das Gutsein bedacht. Das Vernünftige und das Moralische gehen zusammen. Die wissenschaftliche Rationalität versteht sich nicht zweck- und wertfrei, sondern ist auf den tatsächlichen Vollzug sittlicher Praxis ausgerichtet, eine praktische Philosophie, die der Lebenspraxis dienen soll.

Das Dilemma des neuzeitlichen Wissenschaftsverständnisses ist es gerade, Praxis und Theorie auseinanderlaufen zu lassen. In der Nikomachischen Ethik des Aristoteles ist die »Theoria« selber eine Praxis, ja die höchste Praxis. Sie ist eine Lebensweise und nicht nur ein Mittel, durch das sich Erfahrungen zusammenfassen lassen und ihre Beherrschung ermöglicht wird, sondern der Zweck selbst, »die höchste Weise des Menschseins«, wie Hans-Georg Gadamer wiederholt unterstreicht. In der modernen Wissenschaft hat der Begriff der Theorie mit jener Haltung des Schauens und Wissens, mit der das griechische Denken die Ordnung der Welt einnahm, nichts zu tun.[23] Bei Aristoteles wird die Ethik im wissenschaftlichen Begreifen der Praxis zum praktischen Wissen und zur praktischen Philosophie.

Es ist offenkundig, daß dieses Theorieverständnis einer Wissenschaft, die alles Wissen und Wissenswürdige in sich vereinigt und gleichzeitig ihre Erkenntnisse dadurch bezeugt, daß sie in das sittliche Engagement einmündet, mit unserem neuzeitlichen Wissenschaftsideal nicht vereinbar ist. Unser Vorbild von Wissenschaft hat die Praxis in eine Art Gegensatz zu allem, was »theoretisch« ist, gerückt. Die Praxis wirft der Wissenschaft vor, sie habe nur »Theoretisches« anzubieten. Charakteristischerweise werden die Theorien heute »aufgestellt« und nicht dem Leben, dem sie dienstbar sein sollen, abgewonnen. Das Leben hat sich doch längst immer schon zu einer Bedeutung und zu einem geistigen Zusammenhang verdichtet, lange bevor es in die Form einer wissenschaftlichen Theorie und eines wissenschaftlich Allgemeinen gebracht wurde. Aus diesem Vorverständnis philosophieren wir und konstruieren wir unsere theoretischen Argumente. Hier sind wir immer schon vertraut mit dem »Ethos« und belehrt durch den eigenen Lebensvollzug.

Die Hermeneutik ist es vor allem, die unsere Denk- und Wissensformen auf das Leben verweist und an Aristoteles anknüpfen kann, dessen Ethik eine praktische Philosophie ist. Gadamer hat die »hermeneutische Aktualität des Aristoteles« herausgestellt. Er sieht den Schwerpunkt der philosophischen Ethik des Aristoteles in der Vermittlung zwischen Logos und Ethos, zwischen der Subjektivität des Wissens und dem Sein des Menschen, das aber wiederum durch Erziehung und Lebensweise seine vorgängige Prägung erfahren habe: »Unser Handeln steht im Horizont der Polis und weitet damit unser Wählen des Tunlichen in das Ganze unseres äußeren gesellschaftlichen Seins hinein. Die Ethik erweist sich als ein Teil der Politik.«[24]

Die Begriffe einer hermeneutischen Ethik beziehen sich auf das, was ist, und sie werden nicht abstrakt aus der Vernunft abgeleitet, um dann von ihrer Höhe herab auf die Wirklichkeit des Lebens zu blicken. Die Beziehungslosigkeit von theoretischer und praktischer Vernunft ist das Ergebnis des neuzeitlichen Denkens. Dadurch, daß die alte Seins- und Wirklichkeitserkenntnis zugunsten einer Verlagerung des Wollens und Wirkens aus dem Objekt ins Subjekt aufgegeben wurde, ist auch das Wahre der Seinserkenntnis als Gegenstand der theoretischen Vernunft vom Guten, das sich im praktischen Handeln des sittlichen Willens vergegenständlicht, abgetrennt und die Einheit beider aufgehoben worden.

Die alte Metaphysik können wir nicht restaurieren und ihre Rehabilitation als offizielle Philosophie betreiben. Was eine Besinnung auf die alte Seinsmetaphysik vom Wahren und vom Guten jedoch offenzulegen vermag, sind die Einseitigkeiten des modernen Wissenschaftsideals. Die Praxis wird zum Anwendungsfall von Wissenschaft und läßt die Lehre vom richtigen Handeln draußen vor der Tür. Die Wissenschaft wird zur Methode der isolierenden Erforschung beherrschbarer Zusammenhänge und instrumentalisiert das prinzipiell Erfahrbare in dieser Absicht des Vorwärtskommens und Eindringens in die »Geheimnisse« der Natur. So ist der Begriff der Theorie um seine Würde gekommen: »Nichts klingt in diesem Begriff mehr von dem mit, was ›Theoria‹ für das an das sichtbare Ordnungsgefüge des Himmels und die Ordnung der Welt und der menschlichen Gemeinschaft weggegebene Auge war. Theorie ist zu einem instrumentalen Begriff innerhalb der Wahrheitsforschung und der Einbringung neuer Erkenntnisse geworden.«[25] Das Methodische der Planung, des Machens und des Beherrschens gibt der modernen Wissenschaft das innere Maß. Die Natur wird technisiert. Vom erfahrbaren Ganzen unserer Welt wird abgesehen. Über das Maschinenwesen entsteht eine künstliche Welt, und schließlich gerät auch der Mensch in den beherrschenden Zugriff einer verselbständigten Wissenschaft, mittels der wissenschaftlichen Erkenntnisse gesellschaftlich vernünftigere Verhältnisse herbeizuführen.

Spätestens an diesem Punkt stellt sich die Frage, woraus sich denn diese

Vernünftigkeit legitimiert und zu welchen Ergebnissen die philosophische, nämlich den Wert und den Sinn des Ganzen berücksichtigende Reflexion über die herrschende Praxis gelangt. Die Methode emanzipiert sich zur Subjektivität der Entscheidung, aber ihr gegenüber hält sich die Wissenschaft nicht für rechenschaftspflichtig. Die Anwendung von Wissenschaft in ihrer Praxis glaubt sie nicht verantworten zu müssen. Die Einheit von theoretischer Philosophie als einer Lehre von der richtigen Seins- und Wirklichkeitserkenntnis und von praktischer Philosophie als einer Lehre vom rechten Tun besteht nicht mehr. Die »Ratio technica« hat sich von der »Ratio ethica« abgespalten.

Ethik in der technischen Zivilisation

Was ist der wahre Sinn der Praxis, auch einer journalistischen Praxis? Die Massenmedien sind ein Teil jener Maschinenwelt, in die der Mensch seinen eigenen Geist übertragen hat. Das Zeitalter der Naturwissenschaft hat sie hervorgebracht und als technische Systeme der Massenkommunikation hergestellt, mit der Tendenz, aus der einmal auf den Apparat festgelegten Folgerichtigkeit zu funktionieren. Die Fähigkeit zur freien, eigenen Entscheidung ist der Maschine nicht mitgegeben. Sie ist das, worauf sie programmiert wurde.

Wir können uns nicht blindlings dem Funktionieren der Maschinen anvertrauen. Noch sind wir, was menschliches Handeln betrifft, in die Beliebigkeit entlassen, solange der Mensch bedürftig ist und sich entscheiden muß, so und nicht anders zu handeln. Angesichts der Instrumente der Massenkommunikation und der neuen Fragestellungen in der Zuordnung von Mensch und Maschine sucht die Philosophie die ganze Wirklichkeit in ihren Begriffen zu umschließen.

Es geht um eine Theorie, um eine ethische Theorie des Journalismus, um eine Theorie der Entscheidung, worin das Gute in diesem Massenkommunikationssystem liegt und woran wir die Fehlformen der journalistischen Handlungswirklichkeit im Gefüge der sozialen und technischen Strukturen des Systems, das sich Journalismus nennt, messen können. Das nannten die Griechen »Theoria«, um nochmals eine der schönen Formulierungen von Gadamer aufzugreifen: »Weggegeben-Sein an etwas, das sich in seiner überwältigenden Präsenz allen gemeinsam darbietet und dadurch ausgezeichnet ist, daß es im Gegensatz zu allen anderen Gütern durch Teilung nicht weniger wird und deswegen umstritten ist wie alle Güter sonst, sondern durch Teilhabe gewinnt. Das ist am Ende die Geburt des Vernunftbegriffs: je mehr sich allen überzeugend Wünschbares für alle darstellt, je mehr sie sich in diesem Gemeinsamen wiederfinden, desto mehr haben die Menschen im positiven Sinne Freiheit, d.h. wahre Identität mit dem Gemeinwesen.«[26]

Es geht bei unserer Frage nach der Ethik des Journalismus um die Richtigkeit des Lebens in einer durch Wissenschaft und ihr methodisches Bewußtsein gekennzeichneten Welt, um ein Hinausdenken über Machbarkeit, Brauchbarkeit und Zweckmäßigkeit. Was sich allen gemeinsam darbietet und »durch Teilhabe gewinnt«, richtet sich heute als entscheidende Anfrage an die durch die Massenmedien übermittelten Ereigniswirklichkeiten und die durch sie bewirkte Aufklärung. Inwieweit hat diese Aufklärung als wissenschaftlich-technische Rationalität die Ethik in sich aufgesogen? Hat sie für eine Sittlichkeit, die zwischen gut und böse unterscheidet, Raum gewährt? Die Neuzeit hat die wissenschaftlich-technische Aufklärung mit der Aufklärung überhaupt identisch gesetzt und sie als die eigentliche Befreiung gefeiert. Die Technik sollte die Furcht bannen, als eine Weise der Sicherung des Menschen vor irrationalen Kräften, die der Mensch in ihrer Kausalität erkennt und durch seine Erkenntniskraft zu beherrschen weiß.

Inzwischen ist das Werk des Menschen, das sein Leben sichern sollte und die Naturkräfte domestiziert hat, in einer merkwürdigen Dialektik zur Gefahr seiner selbst geworden, und die Kräfte, die es bannen sollte, treten als Urängste wieder ins Offene. Vernichtet die Menscheit sich selbst? Entgleitet dem Zauberlehrling die Kontrolle über die Maschinenwelt und das rettende Wort?

Die Einsicht, daß dieses Wort ein ethisches sein muß und wir im Anblick vieler fast unlösbar scheinender Probleme in unserer Gesellschaft die humanen Lebensbedingungen ins Zentrum der Reflexion rücken müssen, breitet sich immer stärker aus. Die Lebensräume alles Lebendigen auf der Erde sind bedroht. Der Fortschrittsglaube, daß nach dem Konstruktionsideal des wissenschaftlich-technischen Beherrschens auch die Kontrolle des Menschen über den Menschen herstellbar sei, und zwar im Sinne gesellschaftlicher Vernunft, ist kein tragender Boden mehr für das Zeitgefühl. Die ethische Vernunft sieht sich in einzigartiger Weise herausgefordert, nachdem sich die Annahme, wir hätten mit der Technik und den Methoden der empirisch-analytischen Wissenschaften ein viel besseres Instrument für die zukünftige Lebensgestaltung gefunden als es die sittliche Einsichtsfähigkeit des Menschen zu liefern vermag, als verhängnisvoller Irrglaube darstellt.

Das Sittliche in der ethischen Tradition interessiert uns wieder. Wie finden wir die Richtwerte dafür, was in der konkreten Situation, in der wir uns befinden, das Handeln und Wollen bestimmen soll, was zu tun, was zu unterlassen ist? Was gibt uns den Maßstab für die Vernünftigkeit unserer Praxis, die Maßlosigkeit aus der Kraft der »Phronesis« zu überwinden und dem modernen Menschen die Grenzen seiner selbst bewußt zu machen?

Hans Jonas geht in seinem Versuch der Grundlegung einer Ethik für die technische Zivilisation davon aus, daß uns heute keine überlieferte Ethik über die

Normen von Gut und Böse unterrichten kann, denen die ganz neuen Modalitäten der Macht und ihrer möglichen Schöpfungen zu unterstellen sind. »Der endgültig entfesselte Prometheus, dem die Wissenschaft nie gekannte Kräfte und die Wirtschaft den rastlosen Antrieb gibt, ruft nach einer Ethik, die durch freiwillige Zügel seine Macht davor zurückhält, dem Menschen zum Unheil zu werden.«[27] Jonas meint, was der Mensch heute über sein technisches Können bewirkt, habe nicht seinesgleichen in vergangener Erfahrung, auf die alles bisherige Verhalten über rechte Weisheit zugeschnitten war. »Das Neuland kollektiver Praxis, das wir mit der Hochtechnologie betreten haben, ist für die ethische Theorie noch ein Niemandsland.«[28]

Die Überlegungen, die Jonas hier zum Ausgangspunkt seiner ethischen Argumentation macht, lassen sich weithin auf Theorie und Praxis der Massenkommunikation übertragen. Die fortschreitende Technologie zwingt uns, auch im Journalistischen das Bedingungsverhältnis von »Ratio technica« und »Ratio ethica« neu zu durchdenken. Wir können es nicht mehr hinnehmen, daß diejenigen Wissenschaften, die sich mit den Erscheinungsformen und Wirkungen der Massenkommunikation befassen, die Sinnfragen ausblenden. Wird mit den Leistungen des Systems wirklich dem Menschen gedient? Verbindet sich mit der raschen Entwicklung der Massenkommunikation in den letzten Jahrzehnten auch eine Steigerung der gesellschaftlichen Vernunft? Bringt uns der Fortschritt, der mit dem Stichwort der Informationsexplosion belegt wird, einen wirklichen Zuwachs an Information im Sinne größerer Vielfalt und geistiger Orientierung? Oder produzieren wir immer mehr untaugliche Informationsredundanz?[29]

Die Fragen, die sich stellen, verweisen eine Ethik der Massenkommunikation heute schwerpunktmäßig auf die politische Ethik und auf eine neue Theorie der Verantwortung; beide bleiben allerdings im personalen Wurzelboden des moralischen Argumentierens und des ethischen Wollens gegründet. Dies wäre durchaus kein »Neuland« für die ethische Theorie, daß Vernunft und Freiheit vorauszusetzen sind und daß der Mensch in seiner Würde der höchste Zweck der Information ist, wohl aber die Frage, wie die Massenkommunikation hinsichtlich ihrer kulturbedingenden Funktion die ethische Vernunft als eine gesellschaftliche objektivieren kann und wie der Journalismus als »sittliches Universum« erkannt wird. Auf philosophischem Wege, so glauben wir, lassen sich hier viele Einsichten befördern, die geeignet sind, den wahren Sinn der Praxis zu erkennen, und es bedarf einer praktischen Philosophie in der heutigen Situation, wollen wir den Journalismus nicht sich selbst überlassen.

4. Ethik im Abseits der Kommunikationswissenschaft

Ethische Vernunft im Journalismus vernachlässigt

Aufmerksamkeit für die ethische Vernunft im Journalismus werden wir nicht erlangen können, solange wir im Kreislauf des Herstellens und der wissenschaftlich-technischen Rationalität verharren. Die Wissenschaft ist darauf bedacht, wertneutral zu sein. Sie kann die Engagiertheit der ethischen Vernunft nicht mitvollziehen. Ihre Objektivität, ihr Sachwissen und ihre Sachlichkeit liegen in der Methode. Die Forschungsergebnisse sollen nicht von der persönlichen Einstellung des Wissenschaftlers abhängen. Exakte Erkenntnis des Tatbestandes, darum geht es.

So ist die wissenschaftliche Theorie in einen Gegensatz zur Lebenswelt geraten. Der Mensch verhält sich bald so, bald anders. Warum? Er will, er will nicht, und sein Handeln ist von Stimmungen und Gefühlen, von Neigungen und Abneigungen bewegt. Dort, wo die Gesetze eines rein stofflichen Geschehens wirken, kommt das eigentlich Menschliche überhaupt nicht zum Vorschein. Es zeigt sich in der Freiheit der Entscheidung. Es zeigt sich in der Warum-Frage, die sich nicht nur in Wenn-Dann-Sätzen beantworten läßt, als ob mit den Methoden der empirisch-analytischen Wissenschaften alles, was den Menschen und seine Lebenswelt aus der Fülle und Tiefe der Wirklichkeit berührt und bewegt, hinreichend dargelegt wäre.

Deshalb richtet sich unsere Frage zunächst an das herrschende Wissenschaftsverständnis, soweit es die Phänomene des Journalismus aufzuklären sucht. Unser Denken und Forschen ist kein zweckfreies, sondern es bleibt wie alles menschliche Handeln der Frage unterstellt, wodurch unser Leben jenseits der funktionierenden Organisation dessen, was Mittel ist, zu einem sinnvollen Leben wird. Das wissenschaftliche Forschen ist rechenschaftspflichtig, ob und wie es dem Gutsein des Menschen dient und seine Freiheit vermehrt. Ein humanistisches Ethos ist unumgänglich, wenn uns die wissenschaftlichen Erkenntnisse nicht zum Verderben werden sollen. Die Gefahr des Selbstverlusts des Menschen dramatisiert sich heute in den Überlebensfragen, die durch die Ohnmacht einer übermächtig gewordenen Wissenschaft, ihre eigenen Folgen zu meistern, in das Zeitgespräch eingetreten sind. Solange wir auf die Fragen nach den sittlichen Normen unseres Handelns die »szientistische« Antwort erteilen, die jede Normbegründung als »unwissenschaftlich« zurückweist und sie ins

Private abdrängt, kann es nicht zur ethischen Fragestellung kommen. So wird jedes normative Hineinwirken in das journalistische Tätigsein als Wertungsvorgang abqualifiziert und auf eine vorwissenschaftliche, durch die Vernunft nicht einholbare Subjektivität der Gewissensentscheidung reduziert, wenn ihr nicht gar das Etikett der Beliebigkeit umgehängt wird.

Die Moral wolle man bitte der persönlichen Entscheidung – dem persönlichen Geschmack – eines jeden überlassen! »Lebe glücklich!« notiert Wittgenstein in seinem Tagebuch. Freimütig wird die Resignation eingestanden, »daß man all dem Geschwätz über Ethik – ob es eine Erkenntnis gebe, ob es Werte gebe, ob sich das Gute definieren lasse etc. – ein Ende macht«.[30] Wittgenstein bekräftigt seine Auffassung: »Ich bin entweder glücklich oder unglücklich, das ist alles. Man kann sagen: gut oder böse gibt es nicht. Um glücklich zu leben, muß ich in Übereinstimmung sein mit der Welt. Und dies *heißt* ja ›glücklich sein‹.«[31] Für die positivistische Sicht der Dinge, hinter die Wittgenstein dann später allerdings selbst manches Fragezeichen gesetzt hat, ist die Ethik keine Wissenschaft, insofern sie etwas über das Gute, das Wertvolle, das Wahre aussagen will.

Die deutschsprachige Publizistik- und Kommunikationswissenschaft hat sich weithin einem positivistischen Theorieverständnis angeschlossen. Zur Praxis der journalistischen Sittlichkeit werden so gut wie keine Verbindungswege hergestellt. Entsprechend ist die journalistische Ethik ins Abseits gestellt worden. Die amerikanische Kommunikationswissenschaft ist einen etwas anderen Weg gegangen. Sie hat den Bereich der »Media Ethics« zu einem eigenen Zweig ausgebildet,[32] obwohl Behaviorismus und Empirismus auch in ihrem Wissenschaftsverständnis den Ton angeben. Der deutsche Sprach- und Kulturraum ist reich an philosophischer Tradition. Es hätte nahegelegen, daß die deutsche Kommunikationswissenschaft die geisteswissenschaftlichen Erkenntnisse auf die journalistischen Untersuchungsgegenstände überträgt. Statt dessen ist es zu einem starken Defizit an ethischer Reflexion in der deutschen Kommunikationswissenschaft gekommen. Hierbei wirkt auch eine gewisse Unsicherheit mit, was eigentlich Gegenstand der Disziplin ist und wo die Grenzen der Kommunikationswissenschaft liegen.

Bericht: Ethik in kommunikationswissenschaftlichen Studien

Elisabeth Noelle-Neumann schreibt 1970 im Vorwort zu ihrem Fischer-Lexikon Publizistik, das derzeit geringe – oder jedenfalls äußerst partielle – Interesse für ethische Fragen habe in den letzten zwei Jahrzehnten keine neuen Arbeiten zum Thema »Ethik des Journalismus« entstehen lassen. »Wir haben darum auf einen eigenen Artikel dazu verzichtet.«[33] Diese Auskunft ist deutlich genug, und sie wird auch von Ulrich Saxer bestätigt, der ebenfalls im Jahre 1970 feststellen muß: »Das Problem einer Regelung von Publizistik in Form einer entsprechenden Ethik bleibt weiterhin ungelöst.«[34]

Im Jahre 1973 legt Giselbert Deussen eine umfangreiche und sehr gründliche Arbeit über die Ethik der Massenkommunikation bei Papst Paul VI. vor. Sie ist aus einer Dissertation erwachsen und verbindet die philosophisch-theologischen Betrachtungen mit den Kenntnissen aus der empirischen Kommunikationsforschung. Die Arbeit hätte es verdient gehabt, größere Beachtung zu finden und fortgeführt zu werden, enthält sie doch zahlreiche Anfragen an die Wissenschaft vom Journalismus. Doch Anfang der siebziger Jahre waren die Stimmen derjenigen, die eine neue Ethik für die Wissenschaft forderten und das wissenschaftlich-technische Rationalitätsideal anzweifelten, nur vereinzelt zu hören. Die Medienkritik, soweit sie aus dem linken Lager des neomarxistischen Denkens kam, ließ sich leicht unter Ideologieverdacht stellen, und noch viel weniger glaubte man ins eigene Forschen einbeziehen zu müssen, was ein junger Autor wie Deussen aus päpstlicher Sicht – aber durchaus nicht nur auf solche Perspektiven beschränkt – zum ethischen Problem im Journalismus vortrug.

In ihrer fast zweitausendjährigen Geschichte hat die Kirche sich andauernd in der Reflexion über das Verkündigungswort und die vermittelnden Medien ihrer Botschaft geübt. Das Evangelium war von Anfang an auf »Massenkommunikationsmittel« angewiesen. Dies geschah, wie Deussen unterstreicht, aus einem betont ethischen Interesse heraus. Der Autor kann diesen Reflexionsprozeß gegenwartsbezogen an der Figur von Papst Paul VI. nachweisen, der sich als äußerst engagierter Beobachter publizistischer Vorgänge erweist.[35] In seinen zahlreichen Äußerungen zum Thema hat dieser Papst ein festumrissenes Bild vom Journalistenberuf vermittelt. Die Freiheit wird in ihrem moralischen Verpflichtungscharakter als die »conditio ethica« des Journalismus gekennzeichnet. Der Öffentlichkeitsbegriff erfährt eine anthropologische Grundlegung. Das stärkste Interesse gilt dem Wahrheitsethos des Journalismus und dem Wahrheitsanspruch des Publikums. Die pluralistischen Gesellschaftsverhältnisse bleiben nicht unberücksichtigt, und durchaus realistisch wird für die publizistische Ethik ein »moralisches Minimum« gefordert.

Erst in jüngster Zeit mehrt sich die Zahl der deutschsprachigen Autoren, die einer ethischen Reflexion im Journalismus das Wort redet. Maximilian Gottschlich gehört dazu, der sich in Wien mit einer Arbeit über »Journalismus und Orientierungsverlust« habilitiert hat und der Frage den Vorrang gibt, »worin die Bedingungen zu sehen sind, mittels bereitgestellter Informationen (Themen) zugleich auch die Chance orientierter Teilhabe an Welt zu erhöhen und nicht zu verhindern.«[36] Gottschlich zieht die Sinn- und Wertkomponenten für eine Ethik des öffentlich-kommunikativen Handelns heran. Der Kommunikationswissenschaft, von deren Forschungsergebnissen er ausgeht, werden die unbeantworteten Fragen der Normativität ihrer Phänomene vorgelegt. Der kommunikationstechnologische Fortschritt hat mit der Qualität der kommunikativen Beziehungen zwischen den Berufskommunikatoren und den Rezipienten nicht Schritt gehalten. So kommt es zum Orientierungsverlust. Lebenswelt und Lebenswissen verkürzen sich durch journalistische Einflüsse, indem die Realität sich auf Vorzeigbares und auf die Kurzlebigkeit des Faktischen reduziert. Die Frage nach den Voraussetzungen der kommunikativen Sinn-Realisierung wird von Gottschlich mit den Perspektiven beruflicher Handlungsorientierung in Beziehung gesetzt. Das journalistische Berufswertgefühl sei ins Wanken geraten, meint dieser Autor. Mit rein deskriptiven Ehrenkodizes einer journalistischen Berufsethik sei diesen tiefgreifenden Defiziten nicht mehr abzuhelfen. Die Stärke der Untersuchung von Gottschlich liegt darin, daß sie aus dem engen Fragehorizont der kommunikationswissenschaftlichen Theoreme ausbricht und normative Ansprüche an den Journalismus formuliert.[37]

Alois Huter, ebenfalls ein Österreicher, kommt vom anthropologischen Aspekt der Medienforschung zu ähnlichen Ergebnissen und vermißt den integrativen, synoptischen Entwurf einer massenkommunikativen Ethik: »Massenmedien als System, Massenkommunikation als gesellschaftlich-kultureller Prozeß, der Einfluß der Massenmedien auf diesen Prozeß und auf Kultur ingesamt, in gleicher Weise aber auch die vielfältigen Möglichkeiten machtpolitischer Einflußnahmen auf Massenmedien, das alles zwingt zur Entwicklung eines neuen, erweiterten Verständnisses, zu neuen Darstellungsweisen und zu neuen Fragen.«[38] Unter dem Denkzwang des Positivismus, meint Huter, habe es die Medienforschung bisher an einer umfassenden Theorie des Journalismus fehlen lassen, und sie könne nur vom Menschen her, von einer philosophischen Anthropologie her, entwickelt werden. Das Personale der Kommunikation werde auf den behavioristischen Funktionalismus reduziert. Die Aporien der Medienforschung und deren weitgehende Ergebnislosigkeit verknüpft Huter mit dem dogmatischen Wissenschaftsverständnis, das er der Medienforschung vorwirft, und ihr setzt er eine Nutzungsforschung gegenüber, die im anthropologischen das ethische Problem erkennt. Der gemeinsame Diskurs über eine Theorie der Massenkommunikation kann nach Huter nur interdisziplinär geführt werden. Temperamentvoll wehrt er sich dagegen, daß jede philosophische Reflexion über den Gegenstand als »Mutmaßung« abgekanzelt wird.[39]

Mit Alfons Auer hat sich ein katholischer Moraltheologe den ethischen Fragen im Journalismus zugewandt. Auer, der zu den führenden Vertretern seines Faches gehört, gesteht das Unvermögen ein, den ausgearbeiteten Entwurf einer »Ethik der Kommunikation« in einem umfassenden Sinn bereits vorlegen zu können. Seine Überlegungen zielen auf ein Ethos der Sachlichkeit: »Im Prozeß der sozialen Kommunikation handelt sittlich richtig, wer die in diesem Bereich geltenden Gesetzlichkeiten und die hier vorgegebenen Sinnziele respektiert.«[40] Aus dem Recht des Menschen auf Information leitet der Moraltheologe ein Recht auf Verstehenshilfen ab, das den Medien aufgetragen sei, durch die verwirrende Fülle von Informationen hindurch die Ereigniswirklichkeiten transparent zu machen. Auer spricht von den Partnern der medialen Kommunikation in einem sozial-dialogischen Handlungsfeld, aber gleichzeitig verkennt er auch nicht die technologische Indirektheit dieser Kommunikation »mit ihrer unaufhebbaren Ambivalenz«, die anthropologisch zu reflektieren sei.» Noch bedarf es freilich einer entschlossenen ethischen Einholung der medialen Technik«, meint Auer mit Recht. Das leitende Kriterium, das als Maßstab dient, um den Kommunikationsprozeß im ganzen, seine Inhalte und Methoden messen zu können, ist nach Auers Auffassung gemäß dem heutigen Sprachgebrauch »die Würde des Menschen«, gemäß der klassischen Sozialethik das »bonum commune«.[41]

Hier zeigt sich, wie in der Arbeit von Deussen oder auch in den Darlegungen von Günter Virt, der ebenfalls Moraltheologe ist, eine klare Zielvorgabe der Kommunikation. »Grundlegend für alle Haltungen im einzelnen«, schreibt Virt, »ist die volle Achtung der Würde aller Menschen, das Bewußtsein, daß es im sozialen Kommunikationsprozeß immer um den Menschen geht, näherhin um die größere Einheit und Brüderlichkeit aller Menschen.«[42] Der erste Satz der päpstlichen Pastoralinstruktion enthält diese Zielvorgabe: »Gemeinschaft und Fortschritt der menschlichen Gesellschaft sind die obersten Ziele sozialer Kommunikation und ihrer Instrumente.«[43] Allerdings kann in der pluralistischen Gesellschaft eine normative Setzung dieser Art auch mißverstanden werden, als sollte hier eine »Kommandopublizistik« mit dogmatischem Hintergrund entstehen, die einen bestimmten Normenkomplex vorschreibt.

Mediale Ethik ist aber zunächst sachgerechte Ethik. Der Theologe Auer unterstreicht, daß es nicht um eine »Ableitung« theologischer Normen für eine mediale Ethik geht, sondern um ein Sinnverständnis des Kommunikationsprozesses, aus dem heraus die ethischen Weisungen nur dann als begründet hervorgehen können, insofern die in ihnen artikulierten Verbindlichkeiten als innere Momente der sozialen Kommunikation erkennbar werden, insofern sie im medialen Prozeß selbst ihre Dringlichkeit anmelden.«[44] In der pluralistischen Gesellschaft, in der die ethischen Absoluta auseinanderfallen, geht es um die »minima moralia« einer journalistischen Ethik; wie sich darüber hinaus aus christlichem Verständnis eine Entfaltung von »Gemeinschaft und Fortschritt« optimieren läßt, steht auf einem anderen Blatt.

Der Schweizer Kommunikationswissenschaftler Florian Fleck skizziert »auf der Basis eines gelebten Christentums der Nächstenliebe« einen Entwurf, wie christliche Grundwerte angesichts der neuen Medientechnologien in die Leitlinien einer Kommunikationspolitik einbezogen werden können. Fleck nennt Authentizität und Glaubwürdigkeit als journalistische Grundprinzipien. In der anzuwendenden Ethik lehnt er sich weithin an die berufsethischen Informations-Kodizes an. Er zählt zur »Deontologie des bestandenen Journalisten« solche Verhaltensregeln wie »sorgfältig recherchieren und gut dokumentiert sein, wahre Information verständlich darbieten und schnell verbreiten auf Grund von Faktenkenntnis und Hintergrundinformationen, die Bereitschaft, die vielgestaltige Wirklichkeit so gut als möglich in Information und Kommentar zu beschreiben, Mut und Offenherzigkeit, um neue Lebenserfahrungen wahrheitsgemäß darzustellen, die Fähigkeit und der Wille, Wertvorstellungen anderer vorurteilslos zu prüfen und formal einwandfrei zu vermitteln.« Fleck nennt auch die »Ehrfurcht vor der Würde der Person und einer legitimen Intimsphäre« in seinem Katalog, ferner »objektiv sein, d.h. möglichst eine objektive, ausgewogene Wiedergabe der Ereignisse präsentieren«. Mit der Verhaltensregel, »in Bescheidenheit das eigene Rollenverständnis immer wieder zu durchdenken und den Humor im Verein mit der Liebenswürdigkeit nicht zu vernachlässigen«, beschließt er die Aufzählung, die sich an die klassischen Wertetafeln vom Berufsethos anlehnt.[45]

Die Ärzte verpflichten sich auf den Eid des Hippokrates und zumindest bei diesem Berufsstand, aber auch bei Lehrern und Publizisten »ist die funktionale Erfüllung allein nicht ausreichend«. Johannes Binkowski zieht diesen Vergleich, der häufig angeführt wird, wenn es zu berufsethischen Erwägungen für den Journalismus kommt. Der Hinweis steht und fällt mit dem Berufsgedanken und der Professionalisierung im Journalismus. Die publizistische Tätigkeit ist kein Job, »sondern Beruf im Sinne von Berufung«. Dieses Berufs- und Berufungsethos wird heute nicht mehr mit allgemeiner Anerkennung rechnen können. Binkowski hält es selber für gewagt, in einer Zeit, die kaum noch verbindliche Verhaltensgrundsätze anerkennt, von Berufsethos zu sprechen. »Man sollte sich freilich nicht scheuen, offen von dem zu reden, was man für richtig hält.« Die Frage bleibt allerdings, ob das sittlich-praktische Engagement als kollektives Bewußtsein jenes Lebenskreises, dem der einzelne angehört, noch vorausgesetzt werden kann und die berufsethischen Setzungen sich aus dem Sinnzusammenhang der Lebenspraxis heraus legitimieren. Binkowski ist sich dieser Schwierigkeiten durchaus bewußt. Dennoch hält er daran fest, daß sich eine eigene publizistische Verantwortung aus der besonderen Beziehung des publizistischen Berufes zur Gesellschaft ergibt. Vor drei Instanzen habe der Publizist sein Ethos zu verantworten, »vor der personalen Haltung, die in eigenen Wertvorstellungen mündet, vor der redaktionellen Individualität, die Einfügung erfordert, und vor der Öffentlichkeit, auf die er besonders bezogen ist«.[46] Binkowski verlangt wie der Moraltheologe Auer eine Grundhaltung der Sachlichkeit, der Journalist müsse »also die Sache sprechen lassen« und »wer sich mit der Sache einläßt«, sei glaubwürdig und wahrhaftig. Auf diesem Hintergrund hält er die Forderung nach Objektivität für korrekturbedürftig. Jede einzelne Nachricht ist mit subjektiven Elementen durchsetzt. Man sollte deswegen »entweder von verantwortlichem Umgang mit Subjektivität sprechen oder noch besser von Sachlichkeit«, die sich durch Sachkompetenz legitimieren muß.[47]

Der Verleger Binkowksi versteht sich selbst als Publizist, der es ermöglicht, daß eine Redaktion leistungsfähig ist und sich publizistisches Ethos entfalten kann. Es geht um ein Vertrauensverhältnis zum Leser in diesem Geschäft, meint Otto B. Roegele mit dem Hinweis auf die Ethik der journalistischen Sorgfaltspflicht, in der jene Handwerksregeln zusammenlaufen, die für das Zustandekommen einer zutreffenden, vollständigen und verständlichen Nachricht erforderlich sind. Deshalb, so Roegele, seien es nicht ohne Grund zunächst Verleger gewesen, die es nötig gefunden hätten, die elementaren Normen des kommunikativen Handelns zu kodifizieren.[48] Roegele, der selbst Herausgeber einer Wochenzeitung und praktizierender Journalist, im Hauptberuf jedoch Kommunikationswissenschafter ist, spricht den Massenmedien den Charakter von Dienstleistungsbetrieben zu. Nur deswegen habe die demokratische Verfassung den Medien und den Journalisten im »Zeitgespräch der Gesellschaft« eine derart herausgehobene Stellung zugeschrieben. Auf diesem Hintergrund bedarf es nach Roegele keiner Bemühung transzendenter Werte, um einige Sätze über Ethos und Verantwortung im Journalismus abzuleiten, die aus dem »Auftragsverhältnis zum Partner Publikum« resultieren. »Indem der Journalist diesen Auftrag übernahm, ihn zu seinem Beruf machte, hat er Pflichten mit übernommen, die er nicht willkürlich auslegen kann. Selbst wenn er sich für seine Person nicht an die Zehn Gebote oder andere religiöse Verpflichtungen gebunden fühlt, wenn er also von sich aus falsches Zeugnis nicht ablehnt, bindet ihn doch der Vertrag, den er mit dem Publikum geschlossen hat, an die Pflicht, in seiner Berufsarbeit eine möglichst weitgehende Annäherung an die Wahrheit zu suchen.«[49]

Eine Medienforschung mit wertneutralem Objektivitätsideal wird die Argumente vom Dienst- und Pflichtcharakter des Journalismus nicht aufnehmen. Postulate wie Verläßlichkeit oder Wahrhaftigkeit wird sie auf das Funktionale reduzieren. Ihre »Wahrheit« gibt sich aufgrund objektivierbarer und wissenschaftlich legitimierter Regeln als technologischer Pragmatismus zu erkennen. Das positivistische Theorieverständnis hindert sie daran, ein wie auch immer geartetes Ethos der Sinnhaftigkeit, Sachgerechtigkeit und Dienstgesinnung nicht auf die Summe ihrer empirisch verifizierbaren und intersubjektiv gültigen Beziehungen zu reduzieren. So wird eine Ethik, für die der Faktor Mensch mit dem Faktor Funktionalität inkongruent ist, ins »Aus« des journalistischen Beziehungsfeldes gestellt.

5. Das System funktioniert nicht subjektlos

Massenkommunikation und »Steuerungsbedarf«

Woraus »besteht« der Journalismus eigentlich? Die Systeme der Politik und der Medien durchdringen sich gegenseitig, und die Machteinflüsse, die von den Medien ausgehen, geraten ins Unbestimmbare. Die Verantwortlichkeiten lassen sich immer weniger bei einzelnen Personen festmachen. Nach der systemtheoretischen Denkschule in der Kommunikationswissenschaft »besteht« der Journalismus nicht aus Personen; diese Sichtweise erscheint der Systemtheorie veraltet. Zwar wird das Vorhandensein von Personen nicht geleugnet, aber mit der Übernahme der sozialwissenschaftlichen Rollentheorien verlagert sich die Blickrichtung der Journalismusforschung vom Individuum zu jenem Komplex von Verhaltensweisen, den die Organisation vorschreibt, damit es zum Funktionieren eines Ganzen kommt: Journalismus als System. Manfred Rühl konfrontiert die konventionelle Journalismustheorie, wie er sie nennt, mit einer systemtheoretischen, die er empfiehlt: »Nur wenn Journalismus hinreichend abstrahiert wird, kann sich die Journalismusforschung von den als Alltagseinsichten übernommenen und damit selbst angelegten Fesseln eines Denkens befreien, das im Individuum eine Art ›Journalismusatom‹, eine nicht weiter aufschlüsselbare Einheit für journalistisches Handeln zu erkennen meint.«[50]

Hier wird der Journalismus als ausdifferenziertes Sozialsystem betrachtet, dessen Handlungswirklichkeit in ihrer Komplexität nur über die systemtheoretische Sicht angemessen erfaßt werden kann. Der Vergangenheit wird eine »praktizistische« Journalismusforschung vorgeworfen. Auf der Suche nach einfachen Bausteinen für eine Journalismustheorie habe man das Handeln oder die Meinung einzelner in den Vordergrund gerückt. So seien soziale Makrophänomene wie die Organisierung und Institutionalisierung des Journalismus nicht genügend problematisiert worden.

Diese nicht ganz unberechtigten Vorwürfe haben nun allerdings das Pendel ins andere Extrem ausschwingen lassen, wo die Person als journalistische Bezugseinheit ganz in den Hintergrund tritt und wo die Qualitäten des einzelnen Journalisten nur noch eine untergeordnete Rolle spielen. So sieht die Systemtheorie den Zugang zu vielen sozialen Zusammenhängen und zur gesamtgesellschaftlichen Funktionalität des Journalismus erschwert oder gar versperrt, wenn das Individuum bzw. das Persönlichkeitssystem als zentrales Paradigma gewählt wird. Die Systemrationalität wird zum Schlüsselbegriff. Es ist nicht mehr das Vernunfthandeln des einzelnen, sondern eine System-Umwelt-Relation, die den Journalismus bedingt und woraus er sich legitimiert. Das heißt, das journalistische Legitimitätsproblem wird in eine relative Unbestimmtheit und Unbestimmbarkeit entlassen. Der Paradigmenwechsel von der Person zum System legitimiert sich evolutionär durch einen empirischen Entwicklungsprozeß: »Journalismus in seiner Funktionalität für die moderne Zivilisation ist selbst ein Folgeproblem weltgesellschaftlicher Evolution.«[51]

Manfred Rühl hat das systemtheoretische Denken in eine Theorie des Journalismus eingebracht. Der Ansatz ist repräsentativ für einen großen Teil der gegenwärtigen Kommunikationswissenschaft und belegt deren Schwierigkeiten mit dem ethischen Problem im Journalismus. Auf einer Akademietagung über Ethik und Kommunikation referierte Rühl zusammen mit dem Moraltheologen Auer und machte dort das Eingeständnis, daß sich die Kommunikationswissenschaft gegenüber der Ethikfrage »abstinent« verhält. Dies festzustellen bedeute aber nicht, »daß wir uns nicht mit den Problemen der Steuerung des Journalismus beschäftigen – im Gegenteil«. Die journalistische Ethik müsse die soziale Wechselseitigkeit und die daraus entstehenden Abhängigkeiten grundsätzlich thematisieren, und mit einem Satz von Soll-Vorschriften für das journalistische Handeln einzelner Personen sei ihr nicht mehr gedient.[52] Rühl verwirft den normativen und individualethischen Ansatz – zum Beispiel eines Emil Dovifat – als traditionellen »Praktizismus«. Solche Ansätze erscheinen ihm nicht falsch oder fehlerhaft, sondern: »Sie sind einfach irrelevant.«[53] Rühl bekennt freimütig: »Das Wesen der journalistischen Freiheit ist nicht bekannt.«[54] Die Freiheit als verantwortlich-ethische Selbstbestimmung und Selbstverpflichtung gilt nicht mehr, sondern der Journalismus erlangt erst in der Auseinandersetzung mit den Bedingungen der Gesellschaftsordnung, in denen und für die Journalismus funktioniert, »Autonomie, die Chance, sich selbst zu steuern. Im Ausmaße dieser Selbststeuerung ist die Freiheit des einzelnen Journalismussystems zu erkennen«.[55]

Manfred Rühl hat zusammen mit dem Zürcher Kommunikationswissenschaftler Ulrich Saxer die »Überlegungen zu einer kommunikationswissenschaftlich fundierten Ethik des Journalismus und der Massenkommunikation« fortgesetzt und dazu einen größeren Aufsatz veröffentlicht, wo »eine Neubesinnung auf das, was eine solche Ethik ist und kann«, gefordert wird.[56] Die beiden Autoren nehmen den 25. Geburtstag des Deutschen Presserates zum Anlaß ihrer Veröffentlichung. Sie wollen dessen berufsethische Regelungspraxis überdenken und damit das eigene wissenschaftliche Abseitsstehen gegenüber der Normativität des Journalismus, wie sie selbst formulieren, überprüfen. Als Vorwurf auch an die eigene Adresse ziehen sie heran, »daß die Publizistik- und Kommunikationswissenschaft die Blindheit, aber auch den Zynismus, die sich gegenüber Problemen der Ethik in der Medienbranche selbst ausgebreitet haben, offenbar stillschweigend nachvollzieht«, und daß den »Fragen der Fremd- und Selbstregulierung, der Heteronomie und Autonomie journalistischer Arbeits- und Berufstätigkeiten für das Funktionieren und somit auch für das Verständnis vom Mediensystem zentrale Bedeutung zukommt«. Diese Fragestellungen seien im Rahmen einer Theorie des Journalismus und der Massenkommunikation ebensowenig zu vernachlässigen wie etwa Fragen des Medienrechts oder der Kommunikationstechnologie.[57]

Der Aufsatz markiert eine erfreuliche Wende des Erkenntnisinteresses in der Kommunikationswissenschaft. Jahrelang hat man die ethischen Fragen brachliegen lassen. Mit Rühl und Saxer argumentieren zwei angesehene Kommunikationswissenschaftler für den »Ethikbedarf« als »moralisches Steuerungspotential« im Journalismus und erklären sie die mitmenschliche Achtung als besondere, im Kommunikationsprozeß hergestellte »Struktur« zur zentralen Kategorie einer Kommunikationsethik.[58]

Hier stellt sich bereits die Frage, ob der Gegenstand der Ethik überhaupt mit der systemtheoretischen Begrifflichkeit und den Ausdrucksmitteln kybernetischer Regelsysteme zu erfassen ist. Wie tragfähig ist eine ethische Theorie, die der Funktionalität den Primat gibt und auf eine anthropologische Begründung für das Journalismussystem verzichtet? Woher nehmen die Autoren ihre Gewißheit, der Journalismus sei unter das Gebot der Sittlichkeit zu stellen, daß also Freiheit und Verantwortung in einem Bedingungsverhältnis zueinander stehen?

Immerhin wird eingeräumt, daß die Kommunikationswissenschaft »an höchst normativen Strukturen« festhält, aber daß sie sich meist damit begnügt, die Normativität ihrer Gegenstände zu konstatieren, wenn sie ethische Ordnungen nicht völlig ignoriert. Die beiden Autoren fordern, solche Ordnungen nicht »gewissermaßen aus dem Stand heraus« zu akzeptieren oder zu verwerfen. Vielmehr müsse die Kommunikationswissenschaft offenbar erst einmal lernen, »empirisch relevante und damit wissenschaftlich beantwortbare Fragen an ethische Regelungsmöglichkeiten zu stellen... unter Verzicht darauf, nach vorwissenschaftlichen Dogmen über die Natur des Menschen und der Moral zu suchen«. Operationalisierungen sollen statt dessen die empirische Zugänglichkeit ethischer Begriffe sozialwissenschaftlich brauchbar machen.[59] Der systemtheoretische Ansatz ist für eine Typisierung und Operationalisierung der sozialen Prozesse besonders geeignet. Dabei wird stillschweigend vorausgesetzt, wir hätten es mit der Beschaffenheit der journalistischen Phänomene schlechthin zu tun. Der Journalismus wird zur Summe der in Beziehung stehenden und im Systembegriff ausgeprägten Teile des Ganzen addiert, und so läßt er sich in idealer Weise auf die Strukturen als sein Ordnungsgefüge und auf die Kommunikationsvorgänge in ihrer »Verdinglichung« reduzieren.[60] Genügt das? Kann die soziale Systembildungsfunktion als zureichende Bedingung für eine Erklärung der journalistischen Werte und Normen geltend gemacht werden?

Rühl und Saxer werfen den traditionellen Ethikern vor, sie entwickelten stets Vorstellungen, wie der Mensch sein soll, ohne zu fragen, was er ist oder noch besser: was er tatsächlich tut. So entstünden Bilder von Soll-Zuständen, und vor allem die sozialen Gruppierungen seien in dieser Sichtweise epiphänomenale Kollektive des Elementes »ganzer Mensch«. Die Autoren verwerfen diese Argumentationsfigur, die dazu dient, ethische Verbindlichkeiten als im Menschen angelegt zu sehen und idealisierte Menschen-Konzeptionen zum Element der Theorieentwicklung über Kommunikation im heutigen Gesellschaftsleben zu machen. »Im Gegensatz dazu knüpfen wir hier an den Vorarbeiten zu einer Theorie der funktionalen Differenzierung und Spezifizierung persönlicher *und* gesellschaftlicher Prozesse an, um alle Prozesse journalistischer Konzeption und der Massenkommunikation grundsätzlich als bedeutungsselektierende und informationsverarbeitende Systeme zu begreifen.« Die Trennung von Personalsystem und Sozialsystem, die hier begrifflich-analytisch vorgenommen wird, soll die anthropozentrischen Denkvoraussetzungen »mit dem ontologisierenden Rekurs auf verborgene Gesetzlichkeiten« aus dem Wege räumen und das Phantom »ganzer Mensch« von der Diskussion ausschließen, wobei die Autoren dann allerdings eine Kehrtwendung zum traditionellen Topos der mitmenschlichen Achtung vollziehen: »Funktion der Ethik ist es, die Bedingungen für wechselseitige Achtbarkeit, für die Achtung anderer und für die Selbstachtung zu garantieren, um damit für die laufende Stabilisierung der verschiedenen Kommunikationsverhältnisse zwischen den verschiedenen situativen System-Konstellationen personaler und sozialer Systeme zu sorgen.«[61]

Daß es in den wechselseitigen Kommunikationsverhältnissen zwischen dem personalen und sozialen System vernünftig zugeht, daß also im Journalismus nicht Gangster am Werk sind oder Verrückte, sondern daß hier sinnvolle Handlungen zustande kommen, unterlegt den Prozessen vor aller Funktionalität bereits eine Klugheits- und Vernunftethik. Nehmen wir den Grundwillen zur Kommunikation hinzu, der vorausgesetzt wird, dann zeigen sich hier Rahmenbedingungen für Achtbarkeit und Achtung des Menschen, die mit dem bloß funktional Erklärbaren nicht abgedeckt werden können. Als »Struktur für normatives Erleben von Mitmenschlichkeit« setzt Achtung die Menschenwürde voraus, und sie dürfte positiv-wissenschaftlich kaum einholbar sein. Jeder Mensch hat Anspruch auf Freiheit und Würde, aber warum eigentlich? Der Journalismus ist zwar auf wissenschaftlich-technische Rationalität angewiesen. In seiner Subjektivität und den darin begründeten Wertverhältnissen überschreitet er jedoch die bloß technischen Zwecke auf ein Mehr hin, das den Journalismus überhaupt erst zum Journalismus macht. In der szientistischen Reduktion der Phänomene, die Rühl und Saxer vornehmen, entleeren sie den Journalismus seiner Sinngehalte und fixieren ihn auf die (von wem?) vorgegebenen Systemzwecke in ihrer Pseudo-Objektivität. Freiheit und Verantwortlichkeit der Menschen als Handlungssubjekte gelten wenig oder nichts mehr. Die Warum-Fragen scheiden aus. Es ist so, wie es funktioniert – und weil es funktioniert. So bleibt dieser lobenswerte Versuch einer »funktional-systemrationalen Ethiktheorie des Journalismus« regelkreisähnlich in ungeklärten Denkvoraussetzungen stecken, die ein positivistisches Wirklichkeits- und Wissenschaftsideal dogmatisieren.

Aporien des systemtheoretischen Denkens

Dennoch liegt ein unbestreitbares Verdienst darin, daß die Ethik des Journalismus nunmehr in dieser Breite von kommunikationswissenschaftlicher Seite angesprochen wird. Das aus der Soziologie kommende Systemdenken schärft den Blick für die umgreifenden Zusammenhänge des Journalismus und gibt realistische Auskunft über die Handlungsbedingungen, die der Subjektivität der journalistischen Freiheit und Verantwortung enge Grenzen setzen. Tatsächlich läßt sich der moderne Journalismus zu großen Teilen als kybernetisches Regel- und Systemmodell beschreiben, das einen konstanten Effekt hervorbringt, sich selbst weitgehend kontrolliert und nach Lage der Dinge auch korrigiert und nachregelt. Dennoch funktioniert das System nicht subjektlos, und die systemtheoretische Sicht zeigt nur die Außenansicht, wenn die entscheidenden Fragen nach der Gültigkeit der transportierten Inhalte unbeantwortet bleiben und deren verantwortliche Urheberschaft ungreifbar (und unangreifbar!) wird.

Bei dem Soziologen Niklas Luhmann, der maßgeblich dazu beigetragen hat, daß die journalistischen Phänomene für die systemtheoretische Denkweise zugänglich gemacht wurden, ist die Reduktion vom Komplexität der zentrale Vorgang, durch den die Leistung von Systemen beschrieben wird. Das System hat mit einer begrenzten Anzahl von Operationen auf eine prinzipiell unbegrenzte Zahl von Umwelteinflüssen zu reagieren. Die wirkliche Welt, was wir so bezeichnen und erkennen, ist ja nur eine von vielen möglichen. Jedenfalls stellt sie sich unserer Wahrnehmungsfähigkeit solchermaßen dar. Das System ist auf diese Weltkomplexität eingestellt, indem es auswählt. Das journalistische System leistet die Auswahl über seine Thematisierungsfunktion, die neben der Informationsfunktion seine wichtigste ist. Sie konstituiert zugleich die »Macht« der Massenmedien, dieses zu thematisieren, jenes nicht; das geschieht nicht willkürlich, sondern ausgewählt werden »bedeutsame« Merkmale auf dem »Horizont« einer bestimm- und beherrschbaren Komplexität. So erfüllt das System seinen

Zweck. Den Journalismus kann man zu den »sinnverwendenden« Systemen zählen, weil seine Selektionsweise sich dadurch auszeichnet, daß »sinnvollen« Möglichkeiten vor weniger sinnvollen der Vorzug gegeben und damit eine sinngesteuerte Auswahl aus dem Kosmos der Möglichkeiten in bestimmbare Komplexität geleistet wird. Die Gesellschaft setzt die letzten und grundlegenden Reduktionen mit Hilfe bestimmter »Logiken« in Kraft. So wird eine soziale Ordnung in der Form begrenzter Handlungs- und Erlebensmöglichkeiten hergestellt.[62]

Nach welchen Kriterien ist die entsprechende »Logik« der Massenmedien in ihrer Selektivität zu beurteilen? Wie kann verhindert werden, daß »allein unter dem Gesichtspunkt der Komplexität möglicher Ereignisse und ihrer Kontingenz, d. h. ihrer Erscheinung als einer von vielen anderen Möglichkeiten«,[63] nicht immer wieder auch die Kontingenz der grundlegenden Reduktionen provoziert und damit am Ende die »Sinnlosigkeit« oder Gleichgültigkeit beschworen wird? Komplexität droht sich im Unbestimmten zu verlieren. Die Frage, warum das System zu dieser Möglichkeit »ja« sagt, zu jener »nein«, wird unbeantwortbar. »Wo alles auch anders sein könnte, da zerfällt die Systemloyalität: Die gesellschaftliche Sinnkonstitution wird von einem Meer der Gleichgültigkeit überflutet; wo aber alles gleichgültig wird, da kann nichts mehr Bindung und Engagement herausfordern. Konsequenz wäre die totale Verweigerung; der Einzelne läßt sich nicht mehr in soziale Systeme einbeziehen, er bleibt vereinzeltes Individuum, bloße ›Umwelt‹.«[64] Die Aporien des systemtheoretischen Denkens werden offenkundig und übertragen sich auf den Journalismus, wenn die Forderungen der ethischen Legitimation ihre Kraft einbüßen und die subjektive Seite der Freiheit und Verantwortung von dem technisch-wissenschaftlichen Rationalitätsideal aufgesogen wird. Eines steht und fällt mit dem anderen, wie man sieht, und so wenig eine Moral taugt, die nicht von Einsicht begleitet ist, so wenig gilt ein journalistisches System, dem die Einsicht in die eigenen Zwecke und Sinnziele fehlt.

Im Regelkreis des zwischenmenschlichen Verhaltens gewinnt das Funktionelle die Oberhand über das Substantielle. Man deklariert die Selbstbestimmung der Person und damit die kulturelle Wirklichkeit ihres Wollens und Sollens zum »Grenzgebiet« und verlagert das Eigentliche, worauf es ankommt, ins System. So wird die Ethik zum Appendix oder ganz auf ihre funktionelle Seite reduziert. Karl Mannheim hat den Gesichtspunkt des Funktionellen und Substantiellen auf das Gebiet der Moral angewandt und schreibt dazu: »Die funktionelle Seite einer Moral besteht in jenen Normen, durch deren Wirksamwerden im Handeln ein reibungsloses Funktionieren der Gesellschaft garantiert ist. Deren gibt es mehrere, sie variieren der Struktur der Gesellschaft entsprechend. Die substantielle Seite einer Moral ist durch bestimmte konkrete Gehalte (Glaubensgesetze,

Gefühls- und Norminhalte), die in ihrer Qualität völlig irrational sein können, charakterisiert. Wir können von den primitivsten Zeiten bis heute zwei Formen der Verbote und Tabuierungen unterscheiden, solche, die das Funktionieren der betreffenden Gesellschaft garantieren und solche, die besonderen Gefühlseinstellungen, Traditionen oder gar Idiosynkrasien einer Gesellschaft Rechnung tragen. Je mehr die moderne Massengesellschaft funktionell durchrationalisiert wird, um so mehr tendiert sie dazu, die substantielle Moral zu neutralisieren oder sie auf das Nebengeleise des ›Privaten‹ zu verschieben.«[65]

6. Herrschaft des Empirismus

Tatbestände der inneren Erfahrung

Nicht die Empirie, sondern der »Empirismus« prägt große Teile des Wissenschaftsbetriebs. Studenten, die den Journalismus erlernen wollen, bleiben davon nicht unberührt. Wir beginnen das Kapitel mit den Beobachtungen eines Gastprofessors, der feststellt, daß das Interesse an Ethik gering, an »Politik« hingegen groß ist. Sodann schließen sich Überlegungen zur Rehabilitation der »Erfahrung« an.

Für sittliche Grundbegriffe fehlt Sensibilität

Ein amerikanischer Kommunikationswissenschaftler, der besuchsweise in Deutschland weilte, suchte in einer Lehrveranstaltung die Studenten an das Thema der journalistischen Berufsethik heranzuführen. Dabei erlebte er, wie der Gast selber berichtet, »ein Beispiel merkwürdiger Oberflächlichkeit«. Die Studenten wünschten offensichtlich von ihm die Antworten zu erhalten und zeigten kein besonderes Interesse daran, das Thema über die Erwähnung von Kodifizierungen der Berufsethik hinaus zu vertiefen. An möglichen Konflikten innerhalb der Kodifizierungen selbst, wodurch die Journalisten in ihrer Alltagspraxis mit Schwierigkeiten konfrontiert werden, waren die Studenten »desinteressiert«. Der Eindruck des Amerikaners war es, »daß viele ihrer Arbeiten sich äußerst naiv auf juristische Erklärungen und auf Erwähnung dessen, was sein sollte, stützten, ohne überhaupt in Betracht zu ziehen, was wirklich war«. Die deutschen Studenten übergingen die Tatsache, meinte dieser ausländische Beobachter, »daß das, was auf dem Papier steht, in der Praxis ganz anders gehandhabt werden kann«.[66]

Der Amerikaner war eingeladen worden, seine Erfahrungen und Eindrücke über acht Monate zufälliger Begegnung mit Medienwissenschaftlern, mit Studenten und einschlägigen Publikationen aufzuzeichnen. Das Desinteresse der Studenten an Fragen von der Art, »was man unternehmen könnte, wenn man etwas als ethisch oder moralisch falsch erkennt, auch wenn es in einem bestimmten Fall einem Kodex oder einer Bestimmung des Gesetzes entspricht«, wird in dem Erfahrungsbericht an erster Stelle aufgeführt. Mit anderen Worten, den

Studenten fehlt für eine vernunftgemäße Begründung des sittlichen Handelns der Blick. Der amerikanische Professor gibt auch ein Beispiel dafür, wie mangelndes Interesse für die ethischen Tatsachen und deren Dialektik im Medienbereich zu groben Fehleinschätzungen führen kann. So garantiere die sowjetische Verfassung zwar die Meinungsäußerungsfreiheit und Pressefreiheit in nicht weniger mitreißenden Worten als es jede westliche Demokratie tut, aber sie verstehe darunter eine Freiheit, diejenige »Wahrheit« zu äußern und »verantwortlich« zu publizieren, über die Staat und Partei entscheiden.[67]

Wie wollen die Studenten bei fehlender Sensibilität für die ethischen Tatsachen des Journalismus eine Praxis beurteilen, die als System funktioniert, aber für sich und als sie selbst im Hinblick auf ihren Sinn und ihre Verantwortbarkeit eine unsittliche ist? Das fehlende Interesse für den Grundbegriff der Sittlichkeit im Journalismus korrespondiert mit dem herrschenden Wissenschaftsbetrieb an unseren Universitäten. Empirismus und Wertneutralität werden dogmatisiert. Die Logik der Wissenschaften emanzipiert sich vom Wahrheitsanspruch des kommunikativen Handelns. Eine Kommunikationswissenschaft sagt nicht mehr, was Journalismus ist, wie er sich begründet, worin das Gute besteht, das er anstrebt, sondern der Journalismus ist der Tendenz nach eine formalisierte und operationelle Logik: Journalismus als Operationsschema. So kommt es dazu, daß die Maßstäbe fehlen, wenn eine Praxis gemessen und beurteilt wird, die der Absicht, der sie dienen soll, nicht entspricht – wie im Fall sowjetischer Medienwirklichkeit. Der Begriff der Sittlichkeit läßt sich nicht beliebig auf diesen oder jenen Ausschnitt einer journalistischen Praxis beziehen, sondern diese Praxis muß im ganzen vor das Forum der Vernunft, der rationalen Argumentation und Rechtfertigung gebracht werden.[68] Mit anderen Worten, es muß sowohl um die »objektive« Seite des Handelns gehen, wo Gesetze, Sitten und gemeinsame Wertvorstellungen der Lebensordnung angesprochen sind, als auch um die »subjektive« Seite, wo der menschliche Charakter, die Willensfreiheit und die Gewissenhaftigkeit des Handelnden ins Spiel kommen. Es geht sowohl um die Rechtsidee als auch um die Moralität. Somit bezeichnen wir mit »ethisch« oder »sittlich« den inhaltlichen Aspekt, während die »Moralität« unabhängig vom Inhalt ist und die Gewissensgemäßheit des Handelns meint.

Dem amerikanischen Gastprofessor ist auch aufgefallen, daß das geringe Interesse für die ethischen Implikationen im Journalismus sich im Politischen nicht wiederholt, sondern ganz im Gegenteil »wollten zumindest einige Studenten viel tiefer in Kommunikationspolitik einsteigen, als ich sie führen konnte«, gestand der Beobachter. Beide Beispiele – das eine zur Berufsethik, das andere zur Medien- und Kommunikationspolitik – erschienen dem Amerikaner als Illustration einer Art von »Whorfian problem«, womit er die in jeder Sprache und Kultur liegende spezifische Weltsicht und Bewußtheit andeuten wollte. »Im

Falle der Berufsethik fehlte den Studenten meine Assoziationstiefe und mein Bedeutungspotential, während Kommunikationspolitik für sie mehr bedeutete, als ich voraussetzte.«[69]

Dieser widersprüchliche Befund reizt zu der Frage, ob der Kommunikationsethik nicht billig sein sollte, was der Kommunikationspolitik recht ist. Mit anderen Worten: Ist die Wertproblematik nur im Politischen wissenschaftsfähig, aber nicht im Ethischen? Während die Kommunikationswissenschaft die journalistische Ethik auf eine Aschenbrödelrolle beschneidet, ist die Kommunikationspolitik auf dem Weg zu einem wissenschaftlichen Spezialgebiet.[70] In jeder Politik geht es um Wertentscheidungen. Eine richtige Ordnung der Verhältnisse soll aufgrund verbindlicher Zielvorstellungen gewährleistet sein. In der Kommunikationspolitik geht es um verläßlichere Information und bessere Kommunikation unter den Bürgern. Die richtige Ordnung liegt im Optimum des Informiertseins. Deshalb kann sich die Kommunikationspolitik nicht ausschließlich als empirische Sozialwissenschaft verstehen. Sie tut es auch nicht, sondern hat ein normativ-praktisches Verständnis von den Phänomenen und übernimmt Hilfsfunktionen, um, wie Franz Ronneberger sie umschreibt, die Kommunikationsprobleme komplexer Gesellschaften zu analysieren, zu definieren, in die Sprache der Wissenschaft zu übersetzen, woraus sich dann gewisse Einsichten herausschälen, die sich zu Maximen für praktisches und politisches Handeln verdichten.[71] Ulrich Saxer hat die Frage gestellt, wieweit überhaupt Wissenschaft sei, was Publizistikwissenschaft für die Kommunikationspolitik leistet und sieht darin seit längerem ein entscheidendes und weithin ungelöstes Problem.[72] »Institutionell dominiert ja gegenwärtig in den Sozialwissenschaften die Empirie«, schreibt Saxer an anderer Stelle, und dadurch sei die wissenschaftlich relevante, ja statthafte Erfahrung »im Dienste des überragenden Zieles der Verläßlichkeit« empirischer Forschung eingeschränkt worden. Immer strengere Formen der Wissensprüfung hätten sich etabliert. Die Kommunikationswissenschaft habe ihren Wandel von der Geistes- zur Sozialwissenschaft mit einer Einbuße an historischer Perspektive bezahlt. In ihrer präsentischen Grundausrichtung konzentriere sie gewöhnlich auch ihr Interesse auf die jüngere oder jüngste Gegenwart. Sie habe sich immer weiterer Daseinsbereiche bemächtigt und reduziere deren Komplexität gemäß den institutionalisierten Methoden und Prinzipien auf einen immer wieder ähnlichen Grundtyp von verläßlichem Wissen. Saxer beurteilt es kritisch, »wie unangemessen der institutionalisierte, empirische, präsentische und additive Charakter moderner Wissenschaft« für die Erfassung der Strukturen ist.[73]

Die Herrschaft des Empirismus ist es, die als offene Wunde am Leib der Kommunikationswissenschaft gekennzeichnet wird und den entscheidenden Punkt für den Ausfall der ethischen Perspektive in der Journalismusforschung markiert. Dieses Wissenschaftsideal kollidiert mit der für jedermann einsichtigen Tatsache, daß sich ständig zwei Richtigkeiten durchdringen, wenn wir eigenes oder fremdes Verhalten beurteilen. Wir unterstellen das Handeln nicht nur den Gesichtspunkten sachlicher Richtigkeit, sondern auch solchen, die als Gesichtspunkte moralischer, ethischer oder auch sittlicher Richtigkeit gelten.[74] Das strenge Regiment der empirischen Methode läßt aber nur jenes Wissen zu, das ihr wissenswert und -würdig erscheint, und somit wird eine Erkenntnis von den journalistischen Phänomenen begünstigt, die nur interessiert, worauf sich eben ihr ganz spezifisches Erkenntnisinteresse richtet. Die menschliche Erfahrung, die diesem Wissen das Material liefert, wird unzulässig verkürzt und auf eine positivistische Engführung gebracht.

Jenes merkwürdige Beispiel studentischer Oberflächlichkeit ist nur der Reflex des allgemeinen Wissenschaftsbetriebs mit seinem eingefahrenen Empirismus, der sich auch in der Kommunikationswissenschaft ausgebreitet hat. Was über die Kategorie der sachlichen Richtigkeit hinausgeht, ist für das eigene Forschen und Fragen irrelevant. Der Zusammenhang von Leben und Erfahrung wird preisgegeben.

Dilthey: Wir denken, um zu leben

An dieser Stelle wollen wir uns dem Erfahrungsbegriff zuwenden und ihn vom Empirismus abgrenzen. Alle menschliche Erkenntnis ist immer nur die Analyse unserer Erfahrungen. Das meinen wir mit »Empirie« als Erkenntnisquelle, die zugleich die Form unseres Daseins überhaupt ist. Deshalb geht alle Wissenschaft aus der Lebenspraxis hervor und ist zugleich auch letzten Endes für sie vorgesehen. »Empirismus« ist eine Loslösung vom Leben und seiner Erfahrungspraxis. »Empirismus« in der Journalismusforschung wäre dann jene Verselbständigung des wissenschaftlichen Fragens, die das Wissen, »daß es so ist«, von dem Wissen, »warum es so ist«, völlig abgetrennt und gewissermaßen privatisiert hat, eben zusammen mit jenem Wissen um das rechte Handeln und das gute Leben, das wir gemeinhin als Ethik bezeichnen. Hier wird die Phänomenalität unserer Lebenswelt als das eigentliche Sinnfundament aller wissenschaftlichen Arbeit übergangen.

»Wir denken, um zu leben«, erklärt Wilhelm Dilthey vom lebensphilosophischen Standpunkt aus. Dilthey erinnert an das Leben, an den unüberholbaren Wert des Menschen im Spiegel alles Lebendigen, und er ordnet die wissenschaftliche Forschungstätigkeit einem Zusammenhang unter, in dem der Mensch zur vollen Verwirklichung des Ganzen seiner Kräfte nach allen ihren Beziehungen zu der Welt, in der wir leben, gelangen kann: »Wie unermeßlich wichtig unsere wissenschaftlichen Erkenntnisse auch in diesem Zusammenhange sind: der Mensch selber reicht doch über sie hinaus und bestimmt ihnen ihre Stelle und ihren Wert.«[75] Das Denken kann nicht hinter das Leben zurückgehen, ist Diltheys Auffassung, und in einem Aufsatz über Novalis schreibt er: »Das wunderbarste Phänomen ist das eigene Dasein.«[76] Das sind Tatbestände der inneren Erfahrung. Unser moralisches Bewußtsein ist eine primäre Tatsache. Eine »exakte« Wissenschaft, die diesen Namen verdient, wird solche Praxis einkalkulieren. Wie kann die Person ihrem Dasein den höchsten Wert geben? Wie kann die Gesellschaft ihr höchstes Gut erreichen? Auf diese beiden Grundfragen resümiert Dilthey die Lebensphilosophie. Besonnenheit über das Leben, das ist die praktische Dimension der Philosophie, die einen Erkenntniszusammenhang anstrebt, der die Einzelwissenschaften umfaßt, in dem Philosophie und Einzelwissenschaften sich durchdringen.[77]

Erfahren, griechisch »empeiros« – erfahren, kundig, in der eigentlichen Bedeutung auch »im Versuch, im Wagnis seiend« – hat viele Gesichter. Ein »erfahrener« Mann, der sich in seiner Lebenswelt auskennt, ist nicht unbedingt jemand, der die Welt »empirisch« erforscht. Die Zustände der geistigen Welt sind ihm aus innerer Erfahrung gegeben. Sie sind nicht lediglich Nebenprodukt von Naturvorgängen, die wir messen und kausalanalytisch erklären können. Die Selbständigkeit der moralischen Prozesse zeigt sich im Faktum der Vernunft oder in Tatbeständen des sittlichen Lebensgefühls: »Die innere Erfahrung enthält in sich Verantwortlichkeit, Pflicht, Freiheitsbewußtsein, das Sich-selbst-Vergessen als Merkmal des Sittlichen, das Sich-selbst-Aufopfern als seine schönste Blüte.«[78] Eine Empirie, die das Moralische allein an der Richtigkeit der »empirischen« Aussage mißt, läßt den forschenden Geist durch die Erfahrung hindurch überhaupt nicht mehr zu den Gründen und Ursachen der wahrgenommenen Phänomene vordringen. Wir halten daran fest, daß zwar ohne Wahrnehmung und Erfahrung keine Erkenntnis zu gewinnen ist, daß aber aus dem Wahrnehmungs- und Erfahrungsmaterial eine geistige Struktur »abstrahiert« werden kann. Nikolaus Lobkowicz meint, die moderne Erkenntnistheorie habe sich seit Kant mit einem eingeengten oder schiefen Erfahrungsbegriff herumzuschlagen. Wenn Erfahrung mit Wahrnehmung ineinsgesetzt wird und alles andere, was der Mensch hinzugibt, dem Subjektivitätsverdacht ausgesetzt sein muß, dann bedeutet das für alle Aussagen, die nicht einfach unsere Erfahrungswelt betreffen, »daß sie für immer und ewig unentscheidbar bleiben müssen. Ob religiöse Aussagen Hirngespinste sind, ob Metaphysik bloß blinde Spekulation ist, ob die vielen Dinge, von denen wir meinen, wir würden sie irgendwie erfahren, und die dennoch keine Wahrnehmungen sind, in den Bereich unverbindlicher Erfindungen gehören, all dies bleibt letztlich unentscheidbar; und da es unentscheidbar ist, erscheint nur allzu naheliegend, es zu vergessen.«[79]

Dilthey bringt den Gegensatz von theoretischem Wissen und praktischer Lebensweisheit auf die Formel von Erklären und Verstehen; letzteres ermöglicht zusammen mit dem Erleben die Erkenntnis der moralischen, geistigen und geschichtlich-kulturellen Welt in den Geisteswissenschaften und ihrer spezifischen »Logik«, während die erklärende Wissenschaft die Phänomene in das Ganze eines Kausalzusammenhanges einzubringen sucht, vereinfacht ausgedrückt: Die Natur erklären wir, das Seelenleben verstehen wir.[80]

Das journalistische Handeln ist absichtsvolles Handeln. Anders als im Bereich der Naturprozesse tritt uns im Journalismus ein Bereich von Tatsachen gegenüber, der unweigerlich an die Warum-Frage gebunden bleibt. Das zuständige Verhalten ist intentional. Es hat einen Sinngrund. Mit dem Schema von Reiz und Reaktion ist es nicht hinreichend erklärt. Dadurch, daß journalistisches Verhalten immer ein soziales Verhalten ist, bezieht es sich auf andere und gewinnt es seinen Sinn durch Mit-Teilung.

Der Journalismus selber hat es mit Ereignissen zu tun, deren Gründe und Zweckhaftigkeiten sich ebensowenig »erklären« lassen wie das Handeln, mittels dessen die erklärenden Argumente veröffentlicht werden sollen. Die Fülle der Ereignisse, aus denen ausgewählt wird, ist unbegrenzt, und das Wissen über sie, das vermittelt wird, ist aspekthaft. Mehr als Erklärungsskizzen sind nicht möglich. Das liegt an der Eigenart der geistigen Welt und den Modalitäten unseres Willens, unserer Gefühle und Vorstellungen. Das Wissen wird durch die psychische Struktur bedingt, die den Charakter der Zweckmäßigkeit hat und deren Merkmal das teleologische Prinzip ist, nicht das mechanische der Kausalität.[81] Der Journalismus ist auf die Methode des Verstehens angewiesen. Das läßt uns nicht auf die Erfahrungsweise der kausalen Zurechnung verzichten. Erklären und Verstehen sind nicht scharfe, einander ausschließende Gegensätze, sondern unterschiedliche Sicht- und Seinsweisen in verschiedenen Erfahrungsbereichen.

Die Gegenstände der moralisch-politischen Wissenschaften, wie Dilthey die Geisteswissenschaften einstuft, entziehen sich dem Zugriff der empirisch-analytischen Methoden. Das hat Konsequenzen für das wissenschaftliche Studium des Journalismus. Die Geisteswissenschaften erfassen ihre Gegenstände »hermeneutisch«. Sie haben es nicht mit naturhafter Notwendigkeit zu tun, sondern mit Taten, Worten und Werken, die der Mensch hervorgebracht hat. Den Menschen kann man nicht erklären, sondern nur verstehen. Deshalb gilt das Interesse in der geistigen Welt dem Einmaligen, das der eigentliche Gegenstand der hermeneutischen Wissenschaften ist. Bei Objekten frage ich nach Erklärungsgründen, beim Menschen ist jede »Erklärung« immer schon auf die unbegründbare, nicht mehr ableitbare Faktizität des Daseins verwiesen, auf ein Besonderes, in dem sich mit jeder Tat, mit jedem Werk des Menschen ein Allgemeines zeigt.

7. Wirkungsfrage und Wertfreiheit

Das Seinsollen, Lehre von den Zwecken

Der Journalismus kann nicht aus seinen Wertverhältnissen entlassen werden. Er kann es nicht als Gegenstand der Wissenschaft und noch viel weniger der Praxis, die eine durch und durch moralische ist.

In einer Kritik der Kommunikationswissenschaft vom Jahre 1965 sprechen sich Franz Dröge und Winfried Lerg für eine wertfreie Publizistikwissenschaft aus. Sie stellen einen »metaphysikfreien Funktionsbegriff« als den bestimmenden heraus und wollen sich von den bis in die Gegenwart hineinwirkenden Sedimenten der »ethischen Richtung der Zeitungskunde« unterscheiden. Eine Publizistikwissenschaft, die sich einer normativen Erkenntnis verpflichtet fühlt, lehnen sie ab.[82] Die Autoren berufen sich mit ihrer Forderung nach Wertfreiheit auf die berühmte Diskussion vom 5. Januar 1914, als Max Weber die Sozialwissenschaft zu einer wertfreien Erkenntnisarbeit aufrief. Bereits vorher hatte Weber auf dem Soziologentag in Frankfurt einen Plan zur Erhebung der Soziologie des Zeitungswesens vorgelegt, der von der »Objektivität« zugunsten der Distanz gegenüber Werturteilen ausgegangen, jedoch nicht realisiert worden war.

Der Übergang der Publizistikwissenschaft von einer normativen zu einer »wertfrei« betriebenen Disziplin bewegte die Gemüter auch schon in den zwanziger Jahren. Der Erste Weltkrieg hatte von der Zeitungskunde das politische Engagement gefordert. Ihre herkömmliche Methode war historisch-politisch begründet und in starkem Maße von Sollensvorstellungen geprägt. 1924 forderte Walter Schöne eine Besinnung auf das Erkenntnisziel der Zeitungskunde. Er unterschied zwischen einer wissenschaftlichen und einer »ethischen Richtung der Zeitungskunde« und verlangte Forschungen »nur auf dem Boden der empirischen gesellschaftlichen Untersuchung, an Hand des Zeitungsmaterials selbst«.[83] Hans A. Münster, der in Leipzig wirkte, betrachtete die Publizistik hingegen als wichtige Teilerscheinung des großen Bereiches der »Zeichengebung« und sprach auch Pädagogen, Priestern, Künstlern oder Musikern die Publizistenrolle zu, weil sie meinungsbildend wirkten.[84] Als strenge Wissenschaft von der Publizistik hat sich die Zeitungskunde erst nach 1945 an den deutschen Hochschulen eingebürgert. Emil Dovifat gehörte zu ihren Mitbegründern. Er hatte in seiner Antrittsvorlesung vom Jahre 1928 mit dem bezeichnenden Titel »Die Erweiterung der zeitungskundlichen zur allgemein-publizistischen Lehre und Forschung« bereits den Durchbruch zur Wissenschaft gefordert, aber die nationalsozialistische Zeit ließ solche Ansätze dann nicht zur Wirkung gelangen. Die Hitlerzeit hat den Mißbrauch der publizistischen Mittel als Instrumente der Verführung und Lüge vor Augen geführt. Nach 1945 rückte deshalb das Ethos einer freiheitlichen Gesinnungspublizistik in den Vordergrund. Einem so leidenschaftlichen Gelehrten wie Emil Dovifat wäre die Vorstellung einer »wertfreien« Publizistikwissenschaft wie ein Verrat an der Idee der Sache vorgekommen.[85]

Die funktionalistischen oder systemtheoretischen Ansätze sind heute, wie wir gesehen haben, für weite Bereiche der publizistischen Medien- und Wirkungsforschung charakteristisch. Das Postulat der Wertfreiheit ist zwar zurückgetreten, aber kann noch nicht als überwunden angesehen werden. Dasselbe gilt für den Positivismus empirischer Forschung, er zeigt sich für die Wertbindung der journalistischen Phänomene immun. Die Vorstellungen von der Monokausalität der Prozesse dürfen als überwunden gelten. Massenkommunikation wird in ihrer Wechselseitigkeit und der Komplexität des Prozesses im Zusammenspiel zahlreicher Faktoren gesehen; darüber herrscht weitgehende Einmütigkeit.[86]

Alois Huter nennt als Krisensymptome der unter den »absoluten Denkzwang des Positivismus« geratenen Kommunikationswissenschaft »das Fehlen einer zentralen Theorie, die unzusammenhängenden belanglosen Ergebnisse, die Beziehungslosigkeit zur Praxis«. Huter wirft der Wissenschaft vor, sie lebte in dem verhängnisvollen Glauben, daß sich »bei wackerem Drauflosforschen« eine Theorie schon einstellen würde. Er sieht die Erfolgschancen für die Kommunikationswissenschaft in dem Maße wachsen, »als sie sich in den Kontext zu allen Humanwissenschaften stellt«, statt zu versuchen, »sich am eigenen Schopf aus dem Sumpf ihrer augenblicklichen Erfolglosigkeit« zu ziehen.[87]

Ein Pauschalurteil über den derzeitigen Stand der Medien- und Kommunikationswissenschaft ist schwierig und angesichts eines weit aufgefächerten Feldes auch nicht gerecht. Jedenfalls belastet das ungeklärte Problem der Wertbeziehungen die Kommunikationswissenschaft, und die entscheidende Frage ist: Wie kann sie ihren Anspruch auf Wissenschaftlichkeit aufrechterhalten und gleichzeitig in der Analyse der Sinngehalte ihre Gegenstände nicht verfehlen? Den Schwierigkeiten geht man auch nicht dadurch aus dem Wege, daß überhaupt nicht mehr von »Wirkungen« gesprochen wird und somit auch begrifflich der Abschied vom kausal-mechanistischen Denkmodell stattfindet. Am Wirkungsbegriff müssen wir schon festhalten, die Wirkungsfrage ist zentral. Nach Michael Schmolke ist sie die Königsfrage, die nach wie vor am stärksten die Hervorbringung von Hypothesen über Massenkommunikation provoziert. Er greift dazu auf die Lasswell-Formel zurück: »Wer sagt was durch welches Medium zu wem...« – und sieht aus ihr gefolgert, was dann alle in der entscheidenden Frage wissen möchten: »...mit welcher Wirkung?«[88] Im Grunde läuft alle Medien- und Kommunikationsforschung auf die Wirkungsfrage hinaus, wie Paul Lazarsfeld bemerkt hat, und sie ist noch viel älter als die oft zitierte Äußerung von Napoleon, der die damalige Presse eine »Großmacht« unter den kriegführenden Mächten nannte.

Die Lehre von der Redekunst, die Rhetorik, darf als ältester Zweig einer »Wirkungslehre« gelten, und bis ins 18. Jahrhundert hinein wird sie unter den »freien Künsten« an den Universitäten gelehrt. Ihr Vorbild ist die mittelalterliche »Eloquentia«, die ihrerseits auf die Formen der aristotelischen Rhetorik zurückgreifen kann, und alle Redekunst will Wirkung erzielen. Die klassische Rhetorik der Antike ist das erste, die Massenwirkung beabsichtigende Medium »als die Mutter der Publizistik«.[89] Wir erörterten sie bereits im Zusammenhang mit der Medienentwicklung und blicken hier auf ihren Wirkungsaspekt. Die Rhetorik verschreibt sich der Kunst des Überzeugens. »Dreierlei braucht man für eine Rede, einen Redner, einen Gegenstand und eine Zuhörerschaft, und dieses letzte, der Zuhörer, ist richtunggebend.«[90] Die Rhetorik wird schon früh als sophistisches Wirkungs- und Täuschungsmittel eingesetzt und mißbraucht, zu glänzen, wo es nichts zu glänzen gibt.

Platon hat die Scheinlegitimität des sophistischen Argumentierens aufgedeckt und jene Frühform der Publizistik den sittlichen Normen unterstellt. Schon damals ging es darum, eine Beziehung zum Übergreifenden herzustellen und aus der Kraft der rationalen Argumentation, aber auch aus den drei Überzeugungskräften der Besonnenheit, Tugend und des Wohlwollens zu wirken, verläßlichen Eindruck zu hinterlassen, die rechten Gesinnungen zu stiften. Die selbstauferlegte Bindung an die Polis und ihr »bonum commune« ist als konstituierendes Merkmal in das Ethos dieser frühen »Massenkommunikation« eingeflossen.[91] Wirkung und Ethos sind zur Kongruenz zu bringen. Die Kunstform des philosophischen Dialogs, von den Sophisten als Dialektik entwickelt und von den antiken Dichtern auf die Bühne der Tragödie gebracht, wurde zum legitimen Instrument des Meinungskampfes und der Wahrheitsfindung.

Wert- und Sinnhaftes im Wirkungsbegriff

Die gegenwärtige Wirkungsforschung hat die Sensibilität für die Folgen in sittlicher Absicht ungenügend ausgebildet und allzu lange verdrängt. Das lange Zeit tonangebende Denkmodell des Behaviorismus mit seinem Reiz-Reaktions-Schema wirft noch immer seinen langen Schatten, und das Erkenntnisinteresse richtet sich auf »Verhalten« und »Einstellungen«. Inzwischen werden die Prädispositionen der Rezipienten sehr viel stärker einbezogen, und der Nutzenansatz mit seinem Konzept des »aktiven Publikums« lenkt die Aufmerksamkeit auf das psychische Geschehen. Anläßlich einer Befragung, bei der die Bundesregierung herausfinden wollte, welche Wirkungen von den Neuen Medien auf die politische Kultur unseres Landes und die Lebensgewohnheiten der Bürger ausgehen könnten, hat Gerhard Maletzke ausgeführt, Wirkungsforschung und Kommunikationswissenschaft reichten heute in ihrem Problembewußtsein sehr viel weiter als die verfügbaren Methoden. Maletzke sieht die Wirkungsforschung durch eine Vielzahl von punktuell angesetzten, unverbundenen Einzelstudien belastet. Eine umfassende Theorie sei nicht vorhanden.[92] Aufschlußreich ist in diesem Zusammenhang, daß Maletzke, der 1963 seine »Psychologie der Massenkommunikation« das erste Mal veröffentlichte, in den Beurteilungen von 1980 und 1963 fast wörtlich übereinstimmt. Er bezeichnete schon damals das Wissen darüber, in welchem Ausmaß sämtliche Faktoren und Momente des Kommunikationsfeldes integrativ miteinander verbunden seien und einen Wirkungszusammenhang aufwiesen, als »begrenzt und lückenhaft«. Ebenfalls notierte er 1963 bereits »das Fehlen einer umfassenden Theorie der Massenkommunikation«.[93]

Die Ansichten vom schleppenden Fortschritt dieses Forschungszweiges sind nicht vereinzelt. Wie im Chor stimmen die Urteile darin überein, daß die Medienwirkungsforschung »ein Faß ohne Boden« sei,[94] daß sie »auf der Stelle tritt«[95] und daß »die Orientierungslosigkeit vergrößert« worden sei.[96] Welche Theorie könnte denn überhaupt aus den Resultaten der Wirkungsforschung unter empirisch-analytischen Vorzeichen hervorgehen? Die Datenberge häufen sich, aber es fehlt die Klammer, die Ergebnisse zusammenzufassen, und so wird die Wirkungsforschung über gewisse Grenzen nicht hinauskommen. Uwe Braehmer hat sich die Mühe gemacht, eine systematische Übersicht von den Ergebnissen der internationalen Wirkungsforschung seit ihren Anfängen vor fünfzig Jahren zusammenzustellen. Er bringt es auf einen Extrakt von 127 Aussagesätzen. Der Versuch ist trotz des »in Forschungskreisen verbreiteten Pessimismus über die Möglichkeit der Systematisierung der in der Wirkungsforschung erarbeiteten Ergebnisse« unternommen worden. Vieles liest sich wie die pure Belanglosigkeit, und ein kohärentes Ganzes wird aus dem Katalog nicht ersichtlich. Der Leitsatz Nr. 58 beispielsweise lautet: »Neugier ist Motiv der Rezipienten für Kommunikationszuwendung (Anregungs- und Abwechslungsbedürfnis).«[97] Das hat auch schon Kaspar Stieler vor dreihundert Jahren geschrieben, als er seiner Erfahrung und Beobachtungsgabe vertraute: »Sehen wir also die Notwendigkeit der neuen Dinge Wissenschaft (die Notwendigkeit, die neuen Dinge zu erfahren) aus unserem Unvermögen, da wir wegen Entlegenheit des Ortes anders zu solchem Wissen nicht kommen können, als einzig durch die Zeitungen, die uns über hundert, ja tausend Meilen verkündigen, was wir zu wissen so begierig sind.«[98]

Die Gründe für den mageren Ertrag lassen sich nicht allein auf die große Zahl der in den Wirkungsprozeß eintretenden Variablen zurückführen, wie es oft geschieht, wenn die Unzulänglichkeit der Meßverfahren dafür verantwortlich gemacht wird.[99] Das Problem liegt, worauf schon im ersten Teil hingewiesen wurde, im Wirkungsbegriff selbst, wo Wirkung und Wirklichkeit in Beziehung treten und der Wirkungsbegriff nicht darauf verzichten kann, eine Wirklichkeitslehre vorauszusetzen. Was der Journalismus aus der mannigfaltigen Wirklichkeit heraushebt und über das Handeln des Menschen zur Wirkung bringt, ist immer zugleich auch etwas Wert- und Sinnhaftes, das kausalmechanisch nicht erklärbar ist. Das Wesentliche ist hier gerade das Werthafte und Bedeutungsvolle, es tritt uns als ein Wollen und Sollen gegenüber, wodurch sich die Dingwelt von der personalen unterscheidet, die materiell-stoffliche von der kulturellen und geistigen Welt. Das sind die »Gegenstände« des Journalismus. Deshalb wird man noch lange darauf warten können, daß der akkumulative Erkenntnisfortschritt eines fernen Tages doch – gesetzt den Fall, es fehlt nicht an Forschungsmitteln – so etwas wie eine umfassende Kausalitätstheorie der Wirkungszusammenhänge hervorbringt. Damit soll nicht der Kurzatmigkeit das Wort geredet werden, als genügten ein Schreibtisch und eine gute Bibliothek für den Kommunikationswissenschaftler. Der Nachholbedarf an Forschung, zumal an Grundlagenforschung, ist im Bereich der sozialen Kommunikation beträchtlich und kostet viel Geld.[100] Mit einer umfassenden Theorie der Wirkungszusammenhänge lieferten wir aber nicht weniger als eine Theorie der Gesellschaft schlechthin.

In Heideggers Humanismusbrief heißt es: »Wir bedenken das Wesen des Handelns noch lange nicht entschieden genug. Man kennt das Handeln nur als Bewirken einer Wirkung. Deren Wirklichkeit wird geschätzt nach ihrem Nutzen. Aber das Wesen des Handelns ist das Vollbringen. Vollbringen heißt etwas in die Fülle seines Wesens entfalten, in diese hervorgeleiten, producere. Vollbringbar ist eigentlich deshalb nur das, was schon ist.«[101]

Theorie der Werte im Journalismus

Die Forderung nach Wertfreiheit in der wissenschaftlichen Tätigkeit hat oft jene These zum Hintergrund, daß aus dem Sein kein Sollen, aus den Tatsachen keine Normen abgeleitet werden können und dürfen. Dies ist zweifellos ein metaphysischer Satz. Der Empirismus übernimmt ihn unausgesprochenerweise. Hans Jonas zählt ihn zu den befestigtesten Dogmen unserer Zeit. Im Fischer-Lexikon Philosophie heißt es lapidar beim Stichwort Ethik, »daß aus dem, was ist, auf das, was sein soll, kein zwingender Grund gezogen werden kann«. Dies, so wird hinzugefügt, sei die einhellige Auffassung heute.[102] Der Satz geht auf David Hume zurück, das alte Problem der Werte findet seinen Niederschlag, und in diesem Satz bündelt sich die Begründungsproblematik, die für die Gegenwartsethik im wissenschaftlichen Zeitalter entscheidend ist, ob sich nämlich aus dem Sein kein Sollen ableiten läßt. Die Leibnizsche Frage, warum etwas sei und nicht nichts, will beantwortet sein, »warum überhaupt etwas im Vorrang zum Nichts sein *soll*, was immer die Ursache sei, daß es wird«. Auf den Sinn dieses Sollens kommt es allein an, meint Hans Jonas, der damit die Frage nach dem Wert oder dem »Guten« aufgeworfen sieht als begründeter Anspruch auf ein Sein, ein Seinsollen. »Es ist also, wenn es um Ethik und Sollen geht, nötig, sich auf die Theorie der Werte, oder vielmehr die Theorie von Wert überhaupt einzulassen, von dessen Objektivität allein ein objektives Seinsollen und damit eine *Verbindlichkeit* zur Seinswahrung, eine Verantwortung gegen das Sein, abzuleiten wäre.«[103] Jonas meint, weil es auf den Menschen ankommt, können wir uns »den gewagten Ausflug in die Ontologie nicht ersparen«, und selbst wenn der Boden, den wir erreichen, »wohl immer über einem Abgrund des Unerkennbaren hängen« mag.

Vieles kommt darauf an, welchen Begriff von Wissen man voraussetzt und wie ärmlich man das ontologische Argument ansetzt, wenn überhaupt, um eine Ethik zu begründen. Wir wissen doch, daß jedes Erkennen, das alltägliche so gut wie das wissenschaftliche, nicht schlicht photographisch erfolgt, sondern im Umbilden und Auswählen der Wirklichkeit entsteht auch immer schon mehr als eine bloße Beschreibung von Tatsachen, nämlich Individuelles und Werthaftes. Die empirisch-naturwissenschaftliche Methode klammert die Wertbeziehung aus; sie will als generalisierendes Verfahren gelten, die Dinge auf das Allgemeine hin zu erklären. Wenn ich ein Bild von Cranach als schön bezeichne, stellt es für mich einen Wert dar. Tausend Reproduktionen desselben Gemäldes, nach besten Druckverfahren hergestellt und täuschend ähnlich, haben nicht denselben Wert wie das Original. Was macht den Unterschied aus? Werte *sind* nicht, sie gelten, und so sind auch die Zwecke (oder Ziele), warum eine Sache existiert oder wozu eine Handlung dient, nicht reale Gebilde, sondern ein objektiv Geltendes. Die empirisch-analytische Wissenschaft hat es nur mit Mitteln zu tun, nicht mit Zwecken oder Werten, die dem Subjekt als Sollen gegenübertreten, dies so zu tun und nicht anders, weil immer schon der Sinn von etwas Seiendem vorausgesetzt ist. »Sinn« hat etwas mit Richtung oder Weg zu tun, etymologisch. Wir bewegen uns im Bereich der Warum-Fragen nach Ziel und Grund, nach Woher und Wohin, wodurch die Wirklichkeit als ein So-Seiendes bestimmt ist und auf einem Möglichkeitsgrund aufruht, warum ein Seiendes so und nicht anders vorkommt, was dann letzten Endes in die Frage einmündet, warum etwas und nicht nichts ist.

Soll Wirklichkeit sein? Soll der Mensch sein? Soll das Gute sein? Natürlich soll dies alles sein, aber was heißt denn, es »soll« sein? Woher kommt es zu diesem Sollen? Wenn Maximilian Kolbe im polnischen Konzentrationslager unter der Naziherrschaft einen Familienvater dadurch rettet, daß er an seiner Stelle in den Todesbunker geht, optiert er für das Sein; sonst wäre sein Tod ja sinnlos gewesen. Was immer wir mit dem Gedanken des »Sinnes« verknüpfen, hat etwas mit dem Sein zu tun, nicht mit dem Nichtsein. Das Sein will anerkannt, angenommen, bejaht sein, weil es das Gute ist. Es affirmiert sich selbst als gut aus der Negation heraus, denn Nichtsein kann nicht gut sein. Erkennen ist Sinnerschließung auf ein Gutes hin, eben auf die Wortbeziehung hin, die wir als »ontologische Affirmation« bezeichnen. Deshalb folgert Helmut Kuhn: »Von dem Guten hängt das Sein alles Seienden ab.«[104]

Verantwortungsethisches Wissen von den Folgen

Die Möglichkeiten einer rationalen Begründung der Ethik im gegenwärtigen Zeitalter stehen und fallen nicht mit einer Letztbegründung aus dem ontologischen Satz »ens et bonum convertuntur« und einer Metaphysik des Seinsollens, wohl aber mit einer Lehre von den Zwecken und der Warum-Frage. Das Leben der menschlichen Gattung hängt heute davon ab, daß wir unsere subjektiven Zwecksetzungen in Beziehung setzen zu den quasi-objektiven Zwecken der Wissenschaft und Funktionssysteme. Vom Steinzeitmenschen bis zum Atombomber-Piloten haben sich die zerstörerischen Kräfte in einem Maße potenziert, daß die ethische Frage nach dem Seinsollen des Menschen in einer seinsollenden Umwelt zur Überlebensfrage wird.

Die Massenmedien üben heimliche »Gewalt« aus; bei ihnen ist die Bedrohung nicht so dramatisch. Dennoch sind sie heute in die von Karl-Otto Apel gestellte Frage nach »der scheinbaren Unmöglichkeit einer rationalen Begründung einer intersubjektiv gültigen Ethik solidarischer Verantwortung« hineingenommen und können sich angesichts ihrer Wirkungen und Folgen nicht auf eine Position der Unschuld zurückziehen, wo das Wissen sich aufspaltet in ein wissenschaftliches und angeblich »wertfreies« einerseits, das sich einem Wissen subjektiver Beliebigkeit und irrationaler Privatheit andererseits gegenübersieht. Die Wertgrundlage der journalistischen Sachaussagen ist unbezweifelbar, und was Apel für das gesamte Ethos liberaler Demokratie ausspricht, trifft den Journalismus ebenso. Wenn nämlich eine Begründung intersubjektiver Gültigkeit ethischer Normen tatsächlich unmöglich ist, dann besteht keinerlei Verpflichtung dazu, freie Übereinkünfte einzugehen oder sie einzuhalten. Beides »reduziert sich dann auf zweckrationale Klugheitsveranstaltungen der Interessenten, wie sie prinzipiell auch in einer Gemeinschaft von Gangstern denkbar sind«. Jeder wäre nur dann und insofern »verpflichtet«, wie die faktische Effektivität einer bestehenden Interessenkonstellation es vorschreibt.[105] Warum sollte ich ein Versprechen halten, wenn ich generell nicht erwarten kann, daß der andere es auch tut, ob es ihm Vorteile bringt oder nicht?

Das Paradigma wertfreier Objektivität nimmt den Normen ihren allgemeinen Verpflichtungscharakter, indem hypostasiert wird, daß Tatsachen und Normen absolut heterogen seien. Hieraus entstand Max Webers Begriff einer »wertfreien« und ethisch neutralen Sozialwissenschaft; so glaubte er die Redlichkeit ihres Forschungs- und Rationalitätsideals am besten gewahrt. Der sogenannte Werturteilsstreit findet seit sechzig Jahren kein Ende. Im Zentrum steht die Frage nach dem Sinn von Wissenschaft, und letzten Endes zielt das Prinzip der Wertfreiheit auf die gesamte wissenschaftliche Erkenntnis. Die Weltanschauungskämpfe um dieses Prinzip haben viele Mißverständnisse hervorgebracht und Webers Postulat in die Nähe des Nihilismus gerückt.

»Ich behaupte«, urteilte Leo Strauss, »daß Webers These mit Notwendigkeit zum Nihilismus oder zu der Ansicht führt, daß die Vernunft außerstande ist, zwischen dem Bösen, Gemeinen oder Unsinnigen und deren Gegenteil zu entscheiden.«[106] Das Verbot von Werturteilen in der Sozialwissenschaft, so verlängert Strauss seine Kritik, würde zwar eine streng faktische Beschreibung sichtbarer Handlungen, wie sie z. B. in Konzentrationslagern beobachtet werden können, und eine vielleicht ebenso faktische Analyse der Motive der betreffenden Täter geben können, aber es würde uns nicht gestatten, von Grausamkeit zu sprechen. »Die faktische Beschreibung wäre in Wirklichkeit eine bittere Satire. Was ein schlichter Bericht zu sein beansprucht, wäre ein ungewöhnlich verklausulierter Bericht.«[107] Wenngleich es Max Weber um eine ethisch distanzierte Wissenschaft ging, muß jedoch zu seiner Verteidigung eingeräumt werden, daß er die Wissenschaft nicht von der Verantwortung für ihre Folgen freigesprochen hat. In der berühmten Unterscheidung von Gesinnungs- und Verantwortungsethik hat er das moralische Problem gegenüber der Rationalität der Zweck-Mittel-Relation unterstrichen. Er selbst verzichtete für seine Person nicht auf Engagiertheit und Wertungen.

Eine Wissenschaft, die ein Wirkungsfeld wie den Journalismus zu erforschen sucht, hat es mit einem sinnvollen Geschehen zu tun, in dem die Beziehung zwischen Gegenstand und Erkenntnis eine Wertbeziehung ist. Der von Hans Freyer geprägte Begriff einer »Ethoswissenschaft«[108] ist durchaus übertragbar und läßt das Wertfreiheitspostulat obsolet erscheinen. Wer wollte die praktischen Folgen des Journalismus als wertneutral bezeichnen? Für die Kommunikationswissenschaft stellt sich die Frage nach einer »wissenschaftsimmanenten Ethik«,[109] die auf die Erkenntnispraxis blickt und ihre Wertprämissen verdeutlicht statt sie zu verdrängen oder zu leugnen.

»Wo es ums Ganze des menschlichen Handlungszusammenhangs geht«, schreibt Robert Spaemann, »da hört exakte Wissenschaft auf, da fängt das Engagement an. Das heißt nicht, daß hier das Denken aufhört. Der Mensch ist das einzige Wesen, das sich zum Ganzen seines Daseins verhält und es zu denken versucht. Aber dieses Denken ist ein engagiertes Denken. Der Geist, der das Ganze und der deshalb den Zweck des Handelns denkt, ist selbst Teil dieses Handlungsganzen. Er beeinflußt und verändert also dieses Ganze, indem er und je nachdem wie er es denkt. Hierfür gibt es nicht noch einmal eine neutrale Instanz. Der Geist ist, wo es ums Ganze geht, ein Divisor, und das heißt, er ist politisch.«[110]

8. Die Vielschichtigkeit des Gegenstands »Kommunikation«

Mit dem Ziel der Verständigung

Sobald zwei Menschen zusammentreffen, haben sie sich etwas mitzuteilen, und wenn es darauf hinausläuft, daß sie sich nichts zu sagen haben. Paul Watzlawik nennt es das metakommunikative Axiom, demzufolge »man... nicht *nicht* kommunizieren kann«.[111] Es ist ein Ausdruck der Unentrinnbarkeit, in die uns die Kommunikationsprozesse einspannen und aus der heraus sie zum Synonym für alle sozialen Prozesse gemacht worden sind. So wird das Phänomen der Kommunikation zu einem allgegenwärtigen und alltäglichen.

Kommunikationsbegriff in den Wissenschaften

Daß es kein Nicht-Verhalten gibt und daß man deshalb auch nicht *nicht* kommunizieren kann, ist eine Aussage, die Watzlawik selbst trivial nennt. Wenn es so ist, dann steht es aber auch nicht im Belieben des Menschen, Kommunikation zu praktizieren oder zu unterlassen, sondern sie wird als Naturprozeß verstanden, in den wir alle hineingeboren werden: »Das Unausweichliche menschlicher Mitteilung, Kommunikation als zwanghafter Prozeß, vom ichbezogenen Ausdruck über die Verständigung von Antlitz zu Antlitz bis zu den Bestrebungen, die Mittel der Kommunikation zu vermehren, ist die Voraussetzung aller graduellen Unterscheidungen des Kommunizierens, wie Vereinsaustritt, sich in der Höhle verkriechen, Bücherschreiben, Zunge herausstrecken, Umarmen, Träumen, Gewähltwerden. Sie alle teilen in der Empirie jeweils etwas mit, auch wenn sie nicht der engeren Definition zielgerichteter Kommunikation entsprechen, die auf Beeinflussen und Verändern eines Empfängers durch einen Sender oder Kommunikator über einen adäquaten Kanal den Nachdruck legen.«[112]

Wenn man den Radius so weit schlägt, wie Harry Pross es hier tut, dann ist die Kommunikation eine Grundvoraussetzung der humanen Existenz, ja aller Lebewesen überhaupt, wie die Verhaltensforschung zeigt. Dann gibt es letzten Endes aber auch keine Wissenschaft, die nicht auch zur Kommunikationswissenschaft werden könnte, sobald sie sich entschließt, den unendlichen Prozeß ihrer alltäglichen Vermittlungen zu thematisieren.[113] Der Begriff verflacht, bis er untauglich und zum Gemeinplatz wird, für jeden und für keinen da, daß man den Begriff lieber aus dem Verkehr ziehen sollte, aber das ist gegenwärtig kaum möglich. Was hat den Begriff der Kommunikation so attraktiv gemacht?

Hier sind Informationstheorie, Kybernetik und Systemtheorie zu nennen, die mit dem Kommunikationsbegriff arbeiten, aber er ist auch für die Humanwissenschaften und ihre Grundlegungsproblematik eine sozialwissenschaftliche Klammer geworden. Das Wissen vom Menschen wird nicht mehr an Kategorien wie »Natur« oder »Substanz« festgemacht, sondern die neuen Vokabeln lauten: Rolle, Sozialisation, Interaktion, gesellschaftliche Relevanz, Dialog. Es sind die Strukturen, Systeme und sozialen Zusammenhänge, auf die der Begriff ein Licht werfen soll. Das Grundphänomen der Kommunikation durchzieht sämtliche Wissenschaftsbereiche und stellt eine übergreifende Interdisziplinarität her, die von den Naturwissenschaften ihren Ausgang genommen hat. Ein wissenschaftsgläubiges Zeitalter fühlt sich vom Kommunikationsbegriff angezogen. »Drei Tage lang wollen wir selbstbewußt dokumentieren, daß die Bedeutung der Kommunikation als Führungs- und Steuerungsinstrument zunimmt.« So formulierte der 2. Deutsche Kommunikationstag in Hamburg seine Programmabsichten. Insgesamt 32 Verbände und Institutionen vom Art Directors Club bis zum Zweiten Deutschen Fernsehen wollten zeigen, wie wichtig »professionelle Kommunikationsarbeit« für das Staatswesen, die Marktwirtschaft, den technischen und gesellschaftlichen Fortschritt sei. Gut tausend Menschen waren dabei, und den größten Beifall erhielt jener Redner, der die Verständigungsschwierigkeiten, die heute zwischen Menschen bestehen, analysierte.[114]

Es wäre ein lohnendes Thema, am Kommunikationsbegriff heute eine Zeitdiagnostik aufzureihen. Daß das Miteinandersprechen und Aufeinanderhören ein vernünftiges Zusammenleben überhaupt erst ermöglicht, ist keine neue Erkenntnis und gehört zum Dauerbestand der Selbst- und Weltinterpretation. Neu und anders stellen sich die Prozesse des Verstehens, der Verständigung und des Mißverstehens in einer technisch-wissenschaftlichen Zivilisation dar, und die Ingenieur- und Naturwissenschaften haben uns gewissermaßen das Aha-Erlebnis gebracht, wie elementar und unentbehrlich die Verständigungsprozesse eigentlich sind. Plötzlich sehen wir eine längst geübte Lebenspraxis mit neuen Augen. Im Nachrichtenwesen oder in der Publizistik bedient sie sich neuer Medien und Transportwege. Der technische Aufwand mag zunächst das Problem der Verständigung, das zentral ist, verdecken, aber was damit gemeint ist, wenn wir »Kommunikation« sagen und uns verständigen, wie es sich abspielt, was es bewirkt und wie es sein soll, berührt unsere geistige, geschichtliche und kulturelle Lage in einem umfassenden Sinn.

Das Problem der Verständigung ist der Punkt, an dem sich die Frage nach der Ethik der Kommunikation entzündet. Kommunikation ist ein Geschehen zwischen Menschen mit dem Ziel der Verständigung. Die Übereinstimmung kann sich auf Sachverhalte oder auf die Personen selber erstrecken. Sie setzt gegenseitige Anerkennung voraus. »Kommunikation gewinnt erst dann ihren vollen Sinn, wenn sie über die formale Regelung hinaus wesentliche menschliche Bedürfnisse einbeziehen und (inhaltlich) anerkennen kann. Kommunikation besteht dann in der Intention, daß nicht nur jeder Teilnehmer sein Selbstsein im Anderssein realisieren kann, sondern daß das ›Tun des Eigenen‹ ebenso das ›Tun des Anderen‹ (Hegel) ist. Die Interaktion gewinnt die Form des Dialogs ihrer Mitglieder.«[115] Nun kann eine Ethik der Kommunikation sich einmal als regionale Ethik verstehen, das heißt, sie bezieht sich auf »Kommunikation« in einem bestimmten Bereich des menschlichen Handelns, in dem gewisse Sitten, Gebräuche und Normen gelten. Zum anderen kann eine kommunikative Ethik aber auch so angesehen werden, daß in ihr die Grundlage von Moral überhaupt zum Vorschein kommt. Sie ist die Quelle des Prinzips Sittlichkeit und daraus hervorgehender Normen, um deren Begründung es geht. Uns beschäftigt im Zusammenhang mit dem Journalismus sowohl die Normenbegründung im Rahmen einer Ethik der Kommunikation wie auch die Frage der Anwendung ethischer Normen auf einem bestimmten Feld der kommunikativen Praxis, das mit den Massenmedien umschrieben ist.

Definitionsversuche zum Kommunikationsbegriff

Die Mannigfaltigkeit jenes Grundphänomens, das wir einfachhin Kommunikation nennen, wird schon bei den begrifflichen Abklärungen deutlich. In einem Lexikon etwas älteren Datums aus einer Zeit, als der Begriff im deutschsprachigen Raum noch nicht florierte – wir nehmen den »Großen Herder« vom Jahre 1954 –, sind die Wortbedeutungen von Verbindung, Verkehr, Mitteilung angegeben. Gleichzeitig wird auf die Existenzphilosophie von Karl Jaspers verwiesen, »das hörende, anteilnehmende, verantwortlich tätige Geöffnetsein für den anderen«. Ebenso wird bei Sartre »das Angewiesensein auf den Umgang mit anderen als Ur-Unglück des Selbstseins« mit dem Kommunikationsbegriff verbunden. Schließlich folgt als Wortbedeutung »in der modernen Psychologie das korrespondierende Verhältnis von Seele und Welt«.[116] Die philosophische Deutung steht im Vordergrund dieser Lexikon-Beschreibung.

Im internationalen Fernmeldewesen ist seit Ende des 19. Jahrhunderts die Bezeichnung »Communications« üblich geworden. In ihrem »Kommunistischen Manifest« vom Jahre 1847 sprechen Marx und Engels davon, die Bourgeoisie reiße »durch die rasche Verbesserung aller Produktionsinstrumente, die unendlich erleichterten Kommunikationen, alle, auch die barbarischsten Nationen in die Zivilisation«. Hier ist der Begriff für die neuen Verkehrsmittel und -wege, die Eisenbahn, das Dampfboot, eingesetzt worden; so war er international schon länger gebräuchlich. »Communications« im anglo-amerikanischen Wortgebrauch betrifft die Informationsübertragung in ihrer Funktionalität und Technologie. Physikalische Vorgänge stellen eine Verbindung vom Sender zum Empfänger her, »Signale« werden transportiert. Bei einem Telefongespräch kommt die Verbindung durch Schallwellen, Bewegungen der Mikrofon-Membran, elektrische Ströme und elektromagnetische Schwingungen zustande.

Die Kommunikation zwischen einem Sender und Empfänger wird mit Beispielen aus dem Tierreich belegt. So hat man bei Wachteln, Rebhühnern und Fasanen beobachtet, daß die Küken nahezu gleichzeitig ausschlüpfen, auch wenn die Eier zu ganz verschiedenen Zeitpunkten gelegt worden sind. Diese Synchronisierung ist zweckmäßig, damit die Mutter das Futter heranholen kann, ohne sich um die gerade ausgeschlüpften Jungen kümmern und sie schützen zu müssen. Sie wird durch Signal-Geräusche – »clicks« – bewirkt, die zwölf bis achtzehn Stunden vor dem Schlüpfen in den am frühesten gelegten Eiern entstehen und die ihrerseits den Reifungsprozeß in den später gelegten Eiern stimulieren. Wahrscheinlich handelt es sich dabei um Begleiterscheinungen der Lungenventilation. Die Experimente zeigten, daß sich der kommunikative Effekt nur einstellt, wenn die Eier dicht beieinander liegen.[117]

Als publizistikwissenschaftlicher Begriff ist Kommunikation seit den sechziger Jahren in Deutschland geläufig. Der anglo-amerikanische Wortgebrauch wird übernommen. Der Verweis auf das Stichwort »Informationstheorie« ist zwingend und zeigt die Herkunft. In dem 1971 erschienenen Fischer-Lexikon Publizistik wird die schon selbstverständlich gewordene Zuwendung zum Kommunikationsbegriff von Noelle-Neumann nachvollzogen. Sie schreibt, im engeren Sinn »versteht man unter Kommunikation einen Vorgang der Verständigung, der Bedeutungsvermittlung zwischen Lebewesen. Kommunikation zwischen Menschen ist (im Sinne Max Webers) eine Form sozialen Handelns, das also mit einem ›subjektiven Sinn‹ verbunden und auf das Denken, Fühlen, Handeln anderer bezogen ist«. In dieser Interaktion wird der »gemeinte Sinn« direkt mit Hilfe meist eigens für diesen Zweck bestimmter Zeichen vermittelt.[118]

Das Wechselspiel von Kommunikationen in ihrer Reziprozität zwischen zwei oder mehr Kommunikationspartnern soll Kommunikationsprozeß heißen. So definiert es Michael Kunczik. Er will sich für die Kommunikationswissenschaft mit einer Definition wie der folgenden nicht zufriedengeben, daß nämlich Kommunikation ein Vorgang sei, »durch den eine Nachricht, als Zeichen oder Symbol, von einem Organismus zu einem anderen gelangt und dessen Verhalten ändert«. Bei dieser Definition bestehe die Gefahr, jegliche Kommunikation auszuschalten, die keine Verhaltensänderung bewirkt, wie etwa ein normales, belangloses Gespräch unter Menschen, ein philosophischer Disput, eine Schulstunde. Wären sie nicht mehr als Kommunikation anzusehen? Kunczik bringt als eigene Definition die folgende: »Kommunikation ist ein Verhalten, das aus der Sichtweise des Kommunikators ein Übertragen von Botschaften vermittels Symbolen an eine oder mehrere andere Personen zum Ziel hat.« Mit dieser Umschreibung glaubt er das Scheinproblem umgangen, ob nun Interaktion Kommunikation voraussetzt oder umgekehrt. Interaktion, der umfassendere der beiden Begriffe, werde als Synonym für soziales Handeln benutzt und Kommunikation als Interaktion mittels Symbolen definiert.[119]

Mit großer Akribie hat der Soziologe Klaus Merten eine Sammlung von 160 Definitionen zu Kommunikation zusammengetragen. Angesichts eines so schillernden Begriffs wie Kommunikation wollte er möglichst viele Facetten von Kommunikation aus den allerverschiedensten Disziplinen einfangen. »Es gibt weder eine Theorie der Kommunikation noch lassen sich bislang tragfähige Ansätze dazu aufzeigen.« Nach exakten und langwierigen Begriffs- und Prozeßanalysen empfiehlt Merten, die Fülle der Definitionen auf zwei zu reduzieren, nämlich die Definition von Kommunikation durch Interaktion und durch Reflexivität.[120] In dem Bemühen, die beobachteten Phänomene auf einen niedrigsten gemeinsamen Nenner zurückzuführen, damit sie universelle Geltung erlangen, werden die Abstraktionen am Ende ganz inhaltslos. Sie werden nichts-sagend, wirklichkeits-leer und in ihrer Begrifflichkeit paradox, weil sie nicht ergreifen, was sie zu begreifen vorgeben: das Phänomen Kommunikation, soweit es, auch und vor allem, vom Menschen handelt. Merten charakterisiert den Definitionstyp »Kommunikation als Teilhabe« durchaus zutreffend: Kommunikation stiftet Gemeinsamkeit (Teilhabe), ist Gemeinsamkeit (Teilhabe) und ist die Folge von Gemeinsamkeit (Teilhabe). Dabei bezieht er die Teilhabe auch inhaltlich auf Erfahrungen (ideas), Informationen (Mit-Teilung) und auf gemeinsame Bedeutungsgehalte (meanings) der kommunizierenden Partner mit ihrem gemeinsamen Zeichenvorrat. Auf der reduktionistischen Ebene von Interaktion und Reflexivität fallen solche Qualitäten jedoch alle durch das Begriffsraster hindurch und sind sie nicht mehr präsent.

Eine jede Kommunikation läuft über viele Stockwerke

In begrifflicher Hinsicht bewegen wir uns, wie wir an den Definitionsbeispielen sehen, auf unterschiedlichen Kommunikationsebenen, und dies macht es besonders schwer, mit dem Begriff und Phänomen »Massen-Kommunikation« auf sicheren Grund zu gelangen. Da ist die Ebene der Zeichen und Signale. Die Kenntnis eines Kode und der syntaktischen Regeln genügt beispielsweise im

Straßenverkehr als Verständigungsmittel. Die Informationstheorie wurde als mathematische Theorie entwickelt, und auf dieser Ebene kommt es darauf an, die Verbindungswege zu optimieren, damit unter minimalem technischen Aufwand eine Nachricht gerade noch verständlich übertragen wird. Jede Nachricht wird auf Zahlen oder Symbolpaare reduziert. Die transportierten Bedeutungsinhalte zählen nicht, sondern die Informationstheorie beschäftigt sich allein mit der Syntaktik der Kommunikation. In der Nachrichtentechnik bedeutet »Nachricht« jede Komposition von Zeichen, die ein Empfänger »verarbeiten« kann. Es entsteht eine Sequenz von Verarbeitungsschritten. Die Umformung der Nachricht, ihre logische Verknüpfung, die Einordnung mit anderen Nachrichten und deren Speicherung treten als Glieder in diese Kette ein. »Codieren« heißt, die Nachricht wird zu Übermittlungszwecken in Signale umgesetzt, und »Decodieren« bezeichnet den umgekehrten Vorgang. Die Informationstheorie versteht unter Information oder auch Informationsgehalt »ein rein statistisches Maß, das angibt, wieviel von der im Kommunikationsprozeß vorhandenen Ungewißheit durch eine Nachricht beseitigt wird. Ob diese Beseitigung der Ungewißheit ›wertvoll‹, ob die Nachricht ›aktuell‹ und ›präzise‹ ist, berührt den quantitativen Betrag der Information überhaupt nicht.«[121]

Eine analoge Anwendung der Informationstheorie auf Prozesse der Massenkommunikation ist sicher gerechtfertigt. Der Zeichenaustausch, der in dieser Kommunikation stattfindet, läßt sich empirisch nachverfolgen. Jedem Vorgang der Massenkommunikation kann »ein nur informationstheoretisch und technisch zu beschreibender Prozeß der Übertragung von Zeichen und Signalen zugeordnet werden«.[122] Aber die Bedeutungs- und Sinnbezüge sind naturwissenschaftlich nicht zu erklären, sondern liegen auf einer anderen Kommunikationsebene. Die Modelle der maschinellen Nachrichtenübermittlung und -verarbeitung können die Vorgänge der menschlichen Kommunikation nur reduktionistisch wiedergeben. Kommunikation läßt sich auf Sprache, Sprache auf das Wort, das Wort auf das Zeichen und dieses wiederum auf den Kode reduzieren. Auf der Ebene der Humankommunikation tritt die Person in den Austausch- und Verständigungsprozeß ein. Die Kommunikation ist mehrstufig, sie bezieht sich auf eine innere Mehrstufigkeit der Sachen selbst, wie Heinrich Rombach mit dem Blick auf die mehrdimensionale Struktur des Kommunikationsphänomens ausführt. Noch schwieriger wird es, wenn wir auf die komplizierten Schichten des Austauschs eingehen, der als dialogische Kommunikation abläuft und ein Gespräch genannt zu werden verdient: »Eine jede Kommunikation läuft über viele Stockwerke... und es ist ein erstes phänomenologisches Resultat, daß die Vielschichtigkeit die Bedingung der Möglichkeit von Kommunikation überhaupt ist. Eine Kommunikationsebene wird nur dadurch ›sprechend‹, daß sie sich von einer tieferliegenden Kommunikationsebene abhebt.«[123]

Dieses Ensprechungs- und Bezugsgeschehen der verschiedenen Kommunikationsebenen findet im Grundphänomen der Sprache seinen Ausdruck. Sie überwölbt das Geschehen und liegt aller Kodierung zugrunde, um durch sie hindurch »sprechend« zu bleiben – und weithin vergessen zu werden, indem sich die Aufmerksamkeit auf Syntaktik, Mathematisierbarkeit und Formalisierung aller Kommunikationsprozesse konzentriert. Dabei wird nicht selten unterstellt, daß alle Dinge, die menschlicher Erkenntnis zugänglich sind, zuletzt auch mit Hilfe mathematischer Modelle verstehbar seien. Lassen sich geistige und moralische Vorgänge mit Hilfe informationeller Strukturen begreifen?

Kybernetik und Philosophie

Karl Steinbuch vertritt diese Auffassung, daß uns die Kybernetik als eine Wissenschaft von den informationellen Strukturen – gleichzeitig, ob diese nun in der Biologie, Technik, Soziologie, Ökonomie auftreten – durchaus Erklärungsmuster für geistige Vorgänge liefert. Er spricht vom »dramatischen Zusammenstoß von Kybernetik und Philosophie«. Ausdrucksmittel der Philosophie seien Wort und Sprache. Ausdrucksmittel der Kybernetik seien die Struktur und das Modell. Das Interesse der Philosophie gibt sich nach Steinbuch vorwiegend darin zu erkennen: Was ist es, wie ist es zu bewerten? Demgegenüber zielt das Interesse der Kybernetik auf die Frage: Wie wirkt das eine auf das andere? Welche Gesamtwirkung ergibt sich aus den verschiedenen Einwirkungen? Nach Steinbuch zeigt die Kybernetik dort ihre Überlegenheit, wo sehr komplexe Zusammenhänge verarbeitet werden müssen, »Weltmodelle« zukünftiger Art. Ihre Schwäche liegt dort, meint er, wo es um Werte, Ziele, Sprache geht.[124]

Die Frage ist, ob nicht jene Analogie der informationstheoretischen Nachrichtenübermittlung zu den Phänomenen der personalen Kommunikation ein Trugschluß ist, weil sie den Wissensformen des Maschinenmodells verhaftet bleibt. Für dieses vorgebahnte Denken ist es im Grunde belanglos, ob es sich um Reaktionen eines Systems, eines Tieres oder eines Menschen handelt, die durch die Stimuli eines anderen Systems ausgelöst werden. Der Prozeß, als den man sich Kommunikation vorstellt, bleibt immer der gleiche, und so »verselbständigt und hypostasiert sich der Kommunikations-›Prozeß‹ zu einem von den ›Trägern‹ dieses Prozesses losgelösten Kommunikations-›Mechanismus‹«. Für diese Denkweise führt Alois Huter in seiner kritischen Auseinandersetzung mit dem Kommunikationsbegriff der Medienforschung eine Reihe typischer Belege an.[125] Carl I. Hovland, der zu den Pionieren der amerikanischen Medienforschung gehört, definiert Kommunikation als einen Prozeß, bei dem ein Individuum »Stimuli« sendet, um das Verhalten anderer Individuen zu modifizieren.

Huter beanstandet an dieser Beschreibung die deterministische Vorstellung von »information« und »control«, die im technischen Sinne einer Zwangssteuerung verstanden wird und ein Basismodell der Wirkungsforschung geworden ist; das Modell läßt mit seinen Vorstellungen von Regelkreissystemen der Freiheit der kommunizierenden Personen keinen Raum.[126]

Die Axiomatik Hovlands und seiner amerikanischen Forschergruppe sollte man andererseits nicht in den Pauschalverdacht hineinnehmen, »daß der Rezipient als willenlos deterministisch reagierendes Wesen gedacht wurde«.[127] So einfach hat es sich die amerikanische Kommunikationsforschung nicht gemacht. Hovlands Frage war es, wie eine Kommunikation zu strukturieren ist, um ihre Überzeugungskraft zu vergrößern, und er hat sich ihr in jahrzehntelangen Untersuchungen mit seinen Mitarbeitern an der Yale-University gewidmet.[128] Propaganda und werbliche Überzeugungskampagnen waren in den zwanziger und dreißiger Jahren in einem frühen Stadium in Amerika bereits analysiert worden. Aber es fehlten die empirischen Forschungsbelege, und Hovland suchte sie beizubringen. Während des Zweiten Weltkrieges arbeitete er für die US-Armee, die in einem bisher nicht dagewesenen Ausmaß das Training und die Motivation der Soldaten durch Filme und andere Formen der Massenkommunikation zu unterstützen suchte. Hovland kam von der Psychologie und Lerntheorie. Sein zentrales Thema war »persuasion«, nämlich welche Überzeugungskraft die Massenmedien besitzen und in welchem Ausmaß sie Einstellungen, Attitüden und Wertvorstellungen beeinflussen, verändern und erzeugen. Hovland knüpfte dabei an Platon an, der die Gewinnung des menschlichen Geistes durch Worte in der Rhetorik zu einer der wichtigsten akademischen Disziplinen gemacht hatte. Von daher gab er seinem Forschungsprogramm den Namen »Wissenschaftliche Rhetorik«. Hovlands Verdienst besteht darin, die Fragen nach den Einstellungsveränderungen im Kommunikationsprozeß anhand des Denkmodells der antiken Rhetorik-Lehre verwissenschaftlicht und somit empirisch belegbar gemacht zu haben.[129] Sein Beitrag ist grundlegend für eine Phänomenologie der Kommunikation auf ihren divergenten Ebenen geworden.

Wenn man, wie Steinbuch es tut, die Kybernetik in die Philosophie übergehen läßt, in die Betrachtung von Systemen und Ganzheiten, um damit »manche Fehlleistungen zerlegender Methoden zu überwinden«, dann ist daraus schon ein fruchtbarer Denkansatz für eine ganzheitliche Kommunikationsfigur abzuleiten, und es wird vermieden, das Kommunikationsgeschehen in seine Bestandsstücke zerfallen zu lassen, als hätten die einzelnen Teile nichts miteinander zu tun. Steinbuch sucht dem Dilemma dadurch zu entgehen, daß er den Informationsbegriff entgrenzt. Das heißt, »Information ist mehr, als man meist meint«. Information sei beispielsweise das, was zu einem Buche noch fehlt, wenn Papier und Druckerschwärze vorhanden seien, das, was zur Musik noch fehlt, wenn

Instrumente und Musiker vorhanden seien, das, was zu einem Menschen noch fehlt, wenn seine chemischen Bausteine vorhanden seien. Genetische Information, kulturelle Information wie Sprache, Überlieferung, Geschichte oder Selbstverständnis, soziale und individuelle Erfahrung wie Heimat, schließlich die aktuellen Informationen und die in die Zukunft geworfenen wie Ängste, Hoffnungen, Visionen, Verhaltensstrategien – alles gehört dazu.[130] Bewußtsein und Subjektivität, Selbstsein und Selbstgespräch, Ich-Identität und innere Kommunikation sind für diese Vorgänge ebenso bedeutsam wie die Faktoren der äußeren Kommunikation.

Ist das alles mit dem Informationsbegriff abzudecken? Wird er damit nicht in seinem »Fetischcharakter« bestärkt?[131] Heinrich Rombach sieht das »Naive« der sogenannten Kommunikationstheorien darin, daß sie von einer ungeprüften Ontologie der Individualität ausgehen und so im Phänomen höchstens bis zur Sichtung des Beziehungsaspekts gelangen, ohne der zugrunde liegenden Seinsstruktur kommunikativer Einheit Rechnung zu tragen. Rombach meint, die Grundform des Daseins sei weder Individualität noch Sozialität, sondern die strukturelle Einheit beider. Jede Kommunikationsebene verlangt ihr eigenes Subjekt: »Ein von einem schweren Schicksalsschlag getroffener Mensch kann nicht Zuhörer eines Divertimentos sein – und um ein Ereignis von weltpolitischer Bedeutung aufnehmen zu können, müssen wir uns erst mühsam aus der Subjektform zurückholen, in der wir uns für ein Schachspiel gebracht haben.«[132]

9. Sprache und Dialog als Träger des Sittlichen

Bestände des Zwischenmenschlichen

Das Thema der Kommunikation ist für den Journalismus wie eine offene Stelle nach allen Seiten hin. Zwar kann es nicht die Aufgabe der Publizistik- und Kommunikationswissenschaft sein, »Weltsituation« zu spiegeln und zu deuten, aber sie muß nach dorthin geöffnet bleiben. Wo es um das Verstehen von Texten geht, wird durch die Kommunikation eine Sinn-Welt vermittelt. Das (journalistische) Reden ist ein symbolvermittelter Kommunikationsvorgang, ein sprachlich verfaßtes und kommunikatives Handeln durch Texte, dem anthropologisch die Symbolisierungsfähigkeit vorausgeht. Diese Fähigkeit ist die Grundlage aller Kommunikation und somit alles dessen, was den Menschen im Unterschied zum Tier als ein der Rationalität fähiges Wesen bestimmt.

Symbole enthalten Sinn. Als ein System arbiträrer Zeichen enthalten sie ein Sinnpotential für die Kommunikation, und es bedarf der kommunikativen Kompetenz des Menschen, diesen in Texten konstituierten Sinn, der durch Texte kommuniziert wird, in Form von Texten rezipieren zu können. Ohne diese Kompetenz wäre der Mensch nicht Mensch, die Person nicht Person. Nur durch die Sprache, durch die Reziprozität seines Sprachvermögens, das sich in der Kommunikation mit anderen ausbildet, erwirbt der Mensch reflexiv seine eigene Identität und somit die Fähigkeit zur Selbstbestimmung, die wir gemeinhin als Freiheit bezeichnen und woraus sich die Möglichkeit ergibt, sich entscheiden und sittlich handeln zu können.[133] So stellt sich die Sprache auch in den Massenmedien als »Träger von Sittlichkeit« vor. Die kommunikative Kompetenz des Menschen wird zur Grundlage seiner Fähigkeit zur Freiheit und Sittlichkeit. Solchermaßen wird das Sprachphänomen mit dem darin enthaltenen Verständigungswillen und der daraus fließenden Grundstruktur des Zwischen- und Mitmenschlichen zur Einlaßstelle für die ethische Reflexion im Journalismus.

Die These, daß sich in der sprachlichen Kommunikation die mit anderen erworbene Fähigkeit zur Freiheit und somit zur sittlichen Selbstbestimmung verwirklicht, hat Ferdinand de Saussure mit seiner Unterscheidung zwischen Sprachvermögen (language), Sprachsystem (langue) und mündlicher oder schriftlicher Rede (parole) berücksichtigt.[134] Im Sprachvermögen begründet sich die »conditio humana« mit ihrer Freiheitsfähigkeit und Sittlichkeit, die im historischen und sozialen Horizont des jeweiligen Sprachsystems ausgeprägt und dann in der Rede als Kommunikations- und Verständigungsvorgang konkretisiert wird.

Eine besondere Schwierigkeit liegt darin, die menschliche Sprache beherrschen zu können und dann etwas über die durch sie vermittelte Botschaft aussagen zu sollen. Die durch die Sprache erfolgten Setzungen sind immer schon mehr, als die Rede enthält. Die Sprache erschöpft sich nicht in der Mitteilung. Das Verständigungsproblem im Kommunikationsgeschehen ist nicht identisch mit dem Sprachproblem. »Wir sind wie eingesponnen in Kommunikation und sind doch – oder gerade deshalb – fast unfähig, über Kommunikation zu kommunizieren.«[135] Die Kommunikation über Kommunikation ist es, die Watzlawik als Metakommunikation kennzeichnet. Die griechische Präposition »Meta« bedeutet das Hinter und Nach, aber zugleich ist damit auch ein Vor und Über gemeint. Meta-Physik wird mit der Neuzeit eine Wissenschaft von den Voraussetzungen der Erfahrung des Wirklichen. Nach Descartes liefert sie »die ersten Prinzipien« der Erkenntnis. Im Sprachproblem bündeln sich die metakommunikativen Fragen und lösen sich gleichzeitig darin auf. Metakommunikation wird zur Lehre von dem, was vor der Kommunikation liegt, was vor aller Massen-Kommunikation liegt, und solche Erkenntnisse von ihr nicht fernzuhalten, sind wir dem menschlichen Dasein in seinem Angewiesensein auf kommunikatives Handeln schuldig.

Der Königsbote aus Kafkas Erzählung »Kaiserliche Botschaft« dient als anschauliches Beispiel für das Vermittlungsproblem, wie ein von der Sprache gebildeter »Weg« der Kommunikation sich im Labyrinthischen verlieren kann. Das praktische Tätigsein des Menschen im Vollzug seiner Weltlichkeit steht immer schon im Zeichen eines Sinnanspruchs; aristotelisch: die Menschen streben nach Glück. Im kommunikativen Zusammenhang können wir diese Sinn- und Zweckgerichtetheit variieren: sie streben nach Verständigung, aber in diesem unermüdlichen Begehren verfangen sie sich in den Widrigkeiten der vielschichtigen, vieldeutigen Kommunikationsprozesse. Kafka gebraucht das alptraumhafte Bild, wie sich der Empfänger der Botschaft in dem Gewirr immer neuer Höfe, Treppen und Paläste verfängt – »... niemals wird er sie überwinden; und gelänge ihm dies, nichts wäre gewonnen; die Höfe wären zu durchmessen; und nach den Höfen der zweite umschließende Palast; und wieder Treppen und Höfe; und wieder ein Palast; und so weiter durch Jahrtausende.«[136] Die Sprach- und Kommunikationsbarrieren, die im Wege stehen, sind mannigfacher Art. Wenn die Kommunikation gelingen soll, müssen wir schon den ganzen Horizont von Grund und Abgrund aufreißen, der im Verständigungswillen gelegen ist.

Die Sache, die Kommunikation heißt, fällt mit der Menschheitsgeschichte zusammen, und deren »Politik« war schon auf der Agora, dem Forum der griechischen Polis, aktuell. Die Wirklichkeiten, die ins Bild treten, wenn wir »Kommunikation« sagen, lassen die unauslotbare Hintergründigkeit der Geschichte und menschlichen Existenz erkennen, worin die Einheit der Welt zum Vorschein kommt. In den Erfahrungs- und Verstehensvorgängen reflektiert das Selbstbewußtsein die Welt als Ganzes in je eigener Weise. Jede »Monade« und ganz besonders jeder Mensch ist nach Leibniz »wie eine ganze Welt und wie ein Spiegel Gottes oder besser des ganzen Universums, welches sie ausdrückt, jede auf ihre Art, ungefähr so, wie ein und dieselbe Stadt verschiedenartig dargestellt ist, entsprechend den verschiedenen Standpunkten dessen, der sie betrachtet«.[137] Der primäre Weltbezug wird in der Sprache als Grundform der sozialen Kommunikation deutlich. Ein am Sprachphänomen orientiertes Denken überwindet die Eindimensionalität des auch häufig auf den Journalismus übertragenen Kommunikationsmodells, das »Signale« für die Wirklichkeit und »Prozesse« für das Ethos hält.

Mit dem Weltbezug wird die Du-Beziehung hergestellt. Sprache ist öffentlich. Die Worte, die ich spreche, »gehören« nicht mir. Wer spricht, »will gesellschaftliche Wirklichkeit. Indem er redet, sucht er jene Öffentlichkeit, die durch das sprachliche Mit- und Zueinander, durch Kommunikation, gebildet wird.«[138] Dieser sprachlich bedingte, responsorische Öffentlichkeitsbezug, wie Eugen Biser ihn charakterisiert, ist für eine kommunikationstheoretische Erhellung des Journalismus und eine Grundlegung seiner Sittlichkeit ein wichtiger Gesichtspunkt, als »immer neu sich ereignende Überschreitung der Individualität in diese Öffentlichkeit, der worthaft vollzogene Auszug des einzelnen in die ihm korrespondierende Mitmenschlichkeit«.[139]

Martin Buber: Im Anfang die Beziehung

Zeitung und Zeitgespräch werden in der alten »Zeitungswissenschaft« in eine besondere Nähe gerückt und als eine »Mit-Teilung zur Zeit« apostrophiert.[140] Das Gesprächsmodell wird als strukturelles Moment in die Massenpublizistik eingeführt und eine Dialogsituation beschrieben. Das kommunikative Texthandeln ist zwar im Journalismus auch immer noch auf ein sprachliches Vermittlungsgeschehen angewiesen, aber es wird anders als in der personalen Kommunikation über die technischen Medien hergestellt. Hat die Kommunikation damit als eine massenmediale den Charakter eines dialogisch-kommunikativen Akts eingebüßt?

Nach Martin Buber konstituiert sich der echte Dialog aus der »Authentizität des Seins« zwischen »Partnern, die sich einander in Wahrheit zugewandt haben, sich rückhaltslos äußern und vom Scheinenwollen frei sind... Das Wort ersteht Mal um Mal substantiell zwischen den Menschen, die von der Dynamik eines elementaren Mitsammenseins in ihrer Tiefe ergriffen und erschlossen werden«. Könnte eine solche Erfahrung und Wirkung durch eine Zeitungslektüre oder beim Betrachten einer Fernsehsendung hervorgerufen werden? Buber hat sich diese Frage nicht gestellt. Er kennt dreierlei Dialog, den echten, den technischen und einen nur »dialogisch verkleideten Dialog«. Wozu müßte man die Massenkommunikation zählen? Den technischen Dialog sieht Buber von der Notdurft der sachlichen Verständigung eingegeben. Er gehört zum unveräußerlichen Kerngut der modernen Existenz, »wiewohl sich hier immer noch in allerlei Schlupfwinkeln die wirkliche Zwiesprache verbirgt«.[141] Buber nennt die moderne Massenkommunikation nicht ausdrücklich. Die Technizität ihrer Allgegenwart hatte noch nicht die heutigen Ausmaße angenommen, aber die Bedingtheit der Menschen von den soziologischen Verhältnissen stand ihm bereits vor Augen: »Nicht nur die absolute Masse der sozialen Objektiva wächst, auch ihre relative Macht«, und solchem Mitbedingtsein des einzelnen setzt er ein Dennoch gegenüber. In »all der Vervielfältigung und Verflochtenheit« ist der einzelne Adam geblieben.[142] Das heißt, die entscheidende Einsicht zum dialogischen Prinzip geht von der Prämisse aus: »Im Anfang war die Beziehung.« Dabei übersieht Buber nicht die Unausweichlichkeit, »daß jedes Du in unserer Welt zum Es werden muß« und daß »die Es-Menschheit, die einer imaginiert, postuliert und propagiert«, mit einer leibhaftigen Menschheit, zu der ein Mensch wahrhaft Du spricht, nichts gemein hat. »Die edelste Fiktion ist ein Fetisch.«[143] Buber übersieht auch nicht, daß heute das weitaus meiste von allem, was sich unter Menschen Gespräch nennt, richtiger und in einem genauen Sinne als Gerede bezeichnet werden sollte.[144]

Reduziert sich also die dialogisch-kommunikative Substanz auf dem Wege vom unmittelbaren Dialog zur Massenübertragung und durch den Fortfall der für diese Situation grundlegenden Merkmale der Gleichzeitigkeit, der Wechselseitigkeit und Gemeinsamkeit auf ein Niveau, das die Kommunikation zur »Emission« eines Geredes denaturieren läßt? Die Frage wäre dann, ob Massenkommunikationsmittel lediglich Instrumente der Emission sind und eigentlich verhindern, was sie herzustellen suchen: Kommunikation.[145] Die Frage ist kaum eindeutig zu beantworten; dazu ist die Medienlandschaft viel zu unterschiedlich angelegt. Zumindest die Sprachlichkeit ist auch massenmedial vorhanden. Die Texte, die geschrieben oder gesprochen werden, die Bilder, die auf dem Bildschirm erscheinen, sind und bleiben symbolvermittelte Kommunikationsvorgänge, wie »verdünnt« deren Botschaft die Empfänger auch erreicht. Die personale Kommunikationsform wird als Idealtypus sicherlich von der durch die Massenmedien hergestellten Form zu unterscheiden sein, aber »die Erzeugung von Sinn auf der Basis eines Textbildungsrepertoires« erfolgt durchaus. Wenn nach der Theorie der Sprechakte niemals nur etwas gesagt (lokutionärer oder propositionaler Akt), sondern immer zugleich dialogisch-kommunikativ gehandelt (illokutionärer Akt) und dadurch beim Rezipienten etwas bewirkt wird (perlokutionärer Akt), dann richtet sich unser Interesse unter dem Blickwinkel der Massenkommunikation vor allem auf die illokutionäre Kompetenz.[146] Man kann sich eine Entwicklung vorstellen, in der die Struktur menschlichen Verstehens und Verhaltens noch viel stärker als bisher durch die massenkommunikative Auseinandersetzung mit Umwelt und Mitwelt vorgeprägt wird und die personalen Formen der unmittelbaren Dialogsituation fast einen Ausnahmecharakter annehmen. Allerdings wird die Reziprozität in der Massenkommunikation, unter deren Mangel das gegenwärtige System noch beträchtlich leidet, mit den neuen Technologien in größerem Ausmaß als bisher machbar; diese Entwicklungen lassen sich noch nicht überschauen. Der Tendenz nach verlagern sich die dialogisch-kommunikativen Handlungsmuster zunehmend in die Technizität von Medien, die unserer Generation ein gewandeltes Verständnis von Wirklichkeit, von Tatsachen, Ereignissen und Bedeutungen, von Sein und Zeit in ihrer geschichtlichen Ausprägung gebracht haben.

»Uns geht es um die Voraussetzungen des Zwischenmenschlichen«, schreibt Buber. »Der Mensch ist nicht in seiner Isolierung, sondern in der Vollständigkeit der Beziehung zwischen dem einen und dem andern anthropologisch existent: erst die Wechselwirkung ermöglicht, das Menschentum zulänglich zu erfassen.«[147] Daß einer auf den andern »erschließend einwirke«, muß zum »Bestande des Zwischenmenschlichen« nicht mehr vorausgesetzt werden, wohl aber, daß sich in die Beziehung nicht »der Schein verderblich einmische« und daß keiner der Partner sich dem andern auferlegen wolle. Das sind auch Grundbestandteile einer publizistisch-journalistischen Ethik, wobei es darauf ankommt, inwieweit sie in ihrer Sittlichkeit »die Vollständigkeit der Beziehung« voraussetzen kann.

Kommunikative Texte im Wahrheitsaustausch

Unsere Weltkonstitution vollzieht sich sprachlich. Wenn das so ist, wird unsere durch die Wissenschaft begründete Kultur des Industriezeitalters und der Massenkommunikation in das wirkungsgeschichtliche Bewußtsein aufgenommen und sich dadurch auch auf die Sprache und ihre Sprachkreise auswirken. »Sprache«, sagt Gadamer sehr anschaulich, »ist nicht ein System von Signalen, die man, wenn man in das Büro oder in die Sendestation tritt, mit Hilfe einer Tastatur losläßt.« Das sei kein Sprechen, denn es habe nicht die Unendlichkeit des sprachbildnerischen und welterfahrenden Tuns als die Weise der menschlichen Welterfahrung überhaupt. Gadamer nennt sie hermeneutisch. »Denn der so beschriebene Vorgang wiederholt sich ständig ins Vertraute hinein. Es ist stets eine sich schon auslegende, schon in ihren Bezügen zusammengeordnete Welt, in die Erfahrung eintritt als etwas Neues, das umstößt, was unsere Erwartungen geleitet hatte, und das sich im Umstoßen selber neu einordnet. Nicht das Mißverständnis und nicht die Fremdheit ist das Erste, so daß die Vermeidung des Mißverstandes die eindeutige Aufgabe wäre, sondern umgekehrt ermöglicht erst das Getragensein durch das Vertraute und das Einverständnis das Hinausgehen in das Fremde, das Aufnehmen aus dem Fremden und damit die Erweiterung und Bereicherung unserer eigenen Welterfahrung.«[148]

Ein Sprechen, das etwas zu sagen hat und Worte findet, die den anderen erreichen, ist auch »aus dem Fremden« der Massenkommunikation möglich, und die Teleologie, die im sprachgebundenen Verstehen enthalten ist, wirkt auch durch sie hindurch. Auf allen Ebenen behalten die kommunikativen Texte ihre Instruktionsfunktion. Inwieweit es zur Anrede kommt und aus ihr heraus zur Antwort, inwieweit die Massenkommunikation nicht nur aus der Freiheit entspringt, sondern sie auch fördert und verantwortlich praktiziert, ist die entscheidende Anfrage, die sich an die Sittlichkeit des Journalismus richtet. Das Wort und die Sache fließen zusammen; das Ganze von sprachlichem Verstehen und Sinn in der Massenkommunikation macht deren Vernunft aus und zwingt die Kommunikation immer wieder in die Nähe solcher Vernünftigkeit, die moralischer Natur ist und deshalb auch in den Leerlauf und die Scheinwelt abgleiten kann, wo Un-Sinn oder bloßes Gerede sich ausbreiten. Deshalb kann in jeder Kommunikation im Zwischenmenschlichen nicht auf das Wahrheitsethos verzichtet werden; es ist der Garant des Gelingens. »Communis« heißt gemeinsam. Das »bonum commune«, das gemeine Beste in einem politischen Gemeinwesen liegt in der »communio« des Wahrheitsaustausches, den die Kommunikation für die Gemeinschaft stiftet. Deshalb kann die katholische Kirche die Kommunikationsmedien theologisch in die Nähe der Mittlerschaft des Gottessohnes rücken: »Während seines Erdenwandels erwies sich Christus als Meister der Kommunikation.« Er habe ihnen »aus dem Herzen gesprochen, ganz in ihrer Mitte stehend«. In der Art und Weise des Denkens und Redens habe er sich ihnen angeglichen, da er aus ihrer Situation heraus sprach: »Tatsächlich ist Kommunikation mehr als nur Äußerung von Gedanken oder Ausdruck von Gefühlen; im Tiefsten ist sie Mitteilung seiner selbst in Liebe.«[149]

Etymologisch bringt das englische »common« die Wortbedeutungen von allgemein, gemeinschaftlich und öffentlich. Ebenso kann mit »common« aber auch etwas Heruntergekommenes wie gemein, niedrig und gewöhnlich ausgesagt sein. Die Kommunikation kann mißlingen. Die Erzeugnisse der Massenkommunikation entgleiten dem Menschen und seiner Verantwortung. Er geht als »Material« in sie ein. Die Multivalenz und Moralität der kommunikativen Situationen ist immer vor- und mitgegeben. Nach allem, was wir über die tendenzielle Offenheit der Kommunikation und ihre Verflechtung mit Menschlichem (und Allzumenschlichem) wissen, könnte man eher die Eindeutigkeit von Kommunikationen als deren Mehrdeutigkeit für erklärungsbedürftig halten.[150] Um jeglichen Zweifel an der universellen Ambiguität der Kommunikation zwischen Menschen zu zerstreuen, zieht Erhard Schreiber Zeugnisse aus Literatur und Philosophie heran. An Camus sei zu erinnern, an seine Entdeckung der »murs absurdes« zwischen den kommunizierenden Partnern oder an Marcel Proust, der es zwar nicht für unmöglich hielt, daß sich im anderen eine Wahrheit gleicher Ordnung bilden kann, aber das braucht doch viel Zeit. Es sei das Unwahrscheinlichste, daß eine bestimmte Erfahrung einer bestimmten Person in derselben Art von einer anderen wiederholt werde. Schreiber spricht vom intransigenten Faktum des Individuell-Kommunikativen und sieht auch in der Freudschen Traumdeutung die Stichhaltigkeit des Ambivalenz-Theorems bestätigt.[151]

10. Alle Existenz drängt zur Mitteilung

Nur Nachrichten oder Die Welt im ganzen

Zu den Grundeinsichten der Menschheit gehört es, daß wir nur in Gemeinschaft mit anderen zum Dasein gelangen und daß wir diese Gemeinschaft als unseren Existenzursprung im Medium der Selbstwerdung immer neu erfahren. Wenn wir anstelle des Gemeinschaftsbegriffs den modernen Kommunikationsbegriff verwenden, sind wir auf derselben Spur und begeben uns in den Bannkreis einer Denk- und Lebenswelt, die in der Kommunikation entspringt, die sich in ihr verwirklicht und über sie vergewissert. Ob wir nun beispielsweise mit dem Soziologen Niklas Luhmann die »Moral als eine Struktur sozialer Systeme« zu begreifen suchen[152] oder mit dem Philosophen Karl Jaspers eine untrennbare Verbindung von Kommunikation und Seinsfrage voraussetzen, derzufolge die menschliche Existenz im Ansatz kommunikativ und somit auf den anderen verwiesen ist,[153] stets machen wir das Kommunikationsphänomen zum Schlüsselbegriff und Erklärungsgrund. Der Grundwille zur Kommunikation wird (anthropologisch und ontologisch) vorausgesetzt, bei dem empirischen Sozialforscher Luhmann nicht weniger als bei dem Philosophen Jaspers, mögen sie im Denken auch weit auseinander liegen.

Niklas Luhmann: Kommunikation, Moral, Sozialtechnologie

Luhmann geht davon aus, »daß soziale Systeme entstehen, wenn immer Personen zueinander in Beziehung treten«. Von anthropologischen Denkvoraussetzungen sei abzusehen, meint Luhmann, um dann allerdings im Anschluß an G. H. Mead die Termini Ego und Alter einzuführen und sie als personale Beziehungsgrößen zu charakterisieren, die kommunizieren und dadurch ein soziales System bilden. Dabei wird merkwürdigerweise eben jener Grundwille zur Kommunikation, der allem vorausgeht und alles ins Werk setzt, in den Empirismus der analytischen Systemtheorie nicht aufgenommen; er ist einfach da.[154]

Das System- und Prozeßhafte der Kommunikationsvorgänge in der zwischenmenschlichen Interaktion wird bei Luhmann in einer hochabstrakten Terminologie für das Ganze gesetzt. Phänomene wie Gesellschaft, Gewissen oder Moral werden auf ihre Kommunikationsaspekte reduziert. Luhmann sieht die Gesellschaft als »das soziale System aller kommunikativ erreichbaren Erlebnisse und Handlungen; als System also, das aus allen kommunizierten Erlebnissen und Handlungen besteht«.[155] Unter Abstraktion von allen spezifischen Funktionen müsse der Gesellschaftsbegriff »auf sein letztes nicht wegdenkbares Moment zurückgeführt und von daher neu entwickelt werden: auf Kommunikation«.[156] Mit dem Gewissensphänomen verfährt er ähnlich. Er sieht es im Bereich derjenigen Strukturen und Prozesse angesiedelt, die zur Selbstidentifikation der Persönlichkeit beitragen. Alle Inhalte und damit all das, was man früher natürliche Sittlichkeit nannte, könne offen gelassen werden; mit anderen Worten: es findet keinen Eingang in die Analyse. Die Selbstidentifikation definiert Luhmann als »eine Integration aus Ego- und Alterfunktionen in Interaktionskontexten«, und das Gewissen ist ihm begreiflich als »jene normative Selbstbestimmung der Persönlichkeit, die diese gegenüber einem Überschuß an organischen und psychisch möglichen Verhaltenspotentialen als Steuerungssystem konstituiert«.[157] Auch für die Moral hält Luhmann eine systemtheoretische Definition bereit, und es gibt überhaupt kaum etwas, was nicht ins Systemgehäuse zu passen scheint. Moral ist in dieser Sichtweise »eine Modalisierung zwischenmenschlicher Kommunikation«. Sie entsteht bei »Interesse an wechselseitiger Achtung«, woraus eine »Theorie der Moral als Metakommunikation von Achtungsinteressen« näherhin begründet wird.[158] Das Moment sittlicher Achtung taucht recht unvermittelt auf. Ähnlich wie beim Schuldkonzept, demgegenüber Luhmann im kulturhistorischen Rückblick die Vermutung äußert, es sei »erfunden«, um »Probleme der Zeitdimension zu lösen, die die Expansion des Zeithorizontes spätarchaischer Gesellschaften mit sich gebracht hatte«,[159] dürfte dann wohl auch die Kategorie der zwischenmenschlichen Achtung eine »Erfindung« sein, um in der Luhmannschen Systemwelt die »soziale Konstitution einer normativen Selbststeuerung durch Gewissen« und Moral zu bewerkstelligen.

Lassen wir Luhmann ausführlicher zu Wort kommen: »Die Gesamtheit der faktisch praktizierten Bedingungen wechselseitiger Achtung oder Mißachtung macht die Moral einer Gesellschaft aus. Die Moral besteht somit nicht aus den Achtungen oder Achtungserweisen als solchen; sie läßt sich also auch nicht nach Art eines Bruttosozialprodukts durch Vermehrung der Achtung vermehren. Sie bezieht sich aber auf Achtung (und nur auf Achtung), sie entsteht mit impliziter oder expliziter Kommunikation über Achtung, und zwar dadurch, daß solche Kommunikation nur möglich ist, wenn Ego und Alter einander den Achtungserwerb freistellen und dafür geltende Bedingungen signalisieren, und dies wiederum: implizit oder explizit, subtil oder drastisch, situativ-konkret und einmalig oder abstrakt-normierend, und mit oder ohne Bezug auf Meinungen anderer. Es sind also letztlich kommunikative (und damit sozialsystemspezifische) Erfordernisse, die zur Differenzierung von Achtung und Achtungsbedingungen führen und die damit den Anstoß geben zur Absonderung und Sedimentierung besonderer Moralvorstellungen.«[160]

Schließlich wird auch die Willensfreiheit und »das moralisch idealisierte Freiheitsinteresse« auf denselben Nenner gebracht, wenn Luhmann zwar voraussetzt, daß Achtung nur in dem Maße entwickelt werden kann, als Freiheit gegeben ist, aber: »Freiheit ist dabei zunächst nichts anderes als eine euphemistische Bezeichnung für die Kontingenz des Handelns... Mit anderen Worten: Freiheit ist kein Merkmal des Verhaltens selbst und erst recht nicht eine natürliche Eigenschaft des Menschen. Sie ist ein Effekt der Kommunikation von Erwartungen, Normierungen und Voraussagen, entsteht und vergeht also mit Kommunikation. Das gilt schon für einfache Kontingenz des Handelns, und das gilt erst recht für das Problem prinzipieller Unvoraussagbarkeit menschlichen Verhaltens: Die Kenntnis der Theorie, die es voraussagt, befreit zugleich von der Bindung an sie. Ob man sie dann faktisch befolgt oder nicht, ist eine Frage der Motivation.«[161]

Was an dieser Aussage noch »empirisch« sein soll, läßt sich nicht mehr ausmachen. Die Aussage ist spekulativ, sie kreist im System der Systemtheorie. Effekt der Kommunikation wird das ganze menschliche Dasein, wenn »Freiheit als Kontingenzformel für Moral« interpretiert wird. Luhmann, der vom Zusammenbruch der »natürlichen Moral« ausgeht, sucht nach einer Evolutionsformel für eine neue Moralkonstitution und glaubt sie in der Systemfunktionalität, die er als Systemrationalität postuliert, begründen zu können. Dabei wird ein ganz bestimmtes Menschenbild vorausgesetzt. »Als Anthropologicum gesehen«, schreibt Luhmann, »ist und bleibt der Mensch ein aus verschiedenartigen, physischen, organischen und sinnhaft konstruierten Prozessen zusammengesetztes Gebilde, also ein Agglomerat von Systemen, das unter näher erforschbaren Bedingungen der Kompatibilität lebt.«[162] Ein solches Menschenbild läßt sich zwar denken und konstruieren, aber ob und wie sich damit leben läßt, ist eine andere Frage, die wir dort, wo es um konkrete Sollensvorstellungen unseres Lebens geht, nicht unbeantwortet lassen können.

Luhmann macht das Umfassende eines Gesellschaftsbegriffs deutlich, der an den Kommunikationsvorgängen »festgemacht« wird. Luhmanns Verdienst ist es, daß er unseren Blick auf Prozesse der kommunizierten Moral lenkt und ihn dafür schärft. Aus diesem Grund fühlt sich auch die Kommunikationswissenschaft, soweit sie sich empirisch-analytisch versteht, in dem systemtheoretischen Denkmilieu heimisch und sucht sie eine Ethiktheorie zu entwickeln, die sich als funktional-systemrationale Theorie versteht. Manfred Rühl und Ulrich Saxer haben sie ausgearbeitet, wie wir schon zeigten. Diese beiden Autoren verzichten auf die traditionellen Ethikbegründungen und wollen, wie sie sagen, von dem

Phantom »ganzer Mensch« Abschied nehmen. Das sittliche Leben der Menschen im alltäglich Elementaren, in der Güte, der Freundlichkeit und einfachen Mitmenschlichkeit, in selbstverständlicher Pflichterfüllung, im gegenseitigen Verstehen und Verstandenwerden soll diesem Abschiednehmen sicherlich nicht geopfert werden. Das »Phantom ›ganzer Mensch‹« ist alles andere als ein Phantom, eine gespenstische Erscheinung, ein Trugbild. Warum geht die Wissenschaft am Leben vorbei? Die Verstiegenheiten führen am Ende doch wieder zu demselben Ausgang, durch den man in das funktionalistische Wissenschaftsgebäude eingetreten ist, wenn Rühl und Saxer »normatives Erleben von Mitmenschlichkeit« ins Zentrum ihrer Kommunikationsethik rücken: »Journalistische Ethik und Medienethik lassen sich sozial vielseitig als Bedingungen mitmenschlicher Achtung formulieren, standardisieren, aufzeichnen und kodifizieren.«[163] Diesem Satz ist beizupflichten. Es bleibt die Frage, wie die Autoren die Bedingungen mitmenschlicher Achtung mit der Systemrationalität vereinbaren wollen.

Das Achtungsphänomen ist nichtrational, wie Menschenwürde, Freiheit oder Verantwortung. Die Autoren umschreiben solche Phänomene mit dem Beziehungsfeld »Ego, Alter und alter Ego«, um damit einsichtig zu machen, »daß mit einer funktional-systemrationalen Theoriebildung der Bezug des Denkens auf den Menschen nicht verlorengeht. Im Gegenteil: Sie konzipiert Menschen komplex und damit wahrscheinlich ›wirklicher‹«. Eine systemrationale Begründung der Ethik wird damit nicht geliefert, sondern die Achtung, die journalistische Ethikbildung ermöglicht und begründet, wird zum moralischen Indikator schlechthin erklärt.[164] Anders geht es nicht; diese Setzung ist unumgänglich. Am Ende greifen die Autoren auf Begriffe wie »Komplexität« oder »Achtung« zurück, wobei ersterer nichtssagend und allenfalls respektheischend ist, während das spezifisch moralische Gefühl der Achtung, das etwa Kant in der Suche nach der vernünftigen Allgemeinheit des sittlichen Wollens als eine Wirkung praktischer Vernunft auf das Gefühl interpretiert, zu den Begriffen der klassischen Ethiktheorie zählt. Strenggenommen empfehlen Rühl und Saxer für den Journalismus eine neue Pflichtethik. Sie plädieren für das Gefühl der mitmenschlichen Achtung im Journalismus und nennen das Ganze eine systemrationale Theorie, die auf Anthropologie, auf eine philosophische Ontologie oder gar Metaphysik verzichten zu können glaubt. Mindestens bleibt sie jedoch auf die von Hegel bezeichnete »Gemeinschaft der Vernünftigkeit« angewiesen, und sie kommt schließlich nicht umhin, sich mit philosophischen Problemen zu belasten, die der Tradition nicht fremd sind.

Der Mensch ist keine auf das System hin orientierte und festgelegte Größe, die sich in Funktionsleistungen erschöpfend darstellen läßt. Wer die funktionalistische Theorie dermaßen universalisiert, wie es Luhmann tut, dringt zu den

Ethikproblemen des Alltagslebens überhaupt nicht vor, sondern entwickelt eine Sozialtechnologie der Idealisierungen und Schematisierungen, woraus dann jede Praxis auf operationalistische Funktionalität uminterpretiert wird. Das alle Teilsysteme übergreifende Gesamtsystem wird als absoluter Regler angesetzt. »Achtung«, meint Luhmann, »ist also keine Eigenschaft, sondern eine Zuteilung. Sie wird jeweils in sozialen Systemen erworben oder entzogen, gesteigert oder gemindert und hat daher zunächst nur systemrelative Relevanz.« Und weiter unten verdeutlicht er: »Moral ist also ein Codierprozeß mit der spezifischen Funktion, über Achtungsbedingungen Achtungskommunikation und damit ein laufendes Abgleichen von Ego/Alter-Synthesen zu steuern.«[165] Betonend fügt er hinzu, es handle sich nicht um einen kategorischen Imperativ, nicht um ein Gesetz, wie dies zu geschehen habe, sondern »um das damit intendierte Problem«. Hier schafft sich die Wissenschaft »ihre« Welt, in der man sich für moralische Geltungen nur als »Kontingenzregelungen« interessiert, in der Freiheit oder Gewissen keine eigenständigen Werte darstellen. Wahrheit ist dann eine »Art ›endogener Reizquelle‹ des Wissenschaftssystems, die das System für Änderungen seiner fungierenden Strukturen sensibilisiert«.[166]

Hier schafft sich auch die Systemtheorie »ihren« Journalismus und »ihre« funktional-systemrationale Ethiktheorie. Die Abhängigkeit des Menschen vom journalistischen System ist beträchtlich, aber mindestens ebenso abhängig ist das System vom Menschen als den Variablen im Interaktionsprozeß der Systeme. In den modernen Kommunikationsmedien sieht Luhmann primär einen Selektionsmechanismus am Werk: »Wir haben es nie mit der Welt im ganzen zu tun, sondern mit Nachrichten.« Die Welt wird in den Nachrichten nur als Kontingenz aktuell, und zwar dreifach: als Bewußtsein, daß die übermittelten Ereignisse gar nicht hätten passieren müssen; als Bewußtsein, daß sie gar nicht hätten mitgeteilt werden müssen; und als Bewußtsein, daß man gar nicht hinhören braucht und es gelegentlich, zum Beispiel in den Ferien, auch nicht tut.[167] Kommunikation ist eine Erfahrung, die Kontingenz impliziert. Wir könnten auch von Dialektik sprechen, weil der Mensch immer zugleich Subjekt und Objekt ist. Er steht sich selbst im Wege, wo es um die Konstruktion von Wirklichkeit mittels der Medien geht und die Frage aufkommt, wie diese über eine Massenkommunikation hergestellte Realität auf den Menschen »wirkt«. Der Mensch ist dauernd in die Vorgänge von Wählen und Entscheiden verwickelt. Die Fakten werden nicht nur in ihrer nackten Faktizität vermittelt, sondern Freiheit »verwirklicht« sich, und die Antwort aus der Verantwortung für die so geschaffenen Wirklichkeiten ist unausweichlich. An der Moralität solcher Freiheit und Verantwortung muß sich die Qualität der Massenkommunikation bewähren. Daß wir es »nie mit der Welt im ganzen zu tun« hätten, ist richtig wie es ebenso falsch ist, daß folglich die Welt in den Nachrichten nur als Kontingenz aktuell sei. Die Frage nach der Möglichkeit verweist aber auch immer auf die Frage nach der Wirklichkeit. Die erbärmlichste Nachricht und die beste aller möglichen Welten sind in diese Freiheitsdialektik verstrickt, solange wir es mit Menschen und nicht mit vorprogrammierten Computern zu tun haben, die nach »Kontingenzregulierungen« ablaufen.

Karl Jaspers: Grundwille zur Kommunikation

Die Freiheit des Kommunizierens geht aller zwischenmenschlichen Kommunikation voraus und konstituiert die Sittlichkeit jenes Grundwillens zur Kommunikation, den Luhmann systemtheoretisch verarbeitet, während Karl Jaspers ihn philosophisch über die menschliche Existenz an den Kommunikationsbegriff anbindet. Jaspers trennt den Typ der Daseinskommunikation, die sich täglich im Leben mit den anderen vollzieht, von jener Kommunikation, die »empirisch nicht vorhanden« ist. Er kennzeichnet sie als eine philosophische Grundhaltung. Für ihn ist »das Menschsein an die Rückhaltlosigkeit der Kommunikation zwischen Menschen gebunden«.[168] Zwar liegt der Ursprung der Philosophie im Sichverwundern, im Zweifel oder in der Erfahrung von Grenzsituationen, aber zuletzt, dies alles in sich schließend, in dem Willen zur eigentlichen Kommunikation, »Kommunikation als den Grundanspruch an uns«. Das zeigt sich für Jaspers von Anfang an schon darin, daß alle Philosophie zur Mitteilung drängt, sich ausspricht, gehört werden möchte, daß ihr Wesen die Mitteilbarkeit selbst und diese unablösbar vom Wahrsein ist.[169] So hält Jaspers sein eigenes Philosophieren für wahr in dem Maße, als es Kommunikation fördert. »Der Mensch kann sich nicht über den Menschen stellen..., aber mit ihm finden, was er will und ist; er vermag mit dem Anderen solidarisch zu sein in dem, wovon Dasein beseelt sein muß, wenn es sich uns zum Sein wandelt.«[170] Kommunikation und Seinsfrage werden bei Jaspers miteinander verbunden und gipfeln im Begriff »kommunikativer Gewißheit«. Kommunikation bezeichnet einen Kernpunkt der Jasperschen Philosophie, und als solchen erkannte ihn bereits Heidegger, der Jaspers in einem Brief (1950) riet, seine Philosophie »rein aus der Grunderfahrung der Kommunikation darzustellen«.[171]

So erscheint die menschliche Existenz bei Jaspers vorgängig als ein Verhältnissein, dessen Grundmodus die Kommunikation ist. Alle Existenz ist im Ansatz kommunikativ, denn »ich bin nur in Kommunikation mit dem Anderen«.[172] Diese Unbedingtheit des Seins-zum-Anderen, das in der Kommunikation ein Medium der Selbstwerdung »in gegenseitiger Schöpfung«[173] erblickt, sieht Jaspers in der Trias »Existieren, Kommunizieren, Transzendieren« zum Ausdruck gebracht. Die Grundthese kehrt immer wieder, daß der einzelne Mensch für sich allein nicht Mensch werden kann, daß Selbstsein nur in Kommunikation mit anderem Selbstsein möglich ist und die Selbstverständigung der Existenz in der Kommunikation und damit in der Vernunft geschieht, weil Vernunft der »totale Kommunikationswille« ist. Jaspers spricht von dem unendlichen Prozeß der Kommunikation, die mit der Welt und dem Anderen nie endgültig fertig wird und ein Offenbarwerden des Verhältnisses zu anderer Existenz und zum anderen Sein bedeutet.

Mit der Philosophie drängt auch alle Existenz zur Mitteilung, und kaum irgendwo wird uns das heute stärker vor Augen geführt als in der Lebenswelt der modernen Massenkommunikation. Sie begegnet uns im Typ der alltäglichen Daseinskommunikation, wo Menschen in der Vielfalt ihrer Beziehungen miteinander leben und die Medien ihnen die Nachrichten, nach denen sie sich »richten« können, ins Haus bringen. Aber die Massenkommunikation wird durchaus auch im Horizont des Seins-zum-Anderen wirksam, als eine existentielle Kommunikation, die über den Informationsaustausch hinausgeht und die Fragen nach Wirklichkeit, Wahrheit und Sinn berührt. Die Ungesichertheit des Lebens wird herausgestellt. Die Suche nach dem Sein durchzieht alle »Nachrichten« immer aufs neue. Das Dasein in der Welt stellt täglich unlösbare Probleme. »Man steckt den Finger in die Erde, um zu riechen, in was für einem Land man ist«, schreibt Sören Kierkegaard, der erste Philosoph des existentialistischen Denkens. »Ich stecke den Finger ins Dasein – es riecht nach gar nichts. Wo bin ich? Was will das heißen: Welt? Wer hat mich in das Ganze hineingelockt und läßt mich nun da stehen? Wie wurde ich Interessent an der großen Unternehmung, die man Wirklichkeit nennt? Warum soll ich überhaupt Interessent sein? Ist das keine freie Sache?«[174]

Bei Niklas Luhmann begegnen wir einem Kommunikationsdenken, das ein immer nur vorläufiges Wissen der Wissenschaft thematisiert und nur Teilaspekte bringt, aber nie das Ganze der gegenständlichen Wirklichkeit erfaßt, insofern ich selbst um meine Subjektivität und Freiheitserfahrung weiß, aber dieses Ganze meines Daseins nicht objektivierbar ist. Somit hat die Freiheit in der Wissenschaft keinen Platz; sie wird im Bodenlosen von »Kontingenz« oder »Zuteilung« angesiedelt. Bei dem Philosophen Jaspers liegt ein völlig anderes Kommunikationsdenken vor, das den Zwiespalt zwischen Wissenschaft und Philosophie verdeutlicht. Wenn Jaspers darauf hinweist, alle Existenz sei kommunikativ verbunden als »Sein von Existenz zu Existenzen«, als »Bindung von Sein an Sein, das wir selbst sind«,[175] dann erinnern wir uns an H. G. Meads Differenzierungen von Ego, Alter und alter Ego. Das wissenschaftliche Urteil und die wissenschaftliche Weltorientierung geraten mit solchen Chiffren, die wirklichkeitsleer sind und idealisierte Interaktionsfaktoren darstellen, an die eigene Grenze und weisen damit gleichzeitig über sich selbst hinaus, wo die Fragen einer praktischen Ethik des Lebens und Zusammenlebens überhaupt erst Boden gewinnen können.

Jaspers setzt dem neuzeitlichen Reduktionismus die Frage gegenüber: »Kann der Mensch in der modernen Bodenlosigkeit wieder seinen Boden finden?«[176] Das wissenschaftliche Urteil Luhmanns geht am Verhältnischarakter der menschlichen Existenz vorbei und reduziert das Vermittlungsgeschehen auf seine Funktionalität; das ist nicht ausreichend. Das Vermittlungsgeschehen ereignet sich in geschichtlich-geistiger Konkretheit, ich bin mir dessen bewußt und kann es aus der Unbedingtheit meines Bewußtseins reflektieren. Diese Tatsachen lassen sich nicht in den Raum des Privaten und Persönlichen abdrängen, um sie dann für irrelevant zu erklären; das löst das Problem nicht. Es löst überhaupt nicht das Ethikproblem, vor das uns die moderne Massenkommunikation in ihrem Verhältnischarakter und als geschichtlich-geistiges Vermittlungsgeschehen stellt, solange wir es bei dem Systemcharakter des Ganzen belassen und die Funktionalität zur Rationalität hochstilisieren, ohne diese regelnde Vernunft zu vermenschlichen und rechenschaftspflichtig zu machen für ihre Handlungen.

Die kommunikative Verantwortbarkeit muß zum Thema gemacht werden mit allen Konsequenzen für den Journalismus, wie das Karl Jaspers für das politische Handeln in seinem Werk »Die Atombombe und die Zukunft des Menschen« gefordert hat. Das geschichtliche Geschehen ist kein Naturprozeß, sondern wird durch die Handlung einzelner Menschen bedingt: »Die Geschichte im ganzen geschieht doch durch Handlungen ungezählter Einzelner. Im Ursprung und am Anfang stehen Einzelne. Der Einzelne ist mitverantwortlich für das Ganze, durch alles, was er tut. Er ist in irgendeinem noch so geringen Maße mächtig. Denn er nimmt teil an dem Geschehen, handelnd in seinem Bereich oder nicht handelnd. Durch jede kleine Tat und Unterlassung schafft er mit an dem Boden, auf dem schließlich wieder Einzelne in Machtpositionen die für das Ganze entscheidenden Handlungen vollziehen. Was geschieht, geschieht durch Menschen.«[177]

Ähnlich wie Jaspers hat Franz Ronneberger in seiner Abschiedsvorlesung zum Thema »Das Syndrom der Unregierbarkeit und die Macht der Medien« ein Plädoyer für das Persönliche und die persönliche Moral gesprochen: »Die relative Unbestimmtheit und Unbestimmbarkeit der journalistischen Legitimität läßt sich nur ausgleichen und heilen durch den Rückgriff auf die Persönlichkeiten der Journalisten. Während sich das politisch-administrative System mit hohem Organisationsgrad und rechtsstaatlicher Verfassung dadurch auszeichnet, daß es weitgehend unabhängig von einzelnen Personen funktionieren muß und tatsächlich funktioniert, treten im Journalismus trotz ebenfalls hoher Organisiertheit immer wieder die Qualitäten der einzelnen Journalisten hervor. Damit ist nicht nur die fachliche Qualifikation gemeint, sondern durchaus auch die je persönliche Moral.«[178]

Diese Moral findet ihren tragenden Gedanken im Verantwortungsbegriff, auf den wir im letzten Teil unserer Überlegungen noch eingehen. Mit einer Theorie der journalistischen Verantwortung tun wir uns deshalb so schwer, weil heute alle Verantwortung im Grunde als Selbstverantwortung erscheint. Die Wurzeln des Begriffs liegen jedoch im Dialogisch-Personalen, wo Wort und Antwort miteinander korrespondieren. Eine Maschine kann nicht antworten; folglich verantwortet sie nichts. Als Person (lat. personare) ist der Mensch das Wesen des Hindurchtönens; Individualität und Sozialität bilden sich aus der Einheit der Dialogizität mit ihrem kommunikativen Grundwillen. Verantwortung, so läßt sich neuzeitlich definieren, ist möglichkeits- und freiheitsorientiert, dann tritt jenes rätselhafte Sollen hinzu, dessen Urheberschaft uns in der säkularen Dimension nicht mehr vorgegeben ist, schließlich ein Gegenüber, das Antwort gibt. Merkwürdig ist, wie der weltlich gewordene Verantwortungsbegriff immer noch die Erinnerung an die Transzendenz zum Schwingen bringt, ein Wort schuldig zu sein. Das größte Entsetzen des Menschen liegt darin, niemandem etwas schuldig zu sein.

11. Normen aus den Regeln der Argumentation begründen

Kommunikatives Handeln und Massenmedien

In zwei umfangreichen Bänden hat Jürgen Habermas eine »Theorie des kommunikativen Handelns« vorgelegt, »während der letzten vier Jahre geschrieben«, wie er im Vorwort erwähnt.[179] Habermas nennt eine dreifache Zielsetzung. Der Zugang zum Begriff der kommunikativen Rationalität soll erschlossen werden. Sodann wird ein Konzept der Gesellschaft gesucht, das die Paradigmen Lebenswelt und System verknüpft. Schließlich geht es ihm um eine Theorie der Moderne, »in welchem Sinne die Modernisierung von Gesellschaften als Rationalisierung beschrieben werden kann«.[180]

Jürgen Habermas: Vernunft ist Grundthema

An dieser Stelle ist keine systematische Auseinandersetzung mit Habermas vorgesehen. Vielmehr greifen wir punktuell einzelne Denkanstöße heraus, die uns mit Habermas die Begründungsproblematik einer kommunikativen Ethik ansprechen lassen, soweit sie für den Journalismus von Belang ist. Habermas fragt nach den Zugängen zur Rationalitätsproblematik. »Das philosophische Grundthema ist Vernunft«, meint er. »Wenn den philosophischen Lehren etwas gemeinsam ist, dann die Intention, das Sein oder die Einheit der Welt auf dem Wege einer Explikation der Erfahrungen der Vernunft im Umgang mit sich selbst zu denken.«[181] Heute seien uns durch den Fortschritt der empirischen Wissenschaften solche Lehren fragwürdig geworden und hätten sie ihren Totalitätsbezug eingebüßt. Dennoch will Habermas daran festhalten, »daß die Philosophie in ihren nachmetaphysischen, posthegelschen Strömungen auf den Konvergenzpunkt einer *Theorie der Rationalität* zustrebt.[182] Habermas rechtfertigt sich mehrfach, daß er »ohne Erröten« den Begriff der kommunikativen Vernunft einsetzt. Gleichzeitig wehrt er sich gegen den Verdacht, »in die Fallstricke eines fundamentalistischen Ansatzes zu geraten«.[183] Das Thema, das Habermas sich gestellt hat, ist eine formale Analyse jener Bedingungen, die der Rationalität des Erkennens, der sprachlichen Verständigung und des kommunikativen Handelns zugrunde liegen. Dabei erhält die Theorie der Argumentation eine besondere Bedeutung. Die Regeln des gemeinsamen Argumentierens im

Diskurs werden auf ihre Legitimationsgründe befragt. »Ontologische Hoffnungen« auf material gehaltvolle Theorien der Natur, der Geschichte, der Gesellschaft oder »transzendentalphilosophische Hoffnungen« auf eine apriorische Rekonstruktion des Bewußtseins überhaupt hat Habermas, wie er bekennt, aufgegeben.

Mit Inhalten geht Habermas folglich sehr vorsichtig um. Allerdings kann er dort, wo aufklärerische Protestpotentiale oder politische Emanzipationsinteressen zur Sprache gebracht werden, recht konkret werden und Stellung beziehen. In konkrete Anwendungsfälle der modernen Massenkommunikation begibt er sich nur gelegentlich und ganz am Rand, obwohl der Journalismus ja wie kaum eine andere Massenerscheinung unserer Zeit auf kommunikatives Handeln festgelegt und auf den Begriff kommunikativer Rationalität verwiesen wird. Theorie und Geist der Moderne verbinden sich gerade in der Massenkommunikation mit einem ganz bestimmten Gesellschaftskonzept. Eigentlich ist es verwunderlich, daß in den Kommunikationstheorien solcher Philosophen wie Habermas und anderer die Phänomene der modernen Massenkommunikation (noch) keine zentrale Rolle spielen, weil hier eine Praxis vorliegt, die sich den Theorien des kommunikativen Handelns geradezu aufdrängt. Der Grundwille zur Kommunikation steht über allem, wie wir das schon bei Luhmann, Buber und Jaspers herausfanden, und bei Habermas sieht er sich nun unter dem Gesichtspunkt der rationalen Argumentation zu einer Ethik formalisiert, die im Diskurs die verallgemeinerungsfähigen Interessen zu harmonisieren sucht, um eine sachliche Rechtfertigung von Normen zu ermöglichen.

Die Strukturen der Verständigung im Diskurs beschäftigen Habermas. Wie kommt es über den Diskurs und das rationalkommunikative Argumentationshandeln zum Prinzip der Sittlichkeit? Habermas ist von der Frankfurter Schule der Kritischen Theorie ausgegangen. In den sechziger Jahren übte er starken Einfluß auf den Neomarxismus aus. Am sogenannten Positivismusstreit in der deutschen Soziologie war er maßgeblich beteiligt und vertrat gegenüber der analytischen Theorie mit ihren Begriffen von System und Funktion einen kritischen Ansatz der Sozialtheorie, die dem Positivismus ein Sinnverstehen gegenüberstellt und das Wahrheitspostulat aufrechterhält.

In der modernen Gesellschaft, in der alle Normen grundsätzlich zur Diskussion stehen, fragt Habermas nach der Identität als einer Gemeinsamkeit von Überzeugungen. Er stützt sich auf entwicklungspsychologische Forschungen und sucht das moralische Bewußtsein in seinen Evolutionsstufen nachzuzeichnen bis in unsere Gegenwart hinein, die er in einem evolutionären Schritt auf eine neue Stufe der Moral verpflichtet, auf die Stufe der Selbstreflexion eines kommunikativen Ichs. »Die Selbstreflexion ist Anschauung und Emanzipation, Einsicht und Befreiung aus dogmatischer Abhängigkeit in einem. Der Dogmatismus, den die Vernunft gleichermaßen analytisch wie praktisch auflöst, ist falsches Bewußtsein: Irrtum und unfreie Existenz zumal. Nur das Ich, das sich in intellektueller Anschauung als das sich setzende Subjekt durchschaut, gewinnt Autonomie.«[184] Diese neue Stufe des moralischen Bewußtseins wird von Habermas als ein antizipatorisch konstruiertes Modell eingeführt. Er glaubt, daß erst mit einer politischen Universalmoral die kommunikative Ethik sich vollendet. Dann werde der »zwanglose Zwang des besseren Arguments« alle Reste von normativer Macht hinter sich lassen können, und der einzelne könne seine Vorstellungen vom guten Leben über den »Diskurs« in begründbarer Weise verwirklichen. Wie es zu dieser neuen Stufe reflexiver Humanität kommt, legt Habermas in seiner Theorie der kommunikativen Kompetenz dar. Gefragt wird nach den Voraussetzungen eines verständigungsorientierten Handelns, das ein Sprechhandeln ist mit dem Ziel, eine zwischenmenschliche Beziehung herzustellen.

Die Sprechhandlungen einer kommunikativen Alltagspraxis, »die vor dem Hintergrund einer Lebenswelt auf die Erziehung, Erhaltung und Erneuerung von Konsens angelegt ist, und zwar eines Konsenses, der auf der intersubjektiven Anerkennung kritisierbarer Geltungsansprüche beruht«, dienen Habermas als Kulisse. »Die dieser Praxis innewohnende Rationalität zeigt sich darin, daß sich ein kommunikativ erzieltes Einverständnis letztlich auf Gründe stützen muß.« Ein Argument enthält solche Gründe, und Argumentation nennt Habermas den Typus von Rede, in dem die Teilnehmer strittige Geltungsansprüche vorbringen. Die »Stärke« eines Arguments bemißt sich an der Triftigkeit der Gründe. »Das Medium, in dem hypothetisch geprüft werden kann, ob eine Handlungsnorm, sei sie nun faktisch anerkannt oder nicht, unparteiisch gerechtfertigt werden kann, ist der praktische Diskurs, also die Form der Argumentation, in der Ansprüche auf normative Richtigkeit zum Thema gemacht werden.«[185]

Die sprachlichen Mittel des Diskurses werden zur Quelle der Ethik als Kriterien der Annehmbarkeit. Ohne daß die Rede angenommen und sich als rechtfertigungsfähig (wahrheitsfähig) zeigt, kann sie nicht gelingen und sind die normativen Bedingungen der Verständigung nicht vorhanden. In der Sprache, deren transzendentale Stellung von Habermas anerkannt wird und die das zentrale Medium der Verständigungsprozesse ist, liegt eine Intentionalität, die auf Konsens gerichtet ist. Die Kriterien der Verständigung stellen die Geltungsbasis der Rede dar, sie legen die Tugenden der Sprache dar. Die Sprache hat ihre Vernunft, die sich in der Solidität der personalen Geltung verwirklicht.[186] Das nennt Habermas den Entwurf einer idealen Sprechsituation. »Diese Idealisierungen sind freilich in jeder noch so verzerrten Rede schon impliziert. Denn mit jeder Kommunikation, noch beim Versuch der Täuschung, beanspruchen wir, wahre von falschen Behauptungen zu unterscheiden. Die Idee der Wahrheit aber verlangt letztes Endes den Rekurs auf eine Übereinstimmung, die, um als ›index veri et falsi‹ gelten zu dürfen, so gedacht werden muß, als wäre sie unter den idealen Bedingungen einer uneingeschränkten und zwanglosen Diskussion erzielt worden.«[187]

Wahrheit, Identität, Legitimität

Der Zugang zum Habermas'schen Denken ist nicht einfach. Mit Habermas selbst könnte man sagen: »Der Widerstand richtet sich hier gegen Abstraktionen, die der Lebenswelt aufgenötigt werden.«[188] Andererseits sucht Habermas gerade an den Nahtstellen zwischen (modernem) System und (alltäglicher) Lebenswelt zu vermitteln. Ist es ein Testfall der Philosophie, ob sie in der Lebenswelt verarbeitet werden kann? Nach Habermas muß der Diskurs, der die Sprachwirklichkeit bestimmt, ein »herrschaftsfreier« in einer repressionslosen Gesellschaft sein. Weil dieser Diskurs jedoch noch nicht wirklich ist, sondern einer zukünftigen Lebensform der idealen Sprechsituation entspricht, wird er als kontrafaktisch im Sinne eines unvermeidlichen Vorgriffs gefordert und angestrebt. Dennoch ist er nicht bloße Fiktion – »als Antizipation ist er eben auch wirklich«. Habermas fährt fort: »Die Bedingungen der empirischen Rede sind mit denen der idealen Sprechsituation (und des reinen kommunikativen Handelns) ersichtlich nicht, jedenfalls oft oder meistens nicht, identisch. Gleichwohl gehört es zur Struktur möglicher Rede, daß wir im Vollzug der Sprechakte (und der Handlungen) kontrafaktisch so tun, als sei die ideale Sprechsituation (oder das Modell reinen kommunikativen Handelns) nicht bloß fiktiv, sondern wirklich – eben das nennen wir eine Unterstellung. Das normative Fundament sprachlicher Verständigung ist mithin beides: antizipiert, aber als antizipierte Grundlage auch wirksam.«[189] Die Pragmatik herrschaftsfreier Diskurse läßt die Grundnormen der Rede, die faktisch immer schon gelten, hervortreten und ein Ethos der Gegenseitigkeit konstituieren, »indem sie darauf einen Legitimationszwang gründet und nur die Handlungsnormen für vernünftig erklärt, die in uneingeschränkter und zwangloser Diskussion einer (wiederholten) Rechtfertigung fähig sind«. So sei das Ethos der Gegenseitigkeit, das in fundamentalen Symmetrien möglicher Redesituationen steckt, »die einzige Wurzel der Ethik überhaupt«.[190]

Habermas ist mit dem Marxismus aus dem Positivismus der unüberwindlichen Trennung zwischen wissenschaftlich erkennbaren Tatsachen und subjektiv festzulegenden Normen ausgeschert. Er weigert sich, die Humesche Differenz zwischen dem, was ist, und dem, was sein soll, als unüberbrückbar zu akzeptieren. Im Zeitalter der Wissenschaft sucht er nach einer rationalen Begründung der

Ethik. Er hält eine normative Ethik nicht für »logisch überholt« und widerspricht Wittgenstein, der am Schluß des Tractatus schreibt: »In der Welt ist alles wie es ist und geschieht alles wie es geschieht; es gibt *in* ihr keinen Wert – und wenn es ihn gäbe, so hätte er keinen Wert. Wenn es einen Wert gibt, der Wert hat, so muß er außerhalb alles Geschehens und So-Seins liegen. Denn alles Geschehen und So-Sein ist zufällig. Was es nicht zufällig macht, kann nicht *in* der Welt liegen; denn sonst wäre dies wieder zufällig. Es muß außerhalb der Welt liegen. Darum kann es auch keine Sätze der Ethik geben. Sätze können nichts Höheres ausdrücken. Es ist klar, daß sich die Ethik nicht aussprechen läßt.«[191]

Habermas hält hingegen am Konzept eines kommunikativen Handelns fest, das normative Geltungsansprüche erhebt und am teleologischen Grundwillen der Kommunikation angebunden ist. Verständigungsorientiertes Handeln ist moralisches Handeln in einer Welt, die als objektive Welt eines Individuums in Interaktion mit anderen Individuen, die in der gleichen Wertüberlieferung stehen, vorausgesetzt wird. Alles Geschehen ist nicht zufällig. »Alle Ethiken hängen vielmehr an der der Rede immanenten Sittlichkeit«, bekennt Habermas. »Humanität ist die Kühnheit, die uns am Ende übrigbleibt, nachdem wir eingesehen haben, daß den Gefährdungen einer universalen Zerbrechlichkeit allein das gefahrvolle Mittel zerbrechlicher Kommunikation selber widerstehen kann. Contra Deum nisi Deus ipse.«[192]

Habermas geht es um das Wahrheitsproblem. Seine Konsensustheorie sieht Wahrheit im Sinne von Aussagenwahrheit. Sie geht von der Gesprächssituation und der geglückten Übereinstimmung aus, womit allerdings auch schon die Grenze dieser Wahrheitstheorie markiert ist.[193] Habermas geht es ebenso um das Identitätsproblem in der modernen Gesellschaft nach dem »Tod des bürgerlichen Individuums« und angesichts der »Dialektik der Aufklärung«, die sich nach der Kritischen Theorie in der Selbstentfremdung des Menschen durch die alles übergreifenden Systemwelten äußert. Gegenüber der systemtheoretischen Perspektive, daß die Komplexität der modernen Gesellschaft die individuelle Moral sinnlos macht und die Prozesse sich in der Selbststeuerung objektivieren, wehrt sich Habermas gegen die »Kolonialisierung der Lebenswelt« und besteht auf ihrer normativen Integration.[194] Habermas geht es schließlich um das Legitimitätsproblem in der Selbstreflexion des sittlichen Bewußtseins auf seine Prinzipien und Kriterien, die Handlungsmaximen gegenüber den Betroffenen zu rechtfertigen. Im Grundinteresse an der Freiheit als Selbstbestimmung des Menschen liegt für Habermas der Sinn und das Telos der Ethik.

Karl-Otto Apel: Apriori der Kommunikationsgemeinschaft

Im Zusammenhang mit der Diskurs- und Konsenstheorie hat Karl-Otto Apel zum Problem einer rationalen Begründung der Ethik im Wissenschaftszeitalter die Vorstellungen von einem »Apriori der Kommunikationsgemeinschaft« beigesteuert. Er verbindet die Transzendentalphilosophie Kants mit der Hermeneutik. Im Gegensatz zur heute vorherrschenden Wissenschaftslogik verlangt Apel, die Antwort nach dem transzendentalen Subjekt der Wissenschaft müsse »durch die wirkliche Errungenschaft der Philosophie dieses Jahrhunderts vermittelt sein: durch die Einsicht nämlich in den transzendentalen Stellenwert der Sprache und damit der Sprach-Gemeinschaft«.[195]

Hermeneutisch gesprochen setzt die Beobachtung, daß sich Leute immer schon verstehen, miteinander reden und argumentieren, daß sie also im Sinne Wittgensteins die Regeln des Sprachspiels anerkennen, den Boden eines gemeinsamen Vorverständnisses voraus. Das sind die Bedingungen der Möglichkeit realer Kommunikation, die vorausgesetzt werden müssen, damit es überhaupt Kommunikation gibt, und wer an ihr teilnimmt, der hat solche Voraussetzungen im »Apriori« der Sprech- und Kommunikationsgemeinschaft schon anerkannt. Entsprechend geht es Apel »primär um Reflexionen auf den Sinn – und insofern auch auf die Sinn-Implikationen – des Argumentierens überhaupt. Dies allerdings ist für den, der argumentiert – im Sinne welcher Position auch immer – offenbar das *Letzte, Nichthintergehbare*. Er hat mit dem Argumentieren – und d. h. auch: mit jedem noch so radikalen Zweifel, der als Zweifel einen *Sinn* haben soll – zugleich die transzendentalen Voraussetzungen der Erkenntnis- und Wissenschaftstheorie im Sinne des transzendentalen Sprachspiels einer unbegrenzten kritischen Kommunikationsgemeinschaft selbst gesetzt und implizit anerkannt.«[196] Apel fordert angesichts der krisenhaften Herausforderungen unseres technisch-wissenschaftlichen Zeitalters eine »Ethik solidarischer Verantwortung« und entwickelt sie an seinem Modell der idealen Kommunikationsgemeinschaft, wobei er die a priori notwendige Unterstellung nochmals präzisiert: »Niemand kann auch nur mit sich selbst sich aufrichtig im Denken verständigen, der nicht schon im Prinzip alle Normen einer aufrichtigen Kommunikation unter Bedingungen wechselseitiger Anerkennung der Kommunikationspartner anerkannt hat.«[197]

Der Frage nach der Gesellschaft im ganzen weicht Apel nicht aus. »Denn es ist klar«, so heißt es bei ihm, »daß die Aufgabe der Realisierung der idealen Kommunikationsgemeinschaft auch die Aufhebung der Klassengesellschaft, kommunikationstheoretisch formuliert: die Beseitigung aller sozial bedingten Asymmetrien des interpersonalen Dialogs impliziert.«[198] Der Marxismus wird als Gegensatz zu den Aporien eines Szientismus und eines wertfreien Rationalitätsbegriffs angesehen. Die Freiheit und Verantwortlichkeit des Menschen dürfen nicht in den Raum irrationaler Privatheit abgedrängt werden, sondern sie sind als Potential solidarischer Verantwortung zu mobilisieren. Objektive Wissenschaft und subjektive Freiheit und Verantwortlichkeit der Subjekte der Wissenschaft setzen sich wechselseitig voraus.[199] Solche Einsichten lassen sich auch ohne die These von der Aufhebung der Klassengesellschaft gewinnen, welche die politische Herrschaft ein für allemal abzulösen sucht. Am Postulat der »Herrschaftsfreiheit« entzündet sich dann auch mit Recht die Kritik an der Diskurs- und Konsenstheorie idealer Kommunikationsgemeinschaften und idealer Sprechsituationen.

Kritik der Theorie des kommunikativen Handelns

In einem Briefwechsel mit Habermas verteidigt Robert Spaemann die Idee vernünftiger Herrschaft gegen die »Utopie der Herrschaftsfreiheit«, wie er sie nennt. Mit der Theorie von der bei jeder Rede zu unterstellenden idealen Sprechsituation mache Habermas es sich leicht, den »gräßlichen Graben« zwischen Politik und Moral jeweils zu überbrücken und Dissens geduldig auszutragen. »Ihre Transzendentalphilosophie ist politisch«, schreibt Spaemann an Habermas mit etwas bissigen Unterton, »aber Sie bezahlen das damit, daß Ihre Politik transzendental-philosophisch wird.«[200] Die Kritik erstreckt sich auch auf das Postulat der diskursiven Vermittlung. In dem erwähnten Briefwechsel formuliert Habermas recht bildlich: »Diskurse sind immer Inseln im Meer der Praxis.«[201] Woraufhin Spaemann fragt, ob es zur Verwirklichung von Habermas' Ideal genüge, daß solche Diskurse jederzeit möglich seien, auf jedermanns Verlangen und bis niemand mehr die Fortsetzung verlange. Wer diese Frage stelle, der müsse sie verneinen. »Sie verneinen aber heißt: Herrschaft als notwendig erkennen.«[202]

Im Wahrheitsbegriff der Konsensustheorie hat Habermas eine unzulängliche Verengung des Blick- und Begriffsfeldes vorgenommen. Soll Wahrheit etwas mit Wirklichkeit oder dem Leben des Menschen zu tun haben, dann kann sie nicht auf die Aussagenwahrheit der diskursiven Rede begrenzt bleiben, sondern sie hat ethische und existentielle Prämissen zur Bedingung. Wahrheit kann als persönliche Lebenserfahrung gelten; sie liegt, mit Kierkegaard gesprochen, im Existieren. Die Wahrheit eines Kunstwerks oder die Wahrheit eines Glaubens bedürfen keiner diskursiven Vermittlung, um erfahren zu werden. Das Wesen der Wahrheit enthüllt sich, mit Heidegger gesprochen, als Freiheit.

Wie begründet Habermas, daß Wahrheit überhaupt ein sinnvoller Anspruch ist? Otfried Höffe meint in seiner Kritik zur Konsensustheorie, mit der Habermas die Einlösung von wahren Aussagen an den Prozeß der Verständigung geschichtlich handelnder Menschen bindet: »Die Aporie dieser Ansätze liegt darin, daß sie entweder die Wahrheit von historischen Zufälligkeiten abhängig machen, das heißt, dem verzerrenden Zugriff von Rhetorik, Suggestion, Manipulation, Täuschung und Selbsttäuschung aussetzen: dann aber geht der Invarianzanspruch von Wahrheit verloren. Oder sie führen normative Qualifikationen des Konsenses ein, Qualifikationen, die wie: unbegrenzte Forschergemeinschaft (Peirce), kritische Nachprüfung kompetenter Beurteiler (Kamlah, Lorenzen), potentielle oder begründete Zustimmung (Habermas) bei näherem Zusehen erstens kein operationales Legitimationskriterium darstellen und zweitens das Charakteristische von Konsens auflösen: das Resultat eines geschichtlichen Einigungsprozesses konkreter Personen (und nicht abstrakter Kommunikatoren) zu sein.«[203]

Läßt sich der Journalismus mit sprachlichen Konsensbildungsprozessen, wie Habermas sie sieht, in Verbindung bringen? Lassen sich Begründungskriterien für eine journalistische Ethik aus der Theorie des kommunikativen Handelns gewinnen? Bei Kommunikationsmedien wie Geld oder Macht, die Habermas als Steuerungsmedien charakterisiert, wird die Handlungskoordinierung von sprachlicher Konsensbildung überhaupt abgekoppelt. Die kommunikative Praxis wird aus ihrem lebensweltlichen Kontext herausgelöst. »Die Umstellung des Handelns auf Steuerungsmedien erscheint deshalb aus der Lebensweltperspektive sowohl als eine Entlastung von Kommunikationsaufwand und -risiko, wie auch als eine Konditionierung von Entscheidungen in erweiterten Kontingenzspielräumen, in diesem Sinne als eine Technisierung der Lebenswelt.«[204] Diesen Steuerungsmedien setzt Habermas auf der anderen Seite die Entlastungsmechanismen der Massenmedien gegenüber, die er als generalisierte Formen der Kommunikation kennzeichnet. Bei ihnen wird die sprachliche Verständigung nicht ersetzt, sondern bloß kondensiert, und deshalb bleiben sie auch den lebensweltlichen Kontexten verhaftet. Die Massenmedien »lösen Kommunikationsvorgänge aus der Provinzialität raumzeitlich beschränkter Kontexte und lassen Öffentlichkeiten entstehen, indem sie die abstrakte Gleichzeitigkeit eines virtuell präsent gehaltenen Netzes von räumlich und zeitlich weit entfernten Kommunikationsinhalten herstellen und Botschaften für vervielfältigte Kontexte verfügbar halten.«[205] Schrift, Druckpresse und elektronische Medien kennzeichnen nach Habermas die evolutionär bedeutsamen Innovationen auf diesem Gebiet und bringen eine »Entschränkung kommunikativen Handelns«.

Die Medienöffentlichkeiten hierarchisieren zugleich den Horizont möglicher Kommunikationen, womit ein autoritäres Potential entsteht, dessen Ausschöpfung jedoch prekär bleibt, weil in den Kommunikationsstrukturen selber ein emanzipatorisches Potential eingebaut ist. Habermas sieht diese Ambivalenz beispielsweise in dem Widerspruch herausgearbeitet, daß sich der Eigensinn der kommunikativen Alltagspraxis gegen einen unvermittelten manipulativen Zugriff der Massenmedien zur Wehr setzt, wenn etwa die Rezeptionsforschung das Eigengewicht der »Alltagskommunikation« gegenüber der »Massenkommunikation« bestätigt. Widerspruch sieht er auch darin, daß die technische Entwicklung der elektronischen Medien nicht notwendig in Richtung einer Zentralisierung der Netzwerke verläuft, wenn auch »video-pluralism« und »television democracy« vorerst nicht viel mehr als anarchistische Visionen seien.[206]

Die Transformation des kommunikativen Handelns auf mediengesteuerte Interaktionen verformt und entfremdet den Konsensbildungsprozeß. Das Ziel, eine Übereinstimmung, einen Konsens zu finden, das als das höchste normative Kriterium für Richtigkeit und Wahrheit gilt, ist mit seinem Argumentationspriori sprachlich und personalistisch verfaßt; so taugt es wenig für eine Erklärung dessen, was die subjektiven und objektiven Bedingungen der Möglichkeit sittlichen Handelns im Journalismus konstituiert. Autoritäre, anonyme, kontingente Lösungen nehmen in der Massenkommunikation weitgehend den Platz des Sich-mit-einander-Beratens ein.

Die Frage ist, welchen Veränderungen das rationale Argumentationsapriori in den realen Kommunikationsprozessen des Journalismus unterliegt, ob sich also dieses Apriori der ethischen Rationalität in der Technisierung der Lebenswelt und massenkommunikativen Entfremdung durchhalten läßt. Nach Habermas erscheinen die Privatsphäre und die Öffentlichkeit infolge der Einwirkung der Massenmedien »im Lichte einer rationalisierten Lebenswelt, in der Systemimperative mit eigensinnigen kommunikativen Strukturen zusammenprallen.«[207] Damit ist jene Bruchstelle markiert, wo der Rückgriff auf die Grundstrukturen des kommunikativen Handelns für den Journalismus nur noch sehr bedingt gilt. Die Autonomie muß in die Pflicht genommen werden. Der Wille, ja die Pflicht zur Teilnahme an einer vernünftigen Argumentationsgemeinschaft begründet den Sollensanspruch und die Sittlichkeit schlechthin. Das ist eine Forderung, die insbesondere für den Journalismus hypothetisch bleibt und näherhin zu prüfen ist, was uns im folgenden Kapitel auf die Kantische Lehre von der Moralität verweist.

12. Ein Wollen dessen, was wir sollen

Moralität bei sich hervorbringen

Seit Kant setzt man sich mit Kant auseinander. Über alle philosophischen Denkschulen hinaus bleibt Kant mit seiner Philosophie gegenwärtig. Der Zugang zu seinem Denken ist nicht leicht. Das altertümliche Sprachkostüm ist ungewohnt, und viele seiner Denkwege sind verschlungen. Die pedantische Genauigkeit, mit welcher der Königsberger Professor täglich seine Lebensgewohnheiten absolvierte, findet in allem ihren Niederschlag und ist einem Zeitgeist, der rasch von Thema zu Thema eilt, nicht besonders genehm. Zur »Kritik der reinen Vernunft«, die Kant im Jahre 1781 schon fast sechzigjährig als erstes Hauptwerk veröffentlichte, war bereits vor seinem Tod eine kleine Bibliothek von Auslegungen, Gegenschriften und Polemiken entstanden. Die Kantforschung ist heute ins Unübersehbare angewachsen. In den gegenwärtigen Bemühungen um eine Rehabilitierung der praktischen Philosophie nimmt Kant mit seinem ethischen Werk einen gewichtigen Platz ein, sicherlich neben Aristoteles den gewichtigsten. So kommen wir bei unseren Überlegungen zur praktischen Philosophie der Massenkommunikation nicht umhin, nach der diesbezüglichen »Aktualität« von Kant zu fragen, was der Philosoph und Ethiker Kant zur Grundlegung des sittlichen Handelns in unserer Zeit beiträgt und ob Elemente seiner Morallehre als Bausteine der Vernünftigkeit in eine Reflexion über die journalistische Ethik aufgenommen werden können.

Kant: Aktualität seiner Philosophie

Was versteht Kant unter praktischer Philosophie? Für ihn ist die Vernunft das Thema. Unter der Voraussetzung vernünftiger Einsicht sucht die praktische Philosophie zu bestimmen, was geschehen soll und wie das gute Verhalten unter Soll-Regeln gebracht werden kann. Im Gegensatz dazu steht die theoretische Philosophie, deren Erkenntnisinteresse sich darauf richtet zu begreifen, was geschieht und wie alles, was in der Welt der Erfahrung erscheint, zu erklären ist. »Unser gesammeltes Erkenntnisvermögen hat zwei Gebiete, das der Naturbegriffe und das des Freiheitsbegriffs; denn durch beides ist es a priori gesetzgebend.« Demgemäß teilt Kant die Philosophie in die theoretische und praktische. Er fährt fort: »Die Gesetzgebung durch Naturbegriffe geschieht durch den Verstand und ist theoretisch. Die Gesetzgebung durch den Freiheitsbegriff geschieht von der Vernunft und ist bloß praktisch. Nur allein im Praktischen kann die Vernunft gesetzgebend sein; in Ansehung des theoretischen Interesses (der Natur) kann sie nur (als gesetzkundig vermittelst des Verstandes) aus gegebenen Gesetzen durch Schlüsse Folgerungen ziehen, die doch immer nur bei der Natur stehen bleiben.«[208] Im Stil einer Begriffserklärung gefragt, heißt »praktisch« das richtige Handeln und Tun betreffend. »Praktische Philosophie« bezeichnet dann die Sittenlehre und Ethik Kants, »praktische Vernunft« eben die Vernunft als Vermögen der Ideen, sofern sie ihren Ideen praktische Realität, nämlich Realität im sittlichen Handeln verleiht.[209]

Worauf beruht aber nun das Epochemachende der Leistungen Kants? Einmal ist es die erkenntnistheoretische Leistung, mit der Kant in seiner »Kritik der reinen Vernunft« den denkerischen Nachweis erbringt, daß es letzten Endes der Verstand ist, welcher der Natur seine Gesetze vorschreibt, statt umgekehrt die Bilder der Dinge in sich aufzunehmen. Zum anderen ist der Kantische Normenbegründungsversuch zu nennen, für eine Ethik der praktischen Vernunft aufzuweisen, daß es Normen gibt, die nicht aus der Erfahrung stammen, sondern a priori, vor aller Erfahrung allgemeine Geltung beanspruchen. Diese Rechtfertigung einer über den Bereich der Erfahrungswissenschaften hinausgehenden Gewißheit der Freiheit im Praktischen der Vernunft wird von Hans-Georg Gadamer als »eine von Kant entdeckte bleibende Wahrheit« gekennzeichnet. »Er hat ihr den Ausdruck gegeben«, fährt Gadamer fort, »daß die Freiheit keine Erfahrungstatsache, sondern ein Vernunftfaktum sei. Das will sagen, daß es nichts gegen die Freiheit bedeutet, daß die Erfahrung immer nur Determinationen aus Ursachen aufdeckt. Die Gewißheit, aus der wir Freiheit denken, ist nicht eine Erfahrungsgewißheit im Sinne der Wissenschaft und der theoretischen Vernunft. Es ist eine Wahrheit der praktischen Vernunft, d. h. dessen, was wir sollen. Das aber ist eine mit dem Wesen der ganzen menschlichen Existenz gesetzte Voraussetzung, daß es für uns ein Wollen dessen gibt, was wir sollen.«[210]

Lange bevor Kant die von ihm selbst als kopernikanische Wende bezeichnete These vertrat, daß die Erkenntnisgegenstände sich auch nach den Gesetzen unserer Anschauung richten könnten, hat er auf der Suche nach Beurteilungsprinzipien für das Gute eine Theorie der Sittlichkeit entwickelt, die gewissermaßen die erste kopernikanische Wendung Kants darstellt, wie Dieter Henrich hervorgehoben hat. Dem Wollen jenes freien Willens, den wir landläufig als den »guten« bezeichnen, gilt seine Wertschätzung in so hohem Maße, daß er Dasein und Inhaltlichkeit des Guten beiseite rückt und annimmt, »daß die Gegenstände dem Willen selbst entspringen«.[211] Der vernünftige Wille wird zur Quelle des

Guten. Aber liefert uns Kant damit nicht an inhaltsleere Beurteilungsprinzipien aus, mit denen man allem und jedem zur Rechtfertigung verhelfen kann? Entziehen wir der Moral nicht ihre rationale Grundlage, wenn das Gute, das der gute Wille anstrebt, aller Lebenswelterfahrung beraubt scheint und als »gegeben« gilt?

In seiner »Grundlegung zur Metaphysik der Sitten«, die 1785 erschien, stellt Kant sich selbst die Frage, ob die gelebte Moral der Alltags- und Lebenswelt nicht ausreicht und wir auf eine Theorie der Normenbegründung verzichten könnten. Kant meint dazu, ob es eigentlich der Wissenschaft und Philosophie bedarf, »um zu wissen, was man zu tun habe, um ehrlich und gut, ja sogar um weise und tugendhaft zu sein«. Ist die gelebte Moral in der Kenntnis dessen, was das Tunliche ist, nicht allem theoretischen Beurteilungsvermögen voraus? Erscheint es deshalb nicht viel ratsamer, »es in moralischen Dingen bei dem gemeinen Vernunfturteil bewenden zu lassen« und davon abzusehen, »in praktischer Absicht den gemeinen Menschenverstand von seiner glücklichen Einfalt abzubringen«?[212]

Die gelebte Moral des Aufklärungszeitalters im 18. Jahrhundert hat die Ausmaße des modernen Wertepluralismus und Konsensverfalls, die heute eine rationale Normenbegründung von allgemeiner Geltung und Verbindlichkeit fast unmöglich erscheinen lassen, noch nicht an sich erfahren. Die zeitgenössische Metaphysik war jedoch in ihren Grundlagen bereits angetastet, und Kant zeigte ihr gegenüber eine beträchtliche Skepsis. Das Fragwürdige der bestehenden Geistes- und Moralkultur zeigte sich in gegensätzlichen Begründungsphilosophien von naturrechtlicher oder empiristischer Herkunft, die Kant zum Ausgangspunkt einer kritischen Selbstprüfung der Leistung und des Vermögens der Vernunft machte.

Freiheit und der Hang zum Bösen

Der allgemeine Vernunft- und Fortschrittsoptimismus erhielt einen schweren Schock, als ein »sinnloses« Erdbeben die Stadt Lissabon im Jahre 1755 zerstörte. Kant war im Geiste des Pietismus erzogen worden. Diese Glaubensrichtung hatte ihre Zweifel an die neue Aufklärungsreligion und ein vernünftelndes Christentum herangetragen, indem sie die Subjektivität persönlicher Frömmigkeit und Rechtfertigung gegen ein dogmatisch erstarrtes Kirchentum setzte. Als Rousseau im Jahre 1750 die von der Akademie von Dijon gestellte Preisfrage verneinte, ob die Kunst oder die Wissenschaften die Sitten verbessert und der Menschheit größeren Nutzen eingebracht hätten, da hinterließ er auf Kant einen nachhaltigen Eindruck. Kant hat später zugegeben, es sei Rousseau gewesen, der ihn »zurechtgebracht« habe. »Es ist eine herrliche Sache um die Unschuld«, meint Kant, »nur ist es auch wiederum sehr schlimm, daß sie sich nicht wohl bewahren läßt und leicht verführt wird.«[213]

Jenseits von aller Aufklärung und Theorie tritt bei Kant eine große Menschenkenntnis hervor. Viele seiner geistigen Nachfahren, die Kants Positionen neu- und uminterpretiert haben, lassen merkwürdigerweise dieses Kapitel praktischer Anthropologie beiseite. Für den modernen und aufgeklärten Wissenschaftsgeist ist es keine bewegende Frage mehr, wie der Mensch zum Guten gelangt und das Schlechte vermeidet. Aber diese Frage macht gerade die moralische Welt aus. Wer sie ausklammert, hätte Kant gründlich mißverstanden. Der Mensch, dessen Wille zum Guten gebrochen ist, erfährt nach Kant immer wieder einen unerklärlichen und letztlich unaufhebbaren »Hang zum Bösen«. Diese Verstrickung des Menschen ist ein Erfahrungselement, das Kant aus der Lebenswelt in seine Theorie aufnimmt und zum Apriori macht. Er reibt sich fortwährend am Phänomen des Bösen, er verwirft die gutmütigen Voraussetzungen der Moralisten von Seneca bis Rousseau, die das Böse allein aus der noch nicht humanisierten Sittlichkeit des Menschen oder den noch nicht aufgeklärten Zuständen unserer Gesellschaft erklären. Kant hält eine solche Auffassung für eine »heroische Meinung, die wohl allein unter Philosophen und in unsern Zeiten vornehmlich unter Pädagogen Platz gefunden hat«. Der für »uns unerforschliche« Ursprung des Bösen aus der menschlichen Freiheit ist eine bewegendes Motiv seiner Vernunftphilosophie und ihrer kritischen Selbstprüfung, der das moralische Urteil unterworfen wird.[214] Daß der Mensch das Gute, das er will, nicht tut, womit Paulus (Röm. 7, 19) die Scheinfreiheit des menschlichen Willens und das Ausgeliefertsein an die Macht des Bösen hervorhebt, ist als durchdringende Dialektik des Sittlichen in die Moralphilosophie Kants eingegangen und zum tragenden Fundament seiner Menschen- und Moralauffassung geworden.

Der Mensch, schreibt Kant, fühlt in sich selbst ein mächtiges Gegengewicht gegen alle Gebote der Pflicht, »die ihm die Vernunft so hochachtungswürdig vorstellt«, und dieses Gegengewicht liegt in seinen Bedürfnissen und Neigungen. Es liegt in dem Hang des Menschen, »wider jene strengen Gesetze der Pflicht zu vernünfteln und ihre Gültigkeit, wenigstens ihre Reinigkeit und Strenge in Zweifel zu ziehen und sie womöglich unseren Wünschen und Neigungen angemessener zu machen«.[215] Charakteristisch für diese Menschenauffassung sind die Eröffnungssätze der Kantischen »Grundlegung der Metaphysik der Sitten«. Der Autor läßt dem programmatischen und fast feierlich vorgetragenen ersten Satz einen ebenso grundlegenden zweiten Satz der Lebenserfahrung und Menschenkenntnis folgen. Es sei überall nichts in der Welt, ja überhaupt auch außerhalb derselben zu denken möglich, beginnt Kant seine berühmte Schrift, was ohne Einschränkung für gut könnte gehalten werden, als allein ein guter

Wille. Dann folgt der zweite Satz: »Verstand, Witz, Urteilskraft und wie die Talente des Geistes sonst heißen mögen, oder Mut, Entschlossenheit, Beharrlichkeit im Vorsatze als Eigenschaften des Temperaments sind ohne Zweifel in mancher Absicht gut und wünschenswert; aber sie können auch äußerst böse und schädlich werden, wenn der Wille, der von diesen Naturgaben Gebrauch machen soll und dessen eigentümliche Beschaffenheit darum Charakter heißt, nicht gut ist.«[216]

Deutlich tritt die sittliche und erzieherische Absicht Kants hervor. Seine wissenschaftliche Ethik ist eine engagierte Ethik. Sie will die Unsicherheiten in den sittlichen Prinzipien, die das gemeine Vernunfturteil nicht beseitigen kann, aufzuheben helfen, indem sie eine Wahrheit des moralischen Bewußtseins nachweist, die unbedingt gilt. In dieser letzten Verbindlichkeit ist sich die Vernunft ihrer selbst gewiß, was die Pflichten des Menschen gegen Gott, gegen sich selbst, gegen andere betrifft. Für diese Wahrheit des Sittengesetzes führt Kant seinen kategorischen Imperativ in immer neuen Umschreibungen ins Feld: Handle nur nach derjenigen Maxime, durch die du zugleich wollen kannst, daß sie ein allgemeines Gesetz werde! Dieses Wollen ist in der menschlichen Existenz gegründet. Wir nennen es praktische Vernunft. Es gilt unbedingt.

Konkret ist es die Aufgabe der wissenschaftlichen Ethik, den Sittenverfall aufzuhalten und dem Menschen zu helfen, daß er nicht gegen die sittliche Vernunft verstößt; mit Aristoteles könnte man hinzufügen, »damit wir gut werden«. Anders als bei Aristoteles, der die im Horizont der Polis ausgeformte Vernünftigkeit des Menschen zum sittlichen Prinzip erhebt, geht Kant vom konkreten Zustand des Menschen in der geschichtlichen Situation des Aufklärungszeitalters aus. Die kritisch gewordene Vernunft, die ihre eigenen Denkvoraussetzungen prüft, und die Gewißheit, aus der wir Freiheit denken und sie nicht als eine Erfahrungstatsache ableiten, das sind Grundprobleme in der praktischen Philosophie Kants, die wir bei Aristoteles in dieser Form nicht finden. Kant zeigt sich als ein Moralphilosoph, der die biblische Grundlage der reformatorischen Rechtfertigungslehre über den Pietismus in sein Denken hineingeholt hat. Hier werden wir auf theologische Voraussetzungen hingewiesen.

Die Reformatoren des 16. Jahrhunderts erklärten zum eigentlichen Kern des Evangeliums, daß der Mensch unabhängig von seiner moralischen Leistung, »den Werken des Gesetzes«, durch den Glauben allein vor Gott gerechtfertigt sei. Sie wollten dem Moralismus und der Gesetzesfrömmigkeit das wahre Evangelium gegenübersetzen. Der Pietismus hat die offenbarungstheologischen Inhalte der Rechtfertigungslehre zugunsten einer Verinnerlichung und Pädagogisierung des Evangeliums zurücktreten lassen. Hiermit tritt die Gesinnung an die Stelle der Gläubigkeit. Die Moral ist nicht mehr eine Frucht des Glaubens, »sondern Moralität wird als eine Würdigkeitsbedingung für den Empfang der

Gnade angesehen«. So umschreibt Friedrich Delekat den Einfluß der reformatorischen Rechtfertigungslehre auf Kant.[217] »Sich selbst besser machen, sich selbst kultivieren, und wenn er böse ist, Moralität bei sich hervorbringen, das soll der Mensch« einem berühmten Wort Kants zufolge. »Selbstlos« soll er sich im Verzicht auf die Befriedigung eigener Neigungen und Interessen verhalten, nicht auf seinen Vorteil bedacht sein oder den Nutzen kalkulieren, den das sittliche Handeln ihm möglicherweise einbringt, um die eigene Glückseligkeit zu befördern, gegen die Kant fortwährend polemisiert, weil nicht sie, sondern die Tugend das höchste Ziel ethischer Gesinnung ist. So kommt der Mensch der Sittlichkeit und ihrer Würde nur dadurch näher, »daß er der Tugend die Ehre beweist, das Wohlgefallen und die Hochschätzung für sie ihr unmittelbar zuzuschreiben, und ihr nicht gleichsam ins Gesicht sagt, daß es nicht ihre Schönheit, sondern nur der Vorteil sei, der uns an sie knüpfe.«[218] Durch sein moralisches Streben muß sich der praktische Christ gegenüber dem Ideal der Heiligkeit würdig erweisen. Heiligkeit sieht Kant als letztes und höchstes Ideal christlicher Moral. Als Gesinnung bedarf sie »keiner moralischen Nöthigung durchs Gesetz«, und mithin sind auf sie die Begriffe der Pflicht und der Tugend nicht mehr anwendbar.

Kant sucht das Moment des moralischen Sollens in der strengen Unbedingtheit eines kategorisch-praktischen Sittengesetzes herauszuarbeiten. Eine Handlung mag richtig sein, aber wirklich sittlich ist sie erst, wenn die gute Handlung einer guten Gesinnung entspringt. Wie der Pietismus lehrt, daß der Mensch sich für die Gnade würdig machen muß, so lehrt Kant, daß es nicht so sehr entscheidend ist, was der Mensch tut, als vielmehr, aus welcher Gesinnung er es tut. Im Streben, im guten Willen und den daraus entspringenden Gesinnungskräften erblickt Kant das wahrhaft Sittliche.

Moralisches Gesetz, Pflicht

An der Pflicht- und Gesinnungsethik Kants, die von allen Inhalten, aber ebenso von allen Folgen und Nebenfolgen absieht, hat sich immer wieder die Kritik an seiner praktischen Philosophie entzündet. Hierin glaubt man Kant am wenigsten folgen zu können, daß das Gute das unbedingt Geforderte sei, ohne sich im einzelnen und konkret ausweisen zu müssen. Legalität genügt Kant nicht, sondern er verlangt die Moralität aus dem moralischen Imperativ, daß der Mensch allein von dem Sittengesetz der Vernunft, das eingestiftet ist, die Maximen seines Handelns nimmt und es vor dem Richterstuhl dieser praktischen Vernunft verantwortet.

Wenn wir den philosophischen Voraussetzungen der Kantischen Ethik nachspüren, treffen wir auf manche Grundbegriffe der Naturrechtslehre, die in die praktische Philosophie eingegangen sind. Der Pflichtbegriff hat naturrechtliche Wurzeln als eine normative Kraft, die aus der menschlichen Natur kommt und ihr eingepflanzt scheint. In seiner Unbedingtheit lenkt auch der Freiheitsbegriff bei Kant den Blick auf den naturrechtlichen Rahmen, in dem die moralische Welt in ihrer Vernünftigkeit geordnet ist. Das moralische Gesetz in uns, »in seiner unverletzlichen Majestät«, erklärt Kant für heilig und rückt es in die Nähe des heiligen Willen Gottes. Der Mensch sei zwar unheilig genug, aber die Menschheit in seiner Person müsse ihm heilig sein. »In der ganzen Schöpfung kann alles, was man will, und worüber man etwas vermag, auch bloß als Mittel gebraucht werden; nur der Mensch, und mit ihm jedes vernünftige Geschöpf, ist Zweck an sich selbst. Er ist nämlich das Subjekt des moralischen Gesetzes, welches heilig ist, vermöge der Autonomie seiner Freiheit.« Dieses moralische Gesetz ist also dem Wesen des Menschen einverleibt, es folgt ihm wie sein Schatten, wenn er zu entfliehen gedenkt. »Er kann es in seiner äußersten Verworfenheit allenfalls dahin bringen, sich daran gar nicht mehr zu kehren, aber sie (sc. die Stimme des Gewissens) zu hören, kann er doch nicht vermeiden.«[219]

Was hat uns Kant nun für unsere Überlegungen zu einer zeitgenössischen Ethik zu sagen? Den Pflichtbegriff weisen die meisten heute weit von sich. Kant hat ihn geradezu hymnisch gefeiert und damit viel Unverständnis hervorgebracht. »Pflicht! du erhabener großer Name, der du nichts Beliebtes, was Einschmeichelung bei sich führt, in dir fassest...«[220] Der Pflichtbegriff bei Kant ist oft mit dem Preußentum in Verbindung gebracht worden. Dem Königsberger Philosophen, der offen mit der Französischen Revolution sympathisierte, hat es ferngelegen, mit dem Pflichtbegriff politische Überzeugungen zu verknüpfen. Das Pflichtpathos nimmt seine Strenge von der naturrechtlichen Wurzel und der Würde, die Kant in die »obligatio« als Inbegriff einer Vernunftkultur hineinlegt. Kein Philosoph der Neuzeit hat sich, modern gesprochen, zur Menschenwürde leidenschaftlicher bekannt als Immanuel Kant. Wird der Pflichtbegriff zugänglicher, wenn wir ihn mit dem Gewissensbegriff, wie Kant ihn selbst anführt, erläutern? Muß die Kantische Lehre von der Achtung als dem tragenden sittlichen Gefühl hinzugenommen werden? Achtung vor Person und Persönlichkeit? »Diese Achtung erweckende Idee der Persönlichkeit, welche uns die Erhabenheit unserer Natur (ihrer Bestimmung nach) vor Augen stellt...«[221] Ist eine zeitgenössische Lehre von der ethischen Rationalität im Rückgriff auf die Natur möglich? Oder in einer Reflexion auf die Vernünftigkeit der praktischen Vernunft, wie sie als moralische Verbindlichkeit im Horizont einer politischen Kultur und ihrer zeitgenössischen Grundwerte erscheint? Kant: »Denn die Idee der Moralität gehört noch zur Kultur.«[222]

13. Mensch und Vernunft sind fehlbar

Selbstverpflichtung und ethische Rationalität

Das »Faktum der Vernunft«[223] ist es, das uns heute bei den Begründungsversuchen für eine normative Ethik von Kant herkommend über das Postulat ethischer Rationalität ins Gegenwartsdenken führt. Wer heute über Ethik spricht, bedarf eines Forums der rationalen Argumentation. Wer heute über Ethik reflektiert, wird der Vernunft das Maß für die sittliche Selbstbestimmung nicht absprechen können. Was den Menschen als Menschen auszeichnet, ist im Vernünftigen beheimatet und bildet jenes formelle Kriterium der Ethik, das Kant herausgearbeitet hat. Er hatte die Überwindung des ethischen Skeptizismus seiner Zeit im Auge, und dieses Vorhaben konnte nur gelingen, wenn die Moralität nicht auf irgendwelchen Täuschungen persönlicher, gruppenspezifischer oder historischer Art beruhte, sondern als etwas tatsächlich Vorhandenes und Beweisbares galt, eben als ein »Faktum« der Vernunft im Praktischen.[224]

Auf dem Forum der praktischen Vernunft bleibt Kant auch bald zwei Jahrhunderte nach Erscheinen seiner Hauptwerke ein wichtiger Gesprächspartner. Das Versagen der Vernunft als einer Vernunft des konkret-geschichtlichen Handelns ist seither noch viel augenscheinlicher geworden. »Die Menschen haben es jetzt in der Beherrschung der Naturkräfte so weit gebracht, daß sie es mit deren Hilfe leicht haben, einander bis auf den letzten Mann auszurotten. Sie wissen das, daher ein gut Stück ihrer gegenwärtigen Unruhe, ihres Unglücks, ihrer Angststimmung.«[225] Das schrieb Sigmund Freud bereits vor einem Menschenalter. Er hielt es aus psychoanalytischen Gesichtspunkten für unumgänglich, daß der Mensch sich ethische Disziplin auferlegt und Triebverzicht leistet. Ohne Unterdrückung der dunklen und unbeherrschten Kräfte im Menschen sah Freud das Fortbestehen der Kultur nicht gewährleistet.

Das Versagen der Vernunft zeigt sich in der durch Verwissenschaftlichung und Technisierung gekennzeichneten Welt in dramatischer Form. Die objektive Zivilisation mit ihrer ungeheuren Rationalitätssteigerung ist der subjektiven Kultur davongelaufen. Rationalität hat sich verselbständigt; unsere Ohnmachtsgefühle gelten einer Vernunft, die sich über Wissenschaft und Technik potenziert und die spezifische Humanität der Freiheit, in deren Namen sie angetreten war, eingebüßt hat. Rationalität, technische Intelligenz und geistige Manipulation haben sich auch in der Massenproduktion von Nachrichten und Informationen durchgesetzt. Brauchen wir in dieser geistigen Situation mehr Vernunft, weniger technische Rationalität? An das Funktionieren der Maschinen- und Massenwelt ist unser Überleben heute ebenso geknüpft wie an den Fortbestand von Vernunft und Vernunftkultur. Dabei stellen wir fest, daß wir der moralischen Differenz von gut und böse trotz aller Verwissenschaftlichung nicht ausweichen können, solange die Vernunft das Handeln eben in jener Weise bedenkt, die wir seit altersher die moralische nennen. Als reine Vernunft, wie Kant sie reflektiert hat, begegnet sie uns nirgends im Leben. Als praktische Vernunft leitet sie unser Handeln weitgehend, indem wir das eine tun, das andere lassen. Wie läßt sich denn also heute sittliches Handeln aus Einsicht vertreten? Wollen und können wir es unter den stark gewandelten Verhältnissen der wissenschaftlich-technischen Zivilisation wie seinerzeit Kant und eine lange Überlieferungsgeschichte vor ihm vom Primat der Vernunft her rechtfertigen? Bleibt der Ausgangspunkt das sittliche Subjekt, das der Selbstbestimmung fähig ist und in Freiheit für seine Taten verantwortlich gehalten werden kann? Ist daraus ein zeitgemäßes, auch den Journalismus in der modernen Welt umgreifendes Ethos der Vernünftigkeit zu legitimieren?

Kant: Freiheit aus Vernunft gewinnen

Kant fragt mit ganz ungewohnter Radikalität, was ein Handeln aus praktischer Vernunft bedeutet. Nun ist der Vernunftansatz in der ethischen Fragestellung nicht seine Erfindung. Schon Sokrates antwortet dem Kriton, der ihm zur Flucht geraten hatte, daß man vielmehr dem Logos gehorchen und sich kritisch selbst prüfen müsse, was das Richtige sei, um es dann zu tun. Die Vernunft bewilligt nur demjenigen »unverstellte Achtung«, meint Kant, »was ihre freie und öffentliche Prüfung hat aushalten können.«[226] Sokrates hätte die Bestimmung, die Moralität als freier Selbstzwang aus der Kraft der Vernunft einsichtig und begründbar zu machen, als eine reflexiv-dialogische Maxime durchaus unterstreichen können. Kant geht in der Selbstverpflichtung auf die Vernunft noch einen Schritt weiter. Das moralische Gesetz ist vor aller Erfahrung, in der Idee einer den Willen durch Gründe apriorisch bestimmenden Vernunft begründet und auszuweisen. Es sind nicht Situationen oder Sachen, Traditionen oder metaphysische Postulate, die dem Handeln seine Bestimmung, seinen Wert und seine Wirklichkeit geben, sondern dieses Handeln entwickelt die Vernünftigkeit aus sich selbst, indem es sich ihr anvertraut und unterwirft. So gelingt es Kant, das sittliche Tun und Lassen unter eine letzte Verbindlichkeit zu stellen.

Den zeitgenössischen Vertretern des ethischen Relativismus und Skeptizismus, die das Sittliche als einen Ausfluß bloß subjektiver oder gar zufälliger

Interessen und Umstände kennzeichnen, erwidert Kant, daß es einen einheitlichen Maßstab für sittliches Verhalten gibt. Nicht Herkunft oder Erziehung oder Konvention sind ausschlaggebend, sondern das sittliche Bewußtsein als »Selbstverhältnis des vernünftigen Willens«.[227] Das Kriterium einer letzten Verbindlichkeit, das uns heute in der ethischen Diskussion als Letztbegründungsproblematik in gewandelter Form wiederbegegnet, liegt für Kant in dem genannten »Faktum« der Vernunft als eine Tatsächlichkeit, die »allem Vernünfteln über seine Möglichkeit und allen Folgerungen, die daraus zu ziehen sein möchten, vorhergeht«.[228] Die Vernunft ist auch »Faktum« insofern, als sie mit dem moralischen Gesetz identisch ist, aber nicht als uneinsichtiger Zwang, sondern auferlegt in Freiheit und offen für meine Einsicht.

Der Kantischen Transzendentalphilosophie ist vorgeworfen worden, daß sie auf der Suche nach den Vernunftzusammenhängen von allem Gegebenen abstrahiert habe. Alles Seiende und wirklich Vorhandene in der empirischen Welt werde in einem solchen Maße subjektiviert, daß die Moralität von der gegebenen Realität abgetrennt und ganz in die weltabgewandte Innerlichkeit verwiesen wird. Zwischen Moralität und menschlicher Erfahrung fehle ein verifizierbarer Zusammenhang.

Dieser Vorwurf erscheint mindestens dann als ungerechtfertigt, wenn man einzelne Maximen heranzieht, die Kant selbst als sittlich begründete darstellt, beispielsweise die Beförderung des Wohlergehens anderer, die Kant für sittlich geboten hält, während er andernorts die Teilnahmslosigkeit am Wohlergehen anderer für sittlich verboten erklärt. Otfried Höffe bringt diesen Hinweis, um damit den Vorwurf zu entkräften, Kants Ethik sei gegenüber den Konsequenzen von Handlungen und damit auch gegenüber dem tatsächlichen Wohlergehen konkreter Menschen unbekümmert. Die Legitimation als auch die persönliche Anerkennung einer sittlichen Maxime seien rein rational begründet, die konkrete Anwendung dagegen empirisch vermittelt; das habe Kant keineswegs bestritten. Kants Maximen gelten als Lebensgrundsätze und Leitprinzipien einer vernünftigen Selbstbestimmung des Menschen, aber belassen ihm zugleich den erforderlichen Freiraum für Unterschiede in Temperament, Fähigkeiten und den Situationen, in denen er sich vorfindet.[229]

Karol Wojtyla, der Papst aus Polen, hat in seiner frühen Auseinandersetzung mit Max Schelers Ethik den Vorwurf aufgegriffen, Kant habe kein Verhältnis zur Erfahrung gehabt, sondern mit seinem Formalismus, der die Wurzeln des ethischen Lebens in der bloßen Vernunft sieht, »eine völlige Abkehr von den Gütern« bewirkt. Die Philosophie des Bewußtseins sei an die Stelle der Philosophie des Seins getreten. »Kant gibt keine Antwort auf die Frage, welche menschliche Handlung gut und welche böse ist, so wie es die alten Philosophen-Moralisten zu tun versuchten.«[230] Kant hat gewiß nicht die Konkretisierung des moralischen Handelns in erster Linie angesprochen. Einer Ortsbestimmung des Menschen im ganzen und allgemeinen gehen immer Maximen voraus, von der sich, aristotelisch gesprochen, auch die »Phronesis« leiten läßt, bevor sie einzelne Handlungskomplexe wertet und auf den Weg ihrer Verwirklichung bringt, ob man es so oder anders macht. Der normative Grundriß einer Sache will zuerst erkannt sein. Die Durchführung geschieht in einem eigenen Bestimmungsprozeß. Die individuellen Gestalten des sittlichen Handelns müssen je neu und selbst erfunden werden.[231]

Das spezifisch Philosophische der normativen Vernunft- und Praxisreflexion sieht Wolfgang Kluxen darin begründet, daß die moralische Differenz von Gut und Böse also nicht im Sinne einer bloßen Wertung, sondern als oberste und allgemeinste Norm zu lesen sei: das Gute ist zu tun, das Böse ist zu lassen. »In der Tat handelt es sich um eine Leerformel; deshalb ist sie jedoch keineswegs überflüssig, sondern sie gibt die moralische Differenz in jener Gestalt an, in welcher sie den praktischen Charakter der Ethik indiziert.«[232] Die journalistischen Gebotetafeln, die gern als »Leerformeln« gerügt werden, erscheinen unter solchen Gesichtspunkten in anderem Licht. Sie haben unausgesprochenermaßen häufig die Kantische Pflichtethik zur Grundlage. Gerade dadurch, daß der Mensch als autonomes Wesen das Geforderte in die vernünftige Einsichtnahme und persönliche Anerkennung aufnimmt, schafft er Moralität bei sich. Die Rationalität der praktischen Vernunft hat die Sittlichkeit als Selbstbestimmung zum Ziel, die Freiheit aus Vernunft zu gewinnen.

Die Aufklärung will einen Menschen als Vernunft- und Kulturwesen hervorbringen, der sich nicht vom zufällig Gegebenen bestimmen läßt, sondern sich selbst das Gesetz gibt, und zwar aus der Dignität eigener und gleichzeitig die ganze Menschheit umspannenden Vernünftigkeit. Darin konstituiert er sich, wie Kant oft wiederholt, zum moralischen Subjekt als »Zweck an sich selbst«.

Dieses klassische Aufklärungserbe ist in jeder ethischen Diskussion unaufgebbar. Der Mensch ist der »letzte Zweck der Natur«, mit Kant zu sprechen. Warum? Die Antwort auf diese Frage sucht Kant nicht in der Natur, sondern in der Kultur, eben jener Vernunftkultur als »die Hervorbringung der Tauglichkeit eines vernünftigen Wesens zu beliebigen Zwecken überhaupt (folglich seiner Freiheit)«. Die Natur vermag ihrerseits hinsichtlich des Menschen nur die Bedingung der Möglichkeit der Sittlichkeit hervorzubringen. Als unbedingter Endzweck der Schöpfung gilt der Mensch, nicht jedoch als Naturwesen (homo phaenomenon), sondern als moralisches Wesen (homo noumenon).[233] Kant versteht das moralische Gesetz nicht naturwissenschaftlich, als ob ein ausnahmslos gültiger Funktionszusammenhang vorliegt. Vielmehr gehen Vernünftigkeit, Gesetzmäßigkeit und Wille in der moralischen Welt aufs engste zusammen. Der Wille ist nichts anderes als praktische Vernunft, die aber wiederum mit der

Freiheit des Menschen identisch ist. Die praktische Vernunft ist ein Vollzug der eigenen Wesensgesetzlichkeit des Menschen aus dem Bestimmungsgrund seiner Vernunftnatur »in heller und einsichtiger Bewußtheit«.[234] Sie enthält gleichzeitig die Verantwortung für die unbedingte Selbstgestaltung der Freiheit aus Vernunft. Ethische Rationalität, Moralität und Freiheitsvollzug konvergieren auch hier.

Wissen, was wir wollen

Die Krise des neuzeitlichen Vernunftgebrauchs beruht darauf, daß die wissenschaftliche Empirie mit der Steigerung ihrer Rationalität die Gebrochenheit des Menschen im Moralischen nicht wahrhaben will und einfachhin »privatisiert«. Der Gedanke der Freiheit ist keine unmittelbare Wirklichkeit mehr. Über Gut und Böse läßt sich wissenschaftlich nichts Zuverlässiges aussagen. Hier gelten nur »private« Ansichten. Die Konsequenzen dieser Trennung von öffentlichem (wissenschaftlichem) und privatem Lebensbereich liegen auf der Hand. Die Wissenschaft mit ihren Folgen und Nebenfolgen läuft der Menschheit gewissermaßen aus dem Ruder. Über die Grenzen des Eingriffs in die Welt wird auf ganz neue, auf ethische Weise nachgedacht, und der große Durchbruch in den Wissenschaften, der mit der Herzverpflanzung einsetzte und sich über die Erfindungen der Mikroelektronik bis zu den Entdeckungen der Gen-Technologie erstreckt, sieht sich plötzlich vor die Frage der Verantwortbarkeit gegenüber einer Welt der Machbarkeit gestellt: »Dürfen wir machen, was wir können?«[235] Damit erhält die Einsicht eine neue Chance, und sie gilt auch für unsere Überlegungen zum ethischen Problem im Journalismus, daß viele der heute fast unlösbar erscheinenden Probleme ohne Einigung über Wert- und Zielpräferenzen nicht zu lösen sind. Der Theologe Franz Böckle schreibt: »Wir müssen wissen, was wir wollen. Und wenn dies nicht selbstverständlich ist, dann müssen wir wählen und entscheiden. Damit ist die ethische Frage als Frage nach der Vernünftigkeit wertender Entscheidungen unausweichlich. Nur wenn darüber eine Einigung erzielt werden kann, ist eine solidarische Verantwortung für die gesellschaftliche Praxis möglich.«[236]

Hat nun aber nicht gerade Kant die Moral in die Gesinnung des einzelnen und damit in die Privatsphäre verlagert, wo sie objektiv nicht mehr gilt? Dieses Mißverständnis konnte auf dem Boden eines Wissenschaftsverständnisses entstehen, das die Vernunft auf ihre Instrumentalität reduziert hat. Der Vernunft wollte man keine objektive Einsicht in die Natur des Seienden als etwas Werthaftem zubilligen, das Sinn und Zweck in sich selbst trägt. Kant hat durchaus jene Kluft gesehen, die zwischen der in sich gültigen Vernunft und dem

Menschen, wie er empirisch vorfindbar ist, besteht. Die modernen Humanwissenschaften waren ihm noch nicht vertraut; sein ganzes Philosophieren hätte er gegen sie aufgewandt, solange sie es dabei belassen, den Menschen als die Summe seiner empirischen Bedingungen zu definieren. Mit Max Horkheimer hätte er in dessen Kritik der instrumentellen Vernunft eingestimmt: »Die Herstellung eines gesellschaftlichen Zustandes, in dem der eine dem anderen nicht zum Mittel wird, ist zugleich die Erfüllung des Begriffs der Vernunft, der in der Spaltung von objektiver Wahrheit und funktionellem Denken jetzt verlorenzugehen droht.«[237]

Jene Kluft sucht Kant durch die »Selbstverpflichtung aus Vernunft« zu überbrücken. Walter Schulz hebt sie als den entscheidenden Grundzug der Kantischen Moralphilosophie hervor. Der Gedanke der Selbstverpflichtung sei zu Unrecht verdächtigt worden, daß er eine reine Gesinnungsmoral verlangt. Mindestens sei die andere Seite der Ethik Kants zu berücksichtigen, die den Menschen für sich selbst und seine Lebensgestaltung verantwortlich hält, weil er Vernunft hat.[238] Autonomie ist nicht Willkür, sondern freie Bindung, sich unter ein Gesetz, das man als richtig erkennt, im Sinne des Gebotenen zu stellen. Kant hat das sittliche Wollen nicht gering veranschlagt; dazu zählt er »die Aufbietung aller Mittel, soweit sie in unserer Gewalt sind«.[239] Das sittliche Wollen, das ihm vorschwebt, ist nicht ein bloß gesinnungsreines Streben aus der Welt der Innerlichkeit, wo man sich vor den rauhen Winden des Lebens abschirmt, sondern es ist der verpflichtend-bestimmende Grund des vernünftigen Handelns überhaupt. Diese verantwortete Vernünftigkeit macht den Menschen erst zum Menschen; sie bestimmt seinen Rang und seine Chance. »Vernunft muß hier im weiten und ursprünglichen Sinn verstanden werden als das Vermögen, in triebdistanzierter Sachlichkeit die besten Möglichkeiten für den Menschen in einer Situation zu erkennen und sie dieser Erkenntnis entsprechend zu verwirklichen.«[240]

»Unbegreiflichkeit« des moralischen Sollens

In dem Begriff »Vernunft« steckt etymologisch das Wort »vernehmen«, wobei die veralteten Bedeutungen von »erfahren«, »ergreifen«, »auffassen« einfließen. Im Vernehmen steckt auch das Zuhören mit dem Hinweis auf die kommunikative Natur der Vernunft. Während der »Verstand« eine begriffsbildende Wahrnehmungsfunktion hat, stellt die »Vernunft« das Wahrgenommene unter Prinzipien und ist sie auf die umfassenden Zusammenhänge bedacht. Vernunft ist etwas spezifisch Menschliches für ein »nicht-festgestelltes« (Nietzsche) Lebewesen, das instinktarm ist und ständiger Vernunftanstrengung bedarf, um zu überleben, aber auch um sich selbst zu überschreiten.

Der Mensch ist aus krummem Holz geschnitzt. Die Vernunft ist fehlbar. Ist der Mensch nur ausnahmsweise »animal rationale«? Die Mündigkeit, die Kant ihm in seiner kleinen Schrift »Beantwortung der Frage: Was ist Aufklärung?« vom Jahre 1783 zugedacht hat, schiebt der Mensch gern aus »Faulheit und Feigheit« beiseite, mögen doch die anderen für ihn »das verdrießliche Geschäft« übernehmen.[241] Die Moralität mit ihren Pflichten ist ein solches Geschäft, das dem Menschen viel Anstrengung und Überwindung seiner Triebansprüche abverlangt. Daß ein Moralentwurf mit seiner Begründungsrationalität auch Mut zum sittlichen Handeln stiftet und daß in solcher Einsicht sittliche Kräfte freiwerden, ist eine Wahrheit, die in der gegenwärtigen Erörterung wissenschaftlicher Ethiken kaum eine Rolle spielt. Kant war sie nicht unbekannt; in allem erschien ihm der Mensch als »ein bedürftiges Wesen« und »doch nicht so ganz Tier, um gegen alles, was Vernunft für sich selbst sagt, gleichgültig zu sein«.[242] So rückt er ihn »unter einer Disziplin der Vernunft« und mahnt uns, daß wir »in allen unseren Maximen der Unterwürfigkeit unter derselben nicht vergessen«. Pflicht und Schuldigkeit seien die Benennungen, die wir allein unserem Verhältnis zum moralischen Gesetz geben müßten. Die »Weigerung des Eigendünkels« lasse uns abtrünnig werden gegenüber dem Geist des »durch praktische Vernunft uns zur Achtung vorgestellten Reichs der Sitten«. Dann heißt es: »Hiermit stimmt aber die Möglichkeit eines solchen Gebots als: Liebe Gott über alles und deinen Nächsten als dich selbst, ganz wohl zusammen. Denn es fordert doch als Gebot Achtung für ein Gesetz, das Liebe befiehlt, und überläßt es nicht der beliebigen Wahl, sich diese zum Prinzip zu machen.«[243]

Schiller hat gegen die Moralphilosophie vom kategorischen Imperativ eingewandt, Kant habe die Rolle der Neigung im sittlichen Leben unterschätzt. Die Neigungen und Gefühle des Menschen müßten von der Sittlichkeit in Dienst genommen werden.[244] Kant hat die Sittlichkeit des Gefühls nicht herausgearbeitet, aber in seiner Lehre von der Achtung verknüpft er Gesetz und Ehrfurcht in der Moralität zu einem Wirkungszusammenhang, der das sittlich Gute mit eigener Würde bedenkt. Die Kantische Achtung ist »Geneigtheit zum Guten«, wie Dieter Henrich bemerkt. Die Lehre von der Achtung formuliere die Bedingungen, unter denen das Gute ausschließlich um seiner selbst willen getan wird. Das Achtungsgefühl soll, negativ betrachtet, zunächst allen Neigungen Abbruch tun, die der praktischen Vernunft zuwiderlaufen. Das moralische Gesetz ist aber durch die Achtung auch Gegenstand eines »positiven Gefühls«, einer »Erhebung der Subjektivität im Bewußtsein ihrer Unabhängigkeit von Neigungen«.[245] Die Idee der Pflicht soll über die »reverentia«, die Kant selbst als äquivalent mit der Achtung versteht, als ein Gefühl der Erhabenheit vor dem Unbedingten hervorgerufen werden. Die Pflichtgemäßheit des Handelns allein genügt Kant nicht.

Letzten Endes ist das Ethische ein rätselhaftes »Faktum« in uns. Ethik ist für Kant ein Wollen, das uns über uns selbst erhebt und einer höheren Ordnung angehören läßt. Das Gewissensphänomen weist seit altersher in dieselbe Richtung. Die Aufforderung Kants lautet, »sein Gewissen zu kultivieren, die Aufmerksamkeit auf die Stimme des inneren Richters zu stärken und alle Mittel anzuwenden..., um ihm Gehör zu verschaffen«.[246] Nach dem Tiefenpsychologen C. G. Jung liegt etwas Unausrottbares im Gewissensphänomen. Wo es anscheinend keine Rolle spielt, erscheint es indirekt in Form von Zwangssymptomen. In allen diesen Erscheinungsformen drückt sich die Tatsache aus, daß die moralische Reaktion des Gewissens einer autonomen Dynamik entspricht. Ein energetisches, auf Gegensätzen beruhendes Potential zeigt sich als unerläßliches Strukturelement der Psyche, deren man sich nicht entledigen kann. So ergibt sich die Rätselhaftigkeit des sittlichen Wollens im Menschen, nenne man es Pflicht, Gewissen, praktische Vernunft oder moralisches Gesetz. Dies alles präzisiert sich für Kant im fundamentalen Akt der Selbstverpflichtung, im »Selbsteinsatz aus Freiheit«, wie Walter Schulz in seinem Aufriß einer zeitgemäßen Ethik formuliert.[247] Der freie Wille unterwirft sich einer Sinn- und Vernunftordnung, aus der heraus das moralische Subjekt sich der eigenen Identität vergewissert.

Mit der Kantischen wie letzten Endes mit jeder Ethik wird eine Ordnung der Freiheit und der Verantwortung vermittelt. Die Würde, die der ethischen Vernunft zugesprochen wird, ist keine verifizierbare Realität. Am Schluß seiner »Grundlegung zur Metaphysik der Sitten« bekennt Kant, die moralische Welt suche zwar rastlos das Unbedingt-Notwendige und sehe sich genötigt, es anzunehmen, aber die menschliche Vernunft könne sich das oberste Prinzip der Moralität nicht begreiflich machen. »Und so begreifen wir zwar nicht die praktische unbedingte Notwendigkeit des moralischen Imperativs, wir begreifen aber doch seine Unbegreiflichkeit, welches alles ist, was billigermaßen von einer Philosophie, die bis zur Grenze der menschlichen Vernunft in Prinzipien strebt, gefordert werden kann.«[248]

14. Gut und Böse im Journalismus

Produzieren die Medien eine »Scherbenwelt«?

Die Verkehrung der Wirklichkeit feiert in den Massenmedien täglich ihre Triumphe. Die menschliche Kommunikation ist dauernd gefährdet, auf den Abweg des Irrens, der Täuschung und mutwilligen Destruktion zu geraten. Die Wahrheit läßt sich vom kommunikativen Handeln nicht lösen, aber ebensowenig können wir die Verkehrtheit übersehen, in die alle menschliche Kommunikation verstrickt ist. In unserem Versuch, die ethische Vernunft im Journalismus herauszustellen, stoßen wir ständig auf das Faktum der ethischen Irrationalität im Journalismus.

Oscar Wilde hat für die Kunst beansprucht, sie sei frei von Moral, Schuld oder Unschuld. Der Journalismus ist es bestimmt nicht, und auch die Kunst hat es mit der Wahrheit zu tun, sie ist nicht im Stande der Unschuld. In der Kunst kann man der Freiheit das Wort reden, man kann die Würde des Menschen zum Leuchten bringen, aber man kann auch die Propaganda, den Kitsch oder den Zynismus in Szene setzen. Gibt es überhaupt irgendeinen menschlichen Wirkungs- und Wirklichkeitsbereich ohne die Negativität des Negativen? Die künstlich hergestellten Artefakte des Menschen haben ihre Unschuld immer schon verloren, und sicherlich können die Massenmedien nicht für sich reklamieren, jenseits von Gut und Böse zu sein. Sie haben ihren Anteil am Übel der Welt; das gilt es zu erkennen und einzukalkulieren. Leibniz hat die Übel der Welt in »physische« wie Leiden und Sterben und »moralische« wie sittliches Versagen, Egoismus und Verbrechen eingeteilt. Im Journalismus haben wir es mit dem moralischen Übel zu tun. Dabei hat die Wahrheit ebenso ihre Ästhetik wie das Böse die seinige, und von ihr geht nicht selten die größere Faszination aus. In Georg Büchners Drama »Dantons Tod« erklärt Mercier das ästhetische Prinzip der Revolution folgendermaßen: »Diese Elenden und ihre Henker und die Guillotine sind eure lebendig gewordenen Reden. Ihr bautet eure Systeme wie Bajazet seine Pyramiden aus Menschenköpfen.«[249]

Nicht aus Menschenköpfen, aber aus Schlagzeilen und Fünf-Sätze-Meldungen setzt sich täglich in zahlreichen Massenmedien eine säkularisierte Hölle in Szene. Die Neugierde, seinesgleichen leiden und sterben zu sehen, erscheint als mythisches Grundmuster der aus dem Paradies verstoßenen Menschen. Das tägliche Ergötzen an einer Welt, die ihre öffentliche Zurschaustellung von Gemeinheit,

Haß und Banalität als Informationsjournalismus ausgibt, weiß sich überdies von aller Schuldzuweisung und Mitverantwortung freizusprechen.

Papst Johannes Paul II. fragte in seiner Rede vor Künstlern und Publizisten im Münchener Herkulessaal: »Kann der Spiegel des Negativen in der Vielfalt heutiger Kultur nicht zum Selbstzweck werden? Kann er nicht zum Genuß am Bösen, zur Freude an der Zerstörung und am Untergang, kann er nicht zum Zynismus und zur Menschenverachtung führen?«[250] Die vielen Ersatz- und Entschuldigungsvokabeln für das Böse in einer Welt, die aus den Fugen gerät, sind bekannt. Aber auch das Gute will man vielfach nicht mehr beim Namen nennen. Die Moral von Gut und Böse hat sich verwissenschaftlichen lassen. Vom journalistischen »Genuß am Bösen« kann in der Kommunikationswissenschaft keine Rede sein; dennoch ist die grundsätzliche Ambivalenz der Kommunikationsphänomene dadurch nicht aufgehoben, daß wir auf Rationalität bauen und das Wüten des Menschen gegen sich selbst und seinesgleichen geflissentlich zu übersehen suchen.

Nun lassen sich auch heute reale Sachverhalte mit großer Genauigkeit und keinesfalls ohne Wirkung als »gut« oder »böse« kennzeichnen, wo immer Menschen beisammen sind und nicht gerade die Wissenschaft, sondern das Leben in der Vorhand ist. Wir meinen mit dem Bösen im Grunde genommen die Unvernünftigkeit, und eine solche Benennung korrespondiert mit der Grundeinstellung unserer Zeit. Das Gute läßt sich heute noch weniger eindeutig als das Böse definieren. Zwar reflektieren solche Begriffe wie Freiheit, Mündigkeit oder Gerechtigkeit in unserer Welt einen inneren Wert. Aber generell wirkt das Positive heute soviel blasser als das Negative im Kontrast von »heiler« und »kaputter« Welt.

Der Negativismus der Massenmedien

Diese Geschichte haben alle Menschen behalten: »Da sprach Kain zu Abel, seinem Bruder: Gehen wir hinaus aufs Feld! Als sie auf dem Feld waren, stand Kain auf gegen Abel, seinen Bruder und erschlug ihn.« Das sind eben jene Geschichten, die uns fortwährend über die geistigen Transportbänder der modernen Massenkommunikation ins Haus geliefert werden, »in einer Zeit, in der Tröstungen mit Nachrichtenwert selten, Nachrichten über Beschädigungen und Verluste, die Menschen sich und ihrer Umwelt zufügen, dagegen an der Tagesordnung sind«.[251] Ist es die alte Geschichte von Kain und Abel, die uns fortwährend in der Negativität der Massenmedien gegenübertritt? Oder pervertieren die Medien unsere Lebenswelten in das einseitig Negative? Spiegel des Bösen anstelle eines Spiegels des Guten? »Pro-stitution« des Negativen in den Raum der Öffentlichkeit?

Das Ungewöhnliche und normativ Abweichende hat einen hohen Nachrichtenwert in der Massenkommunikation, das Alltägliche einen niedrigen. Über das Verbrechen wird berichtet, über die gute Tat kaum. Treuebruch ist stets berichtenswerter als Treue. Reduziert sich die Wirklichkeit auf einen Horror-Film oder ein Kuriositätenkabinett? Medien berichten so und nicht anders. »Hund beißt Mann«, das ist bekanntlich keine Nachricht. »Mann beißt Hund«, das ist hingegen eine Nachricht wert. Was steckt hinter diesen Binsenwahrheiten des Journalismus?

Die Bevorzugung des Nicht-Alltäglichen in der Massenkommunikation hat ihre Erklärungsgründe. Rein technisch gesehen könnten die Sachzwänge der Informationsproduktion und die informationstheoretischen Strukturen auch in eine ganz andere Richtung laufen. Der Apparat determiniert nicht das Außergewöhnliche, sondern er könnte ebensogut den ganzen Tag Samariter-Nachrichten aus der ganzen Welt verbreiten und hätte damit alle Hände voll zu tun. Er könnte fortwährend die Sonnenseite des Lebens hervorkehren. Gut also, dann sind es die Menschen, die den Apparat füttern und einseitig programmieren, die jene Medienstrukturen geschaffen haben und sie täglich in einer Art von weltweitem Konsonanzverhalten fixieren. Es sind nicht nur die Produzenten, sondern auch die Empfänger, die offenbar nur dieses und nichts anderes lesen, hören oder sehen wollen. Vielleicht ist die Empfängerseite mit ihrem niedrigen Massengeschmack überhaupt die schuldige, die der Senderseite jene merkwürdigen Sachzwänge der Informationsproduktion aufoktroyiert, über die man sich gern mokiert, aber die man bereitwillig akzeptiert. Oder sind es am Ende die Sachen selbst, die jene »unsachliche« Präferenz von Nicht-Alltäglichem in der Massenkommunikation bewirken und die Medien korrumpieren?

Nicht-Alltägliches braucht nicht Negatives zu sein. Wo der Mensch Heimat hat, da ist das Gewohnte der Ort des Normalen, der Beständigkeit und Bindung. Sind es Heimatlosigkeit und Entfremdung des Menschen vom angestammten Ethos, die ihn nach dem Außergewöhnlichen verlangen lassen? Könnte die entsprechende Selektivität der Massenmedien eine humane Notlage spiegeln?

Bald nach dem Erscheinen seines Werkes »Sein und Zeit«, so berichtet Heidegger, habe ihn ein junger Freund gefragt: »Wann schreiben Sie eine Ethik?« Das Verlangen nach einer verbindlichen Anweisung und nach Regeln, die sagen, wie man leben soll, sieht Heidegger in der offenkundigen Ratlosigkeit des Menschen begründet. »Der Bindung durch die Ethik muß alle Sorge gewidmet sein, wo der in das Massenwesen ausgelieferte Mensch der Technik nur durch eine der Technik entsprechende Sammlung und Ordnung seines Planens und Handelns im ganzen noch zu einer verläßlichen Beständigkeit gebracht werden kann.«[252] Heidegger sucht die Bestimmung zwischen »der Ontologie« und »der Ethik« genauer vorzunehmen und erinnert an die griechischen Denker vor Platon. Sie hätten die »physis« in einer Weite und Tiefe gedacht, die alle spätere »Physik« nie mehr zu erreichen vermochte. Ein Spruch des Heraklit sage so Einfaches, daß aus ihm das Wesen des Ethos unmittelbar ans Licht komme. Der Spruch lautet: »Seine Eigenart ist dem Menschen sein Dämon.« Heidegger vermerkt, daß hier die Übersetzung von »Ethos« mit Eigenart zwar modern, aber nicht griechisch sei. Ethos meint den offenen Bezirk, worin der Mensch wohnt und wo das erscheint, »was auf das Wesen des Menschen zukommt und also ankommend in seiner Nähe sich aufhält. Der Aufenthalt des Menschen enthält und bewahrt die Ankunft dessen, dem der Mensch in seinem Wesen gehört. Das ist nach dem Wort des Heraklit ›daimon‹, der Gott. Der Spruch sagt: der Mensch wohnt, insofern er Mensch ist, in der Nähe Gottes.«[253]

Heidegger bringt seine Betrachtung im Zusammenhang mit der Frage »Auf welche Weise läßt sich dem Wort Humanismus ein Sinn zurückgeben?«. In dem Denken, das die Wahrheit des Seins und der menschlichen Wirklichkeit denkt, sieht Heidegger bereits die ursprüngliche Ethik grundgelegt. Aber damit stehen wir wieder vor den Fragen, die von den Griechen über Thomas bis zu Heidegger selbst reichen, ob wir nämlich im Grunde der Welt und unseres Daseins eine Spur finden können, die den Ursprung des Guten, was wir Sinn oder Glück nennen mögen, als Unbedingtes aufweist. Das Gute, das uns zu Menschen macht, die das Gute wollen und erstreben, wo ist sein Ort? Erfinden wir das Gute? Oder hat es uns, als Sein des Seienden, erdacht und »erfunden« als etwas, das im Wollen unseres Sollens vollendet werden soll? Und wenn wir auf Horkheimers eindringliches Fragen nach dem, »was wahrhaft ist«,[254] blicken: Ist es Verstand oder Vernunft oder Wissenschaft, die uns auf die ethische Spur eines zu Vollendenden bringen?

Phantasie des Guten

Was uns als das gute und vernünftige Leben gilt, ist immer schon hermeneutisch und kritisch vermittelt. Wir müssen in dieses Leben eintreten, wenn die Moralität des Guten thematisiert werden soll. Die Wissenschaft »entwirklicht« die Lebenswirklichkeit; sie hat keinen unmittelbaren, sondern nur einen gebrochenen Wirklichkeitsbezug. Ihre Interpretationen richten sich nach Ideen des guten Lebens. »Das ›Gute‹ ist dabei weder Konvention noch Wesenheit, es wird phantasiert«, meint Habermas auf der Suche nach formalen Kriterien des guten und vernünftigen Lebens.[255] Selbst wenn das Gute phantasiert wird, woher kommen die Ideen, Bilder und Normen von Glück und Elend, Wahrheit und Lüge, Gut und Böse?

Wir stellen mehr Fragen, als hier Antworten möglich sind. Warum ist die Phantasie des Bösen in den Massenmedien ungleich stärker entwickelt als die Phantasie des Guten? Auschwitz, der Archipel Gulag, die Kriminalstatistiken unserer Wohlstandsgesellschaft oder die über 140 Kriege, die von der UNO seit dem Zweiten Weltkrieg registriert worden sind, sind nicht phantasiert worden. Es gibt das Übel, es gibt eine Lust am Negativen, die sich mit dem Faktum des Bösen verbindet und der Schiller in seinem Stück »Die Räuber« eine großartige Darstellung des Bösen zu einem sittlichen Zweck geliehen hat, um die in das Laster verstrickte Tugend anziehend zu machen. Sind die Massenmedien ein moralisches Theater? Bedarf es der Negativität zur wirksamen Publizität? Wenn wahrheitsgetreu berichtet werden soll, dann muß über Gutes *und* Böses berichtet werden.

Was das Böse in der Berichterstattung betrifft, so könnte man die modernen Massenmedien als ein Ventil für angestaute Negativitätserfahrungen ansehen. Die Medien übernehmen eine entlastende Verdrängungsfunktion. Oder sie haben gewisse kathartische Wirkungen, wie sie in Untersuchungen zu Gewaltdarstellungen im Fernsehen hervorgehoben werden. Was das Gute in der Berichterstattung betrifft, so wären therapeutische Theorien für die Massenmedien nicht weniger am Platz, aber sie haben nicht die Faszination der Negativität. Die Positivität ist langweilig, ihre Ethik entbehrt der Dramatik und Spannung. Die Theaterleute, die das Dilemma kennen und denen es ebenso wie den Journalisten oft vorgehalten wird, entschuldigen sich mit einem Wort von Alexander Herzen: »Wir sind nicht die Ärzte, wir sind der Schmerz.«[256] Können die Journalisten diese Antwort heranziehen? Sie haben keine Bühne, auf der sie »spielen«, und ihr Handwerk steht dem Leben näher als der Kunst, wo das Ästhetische gegenüber dem Ethischen den Vorrang beansprucht. Kann Journalismus böse sein?

Propaganda und »Feindpropaganda«

Seit es die Propaganda als Massenbeeinflussungsmittel gibt, soll Haß gegen den »Feind« geschürt und Freundschaft für die gute Sache geworben werden. Deutsche Soldaten, die im Ersten Weltkrieg nach Belgien einrückten, hätten den Kindern die Hände abgehackt, hieß es damals in der »Feindpropaganda«. Die Greuelmärchen von deutscher Seite folgten. Die 1913 erschienene Ausgabe der »Encyclopaedia Britannica« hatte noch keinen Artikel über Propaganda. In den zwanziger Jahren bildete sich in den Vereinigten Staaten ein Forschungszweig heraus, der die Analyse der Propaganda und die Manipulation der öffentlichen Meinung über publizistische Massentechniken zum Gegenstand hatte. In den dreißiger Jahren lauteten die Frageansätze: Steht Amerika vor der Gefahr, daß auch dort ein Hitler, ein Goebbels »mit Worten« einer raffinierten Propaganda- und Lügentechnik die Demokratie beseitigt? Der Titel eines damals veröffentlichten Werkes über Propaganda im Weltkrieg lautete »Words that Won the War«.[257] Das 1937 gegründete »Institute for Propaganda Analysis« vereinigte die Forschungsbestrebungen und veröffentlichte 1939 seine wohl erfolgreichste Studie »The Fine Art of Propaganda«.[258] Diese Studie nennt sieben Regeln einer wirkungsvollen Propaganda: Name Calling, Glittering Generality, Transfer, Testimonial, Plain Folks, Card Stacking und Band Wagon. Sie seien hier kurz erläutert, weil sie die Kernfrage jeglicher Medienwirkungsforschung als eine moralische demonstrieren.

Einen Politiker, der für die Todesstrafe eintritt, als »Kopf-ab-Politiker« zu bezeichnen oder das Bestreben, Radikale vom öffentlichen Dienst fernzuhalten, mit »Berufsverboten« zu kennzeichnen, ist »Name Calling« und wohlerprobte Praxis. Das Gegenstück sind die »Glittering Generalities« der Reklame, etwa »Genüßlich frühstücken mit Kellogg's, der Figur zuliebe«, was in der politischen Propaganda nicht weniger erfolgreich ist. Über »Transfer« läßt man eine Person oder ein Produkt an vorhandenem Ansehen oder Prestige teilhaben, so beispielsweise, wenn der amerikanische Präsident mit dem Evangelisten Billy Graham an einem »prayer breakfast« teilnimmt, um die religiös gebundene Wählerschaft zu gewinnen. »Testimonial« liegt vor, wenn eine angesehene oder gehaßte Persönlichkeit sagt, wie gut oder übel eine Idee, ein Programm, ein Produkt, eine Person ihr vorkommen. »Plain Folks« lautet die Methode, wenn Leute wie Stalin oder Hitler sich bei Massenaufmärschen gern mit Kindern befassen. Präsident Carter galt als der Mann von der »Erdnußfarm«. Mit gezinkten Karten spielen, die ganze Wahrheit wissen, aber den Leuten nur sagen, was die richtige Antwort bringt und die gewünschten Argumente stützt, das ist »Card Stacking«. Zu den Siegern gehören, auf der Seite der Gewinner sein, sich nicht zu isolieren, aber auch mit den Wölfen heulen oder jedenfalls schweigend mitlaufen, wenn das »Heulen« schon zuviel Mut verlangt, solche Gefühle und Beweggründe hat Elisabeth Noelle-Neumann herangezogen, um ihre Theorie von der »Schweigespirale« zu belegen, und sie tut es unter Bezug auf den »Band Wagon« mit seinem Effekt, den der Sozialpsychologe und Wahlforscher Paul F. Lazarsfeld bei der amerikanischen Präsidentschaftswahl 1940 beobachtet hat: dem Wagen mit der Kapelle an der Spitze des Zuges nachlaufen und draufspringen, wenn er erfolgreich durchzieht.[259]

Propaganda kann sehr böse sein, geistige und politische Verführung in hoher Perfektion bewirken. Der Journalismus mit propagandistischer Zielsetzung kann es auch. Gilt Enzensbergers Vorwurf an die Medien und Journalisten, sie produzierten eine »Scherbenwelt«?[260] Maximilian Gottschlich fragt in einem eigenen Kapitel, unter welchen Umständen von mißlungener journalistischer Leistung zu sprechen sei und ob Journalisten in genügendem Maße die beabsichtigten und unbeabsichtigten Wirkungen ihres Handelns wertrational gegeneinander abwägen und entsprechende Konsequenzen zu tragen hätten. Er verlangt, die Journalisten sollten mehr Offenheit bei der Konstruktion von Nachrichten- und Medienrealität praktizieren und grundsätzlich stärker nach den Voraussetzungen kommunikativer Sinnrealisierung in den Massenmedien fragen. Mit Kategorien wie »Interpretation von Wirklichkeit«, »Wichtigkeit durch entsprechende Sinnzuweisung seitens der Rezipienten« oder »sach- und zugleich publikumsgerechter Thematisierung« appelliert Gottschlich an ein journalistisches Vernunftethos, das die Perspektiven eigener Fehlleistung in die moralische Legitimation des eigenen kommunikativ-öffentlichen Handelns aufnimmt.[261] Damit sind wir wieder bei der Grundtatsache der Selbstverpflichtung angelangt, die man nicht begreiflich machen kann, ohne sie zu leben.

Das »malum morale« und das »Tua res agitur«

Die Vernunft, das haben die vorangegangenen Überlegungen zur ethischen Rationalität bestätigt, stößt an ihre Grenzen, wenn das moralische Wollen und Sollen einsichtig gemacht werden soll, und die Philosophie spricht von der »Unbegreiflichkeit« des moralischen Gesetzes »in uns«. Daran hat sich seit Kant prinzipiell nichts geändert. Das Böse kommt ebenso wie das Gute dem Menschen von Natur zu, und es ist doch zugleich in der Freiheit begründet. Seit Kant und dieser seiner Auffassung ist der Graben zwischen Empirie und Ethik durch den modernen Zuwachs an Rationalität höchstens noch breiter geworden.

Der Einsatz der instrumentellen Rationalität zum Zweck der Destruktion ist es vor allem, der die objektive Welt von der moralischen Welt abgeschnitten hat und heute auch im Bereich der modernen Massenkommunikation so viele Fragen zu aporetischen macht. Als die Metaphysik sich noch auf ein geschlossenes Weltbild stützen konnte, waren ethische Systeme objektiv und wissenschaftlich begründbar; sie sind es heute nicht mehr. Kant hat uns demonstriert, daß das »Faktum« unseres Sollens im Sinne eines stringenten Beweisverfahrens nicht zu objektivieren ist. An dieser Einsicht in die theoretische Unbegründbarkeit der Ethik ist festzuhalten. Nur im Selbstvollzug können wir die Moralität begreifen und ergreifen.[262] Zwingt uns diese Einsicht dazu, das Sittliche auf ein kontingentes oder relativistisches Gutdünken zu reduzieren und jede Hoffnung auf eine philosophische Ethik, die sich als eine engagierte bewähren soll, fahren zu lassen?

Ohne Zweifel sind Gut und Böse in unserer täglichen Erfahrung eine Vorgegebenheit. Das Schlechte, Negative, Boshafte, Betrügerische, das Absurde, Unvollkommene, offenkundig Ungerechte und Gehässige, aber auch das Schwache im eigenen Scheitern und Versagen treten uns auf der Erfahrungsebene mit unbestreitbarem Wirklichkeitscharakter gegenüber. Wir können Verursacher oder Opfer sein, wenn uns durch das Übel eine Leidenserfahrung zugefügt wird. Die wissenschaftlich-analytische Empirie führt das »sogenannte Böse« auf Milieuverhältnisse, Strukturen, gesellschaftliche Zustände oder andere Kausalitäten zurück, um Fehlverhalten »erklären« zu können. Für den praktischen Umgang mit dem Bösen sind wissenschaftliche Theorien wenig hilfreich, solange sie von eigener Verantwortung und Schuld abstrahieren. Sie lösen einen Entschuldigungsmechanismus aus, sie »entbösen« das Böse durch Objektivationen, was meistens darauf hinausläuft, die anderen, die Gesellschaft, die verkehrten Strukturen mit dem Fehlverhalten zu belasten. Erst wenn wir uns selbst einbeziehen, wenn wir vom Bösen im Modus der Betroffenheit, nämlich des Eingeständnisses, schuldig werden zu können, reden, betreten wir die Ebene der Freiheit und Verantwortung, auf der das Böse keine Naturtatsache, sondern moralisches »Faktum« ist.

Die anthropologische Betroffenheit wird von einer weiteren Ebene überlagert, wo es um Sein und Sinn der Wirklichkeit überhaupt geht, wo das »malum physicum« und das »malum morale« auf das »malum metaphysicum« von Leibniz hinweisen.[263] Das Sein des Wirklichen ist im klassischen Verständnis mit dem Guten identisch – ens et bonum convertuntur. Das Übel hingegen ist nicht von eigenständiger Wirklichkeit, sondern ein Mangel an Sein – privatio boni debiti. Walter Kasper fragt, ob diese klassische Antwort heute philosophisch ausreicht, ob also das sittlich Böse wirklich nur eine Privation am Sein, oder ob es nicht eher eine bewußte Position, eine Realisation ist, die sich das mit Freiheit begabte Sein selbst gibt. Adornos Wort wird zitiert: »Philosophie, wie sie im Angesicht der Verzweiflung einzig noch zu verantworten ist, wäre der Versuch, alle Dinge so zu betrachten, wie sie vom Standpunkt der Erlösung aus sich darstellten.«[264] Damit wäre das Phänomen des Bösen von Adorno in eine theologische Perspektive gerückt, die wir hier beiseite lassen wollen.

Auch ohne Rekurs auf Adorno oder eine Theologie erscheint uns jene Ethik nicht hinreichend, die heute in sprachanalytischen oder logischen Untersuchungen sich auf die Frage begrenzt, wie und wann und wo ethische Sätze wahr oder falsch sein können. Die intakte Logik und der Aufschrei des Menschen gegen Ungerechtigkeit und Grausamkeit sind wie zwei getrennte Welten. Im Vorgriff auf eine Rationalität, die als Artefakt auf dem Boden argumentativer oder logischer Begründung hergestellt wird, treten die Aporien einer verwissenschaftlichten Ethik um so krasser hervor. Was fängt sie mit dem »malum morale« an? Wenn man sich der Illusion hingibt, die Aufklärung werde, wenn eines Tages alle ihre Hindernisse aus dem Weg geräumt seien, das vernunftgerechte Universum hervorbringen, dann ist die Rede vom Bösen und vom Guten bereits heute eine »reaktionäre« und »unwissenschaftliche«.

Nein, das Böse ist das Unvernünftige, das Sinnlose, was der Ordnung des menschlichen Zusammenlebens entgegensteht und seine Wurzel in mir hat, in der Kantischen »Verkehrtheit des Herzens«. Walter Schulz bezeichnet die Differenz zwischen Ordnung und deren Negation als ein Urphänomen des menschlichen Lebens. Deshalb sei an der Differenz von Gut und Böse festzuhalten. Aus der Einsicht in diese unsere Begrenztheit gilt es, die Frage nach der Freiheit neu zu stellen.[265] Was das für den Journalismus und seine Ethik bedeutet, wollen wir im vierten Teil unserer Überlegungen aufgreifen. In einer nur feststellenden Außenbetrachtung kann die moralische oder journalistische Selbstverpflichtung nicht eingefangen werden.[266] Hier gelten metaethische Theorien oder formale Strukturen, aber das »Tua res agitur« ist auf dem Boden analytischer Ethik nicht zu gewinnen. Ethik ist Moralität, wenn sie eine engagierte ist, wenn mein Handeln unter der Voraussetzung der Freiheit steht, die Entscheidungen, aus denen das Leben in hohem Maße »besteht«, zu verantworten.

15. Werte und Grundwerte in der Massenkommunikation

Journalismus in der politischen Kultur

Simone Weils Buch »Die Einwurzelung«, das schon im Titel ein geistiges und politisches Programm enthält, hat einen ebenso programmatischen Untertitel »Einführung in die Pflichten dem menschlichen Wesen gegenüber«. Zu diesen Pflichten zählt die Schriftstellerin ein vernunftbestimmtes Handeln im Journalismus. Sie verlangt, daß das der Vernunft so wesentliche Bedürfnis nach Freiheit vor der Suggestion, der Propaganda und jeder zudringlichen Beeinflussung geschützt wird. Die moderne Technik stelle diesen Formen des Zwanges, der Vergewaltigung und der besonderen Nötigung ihre äußerst wirksamen Werkzeuge zur Verfügung, und die Seelen der Menschen seien deren Opfer. »Jeder weiß, daß der Journalismus, wenn er von der organisierten Lüge nicht mehr zu unterscheiden ist, ein Verbrechen darstellt. Dennoch glaubt man, dieses Verbrechen sei nicht strafbar.«[267] Dieser Schriftstellerin sind die täglichen Abstriche am Wahrheits- und Freiheitsethos in der Massenkommunikation so ungeheuerlich vorgekommen, daß sie die Moralität der journalistischen Verpflichtungen notfalls durch beauftragte Ehren- und Sondergerichtshöfe erzwingen lassen wollte.

So umstritten dieser Rechtsweg wäre, ist der Autorin zuzustimmen, wenn sie die journalistischen Veröffentlichungen in ihrer Einflußnahme auf öffentliche Meinung und praktische Lebensführung als rechenschaftspflichtige Handlungen charakterisiert, die den nämlichen Beschränkungen wie alle übrigen Handlungen in der Rechtsgemeinschaft unterliegen müßten. Dem kollektiven Zwang und der kollektiven Verführung durch die Massentechnik gilt die kompromißlose Gegnerschaft Simone Weils: »Die Vernunfteinsicht ist besiegt, sobald ihren Urteilen eingestandener- oder uneingestandenermaßen das kleine Wörtchen ›wir‹ vorangeht. Und wenn das Licht der Vernunfteinsicht sich einmal verdunkelt, so gerät auch die Liebe zum Guten in verhältnismäßig kurzer Zeit auf Abwege.«[268]

Die französische Originalausgabe von Simone Weil erschien 1949 in Paris. Der frühere Chefredakteur von Amerikas auflagenstärkster Tageszeitung »The Daily News« in New York, Michael O'Neill, fordert wie die französische Autorin ein verpflichtendes Ethos für den Journalismus und ein vernunftbestimmtes Handeln, das dem Bedürfnis des Bürgers und der Demokratie nach Schutz vor Suggestion, Machtarroganz und Wahrheitsentstellung entspricht. Die Journalisten hätten heute eine harte Haltung intensiver Gegnerschaft entwickelt. Sie betrachteten die Regierung als Feind und ihre Repräsentanten als bequeme Ziele für »Attack-and-destroy«-Missionen. Geltungsdrang und Medienmacht veränderten und verfälschten den demokratischen Prozeß. O'Neill zeigt nicht nur die politischen Konsequenzen des Enthüllungs- und Gegnerschaftsjournalismus, der die Presse die Probleme entscheiden läßt, statt zu berichten und sie zu erklären. Er sieht moralisches Gefühl und Verantwortungspflicht gefährdet, wenn »Dreckaufwühlen« zu vordringlich betrieben wird, wenn Reporter und Redakteure stets vom Versagen angezogen und immer nur im Negativen bleiben: »Ist es unsere Pflicht, so unbarmherzig zu berichten, daß wir von unserer eigenen Menschlichkeit Abschied nehmen müssen?« Was der journalistische Beruf mehr als andere braucht, meint der Chefredakteur, das sei ein generöser Geist und ein kräftiger Schuß menschlicher Wärme, »eine Bereitschaft, das Gute zu sehen, die dem Argwohn gegen das Böse und Falsche die Waage hält und die Zynismus mit Hoffnung paart«.[269]

Das sind zwei Stimmen, mehr als dreißig Jahre auseinanderliegend, denen weitere zugesellt werden können. Ein öffentlicher Groll gegen die Journalisten hat sich angestaut. Das amerikanische Nachrichtenmagazin »Time« verleiht ihm Ausdruck mit der Schlagzeile: »Journalism under fire: A growing perception of arrogance threatens the American press.«[270] Umfragen hätten ergeben, daß das öffentliche Vertrauen den Medien gegenüber stark gesunken sei. Die Journalisten gelten pauschal als unverschämt, zynisch und unpatriotisch. Sie verdrehen die Tatsachen, wie es ihnen in den Kram paßt, mischten sich in die Politik und das Privatleben ein. Das Leid, das sie anderen zufügten, lasse sie in ihrer Arroganz und Selbstgerechtigkeit ungerührt. Um dem Ganzen die Krone aufzusetzen, hielten sie dieses Verhalten auch noch durch Verfassungsgarantien sanktioniert.

Die journalistische Praxis, wie sie tatsächlich ist, aber schlechterdings nicht sein sollte, wird dem Menschen in seiner Vernünftigkeit zugerechnet und in aller Radikalität vorgehalten. In ihrem Ethos, in ihrem Werturteil und sittlichen Gefühl hat die Gesellschaft auch heute die Bedingungen der moralischen Differenz von Wert und Unwert ausgelegt. Die Macht der Medien, wie groß sie auch sein mag, stößt an Grenzen, und die Kritik der Medien untereinander ist so beträchtlich, daß keine Rede davon sein kann, in unserer Gegenwart sei die Sittlichkeit als Prinzip so geschwächt, daß sie Gegebenes als ein bloß Gegebenes anerkennt. Die Zielvorstellungen der instrumentellen Richtigkeit, die ein »gutes« Funktionieren ermöglichen, treten bereits mit keinem anderen Anspruch als einem moralischen auf. Darüber hinausgehend wird die journalistische Praxis nicht nur pragmatischen und sachlichen Verbindlichkeiten unterstellt, sondern auch im ganzen verantwortbar gehalten für die Humanität, die sie hervorbringt

347

oder zerstört. Sie wird von der Öffentlichkeit im Sinne eines unbedingten normativen Anspruchs für rechenschaftspflichtig gehalten. Diese Praxis der Medien soll Wahrheit und Gerechtigkeit und Sinn in sich selbst vorweisen. An welche andere Adresse als die der rechenschaftspflichtigen Person richtet das journalistische Ethos seine Verbindlichkeitsforderungen der Vernünftigkeit, des Gehorsams und der Selbstverpflichtung? Die Kritik, ob sie nun an den Medien oder durch die Medien selbst geübt wird, erfolgt im Namen von Sittlichkeit. Gleichzeitig muß es sich das Ethos gefallen lassen, selbst durch die Moralkritik eben auch im Namen von Sittlichkeit wieder in Frage gestellt zu werden.[271] Solche gegenläufigen, dialektischen Prozesse sind es, die das Prinzip der Sittlichkeit heute im Journalismus verdunkeln und verwirren können. Aber als Prinzip ist diese Sittlichkeit der Verantwortung gegenwärtig und lebensweltlich nachweisbar in der Werthaftigkeit des Allgemeinen, das wir Kultur oder Gesellschaft nennen.

Journalismus und Pluralismus

Von Werten, ja von Tugenden wird heute öffentlich und viel gesprochen. Die Pluralismus- und Grundwertedebatte der letzten Jahre ist ein Ausdruck jener Wert- und Orientierungskrise, in die auch der Journalismus als ein Teil der politischen Kultur aufgenommen ist. Das Allgemeine und Gemeinsame, das in den Grundwerten und öffentlichen Tugenden angesprochen wird, stiftet nicht schon als solches Allgemeinverbindlichkeit und Gemeinsamkeit; je mehr die Rede davon ist, desto weniger scheinen Werte gelebt zu werden. Die Freiheit der Wahl ist heute übergroß, und Pluralismus bedeutet praktisch, das andere Ethos gelten zu lassen, positiv die Anerkennung der Freiheit des anderen, negativ die Beliebigkeit und Heimatlosigkeit. In diesem Pluralismus der praktischen Vernunft, um mit Wolfgang Kluxen zu sprechen, ist das konkrete Gutsein, die konkrete Vernünftigkeit der wirklichen Handlung nur im Verhältnis zur Vernünftigkeit der einzelnen Person zu beurteilen, und diese Vernünftigkeit der persönlichen Sittlichkeit, deren Konkretion nicht nur im eigenen Entwurf, sondern im Verhältnis zum Ethos zustande kommt, nennen wir Gewissen.[272] Die Not des Pluralismus ist es, daß er immer wieder aufs neue mit der Wahrheit der Gewissen seine Kompromisse schließen muß. Der einzelne steht mit seinem Gewissen allein. Dennoch bleibt uns keine Wahl; das offene Ethos ist das demokratische.

Was die politische Kultur betrifft, in die der Journalismus mit seiner Werthaftigkeit eingebettet ist, so bündeln sich in diesem Begriff, der seit einigen Jahren geläufig geworden ist, die Erwartungen, daß trotz des Pluralismus heutiger

Norminstanzen ein Fundamentalbestand an einheitlichem Ethos ausgewiesen werden kann.[273] Der Begriff »political culture«, den amerikanische Politikwissenschaftler in den fünfziger Jahren einführten, knüpft an kulturanthropologische Vorstellungen an. Die Kulturanthropologie ist dem Neben- und Ineinander von Werthaltung, Lebensform, Glaubenssystem, Ideologie, Persönlichkeitsstruktur, politischem Stil in ihren Forschungsansätzen nachgegangen und konnte dabei vor allem in der Analyse der Primitivkulturen die sozio-kulturellen Integrationsmuster herausarbeiten. Die »cultural patterns« besitzen integrierende und legitimierende Kraft, was das Ganze zusammenhält. Ins Politische erweitert, dienen die kulturellen Wertmuster einer Fundamentierung des Systems im Rationalen und Irrationalen.

Anfangs litt das Konzept der politischen Kultur unter einer behavioristischen Sichtweise, bis die Kategorien »Wert« und »Sinn« aus dem Umfeld der political-culture-Forschung aufgenommen wurden und sich auch amerikanische Vorstellungen von der »civic culture« mit dem Konzept noch stärker amalgamierten.[274] Die Fragen nach dem Wert- und Sinngehalt von Politik als der »res publica« im Leben des einzelnen verweisen uns auch auf eine Theorie erfaßbarer politischer Symbole. Welche Verwurzelungen liegen im Anthropologischen und im Kulturellen vor? Wie werden die Sinnbezüge in ihrer politischen Symbolhaftigkeit übermittelt? In welchem Maße ist die Symbolisierung einer politischen Kultur von den objektiven Kommunikationsstrukturen einer Gesellschaft abhängig?

Die politische Kultur in ihrer Werthaftigkeit und der Journalismus als gewichtiger Bestandteil dieser Kultur sind in ihren Beziehungen noch kaum untersucht worden. Wir können zwar Fragen formulieren, inwieweit die Massenmedien als entscheidende Prägekräfte des demokratischen Lebens- und Wertgefühls hervortreten, welche Milieus sie schaffen und ob sie zu einem gedeihlichen Klima des politischen Wertempfindens beitragen, aber die Antworten sind von hypothetischer Art. Der Grundwertebegriff, an den wir anknüpfen, bezeichnet den sittlichen Fundus, auf den sich die politische Kultur aufbaut. Die Aufmerksamkeit, die den Grundwerten zuteil geworden ist, muß stärker in die ethische Selbstreflexion der Medienkultur aufgenommen werden. Für viele ist der Begriffsinhalt der Grundwerte ungeklärt, und zwar halten sie die zugrundeliegende Wertphilosophie in ihrer Anwendung auf die politische Praxis für fragwürdig.

Ein Beispiel dafür liefert Christian Krockow in Überlegungen zum Thema »Ethik und Demokratie«. Der Autor fragt, ob Grundwerte nicht überhaupt sogar verfassungswidrig sind. Man bewaffnet sich mit Grundwerten »wie mit Keulen«, um damit auf den parteipolitischen Gegner einzuschlagen und ihn, wenn irgend möglich, an oder sogar über den Rand der Verfassungsordnung zu drängen und entsprechend zu diffamieren. »Entsteht dann statt des demokratischen Konflikts und Konsenses«, so fragt er, »nicht das Freund-Feind-Verhältnis eines latenten Bürgerkrieges?«[275] Krockows These von der Verfassungswidrigkeit der Grundwerte ist eine sarkastische Zuspitzung, wie er selbst zugibt. Dahinter steht seine These, eine demokratische Politik sei »nur in einem Horizont des Unglaubens« möglich. Der Staat dürfe keine inhaltlichen Wertfestsetzungen treffen und sie für alle verbindlich erklären. Deshalb fordert Krockow eine absolute Offenheit als »die Fähigkeit jedes einzelnen, selbst über seine grundlegenden Werte und Wahrheiten zu befinden und zu entscheiden, wie und wohin er sein Leben im Letzten führen will«.[276] Eine Politik »im Horizont des Unglaubens« hätte eine relativistische Demokratieauffassung zur Denkvoraussetzung, wenn das, was nach Krockows Auffassung in der Demokratie wehrhaft absolut gesetzt werden soll, »die Offenheit selbst« ist.

Prinzipiell bekennt sich unsere politische Kultur zur Wertgebundenheit des demokratischen Gemeinwesens. Die Unantastbarkeit der Menschenwürde als oberstes und absolut gesetztes Verfassungsgebot sollte dem Zugriff eines relativistischen Rechtspositivismus à la Weimar nicht mehr ausgeliefert sein; so wollten es die Verfassungsväter im Parlamentarischen Rat von 1948 und 1949. Der Vernunftgebrauch hat seinerseits Voraussetzungen, die von nichtrationaler Herkunft sind und zu den nichtrelativierbaren Bedingungen unserer Freiheit zählen. Deren Relativierung bedeutete ihre Selbstaufhebung. Der Streit geht hier nicht nur um Grundwerte, sondern er bringt uns zurück zur Frage nach der Normenbegründung überhaupt. Läßt sich über die Setzung eines »Wertes« bestimmen, was denn das Gebotene und Gute sei? Wir stellten fest, das Gute sei nicht definierbar. Wären dann genau genommen nicht auch alle Werte undefinierbar? Eberhard Jüngel meint, die Ethik lebe geradezu aus der Paradoxie, daß das Selbstverständliche sich nicht mehr von selbst versteht. Das Gute sollte eigentlich selbstverständlich sein. Indem man es aber gebietet und als »Grundwert« etabliert, gebe man sich der vergeblichen Hoffnung hin, »daß der Mensch selber durch Gesetze und Gesetzeswerke besser oder gar gut würde«.[277] Hat man, um mit Heideggers negativer Einschätzung der Wertphilosophie zu sprechen, den Wert und das Werthafte zum Ersatz für das Metaphysische gemacht? Die absonderliche Bemühung, die Objektivität der Werte zu beweisen, wisse nicht, was sie tut, wenn eben durch die Kennzeichnung von etwas als »Wert« das so Gewertete seiner Würde beraubt werde. Denn »das, was etwas in seinem Sein ist, erschöpft sich nicht in seiner Gegenständlichkeit, vollends dann nicht, wenn die Gegenständlichkeit den Charakter des Wertes hat«.[278]

Im Zustand des Erfrierens erscheint mir eine Wolldecke wertvoller als ein seidenes Gewand. Welche Güter vorgezogen werden, hängt von der Bedürfnislage und gefühlsmäßigen Bejahung ab. Persönliches Werten ist auch kulturell und geschichtlich bedingt. Jede Gesellschaft bildet eine Rangordnung von

Wertvorstellungen aus. »Für den Vorrang gesellschaftlicher Werte spricht die in der Sitte festgehaltene Erfahrung und das Gewicht der Übereinkunft, für die Wertung des einzelnen die Bedeutung des Gewissens und seiner Gesinnung. Persönliches und gesellschaftliches Werten bedeuten eine Stellungnahme zu bestimmten Gütern in einer bestimmten Situation.«[279]

Materiale Wertethik

Erst in den Gütern werden Werte »wirklich«. Das ist Max Schelers Auffassung, der versucht hat, eine Lehre von den sittlichen Werten in seiner materialen Wertethik zu begründen.[280] Scheler wirft der Kantischen Ethik ihre bloß formalen Bestimmungen ohne Gehalt und Inhalt vor. Was nun tatsächlich in einer jeweiligen Situation zu tun sei, werde nicht ausgesagt. »Dieser Koloß aus Stahl und Bronze«, womit er Kants Werk meint, habe die Philosophie von dem Einbau der sittlichen Werte in das Leben des Menschen abgesperrt. Scheler will der philosophischen Ethik »materiale« Grundlagen verschaffen. Gegen das rein rationalistische Begründungsverfahren sieht er im Gefühl das Fundament für die Werterfahrung. Diesem »Wertfühlen« mit seiner Intentionalität sucht er denkend auf die Spur zu kommen, um daraus die Evidenz der Werte und ihre Rangordnung abzuleiten.[281] So wird die Ethik für Scheler in einem Reich der Werte abgebildet, wobei er die aus dem intentionalen Fühlen stammende Wertgewißheit nicht subjektiviert, sondern »die objektive Seinsgültigkeit unseres Werterfassens« herausstellt. Das gelingt ihm nur vor einem philosophisch-theologischen Denkhorizont, in den christliche Vorstellungen aufgenommen werden und wo die höchsten Werte als Ideen im Ideenreich Gottes vorgebildet erscheinen. Der Geist wird zum Prinzip alles Seienden, und als Wertträger hat der Mensch eine einzigartige Stellung; Scheler versteht ihn als Person, als obersten Wert. Aus dem Natürlichen kommend, ragt er in die Geist- und Gottsphäre hinein, als »Gottsucher«.

Scheler hat richtig gesehen, daß der Mensch, der im Unterschied zum Tier nicht triebgebunden ist und »Welt« hat, am Vorrang des Geistes festhalten muß. Dieses Geistige ist etwas Außervitales, das den Vernunftbegriff einschließt, ebenso eine bestimmte Anschauung von den Urphänomenen und dann auch emotionale Akte wie Güte, Liebe, Ehrfurcht, Reue, Verwunderung, Verzweiflung, freie Entscheidung. Eben weil der Mensch nicht instinkt- und umweltgeleitet ist, bedarf er der konkreten Richtungsangaben, worauf sein Handeln zielt.

Menschliches Leben, das immer Zusammenleben ist, bedarf der Wertungen und inhaltlichen Wertordnungen in ihrer jeweiligen konkret-geschichtlichen Verfaßtheit, was denn nun das anzustrebende Gute sei. Heute sprechen wir in unserem Staat vom verfassungsorientierten Minimalkonsens. Die Vielfalt der Wertvorstellungen und Weltanschauungen wird respektiert, aber gleichzeitig verlangt, daß alle pluralen Kräfte jene sittlichen Grundwerte anerkennen, die allen die Menschenwürde, die Freiheit, das Leben, die Gerechtigkeit und Pluralität einräumen. Es geht um das Wissen des Guten. Gibt es überhaupt ein rationales System des guten und vernünftigen Lebens? Oder müssen wir uns letzten Endes in der »polis« stets für Wertsetzungen entscheiden? Ist es die Freiheit, zu der wir Mut fassen müssen, wenn wir die ethische Skepsis unserer Gegenwart überwinden wollen?

In »dieser Zeit des radikalen Fragens und der radikalen Fraglichkeit« empfiehlt Wilhelm Weischedel den Entwurf einer »unmetaphysischen Ethik«. Er nennt sie skeptische Ethik. Der Skeptizismus als das radikale Fragen wird zur Grundhaltung des gegenwärtigen Philosophierens erklärt. In den Wirbel des Fraglichmachens werden notgedrungen alle Setzungen, auch die ethischen, hineingezogen. Deshalb kann nach Weischedel nur eine skeptische Ethik der Situation des heutigen Menschen gerecht werden. Dieser Mensch habe eingesehen, daß er endlich, wie er ist, nicht an einer absoluten Sphäre teilnehmen kann.[282] Nun kommt auch der Skeptiker nicht um die Entscheidung herum. Er nimmt eine Setzung vor, wenn er den Skeptizismus als Grundzug unserer Epoche ergreift und macht ihn dadurch zum Ausgangspunkt seines Denkens. Entscheiden muß er sich auch zur Freiheit als der unabdingbaren Prämisse aller Entschlüsse. Der Skeptiker, der sich in der skeptischen Existenz einrichtet, entscheidet sich für das Dasein und die Daseinsgestaltung, nicht aber prinzipiell gegen das Leben, und deren Interpretation erfordert wiederum ethische Grundhaltungen wie Offenheit, Abschiedlichkeit angesichts der Vergänglichkeit aller Dinge, Verantwortlichkeit des Menschen. Weischedel konkretisiert diese einzelnen Haltungen und zeigt, wie auch eine skeptische Ethik nicht um die klassichen Tugenden herumkommt, die in Erfahrung und Geschichte erprobt wurden: Wahrhaftigkeit, Sachlichkeit, Geltenlassen und Toleranz, Mitleid, Entsagung und Demut, Selbstbeherrschung und Besonnenheit, Tapferkeit und Freimut, Großmut und Güte, Gelassenheit und Geduld, Solidarität, Gerechtigkeit, Treue.[283]

Weischedel präzisiert die inhaltliche Füllung der sittlichen Haltungen eigentlich kaum anders, als es die Jahrhunderte vor ihm getan haben, die beispielsweise in den vier Kardinaltugenden sich ihrer ethischen Rationalität zu vergewissern suchten. Übrigens formuliert auch Christian von Krockow in seiner Auseinandersetzung eine Reihe praktischer Verhaltenstugenden, die ihm in der Demokratie wichtig zu sein scheinen, obwohl er das Prinzip der Offenheit gegen jede sinnhaft-konkrete Eingrenzung abzuschirmen sucht.[284] Ist es das Schicksal jeder Ethik, daß sie ihre Authentizität nicht aus rationaler Begründung gewinnt, sondern aus dem, was der einzelne immer schon in sich trägt? Kommt das

Absolute und Unbedingte durch die Hintertür, wie abhold wir der Metaphysik auch sein mögen, doch herein?

Die Wurzeln jeder Art von Erkenntnis liegen nach Max Scheler in der Erfahrung. Auch die Ethik muß sich auf »Erfahrung« gründen. Aber was macht das Wesen derjenigen Erfahrung aus, die uns die sittliche Erkenntnis gibt? Scheler läßt diese Frage auf eine Kapitelüberschrift folgen, die lautet: »Unzureichende Theorien vom Ursprung des Wertbegriffs und dem Wesen sittlicher Tatsachen.«[285] Hier ist Scheler allerdings selbst entgegenzuhalten, daß sein Rückgriff auf »göttliches« Sein für eine Normenbegründung unzureichend, philosophisch unzureichend ist, jedenfalls für unser gegenwärtig pluralistisches Zeitalter. Aber auch Kant hat, wie wir schon sahen, die »Unbegreiflichkeit« einer ethischen Philosophie eingestanden, wo sie an die Vernunftgrenzen vorzustoßen sucht. Das naturrechtliche Denken, das heute zurückhaltend beurteilt wird, sieht in der Vernunftherrschaft das »von Natur Rechte«, aber was heißt das ethisch und praktisch? Wie verhalten sich Natur und Freiheit in Menschen zueinander? Robert Spaemann schreibt: »Freiheit ist nämlich überhaupt kein feststellbares Faktum, sondern gründet in der gegenseitigen Anerkennung und Freilassung natürlicher Wesen.«[286]

Daß Klugheit, Gerechtigkeit, Tapferkeit oder Besonnenheit hohe Güter sind und zugleich etwas »Schönes«, ist ein Wissen, das aus der Gewißheit der inneren Erfahrung kommt. Hier fühlen wir uns vor jeder Skepsis sicher. Wer Gerechtigkeit oder Tapferkeit lebt, wird sagen können, was Gerechtigkeit oder Tapferkeit ist. Er wird sich aber doch auch um ein richtiges inhaltliches Wissen bemühen. Was nicht nur in seinem Kopf, sondern was dann in möglichst vielen Köpfen lebendig ist und wirkt, bringt sein moralisches Bewußtsein in die Helligkeit der Erkenntnis. Erst in der »polis«, erst in den Wirkungszusammenhängen der Kultur und im freien Zusammenleben der Bürger kann das gute und vernünftige Leben zur Entfaltung kommen. So begründet und legitimiert es sich.

Wenn einer dem anderen nicht völlig gleichgültig sein soll, wenn unsere Meinungen nicht völlig zufällig oder beliebig sind, ist immer schon ein »politischer« Bezug zur Wahrheit vorausgesetzt. Sonst entstünde keine Kommunikation. Wir haben in unseren Überlegungen zum Verhältnis von Ethik und Journalismus gesehen, wie Vernunft und menschliches Leben nirgendwo tiefer zu treffen sind als in den Fragen nach den Kommunikationsphänomenen. Die Wahrhaftigkeit des Menschen und des von ihm hergestellten Journalismus zeigt sich im Kommunikationswillen, der einen Bezugspunkt im Unbedingten aufweist. Das bestimmt auch die Wertgebundenheit des journalistischen Handelns. Der Journalismus ist in die Werthaftigkeit des Allgemeinen, das wir politische Kultur nannten, eingebettet und ihr gegenüber rechenschaftspflichtig.

Simone Weil schreibt: »Das Bedürfnis nach Wahrheit ist heiligter als jedes andere.« Einige Zeilen später konkretisiert sie die Moralität dieses Satzes, worauf es dann letzten Endes in jeder Praxis, zumal und hier der journalistischen, ankommt: »Ein fahrlässiger Weichensteller, der die Entgleisung eines Zuges verursacht, würde schlecht ankommen, wenn er zu seiner Entlastung geltend machen wollte, er habe in gutem Glauben gehandelt. Mit um so größerem Recht ist es schändlich, das Dasein von Zeitungen zu dulden, von denen jeder weiß, daß keiner ihrer Mitarbeiter dort seine Stelle behalten könnte, wenn er nicht bisweilen einwilligte, wissentlich die Wahrheit zu entstellen.«[287]

Journalistenmoral als »Media Ethics«

Exkurs

»Es ist sehr mutig von Ihnen«, schreibt Romain Rolland am 6. Oktober 1919 an Upton Sinclair, »daß Sie als einzelner das Monster, den neuen Minotaurus, dem alle Welt Tribut zollt, attackieren: die Presse.«[288] Rolland richtet seinen Brief aus Villeneuve in der Schweiz an den amerikanischen »Confrère« Upton Sinclair, wie er ihn brüderlich anredet, und beglückwünscht ihn zu seinem neuen Buch »The Brass Check«. In diesem Buch schildert der amerikanische Sozialkritiker und Satiriker die Mißstände im Journalismus seines Landes. Der Franzose prophezeit ihm, diese Neuerscheinung werde ihm Ärger und harte Kämpfe einbringen. Bereits 1906 hatte Sinclair mit seinem Roman »The Jungle« die zwielichtigen Geschäfts- und Arbeitsverhältnisse in den Schlachthäusern von Chicago angeprangert. Mit seinem Zustandsbericht über die Interessenverfilzungen im Journalismus setzt er diese sozialkritische Serie fort.

Upton Sinclair ist ein frühes Beispiel für eine Presse- und Medienschelte in Amerika, die in den zwanziger Jahren aus ihrer Vereinzelung herausfindet und zu einer regelrechten Konjunktur der öffentlichen Kritik an den journalistischen Praktiken führt. Die Funktionsweise der Medien wird einer kritischen Prüfung unterzogen. Die Presse oder die Journalisten werden an ihren Legitimationsansprüchen gemessen. In diese Reihe gehört Walter Lippmanns brillante Analyse der öffentlichen Meinung,[289] die 1922 veröffentlicht wird. Bis heute zählt Lippmanns Buch zu den »Klassikern« auf seinem Feld. Charakteristischerweise schickt Lippmann seinen Darlegungen den Text von Platons Höhlengleichnis voraus. Er nähert sich seinem Stoff noch philosophisch und literarisch wie Upton Sinclair, aber gleichzeitig ist Lippmann einer der ersten, der auf eine analytische Wirkungsforschung zugeht. Er zitiert die Kirchenväter, aber ebenso zieht er auch die neue Psychologie mit ihren Thesen von der Symbolisierungsfähigkeit des Menschen heran. Die propagandistischen Verführungskünste waren im Ersten Weltkrieg das erste Mal zur Massenwirkung gelangt, und bereits 1911 hatte Will Irvin in »Collier's Weekly« eine Artikelserie über die Nachrichtenmanipulationen gebracht, mit der er zu belegen suchte, wie das Nachrichtengeschäft die traditionelle Beeinflussung über den Leitartikel verdrängt hatte und wie Zeitungsunternehmen durch wirtschaftliche Interessen korrumpiert wurden.[290]

Man muß sich diese Hintergründe vergegenwärtigen, um die Schärfe und Schonungslosigkeit, mit der Journalisten und Presseunternehmen in den zwanziger Jahren in Amerika angegriffen wurden, richtig einschätzen zu können. Die Medienwirkungen werden zum öffentlichen Problem. Der journalistische Berufsstand sieht sich vor eine ganz neue Herausforderung gestellt und muß sich moralisch rechtfertigen. So kommt es dazu, daß »Media Ethics« in den zwanziger Jahren zum Thema gemacht werden. Fünfzig Jahre später, in den siebziger Jahren, sollten die Ereignisse um Watergate noch einmal einen ähnlichen Effekt haben und dem Thema »Media Ethics« einen ungewohnt starken Auftrieb verschaffen, der bis heute auch infolge der Diskussion um die Neuen Medien angehalten hat. Die folgenden Überlegungen gelten diesen Entwicklungen zum Kapitel »Media Ethics« während der letzten sechzig Jahre in Amerika. Die Umrisse der Medien- und Journalistenethik in ihrem gesellschafts- und berufsbezogenen Zusammenhang sollen skizziert und auf amerikanischem Hintergrund die Ansätze »einer kommunikationswissenschaftlich fundierten Ethik des Journalismus und der Massenkommunikation« geprüft werden, um an die Titelformulierung von Manfred Rühl und Ulrich Saxer anzuknüpfen.[291] Vorausgeschickt wird eine kurze Charakterisierung des sozialpsychologischen und medienkritischen Umfeldes, in dem gegenwärtig die Tradition der amerikanischen »Media Ethics« ihren Ort hat, bevor wir uns dann mit dem Stoff selbst auseinandersetzen.

Moralität und der Glaube an das Gute

Die Medienabhängigkeit der Kultur ist im öffentlichen Bewußtsein Amerikas ungleich schärfer ausgeprägt als in europäischen Ländern. Die Pendelausschläge der Medienkritik sind entsprechend heftiger. Ihre Radikalität geht nicht nur ins Politische, sondern noch öfter ins Moralische, wo Fairneß, persönliche Aufrichtigkeit, demokratische Verantwortung oder Treue zu amerikanischen Werten angesprochen sind. Wie scharf mit den eigenen Medien abgerechnet wird, hat Michael O'Neill gezeigt, der bereits zitierte Chefredakteur der New Yorker »The Daily News«, dessen Vorwurf auf Zynismus, Enthüllungssucht und Grausamkeit lautet: »Wir überlassen uns den Impulsen unserer Gesinnung, im Namen von Reform natürlich, aber dabei doch Ausgewogenheit, Fairneß und – Pardon für die unmoderne Vokabel! – das Wohl unseres Landes aus dem Auge verlierend.«[292] Die Medien hätten den demokratischen Prozeß umfunktioniert und sich zu Entscheidungsträgern gemacht, anstatt die Realität zu beobachten und einen vermittelnden Dienst zu leisten. O'Neill war lange Jahre mit dem auflagenstärksten Massenblatt Amerikas verbunden.

Bei ausgeschiedenen Intendanten des öffentlich-rechtlichen Rundfunksystems in der Bundesrepublik bemerken wir gelegentlich auch, daß sie »post festum«, wenn die Jahre der Praxis hinter ihnen liegen, offener reden.[293] Die amerikanische Öffentlichkeit scheint jedoch bereitwilliger auf die Insider-Kritik einzugehen. Medienkritische Veröffentlichungen erreichen nicht selten einen hohen Popularitätsgrad; vielleicht deshalb, weil unter den Industrienationen die Amerikaner am längsten mit den sozialpsychologischen und geistigen Auswirkungen der Massenpresse und insbesondere des Fernsehens leben müssen. Tatsächlich integriert sich die Medienzivilisation mit der Lebenswelt des Durchschnittsamerikaners in stärkerem Maße, als wir das in Europa wahrnehmen. Marshall McLuhans angestrengter und wenig geglückter Versuch, die neue Fernsehwelt mit der alten Kultur zu versöhnen, ist ein Ausdruck davon, und die Popularität, die McLuhans Gedankengänge fanden, ist es auch.

1799 erklärte John Ward Fenno, Redakteur der »Gazette of the United States«, die amerikanischen Zeitungen gehörten zu den niederträchtigsten, gemeinsten und verlogensten Publikationen, die jemals die Quellen der Gesellschaft vergiftet hätten. Die Journalisten titulierte er mit den Adjektiven »ignorant, mercenary and vulgar«.[294] Man glaubt, die Attacken des Vizepräsidenten Spiro Agnew im Vorfeld der Watergate-Affäre aus den frühen siebziger Jahren herauszuhören. Agnew hat das liberale Establishment der Rundfunk- und Pressekonzerne aufs Korn genommen, »Washington Post« und »New York Times« an der Spitze. Der angesehene CBS-Kommentator Daniel Schorr entdeckte sich damals auf einer Schwarzen Liste des Weißen Hauses. Agnew wurde später wegen fragwürdiger Geschäftsbeziehungen zu Fall gebracht; die Schärfe, die seither in die Auseinandersetzungen gekommen ist, hat bis heute nicht nachgelassen. Der Aufschrei ist seit Jeffersons Tagen zu hören und scheint wellenartig mit bestimmten Ereignissen wiederzukehren, beispielsweise mit der frühen Industrialisierung des Zeitungswesens durch die Hearst-Dynastie, mit dem Sensationalismus der »Yellow Press« vor und nach der Jahrhundertwende, mit der Manipulationsfurcht vor der Propagandawirkung nach dem Ersten Weltkrieg und während der Hitlerjahre in Europa, mit dem Aufkommen des Fernsehens und seiner Kommerzialität, mit der Veröffentlichung der Pentagon-Papiere oder mit dem Watergate-Skandal. Andererseits täuscht der Eindruck, wenn man von den immer wieder aufflammenden Protesten auf eine systematische Medien- und Journalismuskritik in Amerika schließen wollte. Weder die Kommunikationswissenschaft noch der praktizierende Journalismus haben zu der einschlägigen Kritik ihres Bereichs ein systematisches Verhältnis. James W. Carey beschreibt dieses Verhältnis mit Recht als den »Fall einer noch kaum entwickelten Profession«.[295]

Empörung und Kritik kommen aus den verschiedensten Gruppen und Schichten. Michael Novak, der als Publizist und Analytiker der amerikanischen Medienwelt einen Namen hat, fragt »Why the Working Man Hates the Media«, warum die arbeitende Bevölkerung und »schweigende Mehrheit« die Meinungsmacher und Medienintellektuellen verachtet – und fürchtet.[296] Journalisten gehören den Mittelschichten an, sehen die Welt durch die Brille ihrer (oft abgebrochenen, darum die Vorurteile um so stärker bestimmenden) College-Bildung und liefern der Öffentlichkeit die Realitätsmythen ihres Perspektivismus. Wer hat sie dazu legitimiert, sich selbst stets einzuschließen und ins Zentrum zu rücken, die anderen jedoch, vor allem jene, die sie verachten oder überhaupt nicht kennen, aus dem Gesichtskreis öffentlicher Aufmerksamkeit auszuschließen?

Das selbstquälerische Fragen Amerikas nach der eigenen Identität in den Jahren nach dem Vietnamkrieg und den Rassenunruhen artikuliert Peter B. Clark, Präsident und Herausgeber der »Evening News Association« von Detroit: »Wer hat den nationalen Konsens umgebracht? War es die Presse, die ihn gemordet hat?« Kein Wert, keine Institution sei ungeschoren geblieben, formuliert Clark, und die amerikanische Lebensart werde durch ein Übermaß an Kritik und Kritizismus ihrer Vertrauensgrundlagen beraubt. Die Medien müßten bedenken, was sie dem Konsens in der politischen Kultur schuldig seien. Die kumulativen Effekte der durch die Medien bewirkten Normenverunsicherung fänden nur dann eine gewisse Gegensteuerung, wenn der Journalismus sich selbst und das sozialkritische Zeitklima auch seinerseits kritisch beleuchtet.[297]

Zu den Dauerthemen der öffentlichen Debatte gehört auch das Problem der Gewaltdarstellung im Fernsehen. Neben berechtigter Sorge mischt sich viel sozialkritisches Eiferertum und Irrationalität in die Medienkritik. Der angestaute Zorn über die Massenmedien ist beträchtlich und leider oft sehr maßlos. »Es ist an der Zeit, daß die Eigentümer der Presse, die Verleger der Massenillustrierten, die Lords des Fernsehens, die Moguls der Leinwand und Theaterproduktionen für das geistige Trümmerfeld, das sie hinterlassen haben, zur Rechenschaft gezogen werden.«[298] Jenkin Lloyd Jones, Präsident der US-Handelskammer und selbst Zeitungsherausgeber von »The Tulsa Tribune«, sucht die öffentliche Aufmerksamkeit darauf zu lenken, daß der jungen Generation die Gewalt in bisher nicht dagewesenem Ausmaß schmackhaft gemacht werde. An einem einzigen Fernsehnachmittag könne ein amerikanisches Kind vor dem Fernsehapparat Augenzeuge sein, wie durchschnittlich 50 Menschen erschossen, erwürgt, erstochen, verbrannt, zermalmt oder auf sonstwie exotische Art gewaltsam zu Tode kommen. Die Psychologen lieferten mit ihren Behauptungen, hier würden die Aggressionen sublimiert, die passenden Entschuldigungsmuster, aber das Erschrecken darüber, wie die Verbrechensraten vor allem bei Jugendlichen in Amerika höherschnellten, komme in den Analysen nicht vor.

Die mit der elektronischen Gewaltnahrung aufgewachsenen Jugendlichen betrachteten das Umbringen ihrer Großmutter oder das Erstechen eines rivalisierenden Spielkameraden als Beiläufigkeit.[299]

Nicht nur die Gewaltdarstellungen, sondern das Fernsehen schlechthin wird nach der Kinoleinwand zum Feind Nummer Eins erklärt. Auf diesem Hintergrund gedeihen dann solche Streitschriften polemischen Inhalts wie Jerry Manders »Four Arguments for the Elimination of Television«, in der die abstumpfenden Wirkungen des Mediums pauschal als Sucht, Hypnose, Gehirnwäsche, Schlafschule, völliges Eintauchen in den Bilderstrom dargestellt werden.[300] Marie Winn spricht von den TV-Kinderprogrammen als »The Plug-in Drug«.[301] Diese engagierten Angriffe gegen »das Leben aus zweiter Hand« bezeichnen gewissermaßen nur die Spitze des Eisbergs einer fast schon »populistisch« zu nennenden Protest- und Antihaltung, die in vielen lokalen Initiativen, Bürgergruppen, kirchlichen Vereinen oder Ad-hoc-Zusammenschlüssen sich immer wieder äußert. Die enormen Spendenaufkommen, die es der Elektronischen Kirche Amerikas in den letzten Jahren ermöglicht haben, reguläre und die ganze Nation umspannende Fernsehsysteme zu errichten, resultieren nicht zuletzt aus der öffentlichen Frustration und aus Gegenwelt-Vorstellungen, das Medium durch das Medium selbst von seinen ausgestrahlten Übeln freizusetzen.

Trotz innerer Zweifel am amerikanischen Credo hat sich das Land den Glauben an das Gute im Menschen und in der Demokratie in stärkerem Maße erhalten können als andere demokratische Gesellschaften. Die moralische und oft moralistische Grundströmung ist in öffentlichen Dingen erkennbar geblieben, und auf diesem Humus gedeiht auch immer wieder die Kritik gegenüber der Medienszene und ihrem Einfluß. In Deutschland würde sie sich leicht den Vorwurf der »Unwissenschaftlichkeit« einhandeln, der in Amerika weniger durchschlagend ist. Die zahlreichen Institute, die an amerikanischen Hochschulen mit Journalismus und Massenkommunikation befaßt sind, halten die strenge Trennung zwischen wissenschaftlichem Befund und ethischem Engagement nicht in gleicher Weise für geboten wie innerhalb der deutschsprachigen Wissenschaftstradition. George Gerbners empirische Untersuchungen wären ein Beispiel; seine Forschungsergebnisse über die normative »enculturation« durch das Fernsehen und dessen Gewaltthematik oder über das Vielseher-Syndrom leugnen den ethischen Standpunkt keineswegs.[302] Zwischen der Wissenschaftsseite und der Populärkritik an den Medienverhältnissen, die nicht selten auf die Bestsellerlisten kommt, gibt es manche Querverbindungen.

Auf diesem Hintergrund ist auch das Thema der »Media Ethics« zu sehen. In Amerika war zu keinem Zeitpunkt jene fast vollständige Abstinenz gegenüber den Ethikfragen im Journalismus gegeben, die im deutschsprachigen Bereich die kommunikationswissenschaftliche Entwicklung seit den fünfziger Jahren kennzeichnet und eine höchst unbefriedigende Situation geschaffen hat, wie Rühl und Saxer eingestehen.[303] Die behavioristischen und positivistischen Methodenlehren setzten sich in den dreißiger Jahren mit ihren Denkmustern der Werturteilsfreiheit zwar auch in den amerikanischen Sozialwissenschaften durch. Aber die Pragmatik der ethisch-wertenden Fragestellungen hat sich erhalten, und man bleibt in starkem Maße der eigenen und umfassenden Moralität des amerikanischen Credos verpflichtet. Dazu ist auch das Journalistikstudium zu sehr mit dem Empirismus des praktischen Vollzugs verbunden. Theorie und handwerkliches Üben gehen zusammen. Der sozialwissenschaftliche Dogmatismus und das journalistische Engagement sind nicht wie durch einen Graben getrennt, und diese Symbiose gilt bis heute.

Ein Beispiel dafür ist John C. Merrill, von 1964 bis 1979 Professor für Journalismus an der Universität von Missouri. Wie Walter Lippmann ist auch Merrill aus der journalistischen Praxis zur Analyse und Wissenschaft gekommen, was bei amerikanischen Journalismus-Lehrern meistens der Fall ist. Als Autor von zehn Büchern und über 200 Aufsätzen zählt Merrill zu den produktivsten Kommunikationswissenschaftlern. Dem Journalismus sucht er eine philosophische und sozialethische Fundierung zu geben; er bringt ihn vor allem mit einer existentialistischen Lebensphilosophie in Verbindung.[304]

Merrill macht den Journalisten ihren »Machiavellismus« zum Vorwurf. Auf andere Leute zeigten sie gern mit dem Finger, um sie zu bezichtigen, daß sie es mit Machiavelli hielten, sie selbst aber ließen sich ihre Moral von den Umständen verschreiben. Im Journalismus habe sich eine durch und durch relativistische Ethik ausgebreitet. Mit Recht kritisierten die Journalisten die machiavellistischen Funktionäre in Washington, aber selbst hätten sie sich an deren Methoden längst angepaßt. Merrill will diese »subjektivistische« Pressemoral nicht gelten lassen, die er dem aufklärerischen Zeitgeist zuschreibt, der die Journalisten zu der Illusion verleitet, sie könnten werturteilsfrei arbeiten, sie könnten von ihren persönlichen Leidenschaften abstrahieren und sich von jeder Bindung an eine verpflichtende Sittlichkeit im objektiven Sinne emanzipieren. Merrill schreibt: »Eine jede Meinung ist ihnen so teuer wie die andere, die eigene Moral halten sie für so gut wie die des Nachbarn. Das modische Denken folgt der Devise, möglichst allen recht zu geben und eine unbegrenzte Anpassungstoleranz walten zu lassen, bis niemand mehr klar und deutlich von sittlichen Maximen zu reden wagt.«[305]

Hippokratischer Eid für Journalisten

Ein paar Autostunden westlich von St. Louis in Columbia hat die Universität von Missouri ihren größten Campus. Seit 1908, dem Gründungsdatum der »Columbia School of Journalism«, wird die kleine Stadt in ununterbrochener Folge mit einer Tageszeitung »The Missourian« versorgt. Die Studenten redigieren das Blatt in Gemeinschaftsredaktion mit den Lehrkräften der Journalistenschule. Die universitätseigene Radiostation und ein Fernsehstudio mit Regionalprogramm dienen ebenfalls als Laboratorium für die Studenten. Missouri hat sich durch die jährlichen Journalistenpreise – »for distinguished service in journalism« – einen internationalen Ruf erworben. Ein Student mit einem Graduiertendiplom von Columbia hat eine journalistische Karriere so gut wie in der Tasche, dies nicht zuletzt deshalb, weil Theorie und Praxis hier eine glückliche Verbindung eingegangen sind.

Dem Bulletin der Journalistenschule ist eine Art von Hippokratischem Eid für Journalisten vorangestellt, »The Journalist's Creed«. Beim Rundgang durch das Fakultätsgebäude sieht man das Credo schön gerahmt und gedruckt in gotischer Fraktur an den Wänden aufgehängt: »Ich glaube, daß klares Denken und klares Sprechen, Genauigkeit und Fairneß grundlegend sind für einen guten Journalismus. Ich glaube, daß ein Journalist nur schreiben soll, was er in seinem Herzen für wahr hält.«[306] Auf journalistische Glaubensbekenntnisse dieser Art stößt man häufig in Amerika. Man findet sie nicht nur in den Ausbildungsstätten für Journalisten. Der Chefredakteur hängt den Text über seinen Schreibtisch: »Ich glaube, niemand sollte als Journalist schreiben, was er nicht als Gentleman sagen würde.«

Glückliches Missouri, so möchte man fragen, woher hast du deine Kriterien? Die Wandsprüche, die mit »I believe« beginnen, hinterlassen den Eindruck einer gewissen Treuherzigkeit und wirken wie aus einer anderen Welt. Tatsächlich stammen viele von ihnen aus den zwanziger Jahren, den »Golden Twenties« der Vereinigten Staaten von Amerika, als die Presse- und Verlegerverbände ihre »Press Codes« herausbrachten, und vermutlich hat man solche Texte in einer anderen Zeit auch anders gelesen und aufgenommen. Hinsichtlich des Journalismus war es eine Epoche, die den Blick auf die moderne Medien- und Massenkommunikationswelt in umfassender Weise richtete. Casper S. Yost, damals Präsident des Verbands der Zeitungsjournalisten (American Society of Newspaper Editors – ASNE), bringt das zum Ausdruck, wenn er dem Journalismus gewissermaßen das Mannesalter bescheinigt. Er habe seinen Platz unter den großen Professionen eingenommen, sein Einfluß sei universell geworden. Der Journalismus sei eine Notwendigkeit des modernen Lebens und Fortschritts. Wörtlich: »Seine Entwicklung zählt zu den Wundern unseres Zeitalters. Er durchdringt die gesamte Zivilisation mit seiner prägenden Kraft für menschliches Denken und Schaffen überall.«[307] Yost zieht daraus die Konsequenz, daß es an der Zeit sei, der umfassenden Bedeutung des Journalismus gerecht zu werden, und zwar nicht nur in dem Sinn, daß seine Rechte gewahrt, sondern daß auch seine Pflichten und Verantwortlichkeiten geachtet würden. Das war 1924.

Der früheste Pressekodex stammt aus dem Jahre 1910 und wurde von der »Kansas Editorial Association« übernommen.[308] Nelson A. Crawford verzeichnet in seinem Werk »The Ethics of Journalism« vom Jahre 1924 insgesamt 17 solcher Kodifikationen der Pressemoral.[309] Auf nationaler Ebene gewannen die 1923 vom Zeitungsjournalistenverband (ASNE) verabschiedeten »Canons of Journalism« eine repräsentative Geltung.[310] Sie wurden 1975 in einer revidierten Fassung als »Statement of Principles« von demselben Verband erneut herausgebracht.[311]

In der frühen Fassung des ASNE-Kodex vom Jahre 1923 wird im Eingangssatz die primäre Aufgabe der Zeitung gekennzeichnet. Ihre Funktion sei es, »der Menschheit mitzuteilen, was ihre Mitglieder tun, fühlen und denken«. Die Verantwortung steht an der Spitze der Regeln im Sinne einer Richtschnur für »sound practice and just aspirations of American journalism«, für gute Praxis und gerechtes Streben des amerikanischen Journalismus. Verantwortung definiert sich dadurch, daß die Zeitung gegenüber ihren Lesern das öffentliche Wohl im Auge behält. Es folgen die Vorschriften zur Pressefreiheit und zur Unabhängigkeit des Blattes. Die dem Publikum geschuldete Glaubwürdigkeit wird herausgestellt. Die Verfolgung privater Interessen ist unvereinbar mit einem guten Journalismus. Mit Aufrichtigkeit, Wahrhaftigkeit und Genauigkeit (Sincerity, Truthfulness, Accuracy) werden sodann klassische Journalistentugenden aufgeführt. In der Fassung von 1975 sind »Truth and Accuracy« geblieben. Beide Fassungen bezeichnen an dieser Stelle das Vertrauen zum Leser als die Grundlage eines guten Journalismus. Im Kodex ist auch die Forderung nach Trennung von Nachricht und Meinung verzeichnet. Dem »Fair Play« ist nach angelsächsischer Manier ein eigener Abschnitt gewidmet. Abschließend wird an die »Decency« erinnert, an das Tunliche, was vom Anstand her geboten ist und in der Schicklichkeit liegt; der Begriff ist exakt nicht übersetzbar und in der Fassung von 1975 gestrichen worden. Eine Zeitung, heißt es 1923, sei angesichts ihres moralischen Anspruchs unaufrichtig, wenn sie zu niederträchtigem Verhalten dadurch anreizt, daß Verbrechen und Laster im Detail veröffentlicht werden, was sichtlich nicht dem allgemeinen Wohl dient. Niedriges, gemeines, bösartiges Verhalten und Benehmen – »incentives to base conduct« – als Kauf- und Leseanreiz wollten vermutlich den Autoren der neuen Fassung nicht mehr als geläufige Begriffe erscheinen.[312]

Der Gedanke des »bonum commune« – hier als »public welfare«, »public interest«, »public good« bezeichnet – steht bei diesem maßgeblichen Pressekodex ganz im Vordergrund. Die öffentliche Aufgabe wird mit ihrer spezifischen Sittlichkeit umschrieben, der Journalist in eine Dienstleistung eingebunden. Deutlich zeigt sich, daß die Kodifizierung der professionellen Arbeitsregeln von einem berufsorientierten Denken ausgeht. Journalisten und Verleger erklären sich für die Integrität der eigenen Berufsgruppe verantwortlich. Damit wird auch gleichzeitig die Sorge um den Nachwuchs im Journalistenstand aufgenommen. Überall im Lande entstehen Journalistenschulen, die den Zugang regeln und ihn von bestimmten Voraussetzungen abhängig zu machen suchen. Bis 1930 waren es bereits 56 Colleges und Universitäten, die ein journalistisches Ausbildungsprogramm mit Abschlußzeugnissen anbieten konnten.[313] Die Gründungsdaten der meisten liegen zwischen 1903 und 1920. Clifford G. Christians, der am »College of Communications« der Staatsuniversität von Illinois lehrt – diese Journalistenschule existiert seit 1904 – bringt die Hinwendung zu einer systematischen Ausbildung mit dem progressiven und sozialreformerischen Geist in Verbindung, der um die Jahrhundertwende zur Zeit des Präsidenten Teddy Roosevelt einsetzt und vom Sozialethos geprägt ist. Diese Ära sei eine geistige Wasserscheide gewesen, und von ihr seien die ersten Impulse ausgegangen, den Journalismus auf seine Ethik zu verpflichten, meint Christians.[314] Damit fand auch die im 19. Jahrhundert übliche Tradition, daß die Redaktionen selbst ihren Nachwuchs heranbildeten und die jungen Volontäre in ein Meister-Schüler-Verhältnis der Praxis aufgenommen wurden, ein Ende. Sie wurde durch die akademische Ausbildung ersetzt, in der nun auch die pädagogischen und moralischen Gesichtspunkte reflektiert wurden.

Frank Scott, der in Illinois die ersten Kurse zur Journalistenausbildung eingerichtet hatte, argumentierte 1924 zugunsten der journalistischen Ethik im Ausbildungsprogramm von Reportern und Nachrichtenredakteuren folgendermaßen: »Wenn wir dem Journalistenberuf zu Ansehen verhelfen wollen, müssen wir ethische Wertetafeln für ihn aufstellen, die allgemein anerkannt sind, damit der Scharlatan im Journalismus sich auf eine Stufe mit dem Quacksalber in der Medizin oder dem Halsabschneider in der Jurisprudenz gerückt sieht.«[315] Das Modell lieferten die Ärzte und Juristen mit ihrem professionellen Status, und die Idee lag nicht mehr weit, eine Lizenzierung einzuführen und den Zugang zum journalistischen Beruf endgültig von bestimmten Qualifikationen abhängig zu machen. Dies ist nicht eingetreten, aber de facto regelt sich der Zugang heute weithin über die Ausbildungsstätten. Scott betrachtete die »Vulgarität« der journalistischen Entgleisungen als das ärgste Übel, und ihr war nur durch solide Ausbildung und Charakterfestigkeit beizukommen. Man hatte sich zu Herzen genommen, was der amerikanische Kritiker und Essayist Henry Louis Mencken im Jahre 1920 an bitterem Spott über den Journalismus äußerte: »Die Durchschnittszeitung in Amerika, besonders jene, die sich zur besseren Hälfte zählt, hat die Intelligenz eines Baptistenpredigers, den Mut einer Ratte, die Fairneß eines Alkohol-Prohibitionisten, den Informationsstand eines Schuldieners, den Geschmack eines Herstellers von Zelluloid-Andenken und die Ehrenhaftigkeit eines Polizeianwalts.«[316]

Die aus den Fugen geratene Welt der Sensationspresse mit ihrer grellen Aufmachung, die man in den zwanziger Jahren als »jazz journalism« gekennzeichnet hat, lieferte den Hintergrund für die Konjunktur der »Media Ethics« in dieser Epoche. Der Journalismus sollte sich deutlich vom »Unterhaltungsgewerbe« abheben. Von solchen Zielvorstellungen zeigte sich die erste Generation der Journalistenerzieher erfüllt. Tatsächlich waren es nun pädagogische Anstrengungen, von denen man sich Besserung und Qualität versprach. »Media Ethics« zählten von vornherein zu einem solchen Ausbildungsprogramm und dessen theoretischer Grundlegung, »Media Ethics« als Wissenschaft und Theorie, deren Idealität nicht am praktischen Verhalten zu messen war. Darin knüpfte man bewußt an die humanistische Tradition eines Platon oder Aristoteles an. Der Journalismus wurde mit einer philosophischen Sollens- und Tugendlehre verbunden.

Konkret hatten die Maximen allerdings auch den Kleinstadt-Puritanismus des Mittelwestens zum Hintergrund. Diese Region brachte die ersten Journalistenschulen hervor. Die Ethik interpretierte sich aus dem Nachbarschaftsgeist und der Nächstenliebe. Es war keine funktionale Ethik, sondern eine Rechtfertigungslehre und klassische Tugendlehre zugleich mit den Akzenten auf Pflichtethos, öffentlichem Anstand, Wohl der Allgemeinheit, Ehrenhaftigkeit, Publikumsvertrauen aus demokratischer Gesinnung.[317] Was wir heute den Konsens nennen, zeigte sich in jenen Jahren noch relativ unangefochten, und so blieb der Appell an die Sozialtugenden nicht ungehört. Wenn wir heute die Gentleman-Regeln der journalistischen Wandsprüche belächeln, ist das herrschende Ethos jener Epoche zu bedenken, die das »Tua res agitur« im sozialen Zusammenhang zu erfahren suchte und ihre Richtwerte noch sehr viel ungezwungener auf Gebotetafeln veröffentlichte, als wir es unter gewandelten Umständen tun.

Objektivitätsideal und Theorie der »Social Responsibility«

Die Jahre vor dem Zweiten Weltkrieg bringen für den Journalismus ein verändertes Klima hervor. Die Sozialwissenschaften mit ihrem Postulat des wertfreien Forschens erleben ihre erste Blütezeit. Für das Selbstverständnis der Journalisten und der Zeitungsberichterstattung sowie des Radios, das als neues Massenmedium hinzutritt, bieten diese Wissenschaften andere Legitimationsgrundlagen. Die Journalistenschulen hätten den Typus eines »wissenschaftlichen

Nachrichtenexperten« hervorzubringen, fordert E. M. Johnson jetzt von ihnen. Er selbst ist Direktor der Journalismus-Abteilung der Universität von Minnesota und rückt das Fach in die Nähe der Sozialwissenschaften. Die Zeitungen würden fälschlicherweise mit unseriösen Zerstreuungen wie Automobil, Kino, Theater, auch das Radio und die letzten Jazzmelodien gleichgesetzt.[318] Der Wunsch nach Professionalisierung soll durch wissenschaftliche Kriterien untermauert werden, dabei tritt das Objektivitätsideal in den Vordergrund, bewirkt durch die Symbiose zwischen Journalismus und Sozialwissenschaften. Aber damit treten in den dreißiger Jahren auch die ethischen Orientierungen am Pflicht- und Gemeinschaftsgedanken zurück. Der Journalist erhält Expertenstatus. Die objektive Statistik übernimmt den angestammten Platz, den das subjektive Wahrheitsethos eingenommen hatte.

Die zwanziger Jahre waren eine Phase des subjektiven Journalismus. Ideale wie Fairneß oder Wahrheitsliebe bezog man auf die eigene Person. Sie wurden nicht konkret oder funktional begründet, sondern waren in starkem Maße von Forderungen der Berufsehre getragen. Der neue Wissenschafts- und Objektivitätsgeist verwirft solche Maximen als vorwissenschaftliche Residuen, die nicht am Markt der Publikumsbedürfnisse, sondern an der Selbstgenügsamkeit des eigenen Berufsstandes orientiert seien. Der gedruckte »Press Code« bringe für das Handeln eine Legitimation von außen, aber im wirklichen Leben würden moralische Probleme meistens erst dann aktuell, wenn die gedruckten und institutionalisierten und soliden Verhaltensregeln sich als unangemessen erwiesen hätten. Dieser berechtigten Kritik kann sich auch Christians anschließen. Soziales Handeln und mithin moralische Probleme ereigneten sich vor gesellschaftlichem Hintergrund; diesen Bezug hätten die »Media Ethics« der zwanziger Jahre vernachlässigt.[319]

»Objective reporting« ist jetzt das Stichwort für journalistische Moralität, der Journalist soll die unvoreingenommene Tatsachenberichterstattung anstreben. Diese Wende läuft parallel zur Ausbreitung der großen Nachrichtenagenturen im Land. In Hülle und Fülle werden Tatsachen gewissermaßen am Fließband »produziert« und feilgeboten. Die Zeitung hält für jeden etwas parat. Zu starke Parteilichkeit, zu großes Engagement gelten als anrüchig und geschäftsschädigend. Die Neutralität wird favorisiert, Tatsachen werden für »heilig« erklärt, und der Empirismus liefert die Methoden nach eben jenen Prinzipien, die den Siegeszug der Naturwissenschaften hervorbrachten. »Weg mit der Spekulation. Laßt die Tatsachen sprechen«, werden die Journalisten aufgefordert, »und eure Arbeit wird ein Ansehen gewinnen wie die des Physikers.«[320]

Das Objektivitätsideal löste jedoch auch seinerseits bald wieder Kritik aus. Agierte der Reporter tatsächlich als eine »tabula rasa«? Kontrollierten die Ereignisse denn wirklich die Inhalte? Welchen Stellenwert hatten Kriterien wie

Hintergrund, Kontext, Analyse, Motivation, Interpretation? Vor allem jedoch zeigte sich die neutrale Haltung extrem gleichgültig gegenüber den Folgen in gesellschaftlicher Hinsicht. Konnte sich der Journalismus von der sozialen Verantwortung freisprechen? War es nicht gerade die Gesellschaft, die ihm die Plattform des Handelns bot und seine Privilegien freiheitlich garantierte? Welcher sozialen Kontrolle unterlagen die Journalisten?

Die Zäsur zum Objektivitätsideal der dreißiger Jahre wird durch den Bericht der sogenannten Hutchins-Kommission markiert, der unter dem Titel »A Free and Responsible Press« im Jahre 1947 erscheint.[321] Die Theorie von der »Social Responsibility« ist es vor allem, die den liberalistischen Freiheitsauffassungen und dem wertfreien Wissenschaftsgeist gegenübertritt und in dem Hutchins-Bericht eine neue Presse- und Journalistenethik begründet. Die Kriegs- und Nachkriegsjahre hatten das Bewußtsein für die Komplexität der sozialen und ökonomischen Prozesse allgemein sensibilisiert. Die Hutchins-Kommission bezeichnet es als Pflicht der Presse, eine neue Welt durch die Verbreitung des Wissens schaffen zu helfen und sich für die Wertschätzung der Ziele einer freien Gesellschaft mitverantwortlich zu fühlen. Die soziale und moralische Inpflichtnahme ist unüberhörbar. Das Recht auf freie Meinungsäußerung sei nicht bedingungslos, erklärt die Kommission. Dieser Anspruch sei auf den Pflichten des Menschen gegenüber der Gesellschaft begründet. Wo diese Moral negiert werde, endeten auch die entsprechenden Rechte.[322] Fünf Erfordernisse nennt die Kommission; sie könnten den Grundstock einer Theorie der journalistischen Sozialverantwortung abgeben. Die Presse hat die Tagesereignisse wahrhaftig, umfassend und intelligent darzustellen und sie in ihrem Zusammenhang zu interpretieren. Die Presse hat weiterhin ein Forum für den Austausch von Kommentar und Kritik zu sein. Die Presse hat ein repräsentatives Bild aller gesellschaftlichen Kräfte zu geben. Die Presse hat die Ziele und Werte der Gesellschaft darzulegen und zu klären. Die Presse hat schließlich vollen Zugang zum Tageswissen – »full access to the day's intelligence« – zu verschaffen.[323]

Wurden hier mehr Fragen gestellt, als Antworten gegeben werden konnten? War man viel weiter gekommen als mit den Deklarationen der kodifizierten Moral? Eine freie Presse, aber »verantwortlich« wem gegenüber? Wer kontrollierte wiederum die neue Behördenverantwortung? Die Hutchins-Kommission hatte vorgeschlagen, daß eine neue und unabhängige Instanz gebildet wird, eine Kommission freier Bürger, um jährlich einen wertenden Pressebericht zu erstatten. An diesem Vorschlag entzündete sich sogleich eine Kontroverse, und obwohl sich auf lokaler Ebene einzelne Kommissionen bildeten, kam es erst 1973, nach fast fünfundzwanzig Jahren, zur Bildung des geforderten »National News Council«. Seine Jahresberichte sind regelmäßig in dem Fachorgan »Columbia Journalism Review« nachzulesen.

Zu den nachhaltigsten Kritikern der neuen Verantwortungstheorie gehört John C. Merrill. Er argumentiert aus dem Freiheitsdenken heraus und sieht in der »Social Responsibility«, sofern sie kollektiv und über Institutionen wahrgenommen werden soll, ein Gegenstück zur journalistischen Freiheitstradition. Letztlich werde das Vorhaben, die Presseverantwortung zu regulieren, nur die Staatsallmacht vergrößern. Die dreizehn Männer der Hutchins-Kommission – die meisten kamen aus der Wissenschaft und keiner war mit den Medien verbunden – hätten nicht Wettbewerb oder Freiheit der Zeitungen, sondern die gesellschaftlichen Bedürfnisse im Auge gehabt und die Presse zum öffentlichen Dienst deklariert.[324]

Eine ethische Theorie, die sich auf das Motiv der »Social Responsibility« beruft, ist im Gefolge des Hutchins-Berichts für den Journalismus nicht ausgearbeitet worden. Alternativformen wie der advokatorische, anwaltschaftliche Journalismus beziehen sich zwar auf gesellschaftskritische und sozial-verantwortliche Erklärungsmuster, aber gleichzeitig greifen sie auf individualistische und subjektivistische Traditionen zurück, weniger im ethischen als im politischen Kontext. »Eine Definition der Ethik aus dem Pflicht- und Gemeinschaftsdenken sei in den frühen dreißiger Jahren im Kindbett umgekommen«, meint Christians etwas sarkastisch. Eine Wiederbelebung sei unwahrscheinlich.[325] Währenddessen hat auch das Objektivitätsideal an Boden verloren. Generell hat die Einsicht zugenommen, daß »Tatsachen« mehr sind als bloße Tatsachen. Dennoch bleibt »objective reporting« im amerikanischen Journalismus ein auch heute weithin anerkanntes Ideal, wie aus vielen Textbüchern der Journalistenschulen hervorgeht.[326] Das Bild ist insgesamt seit den zwanziger und dreißiger Jahren sehr viel pluralistischer geworden. Die aktivistischen Alternativformen, die als »New Journalism« seit den späten sechziger Jahren wie Pilze aus dem Boden schossen, rechtfertigten sich aus der erklärten Gegnerschaft zum Objektivitätsdenken, mit dem sie die wahren Abhängigkeitsverhältnisse zugedeckt sahen. Diese Formen haben an Impetus wieder verloren. Es fehlt heute ein allgemein anerkanntes Interpretationsschema der journalistischen Wirklichkeit. Der umfassende Einfluß der Medien wird zwar überall wahrgenommen, aber an verbindlichen Antworten, wie ihrer Macht »ethisch« beizukommen sei, fehlt es weithin. »Eine Techno-Struktur von unglaublicher Machtausdehnung, sehen wir die Medien heute wie die anderen zeitgenössischen Institutionen von einer Epidemie des Mißtrauens befallen«, schreibt Christians.[327] Im folgenden wollen wir der Frage der »Media Ethics« im amerikanischen Journalismus, wie sie sich heute darstellt, nachgehen und lassen drei namhafte Vertreter, die über die Phänomene des Journalismus in ihrem Land reflektieren und insbesondere deren Ethik bedenken, zu Wort kommen.

Clifford G. Christians: Ethik in der Journalistenausbildung

Das Fernsehen mit seiner Technologie hat seit dem Bericht der Hutchins-Kommission die ethischen Perspektiven der Medienwelt radikalisiert. Auch in Amerika wurde es in seiner Anfangsphase enthusiastisch begrüßt und mit aufklärerischen Vorschußlorbeeren bedacht, aber die Erwartungen waren rasch verflogen. Das Fernsehen ist die große Illusionsmaschine. Die Gegenstände und Themen, auf die es wirklich ankommt und die unserer Lebenswelt tatsächlich zugrunde liegen, entziehen sich der Aufmerksamkeit des Mediums, dessen Strukturen die Tendenz haben, alles auf winzige Bruchteile vom Ganzen zusammenzustreichen, bis ein »snippet journalism« übrigbleibt, die Zerrform einer vorbeiflimmernden Welt ohne jede Beständigkeit. Wenn die Journalisten auch weiterhin beanspruchen wollen, dem Publikum zu helfen, daß es sich mit den wirklichen Ereignissen auseinandersetzt und über sie informiert wird, dann müssen sie andere und neue Techniken erfinden, wie der Ereignisstrom zur Information umgewandelt werden kann.[328] Das krebsartige Wuchern der Medienmacht und -kapazität erfährt Amerika besonders eindringlich, aber man sieht es nicht als ein unaufhaltsames Schicksal. »Ein überlasteter Stromkreis unterbricht sich selbst.«[329] Auf den diesbezüglichen Kulturpessimismus Europas hat Amerika stets mit Unverständnis reagiert und tut es auch heute noch. Die Anfragen haben den praktischen Sinn, den Wert und den Nutzen der Medientechnologie ins Auge gefaßt. Man fragt: Wie lautet die Medizin für den Krebs der Medien? Begriff und Realität der »Masse« sind zu untersuchen. Das Medium muß auf menschliche Maße gebracht werden, es muß sich spezialisieren, diversifizieren, pluralisieren. Der »homo faber« braucht eine neue Ethik der Medienkultur; sie ist nicht über legislative Maßnahmen noch über irgendwelche Systeme zu bewirken, solange der einzelne beiseite steht und es beim Ressentiment beläßt.

Das Humanistische in der Medienethik ist für Clifford G. Christians, den wir bereits zitierten, ein zentraler Beweggrund, und hier ist es vor allem die ethische Tradition von Aristoteles, David Hume oder Immanuel Kant, die er in Theorie und Praxis der journalistischen Profession eingebracht sehen möchte, »als eine systematische Perspektive, das ethische Denken in der Massenkommunikation voranzubringen«.[330] Solange man in Medienforschung und Kommunikationswissenschaft die Substanz der großen ethischen Denk- und Erfahrungssysteme aus den vergangenen Jahrhunderten weiterhin ignoriert, sieht Christians keine Chance für eine solide Werttheorie der »Media Ethics«. Die Journalistenethik, die von der Berufsehre ausgeht und Selbstdisziplinierung fordert, sei heute nicht hinreichend, sie lasse sich leicht als Hebel subjektiver Interessenwahrnehmung und wirtschaftlicher Machtansprüche mißbrauchen. Eine philosophische Ethik müsse für die journalistische das Fundament und den Rahmen abgeben. Christians will sich nicht mit einem naiven Praktizismus zufriedengeben. Die Formen der Selbstregulierung erscheinen ihm ergänzungsbedürftig, und er hält es für notwendig, daß die Journalismuswissenschaft und ihre Pädagogik bei der Heranbildung des Nachwuchses eine Grundlegung in Theorie und Systematik der Wert- und Moralphilosophie vorweisen kann.[331]

Nun ist es von der Forderung nach systematischer Normenbegründung im heutigen Verständnis und vor dem Hintergrund der großen Ethiksysteme vergangener Jahrhunderte bis zur Integration solcher Theorien in die moderne Medienkultur ein langer, beschwerlicher Weg, den Christians auch nur vorskizziert. Perspektive und Blickrichtung auf das Ganze gewinnt er aus seiner Auseinandersetzung mit dem französischen Sozialphilosophen Jacques Ellul, der in Amerika nicht unbekannt ist.[332] Ellul sieht das zentrale Problem für eine verantwortliche Informations- und Medienkultur nicht darin, daß Journalisten die Genauigkeitsregeln beachten oder ihr Moralkodex strenger gehandhabt wird. Nach dem Franzosen stellt »La Technique« heute die grundsätzlichen Fragen. Das heißt, die moderne Medientechnologie läßt es immer fragwürdiger erscheinen, ob die demokratische Prämisse stimmt, die Bürger könnten tatsächlich ausreichend informiert sein, um sich vernünftig am öffentlichen Meinungs- und Willensbildungsprozeß zu beteiligen. Technologie und Bürokratie würden unweigerlich die Botschaften in Propaganda verfälschen und einen Graben auswerfen, den die Demokratie nicht überbrücken könne. In Elluls Einschätzung sind die modernen Massenmedien keine Informationsvermittler, sondern Lieferanten soziologischer Propaganda. Die Folge sei die Vermassung, nicht die Kultur politischer und öffentlicher Vernunft.[333] Vereitelt »La Technique« die demokratische Informationsmoral? Sind »News« dem demokratischen System eigentlich förderlich? Ist das durch die Medien beförderte Konformitäts- und Gleichheitsstreben für die Demokratie tödlich? Sind auch die Intellektuellen, zu denen Journalisten vielfach zählen, längst »propagandisiert«? Elluls Fragen skizzieren einen weiten Horizont und stellen die Sinnfrage an das Mediensystem mit seinen inhärenten Widersprüchen, die uns fast schon eine »Unregierbarkeit« suggerieren, aber dann auch sensibilisieren für die Steuerungsproblematik, wenn wir vor den gestellten und erkannten Aufgaben nicht davonlaufen wollen.

Das ethische Dilemma, in dem der Mensch sich immer befunden hat und das letzten Endes ein philosophisches ist, sieht Christians in der Journalistenausbildung zuwenig berücksichtigt. Zusammen mit Catherine L. Covert von der Syracuse University hat er ein Forschungsprojekt zur journalistischen Ethik in Ausbildungsprogrammen an amerikanischen Colleges und Universitäten durchgeführt. Die Untersuchung ist im Hastings Center und einer dort verlegten Reihe »Humanistic Studies in the Communication Arts« erschienen. Das mit

Industriespenden finanzierte Hastings Center hat über sein Verlagshaus in den letzten Jahren das Thema der »Media Ethics« besonders gefördert und es auf ein gutes Dutzend repräsentativer Autoren und Werke gebracht. Vermutlich hätten manche Werke ohne diese großzügige Förderung und Spezialisierung auf das ethische Thema in der Massenkommunikation nicht erscheinen können.

Die Untersuchung von Christians mit dem Titel »Teaching Ethics in Journalism Education« hat erbracht, daß von 237 befragten Journalistenschulen 66 Einrichtungen in ihren Lehrprogrammen einen spezifischen Kurs für journalistische Ethik durchführen (27 Prozent). Die Programme von 171 Schulen enthielten keinen besonderen Kurs für journalistische Ethik (73 Prozent). Die meisten dieser Schulen (88 Prozent) vermerkten, bei ihnen seien die ethischen Probleme des Journalismus im gesamten Lehr- und Ausbildungsprogramm enthalten. »Ethik ist im gesamten Mediensystem verwurzelt« oder »Ethik hat es mit Situationen in allen Lebensbereichen des journalistischen Alltags zu tun« lauteten die Kommentare derer, die es oft auch aus pädagogischen Gründen für besser halten, die Ethik nicht als separaten Kurs zu führen und damit möglicherweise zu isolieren. Mit nur wenigen Ausnahmen befürworteten alle befragten Einrichtungen einen speziellen Kurs in »Media Ethics« oder deren Behandlung als Unterrichtsprinzip im gesamten Journalismus-Programm.[334]

Bezüglich des Textbuchmaterials und der angewandten Lehrmethoden vermerkt die Untersuchung als erste Beobachtung, die 66 spezifischen Kurse für »Media Ethics« entbehren fast alle einer Grundlegung in Theorie und Systematik der Wert- und Moralphilosophie. So sei es fraglich, ob die Studenten die Fähigkeit erlangen, begründete Werturteile abzugeben. Das Textbuchmaterial ist größtenteils an Fallstudien orientiert und läßt die Praxis ausgiebig zu Wort kommen.[335] »Die Lehre von der Ethik und Moral in unserem Land«, so folgert der Bericht, »leidet heute darunter, daß mehrere Jahrzehnte lang die Werttheorien vernachlässigt worden sind.«[336] Die Urteilsstrukturen gründen sich weithin auf den logischen Positivismus. Berufsethisch werden meistens die Konventionen des »objektiven« Journalismus zugrunde gelegt. Daß Ethik und Journalismus der Theorie bedürfen, durchzieht als tragende Erkenntnis die gesamte Untersuchung. Den Studenten werde eingehämmert, die Presse sei die vierte Gewalt, Medienfreiheit müsse verbürgt werden, und das Publikum habe ein Recht auf Information. Das methodisch-handwerkliche Können werde ebenso vermittelt. Aber an die normative Wirklichkeit und die Substanz verantwortlichen Handelns würden die Studenten kaum genügend herangeführt. Christians beklagt den Umstand, daß die Mehrzahl der Kurse in »Media Ethics« nicht wirklich den Charakter einer kritischen Untersuchung habe und die Komplexität des ethischen Dilemmas in der pluralistischen Gesellschaft häufig unterschlagen werde. Er sieht in der Ausbildung einen Trend, das legalistische Denken zu begünstigen. Dies geschieht auf Kosten einer konsequenzialistischen Ethik. Sie hätte auf die Folgen aufmerksam zu machen und für das ganze publizistische Wirkungsgefüge eine Verantwortlichkeit zu zitieren. Die Warum-Fragen würden im teleologischen Handlungsbezug nicht genügend herausgearbeitet, meint Christians nach der Analyse der verwendeten Textbücher und untersuchten Lehrprogramme in »Media Ethics«.[337]

John C. Merrill: Journalismus der Selbstverpflichtung

Der Philosophie erweist auch John C. Merrill, den wir als zweiten Vertreter anführen, die Reverenz. Bei »Codes« und »Creeds« in der journalistischen Ethik, so ist seine Ansicht, dürfe es nicht bleiben, weil viele annehmen würden, damit seien die journalistischen Fragen bereits ausgehandelt. Die Wandsprüche seien dekorativ und etwas zum Aufhängen, um dann mit einem »business as usual« zur Tagesordnung überzugehen.[338] Merrill unterzieht den »Code of Ethics«, den die amerikanische Journalistenvereinigung »Sigma Delta Chi« 1973 herausgebracht hat,[339] einer scharfen Kritik und bemängelt dessen phrasenhafte Allgemeinplätze, wenn es dort beispielsweise heißt, die Journalisten bestünden auf ihrem Recht, auch unpopuläre Meinungen auszudrücken oder Nachrichten hätten »frei von Meinung oder Vorurteil« zu sein. Ohne eine subjektive Wertung, Selektion und Färbung ließen sich Nachrichten nicht präsentieren, meint Merrill. Angesichts der Komplexität vieler Bereiche sei es eine Illusion, »alle Seiten eines Problems« ausleuchten zu wollen. Im Ergebnis enthielten solche Kodizes nur hochtrabende Rhetorik – »high-sounding rhetoric«.[340]

In seinen temperamentvoll geschriebenen Artikeln und Büchern – »The Imperative of Freedom« von 1974 und »Existential Journalism« von 1977, beide Hastings House, sind hier vor allem zu nennen – fordert Merrill eine neue Moralität. Die behavioristische und positivistische Sichtweise, die das Journalismusphänomen an die strengen Beweistechniken der exakten Wissenschaften heranführen wollte, hat der Kommunikationswissenschaftler Merrill weit hinter sich gelassen. »Watergate bezeichnet den Wendepunkt«, schreibt er im Vorwort zu dem von ihm mitherausgegebenen Ethics-Reader. Journalismus und Journalismusstudium besinnen sich auf ihre moralische Verfaßtheit und ihre ethischen Grundlagen. »Die Überzeugung nimmt zu, daß die Philosophie des Journalismus erheblich mehr Aufmerksamkeit verdient.« Dies sei ein hoffnungsvolles Zeichen, heißt es weiter in dem Vorwort. Die Grundprobleme des Journalismus seien immer philosophischer, aber vor allem ethischer Natur gewesen; um so befremdlicher sei es, daß die ethischen Fragen im Journalismus seit den frühen dreißiger Jahren wenig Beachtung gefunden hätten.[341] Merrill attackiert das

Objektivitätsideal im Journalismus als unerfüllbar und selbsttäuschend. Er setzt ihm die individuelle und engagierte Selbstverpflichtung eines subjektiven Journalismus gegenüber. Dazu greift er auf die Philosophie des europäischen Existentialismus zurück und verbindet ihn mit dem Freiheitsdenken anglo-amerikanischer Liberalität.

Man würde Merrill sicher mißverstehen, wollte man sein Plädoyer für eine neue Moralität im Journalismus in die Nähe des »New Journalism« rücken, wie er literarisch von Tom Wolfe oder Gay Talese oder Norman Mailer vertreten worden ist. Merrill ist auch kein Befürworter des »advocacy journalism« mit seinem streitbaren und gesellschaftskritischen Aktivismus. Wenn er sich stärker für das Modell eines subjektiven Journalismus ausspricht, so fügt er selbst hinzu, wolle er damit nicht einer reinen Typenlehre von objektivem und subjektivem Journalismus beipflichten, sondern die Übergänge seien fließend. »Subjektiv« bedeutet für Merrill, daß der Journalist mit seiner Subjektivität zu leben versteht und sie als Freiheit verantwortet, »und dies erfordert schrittweise eine Theorie der Verantwortung und Moralität, die prägend ist für menschliche Freiheit und ihr zum Leben verhilft«.[342] So spricht er sich gegen den Determinismus eines »corporate journalism« aus, worunter er einen entpersönlichten, konformistischen Typus versteht, der seine Verantwortung auf das System abwälzt und in der Funktionalität der Massen-Kommunikation aufgeht. Selbstvertrauen wird verlangt, der Mut zum persönlichen Warum und zur existentiellen Selbstverpflichtung gegen die Institutionalisierung und Reglementierung jener höchst persönlichen und wertvollen Qualität, die Verantwortung für ein sinnvolles Leben bedeutet.

Sören Kierkegaard, Jean Paul Sartre, Karl Jaspers, Erich Fromm, Lewis Mumford werden von Merrill häufig herangezogen und zitiert. Die Kantische Ethik legt er den Journalistenkollegen ans Herz; ihre einzige und höchste »Pflicht« sei die Freiheit. Ethik ist für Merrill eine Sache der inneren Betroffenheit und Verpflichtung. »Ethik ist eine personale Angelegenheit«, betont er immer wieder und erwähnt Sartre mit seinem Wort: Wahrhaft menschlich sein, das heißt, sich engagieren.[343] Merrill macht das Freiheitsthema zum zentralen Problem im Journalismus und leitet daraus das Konzept der journalistischen Autonomie ab. Selbstbestimmtes Handeln ist selbstverpflichtendes Handeln aus der eigenen Vernunfteinsicht, die es zu kultivieren und einzusetzen gilt, um diese Ethik zu begründen. So entsteht das Bild eines Journalisten, der sein ethisches Betroffensein als existentielle Sensibilität aufnimmt, »als Alpha und Omega« aller öffentlichen Kommunikation.[344]

Entsteht nicht der Eindruck, als ob Merrill den alten »rugged individualism« amerikanischer Herkunft wiederbeleben möchte? Läßt sich die liberalistische, personale Moralität mit der Verantwortung für die kollektiven Folgen der neuen

Medientechnologien überhaupt noch auf einen Nenner bringen? Merrill sieht die technischen Zwänge in der zunehmenden Monopolisierung; das beherrschende Geschäft mit der Werbung habe die irrationalen, emotionalen, propagandistischen Elemente ungewöhnlich verstärkt. Er spricht von dem »gigantischen Friedhof« des Journalismus, wo täglich der oberflächliche, sinnlose, geistlose Zivilisationsmüll für den Massenkonsum abgeladen wird.[345] Standardisierung und Konformismus hätten auch die Journalistenausbildung erfaßt. Die Öffentlichkeit werde den Medien gegenüber immer skeptischer, und das Publikum wisse gut zu unterscheiden, ob schlampig und arrogant gearbeitet wird oder ob die Loyalität zu Fairneß und Wahrheit ausschlaggebend ist.[346] Merrill läßt sich nicht davon abbringen, daß freie Wahl und Entscheidung letzten Endes auch in einer System- und Organisationswelt den Ausschlag geben, wie »dismal«, wie betrüblich sich die Medienzukunft auch im einzelnen darstellen möge. Er entgegnet denen, die ihn mit dem Liberalismus eines John Milton oder John Stuart Mill in Verbindung bringen, heute seien von der extremen Freiheitstradition viele Abstriche zu machen, die Wertschätzung für das hohe Gut der Meinungsfreiheit bleibe jedoch unersetzbar.[347] Sich dafür leidenschaftlich einzusetzen, aus einer verantworteten Subjektivität heraus, die unbeirrt an der Authentizität des Personalen und Persönlichen festhält, ist für Merrill der stärkste Beweggrund.

Wilbur Schramm: Pflichten gegenüber dem Publikum

Wilbur Schramm, langjähriger Direktor des Instituts für Kommunikationsforschung an der Stanford University in Kalifornien, gilt als prominenter Vertreter der Theorie von der »Social Responsibility« in der Massenkommunikation. Wie Merrill beruft sich auch Schramm auf das geistige Erbe des angelsächsischen Liberalismus. Jefferson oder Mill beispielsweise waren eifersüchtig darauf bedacht, daß der Staat den Ideen und Meinungen seinen freien Lauf läßt. Auf diesem Markt des geistigen und politischen Austauschs, so lautete ihre Annahme, werde sich die Wahrheit schon durchsetzen. Das Argument der Freiheit, nicht das Vertrauen in die Durchsetzungskraft der Wahrheit, war jedoch auch damals schon das stärkste, was heute leicht übersehen wird. Die klassische Theorie der Pressefreiheit konnte nur auf diesem geistigen Boden entstehen. Die Bürger sollten argwöhnisch darüber wachen, daß ihre Rechte auf Information und Geistesfreiheit nicht durch Gesetze verkürzt oder abgeschafft würden.[348] Der erste Zusatzartikel zur amerikanischen Verfassung vom Jahre 1778 garantiert diese Rechte.

Dieses Ideengut des klassischen Liberalismus sucht Schramm mit den Erfordernissen der Massenkommunikation des ausgehenden 20. Jahrhunderts zu verknüpfen. »Es wird zur beherrschenden Frage«, so hatte die Hutchins-Kommission geäußert, »ob wir die Presse weiterhin der unregulierten Initiative jener wenigen überlassen wollen, die ihre Manager sind.«[349] Schramm hat als angesehener Kommunikationswissenschaftler für das Konzept der Sozialverantwortung und Sozialkontrolle gewichtige Argumente beigesteuert und vertritt es bis heute. Seiner Auffassung nach ist die Vernünftigkeit, die den einzelnen Bürger befähigt, im Meinungsdschungel moderner Massenkommunikation die Wahrheit herauszufinden, nicht ohne weiteres vorauszusetzen. Schramm übernimmt in seiner Anthropologie und Gesellschaftstheorie nicht die optimistischen Grundannahmen, welche die Aufklärung vermittelt hat. Dennoch steht er zu der Auffassung, gesellschaftliche Verantwortung könne nicht durch den Staat oder irgendeine Behörde erzwungen werden, sondern sei in letzter Instanz nur durch die Journalisten selber zu verwirklichen.[350] Schramm sieht in der sozialen Entwicklung einen generellen Trend von den Rechten zu den Pflichten. Die einschlägige Rechtsprechungspraxis zeigt diesen Trend, wenn der Rechtsanspruch der Bürger auf Information in Konfliktfällen immer stärker als Begründungsfaktor herangezogen wird. »Das tragende Motiv für die journalistische Theorie gesellschaftlicher Verantwortung sind die Pflichten gegenüber dem Publikum. Die Presse ist verpflichtet, der Gesellschaft zu dienen.«[351]

Wahrheit und Fairneß nennt Schramm als Inhalte für die wahrzunehmende Verantwortung in der Massenkommunikation. In den Kodifikationen solcher Haltungen sieht er einen Ausdruck der Selbstkontrolle. Allerdings können die »Press Codes« nach seiner Auffassung nur eine Art von Oberflächenmoral hervorbringen, Qualität können sie nicht erzwingen. Solche Gebotetafeln erleichtern es, in der Öffentlichkeit die Grenzen des journalistischen Handelns abzustecken; unter Berufung auf die Regeln ist es möglich, manchen Mißbrauch zu unterbinden oder ihn jedenfalls als solchen erkennbar zu machen. Schramm sieht den Journalismus nicht als eine Profession, der wichtige Bereiche eines öffentlichen Dienstes übertragen sind, denn die meisten Journalisten befinden sich im Unterschied zu Ärzten oder Anwälten in abhängiger Stellung. Schramm erwartet trotzdem von den Journalisten gewisse Maßstäbe eines professionalisierten Berufsbewußtseins. Die Loyalität zu dem Unternehmen, das sie bezahlt, rangiert nicht an erster Stelle, sondern ein individueller Verantwortungssinn. »Die Stärkung dieses Sinnes für eine personale Ethik ist vital«, meint Schramm.[352] Er bewertet die Einstellung von Ombudsmännern bei einzelnen Zeitungsunternehmen positiv als eine Anstrengung der Selbstkritik und Selbstprüfung. Die Ombudsmänner nehmen Klagen und Zuschriften der Leser entgegen, sie pflegen systematisch den Leserkontakt und veröffentlichen regelmäßig eine Spalte über Leserreaktionen.[353] Bei Zeitungsunternehmen existierten nach einer letzten Zählung insgesamt zwanzig vollbezahlte Positionen für einen »newspaper ombudsman«.

1956 erschien zum ersten Mal das von Wilbur Schramm mitherausgegebene Büchlein »Four Theories of the Press«.[354] Schramms Studien zur Sozialtheorie der Presse waren vorausgegangen und geben dieser Veröffentlichung, die bis heute unter den Textbüchern ihre Rang behauptet, das theoretische Grundgerüst. Es ist denkbar einfach und lautet, die Presse übernimmt jeweils die Form und Prägung derjenigen sozialen und politischen Strukturen, innerhalb derer sie wirkt. Die vier Theorien orientieren sich an dem autoritären, dem liberalen, dem demokratischen und dem sowjet-kommunistischen Muster, wobei die dritte Theorie sich als »Social Responsibility« ausweist. Schramms Verdienst ist es, gegenüber einer wertfreien Kommunikationswissenschaft die Normativität der Gegenstände herausgestellt zu haben. Dazu verhilft ihm auch die historische Sicht, derzufolge die Medienentwicklung nicht erst mit der Massenpresse und dem Fernsehen einsetzt, sondern ihre Tiefendimension und humanistische Perspektive dadurch erlangt, daß die öffentliche Kommunikation als geschichtliche und anthropologische Grundkonstante erkannt wird. Eine ganze Generation von Journalisten und Wissenschaftlern verdankt Wilbur Schramm diese umfassende Sicht. Im Grunde ist er ein Optimist geblieben, wenn er die größere Bewußtheit, mit der Journalisten heute ihre Ethik und Verantwortung erörtern, auf der Habenseite abbucht.[355] Das Problem der Massenkultur, insbesondere der elektronischen »Popular Culture«, sieht er nicht dadurch gelöst, dem Publikum zu geben, was es angeblich verlangt. Programme, die sich in Anspruch und Geschmack am niedrigsten gemeinsamen Nenner orientieren, lehnt er ab. Statt dessen fordert er größere Auffächerung und Pluralisierung, eine Mannigfaltigkeit aus gesellschaftlicher Verantwortung als »representative diversity«.[356] So glaubt er dem Anspruch einer demokratischen Kommunikationskultur besser entsprechen zu können. Das Ethos der Sozialverpflichtung und der öffentlichen Dienstgesinnung ist es, das Wilbur Schramm mit der ihm eigenen Beständigkeit und Gelassenheit an den Journalismus heranträgt.

Die moralische Phantasie stimulieren

Die Amerikaner könnten auf die philosophische Geistestradition Europas neidisch sein – und sie sind es bisweilen immer noch. Paradoxerweise sind sie es jedoch, die »Media Ethics« heute zum Thema machen und Fragen aus der Kommunikationswissenschaft in eine moralphilosophische Perspektive rücken. Die deutschsprachige Publizistik- und Kommunikationswissenschaft gibt sich so philosophie- und wertfrei wie möglich. Zwar hat sie sich nach dem Krieg als junge Wissenschaft an das ältere amerikanische Vorbild angelehnt und deren Methoden kopiert. Was sie aber nicht übernehmen konnte, war das Substrat einer Moralität, das in den protestantisch-puritanischen Tiefenschichten der amerikanischen Mentalität auch heute noch abgelagert ist. Den Empirismus hat sie weithin zum Dogma erhoben, wo dann jedes Fragen nach einer ethischen Theorie des Journalismus als »unwissenschaftlich« zurückgewiesen werden mußte. Hier hat sich die ältere amerikanische Schwester immer unbekümmerter und freier gefühlt. Aus dem Garten der Nachbardisziplinen hat sie sich herausgepflückt, was vonnöten scheint. Der Garten der Ethik ist seit altersher die Philosophie.

Nun hat gerade die Untersuchung von Clifford G. Christians zeigen können, daß auch in Amerika die Lehrprogramme der »Media Ethics« vielfach einen Fassadencharakter haben. Doch ist mit diesem gängigen Hinweis für die Sache, die Medienkultur und Medienzukunft heißt, nichts erreicht. Wie wird ihre Moralität beschaffen sein? Vor allem aber: Was tun?

Christians hat der Ethikinstruktion fünf Lernziele vorgegeben. Zunächst soll die moralische Phantasie stimuliert werden, damit es zweitens dem Journalisten möglich ist, moralische Probleme zu erkennen. Drittens geht es um die Fähigkeit, sie analysieren zu können. An vierter Stelle ist die Herausbildung des moralischen Pflicht- und Verantwortungsbewußtseins genannt. Fünftens wird die Toleranzfähigkeit erwähnt, um die Gegensätzlichkeit und Amibiguität moralischer Wertvorstellungen aushalten zu können.[357] Auf ihre Weise sind die journalistischen Phänomene von allen fünf Zielsetzungen berührt. Am schwierigsten fällt es den Journalisten, moralische Phantasie zu entwickeln und sich mit den tiefgreifenden Folgen ihrer Handlungen auseinanderzusetzen. Ihr Ethos ist auf den Tag und die Tatsachen beschränkt, ihr Denken hat etwas Sprung- und Episodenhaftes. Die Komplexität der Ereignisse ist auf ein Minimum zu reduzieren. Darunter leidet der moralische Sinn, der in Zusammenhängen denkt und die Freiheit vom Alltags- und Profitdruck braucht. So kommt es zum Neutralismus, zum Zynismus, und in solche Verflechtungen, die hier nur skizziert sind, hineinzuleuchten und sie den Journalisten wie der Öffentlichkeit stärker bewußt zu machen, das ist eine Hauptaufgabe journalistischer Ethik und Theorie. In einer zerrissenen Welt ist mehr als früher ein Wissen von den Zusammenhängen und Zwecken erforderlich in der Anschauung eines Journalismus, der dem Bürger dient.

John M. Phelan, ein Kommunikationswissenschaftler von der Fordham University, hat ein Buch mit dem merkwürdigen Titel »Disenchantment« veröffentlicht.[358] Es geht um »Sinn und Moralität in den Medien«, wie der Untertitel vermerkt. Das Buch läßt rätseln, worüber der Autor »disenchanted« ist, was ihn also an den Medien enttäuscht, ja »entzaubert« hat. Ist es die typische Einlassung eines Intellektuellen über Massengeschmack und öffentliche Vulgarität? Das auch, aber Phelan sieht in der pervertierten Moralität vor allem die Abwesenheit von Sinn und Humanität gespiegelt. Das bedrückt ihn am stärksten. »Mediaworld« und Moralität erscheinen wie durch einen garstigen Graben getrennt, und die Extreme, so glaubt man beobachten zu können, liegen im amerikanischen Journalismus heute noch weiter auseinander als im deutschen. Die Vertrauenskrise im Hinblick auf die Medienkultur wird generell in den nächsten Jahren in allen Industrieländern zunehmen, aber damit auch die Notwendigkeit, Technologie und Kommunikation, Funktion und Wahrheit, Freiheit und Moralität im Journalismus zusammenzubinden. »Kommunikation ist das einzige Vehikel für Gemeinschaft«, meint Phelan. »Es ist eine vitale Notwendigkeit, daß wir uns endlich mit den moralischen Implikationen des Mediensystems vertraut machen.«[359]

Vierter Teil
Öffentlichkeit
Freiheit und Verantwortung

*Die Presse ist weder mächtig
noch ohnmächtig. Sie ist gut
oder schlecht. Sie ist gut, wenn sie
die Reifung des Willens zur Freiheit
ausnahmslos aller fördert
und den Mut zur Wahrheit unter
allen Umständen bewahrt und bewährt.*

Manès Sperber

1. Die Gründe meiner Meinungen

Freiheit, die ich meine

Der Begriff der öffentlichen Meinung stiftet für den Journalismus eine eigentümliche Moralität. Wir stoßen auf das Freiheitsdenken, wenn wir den Sinn der öffentlichen Meinung aus der klassischen Tradition rekonstruieren. Freiheit ist ein wichtiges, wenn nicht das wichtigste Bauelement unserer politischen Kultur und mithin des Journalismus, den wir als Teil dieser Kultur auffassen. Es geht um ein freies Meinen in öffentlicher Meinungsäußerung, woraus sich Journalisten und Journalismus legitimieren und wofür sie eine Verantwortung übernommen haben. Die Freiheitsphilosophie aus der klassischen Tradition politischer Theorie, die den Begriffen der öffentlichen Meinung, der politischen Herrschaft und der sozialen Kommunikation unterlegt wird, ist ihrerseits auf dem Fundament einer bestimmten Anthropologie von Meinung und Öffentlichkeit gegründet. Das eigentliche Wirkungsfeld der Massenmedien liegt im Bereich aktueller Meinungen. Die Medien bewegen sich im Strom der Meinungen, sie sind auf vielfache Weise deren Träger, Filter und Erzeuger. Journalisten engagieren sich täglich in dem für die Demokratie unentbehrlichen Meinungskampf. In ihrer herausgehobenen Stellung nehmen sie auf dem Umschlagplatz und »Markt« der Ideen und Themen eine vermittelnde, öffentliche Aufgabe wahr. Damit haben wir die Stichworte für den letzten Teil unserer Überlegungen zum Verhältnis von Ethik und Journalismus gegeben: Meinung, Öffentlichkeit und Publikum; Legitimation von Journalisten und Journalismus; Freiheit, Medienkultur und Verantwortung in ihrer gegenseitigen Bedingtheit und Begrenzung.

Die Pressefreiheit, erklären uns die Verfassungsjuristen, sei ein »Unterfall« der Meinungsäußerungsfreiheit. Jeder gerät mit seiner Freiheit, die ihm nach Artikel 5 des Grundgesetzes zugestanden wird, in den Schutz von soviel Pressefreiheit, wie er sich nach seiner konkreten Lebenslage zunutze machen kann.[1] Nicht nur dem Redakteur steht der Schutz für seine freie Berufstätigkeit zu Gebote, sondern jede Meinung, woher sie auch kommen möge, ist als freie Meinung anzusehen und genießt den Freiheitsschutz. Die Meinungsäußerungsfreiheit ist ein Individualrecht, ein Jedermann-Recht. Die daraus abgeleiteten Freiheiten, sich informieren zu können und informieren zu dürfen, berufen sich auf sie. Im Zentrum steht, anthropologisch und juristisch, das Phänomen der freien und persönlichen Meinung, die geschützt und grundrechtlich herausgestellt wird.

Den Meinungen aller wird etwas Achtenswertes zugesprochen. Jeder soll seine eigene Meinung äußern dürfen und die der anderen respektieren. Meinung darf gegen Meinung stehen. Welche die bessere ist, das mag sich herausstellen, aber niemand soll seine Meinung mit Gewalt durchsetzen. Es darf auch niemand wegen seiner Meinung zur Rechenschaft gezogen werden, in einem freien Land jedenfalls, wo der demokratische Meinungskampf die politische Ordnung herstellt.

Das Aufklärungszeitalter hat mit seiner Deklaration des freien Meinungsäußerungsrechts gewissermaßen das publizistische Zeitalter eingeläutet. Der Vernunftoptimismus mit seiner Annahme, das rechte Maß werde sich schon bald herausstellen, wenn alle Menschen künftig frei in Wort und Schrift ihre Meinung äußern könnten, sollte sich allerdings nicht so rasch bewahrheiten und endete erst einmal im Terror einer neuen Gesinnungsherrschaft, die den Platz der alten Meinungsherrschaft von Fürsten und Königen einnahm. Die Freiheit des publizistischen Wortes mußte noch lange Kämpfe durchstehen, bevor sie als Verfassungsgebot auf einigermaßen festem Grund zu stehen kam.

Der Boden, auf dem alle unsere Meinungen ruhen, bleibt nach Nietzsches Wort stets unsicher – »der Boden, auf dem alle unsere Bündnisse und Freundschaften ruhen, wie nahe sind kalte Regengüsse oder böse Wetter, wie vereinsamt ist jeder Mensch«. Im ersten Band seines Buches »Menschliches, Allzumenschliches« wendet sich Nietzsche »den Freunden« zu, sie sollten einmal überlegen, wie geteilt die Meinungen unter ihnen seien »aus der unlösbaren Verflechtung von Charakter, Beschäftigung, Talent, Umgebung«.[2] Die Meinungen erscheinen dem Philosophen »ebenso notwendig und unverantwortlich« wie die Handlungen der Menschen. Das ist schon ein kühnes Unterfangen, auf dem schwankenden Boden des Meinungssubstrats die Freiheit und ein Menschenrecht zu gründen, woraus sich der Journalismus legitimiert. In Nietzsches »Zarathustra« gibt es eine in ihrer Bildhaftigkeit unübertroffene Stelle, was es mit den Meinungen der Menschen und Freunde auf sich hat, wie sie in den Tiefenstrukturen der Person verwurzelt sind. Die Schwierigkeiten, zu einer »begründeten« eigenen Meinung zu gelangen, sind ja nicht unerheblich: »Das ist lange her, daß ich die Gründe meiner Meinungen erlebte. Müßte ich nicht ein Faß sein von Gedächtnis, wenn ich auch meine Gründe bei mir haben wollte? Schon zu viel ist mir's, meine Meinungen selber zu behalten; und mancher Vogel fliegt davon. Und mitunter finde ich auch ein zugeflogenes Tier in meinem Taubenschlag, das mir fremd ist, und das zittert, wenn ich meine Hand darauf lege.«[3]

Im Etymologie-Duden wird das mittelhochdeutsche »meinen« mit »wähnen«, mit »Wunsch, Verlangen« in Beziehung gesetzt. Aus der Verwendung des Verbs im Sinne von »seine Gedanken auf etwas richten, im Sinn haben« entwickelte sich »zugeneigt sein, lieben«. Zu beachten sei zum Beispiel »Freiheit, die ich meine«.[4] Die Herkunftsgeschichte des Wortbegriffs zeigt bereits, wie gefühlsbetont das »Meinen« ist und warum es unmöglich ist, einen meinungsbildenden Prozeß wie einen physikalischen Vorgang zu durchleuchten. Der Mensch lebt im Element der Meinungen wie ein Fisch im Wasser. Die Lebens- und Wertorientierungen der Menschen gedeihen ganz besonders in diesem Elixier, daraus ziehen sie ihre Kräfte, und sie beruhen nicht auf gesicherten Erkenntnissen, wo der Logos, der Grund und das Argument in ihrer bestechenden Klarheit ausschlaggebend sind. Das macht eine exakte und allseits anerkannte Meinungsforschung so schwierig, sie scheitert an der Komplexität und Rätselhaftigkeit der Meinungsphänomene. Dennoch ist sie trotz ihrer Mängel und des Mißbrauchs, der mit statistischen Umfrageergebnissen getrieben wird, eine nützliche und unentbehrliche Möglichkeit, neben der veröffentlichten Meinung die »private« Meinung oft großer Bevölkerungsgruppen, deren Einstellungen in der Öffentlichkeit vielfach nur ungenügend berücksichtigt sind, in den politischen Meinungsbildungsprozeß einzubringen.

Das Gefühlsbeladene unserer Meinungen

Wenn gesagt wird »Freiheit, die ich meine«, dann ist das die Freiheit, die ich liebe, die mir teuer und wünschenswert vorkommt, aber es ist auch die Freiheit, die ich kenne, an die ich gewohnt bin. Subjektiver und objektiver Befund fließen in den Lebensmustern der Erfahrung, Kontinuität und Identität zusammen. Darauf gründet sich unser »Meinen« über die Freiheit, und diese drei Komponenten sind für den Zusammenhalt der eigenen Meinungsstrukturen von erheblicher Bedeutung. Die alten Griechen charakterisierten die Freiheit als jene Möglichkeit, leben zu können, wie man nach alter Gewohnheit lebt. Die Vorstellung eines Publikums, in dem sich freie Meinungen bilden und aus diesem Austausch eine politische Entscheidung hervorgeht, wäre ihnen fremd gewesen. Sie hätten einen solchen Prozeß mit der Vorstellung einer ungefähren und vorläufigen, wenn nicht zufälligen Erkenntnis belastet gesehen, weshalb Platon auch zwischen Meinen (doxa) und wahrem Erkennen (episteme) unterschieden hat. Auch im neuzeitlichen Verständnis bleibt allem »Meinen« etwas Unbestimmtes mitgegeben. »Ich mein dies, du das, und ein dritter meinte was andres«, polemisiert Goethe in seiner Farbenlehre. »Und wenn du alles nun nimmst, Meinungen sind es doch nur.«[5] Meinung sieht sich gegen Wissen und Wahrheit ausgespielt. Das Unbestimmte, das ihr anhaftet, hält sie in gebührendem Abstand zu den Kriterien der Rationalität, und dessen sollte sich der einzelne auch hinsichtlich des Gebrauchs der eigenen Meinung bewußt bleiben, damit er sie behutsam einsetzt: Meinungen sind es doch nur!

Das Gefühlsbeladene, das den Meinungsphänomenen anhaftet, muß im Auge behalten werden, wenn eine Klärung ihrer spezifischen Moralität, um die es hier geht, versucht werden soll. Der Soziologe Ferdinand Tönnies, der 1922 eine Kritik der öffentlichen Meinung veröffentlichte, spricht von »gasförmigen Meinungen« und unterscheidet verschiedene Aggregatzustände der öffentlichen Meinung, nämlich die feste öffentliche Meinung, die er im »Zeitgeist« repräsentiert sieht, die flüssige und die luftförmige öffentliche Meinung; der letzterwähnte Zustand umfaßt die »flüchtigen Moderichtungen«. Tönnies sieht in der öffentlichen Meinung eine rationalisierte Gestalt der Religion, die Instanz eines »Volksgewissens« gegenüber den Ideen und moralischen Vorstellungen der Menschen.[6] Zweifellos hat die öffentliche Meinung eine irrationale und werthafte Komponente. Ihre stärkste Überzeugungskraft gewinnt sie aus moralischen Argumenten, und es dürfte schwer sein, sie für eine politische Zielvorgabe in Bewegung zu setzen, die sich auf rationale Gründe beschränkt. Walter Hagemann sieht die Eindeutigkeit der Meinungen erst dort gewährleistet, wo »Meinungen zu allgemein geltenden Überzeugungen, also zu einem Teil des Zeitgeistes geworden sind«. Die Grenzen zwischen Meinung, Überzeugung und Wissen seien jedoch stets fließend. Daher könne es keine »Totalität« der zeitlosen Überzeugungen und noch weniger der aktuellen Tagesmeinungen geben.[7]

Wieviel »weiß« der Durchschnittsleser einer Tageszeitung tatsächlich über die hundertundeins Sachen, Ereignisse und Themen, die ihm täglich über die Medien vermittelt werden? Zu allem sollen wir unsere Meinung abgeben, heute über die Luftverunreinigung, morgen über die Ostpolitik des Vatikans und am Tage danach über die Depressionen einer bekannten Filmschauspielerin. Der Psychologe Peter R. Hofstätter erklärt die öffentliche Meinung aus dem Spannungszustand, in den uns das tatsächliche Nichtwissen versetzt. Damit läßt sich auf zweierlei Weise leben. Wir bekennen uns zum sokratischen »Ich weiß, daß ich nichts weiß!« und lösen uns damit aus dem starren Korsett unseres Schein- und Meinungswissens. Oder wir akzeptieren die bekannten, griffigen Formeln der herrschenden Meinungen. Publizistisch findet diejenige Aussage die größte Aufmerksamkeit, die mit dem Strom der jeweils herrschenden Meinungen schwimmt. Hofstätter schreibt: »Es sieht so aus, als trügen die Menschen eine quälende Scheu vor dem ›Ich weiß nicht!‹ in sich, als wäre ihnen kaum etwas so peinlich, als einzugestehen, daß sie etwas nicht wissen. Ich glaube, daß wir damit die Wurzel aufgedeckt haben, aus der das sonderbare Phänomen der öffentlichen Meinung sprießt: Mit dem Schwebezustand des erlebten ›Ich weiß nicht!‹ sind innere Spannungen verknüpft, die sich nach der Anerkennung irgendeiner Patentlösung sofort verringern.«[8]

Nun wollen die Bürger mit ihren Meinungsäußerungen nicht nur etwas erkennen und feststellen, sondern sie wollen auch etwas bewirken und Einfluß nehmen. Die Vermittlertätigkeit der Massenmedien in einer demokratischen Gesellschaft liegt auf derselben Linie. Bei einer demokratischen Meinungsäußerung steht der Wirkungswert im Vordergrund und nicht der Wahrheitswert. Der Respekt, den die Verfassung zollt, gilt nicht den Meinungen in ihrer Integrität oder Treffsicherheit, sondern der Freiheitsgewährung für »die ständige geistige Auseinandersetzung zwischen den einander begegnenden sozialen Kräften und Interessen, den politischen Ideen und damit auch den sie vertretenden politischen Parteien«, wie es das Bundesverfassungsgericht ausdrückt.[9] Dies ist nur auf dem Wege eines Kompromisses möglich. Die Tatsache, daß die Politik sich von der Wahrheitsbindung abgelöst hat, wird hingenommen. Im freien Meinungsaustausch der demokratischen Gesellschaft sind nicht objektive Erkenntnisse zu erwarten, sondern dieser Weg ist, wie das Bundesverfassungsgericht erläutert, »a process of trial and error«, aber doch auf solche Weise, daß dieser Prozeß, indem er dauernd kontrolliert und kritisiert wird, die beste Gewähr für eine richtige politische Linie als Resultat und Ausgleich zwischen den im Staat wirksamen Kräften geben kann.[10]

Da hilft es kaum, der öffentlichen Meinung ein ganzes Sündenregister vorzuhalten, wie es der Philosoph Wilhelm Weischedel getan hat: »Durchschnittlichkeit und Oberflächlichkeit, Hang zu Allgemeinurteilen und Liebe zum Schein, Leichtgläubigkeit, Neugier, Hang zum Gewohnten und utilitaristische Wandelbarkeit, Inhumanität und Flucht vor der Verantwortung.«[11] Die Wirklichkeitsauffassung der Philosophie wird sich mit dem hohen Grad der Beliebigkeit des politisch und journalistisch Möglichen in der öffentlichen Meinung kaum auf einen Nenner bringen lassen. Diese Unverträglichkeit kennzeichnet das moralische Dilemma, das mit dem Gegenstand der öffentlichen Meinung bezeichnet ist. Die humanen Inhalte der Aufklärungsargumente vermögen den Begriff der öffentlichen Meinung nicht abzudecken; sie entzieht sich dem bestimmenden Zugriff wie ein Chamäleon.

»Agenda-Setting Function«

Niklas Luhmann hat aus der Perspektive der Systemtheorie zum Kapitel der öffentlichen Meinung und ihrer Funktion einige wertvolle Einsichten beigetragen. Der Soziologe eröffnet seine Analyse mit der skeptischen Feststellung, »Öffentliche Meinung« sei heute ein Begriff, »dessen Gegenstand fraglich geworden – vielleicht gar nicht vorhanden ist«.[12] Was bleibt für die empirische Forschung? Antworten, die auf Befragungsaktionen gegeben werden, und das selektive Interesse der Politiker an solchen »Meinungen«? Luhmann charakterisiert die öffentliche Meinung als »vorübergehend verfestigte Ansicht des Richtigen«, als »substantivierte politische Kontingenz – ein Substantiv, dem man die Lösung des Problems der Reduktion der Beliebigkeit des rechtlich und politisch Möglichen anvertraut«.[13] Die Wahl eines Themas und die Artikulation von Meinungen werden durch journalistische Regeln der Aufmerksamkeitszuwendung gesteuert. Der Öffentlichkeit wird in solcher Sichtweise die Funktion zugesprochen, die Themen der politischen Kommunikation zu institutionalisieren – »öffentliche Meinung als institutionalisierte Themenstruktur des gesellschaftlichen Kommunikationsprozesses«.[14]

Tragender Grundgedanke ist, wie stets bei Luhmann, die Reduktion von Komplexität des in der Welt Möglichen auf ein praktikables Maß. Die Themen haben bei ihm »eine Art Lebensgeschichte«. Damit knüpft Luhmann an die amerikanische Theorie der »Agenda-Setting-Function« an. Deren klassisches Diktum lautet, daß die Massenmedien zwar meistens nicht bestimmen, was die Leute denken, aber sie haben einen entscheidenden Einfluß darauf, worüber die Leute denken und sprechen.[15] Insbesondere bei neuen Themen prägen die Massenmedien die Realitätsvorstellungen ihrer Empfänger.[16] Luhmann: »Die Öffentlichkeit bleibt in Bewegung – in der Bewegung, die wir als Karriere politischer Themen beschrieben haben.«[17] Die fluktuierende und labile Natur der öffentlichen Meinung tritt im systemtheoretischen Konzept klar hervor. Allerdings wird uns nicht gesagt, warum dieses Thema eine Karriere macht, jenes aber nicht, warum diese Öffentlichkeit als »die Unterstellbarkeit der Akzeptiertheit von Themen«[18] erfolgreich ist, jene aber nicht. Das Neue habe eine Vermutung der Wichtigkeit für sich, meint Luhmann, aber determinierbar wird die öffentliche Meinung auch dadurch nicht. Thema und Meinung verschmelzen zu einer Art von öffentlicher Moral.

Über die Thematisierungsfunktion der Medien kann eine gewollt-ungewollte Zensur ausgeübt werden. Die Politik eines Landes und die öffentliche Debatte werden auf bestimmte Themen und somit auf eine bestimmte Richtung festgelegt, indem die Medien »ihrem« Thema eine unverhältnismäßig große Publizität verschaffen und damit die handelnden Politiker unter Druck gesetzt werden. Andere Themen, die genausogut debattiert werden könnten, werden »totgeschwiegen«. Allerdings bleiben hier manche Fragen in der Macht- und Verantwortungszuweisung offen, nämlich inwieweit solche Prozesse einer bewußten Steuerung unterliegen, warum abweichendes Verhalten einzelner Medien nicht zum Zuge kommt oder ob die Medien selbst nur »reagieren« und dafür sensibilisiert sind, welches Thema überhaupt eine Chance hat, auf die Tagesordnung der öffentlichen Meinung zu gelangen und welches nicht »ankommt«.

Die normative und klassische Tradition, in der öffentliche Meinung seit John Locke und David Hume gesehen und immer wieder in spekulativen Darstellungen beschrieben wurde, ist heute in ihrer Komplementarität zu empirischen Ergebnissen keineswegs überholt.[19] Das Phänomen der öffentlichen Meinung ist dauernd in der Schwierigkeit, mit seiner subjektiven Unbestimmtheit in das herrschende Wertsystem eingebunden und gleichzeitig der Flüchtigkeit von Tagesmeinungen ausgeliefert zu sein. Die Historiker waren die ersten, die einer bestimmten Epoche ein »Meinungsklima« zugeschrieben haben. Mit diesem Begriff, der im 17. Jahrhundert aufgekommen ist, wird das Umfassende einer Symbol-Umwelt, soweit sie auf einem Meinungs- und Mitteilungssubstrat aufruht, zu Formen eines kollektiven Bewußtseins oder einer gemeinsamen Kultur verdichtet. Paul Lazarsfeld hat die Konzeption vom »Meinungsklima« in einem 1957 veröffentlichten Aufsatz, der die öffentliche Meinung zu ihrer Traditionsgeschichte in Beziehung setzt, als »die vielleicht fruchtbarste Formulierung auf diesem Untersuchungsfeld« gekennzeichnet.[20] Heute sind es die Mittel der modernen Massenkommunikation, die öffentliches Meinen und Wissen verbreiten. Dabei wird ein Meinungs- und Öffentlichkeitskonzept unterlegt, das in seinem moralischen und politischen Selbstverständnis eine längere Begriffsgeschichte aufweist, aus der wir im folgenden einige Gedanken vortragen, um sie dann mit gegenwärtigen Sichtweisen und Ergebnissen der Wirkungsforschung zu verknüpfen.

2. Publizität ist der mächtige Hebel

Starke und nachhaltige Medienwirkung

Daß es so etwas gibt wie ein Gesetz der Mode, demzufolge die Menschen einen Sachverhalt günstig oder ungünstig beurteilen, ein Gesetz der vorherrschenden Meinung oder Reputation, hat der englische Philosoph John Locke um 1690 in London herausgefunden und in seinem Werk »Über den menschlichen Verstand«[21] beschrieben. Elisabeth Noelle-Neumann beruft sich für ihre Theorie der öffentlichen Meinung[22] auf John Locke. Zwar ist das Wort »public opinion« bei ihm noch nicht zu finden. Aber es ist erstaunlich, mit welcher Meisterschaft dieser englische Philosoph in seinen Beobachtungen zum »Gesetz der Meinung oder Reputation« die sozialpsychologischen Befunde unserer Gegenwart aus der Meinungsforschung vorweggenommen hat.

John Locke: Gesetz der Mode

Locke will die Annahme von der Existenz angeborener Ideen im menschlichen Verstand widerlegen. Wie konnte es dazu kommen, so fragt er, daß gewisse Meinungen, die überliefert und weitverbreitet sind, dennoch als angeborene Prinzipien betrachtet werden und daß völlig unvernünftige Meinungen von ansonsten geistig wachen Leuten trotz allem für wahr und sogar heilig gehalten werden. Locke nennt zunächst zwei Gründe, die diesen Vorgang begünstigen. Da ist einmal die Länge der Zeit, woraus Gewohnheit und Tradition entstehen. Da ist zum anderen »die Übereinstimmung der Nachbarn« mit ihrem sozialen Druck zur Konformität, der von den Meinungen anderer ausgeht. Die Angst, sich gegen die herrschenden Meinungen in der eigenen Gruppe zu wenden und sich damit zu isolieren, wird von John Locke als entscheidendes Motiv für die Meinungs- und Urteilsbildung der Menschen genannt. Nicht einer unter zehntausend Menschen sei so unbeugsam und so stumpf, daß er sich aufrecht halten könne, wenn er in seinem Kreis nur auf Ablehnung und Unbeliebtheit stößt. Und selbst wenn jemand die Zeit, die Fähigkeit und den Willen zu einer sorgfältigen Prüfung der eigenen Meinungen hätte, fragt Locke, »wo wäre derjenige, der an den Grundlagen all seiner früheren Gedanken und Taten zu rütteln wagte und freiwillig die Beschämung ertragen wollte, lange Zeit vollkommen in Irrtum und Verblendung befangen gewesen zu sein? Wer ist kühn genug, den Vorwürfen zu trotzen, die überall denjenigen erwarten, der es wagt, von den herkömmlichen Meinungen seiner Heimat oder seiner Partei abzuweichen? Wo ist der Mann anzutreffen, der sich gelassen darauf vorbereiten kann, den Namen eines Sonderlings, Skeptikers oder Atheisten zu tragen, was jeden erwartet, der eine der allgemeinen Meinungen auch nur im mindesten in Frage stellte?«[23]

Der Mensch wird in seiner Abhängigkeit von der sozialen Umwelt gezeigt. Die Maßstäbe von Billigung oder Ablehnung, Lob oder Tadel schaffen ein geheimes und stillschweigendes Einverständnis in den verschiedenen Gesellschaften. Nach dem »Gesetz der Mode« urteilen die Menschen wie über Perücken, erklärt Locke. Das Gesetz der Meinung übt nach dem englischen Philosophen größere Autorität aus und ergreift in seiner Wirkung die Individuen tiefer als das göttliche und das bürgerliche Gesetz. Was Tugend oder Laster genannt wird, »ist überall das, was als lobenswert gilt«. Wir sehen, wie John Locke in einer Mischung aus Bewunderung und Abscheu für die rätselhaften Meinungsphänomene seinen Zeitgenossen im ausgehenden 17. Jahrhundert die gebieterische Natur eines Gesetzes vorstellt, dem niemand zu entrinnen vermag, es sei denn um den hohen Preis der Absonderung, Isolation und Feindseligkeit. Locke gibt der Sache wechselnde Bezeichnungen und spricht vom Gesetz der Tugend und des Lasters, vom Gesetz der Meinung oder Reputation, der Mode und der Perücke, des Urteils der Privatpersonen oder der Übereinstimmung der Nachbarn. Er beschreibt ziemlich exakt das sozialpsychologische Umfeld unserer gegenwärtigen Meinungs- und Medienwelt, die das Individuum in einen Prozeß des öffentlichen Meinungsaustauschs aufnimmt, dessen Nichtbeachtung mit Sanktionen belegt ist.

Der Integrationsdruck der öffentlichen Meinung ist beträchtlich. Noelle-Neumann hat Lockes Thesen mit ihrer Theorie von der »Schweigespirale« und anhand demoskopischer Ergebnisse aus empirischen Meinungsbefragungen verifizieren können und unter dem Gesichtspunkt der Massenkommunikationsforschung gefragt, wie öffentliche Meinung entsteht, wie sie sich durchsetzt und wie sie umzustürzen ist.[24] Ihre Prämisse ist, daß im Verstehen von öffentlicher Meinung zugleich auch ein besseres Verstehen von der sozialen Natur des Menschen einbegriffen sein muß. Sie geht davon aus, daß es ein Meinungsklima gibt und daß die Menschen sich im Einklang mit dem Zeitgeist fühlen wollen. Die Menschen wollen sich mit ihrer Meinung nicht isolieren und beobachten dauernd ihre Umwelt. Wer seine Meinung bestätigt sieht, fühlt sich ermutigt und redet öffentlich darüber. Wer sieht, daß seine Meinung an Boden verliert, kommt sich alleingelassen vor und verfällt in Schweigen: Schweigespirale. So verwerfen die Menschen selbst Tatsachen und handeln wider bessere Einsicht, wenn ihnen der Preis der sozialen Isolierung und Vereinsamung abverlangt wird.

Die Schwäche des Menschen, seine Abhängigkeit von der Urteilsinstanz seiner Umwelt, seine empfindliche soziale Haut, seine soziale Natur, das sind die Prämissen in der Wirkungshypothese von Noelle-Neumann. Bei John Locke zeigten sich die Schwäche und der mangelnde Mut des Menschen in der Beobachtung, daß die menschliche Psyche eine Neigung hat, an den einmal angenommenen Meinungen festzuhalten, weil sie sich sonst in Orientierungslosigkeit verliert, wenn die erlernten Meinungen in Zweifel gezogen werden. Der Mensch wird als »Orientierungswaise« gekennzeichnet.[25] Für ihn haben Meinungen eine orientierende und damit auch eine ordnende Wirkung. In der Meinungswelt kann er sich einrichten. Hier kann er die ihn umgebende Wirklichkeit überblicken und seine tiefsitzende Angst bewältigen, jenen »horror vacui«, keine Zuflucht bei den vertrauten Meinungsformeln finden zu können.

Gründet die Macht der öffentlichen Meinungsbeeinflussung in der Ohnmacht des Menschen? Verweist die überbordende Meinungswelt auf eine Notlage des Menschen?[26] Die Tierverhaltensforschung spricht von der »Isolationsfurcht« bei Wölfen. Das Heulen eines anderen Wolfes sei für Wölfe ein starker Auslöser, selbst zu heulen. Dabei sei das anfängliche Heulen eines rangniederen Wolfes seltener der Anlaß als das eines ranghöheren.[27] Die Sprache hat sich dieser Beobachtungen bemächtigt, wenn von einem »Mit den Wölfen heulen« die Rede ist. »Politische Führer, bekannte Namen, gesellschaftliche Größen finden für ihre Mitteilungen eher Aufmerksamkeit und Echo als Leute, die nicht über prominenten Status verfügen.« Das schreibt Niklas Luhmann zur Aufmerksamkeitsregel »Status des Absenders einer Kommunikation«.[28] Ein ausgestoßener Wolf zu sein, der sich beim Chorheulen verweigert, hat auch handfeste Nachteile; ihm wird das Futter abgejagt – und er geht, übersetzt auf die Menschen- und Medienwelt, der sozialen Anerkennung verlustig.

Mit ihrem Bild der »Schweigespirale« bezeichnet Noelle-Neumann den Verstärkereffekt von Reden und Schweigen »vor allem in Situationen des Wertewandels«.[29] Bei politischen Wahlen will man bei den Siegern sein, während jene, die ihr Fähnchen nicht so leicht in den Wind hängen, sich zurückziehen und möglicherweise die tatsächlichen Mehrheits- und Stärkeverhältnisse unterschätzen, womit sich der »bandwagon effect« noch vergrößert. Wir erwähnten diesen Ausdruck bereits im Zusammenhang mit amerikanischen Wahlforschungen. Wie die Zuschauer bei einer Straßenparade dem Wagen mit der Musikkapelle an der Spitze des Zuges nachlaufen, so gibt es einen stark medienabhängigen Mitläufer-Effekt, der in den Demokratien mit ihren Konformitätszwängen besonders ausgeprägt ist.

Die Demoskopin Noelle-Neumann hat seit 1947 in dem von ihr gegründeten Allensbacher Institut die Schwankungen der öffentlichen Meinung in der Bundesrepublik Deutschland systematisch beobachtet, gemessen und ausgewertet.

Sie hat ein umfangreiches Zahlen- und Beobachtungsmaterial vorgelegt. Die Ergebnisse sind in die politische Kontroverse geraten.[30] Politik und Wissenschaft lassen sich auf diesem Feld schwer auseinanderhalten. In wissenschaftlicher Hinsicht steht Noelle-Neumann jedoch nicht allein mit ihrer Auffassung, daß eine starke, nachhaltige und umfassende Wirkung der Medien auf die öffentliche Meinung heute eher als Regel gelten kann als die »minimal effects hypothesis« mit ihren Vorstellungen, die Wirkungen der Massenmedien auf das Meinungs- und Wertgefüge einer Gesellschaft seien gering. Meinungsstrukturen und Realitätsvorstellungen der Bevölkerung werden entscheidend durch die Massenmedien geprägt, »und zwar je weiter die Ereignisse oder Personen entfernt sind, desto mehr und auch je übereinstimmender die Medien berichten und je frischer und in den Einstellungen noch nicht vorgeprägt die Gegenstände«.[31] Als Kommunikationswissenschaftlerin versteht Noelle-Neumann den Meinungs- und Öffentlichkeitsbegriff sozialpsychologisch und geistesgeschichtlich. Menschen handeln gegenüber Personen oder Umwelt auf der Grundlage von Bedeutung, Sinn und Moral. Die soziale Natur läßt sich nicht leugnen. Zeitgeist, Mode, Meinung bleiben als Phänomene in ihrer Irrationalität und Rätselhaftigkeit unausschöpflich. Das Umfassende in diesem Ansatz von Noelle-Neumann ist zugleich das Umstrittene. »Die Grenzen des Wirkungsbegriffes« werden anerkannt.[32] Öffentlichkeit erscheint als Modus des Menschseins schlechthin, auf das Ich und Du gegründet, wo meine und deine Meinung sich begegnen.[33] Die Hartnäckigkeit, mit der an dem Begriff der öffentlichen Meinung festgehalten wird, läßt auf Wirklichkeiten schließen, die beim Menschen »festzumachen« sind, wo immer sich viele einzelne zu einem »Publikum« verbinden oder wir der Leidenschaft begegnen, dieser oder einer anderen Meinung zu sein. Die Wirklichkeit von öffentlicher Meinung wird durch das »Meinen« gekennzeichnet und ist, wie wir eingangs sagten, anthropologisch begründet.

Öffentlichkeit und öffentliche Meinung

Für den Historiker Hermann Oncken ist die öffentliche Meinung als Begriff »tausendfältig sichtbar« und »schemenhaft«. In den meisten Fällen hätten wir es wohl stets mit mehreren öffentlichen Meinungen zu tun. Oncken lehnt eine Definition ab: »Schwankendes und Fließendes wird dadurch nicht begriffen, daß es in eine Formel eingesperrt wird . . . Schließlich wird jeder, wenn er gefragt wird, genau wissen, was öffentliche Meinung ist«.[34] Wie steht es um die andere Komponente im Begriff, die Öffentlichkeit? »Öffentlichkeit ist die Gesamtheit aller gesellschaftlichen Bereiche, die im Unterschied zum privaten Bereich vom

Prinzip her allen Menschen zugänglich ist.«[35] Je mehr sich die Öffentlichkeit zu einer Weltöffentlichkeit erweitert und je wichtiger zugleich das früher Fernliegendste heute für den einzelnen werden kann, desto größer wird die Zahl der Informationen, auf die wir nicht verzichten können, und um so wichtiger werden auch die Massenmedien für die Öffentlichkeit, die zur Medienöffentlichkeit geworden ist.

Emil Dovifat, der 1969 verstorbene Zeitungswissenschaftler und Streiter für eine verantwortete Presse, hat Öffentlichkeit als das Lebenselement der Publizistik schlechthin bezeichnet. Dovifat sieht den Begriff der Öffentlichkeit in mehrfacher Hinsicht gegeben. Nach einem ersten Sprachgebrauch ist Öffentlichkeit eine unbegrenzte anonyme Vielzahl von Menschen, allgemein erreichbar und ansprechbar (öffentlich, Öffentlichkeit = publice). Die freie Zugänglichkeit dieses Bereichs ist geradezu konstitutiv für die demokratische Staatsverfassung. In dieser Freiheit wurzelt alle öffentliche Freiheit. Joseph von Görres hat über diese Öffentlichkeit das enthusiastische Lob gesprochen: »Publizität ist der mächtige Hebel, der das Geisterreich in Bewegung setzt. Den Bösewicht prangert sie unbarmherzig an. Ihr Falkenauge durchdringt alle Nebel . . .«[36] Görres mußte seinen Freiheitsdurst bitter bezahlen, als ihn die preußische Zensur nach den Napoleonischen Befreiungskriegen in die Verbannung schickte. Nach einem zweiten, von Dovifat angeführten Sprachgebrauch ist Öffentlichkeit alles, was noch unartikuliert, geistig und gefühlsmäßig »im Gewoge«, »im Schwange« ist (öffentlich = publica). Dieser breite Strom von Ideen, Meinungen und Gedanken verdichtet sich zu geistigen Beständen, die unter publizistischer Führung als öffentliche Meinung auftreten: »Einst als Götter verehrt, als immanente moralische Macht überschwenglich gefeiert, zum Richterspruch aufgerufen, galt sie als eine ethische, als gute Macht, als liberale Kraft, bis dann die organisierte totalitäre Gewalt bewies, was alles mit ihr anzufangen ist, wenn sie skrupellos und brutal in die Mache genommen wird.«[37]

Seit Görres wird die Zeitung als Mahnerin, als »das Gewissen der Zeit, des Volkes, des Staates« angesehen und ist ihr ein moralisches Wächteramt anvertraut worden. Am Vertrauen des Publikums in die Zeitung hat es aber auch schon im 18. Jahrhundert gefehlt, wenn Johann Gottlieb von Justi fordert, die Ordnung der Zeitungen müßte nach der größten Proportion der Lügen gemacht werden, seien sie doch schon früher gewesen, »was sie ietzo sind, nämlich eine Mischung von Wahrheit und Lüge, ohne daß denen meisten Zeitungsschreibern selbst dabey viel zur Last geleget werden kann. Die wahren Nachrichten, sie kommen von dieser und jener Seite, haben darin allemal eine gewisse Hülle um sich, indem auf der einen Seite zu wenig, auf der andern Seite zuviel gesagt wird. Man hat hier die Körner mitsamt der Spreu. Ein vernünftiger Leser weiß die Körner schon davon abzusondern. Die leichte Spreu wird von dem Winde leicht weggetrieben. Man muß auf der einen Seite abziehen, und auf der andern zulegen.«[38] Das sind beherzigenswerte Ratschläge, in die auch der französische Ethiker Claude Adrien Helvétius auf dem Höhepunkt der Französischen Revolution einstimmt, wenn er fragt, was die Tatsache, daß die Meinung die Herrscherin der Welt sei, mit der Macht der Wahrheit gemein habe. Die Erfahrung zeige uns das genaue Gegenteil, daß beinah alle Fragen der Moral und Politik durch das Mächtige und nicht durch das Vernünftige entschieden würden, »und daß, wenn die Meinung die Welt beherrscht, es mit der Zeit der Mächtige ist, der die Meinung beherrscht« und »die Herrschaft über die Seelen« ausübt.[39]

Bei Helvétius ist fast eine moderne und neo-marxistische Medienkritik herauszuhören. Gegenüber der öffentlichen Kommunikation und Meinungsbildung wird der Ideologie- und Manipulationsverdacht angemeldet. Damals im 18. Jahrhundert, als der zivilisierte Erdkreis noch einigermaßen überschaubar war, konnte das vernünftige »Räsonnement« der bürgerlichen Schichten im gebildeten Europa seine Identität in der öffentlichen Meinung finden. Der Zerfall dieser Öffentlichkeit als bürgerliche Kategorie ist von Jürgen Habermas beschrieben worden. Er legt den Nachdruck darauf, daß es ein Konsensverfall ist und dasjenige, was sich als öffentliche Meinung ausgibt, eine Fiktion darstellt, beliebig »herstellbar« zu bestellten Zwecken.[40] Ist die Publizität auch heute noch immer »der mächtige Hebel« in unserer Gesellschaft und die Instanz der öffentlichen Meinung eine Art Gerichtshof politischer Vernunft?

Wir erkennen aus den Zitaten, wie die Aufklärungsideologie die soziale und journalistische Wirklichkeit bereits im Zeitalter ihrer Entstehung überwölbt hat. Wenn Habermas den »Trend zur Entkräftung der Öffentlichkeit« hervorhebt und die Öffentlichkeit zum Tummelplatz von Interessenten und Konkurrenten degradiert sieht, »während einst die Publizität Personen oder Sachen dem öffentlichen Räsonnement unterwerfen und politische Entscheidungen vor der Instanz öffentlicher Meinung revisionsfähig machen sollte«,[41] ist damit jedoch die Idee der freiheitlichen Öffentlichkeit nicht aufgehoben. Sie sei heute, meint Habermas, auf veränderter Basis nur noch als eine Rationalisierung der sozialen und politischen Machtausübung zu verwirklichen »unter der wechselseitigen Kontrolle rivalisierender, in ihrem inneren Aufbau ebenso wie im Verkehr mit dem Staat und untereinander auf Öffentlichkeit festgelegter Organisationen«.[42] Er nennt das »ein Publikum der organisierten Privatleute« und läßt die Öffentlichkeit allenfalls in ihrer »Zerfallsgestalt« über die Köpfe des mediatisierten Publikums hinweg als demonstrative und manipulative Publizität wirksam sein.[43]

Dennoch, wie gesagt, ist an der Idee der freiheitlichen Öffentlichkeit als einem Grundpfeiler der demokratischen Ordnung festzuhalten. Die liberal-bürgerlichen Deutungsmuster entfalten seit dem 18. Jahrhundert ihren normativen Anspruch; er gilt bis heute. Der enge und sinnstiftende Zusammenhang zwischen öffentlicher Meinung und Massenmedien darf nicht verlorengehen, wenn inzwischen die Massenpublizistik vorgedrungen und für die gemeinsamen Wahrnehmungs- und Orientierungsmuster in modernen Gesellschaften beherrschend geworden ist. Wenn allerdings die Medien nicht mehr formulieren, was in einem breiten Spektrum in der Bevölkerung an Meinungspositionen vorhanden ist, begeben sie sich ihrer Aufgabe, die mit Recht als »öffentliche« gekennzeichnet ist. Hierüber hat es manchen Disput gegeben, wie diese Aufgabe näherhin umschrieben wird, aber daran müßte festgehalten werden, daß die aus Artikel 5 des Grundgesetzes abgeleitete Norm den Öffentlichkeitswert gleichrangig neben den Freiheitswert stellt. Seine ethische Substanz erfährt das Grundrecht der Informations- und Meinungsfreiheit erst durch die journalistische Dienstleistung in ihrem vermittelnden Charakter. »Öffentliche Aufgabe bedeutet«, schreibt Roegele, »daß eine Demokratie nicht funktionstüchtig sein kann, wenn ihre Bürger nicht über ein leistungsfähiges System zur Information, Meinungsbildung und öffentlichen Diskussion über alle Gegenstände gemeinsamen Interesses verfügen.«[44]

3. Identität und Kommunikation im Wechselverhältnis

Mit dem Zeitgeist leben

Macht der Journalismus die Menschen krank? Läßt das Fernsehen die Umwelt bedrohlich erscheinen? Aus amerikanischen Untersuchungen wissen wir, daß die Vielseher unter gewissen Voraussetzungen regelrechte Angstsyndrome entwikkeln können.[45] Die Angst wird verstärkt, so entnehmen wir einem anderen Bericht, wo die »Bedrohungsinformationen« des Fernsehmediums bei emotionaler Labilität zunehmen.[46] Kriegsgefahr, Umweltverschmutzung, Arbeitslosigkeit, zunehmende Kriminalität, Gefahr von Krebserkrankungen sind »Bedrohungen«, denen der Rezipient im konkreten Fall auszuweichen sucht, deren Häufung in der Berichterstattung ihm jedoch kaum eine Wahl läßt, es sei denn, er hält das Informationsangebot gänzlich fern von sich.

Wer ein Programm nach dem anderen über sich ergehen läßt, wird in des Wortes buchstäblicher Bedeutung »zerstreut« und verwirrt zurückbleiben. Wie kein anderes Medium überspringt das Fernsehen die selektiven Schutzbarrieren beim Zuschauer und wirkt es »unmittelbar« auf die emotionalen Tiefenschichten der Person. Das Lebenswissen wird von einem starken Medienkonsum nicht größer, die Identitätsgefühle werden entsprechend geringer und schwächer, wenn am Ende der Traum als Leben, das Leben als Traum gilt. Die Folgen für den Menschen werden in vielen Schilderungen des televisionären Zeitalters und der »totalen« Medienwelt in düsteren Farben gezeichnet. Die Entmachtung des Menschen wird befürchtet, der Mensch kommt sich bedeutungslos vor, die Dingwelt überwältigt ihn. Der Mensch verfügt nicht mehr über die Apparate, sondern über ihn wird verfügt. Schließlich kapituliert er aus seinem Ohnmachtsgefühl heraus vor der verwirrenden Vielfalt der Lebens- und Weltauffassungen, um sich einfach im Strom des Zeitgeists treiben zu lassen.

Person, Identität und Anonymität

Wir wiederholen die Frage: Sind die Medienwirkungen ein schleichendes Gift? Ist der Verlust an Identität und Orientierung der unvermeidbare Preis für den Medienfortschritt? Diese Fragen kann niemand eindeutig beantworten, weil sich nicht exakt herausfinden läßt, welchen Veränderungen Person und Gesellschaft im Hinblick auf die Wirkungen moderner Massenkommunikation unterliegen. Der eine sieht es düster, der andere fragt mit Kant: Was darf ich hoffen? Nicht nur im Medienbereich begegnen wir heute dem Mißverhältnis von Mensch und Gerät. Auf diesem Hintergrund ist in den letzten Jahren ein Begriff nach vorne gerückt, der ein gewisses Standhalten vor den Anonymitätsdrohungen der modernen Massenkommunikation verspricht: der Begriff der Identität. Wir befragen ihn kurz auf dem Hintergrund der Behauptung, daß von den Massenmedien identitätsschwächende Wirkungen ausgingen und sie die Anonymitätsräume in unserer Gesellschaft vergrößerten.

Unter Identität verstehen wir nicht etwas, das biologisch vorgegeben ist, sondern sie stammt von »außen«. Sie bildet sich aus sowohl subjektiv wie intersubjektiv strukturierten Ablagerungen von sozial und symbolisch vermittelten Handlungen und Eindrücken in einem individuellen »Gedächtnis«.[47] Man kann es einfacher ausdrücken und vom Lebenswissen sprechen; für die grundlegenden Fragen seines Lebens und Zusammenlebens mit anderen hält der einzelne sinnvolle Lösungen parat. Wer bin ich? Wohin gehöre ich? Wie kann ich sinnvoll leben? Keiner will mit sich selbst zerfallen sein, im Streit liegen, sondern mit sich und der Welt in einem gewissen Einverständnis leben. Solches Lebenswissen hat eine theoretische Seite in der Weltauffassung und eine praktische, wodurch die Lebensführung normiert wird. Ein Sinnhorizont muß erkennbar sein, sonst kann es schwerlich zum Aufbau einer personalen Identität kommen.

Philosophisch ist Identität in der Selbsterfahrung des menschlichen Subjekts begründet. Das »Cogito ergo sum« des Descartes hat mit seinen Implikationen das neuzeitliche Denken auf die Identitätssuche geschickt und es in die Philosophie der Subjektivität einmünden lassen, die den in der Selbsterfahrung sich vollziehenden Prozessen auch die Erfahrung der Dinge in ihrer Identität zuspricht, bis zu dem von Schelling markierten Endpunkt: »Nur das Ich ... ist es, das allem, was ist, Einheit und Beharrlichkeit verleiht.«[48] So kommt alle Identität dem im Ich Gesetzten zu. Es weiß um sich als das in allen Veränderungen konstante, sich durchhaltende Selbst. Das gibt dem Menschen Bezugspunkt, inneren Zusammenhalt und Erkenntnisbegründung. »Letzte Wissensbegründung ist von vornherein nur dann möglich, wenn es eine an und durch sich selbst begründete, sich selbst rechtfertigende Erkenntnis gibt von vorrationalem, nichtbegrifflichem Charakter, eine nicht auf anderes verweisende, sondern sich auf sich selbst beziehende ursprüngliche Erkenntnis: Selbsterfahrung, Gegebenheit des Selbst für sich selbst, Identitätsvollzug von Subjekt und Objekt, ›reditio completa in seipsum‹ (Thomas von Aquin), ›Beisichsein‹ (Hegel), ›Selbstgelichtetheit‹ (Heidegger), der wir den Namen Geist geben.«[49] Nun kann aber dieses Selbst des Menschen nur »im bleibenden Durchgang durchs Andere« sein und werden. Damit tritt der dialektische und dialogische Charakter hervor. Der Anspruch durch das Andere, durch den Anderen ist keine entbehrliche Zutat, sondern »Selbst und Welt stehen in fundamentaler Korrelation«. Damit öffnet sich aber auch der Raum, »in dem sich der Mensch selbst entscheidet und vollbringt in Freiheit«.[50]

Das Identitätsproblem radikalisiert sich, wo dem einzelnen die Selbstwahl durch Fremdwahl abgenommen wird. Es kommt nicht zur Selbstidentifikation. Der einzelne verfällt dem Äußeren, Anderen und Fremden. Er verliert die Distanz und den sozialen Abstand. Die dialektische Beziehung zur Nicht-Identität wird eingebüßt. »Die ›Stärke‹ der Ich-Identität bemißt sich an der Aufrechterhaltung der Balance zwischen persönlicher und sozialer Identität in solchen Belastungssituationen, die jenes prekäre Gleichgewicht bedrohen. Der Grad der Individuierung bemißt sich an der Wahrung der Ich-Identität bei wachsender Differenzierung zwischen persönlicher und sozialer Identität.«[51] In den hochdifferenzierten Gesellschaften unserer Gegenwart ist die Identitätswahrung und -findung aufgrund einer Reihe von Umständen erschwert.

In einfachen, archaischen Gesellschaften brauchte der einzelne um die Stabilität seines Ichs nicht zu fürchten. Die Optionen waren äußerst begrenzt. Man lebte in vorgebahnten Verhältnissen und mit den anderen – oft auch verwandtschaftlich – »in gleichen Welten«. Für die Menschen in solchen Gesellschaftsformen galt, daß sie im wesentlichen die waren, die sie sein »sollten«. Hier gab es keine Identitätsprobleme. Anders in den anonymen Großgesellschaften unserer Gegenwart, wo die Handlungsabläufe nicht mehr einheitlich in einem überschaubaren Rahmen festgelegt sind, sondern aufgrund des Industrialismus und des pluralistischen Verfassungsstaats differenziert und institutionell spezialisiert sind. So beschreibt es Thomas Luckmann: »Die Sinnhorizonte der verschiedenen Teilsysteme sind nicht an persönliche Identitäten, sondern an Institutionen gebunden.« Die Verhaltensnormen werden »zweckrational« auf bestimmte Funktionen bezogen und sind somit ganz aus einem »religiösen« Sinnzusammenhang herausgelöst. Das heißt, es gibt kein übergeordnetes symbolisches Universum, »das versucht, eine Verbindung zwischen Sozialstruktur und Einzelexistenz herzustellen, sowie Alltagsleben und Krisensituation mit einer außergewöhnlichen, transzendentalen Wirklichkeitsebene in Beziehung zu setzen«.[52]

Der moderne Zeitgeist stiftet ersatzweise ein solches Universum symbolischer Deutung. Er ist heute weithin medienvermittelt, gewissermaßen ein Extrakt öffentlicher Meinung, genauer: veröffentlichter Meinung. Der Kierkegaard-Satz »Ein Mann, der sich dem Zeitgeist vermählt, wird bald Witwer sein« dient Peter L. Berger zum Anknüpfungspunkt für die Bemerkung, heute seien es in erster Linie die Massenmedien, die mit dem »Ohr am Herzen des Zeitgeistes« der gesamten Gesellschaft unentwegt ihre Befindlichkeit mitteilten und suggerierten, was gerade »relevant« sei. Was sie für verbindlich erklärten, sei ganz besonders dem Wechsel der Mode ausgesetzt und könne nur »kurzweilig« sein.[53] Die Unbeständigkeit des publicityhungrigen Zeitgeistes läßt es zu keinen Bindungen und keiner durchgehaltenen Identität kommen. Der Zeitgeist ist schwankend und raschlebig, gewissermaßen ein Konsumgut unter Konsumgütern. Die Information hat Warencharakter, und Meinungen sind wohlfeil. Nicht das Zuwenig, sondern das Zuviel an Optionen und Informationen ist unser Problem heute. Der Informationskollaps, nicht die Informationsknappheit droht dem System. Information, in zu großen Mengen verabreicht, hat einen propagandistischen Effekt und läßt das zentrale Paradigma demokratischer Herrschaft verkommen, jedwede Regierung sei auf Meinung, auf öffentlicher Meinung gegründet. Propaganda ist das genaue Gegenteil von Information und begründeter Meinung.

Auf diesem Hintergrund fällt uns die Antwort immer schwieriger, »wie wir mit und aus der Massenkommunikation leben können«. Dieser Frage ist Maximilian Gottschlich in seiner bereits erwähnten Arbeit über Journalismus und Orientierungsverlust nachgegangen. Der Autor meint, die Menschen gerieten heute generell in einen Sog zur systematischen Ausschaltung der Urteilsfähigkeit. Gottschlichs Anspruch ist ein normativer und ethischer der Verantwortung an die Journalisten, damit sie sich nicht dem Vorwurf ausgesetzt sehen müßten, sie würden mehr zur Eskalation als zur Überwindung der Identitäts- und Orientierungskrise in der modernen Gesellschaft beitragen. Die stillschweigende Voraussetzung des Verfassers ist es, daß der Journalismus durchgehend einen Orientierungsverlust bewirkt. Zu den allgemeinen Bildungs- und Erziehungsmängeln der Massengesellschaft addierten sich die Defizite einer adäquaten Realitätsexploration durch die Massenmedien und ihrer »Nachrichten mit Nulleffekt«.[54] Die dargebotenen Wirklichkeiten laufen auseinander, sie lassen sich nicht mehr zu sinnvollen Lebensmustern zusammenbringen. Müssen wir uns mit einem Leben in der »Zusammenhanglosigkeit der Welt« abfinden? Sind denn die Massenmedien überhaupt die hauptsächlichen oder gar alleinigen Verursacher der Orientierungsnot des modernen Menschen? Vielfach sind sie selbst nur Symptom einer Krise und Ausdruck derselben, und ob eine Welt ohne Zeitung, Radio oder Fernsehen eine bessere Welt wäre, sei dahingestellt.

Kommunikative Kompetenz

Die Krise, die sich hier im anscheinend journalistisch verursachten Identitäts- und Orientierungsverlust zeigt, hat tiefere Wurzeln und ist in hohem Maße eine Krise der personalen Kommunikation. Identitätskraft im Durchstehen moderner

Anonymitätsstrukturen sammelt sich letzten Endes nur in der »Person«, aus deren Kraftfeldern der Mensch es lernt und versteht, sich selbst treu zu bleiben. Die Sittlichkeit der Person tritt ins Bild, die sich auch darin zeigt, daß einer seine Geschichte sucht und sie anzunehmen bereit ist. Winfried B. Lerg spricht von der Lebenskompetenz, die wesentlich von unserer Kommunikabilität bestimmt ist. Er beschreibt die Qualität des Kommunikationsvorgangs – »und damit sogar seine Moralität« – auf umfassende Weise: »Unsere publizistischen Fähigkeiten sind gleichzeitig Ursache und Ergebnis unserer personalen und sozialen Existenz, unserer interpersonalen Beziehungen, die uns instand setzen, mit uns und unserer Umwelt zu Rande zu kommen. Dennoch ist kommunikative Kompetenz – die Kommunikabilität – mehr als Lesen- oder Zuhörenkönnen, Schreiben- oder Sprechenkönnen. Kommunikative Kompetenz hat etwas mit der Qualität der gesamten menschlichen Kommunikationsausstattung zu tun, mit seinem Bewußtsein, mit seiner Ausbildung, mit seiner Wissensstruktur.«[55]

Mit der Erfindung der technischen Medien ist eine neue gesellschaftliche Kultur entstanden, die Formen und Zwänge der Kommunikation haben sich vervielfacht und etwas Unentrinnbares angenommen, aber es hat auch schon vorher nicht im Belieben des Menschen gestanden, Kommunikation zu praktizieren oder zu unterlassen, wie Harry Pross bemerkt. Vielmehr sei die Kommunikation, alle soziale Wirklichkeit ermöglichend, als Naturprozeß zu verstehen, »in den das Subjekt hineingeboren wird und aus dem es erst wieder befreit wird, wenn es stirbt«.[56] Das Humanum behält auch in der strengsten Wissenschaft seine Durchsetzungskraft, es verknüpft den Kommunikationsbegriff konsequent mit dem Personalen und zugleich mit der Brüderlichkeit, ob es sich »Kommunikabilität« oder »Communio« nennt, »ursprünglich verwurzelt und gleichsam vorgebildet im höchsten Geheimnis«[57] als dem obersten Ziel jeder Kommunikation unter Menschen.

Identität und Kommunikation gehen ein enges Wechselverhältnis ein. Optionen, die uns als Wahlmöglichkeiten heute in erdrückender Fülle über die Medienwelt angetragen werden, müssen durch Bindungen, durch Ligaturen, ergänzt werden, den einzelnen nicht völlig orientierungslos zu machen. G. H. Meads Theorem des »taking the role of the other« im Hinblick auf Freuds Identifikationsbegriff wird von Habermas dahingehend übersetzt, daß die Wertorientierungsmuster nur aufgrund gegenseitiger emotionaler Bindungen internalisiert werden können, »daß ego in bezug auf alter in eine reziproke und komplementäre Rolle eingegliedert wird«. Dabei erweist sich das behavioristisch-mechanistische Denkmodell als unzureichend, auch im Hinblick auf den von Freud eingeführten Identifikationsbegriff, der als »Nachahmung des Verhaltens einer geliebten Person« beschrieben wird. Habermas: »Identifikation setzt hingegen eine Vermittlung von Symbolen auf der Ebene sprachlicher oder quasisprachlicher Intersubjektivität voraus, also eine symbolische Beziehung anstelle der ausschließlich empirischen zwischen Reiz und Reaktion.«[58] Das Symbolische könnte hier auch als das Geistige gesehen werden, als Selbsterfahrung und Identitätsvollzug, als Gegenwelt zum Mechanischen, zur Welt der Geräte und Zerstörung der Kultur des einzelnen durch die Konsumgesellschaft. Peter Glotz spricht vom Zuschütten des eigenen Unglücks mit materiellem Wohlstand. Er hält Gesellschaften ohne gemeinsame Perspektiven, »ohne symbolfähige Absichten, die dem einzelnen eine Ich-Überschreitung ermöglichen«, für nicht dauerhaft lebensfähig: »Der moderne Industrialismus gibt dem Menschen die Chance, bürdet ihm aber auch die Last auf, sich seine eigene Identität zu suchen. Wenn die Lebensmächte einer Gesellschaft die Kraft verlieren, Identitätsangebote zu machen, wird diese Gesellschaft zur Wolfsgesellschaft.«[59]

4. Das Publikum und seine Massenmedien

Der aktive Rezipient und der Nutzenansatz

Im Unterschied zur Direktheit der personalen Kommunikation bedient sich die Massenkommunikation eines technischen Mediums zum Transport der Botschaft. Sie unterscheidet sich ferner dadurch, daß sie öffentlich erfolgt und immer ein disperses Publikum im Auge hat. Sie erfolgt im Regelfall auch einseitig, also ohne Rollenwechsel zwischen dem aussagenden Kommunikator und dem aufnehmenden Rezipienten.

In dieser Definition steht das trockene, spröde Wort »Rezipient« für die Tatsache, daß in der Massenkommunikation einer kleinen Zahl von »Machern« eine verhältnismäßig große Zahl von Empfängern gegenübersteht. Wenn jemand die Partner eines persönlichen Gesprächs zu beschreiben sucht, wird er sie kaum in Begriffen wie »Kommunikator« und »Rezipient« kennzeichnen. Bis in den Sprachgebrauch hinein nährt die Massenkommunikation die Vorstellung, daß die Empfängerseite in das Reiz-Reaktions-Schema einer Informations- und Wirkungskette hineingenommen wird, an deren Ende das Rezeptionsgeschehen ein zwangsläufiges ist. Die personale Kommunikation läßt vergleichbare Empfindungen des Ausgeliefertseins kaum aufkommen. Tatsächlich kommt es gegenüber den Massenmedien zu Ohnmachtsgefühlen, was durch Umfragen bestätigt wird.[60] In seiner Pfingstpredigt hat Petrus so gesprochen, daß es die Zuhörer »mitten ins Herz traf« (Apg. 2,37). Der Empfänger ist in den Mitteilungsakt einbezogen. »Das Wort ist mehr als Produkt«, schreibt Eugen Biser, »es ist die Gebärde der Selbstmitteilung, die erst in dem Augenblick ihr Sinnziel erreicht, wo sie sich aufgegriffen und angenommen fühlt.«[61] Die Rezeptions- und Wirkungsforschung in der Massenkommunikation löst sich nur langsam vom mechanistischen Modell der »Vorstellungswelt eines Fabrikationsvorgangs«. Zu leicht geraten die Zuschauer, Leser und Hörer in der Massenkommunikation zu passiven, absichts- und interesselosen Rezipienten. Mit der Idee vom aktiven Publikum und dem sogenannten »Nutzenansatz« ist eine fruchtbare Wende eingeleitet worden.

Der Journalismus ist ein Kind der Massenproduktion und des Massenzeitalters. Lange vor der Massenkommunikation gab es im Prozeß der Industrialisierung in der Volkswirtschaft eine Massenproduktion. Sie hat im 18. und 19. Jahrhundert eingesetzt und das Bewußtsein der arbeitenden »Massen« geprägt. Die

Heraufkunft der publizistischen Massenmedien verläuft parallel zur Industrialisierung und Zunahme der gesellschaftlichen Arbeitsteilung. Die Medien selbst werden zu einem maßgeblichen Integrationsfaktor der modernen Massengesellschaft.

»Mass communication« wurde in den vierziger Jahren durch Paul Lazarsfeld und Bernd Berelson als Standardbegriff in die amerikanische Kommunikationsforschung eingeführt. »Mass communication« und »mass production« legen es nahe, nach dem Warencharakter von Kommunikation zu fragen. Der erfolgreiche Produzent muß möglichst viele seiner Produkte absetzen und mit ihnen über den Markt sein Publikum erreichen. Der Produzent in der Massenkommunikation »verkauft« Mitteilung. Zur Massenproduktion gehört der Massenkonsum. Distribution wird zum vorrangigen Problem der Massenkommunikation. Harry Pross knüpft an solche Überlegungen die Bemerkung an, auf der Seite der Herstellung gingen heute schon zahlreiche Vorgänge ohne menschliche Arbeit vor sich, indem Maschinen die Maschinen betreiben. Die Frage sei naheliegend, ob die »automatische Kommunikation« nicht mehr weit ist.[62] Masse, etymologisch gesehen, bezeichnet im Mittelhochdeutschen »ungestalteter Stoff, Metallklumpen, Haufen«, ein Substantiv, das späthochdeutsch als Lehnwort aus »massa« im Sinne von »Teig, Klumpen, zu Brotteig kneten« abgeleitet ist.[63]

Das Gestalt- und Formlose einer dumpfen Massenhaftigkeit ist in dem vorherrschenden Wortgefühl ausgeprägt. »Die Massen«, schreibt Nietzsche in seinen Unzeitgemäßen Betrachtungen, »scheinen mir nur in dreierlei Hinsicht einen Blick zu verdienen: einmal als verschwimmende Kopien der großen Männer, auf schlechtem Papier und mit abgenutzten Platten hergestellt, sodann als Widerstand gegen die Großen, und endlich als Werkzeuge der Großen; im übrigen hole sie der Teufel und die Statistik.«[64] Das ist die blanke, nihilistische Verachtung für jeden einzelnen, der in diese scheinbar gestaltlose Menschenmasse eintritt. Wir alle gehören zur Masse, wir unterliegen weithin den gleichen Lebensbedingungen, kaufen die gleichen Kleider, fahren die gleichen Autos, sehen die gleichen Programme und sprechen das gleiche Zeitungsdeutsch.

Die Historiker rechnen uns vor, daß Europa von 600 bis 1800 nach Christus konstant etwa 180 Millionen Einwohner hatte; bis 1914 ist die Zahl dann auf 460 Millionen angestiegen. Die Explosion der Weltbevölkerung verläuft in noch größeren Sprüngen. »Die Städte sind überfüllt mit Menschen, die Häuser mit Mietern, die Hotels mit Gästen, die Züge mit Reisenden, die Cafés mit Besuchern, es gibt zu viele Passanten auf der Straße, zu viele Patienten in den Wartezimmern berühmter Ärzte; Theater und Kinos wimmeln von Zuschauern, die Badeorte von Sommerfrischlern. Was früher kein Problem war, ist es jetzt unausgesetzt: einen Platz zu finden.«[65] Der spanische Kulturphilosoph Ortega y Gasset schreibt diese Sätze Anfang der dreißiger Jahre und sieht eine Menschheit heraufziehen, die keine Selbständigkeit duldet und die einzelnen zwingt, »daß sie zu Ameisen werden«. Die Menschen der nationalsozialistischen Massenbewegung probten den modernen »Aufstand der Massen« und wurden ein willfähriges Opfer seiner Suggestibilität. In Analogie zum Begriff der kritischen Masse in der Physik treten in einer Menschenmenge, die eine bestimmte Größe und Dichte erreicht, kollektive Verhaltensweisen in Erscheinung, die oftmals vom einzelnen nicht beabsichtigt sind, denen er aber durch den Massendruck zwanghaft folgt. Was alle tun, ist richtig, weil es alle tun.

Massenkultur und Humanität

Die moderne Massengesellschaft ist ein unbestrittenes Faktum, aber das Zurücksinken des Individuums in eine Welt der Gleichschaltung und Gesichtslosigkeit ist deshalb nicht zwangsläufig. Mit dem Anwachsen der Massen sind auch die Lebenschancen für den einzelnen gestiegen; Lebenskultur, Wissenserwerb und Wohlstand sind in bisher unvorstellbarem Maße mitgewachsen und haben viele Güter und Werte des Lebens, die nur wenigen vorbehalten waren, breiten Bevölkerungsschichten zugänglich gemacht. Die moderne Massengesellschaft läßt die Frage nach dem Menschen, nach seinen Möglichkeiten und Grenzen prinzipiell offen. Die Demokratie gründet sich in ihrem klassischen Ethos auf der Würde des einzelnen; wo dieses Ethos gelebt wird, wachsen die Gegenkräfte und Gegenwelten gegen das nackte Nichts der Vermassung und instrumentellen Vernunft.

Die Massenmedien sind vielfach zum Sündenbock moderner Massenkultur und -gesellschaft gemacht worden. So bei Herbert Marcuse und seiner neomarxistischen Theorie aus den sechziger Jahren: Die Medien und die Reklame sind Herrschaftsmittel in der »fortgeschrittenen Industriegesellschaft«, ihre Sprache ist »die funktionalisierte, abgekürzte und vereinheitlichte Sprache des eindimensionalen Denkens«. Die solchermaßen getäuschten Menschen sprechen »die Sprache ihrer Herrscher, Wohltäter und Werbetexter«. Das Vokabular, das Wissen, die Ansichten resultieren aus dem, »was ihre Medien der Massenkommunikation ihnen erzählen«.[66] Marcuse geht es um die Entlarvung repressiver Strukturen mit dem Ziel ihrer Beseitigung auf revolutionärem Wege; die Medienkritik ist hier nur Mittel zum Zweck. Es wird nicht gezeigt, wie die Massenmedien in eine neue Moralität und Humanität eingebracht werden können. Jeder wird den Aspekt einer »neuen Sensibilität«, eines Durchbruchs zu einem ganz anderen Zustand des guten Lebens und guten Journalismus begrüßen. Aber wie kann dieses Werk unter den Bedingungen des bestehenden und vorhandenen Journalismus durchgesetzt werden? Marcuse beruft sich auf Baudelaire: »Wahre Kultur liegt nicht in Gas, Dampf oder Drehscheiben. Sie liegt in der Tilgung der Ursünde.«[67] In solchem Denken ist für Ethik kein Platz. »Befreiung« tritt an deren Stelle, und nur sie vermag das eigentliche Realitätsprinzip der Person, das in der Entfremdung liegt, aufzuheben und in die Apotheose ihrer Vollendung einzubringen; Vernunft, nüchterne Beobachtung und Erfahrung sind fehl am Platz.

Nicht viel anders sieht es bei Horkheimer und Adorno aus, wenn sie die technischen Medien der Massenkultur, die »zur unersättlichen Uniformität getrieben« werden, ins Visier nehmen. »Kultur schlägt heute alles mit Ähnlichkeit«, schreiben sie, zum »Massenbetrug« der Aufklärung: »Film, Radio, Magazine machen ein System aus ... Technische Rationalität heute ist die Rationalität der Herrschaft selbst. Sie ist der Zwangscharakter der sich selbst entfremdeten Gesellschaft. Autos, Bomben und Film halten so lange das Ganze zusammen, bis ihr nivellierendes Element am Unrecht selbst, dem es diente, seine Kraft erweist.«[68] Eine ganze Welt wird durch das Filter der Kultur- und Medienindustrie geleitet, und hier hat der einzelne keine Identität mehr, reduziert sich das Individuelle »auf die Fähigkeit des Allgemeinen, das Zufällige so ohne Rest zu stempeln, daß es als dasselbe festgehalten werden kann«. Die Individuen sind gar keine mehr, »sondern bloße Verkehrsknotenpunkte« der Massenkultur, und es ist die Unfähigkeit der Menschen, zu erkennen, was man ihnen antut, die gutes Gewissen und demokratische Kultur »bei der Reproduktion des Immergleichen« in Gang halten.[69]

Das sind Analysen, die dialektisch und hervorragend formuliert sind, aber sie lenken davon ab, im Aufstand der technischen Mittel, die sich verselbständigen und uns mit Nietzsche von »einer stilisierten Barbarei« reden lassen, die Gegenkräfte zu erkennen und die Chancen des einzelnen wahrzunehmen. »Die Presse, die Maschine, die Eisenbahn, der Telegraph sind Prämissen, deren tausendjährige Konklusion noch niemand zu ziehen gewagt hat«, schreibt Nietzsche im ausgehenden 19. Jahrhundert.[70] Wir leben inzwischen eine Weile mit diesen Prämissen und sehen nicht, daß »Pseudoindividualität« die unausweichliche Folge ist, so unübersehbar die Warnzeichen sind. Die Denk- und Meinungsmaschinen der Presse, des Radios und Fernsehens, des Films oder der Werbung sind menschengesteuerte Systeme. Das Gefühl der Sinnlosigkeit kommt nicht von ihnen. Die Frage, von der alles abhängt, ist die nach unserer Humanität und Moralität. Das Rezeptionsgeschehen in der Massenkommunikation ist ein technologisch bedingtes Wirkungsgeschehen, aber zugleich immer auch ein humanes, der menschlichen Individualität überantwortetes Ereignis, dessen Freiheit »als Negation der gesellschaftlichen Zweckmäßigkeit, wie sie über den Markt sich durchsetzt«,[71] in unserer Wahl steht.

So können wir uns nicht zufriedengeben mit den negativen und pauschalen

Urteilen, die aus den Theorien der Massengesellschaft stammen und den einzelnen als das Opfer eines manipulativen Journalismus erscheinen lassen. Wir erwähnten bereits, daß mit der Idee vom »aktiven« Rezipienten in der Medien- und Wirkungsforschung eine Akzent- und Blickverlagerung erfolgt ist. Der »Uses-and-Gratifications Approach« aus der amerikanischen Forschung hat als sogenannter Nutzenansatz das Bild vom passiv-rezeptiven Publikum korrigiert.[72] Die Abkehr zeigt sich darin, daß die Transfer- und Transmissionsvorstellungen, die durch die sogenannte Lasswell-Formel mit dem Kommunikationsbegriff verbunden worden sind, von dem Modell eines aktiven und selektiven Publikumsverhaltens abgelöst werden.

Lasswell-Formel und die Selektivität

1948 hatte Harold Dwight Lasswell die folgende Beschreibungsformel für die publizistischen Prozeßabläufe vorgeschlagen: »Who/says what/in which channel/to whom/with what effect?« Das »Was« betraf die Kommunikatorforschung (control analysis), das »sagt was« die Aussageforschung (content analysis), das »in welchem Kanal« die Medienforschung (media analysis), das »zu wem« die Rezipientenforschung (audience analysis) und das »mit welcher Wirkung« schließlich die Wirkungsforschung (effect analysis).[73]

Das Modell beschreibt und systematisiert den publizistischen Prozeß auf einfache und einleuchtende Weise. Die antike Rhetorik kannte bereits einen Kanon für die Beschreibung der Geschehensabläufe in ihren »elementa narrationis«, wie sie von Marcus Fabius Quintilianus aufgezählt wurden: quis (persona)/ quid (factum)/cur (causa)/ubi (locus)/quando (tempus)/quemadmodum (modus)/quibus adminiculis (facultas).[74] Die Erzählelemente erinnern an die redaktionelle Faustregel der sechs W-Fragen, die aus dem amerikanischen Journalismus übernommen wurden: Wer, was, wann, wo, warum und wie. Im Gefolge der Lasswell-Formel sind die Variablen immer wieder erweitert und differenziert worden, aber von dem Präjudiz, daß hier das Kommunikationsmodell eine statische Betrachtungsweise begünstigt und den Wirkungsprozeß als »Einbahnstraße« fixiert, ist die Formel nicht freigekommen. Tatsächlich verleitet das Modell zu der Annahme, daß ein Stimulusgeber bei Respondenten eine bestimmte Wirkung erzeugt. Hingegen kann die Kommunikation auch als ein reziprokes Verhältnis zwischen Menschen betrachtet werden, und diese Reziprozität wird durch die Massenhaftigkeit der Übertragungs- und Feedback-Vorgänge nicht notwendigerweise aufgehoben.

In den dreißiger Jahren hinterließen die suggestiven Kräfte, die von der Massenhaftigkeit und einseitig-einheitlichen Argumentation in der nationalsozialistischen Propaganda ausgegangen waren, einen überaus starken Eindruck von der Wirkung gelenkter und propagandistisch gesättigter Massenkommunikation. Die liberalen Demokratien befürchteten, von der Hitler-Demagogie eingekreist zu werden. Zum ersten Mal in der Geschichte usurpierte ein Staat die Massenmedien mit solcher Ausschließlichkeit – und auch mit solchem Erfolg. Die Publizistik war eine Waffe geworden, eine alles niederwälzende Maschine. Das Ziel war es, die tatsächlichen Propagandawirkungen zu erforschen, um ihnen wirksam gegenübertreten zu können; was jedoch im Laboratorium nicht hinreichend simuliert werden konnte, war das Meinungsklima des Terrors und der Gewalt. Eine abweichende Meinung im Hitlersystem konnte das Todesurteil bedeuten. Menschen, die unvorsichtig waren, konnten über Nacht in den Gefängnissen verschwinden. Nach dem Willen des Propagandachefs Goebbels mußte hinter jeder Propaganda, die wirkungsvoll sein wollte, das scharfe Schwert des Terrors stehen.

Auf diesem Zeithintergrund zur Erforschung der Propagandawirkungen spielte anfangs noch die sogenannte Geschoß-Theorie (Bullet-Theory) in der Wirkungsanalyse eine gewisse Rolle, derzufolge eine Botschaft geschoßartig ihr Ziel trifft. Die Propagandalügen des Ersten Weltkriegs hatten bei einem noch unerfahrenen Publikum eine vergleichbare Wirkung. Die Perfektion der totalitären Propaganda begünstigte die lineare Betrachtungsweise, als ob wir es mit einer reflexartigen Prozeßautomatik vom Sender zum Empfänger zu tun hätten. Die ersten Zweifel an der unbeschränkten Medienmacht wurden durch amerikanische Wahlforschungen geweckt. Paul Lazarsfeld und seine Mitarbeiter fragten, wie politische Einstellungen insbesondere bei Wahlen entstehen und verändert werden können. Resultat: Die Massenmedien haben nur dort eine Chance, wo sie bestehende Einstellungen verstärken, während die entscheidenden Impulse an der Meinungsbildung aus den Kontakten von Mensch zu Mensch hervorgehen. Der Adressat erschien nicht länger als stummes »Opfer« einer Botschaft, dem Willen des Kommunikators gefügig, wie es die Propagandaforschung angenommen hatte. Lazarsfelds Wahlstudie vom Jahre 1940 in Erie County, Pennsylvania, aus den Präsidentschaftswahlen Roosevelts gegen Willkie gab das Signal für die Herausbildung der Verstärkerhypothese.[75] Sie besagt, daß die Menschen in ihrer Selektivität der Nachrichten- und Meinungsrezeption vorwiegend nur jene Inhalte übernehmen, die bereits zu ihren Überzeugungen passen. Außerdem folgen sie auch gern dem Urteil ihrer Freunde und Nachbarn, deren Informationsstand sie anerkennen und die als »Opinion-Leaders« eine gewisse Führungsrolle in der Meinungsbildung einnehmen. Es treten »mediating factors« dazwischen, die nicht selbst ein integrativer Bestandteil der Massenkommunikation sind, sondern außerhalb ihrer liegen. Dabei stellt sich auch ein »Zwei-Stufen-Fluß« (two-step-flow) der Kommunikationsvorgänge heraus, »daß Ideen ihren Weg oft von den Medien zu den Meinungsführern nehmen, um dann von dort an die weniger aktiven und meinungsstarken Teile der Bevölkerung weiterzufließen«.[76]

Fortan lautet das Stichwort nicht mehr »Persuasion«, sondern »Selection«. Wegen der Interdependenzen und der Reziprozität werden die Prozesse als begrenzte eingestuft. Nur wenn es zu einer Kombination von interpersonaler und Massenkommunikation kommt, lassen sich die Einflüsse steigern. Das Erkenntnisinteresse erweitert sich von der Frage »Was machen die Medien mit uns?« zu der Umkehrfrage »Was machen wir mit den Medien?«[77] Das Transfermodell wird verlassen, der Nutzenansatz wird angewendet für eine Wirkung, die dem Rezipienten Nutzen und Gratifikation verschafft.

Winfried Schulz bringt die Perspektive dieses Ansatzes auf die Formel: »Medien sind in dem Maße wirksam, in dem ihnen Rezipienten eine Wirksamkeit zugestehen. Das Wirkungszugeständnis wird reguliert durch die Bedürfnisse des Rezipienten; wenn sie über den Kontakt mit Massenmedien befriedigt werden können, ist deren Wirkungs-Chance groß.«[78] Allerdings mußten sich Verstärkerthese und Nutzenansatz auch wieder Korrekturen gefallen lassen, die teilweise zu einer Wiederbelebung der alten Machthypothese führten, worauf wir im Zusammenhang mit Untersuchungen Noelle-Neumanns zum langfristigen Einfluß des Fernsehens bereits hingewiesen haben. Noelle-Neumann glaubt nach den komplexen Wirkungsstudien der letzten Jahre heute wieder ganz einfache Zusammenhänge zwischen Mediennutzung und Einstellungen erkennen zu können, »die wie eine Rückkehr zum stimulus-response-Modell der Frühzeit erscheinen«.[79]

Gegenwelten der Leser, Hörer und Zuschauer

Medien, die ins Leere zielen, wären ein sinnloses Unterfangen. Recht verstanden enthält die Wirkungsfrage etwas Tautologisches, denn: Kommunikation ist Wirkung. Der Kommunikationsbegriff impliziert Wirkung »per definitionem«.[80] Insofern überrascht es kaum, daß die Wirkungsforschung sich wie im Kreise dreht. Ertragreich ist sie dort, wo sie den »rezipienten-orientierten Ansatz«[81] durchhält und die Reziprozität der personalen und sozialen Merkmale aus dem Untersuchungsfeld nicht ausklammert.

Die Wirkungsforschung fördert auch tröstliche Einsichten zutage und zeigt, daß der Einfluß der Massenmedien nicht allmächtig ist, wenn Lazarsfeld zum Beispiel bestätigt, daß der persönliche Einfluß von Freundes- und Nachbarschaftsbindungen in der »politischen Homogenität von Primärgruppen«[82] der überragende ist. Oder daß Massenmedien, die eine Innovation oder einen

Einstellungswandel zu erreichen suchen, ihre größte Wirksamkeit erst dann erreichen, wenn die Diskussion in der kleinen Gruppe parallel verläuft. Personen sind als Meinungs- und Beeinflussungsträger in diesem Fall stärker. Die bewußten und unbewußten Immunisierungsstrategien des einzelnen gegenüber den Einflüssen der Massenmedien wären einer besonderen Untersuchung wert. Es liegt auf der Hand, daß das Selektionsverhalten alle Anstrengungen der Massenmedien, das Publikum zu informieren und zu beeinflussen, erheblich behindern kann.[83] Das Reservoir an Vor-Urteilen ist groß und bei jedem einzelnen als lebensweltliche Orientierung unentbehrlich. Die Gegenwelten der Leser, Hörer und Zuschauer wirken für die über die Medien hereinflutende Welt wie ein Filter und entdramatisieren die Wirkungen. Der Mensch braucht Information, aber nicht jedwelche, sondern diejenige, die den geistigen Bedingungen seines Lebens und der Verantwortungsfähigkeit seiner Person entspricht.

Die Psychologen haben eine Medienwirkungstheorie unter dem Stichwort »Kognitive Konsistenz« ausgearbeitet und verifizieren können. Sie besagt, daß der Empfänger bestrebt ist, keine Informationen aufzunehmen, die gewissermaßen seinen Seelenhaushalt durcheinanderbringen. Es darf nicht zu einer kognitiven Dissonanz kommen. Diese psychologische Dynamik steuert als Schutzmechanismus die Rezeption bestimmter Botschaften, während andere ignoriert oder umgedeutet werden.[84] Die Rezipienten sind sozusagen ihre eigenen »Gatekeeper«. Durch die Schleusentore ihrer Aufmerksamkeit lassen sie nur dasjenige passieren, was ihnen kongruent erscheint. Die Botschaft darf nicht so abweisend sein, gänzlich zurückgewiesen zu werden, aber auch nicht so harmlos, daß der Empfänger sie einfach zu den Gewohnheiten rechnet, sondern sie muß, um wirksam übermittelt zu werden, jenes Mittelmaß treffen, daß der Rezipient seine Einstellungen überprüft und dennoch mit seinen Denkgewohnheiten nicht zu brechen braucht.[85]

Die Wissenschaft hält, wie man sieht, eine Reihe von Theorien bereit, die anzeigen, daß die Bäume der Medienwirkungen nicht in den Himmel wachsen. Eine besondere Kuriosität ist der sogenannte »Sleeper Effect«. Er trägt dafür Sorge, daß die Verhältnisse sich wieder glätten, wenn sie durch Medienwirkungen aufgestöbert worden sind. Carl Hovland und seine Mitarbeiter studierten während des Krieges im Rahmen ihrer Untersuchungen für die US-Armee die Wirkung des Films »The Battle of Britain« auf 2100 Soldaten. Man wollte die Überzeugungskraft der Filmvorführung prüfen und die Motive erforschen, die der Rezipient der Glaubwürdigkeit des Kommunikators unterstellt. Der Einstellungswandel wurde fünf Tage nach dem Filmbesuch und dann wieder erst nach neun Wochen gemessen. Bei einer Anzahl von meinungsbestimmten Punkten war der Wandel nach neun Wochen größer als nach fünf Tagen. Warum dieses merkwürdige Ergebnis? Man führte die Wirkung darauf zurück, daß die Rezipienten nach Ablauf einer gewissen Zeit vergessen hatten – »überschlafen« hatten –, ob die eine Quelle glaubwürdiger war als die andere, so daß am Ende auch die wenig glaubwürdige an Überzeugungskraft gewonnen hatte.[86]

Das Kuriositätenkabinett aus dem Arsenal der Medienwirkungsforschung läßt sich beliebig vergrößern. Die »Freier der Wirklichkeit« überschreibt Nietzsche einen seiner Sprüche aus Menschlichem, Allzumenschlichem: »Wer endlich merkt, wie sehr und wie lange er genarrt worden ist, umarmt aus Trotz selbst die häßlichste Wirklichkeit: so daß dieser, den Verlauf der Welt im ganzen gesehen, zu allen Zeiten die allerbesten Freier zugefallen sind – denn die besten sind immer am besten und längsten getäuscht worden.«[87]

Anläßlich eines Zeitungsstreiks in New York ist untersucht worden, was der Verlust der täglichen Zeitungslektüre den Menschen bedeutet. Sie vermißten nicht eigentlich bestimmte politische Informationen, und ihr Bedürfnis, am demokratischen Willensbildungsprozeß zu partizipieren, schien auch nicht sonderlich frustriert zu sein. Nein, es fehlte einfach ein Stück gewohnten Alltaglebens, die Zeitung aufschlagen zu können, am gewohnten Ort zur gewohnten Stunde. Befriedigung für den einzelnen Leser, so lautet das Fazit, bedeutet dabei manchmal schon die einfache Feststellung, »daß nichts für ihn Wichtiges in der Zeitung gestanden hat. Trotzdem fühlt er sich ›auf dem laufenden‹ und ›unterrichtet‹, auch wenn er nichts Neues erfahren hat.«[88]

5. Der Journalist in Selbstreflexion

Subjektivität und normative Berufsauffassung

Das Selbst- und Aufgabenverständnis der Journalisten in beruflicher Hinsicht wird in den folgenden drei Kapiteln weiter ausgeführt. Der Kommunikator, wie ihn die Fachsprache nennt, ist als Subjekt des journalistischen Handelns in allen Teilen unserer ethischen Überlegungen gegenwärtig. Hier geht es nochmals und speziell um den Journalismus als Beruf: Welche Ansichten äußern die Betroffenen von sich selbst? Wie legitimieren sie ihren Einfluß? Von welcher Art ist ihre Dienstgesinnung?

Gustav Freytag, der in seinen realistisch gefärbten Romanen und Theaterstükken das Bürgertum des 19. Jahrhunderts darstellt, hat ein Lustspiel »Die Journalisten« verfaßt. Ein um Anstellung bemühter Journalist tritt auf. »Schmock: Ich habe ... gelernt, in allen Richtungen zu schreiben. Ich habe geschrieben, links und wieder rechts. Ich kann schreiben nach jeder Richtung.« Daraufhin Bolz: »Sie haben Charakter. Ihnen kann's in unserer Zeitung nicht fehlen.«[89]

Die Journalisten zählten damals im bürgerlichen Alltag nicht zu den hochangesehenen Leuten. Mit dem fahrenden Volk der Schauspieler und Bänkelsänger wurden sie nicht selten in einem Atem genannt. Bis heute ist der Journalismus ein typischer »Aufsteigerberuf« geblieben. Journalisten zeigen generell eine große Berufszufriedenheit, und je länger sie in ihrem Beruf tätig sind und je weiter sie in der beruflichen Hierarchie vorangekommen sind, um so zufriedener sind sie.[90] Roegele konnte noch vor wenigen Jahren schreiben, wir seien weit davon entfernt, über ein verläßliches Bild von den Kommunikationsberufen zu verfügen, und das sei nicht ganz ungefährlich, »denn es sind ja die Angehörigen dieser Berufe, die uns täglich mit Weltstoff versorgen«.[91] Dieses Defizit ist inzwischen aufgeholt worden. Für fast alle Bereiche journalistischer Tätigkeit liegen Untersuchungen vor, die das Berufsbild mit empirischem Material belegen.[92] Die institutionelle Seite ist abgesichert, und im Unterschied zu Gustav Freytags Tagen kann auch keine Rede mehr davon sein, das gesellschaftliche Ansehen der Journalisten sei niedrig. Fragt man hingegen, wie die Journalisten selbst ihre Tätigkeit beurteilen und bewerten, dann bleiben noch viele Fragen offen.

Die Selbstreflexion der Journalisten im alltäglichen Umgang mit sich selbst ist nicht genügend ausgeprägt. Selbstreflexion bedeutet hier, das eigene Handeln zu bedenken und stets neu zu überprüfen, woran ich mit mir bin, aus welchen Maximen meine Handlungen abgeleitet sind. Gefragt ist ein Stück innerer Biographie und öffentlicher Rechenschaftslegung. Aus welchen Kriterien heraus läßt sich bestimmen, was ein guter Journalist ist?

Ein schlechter Journalist, das ist nach der Meinung eines Zeitungsredakteurs »derjenige«, der zum Journalismus gekommen ist wie die Kuh zum Kalb, der also nicht aus seiner persönlichen Einstellung heraus zum Journalismus gekommen ist, der keinen Spaß mehr an seinem Beruf hat, denn Journalist, das wird man nicht, das ist man.«[93] Und ein guter Journalist? Der »muß seine Leser kennen, er darf nicht arrogant sein. Er muß sich auch auf die unter Umständen kleinkarierte Mentalität seiner Leser einstellen können und dabei natürlich schreiben können ... Der gute Journalist muß sich um absolute Vorurteilslosigkeit gegenüber jedermann und gegenüber jeder Institution bemühen. Er muß seine eigenen Überzeugungen zugunsten des Bemühens um Objektivität und Fairneß zurückstellen können«.[94] Es fehlt überhaupt nicht an Bestimmungsmerkmalen für den guten Journalisten; das Untersuchungs- und Befragungsmaterial weist es vor. Aber die Kriterien fügen sich schwerlich zu einem einheitlichen Bild zusammen; wo es zum Konsens unter einzelnen Redaktionen und Kollegen kommt, treten wiederum andere mit gegensätzlichen Programmen auf. Die rücksichtslose Ausbeutung von Tatbeständen aus der Intimsphäre und die kenntnisreiche Vermehrung der Sensationsgier gehört für viele Redaktionen und Verlage zur Tagesordnung. »Wenn sich beispielsweise jemand vor den Zug geworfen hat und sonst ist niemand zu Schaden gekommen, dann schreibt der schlechte Journalist: ›Kopf ab in Bielefeld, Rumpf in Herford gefunden‹ und knallt das dann als Schlagzeile raus.«[95] Die Maximen für diesen grobschlächtigen Journalismus sind nicht abwesend; sie sind nur zugedeckt und zugekleistert, und das abweichende Verhalten wird durch die Hintertür nicht selten mit einem moralischen Mäntelchen umgeben.

Unsicherheiten im beruflichen Selbstwertgefühl und journalistischen Aufgabenverständnis ergeben sich heute aus veränderten Arbeitsbedingungen, die beispielsweise durch das Vordringen der modernen Textverarbeitungssysteme in den Betrieben herbeigeführt werden. Die Elektronik beschneidet die Spielräume des freien Ermessens und Verantwortens ganz erheblich. Siegfried Weischenberg spricht von einer »Taylorisierung« des Journalismus und sieht die redaktionellen Arbeitsanforderungen noch viel stärker programmiert als bisher. Er nennt »die Quantifizierung von Arbeitsleistungen, den Verzicht auf systematische Ausbildung und auf Kreativität und im Extrem die Zerlegung der redaktionellen Produktion in automatisierbare Teilbereiche, wobei die Rollenträger völlig austausch- und steuerbar wären«.[96]

Das Professionalisierungskonzept, das die Auffassung zum Inhalt hat, der Journalistenberuf müsse wie der Arzt- und Rechtsanwaltsberuf seine Standards einer »Profession« annähern, hat in den letzten Jahren in der Kommunikatorforschung an Boden gewonnen. Der Medienstrukturwandel und die Zunahme technisch-ökonomischer Zwänge stehen jedoch quer zu diesem Konzept, das sich an der Person orientiert und nicht am System. Das Berufswertgefühl des einzelnen Journalisten wird von den Entwicklungen und erzwungenen Anpassungen im System negativ berührt. Mit jedem Rationalisierungsschritt wächst die Entfremdung zum Publikum. Die Bewegung um den »New Journalism«, die von Amerika kommt und einen engagierten Journalisten als Parteigänger fordert, ist auch auf dem Hintergrund solcher Tendenzen zu sehen, die sich degressiv für die journalistische Autonomie und Selbstverantwortung auswirken. Die Journalisten wehren sich gegen den bloßen Funktionalismus. Die Innenseite ist zu wenig bedacht worden, wie ein guter Journalismus sich aus seinen Sinnbeständen rechtfertigt und daß nur auf solchem Boden die Qualität der journalistischen Arbeit verbürgt werden kann.

Ein Journalismus, aus dem ein »Ich« spricht

»Journalismus nenne ich die als Handwerk betriebene Kunst, Ereignisse des Tages einem großen Kreis von Interessenten bekannt zu machen und zu erklären.«[97] Das ist Rudolf Walter Leonhardts Beschreibung und Berufsauffassung, die von einem Mann stammt, der als politischer Redakteur, Auslandskorrespondent, Rundfunk- und Fernsehjournalist, stellvertretender Chefredakteur eine »typische« Journalistenlaufbahn vorweist. Nicht untypisch ist auch, daß er erfolgreicher Buchautor ist, Literaturwissenschaft und Philosophie studiert hat und daß seine Doktorarbeit der modernen deutschen Literatur galt. Was sind das für Leute, die Journalisten? Sind sie Informations- und Gesprächsvermittler, Anwälte des Publikums, freischaffende »Künstler«?

Wenn Journalisten sich selbst einschätzen, mangelt es nicht am ironischen Unterton, auch nicht am Mißtrauen in den eigenen Statusvergleich und die eigene Positionsbeschreibung: »Hemingway und solche Leute, die waren ja alle Journalisten, die kommen ja alle irgendwie vom Journalismus her... Ein Journalist ist ja gleichzeitig auch ein bißchen Schriftsteller, von der Schreibe her. Klar ist natürlich: Der Journalist ist genau das Gegenteil eines Beamten und eines Fließbandarbeiters, das hoffe ich jedenfalls. In Zukunft kann das vielleicht ein bißchen anders werden... Ein schöpferischer Beruf ist es aber schon, weil man ja jeden Tag etwas macht, was man am nächsten Tag sehen kann.«[98] So urteilen Bielefelder Zeitungsredakteure über sich selbst. In ihrem gesellschaftlichen

Ansehen vergleichen sich die Journalisten mit Lehrern, Hochschullehrern, Anwälten und Richtern, auch mit Kommunalpolitikern, aber nur wenige denken an »einfache Arbeiter«, »kleine Angestellte« oder »Schichtarbeiter«.[99] Allgemein äußern sie einen gewissen Widerwillen gegen Klassifizierungen und vor allem gegen jeden Standesdünkel.

Journalisten wollen die »als Handwerk betriebene Kunst« zu einer guten machen; das ist wohl den meisten zu unterstellen. Im strengen Wortsinn ist die journalistische Praxis kein »Handwerk«, sondern sie spielt sich in arbeitsteiligen Betriebs- und Produktionsstrukturen ab, und hier ergeben sich die Effizienzkriterien wie von selbst. Die Moral wird sozusagen »mitgeliefert«. In der Bewertung dessen, was der Journalismus mit seinen Menschen und Maschinen hervorbringt, würde jedoch ein entscheidender Bezugspunkt fehlen, wenn das Handeln über die Effizienz- und Funktionskriterien hinaus sich nicht für rechenschaftspflichtig hält und wenn dieses Handeln aus der Perspektive der journalistischen Subjektivität nicht als ein »gutes« vertreten werden kann.

Die Entfaltungs- und Handlungsspielräume des einzelnen Journalisten am Arbeitsplatz haben sich verringert, wie schon angedeutet wurde. Die Diskrepanz zwischen dem beruflichen Selbstwertgefühl und den Realitäten am Arbeitsplatz ist dadurch nicht geringer geworden. Das Problem ist aber nicht damit abgetan, jetzt aufgrund solcher Entwicklungen die normativen Ansprüche an den Journalistenberuf zu verwerfen und zu erklären, für Ethik sei hier kein Platz, solange die herrschaftsvermittelten Zwänge und Strukturen anhalten. Eine Rückkehr zum alten Setzkasten ist nicht möglich. Andererseits darf auch nicht darauf verzichtet werden, trotz der weitgehenden Technisierung des Journalistenberufs der Person den entscheidenden Stellenwert zuzusprechen. Solange gilt, daß der Journalismus etwas mit dem Wort, der Freiheit und den Bürgern in dieser Demokratie zu tun hat, bleibt das normative Berufsbild für den Journalisten unerläßlich und sind die werthaften Prämissen des journalistischen Handelns unverzichtbar. Die Elektronisierung und »Taylorisierung« des Journalistenberufes unterstreicht die Dringlichkeit einer solchen Forderung nach professionellen Orientierungen »im Interesse der Gesellschaft« und in einem »heute noch theorielos betriebenen Beruf«.[100] Diese Orientierungen müssen personhaft verankert sein.

Leonhardt schreibt: »Das richtig verstandene Ich des Reporters ist ein Ich der Bescheidenheit: Der Weltgeist, so sagt dieses Ich, sieht das alles gewiß ganz anders. Du, der Leser, sähest es vermutlich auch anders. Ich, der ich mit meinem beschränkten Wahrnehmungsvermögen, mit meinen Vorurteilen, unausgeschlafen vielleicht oder auch abgelenkt, von Schnupfen geplagt oder von Sorgen, den Auftrag übernommen oder mir selber gestellt habe, für Dich etwas zu erleben, was Dir zu erleben nicht möglich war, und es für Dich zu beschreiben: ich habe es wahrhaftig so, wie ich es hier zu beschreiben versuche, gesehen, gehört, gerochen, geschmeckt, gefühlt . . .«[101] Hier wird eine Problemanzeige für den Journalismus gegeben, der sein menschliches Gesicht verliert, wenn aus ihm nicht mehr ein »Ich« spricht. An anderer Stelle sagt Leonhardt treffend, der Nachweis darüber, daß zum Fortbestehen der Menschheit Liebe mehr beiträgt als Haß, sei durch eine Kette von Induktionsschlüssen gewiß zu erbringen. In den Prämissen müßte lediglich alles aufgezählt werden, was Liebe dazu beiträgt, Leben zu erhalten und zu mehren, was hingegen Haß tun kann, Leben zu zerstören. Unversehens sind wir dann bei jenem Gebiet angelangt, das die klassische Philosophie »Ethik« nennt.[102] Liebe und Haß werden ausgewiesen: Wie ist die Welt wirklich? Wie sollte der Mensch leben? Von diesen beiden Fragen geht auch im Journalismus alles aus, wenn wir auf das Ganze blicken und »Weltstoff« aus der Subjektivität vermitteln.

Das Denken und Handeln »als Subjekt« beschäftigt die Philosophie nicht erst seit Descartes. Wer sich und sein Verhältnis zur Welt nicht bedenkt, wird sich kaum veranlaßt sehen, über den Bezug von »Ich und Welt« – und der Bezug ist hier das Entscheidende – weiter nachzudenken. Es kommt nicht zur Selbstreflexion des eigenen Lebens und Handelns, die eigene Subjektivität wird in den Gegebenheiten eingeebnet und das instrumentelle Denken setzt sich durch. Dies ist eine naive Haltung, sie weicht der Unbequemlichkeit des Be-Denkens, des reflektierenden Sich-Zurückbeugens auf die eigene Ichheit in ihrem Verhältnis zur Welt der Taten und Handlungen aus und läßt, »vereint mit dem technologischen Trend die Ansicht aufkommen, daß das Ende der Philosophie überhaupt und damit auch das Ende der Philosophie der Subjektivität herbeigekommen sei«. Walter Schulz fügt mit Recht hinzu, über Sein oder Nichtsein der Philosophie habe noch nie der sogenannte Zeitgeist entschieden. Die Philosophie der Subjektivität, das hätten uns Fichte und der junge Schelling unmißverständlich erklärt, sei Sache der Freiheit.[103]

Sache der Freiheit ist das journalistische Handeln des einzelnen und muß es bleiben, sonst verlöre es seinen Sinn und Halt. Es gibt kein Tun ohne Täter, keine journalistische Wirkung ohne einen Handelnden, sonst wäre sie keine journalistische mehr. Im Alltagsleben fragen wir, wer für diese oder jene Folgen einer Handlung »belangt« werden soll. Wir wissen, daß ein Subjekt der »Grund« des Verhaltens ist. Das ist für jedermann einsichtig und keine besondere philosophische Erkenntnis.

Allerdings ist das Selbstbewußtsein der Freiheit kein empirischer Tatbestand, der sich mit exakten Methoden nachprüfen läßt. Schulz verweist auf »die prekäre Situation der Subjektivität«, daß sich die Subjektivität weder innerhalb der Welt noch außerhalb derselben angemessen orten kann.[104] Die Tradition brachte dies auf die Formel, der Mensch sei weder Tier noch Gott, sondern ein Zwischenwesen. In der Analyse der Selbstreflexion lassen sich Selbstbezug und Weltbezug nicht voneinander trennen. Selbstreflexion wird als Methode der Selbsterkenntnis und Selbsterfahrung dargestellt, »Selbstreflexion als alltäglicher Umgang mit sich selbst ... unter dem Namen des Überlegens, Bedenkens, Mit-sich-zu-Rate-Gehens in bezug auf das Zukünftige: ich überlege mir, ob ich das, was ich mir vorgenomen habe, schaffen werde.« So ergibt sich zwischen Selbstreflexion und Handeln ein enger Zusammenhang. Die instrumentelle Reflexion muß sich mit der problematisierenden verbinden, »denn das sachliche Bedenken im Rahmen des Zweck-Mittel-Schemas muß die verschiedenen plausibel erscheinenden Möglichkeiten thematisieren, um den wirklich besten Weg zur Verwirklichung zu finden«. Wo sich die Selbstreflexion nicht auf die bloße Kultivierung des Inneren beschränkt, da gehört sie zum Lebensvollzug, »dann erscheint die Selbstreflexion als eine unhintergehbare Wesensbestimmung der Subjektivität«.[105]

An dieser Stelle fragen wir erneut: Muß der Journalist ein Philosoph sein? Das wäre nicht das zutreffende Berufs- und Aufgabenverständnis, den Rollentausch mit einem »Philosophen« einzugehen. Aber ein Journalist sollte die fragende Geduld besitzen, die Unterschiede zwischen ihm selbst und der Welt des anderen aufmerksam wahrzunehmen.

Der Journalist muß sich mit den Augen eines anderen sehen können, spricht er doch dauernd zu ihm, sich verständlich zu machen. Er hat sich auf den anderen einzustellen in der Selbstreflexion, sonst kann er das Verhalten des anderen zu ihm nicht verstehen. Aus dem Fragen und Unterscheiden kommt der Journalist nicht heraus, wenn nicht alles eingeebnet und auf den eigenen Leisten geschlagen werden soll. »Ein Journalist, der seine Aufgabe ernst nehmen will, benötigt also eine kritische Grundeinstellung.«[106] Das ist die landläufige Ansicht, und sie ist nicht falsch, wenn der Kritik und kritischen Einstellung das Verstehen und Verständnis von Welt und Mensch vorausgehen. Das Erkennen der Sachlage und des Grundes für das, was kommen könnte oder kommen soll, das macht den «kritischen« Vollzug aus und begleitet das Handeln in kritischer Rechtfertigung. Der journalistische Kritikbegriff würde eine viel zu schmale Spur ziehen, wenn die eigene Welterfahrung und Subjektivität nicht dauernd in das Unterscheiden und Fragen eingeführt werden und sie sich solchermaßen verantworten, vor etwas für etwas.

Der Journalismus ist heute in besonderem Maße eine orientierende Instanz und hat es mit der Deutung zu tun, was *wirklich* ist, *wie* man lebt und *warum*. Die Möglichkeiten der Beeinflussung anderer sind groß, größer als in anderen Berufen, wo Leben gedeutet und ein überschauendes Weltverhältnis vermittelt wird. Ein Journalist muß kein Philosoph sein, das ist richtig, aber er muß seine eigene Subjektivität bedenken und eine journalistische »Philosophie« als verantwortliches, begründendes und rechtfertigendes Erkennen praktizieren. »Dem Journalismus darf man nicht nachgehen wie einem beliebigen Brotverdienst.«[107] Das ist ein Allgemeinplatz der Selbsteinschätzung, und die genannten Eigenschaften sind für andere Berufe auch gefordert. Aber der Journalist ist besonderen Anfechtungen ausgesetzt mit seiner Einbindung in Trend, Mode und Zeitgeist, mit seinen Gefälligkeiten und Eitelkeiten im Umgang mit Mächtigen, mit der Sensibilität für Lob und Tadel, öffentlich artikuliert.

Carl Amery nennt den Journalisten einen Exorzisten, einen Dämonenaustreiber. Zu fünfundneunzig Prozent schaffe der Publizist heute Wirbel, Lärm, Kontroverse im Vorfeld, dort, wo ihm nach Lage der Dinge nichts passieren kann. Amery fordert statt dessen »ständige erleuchtete Selbstüberprüfung und ständige kritische Distanz zum eigenen Bedürfnis nach der bergenden, nährenden, da fix und fertig vorgefundenen Formel«. Die wichtigste selbstkritische Anstrengung sei dabei die ständige Frage an sich selbst, ob man nicht dabei sei, den Teufel durch Beelzebub auszutreiben, das heißt, einen dämonischen Parasiten durch einen anderen zu ersetzen. Der Publizist soll sich nach Amery davor hüten, was man den Trend, die Tendenz, die geistige Strömung nennt. In scheinbar isolierten, scheinbar widersprüchlichen, scheinbar paradoxen Fakten könne sich die wirkliche Tendenz, das wirklich zugrundeliegende Weltgeschehen oft genauer ausdrücken als im allgemein gesehenen und mitgemachten Wirbel.[108]

Die publizistischen »Persönlichkeiten«

Matthias Claudius trat im Sommer 1768 als Redakteur in die »Hamburger Adreß-Comptoir-Nachrichten« ein. Er brachte nicht viel mit an dem, was man Qualifikation nennt, hatte ein paar Jahre herumstudiert, Einblick genommen in die Lebensbereiche seiner Zeit, sich eine eigene Handschrift erarbeitet, aber vor allem, er hatte »einen Standort«.[109] Die Bedingungen der Massenkommunikation sind völlig andere geworden, aber »einen Standort« braucht der Journalist in ihr auch heute, und er wird nur mit einem persönlichen Standort die nötige Festigkeit aufweisen können.

Wir zögern, den Journalisten als eine »Persönlichkeit« zu kennzeichnen, wie Emil Dovifat es in seiner Zeitungslehre getan hat. »Persönlichkeiten« sind Gestalten wie Joseph Görres, Ludwig Börne, Heinrich Heine, Karl Marx, Theodor Fontane, Ferdinand Lassalle oder Theodor Wolf, Karl Kraus, Kurt Tucholsky. Sie werden von Dovifat in die Ahnenreihe der Publizisten aufgenommen. Für ihn entwickelt sich das gesamte Zeitungswesen aus einer publizistischen Gesinnung heraus. Der Journalismus ist »gesinnungsbestimmt«. Er ist in seinen Augen »aus freier innerer Berufung« dem öffentlichen Leben dienstbar aus einer festen Gesinnung heraus.[110] Dovifat wußte aus der Geschichte der Pressefreiheit, daß die kämpferische Gesinnungszeitung einen maßgeblichen Anteil an ihrer Durchsetzung genommen hat. Was die publizistischen »Persönlichkeiten« in der damaligen Zeit als journalistische Schriftstellerei, Feuilleton, politische und bürgerliche Korrespondenz betrieben, hatte einen moralischen und aufklärerischen Impetus. Toleranz und Weltbürgertum prägen die »Moralischen Wochenschriften«, die zwischen 1770 und 1780 überall entstanden. Man trug nicht nur Nachrichten von außen ins Haus, sondern wollte Deutung, Interpretation, Reflex der Wirklichkeit sein und im Geistigen orientieren. Es war ein subjektiver Journalismus der persönlichen Tat und Gesinnung, der wirken wollte und Wirkung suchte – und sie auch fand.

Was sind das für Leute, die Journalisten? Dovifats Antwort auf diese Frage hat die ganz andersgeartete Gegenwart der modernen Massenpublizistik ebenfalls in den Blick genommen. Er fürchtete, das Übergewicht der organisatorischen Voraussetzungen könnte den Journalisten zum Funktionär machen, und die geistigen Verbindlichkeiten möchten abreißen: »Geblieben ist in allen Techniken organisatorischer oder persönlicher Ansprache die Gesinnung, freilich im Guten und im Bösen. Sie ist die Atmosphäre, durch die jede publizistische Aktion sich darbietet.«[111] Für Dovifat hat die Gesinnung ihr Korrelat in der Verantwortung und in einer Pflichtenlehre, aber vor allem in der Sachbezogenheit und Qualität der Information.[112] Anstelle von Gesinnung können wir auch von Überzeugungen und Werten sprechen. Der ethische Gestaltungswille kann sich unterschiedlich artikulieren. Die Suche nach den Bestimmungsmerkmalen der journalistischen Subjektivität und »Persönlichkeit« begleitet jedoch den Journalismus und die Publizistik seit ihren Anfängen.

Eine Persönlichkeit wie Carl von Ossietzky hat ihre publizistische Überzeugung bis zum letzten verfochten und gelebt. »Hätte das Deutsche Reich 1933 mehr Ossietzkys gehabt, es wäre nicht untergegangen.« Dieses Fazit trifft Harry Pross in einer Würdigung von Ossietzky. Im Ernstfall kann der Journalismus eine tödliche Strenge annehmen. Pross führt weiter aus: »Das journalistische Lebenswerk zählt nicht nach der Zahl der Beiträge. Es erfordert Stetigkeit und Mut. Die Stetigkeit erweist sich in der Geduld, die Zeitläufte über Jahre und Jahrzehnte zu verfolgen. Der Mut beweist sich im Interpretieren nach eigener Einsicht, nicht nach der Einsicht des anderen. Nachzuschwätzen und nachzuschreiben ist leicht. Vorauszudenken, vorauszuschreiben ist schwer, und es wird schwerer, je länger einer dies Geschäft betreibt. Die Unbefangenheit der jungen Überzeugungen ist bald dahin, und je länger einer schreibt, desto fragwürdiger werden ihm die Positionen – die eigenen wie die anderen.«[113]

6. Berichterstatter oder engagierter Journalist

Legitimation der publizistischen Einflußnahme

Auf zwei Tendenzen polarisiert sich das Berufsbild, wenn Journalisten gefragt werden, wie sie ihre Tätigkeit legitimieren. Das Bild des reinen Informationsvermittlers steht auf der einen Seite, die Auffassung vom »Anwalt« bestimmter Interessen, selbst aktiv gestaltend, auf der anderen Seite. Im Alltag begegnen wir meistens Mischformen. Beide Deutungsmuster laufen oft einträglich nebeneinander, wobei hinzuzufügen ist, daß den weitaus meisten Journalisten – Donsbach spricht von über zwei Drittel[114] – die Legitimation ihres Berufs mit den Konsequenzen weitgehender Einflußnahme und entsprechender Privilegien nicht als Problem erscheint. Wir vermißten bereits die Selbstreflexion im alltäglichen Umgang der Journalisten mit sich selbst und ihrer handwerklich-fachlichen Berufsausübung. Für die Handlungsorientierungen, die sich auf Öffentlichkeit, Staat und Gesellschaft erstrecken, fehlt es bei vielen Journalisten nicht weniger am notwendigen Bedenken und Reflektieren. Die Legitimation der journalistischen Berufsrolle steht auf unsicherem Boden.

Helmut Schelsky schreibt in einem Aufsatz »Propaganda und Information« vom Jahre 1948, der Publizist fühle sich immer noch mehr als ein Abenteurer der Feder denn als Forscher der Information. Die Vernachlässigung der informatorischen Aufgabe der Presse habe zur Folge, daß die affektbetonten Willensimpulse gegenüber der Bereitschaft, sich sachlich und offen über den Bestand der Wirklichkeit informieren zu lassen, den Vortritt erhielten. Leistung und Zweckdienlichkeit der Information lägen in ihrer Sachlichkeit und Wahrheit.[115] Der Soziologe Schelsky hat dann später diese Gegenüberstellung in einer scharfen Polemik gegen »engagierte« Publizisten und Schriftsteller fortgesetzt. Die Journalisten bringt er mit der »Intellektuellenherrschaft«, der »Kaste der Sinnvermittler« in Verbindung. Die sinnproduzierenden und -vermittelnden Berufe betrachteten ihr »Engagement« für parteiliche Überzeugungen als ein Grundrecht, das die berufliche Tätigkeit überhöht und dessen Fehlen geradezu als Charaktermangel gilt. Schelsky definiert dieses »Engagement« als Verrat der Sache zugunsten der Überzeugung und Gesinnung.[116]

Was ist die Sache und die Sachlichkeit der Publizistik, von der hier die Rede ist? Für die einen steht eine möglichst objektive und wahrheitsgemäße Information im Pflichtenkatalog des Journalisten an oberster Stelle, und sie sehen ihn als

Vermittler und Makler, als einen Beobachter von Tatsachen und möglichst neutralen Berichterstatter, während er für die anderen ein engagierter Interessenvertreter ist, der sich als »Wächter der Demokratie« versteht und seinen Beruf zunächst als einen politischen begreift. Dieser Journalist stellt die subjektiven oder gruppengebundenen Ziele voran und sucht aktiven Einfluß auf das politische Geschehen und seine Akteure zu nehmen. So sieht er seinen Dienst für das gemeine Beste legitimiert.

Im Unterschied zum angelsächsischen Kulturbereich hat sich der kontinentaleuropäische Journalismus mit der Kategorie der Objektivität nicht befreunden können. Das Objektivitätsideal ist so alt wie die Presse. »Und dies ist eine gute Eigenschaft einer Zeitung«, schreibt Kaspar von Stieler um 1695, »wenn die Verfasser sich aller politischen Raisonnements, Reflexions und was Namens dafür sind, enthalten. Der Zeitunger soll die neuesten Händel der Welt erzählen, ohne zu sagen, was er davon denkt, recht oder nicht.«[117] Die aufklärerischen Ideen haben dieses Modell im alten Europa verdrängt, wo sich die Pressefreiheit erst langsam gegen viele Widerstände durchsetzen konnte, während das liberale Kommunikationsmodelll in der Neuen Welt viel früher zur öffentlichen Anerkennung gelangt war.

In amerikanischen Lehrbüchern wird der Journalismus häufig in zwei Hauptrichtungen eingeteilt. Demnach gibt es einen objektiven Journalismus, der die Welt reflektiert und nicht zu verändern sucht. Dieser Journalismus ist neutral, soweit es möglich ist, er ist leidenschaftslos und saugt die Ereignisse wie ein Schwamm in sich auf, um sie möglichst unvoreingenommen weiterzugeben. Die Informationspublizistik und der klassische Lehrsatz, Nachricht und Meinung seien zu trennen, stehen im Vordergrund. Der subjektive Journalismus hingegen ist ein propagandistischer und stärker aufs Politische ausgerichteter Typ. Der aktive Journalist spricht sich eine geistige Führungsrolle zu und wird zum »Gegenspieler« des politischen Amts- und Mandatsträgers. Er sucht die Einflußnahme auf das Bewußtsein der Gesellschaft, er betrachtet sich als Anwalt der Menschheitswerte, und sein Konzept ist nicht marktorientiert, sondern elitär.[118]

Befunde zum journalistischen Aufgabenverständnis

Die Lehrmeinung klassifiziert den Journalismus in abstrakter Form und schafft eine Typenlehre, von der wir nicht erwarten können, daß sie die Wirklichkeit wiedergibt. »Sprachrohr und Gestalter, Medium und Motor des öffentlichen Willens«[119] soll der Publizist sein, wie Martin Löffler formuliert. Die Argumente laufen ineinander. Im Berufsalltag steht der handelnde Journalist dauernd zwischen den beiden gekennzeichneten Polen. Legitimation ist ein Wertbegriff, und die Frage an die Journalisten, wie sie ihren Einfluß vor der Öffentlichkeit rechtfertigen, ist in komplexe Argumentationsmuster eingebettet, wozu wir im folgenden einige Ergebnisse aus der Kommunikatorforschung heranziehen.

Auch der Journalist will sein Handeln nicht nach bloßem Gutdünken ausrichten, sondern es öffentlich anerkannt und respektiert wissen. In der sozialen Ordnung, die vorgegeben ist, soll es sich als vernünftig und sinnvoll erweisen, auch als notwendig für das Funktionieren dieser Ordnung. Der sittliche Gestaltungswille in der Möglichkeit, »Mißstände aufzudecken und zu kritisieren«, ist für 70 Prozent einer befragten Journalistengruppe die attraktivste Eigenschaft ihres Berufs.[120] Journalisten zeichnen ihr Selbstbildnis mit der Meinung, »die Journalisten schauen den Politikern auf die Finger«, und »die Journalisten decken schonungslos Mißstände auf«. Dabei finden es 42 Prozent an ihrem Beruf besonders anziehend, »sich für Werte und Ideale einzusetzen«.

Vergleicht man diese Antworten von deutschen Journalisten mit denen englischer Kollegen, dann zeigt sich eine aufschlußreiche Abweichung. Die englischen Redakteure geben der Wissensvermittlung an das Publikum einen hohen Wert (61 Prozent) im Unterschied zu den deutschen Journalisten (40 Prozent). Die Engländer nennen auch erst an zweiter Stelle und mit deutlich geringerer Zustimmung als ihre deutschen Kollegen die Kritikfunktion, das Aufdecken von Mißständen (70 Prozent gegenüber 57 Prozent). Deutlich geringer ist auch das englische Interesse an der Einflußnahme auf politische Entscheidungen (19 Prozent) gegenüber den deutschen Antworten (31 Prozent).[121] Der Trend zu einer politisierenden Berufsauffassung ist bei deutschen Journalisten ausgeprägter als bei den englischen. Die kritische und anwaltschaftliche Komponente drängt die beim Publikum vorhandenen Kommunikationsinteressen in den Hintergrund. Löffler schreibt: »Es versteht sich von selbst, daß eine öffentliche Meinung, die als demokratisches Organ wirksam werden soll, wesentlich anderer Art sein muß als die labile Volksstimmung, die heute ›Hosianna‹ und morgen ›kreuzige‹ ruft.«[122] Das Dilemma ist vorhanden. Andererseits sind die Journalisten nicht diejenigen, die öffentliche Meinung »machen« sollen, um der labilen Volksstimmung vorzubeugen. So erhält die Presse eine erzieherische Aufgabe, die ihr nicht zusteht. Die Journalisten sind auch keine Quasi-Politiker, sondern ihre Dienstgesinnung ist sach- und auftragsgebunden. Eine 1970 durchgeführte Befragung von Redakteuren dreier österreichischer Tageszeitungen erbrachte noch an vorderster Stelle ein Selbstverständnis als »objektiver Berichterstatter und Informator«. Eine dann 1977 durchgeführte vergleichende Analyse vom Selbstbild und Berufsimage österreichischer Journalisten rückte die Aussagen, die sich auf die journalistische Kritik- und Kontrollfunktion bezogen, vor jene, die an der klassischen Informatorrolle festhalten, und machte auf diese Weise die Trendveränderung sichtbar.[123]

Das Idealistische im legitimierenden Aufgabenverständnis ist nicht selten ausschlaggebend für die Beweggründe zur journalistischen Berufsentscheidung. Aus welchen Gründen wird man Journalist? Die Zuwendung gilt den Menschen und den gesellschaftlichen Verhältnissen. Man will aufklären, helfen und Einfluß erwerben. Das Ethos ist humanitär und altruistisch. In einem gewissen Widerspruch dazu steht allerdings bei vielen Berufsanwärtern der Wunsch nach weitgehender Selbstverwirklichung hinsichtlich der eigenen kommunikativen Bedürfnisse und der Entfaltung der Persönlichkeit im Berufsalltag.[124] Bemerkenswert ist die hohe Zahl der Studienabbrecher. Über zwei Drittel aller Journalisten mit Hochschulstudium verlassen die Universitäten ohne Abschlußexamen. Hans Matthias Kepplinger kommt in seinen Untersuchungen zu dem Schluß, die Hauptursache für die Resignation sei in den meisten Fällen eine tiefgehende Enttäuschung über die ursprüngliche Berufswahl. »Die Studenten wollen oder können nicht mehr als Lehrer in den Staatsdienst, sie wollen keine Betriebs- oder Volkswirte mehr werden, und sie entscheiden sich deshalb gegen Staat und Wirtschaft.«[125] Roegele sieht es etwas anders und fragt, ob die in der Hochschulstatistik zählenden »drop-outs« für eine realitätsbezogene Bewertung nicht einfach früher ihre angestrebte Berufskarriere erreicht hätten.[126] Die Wahl für eine reguläre Berufstätigkeit muß heute angesichts langer Studienzeiten nicht immer die schlechtere sein, und mit den praxisbezogenen Studiengängen für das Journalistikstudium an den Hochschulen wird die Zahl der Studienabbrecher nicht mehr so hoch ausfallen.

Aufschlußreich ist Kepplingers Hinweis auf unterschiedliche Denkstile bei den Journalisten und den Angehörigen anderer Berufe, die man zu den Führungseliten zählt. Den Positionen in Politik und Wirtschaft geht meistens ein juristisches Studium voraus. Nur etwa 10 Prozent kamen von der philosophischen Fakultät, während das Verhältnis in den Massenmedien umgekehrt ist, wo 40 Prozent der Führungseliten die geisteswissenschaftlichen Fächer und nur 10 Prozent Rechtswissenschaft studierten. »Journalisten denken und handeln nach anderen Rationalitätskriterien als die Angehörigen jener Berufe, deren Denken und Handeln sie darstellen, kommentieren und kritisieren.«[127] Sie bilden nach Kepplingers Untersuchungen eine durch Vorbildung, Berufswahl und Berufstätigkeit selektierte Gegenelite zu den Machtgruppen in Politik, Verwaltung und Wirtschaft, und »ihre Neigung zur politischen Linken dürfte nicht zuletzt darauf beruhen, daß diese Parteien noch am ehesten ihre fundamentale Distanz zu Wirtschaft, Verwaltung und Politik repräsentieren«.[128]

7. Publikumsbindung und Dienstleistung

Schwierigkeiten mit der Berufsethik

Die große Zurückhaltung der Journalisten gegenüber der eigenen Berufsethik und allen Versuchen, sie zu kodifizieren, ist bereits mehrfach zur Sprache gebracht worden. Die Berufsverbände haben es an Anstrengungen nicht fehlen lassen, die professionellen Normen und Werte in das Berufsverständnis einzubringen, aber alle solche Versuche stehen unter dem Verdacht, die journalistische Tätigkeit durch äußerliche Vorschriften reglementieren zu wollen. Das traditionelle Spannungsverhältnis zwischen Staat und Journalismus wirkt nach.

Noch stärker zeigt sich die Unsicherheit in der Dienstgesinnung, ob die Journalisten überhaupt einen Dienst in öffentlichem Auftrag leisten und wenn ja, nach welchen Maßstäben er auszuführen ist. In der Profession der Ärzte oder Rechtsanwälte gibt es darüber einen weitgehenden Konsens. Die Mitglieder wahren ihre berufliche Identität. Die Berufsethik ist der Ausweis des Professionalisierungsgrads, und hier liegt wohl das eigentliche Problem, daß die Journalisten auf der einen Seite ein Verhalten zeigen, das für die Angehörigen einer Profession charakteristisch ist, daß der Journalistenberuf jedoch andererseits ein »freier« geblieben ist – und bleiben muß. So ergibt sich das »eigentümliche Zwitterbild des Journalismus«.[129] Diese Problematik erfährt nochmals eine besondere Zuspitzung für das Berufsverständnis der Journalisten im öffentlich-rechtlichen Rundfunksystem, worauf wir am Schluß dieses Kapitels kurz eingehen.

»Ach ja, Berufsethos! Damit packen uns immer die Verleger, wenn wir länger arbeiten sollen ... Sicherlich würde ich dem auch zustimmen, daß man Grundsätze benötigt, aber wenn damit so ein Ehrenkodex gemeint ist? Ich kann, ehrlich gesagt, mit ›Berufsethik‹ furchtbar wenig anfangen ... Wir brauchen schon eine ethische Grundhaltung. Dabei müßte man aber sehr genau definieren, was das eigentlich ist. Wenn man das mal so schnell umschreiben darf: Das ist eben gesellschaftliche Verantwortung und Aufgabe, die man hat.«[130] So äußern sich Zeitungsredakteure. 83 Prozent der Befragten bejahen die bei solchen Interviews unvermeidliche Frage nach der ethischen Grundhaltung für das journalistische Tun. Die guten Absichten läßt sich niemand gern bestreiten. Betroffenheit ist etwas anderes, und sie ist, wenn der Begriff »Berufsethik« auftaucht, selten anzutreffen. »Wenn man viel Getöse um die Berufsethik macht, dann handelt es sich meistens um ein Tabakskollegium oder ähnliches.«[131] Die Berufsethik will als verpflichtende Idee und journalistische Wirklichkeit nicht einrasten. Die unverblümten Aussagen der Redakteure zeigen es. Die Journalisten sind nicht aus berufsethischen Gründen von der Legitimität ihrer Einflußnahme überzeugt, sondern verweisen überwiegend auf ihre »wichtige gesellschaftliche Aufgabe« und begründen ihren Anspruch nahezu einhellig durch ihr »individuell vorhandenes, persönliches Verantwortungsbewußtsein«.[132] Die Berufsethik wird immer wieder als Standesdenken abqualifiziert. Oder es wird der Ideologie- und Manipulationsverdacht vorgetragen und dem Berufsethos eine Verschleierungsfunktion unterstellt, »daß die subjektive Bindung an eine traditionell definierte Ethik einhergeht mit einem vergleichsweise geringen Reflexionspotential gegenüber Herrschaft«.[133]

Zehn Gebote des Journalismus

Die Antworten, die Jürgen Prott vor einigen Jahren in seinem Interviewmaterial zusammengetragen hat, entwerfen ein wirklichkeitsgetreues Bild vom Denkhabitus der Journalisten. Den Befragten waren auch die berufsethischen Grundsätze des amerikanischen Journalisten Walter Williams vorgelegt worden. Der Pressekodex hängt als Wandspruch im National Press Club von Washington. Er ist in Colleges zu finden, wo der Journalismus Unterrichtsgegenstand ist. Oder der Chefredakteur im Redaktionsbüro hängt ihn über den Schreibtisch.[134] Solche Grundsätze verstehen sich als Tugendkatalog für Journalisten. Eine publikumsbezogene Orientierung des journalistischen Handelns und ein hohes Maß an individualistisch-moralischer Integrität sind die Ziele solcher Selbstverpflichtung mit ihrem deklamatorischen Habitus. Von den befragten Zeitungsredakteuren ist nur eine Minderheit von 17 Prozent bereit, diese »zehn Gebote des Journalismus« vorbehaltlos zu unterschreiben, während die Mehrzahl eine ganze Reihe von Einwänden vorbringt. In der Manier des Hinterfragens wird der Realisierungsanspruch problematisiert, aber damit auch von der persönlichen Betroffenheit abgelenkt. Wir zitieren aus den Statements:
»Ja, was soll ich davon halten? Das ist so das typische Bilderbuch-Pamphlet ... Das läßt die Zeit oft schon gar nicht zu, daß man gründlich ist und alles recherchiert. ›Stets voller Achtung für den Leser‹ – sicher, aber wie oft machen wir uns hier über Leserbriefe lustig oder lachen uns kaputt über einen Anruf. Ich finde, ein Journalist ist eben auch nur ein Mensch ... Williams meint, daß sich ›jeder durch seinen eigenen Ehrgeiz ebensowenig wie durch andere bestechen lassen sollte‹. Durch andere nicht, das ist selbstverständlich. Aber der eigene Ehrgeiz geht doch manchmal mit einem durch. ›Anzeigen, Nachrichten und

Leitartikel sollen gleichermaßen im besten Sinn den Leserinteressen dienen‹ – sicherlich sollten sie das. Nur stelle ich die Frage, ob sie das tun. Das bezweifle ich. ›Der beste Beweis für einen guten Journalismus ist der Nutzen für die Öffentlichkeit‹ – wer oder was ist die Öffentlichkeit? Was versteht er darunter? ›Gott fürchten und den Menschen achten‹ – na ja, die Gottesfurcht ist in den Redaktionen nicht gerade weit verbreitet. ›Er ist entschieden unabhängig‹ – das hört sich sehr schön an. Es gibt Journalisten, die zwei oder drei Kinder haben und hoch verschuldet sind. Die sind dann wahrscheinlich nicht mehr unabhängig. ›Unberührt von Rechthaberei und Machtgier‹ – selbstverständlich übt jemand als Journalist irgendwo Macht aus und tut es wahrscheinlich nicht mehr so ungern. Ob seine Kritik immer ›konstruktiv‹ ist, wage ich auch zu bezweifeln. Ebenso die Worte ›tolerant und nie oberflächlich‹ – es wird unter so starkem Zeitdruck gearbeitet, daß man einfach oberflächlich bleiben muß. In anderen Fällen kann man einfach nicht tief genug bohren, weil man überall auf Ablehnung stößt. ›Unter ständiger Selbstkontrolle‹ – gerade der Journalismus ist ein unwahrscheinlich anstrengender Beruf. Da kann man gar nicht unter ständiger Selbstkontrolle arbeiten. ›Geduldig und stets voller Achtung für den Leser‹ – also manchmal sagen wir sehr wohl schon, daß der Leser spinnt. ›Doch immer ohne Furcht vor ihm‹ – ein Leser, der permanent die Berichterstattung eines Journalisten verfolgt und ihn auf alle kleinen Mängel aufmerksam macht, kann ihm durchaus Furcht einjagen. ›Sofort empört bei Ungerechtigkeit‹ – Ungerechtigkeit ist auch so ein wachsweicher Begriff. ›Ungerührt bei Hinweisen auf Vorrechte oder beim Geschrei des Pöbels‹ – wer oder was ist der Pöbel? ›Er ist zutiefst vaterländisch‹ – was heißt heute noch Vaterland? Also insgesamt: nein! Das einzige, was auch heute noch uneingeschränkt gilt, ist: klares Denken, klare Ausdrucksweise, Genauigkeit und Fairneß.«[135]

Die Ethik der Selbstbindung und Selbstverpflichtung in sozialer und politischer Absicht hat bei den Journalisten wenig Resonanz. Die gesellschaftsbezogenen Entlastungsmuster werden vorgebracht. Der Fassadencharakter wird angeführt, die Realitäten werden dem Anspruch entgegengehalten. Die Ethik als legitimierende Instanz des eigenen Handelns wird kaum ins reflektierende Bewußtsein gehoben oder fällt ganz in sich zusammen.

Das ist kein günstiger Befund für ein behutsames Wiederaufgreifen der berufsethischen Grundsätze. Könnte die Abstinenz etwas damit zu tun haben, daß Journalisten sich in einer ganz besonderen Weise für »begabt« halten? Eine Mehrheit der Journalisten vertritt die Auffassung, zum Journalistenberuf müsse man »geboren« sein, und diese Meinung wird von der älteren Generation noch stärker als von Berufsanwärtern vertreten.[136] Für ethische Überlegungen und Reflexionen gibt ein säkularisiertes Sendungsbewußtsein keinen Raum, sondern das eigene Handeln steht im Zeichen eines humanitären Ethos, das menschheits-

und gesellschaftszugewandt ist. Der Journalist ist nicht auf eine Dienstgesinnung verpflichtet noch fühlt er sich als Treuhänder des Publikums, sondern er nimmt einen Führungsanspruch wahr. Diese Ausformung der Journalistenrolle zu einem humanitären und elitären Ethos ist vereinzelt anzutreffen, aber nicht charakteristisch für die ganze Berufsgruppe.

Der Journalist ist ein »travailleur appointé«

»Verachten die Journalisten die Bevölkerung?« ist Noelle-Neumanns Frage mit dem Blick darauf, wie stark die veröffentlichte Meinung von den vorherrschenden Meinungen in der Bevölkerung abweichen kann, und sie kann dazu auf ein wenig erfreuliches Befragungsergebnis verweisen. Von zwanzig vorgegebenen Berufseigenschaften war den befragten Journalisten das »Ansehen bei der Bevölkerung« das unwichtigste Merkmal ihres Berufs.[137] Liegt hier das Ergebnis einer überzogenen Selbsteinschätzung vor? Andererseits wissen wir, daß sich bei Journalisten ein eng begrenzter Gruppenstandpunkt nachweisen läßt und die Kollegen-Orientierung groß ist. Man reicht in den Redaktionen nicht nur die Manuskripte, eigene und fremde, zum Gegenlesen herum, um das eigene Urteil bestätigen oder korrigieren zu lassen, sondern vergleicht auch täglich die Berichterstattung in anderen Medien mit der eigenen, um sich zu vergewissern, daß die eigenen Auffassungen nicht zu stark abweichen und man sich möglicherweise zu stark isoliert.

Läßt sich das Konsonanzverhalten unter Journalisten darauf zurückführen, daß sie für ein anonymes Publikum arbeiten und die Kollegen dabei eine Ersatzrolle übernehmen? Journalisten, die sich gern als Individualisten ausweisen, sind es in Wirklichkeit oft nicht oder können es nicht sein, sondern sie pflegen als »angepaßte Außenseiter« einen dezidierten Gruppenkonformismus. Nach Kepplingers Darstellungen besitzen nur noch die Gewerkschaftsführer ein derart homogenes Weltbild wie es die Medienelite in den Funkhäusern vorweist oder, etwas gemildert, die Journalisten aus den Druckmedien.[138] Fast könnte man mit Heinrich Heine von einer Art Berührungsangst mit dem Volke sprechen, die der Dichter als typische Intellektuellenhaltung anführt.[139] Vom Publikum jedenfalls läßt sich der Journalist das Alltagshandeln nicht vorschreiben. Das Beharren auf individualistischen Mustern steht in einem merkwürdigen Spannungsverhältnis zu kollektiven Gruppenbindungen. Ist der freie, unabhängige Journalist eine Fiktion? »Wenn einer im Journalismus von Berufsethos redet«, äußerte einer der befragten Zeitungsredakteure, »dann ist das entweder ein Verbandsheini . . . oder es verbirgt sich dahinter ein Komplex, doch nicht so sein zu können wie der von Williams erfundene ideale Journalist.«[140]

Peter Glotz und Wolfgang Langenbucher haben in ihrem Büchlein »Der mißachtete Leser« schon 1969 eine Umorientierung des journalistischen Berufsethos vom Ideal des »Erziehers« und »Führers« zum Vermittler in der Herstellung »bestmöglicher Überschaubarkeit« gesellschaftlicher Kommunikation verlangt.[141] Das journalistische Aufgabenverständnis ist am Primat des Publikums und der ihm zugewandten Dienstgesinnung anzubinden. Die verfassungsmäßig garantierte Meinungsäußerungsfreiheit bedeutet keine Bevorzugung der in den Medien Tätigen, weil sie sich nicht auf deren Kommunikatorrolle, sondern ausschließlich auf ihre Berufsrolle als Mediatoren bezieht.[142] Das offizielle Berufsbild des Deutschen Journalistenverbandes (DJV) verfährt genauso und stellt den Dienstleistungsgedanken heraus. Pressefreiheit und die daraus abgeleiteten Vorrechte und Schutzgarantien sollen nicht die Journalisten privilegieren, sondern die Bürger zu den eigentlichen Nutznießern der Medien machen. Ähnlich sucht auch Émile Gabel, französischer Journalist und bis 1968 Generalsekretär der Katholischen Weltunion der Presse, die journalistische Dienstgesinnung an der Sozial- und Publikumsverpflichtung festzumachen. »Une vocation de dialogue« erblickt er im Journalistenberuf, als »prophétique« kennzeichnet er dessen Funktion. Der Journalist ist ein »travailleur appointé«.[143] Das Auftrags- und Dienstverhältnis kann allein jene besondere Machtstellung rechtfertigen, die der Journalist in herausragenden Positionen wahrnimmt und um deren ethisch-politische Einbindung es geht.

Unter dem Dach der öffentlich-rechtlichen Rundfunkanstalten hat der angezeigte Trend zum engagierten und subjektiven Meinungsjournalismus besonders viele Anhänger gefunden, obwohl diesem Typus nach den dort geltenden Rundfunkverfassungen der geringste Raum gewährt wird. Das verfassungsrechtliche Ausgewogenheitsgebot hat ja gerade das klassische Informations- und Objektivitätsideal zum Hintergrund. Wie kommt es zu diesem Widerspruch? Die parteipolitische Überfremdung hat die Ansprüche an das System weit über das zulässige Maß hinaus ausgedehnt und es bis auf die letzte Etage »politisiert«. Das hat sich belastend für die innere Unabhängigkeit und Freiheit des Rundfunkjournalismus ausgewirkt. Ebenso ungünstig sind die Riesenapparate, die sich die Rundfunkanstalten in Deutschland infolge der garantierten Gebührenfinanzierung zugelegt haben. Sie machen diese Gebilde zu »einer elektronischen Fabrik mit immer festeren und dickeren Mauern«, wie Franz Wördemann es beschreibt.[144] Hinter den Mauern entsteht eine Binnenwelt, die ihre Binnenprobleme mindestens so wichtig nimmt wie die Realitätsprobleme »draußen«. Das Funkhaus wird eine »Isolierstation« mit einem »Programm für uns selber«, das gesehen, gewichtet und gewertet wird nach Kriterien, die ihre Distanz zur Alltagswelt und zum Publikum nicht verhehlen; es sind Kriterien der Selbstisolierung. Wördemanns Urteil stützt sich auf jahrelange Rundfunkerfahrung.

Das Übermaß an gesellschaftskritischem und missionarischem Eifer, das große Teile des Programms dem lebendigen Interesse des Publikums entzogen hat, ist mittlerweile abgeklungen: Geblieben ist freilich die gewissermaßen ›entpolitisierte‹ Distanz zum Menschen, der ›draußen‹, vor den Toren der Isolierstation, sein alltägliches Leben lebt. Drinnen lebt man aufgeregt – nervös unter sich selbst ein Leben ohne Zeit.«[145]

Der Journalismus, der sich im Sinne des gemeinen Besten nicht mehr legitimieren kann, betreibt seine Selbstaufhebung. Unter dem Konformitätsdruck des zu großen Systems kommt der einzelne nicht »zum Zuge«. Sein Wort, das doch einmal die Zeit bewegen sollte, gilt nichts, bleibt ungesagt und ungehört, und in diesen Kafkaschen Dimensionen wird der Journalismus wieder Willen »verbeamtet«, was seine Selbstabdankung bedeutet. Wenn es dann zu Ausbruchsversuchen kommt, radikalisiert er sich zum anwaltschaftlichen und subjektivistischen Journalismus, die verkehrte Welt in Ordnung zu bringen und sozialen »Weltschmerz« zum politischen Dauerthema zu erklären – eine Folge seiner Kontaktschwäche zur Realität und der Selbstthematisierung. Der Journalismus kann schon deshalb nicht »anwaltschaftlich« sein, weil das Plädoyer die typische Waffe des Anwalts, aber nicht des Journalisten ist, der eine möglichst vielseitige und ausgewogene Sachdarstellung anstrebt. Der Anwalt vertritt massiv den Interessenstandpunkt seines Mandanten. Hingegen sollen gerade die Journalisten im öffentlich-rechtlichen System, anders als in einem Kampf- und Gesinnungsblatt, zur umfassenden Information verpflichtet sein und möglichst auch die andere Seite einbeziehen. So hat das Bundesverfassungsgericht in seinem grundlegenden Fernsehurteil von 1961 die Journalisten-Rolle definiert und dem »Informationsbeamten« ein fast schon heroisches Maß an Selbstverzicht auferlegt. Eine gewisse Leidenschaftlichkeit, von Emil Dovifat als die »gesinnungsbestimmten Kräfte« ausgewiesen, gehört nun einmal zum Journalismus, aber der Spielraum ist im öffentlich-rechtlichen Rundfunkjournalismus denkbar gering, und die polemische Frage, ob die höchstrichterlich definierte Journalisten-Rolle überhaupt noch eine journalistische ist, stellt sich hier allerdings auch.

Noelle-Neumann hat zum »Zeitungssterben« der siebziger Jahre geäußert, das eigentlich Bedrückende sei nicht die Tatsache, daß viele Zeitungen den Wettbewerbskampf verlieren, sondern daß so wenige neue Zeitungen gegründet werden. »Wie läßt sich Freiheit begünstigen?«[146] In den Schattengefechten um objektiven und subjektiven Journalismus ist diese Frage die entscheidende. Die »Journalisten als Legitimationsstifter«[147] legitimieren sich nicht nur selbst, sondern um der Freiheit des Wortes und der Medien willen nehmen sie Einfluß im demokratischen Staat. Eine technokratische, systemorientierte Legitimation wäre genausowenig hinreichend wie eine auf Können, »Begabung« oder advokatorische Interessenwahrnehmung gegründete. Mit Gottschlich ist die Frage zu stellen, »für *wen* oder für *was* Journalismus Legitimation durch Veröffentlichung herstellt«.[148] Mit anderen Worten, der Journalist ist in eine verpflichtende Freiheitsordnung eingebunden, um des Menschen und des Publikums willen.

Der Wille, möglichst objektiv und unvoreingenommen zu berichten, ist für den Journalisten mit keinem Argument zuzudecken. Der öffentliche Vertrauensverlust und die Einbuße an Authentizität wären nicht wettzumachen. Georg Christoph Lichtenberg analysiert den »unbeschreiblichen Inhalt« der Tag- und Wochenblätter seiner Zeit, die »50 Teile falsche Hoffnung, 47 Teile falsche Prophezeiung und 3 Teile Wahrheit« enthielten.[149] Was hat der Journalist dieser Wirklichkeit, die heute so gut wie gestern gilt, entgegenzusetzen? Die Sorgfalt der Recherchen und die Gewissenhaftigkeit seines Vorgehens sind ausschlaggebend. Der »Recherchenjournalismus«[150] gehört heute zu den immer mehr verkümmernden Zweigen der Profession. Seine praktische Philosophie ist die eigentlich journalistische, nämlich genau hinzusehen und hinzuhören in dem Zögern, zu klassifizieren und zu schematisieren, wenn ein Urteil entsteht. Der gute Journalist individualisiert seine Probleme, er weiß um ihre Komplexität und Unausschöpflichkeit. Denn die Ereignisse und die Personen sind in der Vielfalt ihrer Möglichkeiten unbegrenzt. Wer mit einer solchen Grundannahme eine Nachricht redigiert, eine Meinung oder ein Bild veröffentlicht, findet das journalistische Argumentieren schwieriger, aber konstruktiver. Das Leiden an der Unvollkommenheit und Gebrochenheit des Handelns ist nicht nur ein journalistisches. Jeder realisiert immer nur seinen (bescheidenen) Auftrag in der »Annahme seiner selbst«, und früher hat man große Worte wie »Berufung« oder »Geschick« dafür gebraucht. Sie sollten ein selbstverpflichtendes Ethos zum Ausdruck bringen, und davon lebt die Demokratie. Ein Journalist, der sich nur ständig selbst zu verwirklichen suchte und alles herausholte, was ihm einfällt und gefällt, ein Journalist, der nicht weglassen und schweigen könnte, wo Schweigen geboten ist, wäre kein guter Journalist.

8. Freiheit als Kernbestand journalistischer Ethik

Recht des freien Sagen-Dürfens

Die neuere Philosophie ist ohne den Freiheitsbegriff nicht denkbar, und so ist auch der Journalismus in den Personen, die ihn ausführen, in dem System und Werk, das er darstellt, nicht denkbar ohne die Freiheitsidee. Unsere Medienkultur beruht auf der freien und öffentlichen Darlegung von Tatsachen und Meinungsäußerungen. Sie stützt sich auf die freie Argumentation der vernünftigen und wahrheitsgemäßen Einsicht. Der Zusammenhang der Begriffe Freiheit und Journalismus ist in unserer politischen Kultur unauflöslich. Deshalb befassen wir uns zum Abschluß unserer Überlegungen mit dem gegenwärtigen Freiheitsdenken aus philosophischer und journalistischer Sicht.

Im demokratischen Rechtsstaat kann die Moralität des Journalismus nur eine freiheitliche sein; sonst ist sie überhaupt nicht. Im Rahmen einer befriedeten Freiheitsordnung geht es um den geistigen Kampf der Ideen und Meinungen. Der Freiheitsgeist ist das tragende Element des gesamten Grundrechtsgebäudes, auch und vor allem der Medienfreiheiten, die sowohl einen individualen wie einen gesellschaftlichen Sinn haben.[151] So bildet die Moral der Freiheit als Inbegriff der im Journalismus existierenden oder geforderten Verbindlichkeiten den Kernbestand der journalistischen Ethik, wie sie Gegenstand unserer bisherigen Überlegungen war. Die Moral der Freiheit trägt das praktische Handeln des Journalisten in der öffentlichen Kommunikation, sofern es ein sinnvolles und demokratiegemäßes Handeln sein soll. Die Moral der Freiheit ist der entscheidende Legitimationsgrund dieses Handelns in der Öffentlichkeit.

Die Freiheit ist das Programm des neuzeitlichen Denkens schlechthin, »das Programm der neuzeitlichen Humanität«.[152] Wie läßt sich dieses Programm charakterisieren? Die Selbstbestimmung und die Vernunft verhelfen dem Menschen dazu, sich aus der »selbstverschuldeten Unmündigkeit« zu befreien. Die Autonomie bedeutet, daß die Vernunft sich selbst das Gesetz gibt. Der vernünftige Wille ist es, der als ein freier Wille zugleich ein guter, ein sittlicher Wille ist. Damit ist ein bis in unsere Gegenwart andauerndes, gültiges Freiheitsverständnis des modernen Menschen zu sich selbst gekennzeichnet, wie Kant es vor allem auf den Begriff gebracht hat. Das eigene Handeln soll in Mündigkeit verantwortet werden. Mündigkeit ist Vernunftherrschaft des Menschen über sich selbst aus der freien, selbstgewählten und somit sittlichen Einsicht.

Die Freiheit erscheint uns hier als das ganz Persönliche und Subjektive, und das Handeln des Menschen umfaßt »ein Tun oder Lassen, das wissentlich-willentlich geschieht, für das der Mensch daher Verantwortung trägt und zur Rechenschaft gezogen werden kann«.[153] Diese Sittlichkeit der Freiheit enthält in den Begriffen von Verantwortung und Humanität zugleich auch die Frage nach dem Gutsein, das heißt, gegebenenfalls Rede und Antwort stehen können, wenn ein rechenschaftspflichtiges Handeln nach den Gründen gefragt wird, »durch die das Tun oder Lassen als gelungen (gut) oder aber als mißlungen (schlecht, falsch oder böse) erscheint«.[154] Hier wird die Moral der Freiheit und Autonomie zum Ensemble aller praktischen Grundsätze, der praktischen Philosophie überhaupt in der Bestimmung der Sittlichkeit als des schlechthin Guten, wie Otfried Höffe einleuchtend darstellt. Sittlichkeit ist das, »was nicht erst im Hinblick auf etwas anderes, sondern als solches und durch sich selbst gut ist«.[155] Sittliches Handeln liegt also zuerst nicht darin, Gebote, Normen oder Tugendvorschriften zu beachten und zu befolgen, sondern »bedingungslos« in Freiheit selbst die Regeln der Vernünftigkeit aus einer obersten Maxime des Willens abzuleiten, nämlich so zu handeln, wie Kant es immerfort variiert, daß diese Maxime jederzeit als Prinzip einer allgemeinen Gesetzgebung gelten kann. Dies wäre aus philosophischer Perspektive ein wichtiger, wenn nicht der wichtigste Ansatz für das moderne Freiheitsdenken im Hinblick auf eine Moral, die sich der Grundsätze und der Qualität eines schlechthin Guten würdig erweist.

Ohne die selbstbestimmte Freiheit, ohne Freiheitsidee und Freiheitsrechte können wir uns eine demokratische Staats- und Gesellschaftsordnung nicht vorstellen. Die neuzeitliche Freiheitsidee hat das Bewußtsein ihrer Moralität über den ganzen Erdball gespannt, ungeachtet der realen politischen Verhältnisse. Selbst dort, wo diese Verhältnisse absolut keine demokratischen sind oder nur als solche vorgetäuscht werden – und das betrifft heute die große Mehrheit aller in der UNO zusammengefaßten Staaten – und wo eine bestehende politische Ordnung auf revolutionärem Wege von einer anderen abgelöst werden soll, wird der Kampf im Namen der Freiheit oder Befreiung geführt, so ungebrochen ist die Strahlkraft dieses Begriffs. In den Grund- und Menschenrechtsgarantien, auch hier vielfach noch die politischen Grenzen und Unterschiede sprengend, finden die modernen »Freiheiten« ihren besonderen Ausdruck, deklamatorisch zumindest. Die rechtsstaatlichen Demokratien binden sich absolut an sie und verschaffen der selbstbestimmten Freiheit in dem Individualrecht, »seine Meinung in Wort, Schrift und Bild frei zu äußern und zu verbreiten« (Art. 5 GG), ihren vornehmsten und ältesten Ausdruck.

Wohl niemals hat man sich ein sinnvolles Leben in der Gemeinschaft vorstellen können, ohne daß für den einzelnen verbürgt war, seiner Meinung Ausdruck verleihen zu können und das, was er für die Wahrheit hält, auch sagen zu dürfen.

Dieses Recht des freien Sagen-Dürfens liegt aller Gedanken- und Geistesfreiheit zugrunde. Das neuzeitliche Denken hat dieses Recht zu einem öffentlichen und positiven gemacht, und davon nehmen die Einzelfreiheiten – heute im Rahmen des Satzes von der Würde des Menschen – ihren Ausgang, angefangen mit der Religionsfreiheit bis zu dem über die Jahrhunderte sich erstreckenden Kampf um die Pressefreiheit. »Fürst, Du hast kein Recht, unsere Denkfreiheit zu unterdrücken«, wendet sich Johann Gottlieb Fichte um 1793 an die Fürsten Europas. »Und wozu Du kein Recht hast, das mußt Du nie thun, und wenn um dich herum die Welten untergehn, und Du mit deinem Volke unter ihren Trümmern begraben werden solltest.«[156] Die Geistes- und Gedankenfreiheit, die Denkfreiheit, die Pressefreiheit und alle anderen, die uns heute verfassungsmäßig garantiert sind, stellen angeborene und unveräußerliche Menschenrechte dar, die keiner staatsrechtlichen Zulassung unterworfen werden können und uns um unseres Menschseins willen gehören. Diese Erungenschaft, die allzu leicht als selbstverständlich hingenommen wird, ist das geistige und sittliche Fundament unserer öffentlichen Lebenswelt schlechthin, einer Freiheit, die Selbstbestimmung meint.

Begriff der Freiheit und neuzeitliche Freiheitsmoral

Etymologisch bringt der Freiheitsbegriff einige aufschlußreiche Bedeutungsinhalte zur Geltung. Das indogermanische »fri« gehört zu der Wurzel »schützen, schonen; gern haben, lieben«. Diese ältere Bedeutung erhält sich noch in dem gotischen »frijon«, was »lieben« heißt, auch Schutz, Freund, Friede umfaßt. Aus der Grundbedeutung der indogermanischen Wurzel haben die Germanen »frei« als Begriff der Rechtsordnung entwickelt; »zu den Lieben gehörig« und daher »geschützt« sind die eigenen Sippen- und Stammesgenossen, die Freunde, die man liebt und schont. Sie stehen im Unterschied zu fremdbürtigen Unfreien »frei« und vollberechtigt in der Gemeinschaft. Der Gegenbegriff ist Abhängigkeit, modern: die Fremdbestimmung.[157]

Die Wortbedeutung enthält den schützenden und schonenden Sinn, zwar »frei« und allein zu stehen, wodurch sich der Freiheitsraum öffnet, sein Leben selbst in die Hand zu nehmen, aber gleichzeitig in dem »frijon« aufgehoben und in eine gemeinschaftliche, gemeinschaftsstiftende Bindung hineingenommen zu sein. Die Freiheit im Sinne einer Befreiung zu immer vollständigerer Unabhängigkeit und Loslösung aus der schützenden, schonenden Gemeinschaft der »Freunde« und »Lieben« wäre geradezu das Gegenstück zum etymologischen Begriff. Freiheit, die Möglichkeit so zu handeln, wie man will, schlägt leicht in Willkür um, in das Alleingelassen-Sein der Schutz- und Schonungslosigkeit nach außen und innen. Simone Weil schreibt: »Eine Nahrung, die der menschlichen

Seele unentbehrlich ist, ist die Freiheit. Dem praktischen Wortverstande nach besteht die Freiheit in der Möglichkeit der Wahl. Es handelt sich hierbei wohlverstanden um eine Möglichkeit innerhalb der gegebenen Wirklichkeit. Überall, wo Menschen in Gemeinschaft leben, müssen unvermeidlich bestimmte Regeln, die der gemeine Nutzen vorschreibt, diese Wahl beschränken.«[158]

Den Griechen galt der Kosmos als die Orientierung für das menschliche Handeln. Die Ordnung des Himmels und der Gestirne spiegelt sich in der Seinsordnung von Pflanze, Tier oder Mensch mit ihrem naturalen Streben, ihrer Gerichtetheit auf das Gute hin, wonach gut ist, woraufhin ein jedes strebt. Das Ethos des Handelns ist in diesen kosmischen Zusammenhang eingeordnet. Es gibt Freiheit, der »Freie« in der Polis unterscheidet sich vom Unfreien, aber es ist eine durch Geburt und Schicksal bestimmte Freiheit, nicht die Freiheit, die Hegel meint, wenn er sagt, »frei bin ich, wenn ich bei mir selbst bin«.[159] Noch ist es die Willensfreiheit des einzelnen, die mit dem griechischen Begriff der »eleutheria« gemeint ist, sondern die wahre Freiheit ist eine metaphysische, als »Autokratie« beschriebene Freiheit, die sich, buchstäblich und sichtbar, am Himmelsgewölbe zeigt.[160] Konkret wird die Freiheit für die Griechen als Grund und Ziel, als Ethos und Leben in der Polis, in der staatsbürgerlichen und politischen Freiheit. Unfrei ist der Mensch unter dem Joch der Tyrannis, wo das gute Handeln und Leben in der besten Verfassung unmöglich ist. Ziel der freien Polis ist das Glück jedes einzelnen in den Lebensformen freier Bürger. Insofern gilt, daß Freiheit im griechischen Verständnis »kein philosophisches Wort ist«,[161] sondern ein politischer Anruf, der sein Recht aus der Gemeinschaft, nicht jedoch aus der freien Selbstsetzung des Subjekts ableitet.

Die Wende bringt das Christentum, genauer die paulinische Anthropologie mit der »in Christus gewonnenen Freiheit«, als »Befreiung aus der Fron des Gesetzes«, wie Eugen Biser sie umreißt: »Man kann den vom Christentum erzielten Durchbruch wohl am zutreffendsten auf die Formel bringen, die Antike habe es immer nur zu einem partikulären Freiheitsbewußtsein gebracht; jetzt aber entstehe ein absolutes.«[162] Das Christentum bringt eine Setzung der Freiheit um ihrer selbst willen, daß nämlich die Freiheit selbst das Gesetz ist, das allen anderen Gesetzen und Geboten vorausliegt. Dieses Gesetz der Freiheit ist das Gesetz des Geistes und der Liebe Christi. Bis heute geht es in der theologischen Auseinandersetzung um das rechte Verhältnis von Gesetz und Gnade, um das Halten der Gebote und die Verkündigung der »Freiheit der Kinder Gottes«. Ursache der Unfreiheit ist im paulinischen Verständnis die Sünde, das Verfallensein an das Gesetz der »Welt«, und so ist menschliche Freiheit eine gebrochene, eine gefallene Freiheit. Die Kräfte der Selbstheilung reichen nicht aus, sondern sie ist der Gnade bedürftig, damit der mit Gott verbundene Mensch als der wirklich freie Mensch seine Identität findet.

Die Säkularisierung hat die Grundmuster des christlichen Freiheitsverständnisses nicht aufgehoben. Die Überzeugung hat sich durchgehalten, daß die Freiheit als Ursprung aller Gebote, Gesetze und Normen gesehen werden muß. Ihre sinnstiftende Kraft für die Sittlichkeit erschöpft sich nicht darin, daß die Maßstäbe der »Moral« strikt eingehalten und streng befolgt werden, sondern der sittliche Wille und das sittliche Handeln tragen den Maßstab des Guten in sich. Für die neuzeitliche Moral ist das Verhältnis von Freiheit und sittlicher Bindung fundamental, und diese Struktur entstammt dem Christentum. Das folgert Hermann Krings aus der geschichtlichen Orientierung. Die Freiheit ist sich selbst Gesetz, und »eine Bindung des Menschen – seines Wollens oder seines Handelns – hat nur dann einen sittlichen Rang und Sinn, wenn sie durch Freiheit begründet ist«.[163] Freiheit und Bindung bilden ein unauflösbares Verhältnis, und daraus konstituiert sich jegliche Sittlichkeit. Eine Bindung, die Freiheit verneint, und eine Freiheit, die Bindung verneint, ist als Verhältnis »nicht nur begrifflich unzulänglich, sondern auch irreal, denn es verkennt die Struktur endlicher Freiheit, deren Wesen in der Autonomie besteht, also darin, gerade eine Bindung selbst zu setzen und für ihre Geltung einzustehen«.[164] Ohne Freiheit, ohne ihre selbstverpflichtende Bindung – beispielsweise an ein Versprechen, das zu halten ist – wäre kein Verlaß; wir wären dauernd auf Sanktionen angewiesen, deren Wirkung aber nicht die erhoffte Treue zum eigenen Wort garantieren könnte, solange der Handelnde selbst nicht für die Geltung der Norm bürgt.

Bei Descartes zeigt sich der neuzeitliche Umbruch, der das christliche Freiheitsverständnis in ein säkularisiertes umprägt, ohne die Herkunft vom Jüdisch-Christlichen verleugnen zu können. Wenn menschliches Handeln ein freies und zugleich ein sittliches sein soll, dann wird die Frage aufgeworfen, wie die Möglichkeit der Freiheit des Willens und Handels zu denken ist. Das Erkennen und die Freiheit treten in ein Verhältnis, und zwar anhand des methodischen Problems, wie denn überhaupt das menschliche Subjekt allein von sich aus zu – für es gültigen – Erkenntnissen gelangt.

Der Ausgangspunkt von Descartes ist der »methodische« Zweifel an allem, was die Schulen und Traditionen bisher lehrten, um ein wirklich freies, von allen Vorurteilen und Selbsttäuschungen freies Wissen zu gewinnen. Wir folgen hier der Darstellung von Josef Simon, der zu zeigen sucht, wie nun einerseits jenes Wissen, das der Mensch aus sich gewinnt, gegenüber dem göttlichen Wissen nur dürftiges Stückwerk bleibt, wie wir aber andererseits dieses endliche Urteil gegenüber der unendlichen Mannigfaltigkeit der Dinge nicht aus Anschauung oder Erfahrung bilden, sondern durch unsere freie Einbildungskraft. Wie also der Verstand sich sein Urteil »bildet«, darin kommen wir zugleich der Freiheit auf die Spur. Demnach besteht die eigentlich produktive oder konstruktive

Freiheit im Vollzug der freien Einbildungskraft des Subjekts, »das in seiner Endlichkeit oder Defizienz rein als Verstand betrachtet ohnmächtig wäre, weil ihm gegenüber die Dinge übermächtig blieben«.[165] Hier tritt die »Gewöhnung« an eine bestimmte Sicht der Sachen dazwischen und »vergißt« ihren Ursprung in der Freiheit der produktiven Einbildungskraft, in der »Eingewöhnung« an ein bestimmtes Weltbild. Komplexität wird reduziert, die Welt wird durch die produktive Einbildungs- und Erkenntniskraft handhabbar gemacht, und daran orientiert sich der Mensch als frei denkendes, aber endliches Wesen gegenüber der »unendlichen« Natur der Dinge. »Man könnte paradox formulieren, daß diese glückende Freiheit sein Schicksal sei.«[166]

Die Gefahr ist, daß die Menschheit an »Dummheit«, nämlich an ihrem Mangel an produktiven Einfällen, zugrunde gehen könnte, daß sie nicht mehr fähig wäre, »anders als im Gewohnten, also von sich selbst her, vermöge der eigenen, individuellen Einbildungskraft verstehen zu können«.[167] Josef Simon bezieht sich hier in seiner Tübinger Rede zum 500jährigen Universitätsjubiläum auf Kant, der »Dummheit« im Gegensatz zur »Urteilskraft« sieht, womit er im Verhältnis von Erkenntnis und Freiheit eben die Einbildungskraft meint.[168] Damit wird auf die Wissenschaftsfreiheit hingewiesen und ihr ein Staatsverständnis unterlegt, das die Idee der Offenheit für das Neue einbezieht, die Idee der Freiheit, worauf wir als endliche Wesen im Unzulänglichen angewiesen bleiben.[169]

Die Furcht vor der Freiheit

Vom rechten Gebrauch der Freiheit sprechen, das bedeutet dann, sie nicht im Sinne der Sartreschen Verdammung zur Freiheit aufzufassen, sondern als Gabe, Auf-Gabe und Möglichkeit des Existierens. Zunächst und vor allem kommt es darauf an, »ich selbst« zu sein und als handelndes »Subjekt« aufzutreten, den dauernden Kampf gegen Gewöhnung, Erschlaffung und Routine nicht aufzugeben. Die Angst vor der Freiheit ist verbreiteter als man glaubt, auch »anders als im Gewohnten« zu handeln und moralische Phantasie aufzubringen. Die Moralität der Freiheit im Vollzug menschlichen Erkennens und Handelns ist der Humus, auf dem ein produktiver und einfallsreicher Journalismus aus den »unendlichen« Möglichkeiten auswählt und gedeiht. Vom rechten Gebrauch der Freiheit im Journalismus sprechen, das bedeutet, sich nicht der Anstrengung der Freiheit des Willens und des Denkens und des Handelns entziehen, und dies wäre ein anderer Name für Verantwortung im täglichen Geschäft der öffentlichen Kommunikation.

Niemand beschneidet zum Beispiel einem Fernsehprogramm die Freiheit, durch entsprechende Sendungen bei Kindern Verhaltensweisen wie Freundlichkeit oder Hilfsbereitschaft zu vermitteln. »The Effects of Showing Altruistic and Friendly Behaviors on Television« sind mit einigen Dutzend Forschungsprojekten in ihren Ergebnissen positiv belegt worden; es gibt das »pro-social television programing« mit seinem »potential for good«.[170] Wieviel journalistisches Können wird in solche Möglichkeiten investiert? Mangelt es an der moralischen Phantasie? Ein anderes Kapitel sind die Gewaltdarstellungen auf dem Bildschirm. Eine demographische Analyse aus den USA zeigt, daß die Zahl der Selbstmorde von Frauen (sowie die Zahl der schweren Automobilunfälle, an denen nur ein Wagen beteiligt ist) in jenen Wochen in einem statistisch signifikanten Maß ansteigt, die der Darstellung eines Selbstmordes in einer der (bei Frauen) überaus populären »soap-operas« folgen.[171] Befunde dieser Art über die Lerneffekte und den negativen Sozialisationseinfluß der Massenmedien, insbesondere des Fernsehens, liegen in großer Zahl vor. Wir wissen: »Medienwirkungen sind nicht neutral.«[172] Dennoch belassen wir es bei den Gewöhnungs- und Abstumpfungseffekten. Die »Unfähigkeit, Freiheit zu ertragen«,[173] ist häufig größer als die Fähigkeit, sie in menschenfreundlicher Weise zu nutzen.

In Dostojewskijs Roman »Die Brüder Karamasow« behauptet der Großinquisitor, der Mensch kennt keine quälendere Sorge als die, einen zu finden, dem er möglichst schnell das Geschenk der Freiheit, mit dem er als unglückliches Geschöpf geboren wird, übergeben kann. An die Adresse des wiedergekommenen Jesus richtet er die anklagenden Worte: »Doch anstatt die Freiheit der Menschen unter deine Herrschaft zu beugen, hast du sie noch vergrößert! Hast du denn wirklich vergessen, daß Ruhe und selbst der Tod dem Menschen lieber sind als freie Wahl in der Erkenntnis von Gut und Böse?«[174]

9. Verantwortung, Apriori der Freiheit

Vermögen des Guten und Bösen

Das Problem der Freiheit hat sich zur Aporie zugespitzt. Angst, Ratlosigkeit oder »Dummheit« bringen die Menschen dazu, die Freiheit im Namen der Freiheit preiszugeben. Der Begriff der Aporie ist unserem Zeitalter ganz besonders auf den Leib geschrieben. Wohl niemals zuvor hat es eine Zeit gegeben, die wirklich den Namen einer Kommunikationskultur verdient hätte wie die unsrige. Sie hat sich Medien von universaler Reichweite geschaffen. Das Netzwerk ihrer Verbindungswege läßt den Erdball, so hat es den Anschein, zu einer einzigen Polis zusammenschrumpfen. Es sind Möglichkeiten und Freiheiten entstanden, die wir uns bisher nicht einmal im Traum vorstellen konnten.

Die Ergebnisse sind von paradoxer Natur. Wenn wir Kommunikation ein Beziehungsgeschehen zwischen den Menschen nennen, »das auf Verständigung abzielt«,[175] dann ist zwar die Menschheit untereinander in überreichem Maße in dieses Beziehungsgeschehen eingetreten, und es haben sich riesige Industrien gebildet, die mit nichts anderem als »Information« und »Kommunikation« handeln, aber das Geschehen ist zugleich und in ebenso globalem Ausmaß ein aporetisches geworden. Das heißt, wir stehen vor derart großen Schwierigkeiten und Hindernissen, die technologische Effizienz in eine humane zu übertragen, daß sie fast unüberwindlich scheinen und wir die Unmöglichkeit eingestehen, die richtigen Entscheidungen treffen oder die passenden Lösungen finden zu können. Darf der Mensch, was er kann – beispielsweise hinsichtlich des weiteren Ausbaus der modernen Kommunikationstechnologien? Oder ist die Ausweglosigkeit, unser menschliches Leben von freiheitsverneinenden Kräften bestimmt zu sehen, gewissermaßen unser Schicksal? Beherrschen nicht wir, sondern beherrscht uns das Medium, das sich »verselbständigt zum eigentlichen factum brutum und zum universalen funktionalen Agens«,[176] bis die Gesellschaft selbst am Ende als Medium erscheint?

Ein Davonlaufen aus dieser Auseinandersetzung ist nicht möglich, wenn wir uns nicht selbst aufgeben und mit der Aporie moderner Massenkommunikation abfinden wollen. Der die Kunst der Aporetik übende Zeitgenosse ist keine neue Figur in der Geschichte der Menschheit. Der altchristliche Kirchenschriftsteller Origines entwickelte bereits einen Begriff von »Aporie«, der uns über den Leidensweg die Erkenntnis gewinnen läßt. Er lehrte, daß das entscheidende

Verständnis des Gottesworts immer erst im Zustand ratloser Betroffenheit, also in Erfahrungen der Ausweglosigkeit, mittels seiner Aussage zustande kommt.[177] Dieses frühe Ausscheren aus dem Systemdenken läßt sich auf unsere Zeit übertragen. Im Prinzip, nämlich auf der technisch-wissenschaftlichen Ebene, sind wir imstande, fast alle aufkommenden Probleme der Kommunikation zu meistern, aber wir wissen nicht mehr, was Freiheit meint, Freiheit als das Wozu der ins Riesenhafte gewachsenen Verständigungswege unter den Menschen, die keine sind.

Die Frage lautet: Wie bringe ich den modernen, in Aporien verstrickten Menschen auf den Weg der Freiheit? Die Antwort: Nicht anders, als daß er radikal zu den Ursprüngen seiner Ratlosigkeit vordringt, und dabei wird er die Erfahrung machen, daß Freiheit nicht durch sich selbst bestimmbar ist, sondern nur aus dem, was sie begrenzt. Die Verantwortung, die ich für mein Handeln übernehme, begrenzt sie. Die Verantwortung ist gewissermaßen das Apriori der Freiheit, der Appell nämlich, der meinem Willen gegenübertritt und Gehör verlangt, gemäß der Einsicht zu handeln. Die Verantwortung kommt aus dem Unbedingten der moralischen Natur des Menschen, und so wie Freiheit sich nur im Rückgriff auf ein Unbedingtes ergreifen und zum Freiheitsbewußtsein erheben läßt, gehört auch die Moralität des Sich-Verantwortens in die existentielle und seinsmäßige Definition des Menschen.

Hans Jonas: Das Sollen der Verantwortung

»Für irgendwen irgendwann irgendwelche Verantwortung de facto zu haben (nicht darum auch, sie zu erfüllen, selbst nur zu fühlen) gehört so untrennbar zum Sein des Menschen, wie daß er der Verantwortung generell fähig ist – so untrennbar in der Tat, wie daß er ein sprechendes Wesen ist, und ist daher in seine Definition aufzunehmen, wenn einem um dies zweifelhafte Geschäft zu tun ist. In diesem Sinne ist ein Sollen ganz konkret im Sein des existierenden Menschen enthalten; seine kausalfähige Subjektqualität als solche führt objektive Verbindlichkeit in der Form äußerer Verantwortung mit sich.«[178] So definiert Hans Jonas den Menschen und seine Verantwortungsfähigkeit. Damit ist der Mensch zwar noch nicht moralisch, aber ein moralisches Wesen, das heißt ein solches, das moralisch oder unmoralisch sein kann. Die Phänomenologie der Verantwortung ist in der bisherigen Ethiklehre vernachlässigt worden. Jonas greift in seiner Theorie auf das zeitlose Urbild aller Verantwortung zurück, nämlich das der elterlichen Sorge für das Kind. Urbild sei die Elternverantwortung in genetischer und typologischer Sicht, aber in gewissem Sinne auch in »erkenntnistheoretischer« Hinsicht: »Der Begriff der Verantwortung impliziert den des Sollens, zuerst des Seinsollens von etwas, dann des Tunsollens von jemand in Respons zu jenem Seinsollen. Das innere Recht des Gegenstandes geht also voran. Erst ein seinsimmanenter Anspruch kann objektiv eine Pflicht zu seinstransitiver (vom einen Sein zum andern gehender) Kausalität begründen. Die Objektivität muß wirklich vom Objekt kommen.«[179]

Am Kind, dem »Urgegenstand der Verantwortung«, kann Jonas auf einleuchtende Weise das elementare »Soll« im »Ist« des Gegenstandes, nämlich eines Neugeborenen, nachweisen.[180] Dieser Verantwortungstypus ist in der Natur des Menschen verankert. Am paradigmatischen Fall des Politikers, der nach der Macht strebt, um Verantwortung zu gewinnen, tritt uns ein selbstgewählter Typus der Verantwortung gegenüber. Jemand, der frei ist, stellt sich aus freiem Ermessen unter ihren Anspruch. »Die höchste und anmaßlichste Freiheit des Selbst führt ins gebieterischste und unnachsichtigste Muß.«[181] Niemand verpflichtet einen Politiker – oder einen Journalisten –, eine öffentliche Aufgabe zu übernehmen, aber indem er wählt, wird die »res publica« der Gegenstand seiner Verantwortung und fordert sie ihr Recht, wie er sein Recht der Machtausübung und Einflußnahme fordert. Das Seinsollen der Sache, eben der öffentlichen Sache, ist nach Jonas »das Erste in der Verantwortung, insofern als der letzthinnige Gegenstand der Verantwortung über den direkten hinaus, also die eigentliche ›Sache‹, die Wahrung der Treueverhältnisse überhaupt ist, auf denen die Gesellschaft und das Zusammenleben der Menschen beruht: und diese ist ein substantives, von sich her verpflichtendes Gut«.[182]

Die »res publica« ist der Legitimationsgrund für das journalistische Handeln, wie wir gesehen haben, und auf sie erstreckt sich die verantwortliche Aufgabe des Journalisten, die er in herausgehobener Stellung im Prozeß der öffentlichen Kommunikation wahrnimmt. Diese »res« verpflichtet den Journalisten aus ihrem Seins- und Sollensverständnis, daß er sein Bestes tut, damit das Geschäft im vorgezeichneten Sinne abläuft und die Öffentlichkeit die vermittelnden Dienste, die sie fordert und worauf sie angewiesen ist, erhält.[183] Es geht, wie wir sehen, um einen Dienst der Vermittlung, um ein Treueverhältnis zur öffentlichen Sache, und dabei sind nicht die Zustände meines schwankenden (und schwachen) Willens das maßgebliche Moment, sondern die Sachen, die den Willen engagieren und auf solche Weise zu Zwecken werden und ihre Würde geltend machen. Ich muß mich immer schon auf die Freiheit »eingelassen« haben, sonst werden Bewußtsein und Gefühl von ihr nicht affiziert werden können. Ein Beiseite-Stehen, das sich dem Anspruch der »res publica« zu entziehen sucht, wird Freiheit als Ansporn nicht fühlen, als Auftrag nicht erfahren lassen.

Freiheit kann man nicht »besitzen«, sie ist nichts empirisch Bestimmtes, sie ist nicht im Haben, sondern im Sein des Menschen als das schlechthin Unverrechenbare und Unverfügbare des Menschen gegründet. »Freiheit ist eine

Chance, kein Besitz, ein Weg, kein Ziel. Denn immer dann, wenn man sie als Ziel erreicht zu haben glaubt, führt ihr Weg nur um so eindeutiger über sie hinaus.«[184] Das nennt Eugen Biser ihre »Provokationen«, sich ständig von dem überreden zu lassen, was der Mensch seiner Bestimmung und seiner strukturellen Entsprechung nach ist, nämlich ein freiheitsfähiges und -bedürftiges Wesen, dessen eigene Freiheit mit der Freiheit der anderen korrespondieren muß.

»Freiheit«, schreibt Martin Buber, »ich liebe ihr aufblitzendes Gesicht: es blitzt aus dem Dunkel auf und verlischt, aber es hat dein Herz gefeit.«[185] Solcher Provokationen bedarf es in der modernen Welt, sie braucht das Ereignis der Freiheit, damit es im Bewußtsein »real« wird und das »Apriori freier Kommunikation«[186] zum Alltagsethos wird, sie braucht es, das Vertrauen in die Moralität einer Freiheit zu stärken, die sich mit den anderen Menschen verbunden weiß. Wer sich »verantwortlich« fühlt, tut es in Freiheit gegenüber einem anderen Menschen oder einer Sache. Er »entspricht« damit den Erfordernissen einer kommunikativen Ordnung, der er »Rede und Antwort« zu stehen hat.[187] »Freiheit«, meint Eugen Biser, »das ist vielmehr das Ende aller Zwecke und die Aufhebung aller Systeme. Sie duldet nur eine einzige Rückkoppelung: diejenige an den Menschen.«[188]

Ist diese Moral für die Welt der Massenkommunikation und ihrer unabweisbaren Systeme nicht viel zu idealistisch, und vor allem: zu individualistisch? Müssen die ethischen Imperative nicht weit über die persönliche Ethik hinausgehen, wenn angesichts der wissenschaftlich-technologischen Herausforderungen unserer Zeit der Mensch seine Zukunftsverantwortung wahrnehmen soll? Haben die naturwissenschaftlichen Entwicklungen eine ethische Pflichtenlehre überholt? Das ist die Ausgangsfrage von Hans Jonas, er sucht für die kollektive Praxis der modernen Technologie eine ethische Theorie der Verantwortung zu entwickeln, die weiter reicht als die individualistische. Die Technik steht heute in einer durchaus verletzbaren Natur, ihre Auswirkungen sind teilweise nicht wiedergutzumachen. Deshalb muß schon ein grundsätzliches Axiom bejaht werden, nämlich daß es in Zukunft überhaupt noch eine Welt, eine Natur, eine Menschheit geben soll. Die neuen Kategorischen Imperative lauten: »Handle so, daß die Wirkungen deiner Handlung verträglich sind mit der Permanenz echten menschlichen Lebens auf Erden!« Oder: »Schließe in deine gegenwärtige Wahl die zukünftige Integrität des Menschen als Mit-Gegenstand deines Wollens ein!«[189] Die Imperative sind an die Adresse der öffentlichen Politik gerichtet, sie wenden sich an den »Staatsmann« in einem autoritär geführten Kollektiv, weil nur ein solches in der Lage wäre, die »Heuristik der Furcht« angesichts drohender Menschheits- und Naturkatastrophen in politisches Entscheidungshandeln umzusetzen. Die Demokratie wäre dafür wegen der Schwerfälligkeit ihrer Entscheidungen eine untaugliche Regierungsform.

So kommt ein Bruch in die Argumentation von Jonas und entsteht eine Welt, für die ein zu hoher Preis zu entrichten ist, nämlich der Preis der Freiheit, wenn das Daseinsollen in der Zukunftsverantwortung zur universalen Pflicht erklärt wird und dies nur über autoritäre Herrschaftsformen gesichert scheint. Jonas schreibt selbst, daß das erste Prinzip einer Zukunftsethik nicht in der Ethik als Lehre vom Tun liegt, »sondern in der Metaphysik als einer Lehre vom Sein, wovon die Idee des Menschen ein Teil ist«.[190] Diese Idee ist von der Freiheit unabtrennbar, das Sollen der Verantwortung wurzelt im einzelnen Menschen; an diesem Kriterium sind die Systeme und Organisationsformen zu messen. Ulrich Saxer ist sicherlich beizupflichten, daß »eine nur an Personen festgemachte Ethik« der Ergänzung durch »die Elaborierung immer differenzierterer Selbststeuerungsinstrumente durch die Medienorganisationen, von genauen Kompetenz- und Verantwortungsausscheidungen über Produktionsrichtlinien bis zur Publikumsforschung« bedarf. Der Journalismus ist »immer mehr Kollektivwerk geworden«, die berufskulturelle und organisatorische Normierung müssen Hand in Hand gehen.[191] Hier liegen die zukünftigen Entwicklungsfelder der Journalismus- und Medienethik in der Legitimation ihres Freiheitsspielraums. Die personale Selbstverpflichtung bleibt jedoch die ausschlaggebende Kategorie.

Für einen guten, »geglückten« Journalismus

Die Frage ist ja nicht neu, ob der Begriff der Freiheit mit dem System überhaupt unverträglich sei. Schelling meint in seinen Philosophischen Untersuchungen, einer »alten, jedoch keineswegs verklungenen Sage zufolge soll zwar der Begriff der Freiheit mit dem System überhaupt unverträglich sein und jede auf Einheit und Ganzheit Anspruch machende Philosophie auf Leugnung der Freiheit hinauslaufen«.[192] Doch solchen Beschränkungen gegenüber fordert Schelling eine Freiheit als »innerste Voraussetzung« des Systems. In einem Brief an seinen Freund Hegel vom 4. Februar 1795 schreibt der junge Schelling: »Mir ist das höchste Prinzip aller Philosophie das reine, absolute Ich, d. h. das Ich, inwiefern es bloßes Ich, noch gar nicht durch Objekte bedingt, sondern durch *Freiheit* gesetzt ist. Das A und O aller Philosophie ist Freiheit.«[193] Später mußte Schelling sich eingestehen, daß der Idealismus, dem wir einen vollkommen Begriff der Freiheit verdanken, uns in der Lehre der Freiheit dennoch »ratlos« läßt, und zwar insbesondere im Hinblick auf die Frage, ob die Freiheit in Wirklichkeit nicht der Ursprung von Gut und Böse sei.

Diese Ratlosigkeit ist nun allerdings nicht nur eine Eigentümlichkeit des Idealismus, sondern der Philosophie überhaupt von ihren Anfängen bis zur Gegenwart. Zwei Fragen stellen sich: »Wie ist das Verhältnis von System und

Freiheit zu denken? Was ergibt sich daraus für die Frage nach Gut und Böse?«[194]

Der Journalismus in unserer modernen Welt bildet ein System, eine Ordnung der Sachen, Personen und Ideen, die als eine praktische organisiert ist und reale Freiheit in den Grenzen der gesetzten Bedingungsverhältnisse ermöglicht. Ist das journalistische System ein Produkt der Freiheit? Ja, könnten wir mit Hermann Krings antworten, sofern Freiheit als der Begriff eines Unbedingten sich auf den Widerspruch einläßt, in ihrer realen Existenz nicht unbedingt, sondern bedingt zu sein. Der Widerspruch wird dadurch gelöst, daß das Unbedingte im Freiheitsbegriff die Bedingung seiner Existenz selbst setzt. Das heißt, die Freiheit bedarf des Gesetzes, das aber kein vorgegebenes, sondern ein selbstgegebenes Gesetz ist, nach Kant als Autonomie bezeichnet wird und den Widerspruch von unbedingtem Selbst und Gesetz ausdrückt. »Autonomie und System sind korrelative Begriffe.«[195] Wird dieser innere Zusammenhang in seiner Dialektik auseinandergerissen oder eingeebnet, dann zeigt sich, daß eine Freiheit, die das Unbedingte und Absolute in die Realität des menschlichen Zusammenlebens zu übertragen sucht, gerade nicht die Bedingungen für reale Freiheit schafft, sondern daß sie das System totalisiert. Die Aporie, die in dem genannten Widerspruch enthalten ist, verbürgt die Realität von Freiheit, die Bedingung ihrer Wirklichkeit. Diese Aporie, von der schon Schelling sprach, muß ausgehalten werden, sie darf nicht einer »schrecklichen Vereinfachung« zum Opfer fallen, als sei Freiheit ohne Gesetz, ohne Selbstverpflichtung, ohne die Moralität der handelnden Personen in der Realität möglich. Politische Programme, die endgültige und absolute Befreiung versprechen, führen uns alltäglich vor Augen, wie gerade das Aushalten des Widerspruchs zwischen System und Freiheit »das Unverzichtbare« ist und die Aporie als eine »conditio humana« der endlichen Freiheit angenommen sein will.[196] Man könnte auch vom Verzicht auf die Utopie der Freiheit sprechen.

Journalistische Programme, die auf ihre gesellschaftliche Funktionalität hin perfektioniert werden, müßten ebenso eine Totalisierung des Systems bewirken. In Zukunftsromanen wird nicht selten ein düsteres Utopia der vollkommenen Manipulation gezeichnet. Bedingungen, unter denen Freiheit unmöglich wird, liegen auch im systemtheoretischen Ansatz der Journalismusforschung. Das Freiheitsproblem wird abgedrängt oder man sucht den Freiheitsbegriff umzudeuten. Manfred Rühl fordert, ein »empirisch tragfähiger Begriff für journalistische Freiheit« sei in eine »gesellschaftliche System/Umwelt-Relation einzubetten und in seiner sozialen Funktionalität aufzubereiten«.[197] Entgegen der individualethischen Legitimation für den Journalismus sei eine »Distanzierung zwischen Freiheit und Moral« anzustreben. Die journalistische Freiheit müsse sich vom »Gewissensregulativ« ablösen, sie werde durch die systemrationalen Innen-

und Außenverbindungen determiniert. So verwandelt sich Freiheit in »entworfene und entwickelte Entscheidungsstandards, die als Möglichkeiten der Selbstregulierung und Selbststeuerung des Journalismus gelten können«.[198]

In der kybernetischen Welt verliert der Freiheitsbegriff seine positive Bedeutung und Moralität. Er geht im Netzwerk der ausgespannten Rationalität auf. Die Freiheit erscheint als das Irrationale und Irritierende. Innerhalb der Welt des Kausaldenkens ist der Freiheitssinn zum Absterben verurteilt, und Moralität ist nicht etwas, das man kultiviert, sondern als irreführende Bezeichnung entlarvt. Wenn diese Denkansätze ins Politische verlängert werden, wo es um reale Freiheit und »Freiheiten« geht, dann wird das System totalitär. Die Dogmatisierung des Systemdenkens läßt es nicht zu einer Leidenschaft für die Freiheit kommen, danach zu streben, »unbedingt« gut zu handeln und einen guten Journalismus hervorzubringen, nicht weil es so geboten und verlangt ist, sondern aus vernünftigem Willen und vernünftiger Einsicht. Nur die Person kann frei sein, das System funktioniert und ist nicht »frei«. Hermann Krings nennt Freiheit einen Namen, »mit dem der Mensch sich eine Würde gibt«. In dem Widerspruch von Rationalität und Freiheit sieht er ein Warnsignal, wachsam zu sein, wie Freiheit in Unfreiheit umzuschlagen droht. Freiheit ist eine Idee und mithin kein politisches Objekt oder Ziel. »Der Mensch, als Wesen von Vernunft oder, wie die Bibel sagt, nach dem Bilde Gottes geschaffen, hat die Idee der Freiheit – und er hat sie von Anfang an. Die Idee der Freiheit ist eine Erinnerung an Gott. Wir können Gut und Böse unterscheiden, wenn wir wollen.«[199]

Wir fragten eingangs mit Schelling, was sich aus dem Freiheitsproblem für die Frage nach dem Guten und Bösen ergibt. »Der reale und lebendige Begriff der Freiheit aber ist, daß sie ein Vermögen des Guten und des Bösen sey.«[200] Es lassen sich keine Rezepte für einen guten, »geglückten« Journalismus oder sein Gegenstück verteilen. Dennoch leistet die Frage nach der Freiheit und journalistischen Moral hierzu einen unverzichtbaren Beitrag. Der Mensch kann als freies und vernünftiges Wesen sein Handeln zu einem »guten« machen. Dieses Vermögen heißt Freiheit. Wo der Mensch sich als Freiheit reflektiert und verstanden wird, da wird »das Sein in einem Ursprungsverhältnis mit der Freiheit gedacht«.[201] Da setzt sich der Mensch zu den Systemen in ein Verhältnis. Da bejaht dieses Subjekt auch die Freiheit des anderen in einem kommunikativen Akt des Sich-Öffnens. Freiheit hat primär diesen Charakter der Offenheit. »Freiheit als das Woraufhin der Freiheit« sieht Krings folgendermaßen: »Das schlechthin Erfüllende für Freiheit ist die andere Freiheit . . . Der Gehalt, durch den sich Freiheit erfüllt und durch den die Selbstvermittlung die volle Realität gewinnt, ist die Freiheit des anderen . . . Der Begriff Freiheit ist mithin ab ovo ein Kommunikationsbegriff. Freiheit ist primär nicht die Eigenschaft eines individuellen Subjekts, die allein für sich bestehen und begriffen werden könnte;

vielmehr ist der Begriff des individuellen Subjekts erst durch jenen Kommunikationsbegriff verstehbar. Empirisch bedeutet das: Ein Mensch allein kann nicht frei sein. Freiheit ist nur dort möglich, wo Freiheit sich anderer Freiheit öffnet.«[202]

Freiheit des Journalismus begründet sich darin, daß sie sich öffnet und andere Freiheit bejaht. Die Anerkennung der Freiheit eines jeden ist das Gute. Die Theorie des Journalismus orientiert sich am Prinzip Freiheit. Sie sieht den Menschen als freiheitsfähiges und freiheitsbedürftiges Kulturwesen. Die Freiheit des philosophischen Fragens und die Freiheiten der lebensweltlichen Erfahrung sind stilprägende Merkmale eines verantwortlichen Journalismus, dessen Moral sich mit dem kommunikativen Freiheitsverständnis verbindet, ja damit identisch sein sollte.

Anhang

ANMERKUNGEN ZUR EINLEITUNG

[1] Vgl. David Pearl, Lorraine Bouthilet, Joyce Lazar (Ed.), Television and Behavior, Ten Years of Scientific Progress and Implications for the Eighties, Volume II, Washington 1982, 103 ff. In diesem Band wird aus 2500 empirischen Untersuchungen im Bereich der Fernsehwirkungsforschung während der letzten zehn Jahre eine Summe gezogen. Die normative Prägung durch das Medium wird übereinstimmend als stark und nachhaltend beurteilt.

[2] Otto B. Roegele, Neugier als Laster und Tugend, Zürich 1982, 42 ff.

[3] »Start in das Zeitalter der Information – Raumfähre Challenger bringt den größten Nachrichtensatelliten ins All, den es je gab«, Frankfurter Allgemeine Zeitung, 6. 4. 1983.

[4] Harold D. Lasswell hat 1948 seine berühmte Beschreibungsformel für die publizistischen Prozeßabläufe vorgeschlagen. Diese Formel ist vor allem auch im Hinblick auf ein aktives und selektives Publikumsverhalten ergänzt und abgewandelt worden. Vgl. S. 405 dieser Arbeit.

[5] Vgl. Der Mensch als Orientierungswaise? Ein interdisziplinärer Erkundungsgang. Beiträge von Hermann Lübbe, Oskar Köhler, Wolf Lepenies, Thomas Nipperdey, Gerhard Schmidtchen, Gerd Roellecke, Freiburg 1982.

[6] Karl Steinbuch, Maßlos informiert. Die Enteignung unseres Denkens, München 1978, 156.

ANMERKUNGEN ZUM ERSTEN TEIL

[1] Vgl. Paul Watzlawik (Hrsg.), Die erfundene Wirklichkeit. Wie wissen wir, was wir zu wissen glauben? Beiträge zum Konstruktivismus, München 1981.

[2] Drawing by Robert Mankoff; reprinted from the Saturday Review. Vgl. Elisabeth Noelle-Neumann, Die Schweigespirale. Öffentliche Meinung – unsere soziale Haut, München 1980, 216.

[3] Werner Heß anläßlich des 25jährigen Bestehens des ARD-Programmbeirats. Heß, ausgeschiedener Intendant des Hessischen Rundfunks, meinte zum Verhältnis von Fernsehen und Realität, daß niemand mehr in der Lage sei, von sich aus zu klären, ob die vom Medium ausgebreiteten Signale der Wirklichkeit entsprechen. Vgl. Werner Heß, »Der mündige Bürger wird immer mehr zum manipulierten Bürger«, Frankfurter Allgemeine Zeitung, 1. 4. 1981.

[4] Dazu Winfried Schulz, Die Konstruktion von Realität in den Nachrichtenmedien. Analyse der aktuellen Berichterstattung, Freiburg 1976, 29.

[5] Peter L. Berger, Thomas Luckmann, Die gesellschaftliche Konstruktion der Wirklichkeit. Eine Theorie der Wissenssoziologie, Frankfurt 1974, 21.

⁶ Vgl. Walter Lippmann, Public Opinion, First Free Press Paperback Edition, New York 1965, Copyright 1922.

⁷ Hans Mathias Kepplinger, Die Grenzen des Wirkungsbegriffes, in: Publizistik 1–2/1982, 108. Walter Flemmer, Leiter der Programmgruppe Erziehung und Bildung im Bayerischen Rundfunk, trug auf den Hohenheimer Medientagen 1981 das folgende Beispiel vor: »Vor wenigen Wochen protestierten die Mieter eines Schwabinger Wohnhauses gegen die Absicht, ihr Haus modernisieren zu lassen, dadurch, daß sie sich, Fenster für Fenster, zur Straßenfront hin mit nackten Hintern zeigten. Bei diesem Akt, bei diesen Rückenakten war das lokale Boulevardblatt dabei und brachte das Foto der Aktion groß an hervorragender Stelle. Man muß sich fragen: Hätten die Leute ihre Hinterteile in die Fenster gehängt, wenn die Presse nicht dabei gewesen wäre? Natürlich nicht; es ging ihnen um die Publizität und ›Herstellung‹ von Öffentlichkeit.« Flemmer berichtete weiter, wie im Anschluß daran ein Gymnasium für den Sozialkundeunterricht Schüler in dieses Schwabinger Mietshaus schickte, um sie als Journalisten agieren zu lassen. Die Schüler sollten Interviews mit den Mietern machen, Protokolle anfertigen, Stellung beziehen zu der geplanten »Kaputtsanierung«. Flemmer fuhr fort: »Wenn nun das Fernsehen dies wiederum zum Anlaß nähme, um über den wirklichkeitsnahen Unterricht eines fortschrittlichen Lehrers zu berichten, stünden wir mitten drin im Kreis einer möglicherweise für die Publizität erzeugten Wirklichkeit.« Vgl. Walter Flemmer, Realität im Fernsehen? in: Ethik und Kommunikation, Hohenheimer Medientage 1981, 20 f.

⁸ Vgl. zu diesem Bedingungsverhältnis den Aufsatz von Manfred Rühl, Journalismus und Wissenschaft – Anmerkungen zu ihrem Wirklichkeitsverständnis, in: Rundfunk und Fernsehen 1981/2–3, 211 ff.

⁹ Diese Formulierung wählte Bundespostminister Christian Schwarz-Schilling als Überschrift für sein richtungsweisendes Referat auf dem Fachkongreß »Neue Medien« der Konrad-Adenauer-Stiftung am 31. August 1983 in Berlin.

¹⁰ Dieter Stolte, Die Phantasie als Schlüssel zur Wirklichkeit, in: Fernseh-Kritik. Wirklichkeit und Fiktion im Fernsehspiel, hrsg. von Anna-Luise Heygster und Dieter Stolte, Mainzer Tage der Fernseh-Kritik, Band XI, Mainz 1980, 7.

¹¹ Ibid., 9 f.

¹² Fischer-Lexikon Philosophie, hrsg. von Alwin Diemer, Ivo Frenzel, Frankfurt 1980, 32.

¹³ Ibid., 39.

¹⁴ Vgl. S. 129 ff. dieser Arbeit.

¹⁵ Erich Straßner, Fernsehnachrichten. Eine Produktions-, Produkt- und Rezeptionsanalyse, Tübingen 1982, 82. Straßner bringt das Aufrichtigkeitspostulat im Zusammenhang mit drei weiteren Imperativen zum Berichten jeweils als ein Handeln nach der Maxime »Sei verständlich!«, »Sei informativ!« und »Sei relevant!« und entwickelt daraus eine kleine Ethik für den Nachrichtenredakteur, untergliedert in kommunikationswissenschaftliche Vorgaben und redaktionelle Praxis.

¹⁶ Kurt Lüscher, Medienwirkungen und Gesellschaftsentwicklung, in: Media-Perspektiven 9/1982, 545, 552.

[17] Hans Sachse, Technik und Verantwortung. Probleme der Ethik im technischen Zeitalter, Freiburg 1972, 8.
[18] Martin Heidegger, Gesamtausgabe Band 26. Metaphysische Anfangsgründe der Logik im Ausgang von Leibniz, Frankfurt 1978, 22.
[19] Vgl. Hermann Krings, System und Freiheit, München 1980, 40 ff. Hier wird das Freiheitsmotiv nur kurz angesprochen, das wir dann auf S. 429 ff. dieser Arbeit auch im Anschluß an die wegweisenden Aufsätze von Hermann Krings ausführlich behandeln.
[20] Ibid., 68.
[21] Jörg Splett, Natur, in: Sacramentum Mundi, III. Band, Freiburg 1969, 675.
[22] Ibid., 676. Die Krise des »homo faber« angesichts der Herausforderungen der Technik ist die Krise seines Freiheitsverständnisses. Dazu auch: Alois Buch, Jörg Splett (Hrsg.), Wissenschaft, Technik, Humanität. Beiträge zu einer konkreten Ethik, Frankfurt 1982.
[23] Martin Heidegger, Holzwege, Frankfurt 1950, 84.
[24] Lewis Mumford, Mythos der Maschine. Kultur, Technik und Macht, Frankfurt 1977, 23, 833.
[25] Erich Rothacker, Philosophische Anthropologie, 2. Auflage, Bonn 1966, 86, 82.
[26] Ibid., 86.
[27] Ibid., 137. Erich Rothackers Vorlesungen zur Philosophischen Anthropologie schikken den Leser auf immer neue Entdeckungsfahrten. Sehr schön ist seine »Vision einer völlig menschenfreien Landschaft«, 62 f. Sie soll zeigen, ein wie unerhört schöpferischer Akt das menschliche Erkennen ist. Man soll sich also eine Landschaft vorstellen, die noch keines Menschen Fuß betreten hat, etwa ein Meeresufer. Für Jahrmillionen hat es alle die vom Menschen beschriebenen Dinge – Strand, Gebirge, Bucht, Berge, Wald, Höhle, Quelle usw. – gar nicht gegeben, bis die Menschen diese Landschaft betraten und den Dingen und Geschöpfen »Namen« gaben. Es gab natürlich das Felsenufer, aber es gab keine Landschaft, so wie wir das Wort verstehen. Erst durch die Ausdeutung des Menschen entsteht etwas nie Dagewesenes und völlig Naturfremdes. »Dieses Loch unseres Wissens, dieses Nichts ist das Interessante«, meint Rothacker. »Ich nenne die geheimnisvolle, von uns zu erdeutende Wirklichkeit: Wirklichkeit. Und das, was wir herausdeuten, den Inbegriff des Herausgedeuteten, das nenne ich: Welt.« 72.
[28] Winfried Schulz, a. a. O., 27.
[29] Jeanne Hersch, Die Unfähigkeit, Freiheit zu ertragen, Zürich 1974, 7.
[30] Winfried Schulz, a. a. O., 28.
[31] Ibid., 30. Ebenfalls Winfried Schulz, Ein neues Weltbild für das Fernsehen? Medientheoretische Überlegungen zur Diskussion um Regionalisierung und Internationalisierung, in: Media-Perspektiven 1/1982, 22. Schulz gruppiert die Nachrichtenfaktoren zu sechs Dimensionen der Konstruktion von Wirklichkeit. Zur Dimension Status gehören Faktoren des sozialen Rangs der in den Medien auftretenden Akteure. Weltgeschehen wird unter dem Aspekt der Relevanz strukturiert. Valenz ist ein weiterer Gesichtspunkt, der zur Definition von Ereignissen dient. Aggression und Kontroverse haben eine (negative) Valenz. Zur Dimension Konsonanz kann man Faktoren wie Thematisierung, Kontinuität und Stereotypie der Berichterstattung zusammenfassen. Fünftens

wird Wirklichkeit so organisiert, daß sich Möglichkeiten der Identifikation bieten (Ethnozentrismus, Personalisierung, Emotionalisierung). Schließlich ist die Dynamik des Geschehens ein wichtiges Strukturprinzip, um Ereignisse zu definieren.

[32] Die Gatekeeper-Studien gehören zu den klassischen Fallstudien der amerikanischen Kommunikationswissenschaft. Vgl. D. White, The »Gate Keeper«, A Case Study in the Selection of News, Journalism Quarterly 27, 383, 1950. »Mr. Gates« ist der Torhüter, der Schleusenwärter in einer Redaktion, der beispielsweise in der Rolle des »wire editor« das durch Fernschreiber von den Nachrichtenagenturen angelieferte Material vorsortiert, dies in den Papierkorb wirft, jenes nicht.

[33] Vgl. Gerhard Maletzke, Bild und Wirklichkeit, in: Ethik und Kommunikation, Fernsehbild und Wirklichkeit, Hohenheimer Medientage 1981, 65 f.

[34] Francis Bacon, Neu-Atlantis, Berlin 1959, 101.

[35] Werner Heisenberg, Das Naturbild der heutigen Physik, in: Die Künste im technischen Zeitalter, Darmstadt 1956, 41. Martin Heideggers Replik auf Heisenberg in seinem Vortrag »Die Frage nach der Technik« kommt zu einem ähnlichen Schluß: »Indessen begegnet der Mensch heute in Wahrheit gerade nirgends mehr sich selber, d. h. seinem Wesen.« Der Mensch stehe so entschieden im Gefolge der Herausforderung des Ge-stells – Heidegger: »Das Wesen der modernen Technik zeigt sich in dem, was wir Ge-stell nennen« – daß er dieses nicht als einen Anspruch vernimmt, daß er sich selber als den Angesprochenen übersieht und damit auch jede Weise überhört, inwiefern er ek-sistiert und darum niemals nur sich selber begegnen kann. Martin Heidegger, Vorträge und Aufsätze, Pfullingen 1954, 35.

[36] Martin Heidegger, Holzwege, a. a. O., 88. Obwohl Heidegger an der »Durchschnittlichkeit«, am »Man« und der »Neugier« des modernen, von der Technik geprägten Massenzeitalters scharfe Kritik übt, gehört er nach Auffassung von Hans-Georg Gadamer in einem Aufsatz über den Philosophen Heidegger (Kleine Schriften III, 203), »nicht in die Reihe der romantisierenden Kritiker der Technik«. Vielmehr sucht er »ihr Wesen zu erfassen, ja, ihr vorauszudenken, weil er zu denken sucht, was ist«. Die »Technikvergessenheit« so vieler Philosophen ist Heidegger nicht anzukreiden.

[37] Hans Jonas, Das Prinzip Verantwortung, Versuch einer Ethik für die technologische Zivilisation, Frankfurt 1979, 33.

[38] Ibid.

[39] Ulrich Paetzold, Hofberichterstattung oder Recherchenjournalismus. Zur Philosophie journalistischer Arbeit, in: Wolfgang R. Langenbucher (Hrsg.), Journalismus & Journalismus. Plädoyers für Recherche und Zivilcourage, München 1980, 30.

[40] Max Scheler, Die Stellung des Menschen im Kosmos, 6. Auflage, Bern 1962, 52, 55, 56.

[41] Ibid., 52.

[42] Manfred Riedel, Philosophieren nach den »Ende der Philosophie«? Zur Sache des Denkens im Zeitalter der Wissenschaft, in: Wozu Philosophie? Stellungnahmen eines Arbeitskreises, hrsg. von Hermann Lübbe, Berlin 1978, 278.

[43] Martin Heidegger, Vorträge und Aufsätze, Pfullingen 1954, 48.

[44] Martin Heidegger, Einführung in die Metaphysik, 2. Auflage, Tübingen 1958, 10.

[45] Martin Heidegger, Gesamtausgabe Band 26, a. a. O., 12.

⁴⁶ Vgl. Edmund Husserl, Cartesianische Meditationen und Pariser Vorträge, hrsg. von S. Strasser, Husserliana, Ges. Werke, Band 1, Haag 1963, 73.
⁴⁷ Edmund Husserl, Philosophie als strenge Wissenschaft, in: Logos I, Berlin 1910/11, 340.
⁴⁸ Fischer-Lexikon Philosophie, a. a. O., 251.
⁴⁹ Ibid., 240.
⁵⁰ Martin Heidegger, Gesamtausgabe Band 26, a. a. O., 14.
⁵¹ Wilhelm Weischedel, Skeptische Ethik, Frankfurt 1976, 37.
⁵² Zum achtzigsten Geburtstag von Günther Anders, Menschen im Schattenreich, in: Frankfurter Allgemeine Zeitung, 12. 6. 1982.
⁵³ Ibid.; vgl. Günther Anders, Die Antiquiertheit des Menschen, Wien 1956.
⁵⁴ Martin Heidegger, Vorträge und Aufsätze, Pfullingen 1954, 44.
⁵⁵ Karl Steinbuch, Maßlos informiert. Die Enteignung unseres Denkens, München 1978, 17.
⁵⁶ Ulrich Hommes, Der Schein der Wahrheit, in: Die Elektronische Revolution. Wie gefährlich sind die Massenmedien? hrsg. von Oskar Schatz, Graz 1975, 115 ff.
⁵⁷ Wolfgang Bergsdorf, Legitimität aus der Röhre. Zur Konstruktion von Realität durch das Fernsehen, in: Publizistik, 1/1983, 42.
⁵⁸ Vgl. Josef Simon, Freiheit und Erkenntnis, in: Josef Simon (Hrsg.), Freiheit. Theoretische und praktische Aspekte des Problems, Freiburg 1977, 17.
⁵⁹ René Descartes, Die Prinzipien der Philosophie, übers. und erläutert von Artur Buchenau, Hamburg 1955, 30 f.
⁶⁰ Hans Blumenberg, Die Legitimität der Neuzeit, Frankfurt 1966, 15.
⁶¹ Friedrich Nietzsche, Werke IV, hrsg. von Karl Schlechta, (Ullstein-Buch), Frankfurt 1976, III 555, 147.
⁶² Friedrich Nietzsche, Werke III, a. a. O., II 566, 12.
⁶³ Ludwig Wittgenstein, Tractatus logico-philosophicus, Schriften 1, Frankfurt 1969, 6.522.
⁶⁴ Ibid., 644.
⁶⁵ Ibid., 6.5.
⁶⁶ Max Scheler, Die Wissensformen und die Gesellschaft, 2. Auflage, München 1960, 363.
⁶⁷ Ibid., 363, 364.
⁶⁸ Ibid., 371.
⁶⁹ Ibid., 359.
⁷⁰ Walter Benjamin, Illuminationen, Frankfurt 1962, 194 f.
⁷¹ Vgl. Wilmont Haacke, Publizistik und Gesellschaft, Stuttgart 1970, 249.
⁷² Hans Blumenberg, Die Legitimität der Neuzeit, Frankfurt 1966, 227.
⁷³ Ibid., 419.
⁷⁴ Ludwig Wittgenstein, Zettel, hrsg. von G. E. M. Anscombe, H. G. von Wright, Schriften 5, Frankfurt 1970, Nr. 225, 341.
⁷⁵ Ibid., Nr. 268, Nr. 272.
⁷⁶ Vgl. Christian Doelker, »Wirklichkeit« in den Medien, Zürcher Beiträge zur Medienpädagogik, Zug 1979. Doelker hat aus medienpädagogischer Sicht einen »Essay«

vorgelegt, der zur Medienwirklichkeit viele Beispiele aus der Medienpraxis, vor allem Film und Fernsehen, bringt und die Leistungen der Massenmedien als »Strategien der Wirklichkeitsbewältigung« interpretiert.

[77] Max Scheler, Die Wissensformen und die Gesellschaft, a. a. O., 204.
[78] Martin Heidegger, Einführung in die Metaphysik, a. a. O., 31.
[79] Niklas Luhmann, Veränderungen im System gesellschaftlicher Kommunikation und die Massenmedien, in: Oskar Schatz (Hrsg.), Die Elektronische Revolution. Wie gefährlich sind die Massenmedien?, Graz 1975, 25.
[80] Hans Blumenberg, Die Legitimität der Neuzeit, a. a. O., 326.
[81] Ibid., 330.
[82] Martin Heidegger, Sein und Zeit, in: Martin Heidegger, Gesamtausgabe Band 2, Frankfurt 1977, 229.
[83] Otto B. Roegele, Neugier als Laster und Tugend, Zürich 1982, 8.
[84] Hans Blumenberg, a. a. O., 330.
[85] Friedrich Nietzsche, Werke II, a. a. O., II 222, 496 (Die Fröhliche Wissenschaft, 5. Buch, 355).
[86] Otto B. Roegele, a. a. O., 18.
[87] Ibid., 34.
[88] Lothar Döhn, Klaus Klöckner (Hrsg.), Medienlexikon. Kommunikation in Gesellschaft und Staat, Baden-Baden 1979, 13.
[89] Josef Pieper, Die Wirklichkeit und das Gute, München 1963, 11.
[90] Thomas von Aquin, Summa Theologica, I, 4, 1 ad 3.
[91] Max Müller, Sein und Geist. Systematische Untersuchungen über Grundproblem und Aufbau mittelalterlicher Ontologie, Freiburg 1981, 236.
[92] Oswald Schwemmer, Akt und Potenz, in: Sacramentum Mundi, Band 1, 89, Freiburg 1962.
[93] Ibid., 93.
[94] Ibid., 94.
[95] Duden-Herkunftswörterbuch, Mannheim 1963, 778.
[96] Conf. XI/14: Quid est ergo tempus? Si nemo ex me quaerat, scio; si quaerenti explicare velim, nescio. Vgl. Hans-Georg Gadamer, Über leere und erfüllte Zeit, in: Hans-Georg Gadamer, Kleine Schriften III. Idee und Sprache. Platon, Husserl, Heidegger, Tübingen 1972, 221.
[97] Walter Benjamin, a. a. O., 221.
[98] Christian Doelker, »Wirklichkeit« in den Medien, Zürcher Beiträge zur Medienpädagogik, Zug 1979, 174.
[99] Hans-Georg Gadamer, Über leere und erfüllte Zeit, a. a. O., 222.
[100] Ibid., 223.
[101] Ibid., 236.
[102] Otto B. Roegele, Ergänzende Bemerkungen und Vorschläge zur kirchlichen Medienarbeit, in: Kirchliche Medienarbeit, Arbeitshilfen 20, Deutsche Bischofskonferenz Bonn, 20. 9. 1980, 32.
[103] Otto B. Roegele, Neugier als Laster und Tugend, Zürich 1982, 54. Vgl. auch Otto B. Roegele, Medienpolitik – und wie man sie macht, Osnabrück 1973, 28.

[104] Max Seckler, Tradition und Fortschritt, in: Enzyklopädische Bibliothek Herder, Teilband 23, Freiburg 1982, 47.
[105] Otto B. Roegele, Neugier als Laster und Tugend, a. a. O., 42.
[106] Franz Schneider, Presse- und Meinungsfreiheit nach dem Grundgesetz, München 1962, 103.
[107] Ludwig Wittgenstein, Tractatus logico-philosophicus, Schriften 1, Frankfurt 1969, 1, 1.1, 1.11, 1.2.
[108] Ibid., 4.014.
[109] Wolfgang Stegmüller, Hauptströmungen der Gegenwartsphilosophie, Fünfte Auflage, Stuttgart 1975, 530.
[110] Ludwig Wittgenstein, Tractatus a. a. O., 7.
[111] Ibid., 3.02.
[112] Vgl. C. A. van Peursen, Wirklichkeit als Ereignis, Übersetzung aus dem Niederländischen von Rob Van Wezemael, Originalausgabe Hilversum 1965, Freiburg o. J., 79 f.
[113] Laurencino Bruno Puntel, Geist, in: Sacramentum Mundi, Band 2, Freiburg 1968, 208.
[114] Max Scheler, Zur Idee des Menschen, in: Max Scheler, Abhandlungen und Aufsätze, Band 1, Leipzig 1915, 324.
[115] Max Scheler, Die Stellung des Menschen im Kosmos, 6. Auflage, Bern 1962.
[116] Walter Schulz, Philosophie in der veränderten Welt, Pfullingen 1972, 421.
[117] Max Scheler, Die Stellung des Menschen im Kosmos, a. a. O., 41, 47, 68, 66.
[118] Ibid., 71.
[119] Walter Schulz, Philosophie in der veränderten Welt, a. a. O., 429.
[120] Max Scheler, Die Stellung des Menschen im Kosmos, a. a. O., 39.
[121] Karl Bracher, Zeit der Ideologien. Eine Geschichte politischen Denkens im 20. Jahrhundert, Suttgart 1982.
[122] Otto Groth, Die unerkannte Kulturmacht. Grundlegung der Zeitungswissenschaft, Band 2, Berlin 1961, 37.
[123] Ibid., 40, 41.
[124] Walter Benjamin, Gesammelte Schriften I, 1, hrsg. von Rolf Tiedemann, Hermann Schweppenhäuser, Frankfurt 1974, 214 f.
[125] Hans-Georg Gadamer, Kleine Schriften I, Philosophie, Hermeneutik, Tübingen 1967, 107.
[126] Wilhelm Weischedel, Was ist Wirklichkeit? in: Festschrift für Klaus Fuchs, hrsg. von Gerhard Ebeling, Eberhard Jüngel, Gerd Schunack, Tübingen 1973, 339.
[127] Friedrich Nietzsche, Werke IV, a. a. O., III, 903.
[128] Ibid., III, 480.
[129] Ibid., III, 486.
[130] Ibid., III, 491.
[131] Friedrich Nietzsche, Werke III, a. a. O., III, 318.
[132] Gottfried Boehm, Die Hermeneutik und die Wissenschaften, in: Hans-Georg Gadamer, Gottfried Boehm (Hrsg.), Seminar: Die Hermeneutik und die Wissenschaften, Frankfurt 1978, 19.
[133] Ibid., 18.
[134] Hans-Georg Gadamer, Kleine Schriften I, a. a. O., 111.

[135] Walter Lippmann, Public Opinion, First Free Press Paperback Edition, New York 1965, Copyright 1922.
[136] Elisabeth Noelle-Neumann, Die Schweigespirale. Öffentliche Meinung – unsere soziale Haut, München 1980, 206.
[137] Ibid., 207.
[138] Walter Lippmann, a. a. O., 18.
[139] Ibid., 11.
[140] Ibid., 7.
[141] Ibid., 78.
[142] Ibid., 79.
[143] Ibid., 82.
[144] Ernst Cassirer, Der Mythus der Staates, Philosophische Grundlagen politischen Verhaltens, 2. Auflage, Zürich 1978, 367 f.
[145] Friedrich Nietzsche, Werke III, a. a. O., III, 314.
[146] Friedrich Nietzsche, Werke II, a. a. O., II, 511.
[147] Eugen Biser, Gottsucher oder Antichrist? Nietzsches provokative Kritik des Christentums, Salzburg 1982, 10.
[148] Robert Spaemann, Über nichtrationale Voraussetzungen des Vernunftgebrauchs, in: Aufklärung heute. Bedingungen unserer Freiheit, hrsg. von Michael Zöller, Zürich 1980, 116 f.
[149] Vgl. Max Seckler, Aufklärung und Offenbarung, in: Enzyklopädische Bibliothek Herder, Teilband 21, Freiburg 1980, 24.
[150] Vgl. Richard Schaeffler, Kritik und Anerkennung, in: Enzyklopädische Bibliothek Herder, Teilband 21, Freiburg 1980, 110.
[151] Thomas Mann, Betrachtungen eines Unpolitischen, Stockholmer Gesamtausgabe, Frankfurt 1956, 286.
[152] Max Horkheimer, Theodor W. Adorno, Dialektik der Aufklärung. Philosophische Fragmente, Frankfurt 1969, 9.
[153] Immanuel Kant, Kritik der reinen Vernunft, Wissenschaftliche Buchgesellschaft Darmstadt 1956, A XII, 13.
[154] Ibid., B 1, 45.
[155] Max Müller, Sein und Geist, a. a. O., 18.
[156] Immanuel Kant, Kritik der reinen Vernunft, a. a. O., B 160, 154.
[157] Max Müller, Sein und Geist, a. a. O., 22 f.
[158] Immanuel Kant, Kritik der reinen Vernunft, a. a. O., B 606, A 578, 519.
[159] Ibid., B 607, A 579, 520.
[160] Ibid., B 21, 60.
[161] Immanuel Kant, Kritik der Urteilskraft, Werke Band V, Darmstadt 1964, Anmerkung zu § 40.
[162] Immanuel Kant, Beantwortung der Frage: Was ist Aufklärung? Werke Band IV, Darmstadt 1964, A 481, 53.
[163] Immanuel Kant, Was heißt: Sich im Denken orientieren? Werke Band III, Darmstadt 1963, A 330, 283 (Fußnote).

[164] Immanuel Kant, Kritik der reinen Vernunft, Werke Band II, Darmstadt 1963, A XII, 13.
[165] Vgl. Richard Schaeffler, Kritik und Anerkennung, a. a. O., 111.
[166] Wilmont Haacke, Publizistik und Gesellschaft, Stuttgart 1970, 159 f.
[167] Elgar Blühm, Rolf Engelsing, Die Zeitung. Deutsche Urteile und Dokumente von den Anfängen bis zur Gegenwart, Bremen 1967, 125.
[168] Vgl. Vierter Teil dieser Veröffentlichung, S. 379 ff.
[169] Max Seckler, a. a. O., 13.
[170] Friedrich Schiller, Über die ästhetische Erziehung des Menschen, Achter Brief: Über die Grenzen der Vernunft, Die Horen I, 1795, 39–42.
[171] Wolfgang Beywl, Die Alternativpresse – ein Modell für Gegenöffentlichkeit und seine Grenzen, in: Beilage Aus Politik und Zeitgeschichte, B 45/1982, 13. November 1982, 18, 22. Ebenfalls Petra E. Dorsch, Die Alternativzeitungen – ihr Markt und ihre Macher, in: Media-Perspektiven, 10/1982, 660.
[172] Wolfgang R. Langenbucher (Hrsg.), Journalismus & Journalismus. Plädoyer für Recherche und Zivilcourage, München 1980.
[173] Helmut Schelsky, Die Arbeit tun die anderen. Klassenkampf und Priesterherrschaft der Intellektuellen, Opladen 1975, 332.
[174] Max Horkheimer, Theodor W. Adorno, Dialektik der Aufklärung, a. a. O., 49.
[175] Richard Schaeffler, a. a. O., 115.
[176] Georg Picht, Wahrheit, Vernunft, Verantwortung. Philosophische Studien, Stuttgart 1969, 190, 200.
[177] Ibid., 191.
[178] Hans-Georg Gadamer, Kleine Schriften III. Idee und Sprache. Platon, Husserl, Heidegger, Tübingen 1972, 152.
[179] Ibid., 154.
[180] Ernst Elitz, Mangelnde Journalistenausbildung – fehlende Zivilcourage: Plädoyer für eine Reform, in: Wolfgang R. Langenbucher (Hrsg.), a. a. O., 34.
[181] Dazu Günther Gillessen, Journalismus als Beruf, in: Freiheit und Sachzwang. Beiträge zu Ehren Helmut Schelskys, hrsg. von Horst Baier, Opladen 1977, dem ich dieses Thukydides-Zitat (Der peleponnesische Krieg I, 22) verdanke.
[182] Heinrich von Kleist, Brief an seine Verlobte Wilhelmine von Zinge, 22. März 1801.
[183] Vgl. Max Horkheimer, Theodor W. Adorno, Dialektik der Aufklärung, a. a. O., 12.
[184] Carl Friedrich von Weizsäcker, Die Tragweite der Wissenschaft I, Stuttgart 1966, 65.
[185] Vgl. Hugo Staudinger, Wolfgang Behler, Chance und Risiko der Gegenwart. Eine kritische Analyse der wissenschaftlich-technischen Welt, Paderborn 1976, 234.
[186] Platon, Der Staat, Werke in acht Bänden, Vierter Band, hrsg. von Gunther Eigler, Deutsche Übersetzung von Friedrich Schleiermacher, Darmstadt 1971, 514 a.
[187] Ibid., 515 c.
[188] Ibid., 515 c.
[189] Ibid., 516 b.
[190] Ibid., 490 b.
[191] Martin Heidegger, Sein und Zeit, Gesamtausgabe Band 2, Frankfurt 1977, 168 ff., 222 ff.

[192] Martin Heidegger, Einführung in die Metaphysik, a. a. O., 80.
[193] Martin Heidegger, Wegmarken, Gesamtausgabe Band 9, Frankfurt 1976, 201.
[194] Martin Heidegger, Einführung in die Metaphysik, a. a. O., 78.
[195] Martin Heidegger, Die Grundprobleme der Phänomenologie, Gesamtausgabe Band 24, Frankfurt 1975, 286 ff.
[196] Max Müller, Sein und Geist. Systematische Untersuchungen über Grundproblem und Aufbau mittelalterlicher Ontologie, Freiburg 1981, 41 f.
[197] Ibid., 40.
[198] Platon, Symposion, Werke in acht Bänden, Zweiter Band, a. a. O., 204 a.
[199] Josef Pieper, Verteidigungsrede für die Philosophie, München 1966, 79.
[200] Ibid., 82.
[201] Ibid., 87.
[202] Hans-Georg Gadamer, Lob der Theorie, Ansprache bei der Jahrestagung des Ordens pour le mérite, 3. Juni 1980 in der Universität Bonn; Wortlaut in: Das Parlament, Nr. 29/30, 19./26. Juli 1980, 19.
[203] Wilhelm von Humboldt, Werke, hrsg. von Albert Leitzmann, Berlin 1968, VII, 1, 60.
[204] Eugen Biser, Theologische Sprachtheorie und Hermeneutik, München 1970, 209.
[205] Martin Heidegger, Unterwegs zur Sprache, Pfullingen 1959, 199.
[206] Wilhelm von Humboldt, a. a. O., VI, 1, 180.
[207] Vgl. Wolfgang Bergsdorf, Herrschaft und Sprache. Studien zur politischen Terminologie der Bundesrepublik Deutschland, Pfullingen 1983. Ebenso: Lutz Mackensen, Verführung durch Sprache. Manipulation als Versuchung, München 1973.
[208] Rudolf Walter Leonhardt, Das Deutsch des deutschen Fernsehens, in: Ingo Hermann, Anna-Luise Heygster (Hrsg.), Sprache im Fernsehen, Mainzer Tage der Fernseh-Kritik Band XIII, Mainz 1981, 13.
[209] Ingo Hermann, Anna-Luise Heygster (Hrsg.), a. a. O., 7 f.
[210] Annamaria Rucktäschel (Hrsg.), Sprache und Gesellschaft, München 1972, Vorwort 12.
[211] Werner Betz, Sprachkritik. Das Wort zwischen Kommunikation und Manipulation, Zürich 1975.
[212] Wilhelm von Humboldt, a. a. O., VII, 1, 176.
[213] Eugen Biser, Theologische Sprachtheorie und Hermeneutik, a. a. O., 246.
[214] Vgl. Karl-Otto Apel, Sprache als Thema und Medium der transzendentalen Reflexion (Zur Gegenwartssituation der Sprachphilosophie), in: Sprache und Erkenntnis. Eine Sendereihe des Österreichischen Rundfunks, hrsg. von Heinrich Starke, Meisenheim 1972, 1. Dazu auch Eugen Biser, Theologische Sprachtheorie und Hermeneutik, a. a. O., 13 f., mit seiner Feststellung, keine Wende im neuzeitlichen Denken habe so tief ins geistige Gefüge eingegriffen wie diejenige, die sich der Sprache als elementarer Konkretisierung des Denkens zugewandt hat. »Gleichzeitig wich der stolze Anspruch eines ›maître et possesseur de la nature‹ einem neu erwachenden Kontingenzgefühl, das seinerseits einen nicht weniger tiefgreifenden Wandel im Wahrheitsverständnis nach sich zog. Im Medium der Sprache gesehen wies das vordem in der Unbedingtheit reinen Geltens gedachte Wahre eine unerwartete Affinität zum Faktischen auf, die

seine Struktur bedingter, das Bedingte aber auch intelligibler als bisher erscheinen ließ.«

[215] Eugen Biser, Der unvorstellbare Gott. Das Geheimnis ins Bild gebracht, in: Bensberger Protokolle Nr. 28, hrsg. von Hermann Boventer, Moses und Aron. Zur Oper Arnold Schönbergs, Bensberg 1979, 46. Vgl. auch: Eugen Biser, Religion und Sprache, in: Manfred Kaempfert (Hrsg.), Probleme der religiösen Sprache, Darmstadt 1983.

[216] Martin Heidegger, Sein und Zeit, Gesamtausgabe Band 2, a. a. O., 224.

[217] Den Vorwurf der »Sprachvergessenheit« macht Eugen Biser der Theologie und religiösen Verkündigung in seinem Werk: Religiöse Sprachbarrieren. Aufbau einer Logaporetik, München 1980; viele der in diesem Band vorgelegten Überlegungen zur Diagnose und Therapie der heutigen Sprachnot sind auf die Massenkommunikation übertragbar. Das gilt insbesondere von den anthropologischen Grundlegungen. Hinter den Sprachbarrieren verschanzt sich der Mensch, und in der gestörten Zuwendung zum anderen zeigt sich eine Daseins- und Sinnkrise. Das gilt auch von den sprach- und kommunikationstheoretischen Ableitungen, erstreckt sich doch die Sprachanalytik heute über viele Einzelwissenschaften, und das interdisziplinäre Gespräch ist unentbehrlich. Sprache wird zum Seismographen für die geistige und religiöse Situation des Menschen in unserer Zeit. Biser hat auch die Wiedererlangung des Sprachvermögens als Thema in ihren dialogischen und therapeutischen Aspekten nicht ausgespart. Von zentraler Bedeutung ist das Theorem der Konsubstantialität von Sprache und Menschsein, das wir auch für unsere Arbeit übernommen haben.

[218] Vgl. Werner J. Severin, James W. Tankard Jr., Communication Theories. Origins, Methods, Uses. New York 1979, 51 f.

[219] Ibid., 86.

[220] Erich Straßner (Hrsg.), Nachrichten. Entwicklungen, Analysen, Erfahrungen, München 1975, 100, 83 f.

[221] Erich Straßner, Sprachstrukturen, in: Ingo Hermann, Anna-Luise Heygster (Hrsg.), a. a. O., 170 f.

[222] Heinrich von Kleist, Über die allmähliche Verfertigung der Gedanken beim Reden, in: Heinrich von Kleist, Sämtliche Werke, mit einer Einführung von Erwin Laaths, Darmstadt o. J., 784 ff.

[223] Ibid., 784.

[224] Ibid., 787.

[225] Eugen Biser, Theologische Sprachtheorie und Hermeneutik, a. a. O., 258 ff., bezeichnet den Text von Kleist als einen »seiner Zeit weit vorauseilenden Aufsatz«, doch im Grunde wiederhole auch Kleist nur, was vermutlich schon Platon in seinem siebten Brief andeutet, als er sich dort über den in seiner Philosophie dilettierenden Dionysios empört, der nicht einzusehen vermochte, daß der Gegenstand seines Nachdenkens sich nur im beständigen Umgang mit dem Problem »und im Zusammenleben« klären könne, denn daraus falle wie ein überspringender Feuerfunke plötzlich in die Seele Licht (341 d).

[226] Vgl. Horst Albrecht, Kirche im Fernsehen. Massenkommunikationsforschung am Beispiel der Sendereihe »Das Wort zum Sonntag«, Hamburg 1974. Albrechts Untersuchung ist die einzige ihrer Art, die bisher diese fast 30 Jahre alte Sendereihe »Das Wort

zum Sonntag« mit kommunikationswissenschaftlichen Methoden analysiert hat. Anhand eines Textes von Ludwig Quaas (»Das Wort zum Sonntag« vom 4. Mai 1968) entwickelt Albrecht die Methoden der quantifizierenden Aussagenanalyse, der es um die Funktion von Aussagen im Kommunikationsprozeß geht. Vgl. auch: Ingo Ulrich Dalferth, Religiöse Rede von Gott, München 1981. Ferner: Elmar Maria Lorey, Mechanismen religiöser Information, Mainz 1970. Dazu schließlich ein neuer Sammelband: Manfred Kaempfert (Hrsg.), Probleme der religiösen Sprache, Darmstadt 1983.

[227] Hertha Sturm, Masse, Bildung, Kommunikation, Stuttgart 1968, 149, 143 f.
[228] Vgl. Erich Straßner (Hrsg.), Nachrichten, a. a. O., 83.
[229] Josef Ohler, Wird das Nachrichtendeutsch immer schlechter? in: Media-Perspektiven, 1/1982, 42, 46.
[230] Lexikon der Ethik, hrsg. von Otfried Höffe, Stichwort »Kommunikation«, 2. Auflage, München 1980, 128.
[231] Erich Straßner, Fernsehnachrichten. Eine Produktions-, Produkt- und Rezeptionsanalyse, Tübingen 1982, 50.
[232] Biser, Sprachbarrieren, a. a. O., 339.
[233] Vgl. Eugen Biser, »Mit anderer Stimme«, Predigt als Rückübersetzung, in: Internationale Kath. Zeitschrift »Communio« 2/1982, 109.
[234] Biser, Sprachbarrieren, a. a. O., 407.
[235] Vgl. Robert Scherer, Wirklichkeit, Erfahrung, Sprache, in: Christlicher Glaube in moderner Gesellschaft, Enzyklopädische Bibliothek Herder, Teilband 1, Freiburg 1981, 39.
[236] Ibid., 46.
[237] Siegfried Lenz, Der Verlust, Roman, Hamburg 1981, 91, 99.
[238] Hans-Georg Gadamer, Die philosophischen Grundlagen des 20. Jahrhunderts, in: Seminar Philosophische Hermeneutik, hrsg. von Hans-Georg Gadamer, Gottfried Boehm, Frankfurt 1976, 323.
[239] Wilhelm von Humboldt, a. a. O., VII, 1, 46.
[240] Hans Lipps, Formale und hermeneutische Logik, in: Seminar Philosophische Hermeneutik, a. a. O., 289.
[241] Ibid., 289.
[242] Josef Pieper, Über die Schwierigkeit heute zu glauben, München 1974, 262, 279.
[243] Siegfried Lenz, a. a. O., 140 f.
[244] Leo Weisgerber, Die sprachlichen Zugriffe in der Erkenntnislehre, in: Sprache und Erkenntnis. Eine Sendereihe des Österreichischen Rundfunks, hrsg. von Heinrich Starke, Meisenheim 1972, 39.
[245] Dazu Karl-Otto Apel, Transformation der Philosophie, Band II, Das Apriori der Kommunikationsgesellschaft, Frankfurt 1973, 311 f.
[246] Martin Heidegger, Sein und Zeit, a. a. O., 219.
[247] Martin Heidegger, Brief über den »Humanismus«, in: Martin Heidegger, Ges. Ausgabe Band 9, Wegemarken, Frankfurt 1976, 361.
[248] Martin Heidegger, Sein und Zeit, a. a. O., 213.
[249] Ibid., 213.
[250] Ibid., 214.

251 Ibid., 217.
252 Ibid., 219.
253 Franz Ronneberger, Kommunikationspolitik. Institutionen, Prozesse, Ziele, Teil I, Mainz 1978, 6.
254 Ibid., 5, 7.
255 Manfred Rühl, Journalismus und Gesellschaft, Bestandsaufnahme und Theorieentwurf, Mainz 1980, 140.
256 Ibid., 194, 198 f., 205, 224 f., 250.
257 Karl Steinbuch, Information und Politik, in: Die I-Waffen. Information im Kräftespiel der Politik, München 1982, 95.
258 Ludwig Wittgenstein, Tractatus logico-philosophicus, Schriften 1, Frankfurt 1962, 5.511.
259 Ludwig Wittgenstein, Philosophische Untersuchungen, Schriften 1, Frankfurt 1969, Nr. 109.
260 Ludwig Wittgenstein, Tractatus, a. a. O., 5.6, 5.61.
261 Ibid., 5.631, 5.641.
262 Ibid., 6.41.
263 Ludwig Wittgenstein, Philosophische Untersuchungen, a. a. O., Nr. 19.
264 Ludwig Wittgenstein, Philosophische Grammatik Teil I, Satz, Sinn des Satzes, Schriften 4, Frankfurt 1969, Nr. 23, 60.
265 Ludwig Wittgenstein, Philosophische Untersuchungen, a. a. O., Nr. 23.
266 Erich Straßner, Fernsehnachrichten, a. a. O., 186 f.
267 Barbara Sandig, Bildzeitungstexte. Zur sprachlichen Gestaltung, in: Sprache und Gesellschaft, hrsg. von Annamaria Rucktäschel, München 1972, 71.
268 Ibid., 76.
269 Rolf Grimminger, Kaum aufklärender Konsum. Strategie des »Spiegel« in der gegenwärtigen Massenkommunikation, in: Sprache und Gesellschaft, a. a. O., 38.
270 Ibid., 43 f.
271 Friedrich Nietzsche, Werke I, a. a. O., 387 f.
272 Eugen Biser, Religiöse Sprachbarrieren, Aufbau einer Logaporetik, München 1980, 22.
273 Fischer-Lexikon Philosophie, hrsg. von Alwin Diemer, Ivo Frenzel, Frankfurt 1980, 97.
274 Dazu Hans-Georg Gadamer, Kleine Schriften I, Philosophie, Hermeneutik, 2. Auflage, Tübingen 1976, 99.
275 Ibid., 96.
276 Ludwig Wittgenstein, Philosophische Untersuchungen, a. a. O., Nr. 18.
277 Eugen Biser, Provokationen der Freiheit, Salzburg 1974, 73.
278 Heinrich Heine, Zur Geschichte der Religion und Philosophie in Deutschland (1834), in: Werke, hrsg. von P. Beyer u. a., 3. Teil, Leipzig o. J., 123.
279 Hans-Georg Gadamer, Wahrheit und Methode. Grundzüge einer philosophischen Hermeneutik, 4. Auflage, Tübingen 1975, 444.
280 Hans-Georg Gadamer, Kleine Schriften I, a. a. O., 100.
281 Vgl. Hans Blumenberg, Die Legitimität der Neuzeit, a. a. O., 420.

[282] Bruno Puntel, Wahrheitstheorien in der neueren Philosophie. Eine kritisch-systematische Darstellung, Darmstadt 1978.
[283] Ibid., 10.
[284] Ibid., 15 ff.
[285] Rudolf Walter Leonhardt, Journalismus und Wahrheit, Luzern 1976.
[286] Ibid., 8.
[287] Friedrich Nietzsche, Werke III, a. a. O., II 1061, 507.
[288] Vgl. Eugen Biser, »Gott ist tot«, Nietzsches Destruktion des christlichen Bewußtseins, München 1962, 140 f.
[289] Friedrich Nietzsche, Werke II, a. a. O., II 208, 482.
[290] Friedrich Nietzsche, Werke III, a. a. O., II 937, 383.
[291] Rudolf Walter Leonhardt, a. a. O., 104.
[292] Ibid., 161, 162.
[293] Ibid., Klappentext Rückseite.
[294] Hans-Georg Gadamer, Wahrheit und Methode, a. a. O., 344.
[295] Ibid., 347.
[296] Ibid., 348.
[297] Ibid., 345.
[298] Ibid., 357.
[299] Casper S. Yost, The Principles of Journalism, New York 1924, 56 f., 68. Vgl. auch Dritter Teil dieser Arbeit, »Media Ethics«, S. 355 ff.
[300] Nelson Antrim Crawford, The Ethics of Journalism, New York 1925.
[301] Leon Nelson Flint, The Conscience of the Newspaper. A Case Book in the Principles and Problems of Journalism, New York 1925.
[302] Edward J. Epstein, Between Fact and Fiction. The Problem of Journalism, New York 1975.
[303] Edward J. Epstein, News from Nowhere: elevision and the News, New York 1965.
[304] Edward J. Epstein, Between Fact and Fiction, a. a. O., 5, 17.
[305] Ibid., 18.
[306] Walter Lippmann, Public Opinion, Free Press Paperback Edition, New York 1965, 67.
[307] Publizistische Grundsätze (Pressekodex) vom Deutschen Presserat in Zusammenarbeit mit den Presseverbänden beschlossen und Bundespräsident Heinemann am 12. Dezember 1973 in Bonn überreicht.
[308] Richtlinien für die redaktionelle Arbeit nach den Empfehlungen des Deutschen Presserats, Stand 31. Dezember 1979.
[309] Vgl. Press Councils and Press Codes, The International Press Institute Zürich, Fourth Edition, July 1966.
[310] Vgl. Ansgar Skriver, Schreiben und schreiben lassen. Innere Pressefreiheit, Redaktionsstatute, Karlsruhe 1970.
[311] ARD-Jahrbuch 1981, Hamburg 1981, Programmgrundsätze des Norddeutschen Rundfunks, 177.
[312] ZDF-Jahrbuch 1980, Mainz 1981.
[313] Manfred Rühl, Journalismus und Gesellschaft, a. a. O., 262, 265.

[314] Ibid., 264.
[315] Ludwig Wittgenstein, Tractatus, a. a. O., 6.52.
[316] Manfred Rühl, Journalismus und Gesellschaft, a. a. O., 13, 16.
[317] Ibid., 13.
[318] Franz-Josef Eilers u. a. (Hrsg.), Kirche und Publizistik. Dreizehn Kommentare zur Pastoralinstruktion »Communio et Progressio« mit dem Deutschen Originaltext, München 1972, Nr. 13.
[319] Ibid., Nr. 17.
[320] Ibid., Nr. 17, Nr. 174.
[321] Ibid., Nr. 21, Nr. 37.
[322] Ibid., Nr. 37.
[323] Vgl. Giselbert Deussen, Ethik der Massenkommunikation bei Papst Paul VI., München 1973, 17.
[324] Ibid., 108.
[325] Ibid., 107.
[326] Ibid., 109.
[327] Ibid., 109. Die Untersuchung von Giselbert Deussen dokumentiert in umfassender Weise die päpstlichen Stellungnahmen. Vgl. auch Giso Deussen, Wahrheit und öffentliche Meinung, Katholische Soziallehre in Text und Kommentar, Mönchengladbach 1979.
[328] Giselbert Deussen, Ethik der Massenkommunikation, a. a. O., 119.
[329] Dazu Hans Blumenberg, Die Legitimität der Neuzeit, a. a. O., 209.
[330] Ibid., 420.
[331] Michael Abend, Überlegungen zur »Berufsethik« des Nachrichtenjournalisten, in: Kommunikationsprobleme bei Fernsehnachrichten, Politische Medienkunde 3, Akademie für Politische Bildung Tutzing, 1977, 37.
[332] Ibid., 36.
[333] Ibid., 37.
[334] Ibid., 39.
[335] Ibid., 39.
[336] Hans-Georg Gadamer, Wahrheit und Methode, a. a. O., 439.
[337] Carl von Clausewitz, Hinterlassenes Werk. Vom Kriege, Werner Hahlweg (Hrsg.), Bonn 1952, 156.
[338] Harry Pross, Die meisten Nachrichten sind falsch. Für eine neue Kommunikationspolitik, Stuttgart 1971, 14, 34.
[339] Otto B. Roegele, Wahrheit nach den Regeln der journalistischen Zunft, in: Bensberger Protokolle Nr. 25, Wahrheitsfrage und Wahrheitsdienst. 25 Jahre Thomas-Morus-Akademie, hrsg. von Hermann Boventer, Bensberg 1978, 24 f. Ebenfalls Otto B. Roegele, Überlegungen eines Zeitungswissenschaftlers zur Nachricht, in: Politische Medienkunde 3, Kommunikationsprobleme bei Fernsehnachrichten, Tutzing 1977, 22.
[340] Vgl. Günter Bentele, Objektivität in den Massenmedien. Versuch einer historischen und systematischen Begriffsklärung, in: Günter Bentele, Robert Ruoff (Hrsg.), Wie objektiv sind die Medien?, Frankfurt 1982, 130 f. Bentele konstatiert in seinem lesenswerten Aufsatz, »daß die Diskussion um die Problematik der Objektivität in der

Bundesrepublik noch am Anfang steht«. Er hält es für notwendig, daß die Tätigkeit journalistischer Berichterstattung ebenso wie die Prüfung journalistischer Texte auf positiv formulierten Normen basiert: »Eine dieser Normen ist ›Objektivität‹.« Nach historischen Bemerkungen und erkenntnistheoretischen Vorüberlegungen skizziert Bentele den Objektivitätsbegriff in elf Thesen: 1. Objektivität ist möglich; 2. Objektivität ist nur durch subjektive Akte hindurch möglich; 3. Objektivität ist nicht »absolut«, sondern immer »graduell« zu verstehen; 4. Das Objektivitätsprinzip ist begründbar; 5. Objektivität ist existenznotwendig; 6. Objektivität ist sowohl in bezug auf den publizistischen Prozeß als auch im Hinblick auf das publizistische Produkt zu differenzieren; 7. Hauptkriterien objektiver Texte sind »Richtigkeit« und »Vollständigkeit« in bezug auf die jeweiligen Sachverhalte; 8. »Ausgewogenheit« ist keine Voraussetzung für »Objektivität«; 9. Objektivität in der journalistischen Berichterstattung ist an gewisse Voraussetzungen und Bedingungen gebunden; 10. Objektivität ist feststellbar bzw. meßbar; 11. Die Objektivitätsnorm besitzt (gesellschafts-)kritisches Potential.

[341] Hans-Georg Gadamer, Wahrheit und Methode, a. a. O., 108.
[342] Ibid., 109.
[343] Vgl. Ernst Robert Curtius, Europäische Literatur und Lateinisches Mittelalter, 3. Auflage, Bern 1961, 401.
[344] Günter Rohrbach, Frei werden für Phantasie, in: Anna-Luise Heygster, Dieter Stolte (Hrsg.), Wirklichkeit und Fiktion im Fernsehspiel, Mainzer Tage der Fernseh-Kritik, Band XI, Mainz 1980, 65.
[345] Ibid., 64.
[346] Manfred Rühl, Journalismus und Wissenschaft, Anmerkungen zu ihrem Wirklichkeitsverständnis, in: Rundfunk und Fernsehen 1981/2–3, 213.
[347] Heinz Ungureit, Verkleidete Wirklichkeit oder nackte Wahrheit. Zum Beispiel Krimis, in: Wirklichkeit und Fiktion im Fernsehspiel, a. a. O., 32.
[348] Günter Rohrbach, a. a. O., 67.
[349] Peter Märthesheimer, Die nackte und die ganze Wahrheit. Am Beispiel Arbeitswelt, in: Wirklichkeit und Fiktion im Fernsehspiel, a. a. O., 44, 53.
[350] Hans Abich, Plädoyer für die Phantasie, in: Wirklichkeit und Fiktion im Fernsehspiel, a. a. O., 108.
[351] Ibid., 104.
[352] Max Scheler, Die Wissensformen und die Gesellschaft, Ges. Werke 8, Bern 1960, 345.
[353] Ibid., 345.
[354] Ibid., 349.
[355] Ibid., 121.
[356] Ibid., 374.
[357] Ibid., 198.
[358] Ibid., 378.
[359] Max Scheler, Vom Wesen der Philosophie und der moralischen Bedingung des philosophischen Erkennens, in: Vom Ewigen im Menschen, Berlin 1921, 68.
[360] Max Scheler, Schriften zur Soziologie und Weltanschauungslehre, Ges. Werke 6, Bern 1963, 97.

361 Robert Spaemann, Reinhard Löw, Die Frage Wozu? Geschichte und Wiederentdeckung des teleologischen Denkens, München 1981, 17.
362 Christian Doelker, »Wirklichkeit« in den Medien, Zug 1979, 9, 39 f.
363 Ibid., 49.
364 Henri Bouillard, Transzendenz und Gott des Glaubens, in: Enzyklopädische Bibliothek Herder, Teilband 1, Freiburg 1981, 100, 102.
365 Vgl. Robert Scherer, Wirklichkeit, Erfahrung, Sprache, in: Enzyklopädische Bibliothek Herder, Teilband 1, a. a. O., 11.
366 Vgl. Henri Bouillard, a. a. O., 94
367 Hans-Georg Gadamer, Lob der Theorie, a. a. O., 19.
368 Vgl. Michael Emery, Ted Curtis Smythe, Readings in Mass Communication. Concepts and Issues in the Mass Media, Fourth Edition, Dubuque, Iowa, 1980.
369 Lothar Döhn, Klaus Klöckner (Hrsg.), Medienlexikon, Kommunikation in Gesellschaft und Staat, Baden-Baden 1979, 233.
370 Gottfried Wilhelm Leibniz, Vernunftprinzipien der Natur und Gnade. Monadologie, Hamburg 1956, § 17, 33.
371 Ludwig Wittgenstein, Tractatus, a. a. O., 7.
372 Karl-Otto Apel, Transformation der Philosophie, Band I, Sprachanalytik, Semiotik, Hermeneutik, Frankfurt 1973, 230, 235.
373 Ludwig Wittgenstein, Tractatus, a. a. O., 5.633, 6.41.
374 Ludwig Wittgenstein, Tagebücher 1914–1916, Schriften 1, Frankfurt 1969, 171.
375 Ludwig Wittgenstein, Tractatus, a. a. O., 6.44.
376 Wolfgang Stegmüller, Hauptströmungen der Gegenwartsphilosophie. Eine kritische Einführung, Band 1, 5. Auflage, Stuttgart 1975, 554 ff.
377 Ibid., 555.
378 Ibid., 559.
379 Ludwig Wittgenstein, Tractatus, a. a. O., 6.41.
380 Ibid., 6.522. Dazu Robert Spaemann, Konrad Löw, a. a. O., 294, wo im Zusammenhang mit Wittgenstein und dem, was nicht »gesagt«, sondern nur »gezeigt« werden kann, auf die eigentümliche Unbedingtheit des kontingenten Selbstseins – die Fähigkeit zur Anerkennung von Selbstsein »ist der Kern dessen, was wir Menschenwürde nennen« – mit zwei schönen Beispielen verwiesen wird. »Wer fragt, warum er einem Tier keinen Schmerz zufügen soll, dem kann man nur antworten: weil es ihm weh tut – was keine Erklärung, sondern nur die Aufforderung ist, sich noch einmal vorzustellen, was das Wort ›Schmerz zufügen‹ bedeutet. Wer fragt, warum er eine seltene schöne Blume nicht ausreißen soll, obwohl sie an einem für Menschen sonst unzugänglichen Platz wächst, den kann man nur auffordern, noch einmal hinzuschauen, um das Unbedingte des Schönen vielleicht zu sehen. Was soll man ihm sonst sagen?«
381 Vgl. Eugen Biser, Religiöse Sprachbarrieren, a. a. O., 37.
382 Peter L. Berger, Zur Dialektik von Religion und Gesellschaft. Elemente einer soziologischen Theorie, Frankfurt 1973, 24.
383 Friedrich Nietzsche, Werke II, II 298, 572.
384 Friedrich Nietzsche, Werke III, II 973 f., 419 f.
385 Hans-Georg Gadamer, Kleine Schriften I, a. a. O., 24.

[386] Vgl. Niklas Luhmann, Politische Planung. Aufsätze zur Soziologie von Politik und Verwaltung, Opladen 1971.
[387] Niklas Luhmann, Komplexität und Demokratie, in: Politische Planung, a. a. O., 44.
[388] Ibid., 44.
[389] Ibid., 45.
[390] Manfred Rühl, Journalismus und Gesellschaft, a. a. O., 186.
[391] Ibid., 187, 220.
[392] Ibid., 186. Vgl. auch Manfred Rühl, Journalismus und Wissenschaft. Anmerkungen zu ihrem Wirklichkeitsverständnis, in: Rundfunk und Fernsehen 1981/2–3, 220.
[393] Robert Scherer, Wirklichkeit, Erfahrung, Sprache, a. a. O., 10.
[394] Robert Spaemann, Reinhard Löw, a. a. O., 296 f.
[395] Max Scheler, Schriften zur Soziologie und Weltanschauungslehre, a. a. O., 97.
[396] Martin Heidegger, Einführung in die Metaphysik, a. a. O., 116.

ANMERKUNGEN ZUM ZWEITEN TEIL

[1] Niklas Luhmann, Veränderungen im System gesellschaftlicher Kommunikation und die Massenmedien, in: Oskar Schatz (Hrsg.), Die Elektronische Revolution. Wie gefährlich sind die Massenmedien?, Graz 1975, 13.
[2] Heinrich Oberreuter, Übermacht der Medien. Erstickt die demokratische Kommunikation?, Zürich 1982, 59.
[3] Michael Novak, Television shapes the Soul, in: Leonard L. Sellers, William L. Rivers (Ed.), Mass Media Issues, Englewood Cliffs, New Jersey, 1977, 41.
[4] Vgl. Werner Rings, Die 5. Wand. Das Fernsehen, Wien 1962, 97.
[5] ARD-Jahrbuch 83, Hamburg 1983, 331.
[6] Klaus Brepohl, Telematik. Die Grundlage der Zukunft, Bergisch Gladbach 1983. Zu einem Gesamtüberblick der Entwicklungen auch: Stefan M. Gergely, Mikroelektronik. Computer, Roboter und Neue Medien, München 1983. Ferner: Dietrich Ratzke, Handbuch der Neuen Medien. Information, Fernsehen und Hörfunk, Presse und Audiovision heute und morgen, Stuttgart 1982.
[7] Gerhard Naeher, Stirbt das gedruckte Wort? Neue Medien. Die große Herausforderung, Ulm 1982, 26.
[8] Vgl. Claudia Mast, Mehr Fernsehen ist nicht alles. Schiefe Fronten beim Streit um die neuen Medien, in: Rheinischer Merkur/Christ und Welt, 2. Dezember 1983.
[9] Vgl. Exkurs Marshall McLuhan, S. 229 ff. dieser Arbeit.
[10] Marshall McLuhan, Wohin steuert die Welt? Massenmedien und Gesellschaftsstruktur. Anthologie aus dem Amerikanischen von Heinrich Jelinek, Wien 1978, 42.
[11] So zum Beispiel in »Channels of Communication«, published bimonthly by the Media Commentary Council Inc., Mahopac, N. Y., 1983 Field Guide to the Electronic Media.

[12] Verkabelt und verkauft? Das Fernsehmonopol ist am Ende. Von Rainer Frenkel, in: Die Zeit, 15. Juli 1983.
[13] Immer dieses Fernsehen. Handbuch für den Umgang mit den Medien, hrsg. von Christian Doelker u. a., Wien 1983, 89. Daten zur Mediensituation auch in: Media-Perspektiven, August 1983.
[14] Hans-Wolfgang Heßler, Medien als eine gesellschaftliche Aufgabe. Grundsätze, Erfahrungen und Erwartungen aus evangelischer Sicht, in: Media-Perspektiven 1/1984, 3.
[15] Ulrich Pätzold u. a., Dimensionen neuer Informations- und Kommunikationstechniken, Bestandsaufnahme und Prognose, in: Publizistik, 4/1981, 524 f.
[16] Urteil des Bundesverfassungsgerichts vom 16. Juni 1981 (FRAG-Urteil). Vgl. Rundfunkgleichheit statt Rundfunkfreiheit. Zum dritten Fernsehurteil des Bundesverfassungsgerichts, Kommentar von Edgar Kull, in: Archiv für Presserecht, 3/1981.
[17] Hans-Wolfgang Heßler, a. a. O., 3.
[18] Heinz Glässgen, Ansätze und Leitlinien einer medienpolitischen Position der Katholischen Kirche, in: Media-Perspektiven 1/1984, 16.
[19] Hans Jonas, Prinzip Verantwortung, Versuch einer Ethik für die technologische Zivilisation, Frankfurt 1979, 62 f.
[20] »Kommunikation ist das Nervensystem jeder Gesellschaft«, Schwarz-Schilling bei der Weltausstellung der Fernmeldeunion, Bericht in: Frankfurter Allgemeine Zeitung, 27. Oktober 1983.
[21] Vgl. Derrick de Kerckhove, Televangelism: A Theology for the Central Nervous System, in: Communio, Fall 1982, 258 f.
[22] Vgl. Frederick D. Wilhelmsen, Jane Bret, Telepolitics. The Politics of Neuronic Man, New York 1972.
[23] Daedalus, Journal of the American Academy of Arts and Sciences, Fall 1982: Print Culture and Video Culture.
[24] Friedrich Christian Delius, Letzte Runde für Gutenberg? Fernsehen per Satellit und Kabel, in: Die Zeit, 20. November 1981.
[25] Gerhard Naeher, a. a. O., 20, 21, 26.
[26] ZDF-Jahrbuch 1981, Mainz 1982, 183.
[27] Bodo Franzmann, Bücherlesen und Fernsehen. Vorschläge zur differenzierten Untersuchung eines komplexen Problems, in: Media-Perspektiven, 5/1982, 352.
[28] Hella Kellner, Bild und Wirklichkeit; Fakten, Analysen, Wirkungen, in: Ethik und Kommunikation, Fernsehbild und Wirklichkeit, Hohenheimer Medientage 1981, 56. Demoskopisch liegt das Fernsehen in seiner Glaubwürdigkeit mit 66 Prozent (1980) noch immer weit vor dem Hörfunk und der Tageszeitung (jeweils 14 Prozent). Gefragt wurde in einer Trenduntersuchung: »Welchem Medium glaubt man im Falle widersprüchlicher Nachrichten noch am ehesten?« Zwischen 1970 und 1980 hat sich dieser hohe Glaubwürdigkeitswert für das Fernsehen nur um drei Prozent verringert.
[29] Trenduntersuchung Massenkommunikation 1980 (Fortsetzung von Massenkommunikation 1964, 1970 und 1974), Frankfurt 1982. Vgl. Petra E. Dorsch, Was liest, sieht, hört die junge Generation?, in: Bertelsmann Briefe, 111/112, April 1983, 54.
[30] Ibid.
[31] Bodo Franzmann, a. a. O., 355.

[32] Ulrich Saxer, Gesellschaftspolitik, Neue Medien und Kommunikationsprognostik, Manuskript Fachkongreß »Neue Medien« der Konrad-Adenauer-Stiftung, Berlin 31. 8./2. 9. 1983.

[33] Arnold Gehlen, Die gewaltlose Lenkung, Zur Funktion der Massenmedien in der modernen Gesellschaft, in: Oskar Schatz (Hrsg.), Die Elektronische Revolution, Graz 1975, 49, 58. Nach Gehlens Ansicht sind die USA durch das Fernsehen – »Die Einwirkung über das Auge hat eine immense Wirksamkeit« – im Zusammenhang mit den Eskalationen in Vietnam von einer Zielsetzung abgedrängt worden, die zwei Präsidenten mit ihren Regierungen für lebenswichtig hielten. Es sei das überdeutlich in Erscheinung getreten, was Ernst Forsthoff einmal gesprächsweise die Personalisierung oder Privatisierung politischer Situationen genannt hat, »und dieser Vorgang ist es, der wie kaum ein anderer zur gewaltlosen Lenkung beiträgt«.

[34] Vgl. Hermann Lübbe, Information und Ohnmacht, Zur Rekonstruktion des »common sense« unter erschwerten Bedingungen, in: Oskar Schatz (Hrsg.), Die Elektronische Revolution, Graz 1975, 67 f.

[35] Wilmont Haacke, Massenmedien und Kultur, in: Publizistik, 3/1965, 356.

[36] Arthur Asa Berger, Television as an Instrument of Terror, Essays on Media, Popular Culture and Everyday Life, Transaction Books, New Brunswick, N. J., 1980, 84.

[37] Vgl. Ludwig Muth, Keine Lust mehr zum Bücherlesen? Die Bedrohung durch das Fernsehen wächst, in: Frankfurter Allgemeine Zeitung vom 8. 5. 1982.

[38] Otto B. Roegele, Was wird aus dem gedruckten Wort?, Vom Lesen als Bürgerpflicht, Zürich 1977, 12 f. Dazu auch: Heinz Steinberg, Die Angst vor dem Bildschirm. Was der Medienvergleich lehrt, in: Bertelsmann Briefe, November 1983, 18. Über die Lesewut als ein Nationallaster der Deutschen, das die Menschen voneinander isoliert, hat man sich vor dem Fernsehzeitalter erregt. »Wie heute der Fernsehapparat, wurde damals das Buch als Droge denunziert.«

[39] Heinz J. Kiefer, Mut zu neuen Kommunikationen, Bochum 1980.

[40] Ithiel de Sola Pool, Technologies of Freedom, Harvard University Press Cambridge, 1983. Dazu auch Ithiel de Sola Pool, Citizen Feedback and Cable Technology, Talking Back, Cambridge, 1973.

[41] Heinz Eulau, Technology and Civility. The Skill Revolution in Politics, Hoover Institution Press, Stanford University, California, 1977.

[42] Vgl. Joseph Weizenbaum, Die Macht der Computer und die Ohnmacht der Vernunft, Frankfurt 1982, 334.

[43] Bruno Heck, Eröffnungsrede zum Fachkongreß »Neue Medien« der Konrad-Adenauer-Stiftung, Berlin 31. 8./2. 9. 1983, Manuskript.

[44] Thomas Morus, Utopia, Eine Konstruktion des humanen Staates, übertr. u. eingel. von H. M. Endres, München 1960, 95.

[45] Walter Hagemann, Grundzüge der Publizistik, Münster 1966, 171.

[46] Harry Pross, Moral der Massenmedien, Prolegomena zu einer Theorie der Publizistik, Köln 1967, 20.

[47] Walter Hagemann, a. a. O., 175. Nach Hagemann ist Aristoteles »der große Lehrmeister der Publizistik«. Die Frageansätze der modernen Wirkungsforschung sind fast lückenlos vorgezeichnet worden, was Hagemann in seiner konzentrierten Zusammen-

fassung deutlich macht. So habe Aristoteles festgestellt: »Die Zuhörer lauschen entweder aus Genuß oder weil sie sich unterrichten wollen oder weil sie ein Urteil abgeben sollen, denn: die Rhetorik beschäftigt sich nicht mit dem Selbstverständlichen noch mit dem Abstrakt-Gültigen wie etwa die Pädagogik, sondern mit dem Ungewissen, dem Umstrittenen. Aristoteles unterscheidet also deutlich drei Ziele der Rhetorik: Unterrichtung (Information), Meinungsbildung (Raisonnement) und Unterhaltung, während er die Belehrung einem anderen, dem pädagogischen Bereich zuweist. Die publizistische Methodik besteht für Aristoteles in der Anpassung an das Interesse der Mehrheit seiner Hörer und an die in allen Menschen liegenden Triebe und Wünsche, den Wunsch nach Reichtum, nach Ehren, nach Gesundheit, nach Schönheit. Die Rhetorik soll Lustgefühle wecken, aber nicht im künstlerischen Sinne, denn die Redekunst ist für Aristoteles keine Poesie, sondern ein zweckbestimmtes Mittel.«

[48] Augustinus, De doctrina christiana, 4.65.
[49] Vgl. Walter Hagemann, a. a. O., 190.
[50] Niklas Luhmann, Veränderungen im System gesellschaftlicher Kommunikation und die Massenmedien, in: Oskar Schatz (Hrsg.), Die Elektronische Revolution, Graz 1975, 13 f.
[51] Harry Pross, Moral der Massenmedien, a. a. O., 97 f.
[52] Benedetto Croce, Zur Theorie und Geschichte der Historiographie, Tübingen 1915, 42. Harry Pross, Publizistik, Thesen zu einem Grundcolloquium, Neuwied 1970, 68 f. zitiert Croce zur Frage, ob die Ausweitung zu einer globalen Geschichte, die dem globalen Kommunikationswesen entspräche, möglich ist. Wie Croce hält er die Möglichkeit einer Universalgeschichte für fraglich: »Sie verdunstet in das Reich der Illusionen, sie verliert ihre Wirklichkeit.«
[53] Niklas Luhmann, Veränderungen im System gesellschaftlicher Kommunikation, a. a. O., 18.
[54] Ibid., 18.
[55] Vgl. Wolfgang R. Langenbucher, Der Ausbau des drucktechnischen Kommunikationssystems, Skizzen zu einem »Printkommunikationsbericht«, in: Kommunikation im Wandel der Gesellschaft, Otto B. Roegele zum 60. Geburtstag, hrsg. von Erhard Schreiber u. a., Düsseldorf 1980, 270 ff.
[56] Rainer Maria Rilke, Werke in drei Bänden, Einleitung von Beda Allemann, Erster Band, Frankfurt 1966, 313.
[57] Walter Benjamin, Gesammelte Schriften, hrsg. von Rolf Tiedemann, Hermann Schweppenhäuser, I, 2, Frankfurt 1974, 477.
[58] Eugen Biser, Veränderung durch Interpretation und Reproduktion, Überlegungen zur strukturgerechten Medienverwendung, in: Kommunikation im Wandel der Gesellschaft, a. a. O., 38.
[59] Vilém Flusser, Die kodifizierte Welt, in: Merkur, Zeitschrift für europäisches Denken, 4/1978, 375.
[60] Vgl. Winfried Schulz, Bedeutungsvermittlung durch Massenkommunikation, Grundgedanken zu einer analytischen Theorie der Medien, in: Publizistik, 1/1974, 153.
[61] Hans-Georg Gadamer, Wahrheit und Methode, Grundzüge einer philosophischen Hermeneutik, 4. Auflage, Tübingen 1975, 369.

[62] Ibid., 256, 372.
[63] Eugen Biser, Der Zeuge, Eine Paulus-Befragung, Graz 1981, 212.
[64] Ibid., 213.
[65] Eugen Biser, Der Schuldner des Wortes. Gedanken zum Luther-Jubiläum 1983, in: Stimmen der Zeit, November 1983, 748.
[66] Eugen Biser, Der Zeuge, a. a. O., 214.
[67] Vgl. Winfried Schulz, a. a. O., 152.
[68] Niklas Luhmann, a. a. O., 19.
[69] Hans-Georg Gadamer, Wahrheit und Methode, a. a. O., 372.
[70] Horst Wetterling, Der Mensch im Zeitalter der Bilder, in: Das Wort im Zeitalter der Bilder, Evangelische Akademie Bad Boll, München 1957, 9.
[71] Ludwig Klages, Werke, Band 4, Bonn 1966, 324.
[72] Vilém Flusser, a. a. O., 375.
[73] Hans-Georg Gadamer, Wahrheit und Methode, a. a. O., 147.
[74] Ibid., 145 f.
[75] Fritz Leist, Der Mensch im Bann der Bilder, Verführung oder Geleit?, München 1962, 27.
[76] Götz Harbsmeier, Wort und Bild im Fernsehen unter pädagogischem Aspekt, in: Das Wort im Zeitalter der Bilder, Evangelische Akademie Bad Boll 1957, 77.
[77] Michael Buß, Die Massenmedien – Begleiter bei Arbeit und Freizeit an den Werktagen Montag bis Freitag. Ergebnisse einer Teleskopie-Untersuchung im Winter 1981/82, in Media-Perspektiven 9/1982, 585, 596.
[78] Karl H. Müller-Sachse, Unterhaltungssyndrom: Massenmediale Praxis und medientheoretische Diskurse, Frankfurt 1981, 32.
[79] Ibid., 34.
[80] Vgl. Heinz Schwitzke, Wort und Bild in Hörspiel und Fernsehspiel, in: Das Wort im Zeitalter der Bilder, Evangelische Akademie Bad Boll, München 1957, 129. Das Zitat stammt von Gottfried Benn.
[81] Friedrich Dürrenmatt, Vom Sinn der Dichtung in unserer Zeit, in: Das Wort im Zeitalter der Bilder, a. a. O., 153.
[82] Heinz Schwitzke, a. a. O., 138.
[83] Ibid., 140.
[84] Ibid., 144, 146.
[85] Kant, Kritik der Urteilskraft, a. a. O., A 260.
[86] Richard Wisser, Der »blinde Fleck« im Fernsehen oder Das Fernsehen und sein Schatten, in: Fernsehen, Ein Medium sieht sich selbst, hrsg. von Werner Brüssau, Dieter Stolte, Richard Wisser, Mainz 1976, 373.
[87] Ibid., 377.
[88] Fred E. H. Schroeder, Video Aesthetics and Serial Art, in: Television, The Critical View, Horace Newcomb (Ed.), New York 1979, 407.
[89] Horace Newcomb, Toward a Television Aesthetic, in: Horace Newcomb (Ed.), Television, The Critical View, New York 1979, 420 f.
[90] Martin Heidegger, Holzwege, Frankfurt 1950, 69, 82, 98.

⁹¹ Karl Steinbuch, Maßlos informiert, Die Enteignung unseres Denkens, München 1978, 156.
⁹² Richard Wisser, a. a. O., 371.
⁹³ Bernward Wember, Wie informiert das Fernsehen?, München 1976, 9.
⁹⁴ Ibid., 12, 18, 24, 32, 56. Der Veröffentlichung des Fernsehredakteurs B. Wember liegt die gleichnamige ZDF-Sendung vom 11. 12. 1975 zugrunde. Als Material diente die Nordirland-Berichterstattung des ZDF von 1969 bis 1973. Das ZDF finanzierte diese Studie, der leider keine weiteren »in eigener Sache« mit einer derartigen medienkritischen Durchschlagskraft gefolgt sind.
⁹⁵ Karl Steinbuch, Kommunikation als technisches und gesellschaftliches Phänomen, in: Oskar Schatz (Hrsg.), Die Elektronische Revolution, Graz 1975, 40.
⁹⁶ Vgl. Dietrich Schwarzkopf, Ist das Fernsehen an der Desintegration der Gesellschaft mitschuldig?, Programmpolitische und ethische Probleme, in: Media-Perspektiven, 1/1982, 6.
⁹⁷ Michael Schmolke, Informierte Welt – bessere Welt?, Probleme des Überangebots von Information, in: Communicatio Socialis, 4/1974, 301.
⁹⁸ Heinz Bonfadelli, Neue Fragestellungen in der Wirkungsforschung: Zur Hypothese der wachsenden Wissenskluft, in: Rundfunk und Fernsehen, 2/1980, 173.
⁹⁹ Ibid., 177, 179.
¹⁰⁰ Gerhard Schmidtchen, Irrational durch Information, Paradoxe Folgen politischer Massenkommunikation, in: Helga Reimann und Horst Reimann (Hrsg.), Information, München 1977, 56 f.
¹⁰¹ Hermann Lübbe, Information und Ohnmacht, Zur Rekonstruktion des »common sense« unter erschwerten Bedingungen, in: Oskar Schatz (Hrsg.), a. a. O., 76.
¹⁰² Zitat nach Hans Blumenberg, Die Legitimität der Neuzeit, Frankfurt 1966, 422.
¹⁰³ Vgl. National Institute of Mental Health, Television and Behavior: Ten Years of Scientific Progress and Implications für the Eighties, Vol. 2, Technical Reviews, ed. by David Pearl et. al., Washington 1982, 103 f. Dazu auch: Horace Newcomb, Assessing the Violence Profile Studies of Gerbner and Gross. A Humanistic Critique and Suggestion, in: Mass Communication Review Yearbook, Sage Publications, New York 1980, 451 f.
¹⁰⁴ Otto B. Roegele, Die Angst und ihre Überwindung – Zur Rolle der Massenmedien und der Kirchen, in: Kongreßbericht der Hanns Martin Schleyer-Stiftung, Irrwege der Angst, Chancen der Vernunft, Mut zur offenen Gesellschaft, hrsg. von Nikolaus Lobkowicz, Köln 1983, 55.
¹⁰⁵ Ibid., 53, 56.
¹⁰⁶ Maximilian Gottschlich, Journalismus und Orientierungsverlust. Grundprobleme öffentlich-kommunikativen Handelns, Graz 1980, 13.
¹⁰⁷ Hertha Sturm, Sozialisation und Wissensvermittlung, in: Informationsvermittler Fernsehen, Mainzer Tage der Fernseh-Kritik Band IX, hrsg. von Anna Luise Heygster, Hans Joachim Lange, Mainz 1977, 110.
¹⁰⁸ Bruno Bettelheim, The Informed Heart, The Free Press, New York 1960.
¹⁰⁹ Paul Lazarsfeld, Mass Communication, Popular Taste and Organized Social Action, in: Wilbur Schramm (Ed.), Mass Communications, New York 1969, 501.

[110] Alexander Mitscherlich, Auf dem Weg zur vaterlosen Gesellschaft, Stuttgart 1968, 423 f.
[111] David Riesman, Die einsame Masse, Hamburg 1958.
[112] Arthur Asa Berger, Television as an Instrument of Terror, Essays on Media, Popular Culture and Everyday Life, New Brunswick, N. J., 1980, 90.
[113] Werner J. Severin, James W. Tankard, Communication Theories; Origins, Methods, Uses, New York 1979, 113.
[114] Joseph T. Klapper, The Effects of Mass Communication, New York 1960, 19 f. Dazu auch: Werner J. Severin, a. a. O., 128 f.
[115] Elisabeth Noelle-Neumann, Öffentlichkeit als Bedrohung, Beiträge zur empirischen Kommunikationsforschung, Freiburg 1977, 125.
[116] Michael Novak, Television shapes the Soul, in: Leonard L. Sellers, William L. Rivers, Mass Media Issues, Englewood Cliffs, N. J., 1977, 41.
[117] Daniel Lerner, The Passing of Traditional Society, Glencoe, Illinois, 1958, 49 f.
[118] Harry Pross, Wiederkehr des Symbolismus?, Die elektronischen Medien und die Identitätsgrenzen, in: Oskar Schatz (Hrsg.), a. a. O., 81 f.
[119] Vgl. Richard P. Adler (Ed.), Unterstanding Television. Essays on Television as a Social and Cultural Force, Praeger Publ. New York, 1981. Les Brown, Savannah Waring Walker (Ed.), Fast Forward. The New Television and American Society, Andrews and McMeel, Inc., Kansas City, 1983 (Essays from »Channels of Communications«). Frank J. Coppa (Ed.), Screen and Society. The Impact of Television upon Aspects of Contemporary Civilization, Nelson Hall Chicago, 1979. Peter Conrad, Television: The Medium and its Manners, Routledge and Kegan Paul, Boston 1982. Martin Esslin, The Age of Television, W. H. Freeman and Co., San Francisco, 1982. Hal Himmelstein, New Approaches in Television and Video Criticism, Praeger Publ. New York 1981. Carl Lowe (Ed.), Television and American Culture, The H. W. Wilson Co., New York, 1981. Frank Mankiewicz, Joel Swerdlow, Remote Control. Television and the Manipulation of American Life, Times Book Co., New York, 1978. John M. Phelan, Mediaworld. Programming the Public, The Seabury Press, New York 1977. Bernard Rubin, Media, Politics and Democracy, New York 1977.
[120] Les Brown, Savannah Waring Walker, Fast Forward, a. a. O., Introduction.
[121] Gerhard Maletzke, Medienwirkungsforschung. Gedanken zu einer Forschungsstrategie in der Bundesrepublik Deutschland, in: Publizistik, 1982/1–2, 10 f.
[122] Elisabeth Noelle-Neumann, Winfried Schulz (Hrsg.), Fischer-Lexikon Publizistik, Frankfurt 1971, 7.
[123] Elisabeth Noelle-Neumann, Artikel »Wirkung der Massenmedien«, in: Fischer-Lexikon Publizistik, Frankfurt 1971, 326.
[124] Karl Steinbuch, Maßlos informiert, a. a. O., 36.
[125] Werner J. Severin, James W. Tankard, a. a. O., 255. Melvin DeFleur hat 1970 seine »Cultural Norms Theory« veröffentlicht und die prägende Kraft der Massenmedien für das Normverhalten belegt. Seine Ergebnisse sind vor allem durch George Gerbners Untersuchungen über Fernsehwirkungen bestätigt worden. Die Vielseher tendierten angesichts häufiger Gewaltdarstellungen am Fernsehen dazu, das Verhalten ihrer Nachbarn mißtrauischer einzuschätzen als Normalzuschauer. Sie reagierten ängstlicher

auf die Möglichkeit, selbst Opfer eines Gewaltverbrechens zu werden. Vgl. George Gerbner, Larry Gross, Living with Television, The Violence Profile, in: Horace Newcomb, a. a. O., 363.

[126] National Institute of Mental Health, Television and Behavior: Ten Years of Scientific Progress and Implications for the Eighties, Vol. 2: Technical Reviews, ed. by David Pearl et. al., Washington 1982, 248 f.

[127] Elisabeth Noelle-Neumann, Der Einfluß des Fernsehens auf die Entscheidung der Wähler, in: Die Welt v. 30. 9. 1976. Hierzu auch: Elisabeth Noelle-Neumann, Die Schweigespirale, München 1980.

[128] Vgl. Hella Kellner, Michael Buß, »Fernsehen und Alltag« – Oder: Was hat der Fernsehalltag mit der Bundestagswahl zu tun? Eine Übersicht über das Gesamtprojekt der Medienkommission ARD/ZDF, in: Media-Perspektiven, 4/1982, 233 f.

[129] Claude Geerts, Drei Wochen Fernsehen. Eine international vergleichende Studie für die Länder Belgien, Bulgarien, Kanada, Frankreich, Ungarn, Italien und Japan, in: Media-Perspektiven, 9/1983, 658 f.

[130] ZDF-Intendant Prof. Dr. Dieter Stolte bei den Mainzer Tagen der Fernsehkritik 1979.

[131] Vgl. Fußnote 28 in diesem Kapitel.

[132] Hans J. Kleinsteuber, Neue Medien in den USA, in: Rundfunk und Fernsehen, 2–3/1979, 270. Vgl. Les Brown, Are the Networks Dinosaurs?, in: Les Brown, Savannah Waring Walker (Ed.), Fast Forward, a. a. O., 67. Dazu auch: Field Guide to the Electronic Media, in: Channels of Communications, New York 1983.

[133] Klaus Brepohl, Telematik, Bergisch Gladbach 1983, 182 f.

[134] Tony Schwartz, The Responsive Chord, Garden City, New York, 1972, 16. Schwartz folgt McLuhan in der Behauptung, beim Fernsehen funktionierten unsere Augen wie die Ohren. Anders als beim Film, wo viele Aufnahmen in schneller Folge das bewegte Bild ergeben, projiziert der Fernsehapparat Lichtpunkte entlang bestimmter Zeilen – ein 625-Zeilen-Bild hat unser Fernsehapparat – die als Impulse zum Gehirn transportiert werden. Die Information muß ungleich schneller als beim Film verarbeitet werden, wo wir immer noch, wenn auch nur in einem Fünfzigstel einer Sekunde, ein vollständiges Bild wahrnehmen. Beim Fernsehen ist das Bild niemals vollständig auf dem Bildschirm vorhanden. Das heißt, die Wahrnehmung erfolgt wie beim Ohr; wir müssen das Bild zusammensetzen, so wie wir Gehörtes aufnehmen. So sei das Fernsehen als auditives, nicht als visuelles Medium zu klassifizieren.

[135] Jerry Mander, Four Arguments for the Elimination of Television, New York 1978, 347, 356.

[136] Russel Nye, The Popular Arts and the Popular Audience, in: The Popular Arts in America, Second Edition, ed. by William M. Hammel, New York 1977, 12.

[137] Hannes Hoff, Was machen wir nun?, in: Notizen zum ARD-Programm, 25 Jahre Deutsches Fernsehen 1952 bis 1977, München 1977, 45.

[138] Karl H. Müller-Sachse, a. a. O., 20.

[139] Hans Magnus Enzensberger, Baukasten zu einer Theorie der Medien, in: Kursbuch 20, 1970, 171.

[140] Karl. H. Müller-Sachse, a. a. O., 21.

[141] Theodor W. Adorno, Max Horkheimer, Dialektik der Aufklärung, Amsterdam 1968, 159.
[142] Vgl. Wolf Bauer u. a. (Hrsg.), Vier Wochen ohne Fernsehen, Eine Studie zum Fernsehkonsum, Berlin 1976.
[143] Vgl. Dieter Prokop, Massenkultur und Spontaneität, Zur veränderten Warenform der Massenkommunikation im Spätkapitalismus, Frankfurt 1974; Karl. H. Müller-Sachse, a. a. O., 205.
[144] Tobias Brocher, Die Unterhaltungssendung als Instrument gesellschaftspolitischer Bewußtseinsbildung, in: Fernsehen in Deutschland, Gesellschaftspolitische Aufgaben und Wirkungen eines Mediums, Redaktion: Christian Longolius, Mainz 1967, 295.
[145] Gerhard Maletzke, Psychologie der Massenkommunikation. Theorie und Systematik, Hamburg 1963, 138.
[146] Michael Schwarze, Das Alltägliche kann nicht alltäglich werden. Unterhaltung im Fernsehen, in: Frankfurter Allgemeine Zeitung vom 29. 5. 1982.
[147] Martin Walser, Die Chance des Wortes im Fernsehen, in: Das Wort im Zeitalter der Bilder, a. a. O., 58.
[148] Vgl. Dieter Baacke, Fernsehen als Handlungsentzug, in: Merkur, Deutsche Zeitschrift für europäisches Denken, 4/1978, 398.
[149] Vgl. Fiktive Fernsehrealität, Zur Darstellung der Familie in der dramatischen Fernsehunterhaltung, Pilotstudie von Michael Krüger, erstellt im Auftrag der Zentralstelle Medien der Deutschen Bischofskonferenz, Bonn 1981.
[150] Louis Bosshart, Das Weltbild der Fernseh-Unterhaltung, in: Rundfunk und Fernsehen, 1/1979, 36.
[151] Vgl. Holger Rust, Die Herausforderung der Anthropologie an die Kommunikationswissenschaft, Theoretische Bemerkungen zu Louis Bossharts »Das Weltbild der Fernseh-Unterhaltung«, in: Rundfunk und Fernsehen, 4/1979, 513.
[152] Ben Armstrong, The Electric Church, Nashville 1979, 7.
[153] Vgl. William C. Martin, Father, Son and Mammon, in: Atlantic Monthly, March 1980, 58.
[154] Margaret O'Brien Steinfels, Peter Steinfels, The New Awakening: Getting Religion in the Video Age, in: Channels of Communications, Jan./Feb. 1983, 25.
[155] Ibid., 24.
[156] Jeffrey K. Hadden, Charles E. Swann, Prime Time Preachers. The Rising Power of Televangelism, Reading, Massachusetts, 1981, 19.
[157] Ibid., 11.
[158] Ibid., 103 f.
[159] Tony Schwartz, Media: The Second God, Garden City, New York 1983, Introduction, 107 f.
[160] Jeffrey K. Hadden, Charles E. Swann, a. a. O., 8.
[161] Robert M. Price, Evangelism as Entertainment, in: The Christian Century, November 4, 1981, 1122.
[162] Ibid., 1124.
[163] Harvey Cox, Verführung des Geistes, Stuttgart 1974, 261.
[164] Ibid., 262, 13 f.

[165] Vgl. Eugen Biser, Der Schuldner des Wortes. Gedanken zum Luther-Jubiläum 1983, in: Stimmen der Zeit, Heft 11/1983, 742 f. Dazu auch: Jörg Zink, Askese im Fernsehen. Gegen die Inflation von Fernsehgottesdiensten, in: Evangelische Kommentare, 5/1980, 272.
[166] Jörg Zink, a. a. O., 274.
[167] Vgl. Richard Quebedeaux, The Worldly Evangelists, San Francisco 1980, 52 f.
[168] Vgl. God in America. Religion is alive and well in America, in: Chicago Tribune, October 23, 1983. Dazu auch: Hermann Boventer, Religion als Fernsehshow. Die Elektronische Kirche in den USA, in: Herder Korrespondenz, 5/1981, 231.
[169] Vgl. Derrick de Kerckhove, Televangelism: A Theology for the Central Nervous System, in: Communio, Fall 1982, 264. »Demokratisch« ist die Elektronische Kirche nicht zuletzt deshalb, weil sie sich größtenteils nicht aus kommerzieller Werbung oder öffentlichen Zuschußmitteln finanziert, sondern von den Geldern kleiner Leute lebt. Allerdings gilt auch der Einwand, die »Verkaufstechniken« mancher TV-Evangelisten überträfen an Härte und psychologischem Geschick bei weitem die üblichen Markttechniken des kommerziellen Fernsehens. Kerckhove fragt, was einfache Bürger bewegt, aus freien Stücken beträchtliche Summen als Spenden zu geben. Er glaubt einen Wertewandel zu erkennen »im gesellschaftlichen Klima von der Güterproduktion zur Herstellung von Information als neuem und dominierendem Industriezweig«. Das Geld, mit dem Information erworben wird, verwandelt sich in Information, nicht mehr in einen materiellen Gegenwert von Gütern, die man kauft.
[170] Gregor T. Goethals, The TV Ritual. Worship at the Video Altar, Boston 1981, 125 f.
[171] Thomas H. Clancy, Martin Luther in a Television Age, in: America, May 14, 1983, 375.
[172] Martin E. Marty, Religion in America since Mid-century, in: Mary Douglas, Steven Tipton (Ed.), Religion in America. Spiritual Life in a Secular Age, Boston 1982, 273.
[173] So zum Beispiel die United States Catholic Conference (USCC), die mit der Errichtung eines Catholic Telecommunication Network of America (CTNA) eine nationale Rundfunkorganisation für die neuen Medien geschaffen hat und die lokalen Diözesen mit solchen Diensten wie Satellitenfernsehen, Kabelfernsehen, elektronische Post, Bildschirmtext und die entsprechende »Software« im religiösen Programmbereich versorgt. Die United Methodist Church und die Southern Baptist Convention sind ebenfalls in die Produktion eigener Programme und TV-Dienste eingestiegen. Vgl. Peter G. Horsfield, Religious Television in America. Its Influence and Future, besonders das Kapitel »The Struggle within the Churches«, demnächst im Druck.
[174] William F. Fore, Assistant General Secretary for Communication of the National Council of Churches, stellt diese Fragen in seinem Kommentar: Beyond the Electronic Church, in: The Christian Century, January 7–14, 1981, 29. Dazu auch die Rezension von Fore zur Buchveröffentlichung »Prime Time Preachers« (siehe Fußnote 156), der ersten umfassenderen Darstellung der Elektronischen Kirche; William F. Fore, A Critical Eye on Televangelism, in: The Christian Century, September 23, 1981, 939.
[175] Harvey Cox, a. a. O., 267, 273.
[176] Ulrich Saxer, Fernsehen unter Anklage, in: Media-Perspektiven, 7/1981, 552.
[177] Harvey Cox, a. a. O., 315, 302 f.

[178] Dieter Stolte, Wenn das Fernsehen Geschichten erzählt. Volkes Mund in Bildern, in: Rheinischer Merkur/Christ und Welt, 25. 6. 1982.
[179] Hans Blumenberg, Die Lesbarkeit der Welt, Frankfurt 1981, 9.
[180] Karl Löwith, Heidegger, Denker in dürftiger Zeit, Göttingen 1960, 80, verwendet diese Formulierung im Zusammenhang mit dem Fall, daß ein Text besser als von seinem Verfasser verstanden werden kann; vgl. Eugen Biser, Provokationen der Freiheit, München 1974, 75.
[181] Heinrich Oberreuter, Übermacht der Medien. Erstickt die demokratische Kommunikation?, Zürich 1982, 102.
[182] Leszek Kolakowski, Die Wiedergeburt des Abendlandes?, in: Franz König, Karl Rahner (Hrsg.), Europa. Horizonte der Hoffnung, Graz 1983, 75.
[183] Harvey Cox, a. a. O., 308.

Anmerkungen zum Exkurs McLuhan

[184] Ulrich Saxer, Messianismus und Wissenschaft bei Marshall McLuhan, in: Communicatio Socialis, 1968/2, 91.
[185] Heinz Buddemeier, Die Medienphilosophie McLuhans. Voraussetzungen und Folgen, in: Rundfunk und Fernsehen, 1975/1–2, 20.
[186] Winfried B. Lerg, Herbert Marshall McLuhan – Homo Ludens (1911–1980), in: Publizistik, 1981/2, 267.
[187] Otto B. Roegele, Marshall McLuhan – Prophet der Medien-Ära, in: Rheinischer Merkur/Christ und Welt, 9. 1. 1981.
[188] Hintergründige Wortspiele oder »puns«, wie James Joyce sie häufig in »Finnegans Wake« verwendet, werden auch von McLuhan als »Pointen« gern eingeschoben. Für ihn sind das Formen der verbalen Resonanz, »deren Pointe allerorten ist und deren Grenzen das Universum des Verbalen oder der Logos selbst sind.« Mit Recht erinnert er daran, daß die Griechen das Wort mit »Mythos« übersetzten.
[189] Marshall McLuhan, Wohin steuert die Welt? Massenmedien und Gesellschaftsstruktur. Anthologie aus dem Amerikanischen von Heinrich Jelinek, Wien 1978, 43.
[190] Ibid., 42.
[191] Marshall McLuhan, Understanding Media: The Extensions of Man, New York 1964, 3.
[192] Vgl. Marshall McLuhan with Wilfred Watson, From Cliché to Archetype, New York 1970.
[193] McLuhan, Wohin . . . a. a. O., 47.
[194] Vgl. Marshall McLuhan, Quentin Fiore, The Medium is the Massage: An Inventory of Effects, New York 1967.
[195] McLuhan gründet seine Beurteilung des Fernsehens darauf, daß das Fernsehbild datenarm sei, visuell gesehen. Vgl. Fußnote 134 im Zweiten Teil.
[196] Gerald Emmanuel Stearn (Ed.), McLuhan – Hot & Cool, A Critical Symposion with a Rebuttal by McLuhan, New York 1967, 270.

[197] Zit. nach McLuhan, Wohin . . . a. a. O., 74. Vgl. hierzu die ausgedehnten literaturwissenschaftlichen und philosophischen Exkurse in »The Gutenberg Galaxy«, Toronto 1962.
[198] McLuhan, Wohin . . ., a. a. O., 200.
[199] Vgl. John M. Phelan, Disenchantment. Meaning and Morality in the Media, Hastings House New York, 1980, 115 f. Phelan unterstreicht die zunehmende Bedeutung McLuhans für die Kommunikationswissenschaften und meint im Unterschied zu herrschenden Auffassungen, McLuhan habe keine Geschichtserklärung geben wollen, sondern Geschichte lediglich »ausgebeutet« im Dienst der Erkenntnisse über die zentrale Rolle der Kommunikationsmedien.
[200] Vgl. Saxer, Messianismus a. a. O., 88.
[201] Sowohl Jonathan Miller, Marshall McLuhan, The Viking Press New York 1971 wie auch Raymond Rosenthal, McLuhan: Pro and Con, Penguin Books Baltimore 1969, die sich beide sehr gründlich und kritisch mit McLuhan und seiner Medienphilosophie befassen, bringen eine Reihe von Hinweisen auf theologische Quellen und Vorbilder. Aus protestantischer Sicht läßt sich bei McLuhan durchaus »Katholisierendes« ausmachen. Andere Kritiker haben bei ihm totalitäre Denkstrukturen nachzuweisen gesucht. Vgl. Sidney Finkelstein, Sense and Nonsense of McLuhan, New York 1968. Ob und wie McLuhan, den die kanadischen Bischöfe 1973 als Berater in die Päpstliche Kommission für die gesellschaftliche Kommunikation entsandten, auf die vatikanische Pastoralinstruktion »Communio et Progressio« eingegangen ist, entzieht sich meiner Kenntnis. McLuhan nennt das »elektrisch errichtete, unsichtbare und allumfassende Informationsmilieu« ein annäherndes Faksimile des Corpus Christi Mysticum. In der Pastoralinstruktion gibt es einige Denkansätze, die den McLuhanschen nahestehen, aber nüchterner verfaßt sind.
[202] McLuhan, Wohin . . ., a. a. O., 220.
[203] G. E. Stearn a. a. O., 267.

ANMERKUNGEN ZUM DRITTEN TEIL

[1] Karl-Alfred Odin, Das Recht auf Irrtum ist Menschenrecht. Zur Ethik des Journalismus, in: Frankfurter Allgemeine Zeitung, 13. Dezember 1983, 9.
[2] David Riesman, Die einsame Masse, Neuwied 1965.
[3] Vilfredo Pareto, Traité de Sociologie générale, Lausanne 1917.
[4] Friedrich Nietzsche, Werke II, hrsg. von Karl Schlechta (Ullstein-Buch), Frankfurt 1976, I 1037, 105.
[5] Vgl. Robert Spaemann, Zur Kritik der politischen Utopie, Stuttgart 1977, 3. Spaemann belegt die Dekadenztheorie der Moral mit Platos Erklärung, daß jede Kunst, die keine Einsicht in ihre eigenen Zwecke besitzt, zur Routine erstarrt und degeneriert. Etwa die Schiffsbaukunst: »Wo keine Schiffe mehr gebraucht werden, wo es keine Steuerleute

mehr gibt, die wissen, warum ein Schiff so und nicht anders sein muß, und die den Schiffsbauer darüber informieren, da verfällt auch die Schiffsbaukunst . . . So ist es mit einer Moral, die nicht von Einsicht in ihren Grund, d. h. Zweck begleitet ist. Sie verliert den Bezug zu ihrem Grund und kommt herunter.«

[6] Nietzsche, Werke II, I 1011, 1012, 11, 12.
[7] Nietzsche, Werke III, II 1207, 653.
[8] Nietzsche, Werke III, II 654, 100.
[9] Nietzsche, Werke I, I 168, 168.
[10] Vgl. Robert Spaemann, a. a. O., 7.
[11] Ibid., 14.
[12] Michael Abend, Überlegungen zur »Berufsethik« des Nachrichtenjournalisten, in: Politische Medienkunde 3, Kommunikationsprobleme bei Fernsehnachrichten, Akademie für politische Bildung, Tutzing 1977, 36.
[13] Franz Wördemann, Damals – oder: Für einen selbstkritischen Bildschirm, in: Notizen zum ARD-Programm, 25 Jahre Deutsches Fernsehen, 1952 bis 1977, München 1977, 4.
[14] Vgl. Karl Rahner, Der mündige Christ, in: Stimmen der Zeit, 1/1982, 5.
[15] Aristoteles, Nikomachische Ethik, 1103 b 27.
[16] Ibid., 1104 a 10.
[17] Aristoteles, Große Ethik, 1207 b.
[18] Aristoteles, Nikomachische Ethik, 1168 a 5.
[19] Vgl. Helmut Kuhn, Das Sein und das Gute, München 1962, 275 f.
[20] Otfried Höffe, Ethik und Politik, Grundmodelle und -probleme der praktischen Philosophie, Frankfurt 1979, 26.
[21] Aristoteles, Nikomachische Ethik, 1178 a 4.
[22] Alexander Schwan, Politik als »Werk der Wahrheit«, in: Sein und Ethos, hrsg. von Paulus Engelhardt, Mainz 1963, 76.
[23] Hans-Georg Gadamer, Wahrheit und Methode. Grundzüge einer philosophischen Hermeneutik, 4. Auflage, Tübingen 1975, 30.
[24] Hans-Georg Gadamer, Kleine Schriften I, Philosophie, Hermeneutik, 2. Auflage, Tübingen 1976, 186 f.
[25] Hans-Georg Gadamer, Vernunft im Zeitalter der Wissenschaft, Frankfurt 1976, 54 f.
[26] Ibid., 64.
[27] Hans Jonas, Das Prinzip Verantwortung. Versuch einer Ethik für die technologische Zivilisation, Frankfurt 1979, 31.
[28] Ibid., 6.
[29] Vgl. Alois Huter, Grundlinien einer Ethik der Massenkommunikation, Berichte zur Medienforschung Band 11, Österreichischer Rundfunk, Wien 1980, 15.
[30] Ludwig Wittgenstein, Schriften 3, Wittgenstein und der Wiener Kreis von Friedrich Waismann, aus dem Nachlaß hrsg. von B. F. McGuiness, Frankfurt 1967, 69.
[31] Ludwig Wittgenstein, Tagebücher, in: Schriften, Band 1, Frankfurt 1960, 167 (Tagebucheintragung vom 8. 7. 1916).
[32] Vgl. Exkurs über »Media Ethics«, S. 355 ff. dieser Arbeit.
[33] Elisabeth Noelle-Neumann, Winfried Schulz (Hrsg.), Fischer-Lexikon Publizistik, Frankfurt 1971, 9.

[34] Ulrich Saxer, Publizistische Ethik und gesellschaftliche Realität, in: Communicatio Socialis, 1/1970, 34.
[35] Giselbert Deussen, Ethik der Massenkommunikation bei Papst Paul VI., Paderborn 1973, 10.
[36] Maximilian Gottschlich, Journalismus und Orientierungsverlust. Grundprobleme öffentlich-kommunikativen Handelns, Wien 1980, 15.
[37] Ibid., 135 ff.
[38] Alois Huter, Grundlinien einer Ethik der Massenkommunikation, a. a. O., 54.
[39] Alois Huter, Mensch und Massenmedien. Der anthropologische Aspekt der Medienforschung, Salzburg 1981, 12, 19, 24, 92 f.
[40] Alfons Auer, Verantwortete Vermittlung. Bausteine einer medialen Ethik, in: Ethik und Kommunikation. Vom Ethos des Journalisten, Hohenheimer Medientage, Stuttgart 1980, 65.
[41] Alfons Auer, Bausteine einer medialen Ethik, in: Ethik und Kommunikation. Fernsehbild und Wirklichkeit, Hohenheimer Medientage, Stuttgart 1981, 90, 94 f., 97.
[42] Günter Virt, Handbuch der christlichen Ethik, Band 3, Freiburg 1982, 547.
[43] Franz-Josef Eilers u. a. (Hrsg.), Kirche und Publizistik, Dreizehn Kommentare zur Pastoralinstruktion »Communio et Progressio«. Mit dem deutschen Originaltext, München 1972, 133.
[44] Alfons Auer, Bausteiner einer medialen Ethik 1981, a. a. O., 99.
[45] Florian H. Fleck, Leitlinien einer Kommunikationspolitik in christlicher Sicht, in: Kommunikation im Wandel der Gesellschaft, Otto B. Roegele zum 60. Geburtstag, hrsg. von Erhard Schreiber, Wolfgang R. Langenbucher, Walter Hömberg, Düsseldorf 1980, 205 f.
[46] Johannes Binkowski, Publizistisches Berufsethos, in: Publizistik 1/1981, 25, 27.
[47] Ibid., 28, 29.
[48] Otto B. Roegele, Neugier als Laster und Tugend, Zürich 1982, 34.
[49] Ibid., 50, 33.
[50] Manfred Rühl, Journalismus und Gesellschaft, Bestandsaufnahme und Theorieentwurf, Mainz 1980, 57.
[51] Ibid., 57, 59, 435 f.
[52] Manfred Rühl, Ethik – ein Gegenstand der Kommunikationsforschung?, in: Ethik und Kommunikation, Vom Ethos des Journalisten, Hohenheimer Medientage, Stuttgart 1980, 30, 39.
[53] Manfred Rühl, Journalismus und Gesellschaft, a. a. O., 39.
[54] Ibid., 395.
[55] Ibid., 21.
[56] Manfred Rühl, Ulrich Saxer, 25 Jahre Deutscher Presserat. Ein Anlaß für Überlegungen zu einer kommunikationswissenschaftlich fundierten Kritik des Journalismus und der Massenkommunikation, in: Publizistik 1981/4, 471. Vgl. hierzu in Weiterführung: Ulrich Saxer, Journalismus- und Medienethik: Möglichkeiten und Grenzen ethischer Selbstverpflichtung, in: Media-Perspektiven 1/1984, 21 f.
[57] Ibid., 472.
[58] Ibid., 487.

[59] Ibid., 472, 474.
[60] Vgl. Holger Rust, Wissenschaftliche Theorien und die Praxis der Massenkommunikation, in: Rundfunk und Fernsehen 1976/2, 355.
[61] Manfred Rühl, Ulrich Saxer, 25 Jahre, a. a. O., 488. Dazu auch S. 305 dieser Arbeit über das Achtungsinteresse bei Niklas Luhmann.
[62] Vgl. Niklas Luhmann, Funktion der Religion, Frankfurt 1977.
[63] Manfred Rühl, Journalismus und Gesellschaft, a. a. O., 187.
[64] Jürgen Werbick, System und Subjekt, in: Christlicher Glaube in moderner Gesellschaft, Band 24, Enzyklopädische Bibliothek, Freiburg 1981, 129.
[65] Karl Mannheim, Mensch und Gesellschaft im Zeitalter des Umbaus, Leiden 1935, 45 f.
[66] Gordon C. Whiting, Kommunikationsforschung in Deutschland, Eindrücke eines Amerikaners, in: Publizistik 1980/4, 547, 548.
[67] Ibid., 548.
[68] Otfried Höffe, Ethik und Politik, Grundmodelle und -probleme der praktischen Philosophie, Frankfurt 1979, 286.
[69] Gordon C. Whiting, a. a. O., 549.
[70] Vgl. Manfred Rühl, Kommunikationspolitik in der Entwicklung zu einem wissenschaftlichen Spezialgebiet, in: Kommunikation im Wandel der Gesellschaft, Festschrift für Otto B. Roegele, a. a. O., 303.
[71] Franz Ronneberger, Kommunikationspolitik, Teil I, Institutionen, Prozesse, Ziele, Mainz 1978, 5, 21.
[72] Ulrich Saxer, Grenzen der Publizistikwissenschaft. Wissenschaftswissenschaftliche Reflexionen zur Zeitungs-/Publizistik-/Kommunikationswissenschaft seit 1945, in: Publizistik 1980/4, 530.
[73] Ulrich Saxer, Die Zukunft der Massenkommunikation als Gegenstand der Kommunikationswissenschaft, in: Ulrich Saxer, Matthias P. Steinmann, Walter Hättenschwiler (Hrsg.), Materialien zur Zukunft der Massenkommunikation in der Schweiz, Bern 1978, 16, 18.
[74] Vgl. Stichwort Ethik, Fischer Lexikon Philosophie, hrsg. von Alwin Diemer, Ivo Frenzel, Frankfurt 1980, 43.
[75] Wilhelm Dilthey, Gesammelte Schriften, Band XIV/I, Göttingen 1966, 10.
[76] Wilhelm Dilthey, Das Erlebnis und die Dichtung, 14. Auflage, Göttingen 1965, 187 ff.
[77] Wilhelm Dilthey, Gesammelte Schriften, Band XIV/I, a. a. O., 10 f.
[78] Ibid., Band X, Frankfurt 1965, 44.
[79] Nikolaus Lobkowicz, Schicksale des Erfahrungsbegriffs, in: Kommunikation im Wandel der Gesellschaft, Festschrift für Otto B. Roegele, a. a. O., 21.
[80] Vgl. Hans Ineichen, Erkenntnistheorie und geschichtlich-gesellschaftliche Welt, Frankfurt 1975, 5.
[81] Ibid., 180.
[82] Franz W. Dröge, Winfried B. Lerg, Kritik der Kommunikationswissenschaft, in: Publizistik 1965/3, 253.
[83] Walter Schöne, Die Zeitung und ihre Wissenschaft, Leipzig 1928, 9.
[84] Vgl. Walter Hagemann, Grundzüge der Publizistik, 2. Auflage, Münster 1966, 282.

⁸⁵ Emil Dovifat (Hrsg.), Handbuch der Publizistik, Band 1, Allgemeine Publizistik, 40 f. Vgl. auch Wilmont Haacke, Publizistik und Gesellschaft, Stuttgart 1970, 33 f.
⁸⁶ Vgl. Gerhard Maletzke, Medienwirkungsforschung. Gedanken zu einer Forschungsstrategie in der Bundesrepublik Deutschland, in: Publizistik 1–2/1982. Dieses Heft informiert in umfassender Weise als Sonderausgabe zur Medienwirkungsforschung über den derzeitigen Stand der wissenschaftlichen Diskussion.
⁸⁷ Alois Huter, Mensch und Massenmedien, a. a. O., 18, 20 f.
⁸⁸ Michael Schmolke, Artikel »Kommunikation(stheorien)«, in: Katholisches Soziallexikon, Innsbruck 1980, 1435.
⁸⁹ Walter Hagemann, a. a. O., 183.
⁹⁰ Aristoteles, Rhetorik, Ausgabe von P. Gohlke, Paderborn 1959, I, 3.
⁹¹ Vgl. Otto B. Roegele, Medienpolitik – und wie man sie macht, Osnabrück 1973, 9 f.
⁹² Arbeitsgemeinschaft für Kommunikationsforschung (Hrsg.), Mediennutzung/Medienwirkung, Ergebnisse der Forschung. Tagungsbericht über ein wissenschaftliches Gespräch am 18. Januar 1980 in Bonn, Berlin 1980, 99.
⁹³ Gerhard Maletzke, Psychologie der Massenkommunikation, Theorie und Systematik, Hamburg 1963, 188, 227.
⁹⁴ Hertha Sturm, Medienwirkungsforschung – ein Faß ohne Boden? Oder: Plädoyer für eine konstruktive Alternative, in: Fernsehen und Bildung, 10/1976, Heft 3, 161.
⁹⁵ Christine Holtz, Allmacht oder Ohnmacht? Die Wirkungsforschung tritt auf der Stelle, in: Publizistik, 1980/2–3, 449.
⁹⁶ Uwe Braehmer, Leitsätze für die Kommunikationspraxis? Kommunikationswirkungen und publizistische Beeinflussung. Ein neues Modell zur Wirkungsforschung, in: Publizistik 1980/1, 24.
⁹⁷ Ibid., 36.
⁹⁸ Kaspar Stieler, Zeitungs Lust und Nutz, Vollständiger Neudruck der Originalausgabe von 1695, hrsg. von Gert Hagelweide, Bremen 1969, 64.
⁹⁹ Vgl. Frank Bledjian, Krista Stosberg, Analyse der Massenkommunikation: Wirkungen, Düsseldorf 1972, 14 f. Die Materiallage im journalistischen Berufsfeld beschreibt Siegfried Weischenberg mit dem Hinweis, schon nach einem halben Jahrzehnt gezielter Anstrengungen auf diesem bisher stark vernachlässigten Forschungsfeld seien »ganze Datenberge« in der Bundesrepublik zusammengetragen worden. Die Erträge belegten indessen, daß Datenwachstum und Erkenntnisfortschritt zwei Paar Stiefel seien. Vgl. Siegfried Weischenberg, Zwischen Taylorisierung und professioneller Orientierung. Perspektiven künftigen Kommunikatorverhaltens, in: Rundfunk und Fernsehen, 1981/2–3, 151.
¹⁰⁰ Hierzu Otto B. Roegele, Neugier als Laster und Tugend, Zürich 1982, 105.
¹⁰¹ Martin Heidegger, Brief über den Humanismus, in: Martin Heidegger, Gesamtausgabe, Band 9, Wegmarken, Frankfurt 1976, 313.
¹⁰² Fischer Lexikon Philosophie, a. a. O., 63.
¹⁰³ Hans Jonas, Das Prinzip Verantwortung, a. a. O., 100, 102.
¹⁰⁴ Helmut Kuhn, Das Sein und das Gute, München 1962, 12, 91 f. Karl-Otto Apel reklamiert den Marxismus für eine »geschichtsdialektische Erneuerung der vorneuzeitlichen aristotelisch-thomistischen Gleichsetzung des Seins und des Guten«, freilich mit

dem Unterschied: »Das Sein oder das Wirkliche wird nicht mehr deshalb für gut und vernünftig gehalten, weil es jetzt und immer schon als von Gott geschaffenes Sein gut und vernünftig ist, sondern nur insofern, als es bei einsichtiger Fortsetzung der natürlichen Entwicklung durch die menschliche Praxis so ist. Wer aber hat diese Einsicht?« Apel sieht die Kluft zwischen Sein und Sollen im Marxismus – die Kluft der Ungewißheit der Frage »Was sollen wir tun?« – durch die Einsicht derer überbrückt, die über das dialektische Wissen vom notwendigen Gang der Geschichte verfügen. Das Humesche Diktum hat der Marxismus nicht nachvollzogen; im Gegenteil, sein moralischer Wille ist stark und ontologisch gegründet wie seine »Ethik«. Karl-Otto Apel, Die Konflikte unserer Zeit und das Erfordernis einer ethischen Grundorientierung, in: Praktische Philosophie/Ethik I, Reader zum Funk-Kolleg, hrsg. von Karl-Otto Apel u. a., Frankfurt 1980, 285.

[105] Karl-Otto Apel, Die Konflikte unserer Zeit und das Erfordernis einer ethisch-politischen Grundorientierung, a. a. O., 281.

[106] Leo Strauss, Die Unterscheidung zwischen Tatsachen und Werten, in: Hans Albert, Ernst Topitsch (Hrsg.), Werturteilsstreit, Darmstadt 1979, 76.

[107] Ibid., 86, 87.

[108] Hans Freyer, Soziologie als Wirklichkeitswissenschaft, Leipzig 1930.

[109] Peter Kampits, Gibt es eine wissenschaftsimmanente Ethik? Zur Frage der sogenannten »Wertfreiheit der Wissenschaft«, in: Oskar Schatz (Hrsg.), Brauchen wir eine andere Wissenschaft?, Graz 1981, 154.

[110] Robert Spaemann, Politisches Engagement und Reflexion, Rede zum 17. Juni 1964, in: Robert Spaemann, Zur Kritik der politischen Utopie, Stuttgart 1977, 31, 32.

[111] Paul Watzlawik, Janet H. Beavin, Don D. Jackson (Hrsg.), Menschliche Kommunikation. Formen, Störungen, Paradoxien, Bern 1971, 53, 13.

[112] Hanno Beth, Harry Pross, Einführung in die Kommunikationswissenschaft, Stuttgart 1976, 75, 76.

[113] Harry Pross, Medienforschung. Film, Funk, Presse, Fernsehen, Darmstadt 1972, 19.

[114] Axel Schnorbus, Wir haben versäumt, die Wahrheit zu sagen, in: Frankfurter Allgemeine Zeitung vom 17. 5. 1982.

[115] Stichwort »Kommunikation«, Lexikon der Ethik, hrsg. von Otfried Höffe u. a., 2. Auflage, München 1980, 128.

[116] Der Große Herder, Freiburg 1954, Stichwort »Kommunikation«.

[117] Peter R. Hofstätter, Dynamik der Kommunikation, in: Dynamik der Kommunikation, hrsg. von Karl Becker und Karl-August Siegel, Frankfurt 1968, 43.

[118] Elisabeth Noelle-Neumann, Winfried Schulz (Hrsg.), Fischer Lexikon Publizistik, Frankfurt 1971, 89.

[119] Michael Kunczik, Massenkommunikation. Eine Einführung, Köln 1977, 4, 6. Die Definition, mit der sich Kunczik nicht zufriedengibt, wird aus Helmut Schoeck, Kleines Soziologisches Wörterbuch, Freiburg 1969, 194, genommen. Kunczik selbst hat sich mit seinem Kommunikationsbegriff an der von Max Weber vorgenommenen Unterscheidung zweier Arten menschlichen Verhaltens orientiert. »›Handeln‹ soll ein menschliches Verhalten (einerlei ob äußeres oder innerliches Tun, Unterlassen oder Dulden) heißen, wenn und insofern als der oder die Handelnden mit ihm einen

subjektiven Sinn verbinden. ›Soziales‹ Handeln aber soll ein solches Handeln heißen, welches seinen von dem oder den Handelnden gemeinten Sinn nach auf das Verhalten anderer bezogen wird und daran in seinem Ablauf orientiert ist« (Max Weber, Wirtschaft und Gesellschaft, Köln 1964, 1). Kunczik sieht hier Interaktion und Kommunikation als Arten sozialen Handelns definiert.

[120] Klaus Merten, Kommunikation. Eine Begriffs- und Prozeßanalyse, Opladen 1977, 9, 41, 57, 160. Merten klassifiziert die Definitionen nach dem Kriterium der Kommunikationsstruktur und nennt als Typen des einseitig strukturierten Prozesses: Kommunikation als Transmission, Kommunikation als Reiz-Reaktions-Handlung, Kommunikation als Interpretation. Als Typen des symmetrisch strukturierten Prozesses nennt er: Kommunikation als Verständigung, Kommunikation als Austausch, Kommunikation als Teilhabe, Kommunikation als Beziehung, Kommunikation als Verhalten, Kommunikation als Interaktion. Merten führt einen dritten Typ ohne Strukturangaben an, die er als Residualkategorie nach verschiedenen Dimensionen kennzeichnet. Dabei gelangt er zu dem Ergebnis, daß nach einer Reduktion aller Definitionen eine als die »aussichtsreichste Definition« hervortrat, »nämlich die Definition von Kommunikation durch Interaktion«. Ferner stellte sich heraus, daß der Begriff der Reflexivität in den Thesen, die zu jedem der Definitionstypen formuliert wurden, am häufigsten angesprochen war. Reflexivität in der Zeitdimension bedeutet dabei, »daß die Folgen von Kommunikation auf den Kommunikationsprozeß selbst zurückwirken«. Derartige Prozesse seien bereits unterhalb der animalischen Ebene, etwa in der Autokatalyse von Proteinen oder bei der Zellbildung feststellbar. Reflexivität in der Sachdimension bedeutet zunächst, »daß der jeweils schnellere Kanal bzw. der Kanal mit dem geringeren Zeichenrepertoire benutzt wird, um über langsamere Kanäle Aussagen zu machen«. Dieser reflexive Bezug der Kanäle sei Voraussetzung für Sprache und Bewußtsein und damit für die Ausbildung aller kulturellen Leistungen. Reflexivität der Sozialdimension »stellt sich als Reflexivität des Wahrnehmens, Erwartens und Handelns ein und leistet eine wechselseitige Verkoppelung der diese Wahrnehmungen, Erwartungen und Handlungen beisteuernden Individuen und schon damit Kommunikation«.

[121] Elisabeth Noelle-Neumann, Winfried Schulz (Hrsg.), Fischer Lexikon Publizistik, Frankfurt 1971, 45.

[122] Ibid., 45.

[123] Heinrich Rombach, Die Grundstruktur der menschlichen Kommunikation, in: Mensch, Welt, Verständigung. Phänomenologische Forschungen, Band 4, Freiburg 1977, 27.

[124] Karl Steinbuch, Maßlos informiert. Die Enteignung unseres Denkens, München 1978, 38 f.

[125] Alois Huter, Mensch und Massenmedien, a. a. O., 48.

[126] Ibid., 46, 47. Nach Huters Urteil erhält das Modell der Maschinen-Kommunikation das eigentlich theoretische Gewicht erst durch seine augenfällige Deckungsgleichheit mit der Lasswell-Formel, und an dieser Formel habe sich die Arbeit der Medienforschung bislang praktisch exklusiv orientiert, geprägt »von dieser mechanistischen und mithin deterministischen Axiomatik«.

[127] Ibid., 47.
[128] Vgl. Werner J. Severin, James W. Tankard (Hrsg.), Communication Theories. Origins, Methods, Uses, New York 1979, 172 f.
[129] In ihrem Fischer Lexikon Publizistik, 328 f., hat Elisabeth Noelle-Neumann die Fragen, die Hovlands wissenschaftstheoretisches Interesse bewegt haben, zusammengestellt; wir geben sie gerafft wieder: Sind Kommunikatoren wirksamer, wenn sie nur Argumente für den Standpunkt erwähnen, der befürwortet werden soll, oder wenn auch Gesichtspunkte angeführt werden, die dagegen sprechen? (Es kommt auf das Auditorium an . . .) Sind bei einer Pro- und Kontra-Auseinandersetzung Argumente, die das Publikum zuerst hört oder am Schluß hört, wirksamer? (Am Schluß meist wirksamer . . .) Werden die stärksten Punkte einer Argumentation besser an den Anfang oder an das Ende gestellt? (Je nachdem, wie interessiert das Publikum ist . . .) Soll man angenehme Dinge – Mitteilungen, denen das Publikum zustimmt oder die ihm wünschenswert erscheinen – am Anfang sagen oder sich für den Schluß aufbewahren? (Besser am Anfang . . .) Was ist wirksamer, eine rationale oder eine emotionelle Argumentation? (Befunde nicht eindeutig . . .) Soll man besser positiv, erfreuliche Wirkungen ausmalend argumentieren oder negativ, also mit abschreckenden, Furcht auslösenden Argumenten? (Untersuchungen führen zu wechselnden Befunden . . .) Soll man explizit oder implizit argumentieren: Soll man ausdrücklich die Schlußfolgerungen aus einer Argumentation ziehen, oder ist es wirksamer, das Publikum selbst die Schlußfolgerung ziehen zu lassen? (Meist besser, die Schlußfolgerung deutlich auszusprechen . . .) Wenn ein Publikum umgestimmt werden soll: Ist es wirksamer, vorsichtig zu argumentieren, dem Publikum nicht zuviel zuzumuten, oder eine radikale Meinungsänderung zu verlangen? (Wenn man rückhaltsloses Vertrauen hat, dann radikal wirksamer . . .).
[130] Karl Steinbuch, Maßlos informiert, a. a. O., 21.
[131] Diesen Begriff benutzt Kurt Koszyk, Stichwort »Kommunikation«, in: Handbuch der Massenkommunikation, hrsg. von Kurt Koszyk, Karl Hugo Pruys, München 1981, 94. So kann der Informationstheoretiker Karl Steinbuch schreiben, das meiste Unglück unserer Zeit stamme aus schlechten Informationen, nicht aus falschen Berechnungen. Hier wird »Information« zur Erklärungsformel für alles mögliche. Karl Steinbuch, Maßlos informiert, a. a. O., 44 f.
[132] Heinrich Rombach, a. a. O., 30, 35.
[133] Vgl. Ingo Dalferth, Eberhard Jüngel, Sprache als Träger von Sittlichkeit, in: Handbuch der christlichen Ethik, hrsg. von Anselm Hertz, Wilhelm Korf u. a., Freiburg 1978, 454 f.
[134] Ibid., 458.
[135] Paul Watzlawik, a. a. O., 38.
[136] Franz Kafka, Erzählungen, München 1965, 169 f.
[137] Gottfried Wilhelm Leibniz, Vernunftprinzipien der Natur und Gnade, Monadologie, Hamburg 1956 (Felix Meiner Verlag Philos. Bibliothek Band 253), § 57, 53.
[138] Eugen Biser, Religiöse Sprachbarrieren, a. a. O., 143.
[139] Ibid., 144.

[140] Hans Wagner, Kommunikation und Gesellschaft, Teil I, Einführung in die Zeitungswissenschaft, München 1978, 19.
[141] Martin Buber, Das dialogische Prinzip, 4. Auflage, Heidelberg 1979, 166, 295.
[142] Ibid., 196.
[143] Martin Buber, Ich und Du, in: Praktische Philosophie/Ethik, Reader zum Funk-Kolleg, Band 2, hrsg. von Otfried Höffe u. a., Frankfurt 1981, 266, 264.
[144] Martin Buber, Das dialogische Prinzip, a. a. O., 282.
[145] Alois Huter, Mensch und Massenmedien, a. a. O., 56, schreibt: »Ähnlich wie die griechischen Naturphilosophen einst die Frage beschäftigte, ob nicht durch fortschreitende Teilung eines Goldstückes endlich jener Moment eintreten müsse, wo Gold aufhöre, noch Gold zu sein, so könnte man in der Kommunikations- bzw. Medienforschung ja auch fragen, wie lange man qualitative Abstriche vom Begriff und Phänomen ›Kommunikation‹ machen dürfe, bis man schließlich nicht mehr mit gutem Gewissen von Kommunikation sprechen könne, bis also der Schritt in eine andere Gattung, in eine niedrigere Dimension getan sei.«
[146] Vgl. Ingo Dalferth, Eberhard Jüngel, a. a. O., 464.
[147] Martin Buber, Das dialogische Prinzip, a. a. O., 290.
[148] Hans-Georg Gadamer, Kleine Schriften I. Philosophie, Hermeneutik, Tübingen 1967, 111.
[149] Franz-Josef Eilers u. a. (Hrsg.), Kirche und Publizistik, a. a. O., 137.
[150] Erhard Schreiber, Homo significans. Die Multivalenz der Kommunikationssituation und die notwendige Ambiguität des Kommuniqués, in: Erhard Schreiber, Wolfgang Langenbucher, Walter Hömberg (Hrsg.), Kommunikation im Wandel der Gesellschaft, a. a. O., 51.
[151] Ibid., 53 f.
[152] Niklas Luhmann, Funktion der Moral, in: Praktische Philosophie/Ethik, Band 2, a. a. O., 136.
[153] Karl Jaspers, Philosophie, Band II, 4. Auflage, Berlin 1973, 50 f.
[154] Niklas Luhmann, Funktion der Moral, a. a. O., 137.
[155] Niklas Luhmann, Veränderungen im System gesellschaftlicher Kommunikation und die Massenmedien, in: Oskar Schatz (Hrsg.), Die Elektronische Revolution. Wie gefährlich sind die Massenmedien?, Graz 1975, 16.
[156] Ibid., 16.
[157] Niklas Luhmann, Das Phänomen des Gewissens und die normative Selbstbestimmung der Persönlichkeit, in: Franz Böckle, Ernst-Wolfgang Böckenförde (Hrsg.), Naturrecht in der Kritik, Mainz 1973, 226, 232.
[158] Ibid., 239.
[159] Ibid., 241.
[160] Niklas Luhmann, Funktion der Moral, a. a. O., 140, 141.
[161] Ibid., 148, 149.
[162] Niklas Luhmann, Das Phänomen des Gewissens, a. a. O., 230.
[163] Manfred Rühl, Ulrich Saxer, 25 Jahre Deutscher Presserat, a. a. O., 486, 487, 489.
[164] Ibid., 487.
[165] Niklas Luhmann, Funktion der Moral, a. a. O., 140, 141.

166 Jürgen Habermas, Niklas Luhmann, Theorie der Gesellschaft oder Sozialtechnologie. Was leistet die Systemforschung?, Frankfurt 1971, 308.
167 Niklas Luhmann, Veränderungen im System gesellschaftlicher Kommunikation, a. a. O., 22.
168 Karl Jaspers, Was ist Philosophie? München 1976, 285.
169 Karl Jaspers, Einführung in die Philosophie, München 1971, 23.
170 Karl Jaspers, Philosophie, Band I, 4. Auflage, Berlin 1973, VIII.
171 Vgl. Franz-Josef Fuchs, Existenz und Kommunikation. Die kommunikative Vermittlung des Existenz-Transzendenz-Verhältnisses in der Philosophie von Karl Jaspers, Dissertation Philosophische Fakultät Universität München 1980, 15.
172 Karl Jaspers, Philosophie, Band II, 4. Auflage, Berlin 1973, 50.
173 Ibid., 58.
174 Sören Kierkegaard, Die Wiederholung, übers. von L. Richter, Hamburg 1961, 62.
175 Karl Jaspers, Philosophie, Band II, a. a. O., 416.
176 Karl Jaspers, Der philosophische Glaube angesichts der Offenbarung, 2. Auflage, München 1963, 467.
177 Karl Jaspers, Die Atombombe und die Zukunft des Menschen, 4. Auflage, München 1960, 321.
178 Franz Ronneberger, Das Syndrom der Unregierbarkeit und die Macht der Medien, in: Publizistik 4/1983, 500.
179 Jürgen Habermas, Theorie des kommunikativen Handelns, Band 1: Handlungsrationalität und gesellschaftliche Rationalisierung, Band 2: Zur Kritik der funktionalistischen Vernunft, 2. Auflage, Frankfurt 1982 (I und II im folgenden).
180 Jürgen Habermas, I, a. a. O., 8.
181 Ibid., 15.
182 Ibid., 16.
183 Ibid., 9, auch Band II., a. a. O., 586.
184 Jürgen Habermas, Erkenntnis und Interesse, Frankfurt 1968, 256.
185 Jürgen Habermas, I, a. a. O., 37 f.
186 Vgl. Hermann Ringeling, Christliche Ethik im Dialog mit der Anthropologie: das Problem der Identität, in: Handbuch der christlichen Ethik, Band I, a. a. O., 480.
187 Jürgen Habermas, Konventionelle oder kommunikative Ethik, in: Praktische Philosophie/Ethik, Band 1, a. a. O., 40.
188 Jürgen Habermas, II, a. a. O., 580.
189 Jürgen Habermas, Niklas Luhmann, Theorie der Gesellschaft oder Sozialtechnologie, a. a. O., 140.
190 Jürgen Habermas, Konventionelle oder kommunikative Ethik, a. a. O., 40.
191 Ludwig Wittgenstein, Tractatus logico-philosophicus, 5. Auflage, Frankfurt 1968, 6.41, 6.42.
192 Jürgen Habermas, Konventionelle oder kommunikative Ethik, a. a. O., 42.
193 Vgl. Otfried Höffe, Kritische Überlegungen zur Konsensustheorie der Wahrheit, in: Otfried Höffe, Ethik und Politik, a. a. O., 251 f.
194 Jürgen Habermas, II, a. a. O., 548 ff.
195 Karl-Otto Apel, Transformation der Philosophie, Aufsatz: Die Kommunikations-

gemeinschaft als transzendentale Voraussetzung der Sozialwissenschaften, Band II, Frankfurt 1973, 220.

[196] Ibid., 222.

[197] Karl-Otto Apel, Die Konflikte unserer Zeit und das Erfordernis einer ethisch-politischen Grundorientierung, in: Praktische Philosophie/Ethik, Band 1, a. a. O., 288.

[198] Karl-Otto Apel, Transformation der Philosophie, Aufsatz: Das Apriori der Kommunikationsgemeinschaft und die Grundlagen der Ethik, Band II, Frankfurt 1973, 417.

[199] Karl-Otto Apel, Die Konflikte unserer Zeit . . ., a. a. O., 283.

[200] Robert Spaemann, Zur Kritik der politischen Utopie, Stuttgart 1977, 135, 141.

[201] Ibid., 132.

[202] Ibid., 136.

[203] Otfried Höffe, Kritische Überlegungen zur Konsensustheorie der Wahrheit, a. a. O., 272.

[204] Jürgen Habermas, II, a. a. O., 273.

[205] Ibid., 573.

[206] Ibid., 274, 573 f.

[207] Ibid., 575.

[208] Immanuel Kant, Kritik der Urteilskraft, Werke in sechs Bänden, hrsg. von Wilhelm Weischedel, Band V, Darmstadt 1963, 245/246; Akad. Ausg. Band V, 174/175.

[209] Immanuel Kant, Auswahl und Einleitung von Hans-Georg Gadamer, Frankfurt 1960, 214.

[210] Ibid., 11.

[211] Dieter Henrich, Das Problem der Grundlegung der Ethik bei Kant und im spekulativen Idealismus, in: Sein und Ethos. Untersuchungen zur Grundlegung der Ethik, hrsg. von Paulus Engelhardt, Mainz 1963, 214.

[212] Immanuel Kant, Grundlegung zur Metaphysik der Sitten, Werke (siehe Fußnote 208), Band IV, 31; Akad. Ausg. Band IV, 403/404.

[213] Ibid., 32; Akad. Ausg. 404.

[214] Immanuel Kant, Der Philosophischen Religionslehre Erstes Stück, Werke, Band IV, 666; Akad. Ausg. Band IV, 20.

[215] Immanuel Kant, Grundlegung zur Metaphysik der Sitten, Werke, Band IV, 32; Akad. Ausg. Band IV, 404.

[216] Ibid., 18; Akad. Ausg. 393.

[217] Friedrich Delekat, Immanuel Kant, Historisch-Kritische Interpretation der Hauptschriften, 2. Auflage, Heidelberg 1966, 258 f.

[218] Immanuel Kant, Grundlegung der Metaphysik der Sitten, Werke, Band IV, 77; Akad. Ausg. Band IV, 442.

[219] Immanuel Kant, Die Metaphysik der Sitten, Tugendlehre, Werke, Band IV, 573; Akad. Ausg. Band VI, 438.

[220] Immanuel Kant, Kritik der praktischen Vernunft, Werke, Band IV, 209; Akad. Ausg. Band V, 86.

[221] Ibid., 210; Akad. Ausg. 87.

[222] Immanuel Kant, Idee zu einer allgemeinen Geschichte in weltbürgerlicher Absicht, Werke, Band VI, 44; Akad. Ausg. Band VIII, 26.
[223] Immanuel Kant, Kritik der praktischen Vernunft, Werke, Band IV, 141; Akad. Ausg. Band V, 31.
[224] Vgl. Otfried Höffe, Immanuel Kant, Beck'sche Schwarze Reihe, Bd. 506, München 1983, 202 f. Kants Antwort, das Faktum der Vernunft, »mit der gröbsten und leserlichsten Schrift in der Seele des Menschen geschrieben« (»Gemeinspruch«, VIII 287), wirft nach Höffe allerdings Probleme auf, die bis heute keine allseits überzeugende Lösung gefunden hätten. Kant habe das Faktum der Vernunft nur im Bereich des Praktischen, nicht auch des Theoretischen gefunden. Höffe: »Reflektiert wird auf das, was im moralischen Bewußtsein (oder moralischen Reden usw.) immer schon gegeben ist, also auf ein Faktum, ein *Ist*, und doch soll die Reflexion zu einem Moralprinzip, dem Grund und Maßstab des *Sollens*, führen.« Höffe fügt mit Recht hinzu, daß die philosophische Begründung der Sittlichkeit eine mehrschichtige Aufgabe darstellt, wahrscheinlich auch eine Aufgabe, die niemals zum Abschluß gelangt oder durch eine einzige Methode allein gelöst werden könnte.
[225] Sigmund Freud, Ges. Werke, Band 14, London 1952, 506.
[226] Immanuel Kant, Vorrede, Kritik der reinen Vernunft, Werke, Band II, 13; Akad. Ausg. Band IV, 9.
[227] Dieter Henrich, a. a. O., 376.
[228] Immanuel Kant, Kritik der praktischen Vernunft, Werke, Band IV, 248; Akad. Ausg. Band V, 118.
[229] Otfried Höffe, Kants kategorischer Imperativ als Kriterium des Sittlichen, in: Otfried Höffe, Ethik und Politik, a. a. O., 101.
[230] Karol Wojtyla, Primat des Geistes. Philosophische Schriften, Stuttgart 1979, 319.
[231] Otfried Höffe, a. a. O., 95.
[232] Wolfgang Kluxen, Ethik des Ethos, Freiburg 1974, 19.
[233] Robert Spaemann, Reinhard Löw, Die Frage Wozu. Geschichte und Wiederentdeckung des teleologischen Denkens, München 1981, 137 f.
[234] Walter Schulz, Philosophie in der veränderten Welt, Pfullingen 1972, 359.
[235] »Dürfen wir, was wir können? Über die Grenzen des Eingriffs in die Welt – Fünf Antworten auf eine Frage«, in: Frankfurter Allgemeine Zeitung, 24. 12. 1983, 21 f.
[236] Franz Böckle, Werte und Normbegründung, in: Enzyklopädische Bibliothek Herder, Bd. 12, 44.
[237] Max Horkheimer, Theodor W. Adorno, Sociologica II. Reden und Vorträge, Frankfurt 1962, 193 f.
[238] Walter Schulz, a. a. O., 359, 361. Auch Otfried Höffe, a. a. O., 88.
[239] Immanuel Kant, Grundlegung zur Metaphysik der Sitten, Werke, Band IV, 19; Akad. Ausg. Band IV, 394.
[240] Walter Schulz, a. a. O., 361.
[241] Immanuel Kant, Beantwortung der Frage: Was ist Aufklärung? Werke, Band VI, 53; Akad. Ausg. Band VIII, 35.
[242] Immanuel Kant, Kritik der praktischen Vernunft, Werke, Band IV, 236; Akad. Ausg. Band V, 108.

²⁴³ Ibid., 205; Akad. Ausg. 83.
²⁴⁴ Schiller, Über Anmut und Würde, in: Schillers philosophische Schriften und Gedichte, hrsg. von Kühnemann, Leipzig 1922, 151. Zit. nach Dieter Henrich, a. a. O., 378 f.
²⁴⁵ Dieter Henrich, a. a. O., 372 f.
²⁴⁶ Immanuel Kant, Metaphysik der Sitten, Tugendlehre, Werke, Band IV, 532; Akad. Ausg. Band VI, 400.
²⁴⁷ Walter Schulz, a. a. O., 698 ff.
²⁴⁸ Immanuel Kant, Grundlegung zur Metaphysik der Sitten, Werke, Band IV, 102; Akad. Ausg. Band IV, 463.
²⁴⁹ Georg Büchner, Dantons Tod (1835), Auswahl in einem Band, Frankfurt 1971, 231.
²⁵⁰ Papst Johannes Paul II., Ansprache vor Künstlern und Publizisten im Münchener Herkulessaal, 19. November 1980, Pressestelle der Dt. Bischofskonferenz, Bonn.
²⁵¹ Dieter Stolte, Versuche, es anders zu machen, Eröffnungsreferat der Mainzer Tage der Fernseh-Kritik, 13. bis 15. September 1982, als Manuskript vorliegend, Seite 8.
²⁵² Martin Heidegger, Brief über den »Humanismus«, in: Wegmarken, Ges. Ausg. Bd. 9, Frankfurt 1976, 353.
²⁵³ Ibid., 354 f.
²⁵⁴ Max Horkheimer, a. a. O., 193.
²⁵⁵ Jürgen Habermas, Erkenntnis und Interesse, a. a. O., 350.
²⁵⁶ Hans-Reinhard Müller, Die Wahrheit ist konkret, in: zur debatte, Themen der Katholischen Akademie in Bayern, Nr. 4/1982, 12.
²⁵⁷ J. R. Mock, C. Larson, Words that Won the War. The Story of the Committee on Public Information 1917–1919, Princeton 1939.
²⁵⁸ Alfred McClung Lee, Elizabeth Briant Lee, The Fine Art of Propaganda. A Study of Father Coughlin's Speeches, New York 1939. Charles E. Coughlin war katholischer Priester und gelangte in den dreißiger Jahren zu nationaler Berühmtheit. An jedem Sonntag versammelte er mittels 47 Radiostationen, die seine Ansprachen übertrugen, über 30 Millionen Hörer zu einer Gemeinde, die an die Proportionen des Fernsehzeitalters heranreichte. Seine Kirche in Royal Oak, Michigan, nannte er »The Shrine of the Little Flower«, aber das Etikett war irreführend. Coughlin predigte eine faschistische Moral der »sozialen Gerechtigkeit«. Seine Radio-Karriere endete erst, als die Kirche ihn offiziell rügte.
²⁵⁹ Elisabeth Noelle-Neumann, Die Schweigespirale, a. a. O., 19.
²⁶⁰ Hans Magnus Enzensberger, Baukasten zu einer Theorie der Medien, in: Kursbuch 20/1970, 159 ff.
²⁶¹ Maximilian Gottschlich, Journalismus und Orientierungsverlust, Grundprobleme öffentlich-kommunikativen Handelns, Graz 1980, 118, 128, 134.
²⁶² Walter Schulz, Philosophie in der veränderten Welt, Pfullingen 1972, 702.
²⁶³ Ludger Oeing-Hanhoff, Walter Kasper, Negativität und Böses, in: Enzyklopädische Bibliothek Herder, Freiburg 1981, Bd. 9, 185.
²⁶⁴ Theodor W. Adorno, Minima Moralia. Reflexionen aus dem beschädigten Leben, Ges. Schriften, Bd. 4, Frankfurt 1980, 281.
²⁶⁵ Walter Schulz, Ethik aus Resignation, Ursachen der gegenwärtigen Krise der Moral, in: Evangelische Kommentare, 5/1981, 256.

[266] Walter Schulz, Philosophie in der veränderten Welt, a. a. O., 703.
[267] Simone Weil, Die Einwurzelung. Einführung in die Pflichten dem menschlichen Wesen gegenüber, München 1956, 63.
[268] Ibid., 49.
[269] Michael O'Neill, Wenn die Regierung zum Feind wird. Macht und Arroganz der Presse, in: Frankfurter Allgemeine Zeitung vom 8. September 1982, 10.
[270] Vgl. »Journalism under Fire«, in: Time, December 12, 1983, 44 f.
[271] Otfried Höffe (Hrsg.), Lexikon der Ethik, 2. Aufl., München 1980, 224.
[272] Wolfgang Kluxen, Ethik des Ethos, München 1974, 58.
[273] Alexander Schwan, Wahrheit und Pluralismus, in: Enzyklopädische Bibliothek Herder, Bd. 19, Freiburg 1981, 153.
[274] Jakob Schissler, Der Wertaspekt in der Forschung zur politischen Kultur. Ansätze und Ergebnisse, in: Helmut Klages, Peter Kmieciak (Hrsg.), Wertwandel und gesellschaftlicher Wandel, Frankfurt 1979, 351 f. Vgl. auch Gabriel A. Almond, Sidney Verba, The Civic Culture. Political Attitudes and Democracy in Five Nations, Princeton University Press, 1963.
[275] Christian Graf von Krockow, Ethik und Demokratie, in: Aus Politik und Zeitgeschichte, B 49/1979, 4. Zur Antwort auf Krockow vgl. Hermann Boventer, Gott, Demokratie und Politische Bildung, in: Aus Politik und Zeitgeschichte, B 33-34/1980, 3–20, und Christian Graf von Krockow, Demokratie und Politische Erziehung. Eine Antwort an Hermann Boventer, in: Aus Politik und Zeitgeschichte, B 33-34, 21–27.
[276] Krockow, B 49/1979, 4. Mit dem evangelischen Theologen Dietrich Bonhoeffer spricht Krockow von »Vorletztem« und »Letztem« – oder auch von Glauben und Unglauben – als einem unaufhebbaren Spannungsverhältnis. Eine humane Politik erscheint ihm nur in der Beschränkung auf das »Vorletzte« möglich. Denn jede »gläubige Politik«, wie Krockow sie nennt, zielt aufs Letzte. Man würde Krockow sicher mißverstehen, wollte man seinen Aufruf zu radikaler Liberalität zu einem Aufruf für den »Unglauben« in der Demokratie erklären.
[277] Eberhard Jüngel, Wertlose Wahrheit. Christliche Wahrheitserfahrung im Streit gegen die »Tyrannei der Werte«, in: Carl Schmitt, Eberhard Jüngel, Sepp Schulz (Hrsg.), Die Tyrannei der Werte, Hamburg 1979, 69, 71.
[278] Martin Heidegger, Holzwege, Frankfurt 1950, 209. Ebenfalls Martin Heidegger, Brief über den »Humanismus«, a. a. O., 349.
[279] Otfried Höffe (Hrsg.), Lexikon der Ethik, a. a. O., 272.
[280] Max Scheler, Der Formalismus in der Ethik und die materiale Wertethik. Neuer Versuch der Grundlegung eines ethischen Personalismus, 5. Aufl., Bern 1966, 43.
[281] Ibid., 30, 267, 279.
[282] Wilhelm Weischedel, Skeptische Ethik, Frankfurt 1976, 78, 179 f.
[283] Ibid., 179 ff.
[284] Christian Graf von Krockow, B 49/1979.
[285] Max Scheler, a. a. O., 173.
[286] Robert Spaemann, Zur Kritik der politischen Utopie, a. a. O., 198.
[287] Simone Weil, a. a. O., 62 f.

Anmerkungen zum Exkurs »Media Ethics«

[288] Upton Sinclair, The Brass Check. A Study of American Journalism, Pasadena, California, 1919. Dort findet sich vorn vor dem Inhaltsverzeichnis der zitierte »Letter for the Time« von Romain Rolland abgedruckt.
[289] Walter Lippmann, Public Opinion, New York 1922.
[290] Will Irwin, The American Newspaper, 15 Artikel in »Collier's«, Ausgaben vom 21. 1. bis 29. 7. 1911.
[291] Manfred Rühl, Ulrich Saxer, 25 Jahre Deutscher Presserat, Ein Anlaß für Überlegungen zu einer kommunikationswissenschaftlich fundierten Ethik des Journalismus und der Massenkommunikation, in: Publizistik, 4/1981, 471.
[292] Michael O'Neill, Wenn die Regierung zum Feind wird. Macht und Arroganz der Presse, in: Frankfurter Allgemeine Zeitung vom 8. 9. 1982, 10.
[293] Vgl. Franz Barsig, Die öffentlich-rechtliche Illusion. Medienpolitik im Wandel, Köln 1981. Barsig war von 1968 bis 1978 Intendant des Senders Freies Berlin. In dem Kapitel »Gefahren der Programmentwicklung«, 37 ff., aber auch in vielen publizistischen Beiträgen in der politischen Wochenpresse nennt Barsig die Mißstände und Fehlleistungen des Rundfunkjournalismus beim Namen. Der frühere WDR-Intendant, von Bismarck, der frühere Intendant des Hessischen Rundfunks, Hess, und der frühere Intendant der Saarländischen Rundfunks, May, sparten nicht mit kritischen Resümees aus der Praxis, nachdem sie ihre Verantwortung abgetreten hatten.
[294] Robert S. Fortner, The Self-Conscious Image and the Myth of an Ethical Press, in: Journalism History, Studies on Ethics, Vol. 5, No. 2, Summer 1978, 48.
[295] James W. Carey, Journalism and Criticism: The Case of an Undeveloped Profession, in: Michael Emery, Ted Curtis Smythe, Readings in Mass Communication. Concepts and Issues in the Mass Media, Fourth Edition, Dubuque, Iowa, 1980, 127.
[296] Michael Novak, Why the Working Man Hates the Media, in: John C. Merrill, Ralph D. Barney (Ed.), Ethics and the Press. Readings in Mass Media Morality, Second printing, New York 1978, 108.
[297] Peter B. Clark, The Press and its Critics, in: Lee Thayer (Ed.), Ethics, Morality and The Media. Reflections on American Culture, New York 1980, 74.
[298] Jenkin Lloyd Jones, The Golden Age of Kookery, in: Lee Thayer (Ed.), a. a. O., 47 ff.
[299] Ibid., 52.
[300] Jerry Mander, Four Arguments for the Elimination of Television, New York 1978. In deutscher Übersetzung: Jerry Mander, Schafft das Fernsehen ab. Eine Streitschrift gegen das Leben aus zweiter Hand, Reinbek 1979. Vgl. dazu Rezension von Bernward Frank, in: Rundfunk und Fernsehen, 1980/2, 261 f.
[301] Marie Winn, The Plug-In Drug, New York 1977. In deutscher Übersetzung: Marie Winn, Die Droge im Wohnzimmer, Reinbek 1979.
[302] George Gerbner, Kathleen Conolly, Television as New Religion, in: Michael Emery, Ted Curtis Smythe, a. a. O., 21 ff.
[303] Manfred Rühl, Ulrich Saxer, a. a. O., 472.

[304] John Calhoun Merrill, Existential Journalism, New York 1977.
[305] John C. Merrill, Ethics and Journalism, in: John C. Merrill, Ralph D. Barney (Ed.), a. a. O., 15.
[306] Bulletin der University of Missouri-Columbia, School of Journalism, Vol. 74, Nr. 21, Sept. 18, 1973. Die Zitate sind aus dem sogenannten Williams-Code übersetzt worden, der nach der deutschen Übersetzung in: Jürgen Prott, Bewußtsein von Journalisten. Standesdenken oder gewerkschaftliche Solidarisierung? Frankfurt 1976, 400 f., den folgenden Wortlaut hat:
»Ich glaube, daß die Zeitung eine öffentliche Aufgabe zu erfüllen hat, daß alle, die mit ihr verbunden sind, in vollem Umfang ihrer Verantwortlichkeit Treuhänder der Öffentlichkeit sind; daß ein geringerer denn ein öffentlicher Dienst ein Verrat an dieser Aufgabe ist.
Ich glaube, daß klares Denken und klare Ausdrucksweise, Genauigkeit und Fairneß grundlegend für einen guten Journalisten sind.
Ich glaube, daß die Unterdrückung von Nachrichten, sofern die Wohlfahrt der Gesellschaft sie nicht zwingend erfordert, nicht zu vertreten ist. Ich glaube, daß niemand als Journalist schreiben sollte, was er als Ehrenmann nicht sagen würde; daß sich jeder durch seinen eigenen Ehrgeiz ebensowenig wie durch andere bestechen lassen soll; daß niemand durch den Hinweis auf die Anweisungen anderer oder die Verdienste anderer aus seiner eigenen Verantwortung entlassen werden kann.
Ich glaube, daß Anzeigen, Nachrichten und Leitartikel gleichermaßen im besten Sinne den Leserinteressen dienen sollten; daß für alle ein einziger Maßstab helfender Wahrheit und Sauberkeit gelten soll; daß der beste Beweis für einen guten Journalismus der Nutzen für die Öffentlichkeit ist.
Ich glaube, daß der Journalismus, der am meisten Erfolg hat und am meisten Erfolg verdient, Gott fürchtet und den Menschen achtet; er ist entschieden unabhängig, unberührt von Rechthaberei oder Machtgier, konstruktiv, tolerant, aber niemals oberflächlich, unter Selbstkontrolle, geduldig, stets voller Achtung für den Leser, doch auch immer ohne Furcht vor ihm, sofort empört bei Ungerechtigkeiten, ungerührt bei Hinweisen auf Vorrechte oder beim Geschrei des Pöbels; er bemüht sich, jedem Menschen eine Chance zu geben – und jedem Menschen, soweit Gesetz und gerechtes Abwägen und die Anerkennung einer Brüderlichkeit aller Menschen es zulassen, die gleiche Chance; er ist zutiefst vaterländisch, während er zugleich aufrichtig die internationale Verständigung fördert und die Weltgemeinschaft festigt; er ist Journalismus der Menschlichkeit von und für die Welt unserer Zeit.«
[307] Casper S. Yost, The Principles of Journalism, New York 1924, V.
[308] Leon Nelson Flint, The Conscience of the Newspaper. A Case Book in the Principles and Problems of Journalism, New York 1925, 429 ff. Der »Kansas Code« wurde von W. E. Miller, Herausgeber von St. Mary's Star, verfaßt und gliederte sich in einen Teil »For the Publisher«, der mit Regeln zum Anzeigengeschäft einsetzte, und einem Teil »For the Editor«, der erheblich kürzer war.
[309] Nelson A. Crawford, The Ethics of Journalism, New York 1924.
[310] Leon Nelson Flint, a. a. O., 427.

³¹¹ William L. Rivers, Wilbur Schramm, Clifford G. Christians (Ed.), Responsibility in Mass Communication, Third Edition, New York 1980, 289.
³¹² Der ASNE-Kodex wurde am 28. April 1923 angenommen und von einem Kommitee unter dem Vorsitz von H. J. Wright, Herausgeber von »New York Globe«, ausgearbeitet. Die Neufassung wurde am 23. Oktober 1975 angenommen und an die Stelle der alten »Canons of Journalism« gesetzt.
³¹³ Clifford G. Christians, Fifty Years of Scholarship in Media Ethics, in: Journal of Communication, Vol. 27, No. 4, Autumn 1977, 19 f.
³¹⁴ Clifford G. Christians, Community, Epistemology and Mass Media Ethics, in: Journalism History, Vol. 5, No. 2, Summer 1978, 38.
³¹⁵ Frank W. Scott, The Illinois Code, in: Journalism Bulletin 2, No. 2, 1925, 28.
³¹⁶ Henry Louis Mencken, A Gang of Pecksniffs, ed. by Theo Lippmann Jr., New Rochelle, New York, 1975, 63.
³¹⁷ Clifford G. Christians, Fifty Years, a. a. O., 20.
³¹⁸ E. M. Johnson, The Utilization of the Social Sciences, in: Journalism Bulletin, No. 4, 1927, 30.
³¹⁹ Clifford G. Christians, Journalism History, a. a. O., 40.
³²⁰ Clifford G. Christians, Fifty Years, a. a. O., 22.
³²¹ A Free and Responsible Press, ed. by Commission on Freedom of the Press, Chicago 1947.
³²² Ibid., 10.
³²³ Ibid., 4.
³²⁴ John Calhoun Merrill, The Imperative of Freedom. A Philosophy of Journalistic Autonomy, New York 1974, 88 f.
³²⁵ Clifford G. Christians, Fifty Years, a. a. O., 23.
³²⁶ Ibid., 22. Christians führt acht »reporting textbooks« auf, die den Objektivitätsstandard enführen; sie sind vorwiegend älteren Datums. Bruce M. Swain, Reporters' Ethics, Ames, Iowa, 1978, hat während des Sommers 1975 insgesamt 67 Reporter von 16 großen Tageszeitungen in zehn Städten des Ostens und Mittelwestens nach ihren Reporter-Idealen befragt. »Objektivität« als Ideal und Annäherungswert hat weiterhin einen hohen Stellenwert, aber der Begriff bedarf der Anführungszeichen und hat seine Unschuld spätestens mit dem Aufkommen des »New Journalism« verloren. Er ist zur Einlaßstelle der berufsethischen Reflexion geworden. Swain bemerkt, er habe bei allem Meinungsgefälle, das er antraf, keinen Reporter gefunden, der an Fragen journalistischer Ethik nicht stark interessiert gewesen sei. Vgl. Preface, XI.
³²⁷ Clifford G. Christians, Fifty Years, a. a. O., 24.
³²⁸ Sander Vanocur, TV's Failed Promise, in: Lee Thayer, Ethics, Morality and The Media, Reflections on American Culture, New York 1980, 99 f.
³²⁹ Lee Thayer, Ethics, Morality and The Media: Notes on American Culture, in: Lee Thayer, a. a. O., 29. Lee Thayer von der University of Wisconsin hat in drei Jahrzehnten als Kommunikationswissenschaftler in zahlreichen Veröffentlichungen die Ethikprobleme vor allem in ihrem kulturellen und spezifisch amerikanischen Kontext angesprochen. Die jeweils spezifische Kultur macht die Menschen »menschlich« und Medien »journalistisch«. Das Interdependenzgeflecht von Massenkommunikation und

Kulturmustern – wir sprechen von »Medienkultur« – hat bisher zu wenig Beachtung gefunden.

[330] Clifford G. Christians, Fifty Years, a. a. O., 27.
[331] Ibid., 27.
[332] Clifford G. Christians, Jacques Ellul and Democracy's »Vital Information« Premise, in: Journalism Monographs, August 1976, 1–44.
[333] Ibid., 15, 27.
[334] Clifford G. Christians, Catherine L. Covert, Teaching Ethics in Journalism Education, The Teaching of Ethics III, New York 1980, 11 ff. Von 247 Schulen mit »journalism and mass communication programs« aus einer Liste der Fachzeitschrift »Journalism Educator« vom Januar 1977, die für die Untersuchung benutzt wurde, antworteten 237 (96 Prozent). Die Kurse bei den 66 Schulen mit spezifischem Ethikkurs im Programm waren entweder ganz typisch als »Journalism Ethics« ausgeschrieben oder unter Titeln wie »Law and Ethics«, »Ethics and Mass Communication«, »Social Responsibility of the Media«, »Ethical Problems of the Press« aufgeführt.
[335] Vgl. Bruce M. Swain, Reporters' Ethics, a. a. O., wo ausgiebig und mit vielen persönlichen Daten aus der Praxis »erzählt« wird.
[336] Clifford G. Christians, Catherine L. Covert, Teaching Ethics, a. a. O., 16.
[337] Ibid., 49 ff. Die Untersuchung erwähnt, daß mindestens 25 Textbücher zur Medienethik heute in den USA auf dem Markt seien, mit folgenden Präferenzen. An der Spitze steht das Textbuch von John M. Hulteng, The Messenger's Motives (21 Kurse), gefolgt von John C. Merrill, Ralph Barney, Ethics and the Press, und Nelson-Teeter, Law of Mass Communications (7 Kurse), William L. Rivers, Wilbur Schramm, Responsibility in Mass Communication (5 Kurse), ferner Gerald Gross, The Responsibility of the Press, und Francois, Mass Media Law and Regulation, sowie Gillmor-Barron, Mass Communication Law (jeweils 3 Kurse).
[338] John C. Merrill, Ethics and Journalism, in: John C. Merrill, Ralph D. Barney, Ethics and the Press. Readings in Mass Media Morality, Second printing, New York 1978, 15.
[339] Zum SDC-Kodex vgl. Bruce M. Swain, a. a. O., 114.
[340] John Calhoun Merrill, Existential Journalism, New York 1977, 131.
[341] John C. Merrill, Ralph Barney, Ethics and the Press, a. a. O., VIII.
[342] John Calhoun Merrill, Existential Journalism, a. a. O., 16.
[343] Ibid., 19.
[344] John C. Merrill, Ralph L. Lowenstein, Media, Messages and Men. New Perspectives in Communication, Second edition, New York 1979, 217 f.
[345] John Calhoun Merrill, Existential Journalism, a. a. O., 18.
[346] Ibid., 75.
[347] John Calhoun Merrill, The Imperative of Freedom, a. a. O., 13.
[348] Vgl. Media and the First Amendment in a Free Society, The Georgetown Law Journal, Foreword by Osmond K. Fraenkel, Amherst, Massachusetts, 1973.
[349] William L. Rivers, Wilbur Schramm, Clifford G. Christians, Responsibility in Mass Education, Third Edition, New York 1980, 44.
[350] Ibid., 47.

[351] Ibid., 50.
[352] Ibid., 278.
[353] Ibid., 282. Bernard Rubin, The Search for Media Ethics, in: Bernard Rubin (Ed.), Questioning Media Ethics, New York 1978, 52, nennt unter den Lösungen zu dem Problem, ob angesichts des zunehmenden Klimas des Mißtrauens nicht Formen der Selbstkontrolle gefunden werden können, ohne daß die Medienfreiheit in der Substanz berührt wird, an erster Stelle: Die Medien sollten ernstmachen mit der Einrichtung eines Ombudsmanns; ferner sollten sie als Vehikel für eine verstärkte Öffnung zum Publikum hin die »op-ed pages« einführen, offene Seiten für Leser- und Selbstkritik, um das öffentliche Vertrauen zu verbessern. Als weitere Lösungsmöglichkeit nennt Rubin eine verbesserte Kenntnis in der Öffentlichkeit, was Rolle und Aufgaben der Medien betrifft. An dritter Stelle wird die journalistische Selbsterziehung und Weiterbildung genannt.
[354] Fred S. Siebert, Theodore Peterson, Wilbur Schramm, Four Theories of the Press, Twelfth Printing, Urbana, Illinois, 1979.
[355] William L. Rivers u. a., Social Responsibility in Mass Communication, a. a. O., 7.
[356] Ibid., 237.
[357] Clifford G. Christians, Teaching Ethics, a. a. O., 37 ff.
[358] John M. Phelan, Disenchantment. Meaning and Morality in the Media, New York 1980.
[359] Ibid., 10.

ANMERKUNGEN ZUM VIERTEN TEIL

[1] Werner Weber, Innere Pressefreiheit als Verfassungsproblem, Berlin 1973, 72. Ebenfalls Peter Schiwy, Walter J. Schütz (Hrsg.), Medienrecht. Stichworte für die Praxis, Neuwied 1977, 137 f.
[2] Friedrich Nietzsche, Werke I, hrsg. von Karl Schlechta, Frankfurt 1976, I 644 (376).
[3] Friedrich Nietzsche, Werke II, a. a. O., II 382, Von den Dichtern.
[4] Duden, Herkunftswörterbuch, Mannheim 1963, 432. Vgl. dazu auch die begrifflichen und politischen Herleitungen in: Werner Becker, Die Freiheit, die wir meinen. Entscheidung für die liberale Demokratie, München 1982, 111 f.
[5] Goethe, Überschriftvers zum polemischen Teil der Farbenlehre.
[6] Ferdinand Tönnies, Kritik der öffentlichen Meinung, Berlin 1922, 24.
[7] Walter Hagemann, Grundzüge der Publizistik, Münster 1966, 160 f.
[8] Peter R. Hofstätter, Psychologie der öffentlichen Meinung, Wien 1949, 3.
[9] BVerfGE 5, 135, Urteil vom 17. 8. 1956.
[10] Ibid.
[11] Wilhelm Weischedel, Wirklichkeit und Wirklichkeiten, Berlin 1960, 271.
[12] Niklas Luhmann, Politische Planung. Aufsätze zur Soziologie von Politik und Verwal-

tung, Opladen 1971, 10. Der amerikanische Politikwissenschaftler Robert MacIver, Academic Freedom in the United States, New York 1954, hat den Begriff »public opinion system« eingeführt. Er differenziert nach dem Meinungstyp bei modernen Meinungsbefragungen, »the opinion alignment«, sowie nach der Dimension »structure of communication«. Als dritte Dimension nennt er »the ground of consensus«, und zusammen ergeben die drei Komponenten das System öffentlicher Meinung.

[13] Ibid., 10.
[14] Ibid., 29.
[15] Heinz Ueckermann, Hans-Jürgen Weiss, Die Themenstrukturierungsfunktion der Massenmedien. Systematische Analyse der angelsächsischen Agenda-Setting-Forschung, Bonn 1980.
[16] Vgl. Hans-Mathias Kepplinger, Die Grenzen des Wirkungsbegriffes, in: Publizistik, 1–2/1982, 105, wo der Autor sich auf ein Papier von Maxwell E. McCombs, Donald I. Shaw zur Agenda-Setting Function, das 1980 bei einem Kongreß in Mexiko vorgetragen wurde, beruft.
[17] Niklas Luhmann, a. a. O., 24.
[18] Ibid., 22.
[19] Daß die normative Tradition aus sozialwissenschaftlicher Sicht »überholt« sei, behauptet Peter Hunziker, Gesellschaftliche Strukturbedingungen der »Öffentlichen Meinung«, in: Media-Perspektiven 7/1981, 520, wo es weiter heißt: »Die sozialen Rahmenbedingungen der Prozesse öffentlicher Meinungsbildung müssen vielmehr aufgrund exakter Beobachtungen der gesellschaftlichen Realität beschrieben und anhand eines empirisch fundierten theoretischen Modells analysiert werden.«
[20] Paul. F. Lazarsfeld, Public Opinion and The Classical Tradition, in: Communications and Public Opinion. A Public Opinion Quarterly Reader, ed. by Robert O. Carlson, New York 1975, 621.
[21] John Locke, Über den menschlichen Verstand, 3. Auflage Philos. Bibliothek Felix Meiner Verlag, Hamburg 1976.
[22] Elisabeth Noelle-Neumann, Die Schweigespirale. Öffentliche Meinung – unsere soziale Haut, München 1980, 96 f.
[23] John Locke, a. a. O., 77.
[24] Elisabeth Noelle-Neumann, Die süßen Früchte vom Baum der Verblendung. Öffentliche Meinung – was sie ist und wie man ihr begegnen kann, in: Rheinischer Merkur/ Christ und Welt, 2. 7. 1982, 8.
[25] Der Mensch als Orientierungswaise? Ein interdisziplinärer Erkundungsgang, Beiträge von Hermann Lübbe u. a., Freiburg 1982.
[26] Rudolf Zihlmann, In den Kulissen der Meinungswelt. Medienwelt und Isolation, in: Die Macht der Meinungsmacher. Die Freiheit, zu informieren und informiert zu werden, hrsg. von Gerd-Klaus Kaltenbrunner, Freiburg 1975, 99.
[27] Erik Zinnen, Der Wolf. Mythos und Verhalten, Wien 1978, 7.
[28] Niklas Luhmann, Politische Planung, a. a. O., 17.
[29] Elisabeth Noelle-Neumann, Die süßen Früchte, a. a. O., 8.
[30] Noelle-Neumanns Untersuchungsergebnisse zum Einfluß des Fernsehens auf die Wahlentscheidung 1976 sind auf heftige Kritik vor allem seitens der öffentlich-

rechtlichen Rundfunkanstalten geraten. Über das Allensbacher Institut war im Frühjahr des Bundestagswahljahres 1976 ein dramatischer Meinungsklimawechsel gemessen worden, der mit der Mediennutzung korrellierte und zuungunsten der CDU/CSU ausschlug. Vgl. Elisabeth Noelle-Neumann, Der Konflikt zwischen Wirkungsforschung und Journalisten. Ein wissenschaftsgeschichtliches Kapitel, in: Publizistik, 1–2/1982, 121 f.

[31] Elisabeth Noelle-Neumann, Der Konflikt zwischen Wirkungsforschung und Journalisten, a. a. O., 115. Kommunikationsforschung, die eine starke Medienwirkung nachweist, gerät in Konflikt mit den Journalisten, ist die These Noelle-Neumanns. Die »Legende von der Machtlosigkeit der Journalisten« werde von diesen sorgfältig gepflegt, aber: »Die starke Wirkung der Medien wird wohl in Zukunft unbestritten bleiben.«

[32] Hans Mathias Kepplinger, Die Grenzen des Wirkungsbegriffes, in: Publizistik 1–2/1982, 98.

[33] Otto B. Roegele, Bemerkungen zu einem anthropologischen Begriff der Öffentlichkeit, in: Die Frage nach dem Menschen. Aufriß einer philosophischen Anthropologie, Festschrift für Max Müller zum 60. Geburtstag, hrsg. von Heinrich Rombach, Freiburg 1966, 212 f.

[34] Hermann Oncken, Politik, Geschichtsschreibung und öffentliche Meinung (1904), in: Historisch-politische Aufsätze und Reden, Band I. München 1914, 230, 236.

[35] Lothar Döhn, Klaus Klöckner (Hrsg.), Medienlexikon. Kommunikation in Gesellschaft und Staat, Baden-Baden 1979, 169.

[36] Karl d'Ester, Johann Joseph Görres, in: Handbuch der Zeitungswissenschaft, Band I, Leipzig 1940, Sp. 1318.

[37] Emil Dovifat, Handbuch der Publizistik, Band 1, Berlin 1968, 16.

[38] Johann Gottlieb von Justi, Ob es nach den Regeln der Staatskunst ratsam ist, den Verlust einer Schlacht zu läugnen, oder falsche Siege und Vortheile auszubreiten, in: Göttingische Policey-Amts Nachrichten, Jg. 1757, Nr. XXXV, 138; zit. nach Wilmont Haacke, Publizistik und Gesellschaft, Stuttgart 1970, 158.

[39] Helmut Schoeck, Kleines Soziologisches Wörterbuch, Freiburg 1969, 250.

[40] Jürgen Habermas, Strukturwandel der Öffentlichkeit. Untersuchungen zu einer Kategorie der bürgerlichen Gesellschaft, Neuwied 1962, 265.

[41] Jürgen Habermas, Öffentlichkeit, in: Jürgen Habermas, Kultur und Kritik, 2. Auflage, Frankfurt 1977, 68.

[42] Ibid., 69.

[43] Jürgen Habermas, Strukturwandel der Öffentlichkeit, a. a. O., 20.

[44] Otto B. Roegele, Verantwortung des Journalisten, in: Peter Schiwy, Walter J. Schütz (Hrsg.), Medienrecht. Stichwörter für die Praxis, Neuwied 1977, 208.

[45] George Gerbner, Kathleen Conolly, Television as New Religion, in: Readings in Mass Communication, Fourth Edition, ed. by Michael Emery, Ted Curtis Smythe, Dubuque, Iowa, 1980, 21.

[46] Jo Groebel, »Macht« das Fernsehen die Umwelt bedrohlich? Strukturelle Aspekte und Ergebnisse einer Längsschnittstudie zu Fernsehwirkungen, in: Publizistik 1–2/1982, 152.

⁴⁷ Thomas Luckmann, Heinrich Döring, Paul M. Zulehner, Anonymität und persönliche Identität, in: Enzyklopädische Bibliothek Herder, Band 25, Freiburg 1980, 9 f.
⁴⁸ Friedrich Wilhelm Josef Schelling, Vom Ich als Prinzip der Philosophie (1795), WW I (Stu-Au 1856), 178.
⁴⁹ Walter Kern, Identität, in: Sacramentum Mundi, Zweiter Band, Freiburg 1968, 788.
⁵⁰ Ibid., 789.
⁵¹ Jürgen Habermas, Stichworte zu einer Theorie der Sozialisation, in: Jürgen Habermas, Kultur und Kritik, 2. Auflage, Frankfurt 1977, 132.
⁵² Thomas Luckmann u. a., a. a. O., 15.
⁵³ Peter L. Berger, Auf den Spuren der Engel. Die moderne Gesellschaft und die Wiederentdeckung der Transzendenz, Frankfurt 1972, 42.
⁵⁴ Maximilian Gottschlich, Journalismus und Orientierungsverlust. Grundprobleme öffentlich-kommunikativen Handelns, Wien 1980, 13 ff.
⁵⁵ Winfried B. Lerg, Wirkungsforschung im Widerstreit, in: Bertelsmann-Briefe, Heft 97, Januar 1979, 25.
⁵⁶ Hanno Beth, Harry Pross, Einführung in die Kommunikationswissenschaft, Stuttgart 1976, 75.
⁵⁷ Franz-Josef Eilers u. a., Kirche und Publizistik. Dreizehn Kommentare zur Pastoralinstruktion »Communio et Progressio«, München 1972, Nr. 8.
⁵⁸ Jürgen Habermas, Stichworte zu einer Theorie der Sozialisation, a. a. O., 122.
⁵⁹ Peter Glotz, Über politische Identität. Vier Thesen zu den Zukunftschancen der Bundesrepublik, in: Merkur, 34/1980, 1179.
⁶⁰ Noelle-Neumann (Schweigespirale, a. a. O., 223) verweist auf Allensbacher Archiv, IfD-Umfragen 2173 (Januar 1976) und 2196 (Februar 1977).
⁶¹ Eugen Biser, »Mit anderer Stimme«, in: Communio, 2/1982, 109.
⁶² Harry Pross, Medienforschung. Film, Funk, Presse, Fernsehen, Darmstadt 1972, 108 f.
⁶³ Duden, Herkunftswörterbuch, Mannheim 1963, 426. Friedrich Kluge, Etymologisches Wörterbuch, 18. Auflage, Berlin 1960, 472.
⁶⁴ Friedrich Nietzsche, Werke I, a. a. O., I 273.
⁶⁵ José Ortega y Gasset, Der Aufstand der Massen, Hamburg 1956, 7.
⁶⁶ Herbert Marcuse, Der eindimensionale Mensch. Studien zur Ideologie der fortgeschrittenen Industriegesellschaft, 15. Auflage, Neuwied 1980, 11, 114, 208.
⁶⁷ Marcuse bringt das Baudelaire-Zitat (»Mon Cœur Mis à Nu« XXXII, in: Œuvres Posthumes, Ed. Conard Bd. II, 109) in: Herbert Marcuse, Triebstruktur und Gesellschaft, Frankfurt 1965, 152.
⁶⁸ Max Horkheimer, Theodor W. Adorno, Dialektik der Aufklärung. Philosophische Fragmente, Frankfurt 1969, 129.
⁶⁹ Ibid., 142, 163.
⁷⁰ Friedrich Nietzsche, Werke I, a. a. O., I 983.
⁷¹ Max Horkheimer, Theodor W. Adorno, a. a. O., 166.
⁷² Zum Uses-and-Gratifications-Approach vgl. Werner J. Severin, James W. Tankard, Communication Theories. Origins, Methods, Uses, New York 1979, 250 f.

[73] Harold D. Lasswell, The Structure and Function of Communication in Society, in: Lyman Bryson (Ed.), The Communication of Ideas, New York 1948, 37–51.
[74] Henk Prakke, Die Lasswell-Formel und ihre rhetorischen Ahnen, in: Publizistik 3/1965, 287.
[75] Werner J. Severin, James W. Tankard, a. a. O., 148. Vgl. zur Verstärkerthese S. 202 ff. dieser Arbeit.
[76] Wilbur Schramm, The Effects of Mass Media in an Information Era, in: Harold D. Lasswell et al. (Ed.), Propaganda and Communication in World History, Volume III, Honolulu 1980, 310.
[77] Elihu Katz, Mass Communication Research and the Study of Popular Culture, in: Studies in Public Communication, 1959, 2, 1–6. In diesem Artikel von Katz taucht der Uses-and-Gratifications-Approach zum ersten Mal auf und werden die Fragestellungen auf den Nutzen und die Bedürfnisbefriedigung verwiesen. Katz antwortete damals auf den Vorwurf von Bernard Berelson, die Wirkungsforschung sei weithin am Ende. Katz erwiderte, mit einem bestimmten Typus von Wirkungsforschung, der die linear und einseitig vom Kommunikator zum Rezipienten verlaufenden Wirkungen untersucht, gehe es zu Ende. Die Frage müsse jetzt umgedreht werden: »Was macht das Publikum mit den Medien?« Kurioserweise konnte er sich dabei auf eine Studie von Berelson aus dem Jahre 1949 berufen, in der das Verhalten von Zeitungslesern während eines Zeitungsstreiks untersucht worden war. Was fehlt den Rezipienten, wenn die Zeitung ausbleibt und die Bedürfnisse nach Information unbefriedigt bleiben? Eine andere Studie von Riley and Riley wurde angeführt, aus der hervorging, daß Kinder, die in ihrer Gruppe der Gleichaltrigen gut integriert sind, Abenteuergeschichten aus den Medien für ihre Gruppenspiele benutzten, während andere Kinder, die einen niedrigen Integrationsfaktor aufwiesen, dieselben Geschichten in ihre Phantasie- und Tagträume aufnahmen.
[78] Winfried Schulz, Ausblick am Ende des Holzweges. Eine Übersicht über die Ansätze der neuen Wirkungsforschung, in: Publizistik, 1–2/1982, 54.
[79] Elisabeth Noelle-Neumann, Der Konflikt zwischen Wirkungsforschung und Journalisten, a. a. O., 124. Noelle-Neumann führt als Beispiel eine Untersuchung in Österreich an, die 1981 in Kooperation zwischen dem Institut für Demoskopie in Allensbach und dem österreichischen IMAS-Institut in Linz entstand. Dabei habe sich das Muster wiederholt, daß bei Personen, die viel fernsehen, die Absicht deutlich höher liegt, bei der nächsten Nationalratswahl die Sozialistische Partei Österreichs zu wählen.
[80] Winfried Schulz, a. a. O., 51.
[81] Hertha Sturm, Der rezipienten-orientierte Ansatz in der Medienforschung, in: Publizistik, 1–2/1982, 89.
[82] Bernard Berelson, Paul F. Lazarsfeld, W. N. McPhee, Voting: A Study of Opinion Formation in a Presidential Campaign, Chicago 1954, 88.
[83] Elisabeth Noelle-Neumann, Winfried Schulz (Hrsg.), Fischer-Lexikon Publizistik, Frankfurt 1971, 321.
[84] Ibid.; ebenfalls Werner J. Severin, James W. Tankard, a. a. O., 154.
[85] Wilbur Schramm, The Effects of Mass Media in an Information Era, a. a. O., 306.
[86] Werner J. Severin, James W. Tankard, a. a. O., 168; ebenfalls Fischer-Lexikon

Publizistik, a. a. O., 333. Der 50-Minuten-Film »The Battle of Great Britain« zeigte sich in den Untersuchungen der Hovland-Gruppe höchst wirkungsvoll in der Absicht, den Informationsstand über den Luftkrieg, der 1940 über England stattfand, erheblich zu verbessern. Nicht so wirkungsvoll war er in der Beeinflussung der Meinungen darüber, wie der Luftkrieg im einzelnen zu führen sei. Wirkungslos blieb der Film in der Absicht, eine bessere Kampfmoral oder Motivation für den soldatischen Dienst zu wecken. Daraus leitete die Forschungsgruppe ab, daß eine einzelne durch Massenkommunikation vermittelte Aussage auf die persönlichen Überzeugungen nahezu keine verändernden Wirkungen ausübt.

[87] Friedrich Nietzsche, Werke I, a. a. O., I 745.

[88] Jan Aufermann u. a. (Hrsg.), Gesellschaftliche Kommunikation und Information, Band 2, Frankfurt 1973, 578 f.

[89] Gustav Freytag, Die Journalisten. Ein Lustspiel, 2. Akt, 2. Szene, 1852.

[90] Otto B. Roegele, Anmerkungen zum Thema »Kommunikations-Berufe«, in: Publizistik aus Profession, Festschrift für Johannes Binkowski, hrsg. von Gertraude Steindl, Düsseldorf 1978, 26.

[91] Ibid., 28.

[92] Vgl. das Gutachten »Journalismus als Beruf«, das als Synopse der bis 1977 erfolgten Journalistenuntersuchungen von Hans-Jürgen Weiß erstellt wurde, in: Kommunikationspolitische und kommunikationswissenschaftliche Forschungsprojekte der Bundesregierung (1974–1978), Presse- und Informationsamt der Bundesregierung, Bonn 1978, 111; ferner ein Doppelheft »Rundfunk und Fernsehen«, 2–3/1981, das die Hamburger Medientage 1981 zum Thema »Journalisten heute – was sie sollen, was sie wollen, was sie können« auswertet. Ebenso: Günther Rager, Journalisten-Aus- und -Weiterbildung am Beispiel des Stuttgart-Hohenheimer Modells, in: Publizistik aus Profession, a. a. O., 29; vgl. auch Ulrich Saxer, Dysfunktionale Folgen unzulänglicher Journalistenaus- und -fortbildung, in: Publizistik, 3–4–1–2/1974/75, 278 f.

[93] Jürgen Prott, Bewußtsein von Journalisten, Frankfurt 1976, 284. Prott hat zwischen September 1974 und Februar 1975 insgesamt 130 Zeitungsredakteure aus dem Hamburger und Bielefelder Raum interviewen lassen. 68 dju-Mitglieder und 62 DJV-Mitglieder konnten zum Gespräch gewonnen werden. Die Untersuchung wurde durch die IG Druck und Papier sowie die »Stiftung Mitbestimmung« des Deutschen Gewerkschaftsbundes unterstützt.

[94] Ibid., 285.

[95] Ibid., 286.

[96] Siegfried Weischenberg, Zwischen Taylorisierung und professioneller Orientierung. Perspektiven künftigen Kommunikatorhandelns, in: Rundfunk und Fernsehen, 2–3/1981, 154.

[97] Rudolf Walter Leonhardt, Journalismus und Wahrheit, Luzern 1976, 7.

[98] Jürgen Prott, a. a. O., 252.

[99] Ibid., 253.

[100] Siegfried Weischenberg, a. a. O., 167, der zum Einzug der Elektronik in die Redaktion vier Fragestellungen im Kontext berufsstruktureller Tendenzen formuliert: Verschmelzen unspezifische journalistische Vermittlungstechniken und durchorganisierte tech-

nologische Produktionsformen durch den Einsatz rechnergesteuerter Redaktionssysteme? Hebt der Faktor Neue Technik ein technologisches Komplexitätsgefälle zwischen Rundfunk und Print-Medien auf? Bleiben die Berufstechniken des Journalismus auch unter den Bedingungen der Elektronik für Berufslaien ohne weiteres anlernbar? Führen die neuen Kommunikationstechnologien zu einer Polarisierung im Journalismus zwischen weniger »Kreativen« sowie Planern und vielen »Taylorisierten«, mit den heutigen Pressejournalisten als Reservearmee für die Neuen Medien?

[101] Rudolf Walter Leonhardt, a. a. O., 124.
[102] Ibid., 81.
[103] Walter Schulz, Ich und Welt. Philosophie der Subjektivität, Pfullingen 1979, 11.
[104] Ibid., 42, 44.
[105] Ibid., 45 f.
[106] Jürgen Prott, a. a. O., 283.
[107] Ibid., 283.
[108] Carl Amery, Der Publizist als Exorzist, in: Die Macht der Meinungsmacher. Die Freiheit, zu informieren und informiert zu werden, hrsg. von Gerd-Klaus Kaltenbrunner, Freiburg 1976, 141.
[109] Lutz Besch über Matthias Claudius, in: Journalisten über Journalisten, hrsg. von Hans-Jürgen Schultz, München 1980, 20.
[110] Emil Dovifat (Hrsg.), Handbuch der Publizistik, Band 1, Allgemeine Publizistik von Emil Dovifat, Berlin 1968, 40 ff.
[111] Ibid., 43.
[112] Elisabeth Noelle-Neumann hat anläßlich der Verleihung des Emil-Dovifat-Preises am 27. 5. 1981 in Bonn ihren Lehrer Dovifat davor in Schutz genommen, der Berliner Zeitungswissenschaftler sei ein Verfechter reiner Gesinnungsethik in der Publizistiklehre gewesen, da wir doch heute erhebliche Zweifel hätten, ob Gesinnungsethik das ist, was wir von einem Mediensystem wünschen. Für Dovifat habe das Prinzip der Gesinnung keineswegs uneingeschränkt gegolten. Für ihn zeigte der Verantwortungsbegriff die gesinnungsmäßige Natur aller Pressearbeit. Dovifat, so folgerte Noelle-Neumann, habe Gesinnungs- und Verantwortungsethik miteinander verbunden.
[113] Harry Pross über Carl von Ossietzky, in: Journalisten über Journalisten, a. a. O., 213.
[114] Wolfgang Donsbach, Aus eigenem Recht. Legitimitätsbewußtsein und Legitimationsgründe von Journalisten, in: Hans Mathias Kepplinger (Hrsg.), Angepaßte Außenseiter. Was Journalisten denken und wie sie arbeiten, Freiburg 1979, 40.
[115] Helmut Schelsky, Systemüberwindung, Demokratisierung, Gewaltenteilung, München 1973, 113.
[116] Helmut Schelsky, Die Arbeit tun die anderen. Klassenkampf und Priesterherrschaft der Intellektuellen, Opladen 1975, 330.
[117] Kaspar Stieler, Zeitungs Lust und Nutz. Vollständiger Neudruck der Originalausgabe von 1695, hrsg. von Gert Hagelweide, Bremen 1969, 126.
[118] John C. Merrill, Ralph L. Lowenstein, Media, Messages and Men. New Perspectives in Communication, New York 1973, 228 ff.
[119] Martin Löffler, Der Verfassungsauftrag der Presse, Karlsruhe 1963, 4.
[120] Wolfgang Donsbach, Journalisten zwischen Publikum und Kollegen. Forschungs-

ergebnisse zum Publikumsbild und zum in-group-Verhalten, in: Rundfunk und Fernsehen, 2–3/1981, 175. In der Synopse von Hans-Jürgen Weiß (siehe Anmerkung 92) wird die Rollenselbstdeutung des Journalisten als Kritiker und Kontrolleur politischer und gesellschaftlicher Prozesse am stärksten herausgestellt; mindestens 80 Prozent halten sie für wichtig. Dabei hat sich die berufliche Sozialisation von Journalisten vor Ort, vor allem an Tageszeitungen, als »die« Instanz der Tradierung dieser Selbstdeutung erwiesen. Inhaltlich ebenfalls sehr plastisch, aber ambivalent wird das journalistische Berufsbild des Erziehers bewertet, dem ein politisches Harmoniemodell zugrunde liegen dürfte. Hier ist die idealistische Berufsauffassung auch stärker vertreten. Der Typ des anwaltschaftlichen Journalismus, der sich vor allem für die gesellschaftlich unterprivilegierten Bevölkerungsteile einsetzt, ist nur sehr zaghaft positiv bewertet worden. Dem Erzieher-Ideal neigen vor allem ältere Journalisten zu, und deshalb ist es durchaus möglich, daß dieses Ideal durch den Typ einer radikaldemokratischen Auffassung wie den des anwaltschaftlichen Journalismus schrittweise abgelöst wird. Der Journalist in der Rolle eines neutralen Informationsvermittlers nach den Maßstäben einer objektiven Nachrichtengebung wird bedauerlicherweise in den Untersuchungen nicht angeführt, und entsprechend liegen dazu auch keine Statements vor. Man darf vermuten, daß das Erzieher-Ideal die informationsvermittelnde Aufgabe vielfach miteingeschlossen hat, soweit das Erzieherische hier nicht als eine notfalls auch manipulative Einflußnahme auf den »Zögling«, der sich Publikum nennt, mißdeutet worden ist.

[121] Ibid.
[122] Martin Löffler, a. a. O., 4.
[123] Maximilian Gottschlich, F. Karmasin, Beruf: Journalist. Eine Imageanalyse – Bevölkerung, Politiker, Journalisten urteilen, Wien 1979, 159.
[124] Thomas Gruber, Barbara Koller, Manfred Rühl, Berufsziel: Journalist. Vorstellungen, Einstellungen und Bedingungen beim Eintritt in den Beruf, in: Publizistik, 3/4/1/2, 1974/75, 336 ff.
[125] Hans Mathias Kepplinger, Angepaßte Außenseiter. Ergebnisse und Interpretationen der Kommunikationsforschung, in: Hans Mathias Kepplinger (Hrsg.), Angepaßte Außenseiter, a. a. O., 9 f.
[126] Otto B. Roegele, Anmerkungen zum Thema »Kommunikations-Berufe«, in: Publizistik aus Profession, Festschrift für Johannes Binkowski, hrsg. von Gertraude Steindl, Düsseldorf 1978, 24.
[127] Hans Mathias Kepplinger, a. a. O., 23.
[128] Ibid., 27.
[129] Hans Mathias Kepplinger, Inge Vohl, Professionalisierung des Journalismus? Theoretische Probleme und empirische Befunde, in: Rundfunk und Fernsehen, 1976/4, 312.
[130] Jürgen Prott, a. a. O., 258 f.
[131] Ibid., 270.
[132] Hans Mathias Kepplinger, a. a. O., 16.
[133] Jürgen Prott, a. a. O., 264.
[134] Vgl. Anmerkung 306, Dritter Teil dieser Arbeit.
[135] Jürgen Prott, a. a. O., 266 f.

[136] Otto B. Roegele, Anmerkungen zum Thema »Kommunikations-Berufe«, a. a. O., 27.
[137] Elisabeth Noelle-Neumann, Die Entfremdung. Brief an die Zeitschrift »Journalist«, in: Hans Mathias Kepplinger (Hrsg.), Angepaßte Außenseiter, a. a. O., 260.
[138] Hans Mathias Kepplinger (Hrsg.), Angepaßte Außenseiter, 12 f.
[139] Heinrich Heine, Zur Geschichte der Religion und Philosophie in Deutschland (1834), in: Heine, Sämtliche Werke in zwölf Teilen, hrsg. von P. Beyer, K. Quenzel, K. H. Wegener, 8. Teil, Leipzig o. J., 261.
[140] Jürgen Prott, a. a. O., 270.
[141] Peter Glotz, Wolfgang R. Langenbucher, Der mißachtete Leser. Zur Kritik der deutschen Presse, Köln 1969, 28 ff.
[142] Wolfgang R. Langenbucher, Kommunikation als Beruf. Ansätze und Konsequenzen kommunikationswissenschaftlicher Berufsforschung, in: Publizistik 3/4/1/2, 1974/75, 269.
[143] Émile Gabel, L'enjeu des media, Paris 1971, 63.
[144] Franz Wördemann, Notizen über eine moderne Isolierstation, in: Rundfunk und Fernsehen, 2–3/1981, 258.
[145] Ibid., 259.
[146] Elisabeth Noelle-Neumann, Winfried Schulz (Hrsg.), Fischer-Lexikon Publizistik, Frankfurt 1971, 12.
[147] Maximilian Gottschlich, Journalismus und Orientierungsverlust, a. a. O., 100.
[148] Ibid.
[149] Hans Jürgen Schultz, Journalisten über Journalisten, München 1980, 17.
[150] Wolfgang R. Langenbucher (Hrsg.), Journalismus & Journalismus. Plädoyers für Recherche und Zivilcourage, München 1980, 9 f.
[151] Hans D. Jarass, Die Freiheit der Massenmedien. Zur staatlichen Einwirkung auf Presse, Rundfunk, Film und andere Medien, Baden-Baden 1978, 120.
[152] Hermann Krings, System und Freiheit. Gesammelte Aufsätze, Freiburg 1980, 99.
[153] Otfried Höffe, Moral und Recht. Eine philosophische Perspektive, in: Stimmen der Zeit, 2/1980, 112.
[154] Ibid., 112.
[155] Ibid., 113.
[156] Johann Gottlieb Fichte, Zurückforderung der Denkfreiheit von den Fürsten Europas, die sie bisher unterdrückten, 1793, 69.
[157] Duden-Herkunftswörterbuch, Mannheim 1963, 184.
[158] Simone Weil, Die Einwurzelung. Ein Vermächtnis. Einführung in die Pflichten dem menschlichen Wesen gegenüber, München 1956, 26.
[159] Hegel, Sämtliche Werke, hrsg. von Hermann Glockner, Stuttgart 1932, XI, 44.
[160] Vgl. Josef Simon, Freiheit. Theoretische und praktische Aspekte des Problems, Freiburg 1977, 91.
[161] Dieter Nestle, Eleutheria I, Die Griechen, Tübingen 1967, 91.
[162] Eugen Biser, Provokationen der Freiheit. Antriebe und Ziele des emanzipierten Bewußtseins, Salzburg 1974, 34.
[163] Hermann Krings, Freiheit und sittliche Bindung, in: Stimmen der Zeit, 9/1981, 604.

[164] Ibid., 604, 608.
Karl Jaspers, Philosophie Band II, Existenzerhellung, Berlin 1956, 178.
[165] Josef Simon, a. a. O., 19 ff.
[166] Ibid., 27.
[167] Ibid., 34.
[168] Kant, Kritik der Urteilskraft, Einleitung, Abschn. VIII.
[169] Josef Simon, a. a. O., 35.
[170] Vgl. den Forschungsbericht des National Institute of Mental Health, Television and Behavior. Ten Years of Scientific Progress and Implications for the Eighties, Volume II, Technical Reviews, Washington 1982, 249 f.
[171] Kurt Lüscher, Medienwirkungen und Gesellschaftsentwicklung, in: Media-Perspektiven 9/1982, 549. Lüscher zitiert aus einer Untersuchung von D. P. Philipps, The impact of fictional television stories on U.S. adult fatalities: New evidence on the effect of the mass media on violence, American Journal of Sociology 1982, 1340 ff.
[172] Kurt Lüscher, a. a. O., 552.
[173] Jeanne Hersch, Die Unfähigkeit, Freiheit zu ertragen, Zürich 1974.
[174] Dostojewskij, Die Brüder Karamasow, München 1923, 459 f.
[175] Otfried Höffe (Hrsg.), Lexikon der Ethik, Zweite Auflage, München 1980, 128.
[176] Ernst Wolfgang Orth, Kommunikationskultur und Weltverständnis, Freiburg 1977, 11 f.
[177] Vgl. Eugen Biser, Religiöse Sprachbarrieren. Aufbau einer Logaporetik, München 1980, 352.
[178] Hans Jonas, Das Prinzip Verantwortung, Frankfurt 1979, 185.
[179] Ibid., 234.
[180] Jonas sieht im Begriff der Verantwortung den des Sollens impliziert. Aber wie läßt sich die angebliche Kluft von Sein und Sollen, die Jonas »die heutige Crux der Theorie« nennt, überbrücken? Verneint wird, daß von irgendeinem Seienden an sich, in seinem schon gegebenen oder erst möglichen Sein, so etwas wie ein »Soll« emanieren kann. Nötig sei daher ein ontisches Paradigma, meint Jonas, und dies glaubt er mit dem Hinweis auf ein Neugeborenes beantworten zu können, »das, was der Anfang von jedem von uns war, als wir es nicht wissen konnten, aber immer wieder dem Anblick sich darbietet, wenn wir blicken und wissen können. Denn auf die Aufforderung: Zeigt uns einen einzigen Fall – ein einziger genügt, um das ontologische Dogma zu brechen! – wo jener Zusammenfall stattfindet, so kann man auf das Allervertrauteste hinzeigen: das Neugeborene, dessen bloßes Atmen unwidersprechlich ein Soll an die Umwelt richtet, nämlich: sich seiner anzunehmen. Sieh hin und du weißt.« So glaubt Jonas in seiner Theorie der Verantwortung zeigen zu können, »wie das Sein eines einfach ontisch Daseienden ein Sollen für andere immanent und ersichtlich beinhaltet« (234 f.).
[181] Hans Jonas, a. a. O., 182.
[182] Ibid., 179.
[183] Otto B. Roegele, Verantwortung des Journalisten, in: Medienrecht. Stichwörter für die Praxis, hrsg. von Peter Schiwy, Walter J. Schütz, Neuwied 1977, 207 f.
[184] Eugen Biser, Provokationen der Freiheit, a. a. O., 30.
[185] Martin Buber, Werke I, Schriften zur Philosophie, München 1962, 796.

[186] Manfred Riedel, Freiheit und Verantwortung. Zwei Grundbegriffe der kommunikativen Ethik, in: Praktische Philosophie/Ethik, Band I, Fischer-Taschenbuch, Frankfurt 1980, 112.
[187] Ibid., 117.
[188] Eugen Biser, Provokationen der Freiheit, a. a. O., 133.
[189] Hans Jonas, a. a. O., 36.
[190] Ibid., 96.
[191] Ulrich Saxer, Journalismus- und Medienethik: Möglichkeiten und Grenzen ethischer Selbstverpflichtung, in: Media-Perspektiven 1/1984, 26.
[192] F. W. J. Schelling, Philosophische Untersuchungen über das Wesen der menschlichen Freiheit und die damit zusammenhängenden Gegenstände; mit einem Essay von Walter Schulz, Suhrkamp Taschenbuch 138, Frankfurt 1975, 33.
[193] Vgl. Walter Schulz, Freiheit und Geschichte in Schellings Philosophie, in: Suhrkamp Taschenbuch 138, a. a. O., 11.
[194] Hermann Krings, System und Freiheit, a. a. O., 17.
[195] Ibid., 25.
[196] Ibid., 31 f.
[197] Manfred Rühl, Journalismus und Gesellschaft. Bestandsaufnahme und Theorieentwurf, Mainz 1980, 399.
[198] Ibid., 396 f.
[199] Hermann Krings, System und Freiheit, a. a. O., 218, 223 f.
[200] F. W. J. Schelling, Sämtliche Werke, hrsg. von K. F. A. Schelling, Stuttgart 1856–1861, Bd. 7, 352.
[201] Hermann Krings, System und Freiheit, a. a. O., 138.
[202] Ibid., 123 ff.

NAMEN- UND SACHREGISTER

Abend, M. 134, 136 f., 246
Abich, H. 143
Achtung, sittliche 269, 305 ff., 328, 330, 335
Adorno, T. 79, 86, 212, 344, 404
Agenda-setting-function 24, 385 f.
Aktualität 55 ff.
Amery, C. 416
Anders, G. 42 f.
Apel, K. 285, 318
Aristoteles 41, 48, 174 f., 249 ff., 254 ff., 322, 326
Auer, A. 262 f., 267
Aufklärung 39, 79, 83, 324, 332, 335

Bacon, F. 36, 86, 175
Benjamin, W. 47, 60 f., 69, 180
Berufsethik 18, 246, 262, 264, 273 f., 361 ff., 422 ff.
Bettelheim, B. 200
Bild, Bildmetaphorik 180 f., 184 ff., 219
Binkowski, J. 264 f.
Biser, E. 11, 78, 98 f., 105 f., 183, 299, 401, 432, 439, 456 f.
Blumenberg, H. 48 ff.
Böckle, F. 333
Boehm, G. 71
Bracher, K. 68
Bredow, H. 161
Buber, M. 299 ff., 439
Büchner, G. 337

Canetti, E. 160
Cassirer, E. 76
Christians, C. 363, 368 ff., 376
Communio et Progressio 134 ff., 137, 263, 302, 399
Cox, H. 218, 222, 224 f., 228
Croce, B. 177

Demokratie 13, 19, 63, 123, 171, 228, 403
Descartes, R. 44 f., 298, 396, 414, 433
Deussen, G. 261
Deutscher Presserat 130 f., 133, 267
Dialog 109, 226 f., 299 ff.
Dilthey, W. 276 ff.
Doelker, C. 61, 147
Donsbach, W. 418, 420, 499 f.
Dostojewskij, F. M. 435
Dovifat, E. 279 f., 392, 416 f., 427
Durkheim, E. 63

Elektronische Kirche 215 ff., 359
Ellul, J. 369
Empirismus 273 ff., 376
Epstein, E. 129 f.
Erfahrung 80, 276 ff.
Erkennen, Erkenntnistheorie 26, 46

Fernsehen 25, 97, 101 ff., 141 ff., 161 ff., 167 ff., 187 ff., 202 ff., 224 ff., 368, 395, 434 f.
Fleck, F. 323 f.
Freiheit 19, 30, 135, 165, 172, 306, 325, 352 f., 371 ff., 381 ff., 427, 429 ff., 436 ff.
Freud, S. 152, 329
Freyer, H. 286
Freytag, G. 410
Frobenius, L. 184

Gabel, E. 426
Gadamer, H. 60 ff., 72, 95, 118 f., 127, 140, 149, 182 ff., 255 ff., 301 f.
Gatekeeper 35, 75, 408
Gerbner, G. 199, 359 f.
Gespräch 103, 117 ff., 227
Glotz, P. 400, 426
Görres, J. 392, 398, 416, 427
Goethals, T. 220
Goethe, J. W. v. 122, 125, 141, 187, 383

Gottschlich, M. 199, 261 f., 342 f., 398, 427
Groth, O. 68 f.
Gute, das 249, 251 f., 325, 332, 335, 337 ff., 352, 443
Gutenberg, J. 167, 173

Haacke, W. 84
Habermas, J. 313 ff., 319 ff., 340, 393, 399 f.
Hagemann, W. 173 f., 384
Hegel, G. W. F. 66, 307, 396, 432, 440
Heidegger, M. 29, 37, 40 f., 50 ff., 92 ff., 96, 99, 111, 194, 283, 309, 339 f., 350, 396
Heine, H. 119, 416, 425
Heisenberg, W. 37
Henrich, D. 323, 335
Hermann, I. 97
Hermeneutik 18, 26 f., 71, 114 ff., 118 f., 184, 255
Hersch, J. 34
Höffe, O. 251, 319 f., 331, 430
Höhlengleichnis 90 f., 355
Hölderlin, F. 55, 62
Hofstätter, P. 384
Hommes, U. 43
Horkheimer, M. 86, 240, 334, 340, 404
Hovland, C. 294 f., 408
Humboldt, W. 96 ff., 109
Hume, D. 284, 386
Husserl, E. 40 f., 87 f.
Hutchins-Commission 366 f., 374
Huter, A. 262, 280, 294

Identität 314, 317, 395 ff.
Information 112, 195 ff.

Jaspers, K. 309 ff.
Johannes Paul II. 338
Jonas, H. 37, 166, 283 f., 437 ff.
Journalist, Berufsverständnis 265, 374, 410 ff., 418 ff., 422 ff.

Journalistenausbildung 363, 369 f., 376
Jüngel, E. 350
Jung, C. 185, 336

Kafka, F. 298
Kant, I. 79 ff., 89, 307, 322 ff., 329 ff., 343, 351, 396, 433
Kepplinger, H. 24, 421, 425
Kierkegaard, S. 87, 310, 397
Klages, L. 185
Kleist, H. v. 89, 102 f.
Kluxen, W. 332, 348
Kolakowski, L. 228
Kommunikationswissenschaft 15 f., 259 ff., 268, 274 f., 279 ff., 359, 368 f.
Kraus, K. 23, 416
Krings, H. 433, 441 f.
Kritik 79, 84, 86
Krockow, C. 349, 352
Kuhn, H. 251, 285
Kultur, politische 13, 26, 165, 228, 247, 328, 348 ff., 381
Kulturanthropologie 33 f.
Kunczik, M. 291

Langenbucher, W. 85, 178, 426
Lasswell, H., Lasswell-Formel 203, 280, 405
Lazarsfeld, P. 200, 203, 281, 387, 402, 406 f.
Legitimität 248, 311, 317, 418 ff.
Leibniz, G. W. 150, 284, 299, 337
Lenz, S. 108, 110
Leonhardt, R. 122, 124 f., 412 ff.
Lerg, W. 399
Lerner, D. 204
Lessing, G. E. 85
Lichtenberg, G. 167, 199, 428
Lippmann, W. 24, 73 ff., 130, 355
Lipps, H. 109
Lobkowicz, N. 277
Locke, J. 23, 386, 388 ff.
Luckmann, T. 397
Lübbe, H. 171, 198 f.

Luhmann, N. 51, 154, 161, 176 ff., 304 ff., 308, 310 f., 385 f., 390
Luther, M. 183, 191, 219 f.

Märthesheimer, P. 142 f.
Maletzke, G. 213, 282
Mander, J. 211, 359
Mannheim, K. 271 f.
Marcuse, H. 403 f.
Marx, K. 290, 416
McLuhan, M. 162, 167, 176, 184, 225, 229 ff., 270 f., 357
Media Ethics 355 ff.
Medienrealität 23 ff., 35, 49, 73 ff., 142
Merrill, J. 360, 367, 371 ff.
Merten, K. 291
Mill, J. 373
Milton, J. 175 f., 373
Mitscherlich, A. 201
Morus, T. 11, 173
Müller, M. 57, 82, 94
Mumford, L. 32

Nachricht 134 ff., 293, 308
Natur 31 f., 332
Neue Medien 161 ff., 226 f.
Neugierde 38, 47 ff.
Newcomb, H. 193
Nietzsche, F. W. 45, 53, 70, 71, 77 f., 117, 123 f., 153, 243 f., 382, 402, 409
Noelle-Neumann, E. 73, 204 f., 206 f., 260, 291, 388 ff., 407, 425, 427
Novak, M. 161, 204, 358
Novalis 38
Nutzenansatz 281, 401 ff.

Oberreuter, H. 227
Objektivität 134 ff., 365 ff., 419, 461 f.
Öffentlichkeit, öffentliche Meinung 381 ff., 386, 388 ff.
Ombudsman, Newspaper 374 f.
Oncken, H. 391
O'Neill, M. 346, 356
Ontologie 81, 94, 126, 252

Pareto, V. 242
Parmenides 32
Pascal, B. 66
Paul VI. 134 f., 261
Phänomenologie 41, 87 f.
Phelan, J. 376 f.
Philosophie 15, 27 f., 37 f., 39 ff., 125, 284, 322 ff., 371, 414 f.
Picht, G. 86
Pieper, J. 94, 110
Platon 90 f., 111, 127, 184, 249, 281, 295
Pluralismus 123, 348
Popular Culture 211 f., 223, 375
Positivismus 70, 260, 262, 280, 314
Press Codes 129, 131, 361 ff., 371, 374, 423 f., 490 (Williams-Code)
Pressefreiheit 84, 362, 370, 373, 381 f., 394, 419, 426, 430 ff.
Professionalisierung 412
Propaganda 341 f., 346, 369, 406
Pross, H. 134, 138 f., 174, 176 f., 204, 288, 399, 402, 417
Prott, J. 423 f.
Publikum 196, 209 ff., 213, 401 ff., 422 ff.
Puntel, B. 66, 121

Rhetorik 173 ff., 281, 295, 405
Riesman, D. 201, 242
Rilke, R. M. 180
Roegele, O. B. 52 f., 62, 199, 265, 394, 410, 421
Rolland, R. 355
Rombach, H. 293, 296
Ronneberger, F. 112, 275, 311 f.
Rothacker, E. 33, 449
Rühl, M. 112 f., 131 ff., 142, 155, 266 ff., 306 f., 441 f.
Rundfunk, Rundfunkfreiheit 161, 164, 171, 226, 426 f.

Saxer, U. 261, 267 ff., 275, 306 f., 440
Schaeffler, R. 86
Scheler, M. 38, 46, 50, 66 f., 143 ff., 331, 351, 353

Schelling, F. W. J. v. 440 ff.
Schelsky, H. 85, 418
Schiller, F. 85, 335, 341
Schmidtchen, G. 198
Schmolke, M. 280
Schramm, W. 373 ff.
Schreiber, E. 303
Schriftkultur, Buch 170 ff., 180 ff.
Schulz, Walter 67, 336, 345, 414 f.
Schulz, Winfried 34 f., 407
Schwartz, T. 210 f., 216
Schwemmer, O. 57 f.
Schwitzke, H. 190 f.
Seckler, M. 63
Simon, J. 433 f.
Sinclair, U. 355
Sinn, Sinnfrage 15 f., 115, 148 ff., 248, 278, 297
Skeptizismus 42, 352
Sokrates 126, 330
Sophokles 157
Spaemann, R. 78, 146, 156, 244, 287, 319, 353
Sperber, M. 380
Spiegel, Nachrichtenmagazin 116 f.
Splett, J. 32
Sprache 96 ff., 101 ff., 108 ff., 182, 297 ff.
Sprachspiele 115 ff.
Stegmüller, W. 64, 151
Steinbuch, K. 43, 113, 195 f., 294
Stolte, D. 25, 225
Straßner, E. 101 f., 104
Strauss, L. 286
Sturm, H. 104, 200
Subjektivität 44, 372, 412 ff.
Systemtheorie 132, 154 f., 266 ff., 308

Technik 32, 258, 369
Teleologie 156
Theorie, Theorie und Praxis 95, 148, 237, 249, 252 ff.

Thomas von Aquin 51, 56, 396
Thukydides 88
Tönnies, F. 384
Tradition 63

Unterhaltung 209 ff.

Verantwortung 132, 248, 258, 311 f., 333, 362, 366 f., 381 ff., 436 ff.
Vernunft, praktische 329 ff.
Verstehen 27, 109, 118 f., 146 f., 278
Virt, G. 263

Wahrheit 27, 92 ff., 109 f., 120 ff., 129 ff., 135 f., 317, 353 f.
Walser, M. 214
Watzlawik, P. 23, 288, 298
Weber, M. 279, 286
Weil, S. 346, 353 f., 432
Weischedel, W. 42, 70, 352, 385
Weischenberg, S. 411
Weisgerber, L. 110
Wember, B. 196
Werte, Wertfreiheit 279, 283 ff., 346 ff., 351 f., 360
Wirklichkeitskonstruktion 13, 24 ff.
Wirkungsforschung 149 f., 202 ff., 280 ff., 388 ff.
Wissenskluft 199
Wisser, R. 192, 196
Wittgenstein, L. 45, 49 f., 64 f., 114 ff., 118, 133, 150 f., 260, 317
Woerdemann, H. 247, 426 f.
Wojtyla, K. 331

Yost, C. 129, 361 f.

Zeitgeist 78, 397 f.
Zeitung 59, 64, 84, 104, 175, 178 f., 299, 409
Zink, J. 219

Titel der Schriftenreihe Journalismus

Band 1
Emil Dovifat/Karl Bringmann (Hrsg.)
Zeitungsfachliche Fortbildungskurse
Vorträge 1951 – 1960
(vergriffen)

Band 2
Emil Dovifat/Karl Bringmann (Hrsg.)
Zeitungsfachliche Fortbildungskurse
Vorträge 1961
(vergriffen)

Band 3
Hans Stöcker
Zur Drupa 1962 – 250 Jahre Düsseldorfer Presse
(vergriffen)

Band 4
A. Binkowski/F. Ronneburger/
J.-L. Hébarre/K. E. Wenzel/H. Eich/
M. Rühl/R. Fabian
Konzentration und Kooperation der Presse
(vergriffen)

Band 5
Die Bedeutung des Lokalen
(vergriffen)

Band 6
Horstpeter Klein
Die öffentliche Aufgabe der Presse
Eine verfassungsrechtliche und rechtspolitische Untersuchung der Presse in der Demokratie

Band 7
Elisabeth Noelle-Neumann
Umfragen zur inneren Pressefreiheit
Das Verhältnis Verlag – Redaktion

Band 8
Elisabeth Noelle-Neumann/
Franz Ronneberger/
Heinz-Werner Stuiber
Streitpunkt lokales Pressemonopol
Untersuchungen zur Alleinstellung von Tageszeitungen

Band 9
Heinz-Dietrich Fischer/Otto B. Roegele (Hrsg.) unter Mitarbeit von Barbara Baerns
Ausbildung für Kommunikationsberufe in Europa
Praktiken und Perspektiven

Band 10
Dieter Wolz
Die Presse und die lokalen Mächte
Eine empirische sozialwissenschaftliche Untersuchung über Pressekonkurrenz und Herrschaft in der Gemeinde

Band 11
Heinz-Dietrich Fischer (Hrsg.)
Chefredakteure
Publizisten oder Administratoren? Status, Kompetenz und kommunikative Funktion von Redaktionsleitern bei Tages- und Wochenzeitungen

Band 12
Gertraude Steindl (Hrsg.)
Publizistik aus Profession
Festschrift für Johannes Binkowski

Band 13
Günter Götz
Der Markt für Videotext
Konsequenzen für Zeitungsbetrieb und Pressevielfalt

Titel der Schriftenreihe Journalismus

Band 14
Paul Roth
Sow-Inform
Nachrichtenwesen und Informationspolitik der Sowjetunion

Band 15
Walter Hömberg/Wolfgang R. Langenbucher/Eberhard Schreiber (Hrsg.)
Kommunikation im Wandel der Gesellschaft
Otto B. Roegele zum 60. Geburtstag
(vergriffen)

Band 16
Heinz-Dietrich Fischer
Auslandskorrespondenten in der Bundesrepublik Deutschland
Status, Aufgaben, Arbeitsprobleme professioneller Presseberichterstatter aus Bonn
Mit einem Geleitwort von Bundesaußenminister Hans-Dietrich Genscher

Band 17
Kurt Koszyk/Volker Schulze (Hrsg.)
Die Zeitung als Persönlichkeit
Festschrift für Karl Bringmann

Band 18
Manfred Rühl/Heinz-Werner Stuiber (Hrsg.)
Kommunikationspolitik in Forschung und Anwendung
Festschrift für Franz Ronneberger

Band 19
Hermann Boventer
Ethik des Journalismus
Zur Philosophie der Medienkultur

Band 20
Ulrich Nussberger
Das Pressewesen zwischen Geist und Kommerz

Band 21
Claudia Mast
Der Redakteur am Bildschirm
Auswirkungen moderner Technologien auf Arbeit und Berufsbild des Journalisten

Beiheft 2
Maria Cooper
Horace Greeley als publizistische Persönlichkeit
Ein Beitrag zur Entwicklungsgeschichte des amerikanischen Journalismus
(1820 – 1870)
(vergriffen)

Beiheft 3
Elisabeth Noelle-Neumann (Hrsg.)
Farbfernsehen und Zeitung
(vergriffen)

Beiheft 4
Winfried Schulz/Emil Dovifat/Günter Kieslich/Karl Bringmann (Hrsg.)
Der Inhalt der Zeitungen
Eine Inhaltsanalyse der Tagespresse in der Bundesrepublik Deutschland (1967) mit Quellentexten früherer Inhaltsanalysen in Amerika, Frankreich und Deutschland
(vergriffen)

Zu beziehen durch jede Buchhandlung

UNIVERSITÄTSVERLAG KONSTANZ GMBH

Schriften der Deutschen Gesellschaft für COMNET

Herausgegeben von Otto B. Roegele und Walter J. Schütz

COMNET

International Network of Centres for Documentation on Communication Research and Policies — ist das seit 1970 unter der Schirmherrschaft der UNESCO entstehende weltweite Netz von Dokumentationszentren für die Kommunikationsforschung und -praxis

Band 1
Franz Ronneberger
unter Mitwirkung von Ulla Meister und Manuela Reith

Neue Medien

Vorteile und Risiken für die Struktur der demokratischen Gesellschaft und den Zusammenhalt der sozialen Gruppen — Eine Literaturstudie

Band 2
Gerd G. Kopper

Massenmedien — Wirtschaftliche Grundlagen und Strukturen

Analytische Bestandsaufnahme der Forschung 1968—1981

Band 3
Hans Bohrmann/Wilbert Ubbens

Kommunikationsforschung

Eine kommentierte Auswahlbibliographie der deutschsprachigen Untersuchungen zur Massenkommunikation 1945 bis 1980

Zu beziehen durch jede Buchhandlung

UNIVERSITÄTSVERLAG KONSTANZ GMBH

Einzelveröffentlichungen zur Publizistik- und Kommunikationswissenschaft, zur Presse- und Mediengeschichte

Viele Stimmen – eine Welt
Kommunikation und Gesellschaft – heute und morgen
Bericht der Internationalen Kommission zum Studium der Kommunikationsprobleme unter dem Vorsitz von Sean MacBride an die UNESCO
Herausgegeben von den UNESCO-Kommissionen der Bundesrepublik Deutschland, Österreichs und der Schweiz
Übersetzung aus dem Englischen: Eva M. Lenz
Redaktion: Horst Richter

Hansjürgen Koschwitz und Günter Pötter (Hrsg.)
Publizistik als Gesellschaftswissenschaft
Internationale Beiträge
Beiträge von Claude Bellanger, Heinrich Benedikt, Karl Buchheim, Roger Clausse, Gilbert Cohen-Séat, Karin Dovring, Gottfried Eisermann, Alfred Frankenfeld, Ludwig Gesek, Till Grupp, Jay Jensen, Mieczyslaw Kafel, Günter Kieslich, Vladimír Klimeš, Joachim Knoll, René König, Hansjürgen Koschwitz, Friedrich Lenz, Marianne Lunzer-Lindhausen, Albert Oeckl und Ernst Straßl, Walter Pollak, Walter Nutz, Franz Ronneberger, Pierre-Paul Sagave, Hans-Joachim Schoeps, Heinz-Otto Sieburg, Alphons Silbermann, Albrecht Timm, Klaus W. Wippermann

Deutsche Gesellschaft für Publizistik- und Zeitungswissenschaft
Publizistik · Zeitungswissenschaft
Communication Research · Journalism
Dokumentation 1970

Walter J. Schütz
Zeitungen in der Bundesrepublik Deutschland 1983

Friedrich Kübler
Kommunikation und Verantwortung
Eine verfassungstheoretische und rechtspolitische Skizze zur Funktion professioneller und kollegialer Autonomie in Presse, Funk und Hochschule

Peter Hunziker
Das Publikum als Marktpartner im »publizistischen Wettbewerb«

Manfred Fuhrmann
Rhetorik und öffentliche Rede
Über die Ursachen des Verfalls der Rhetorik im ausgehenden 18. Jahrhundert

Zu beziehen durch jede Buchhandlung

UNIVERSITÄTSVERLAG KONSTANZ GMBH